Joachim Schmidt-Salzer

Entscheidungssammlung
Produkthaftung

Entscheidungs-sammlung Produkthaftung

Mit einer Einführung und Urteilsanmerkungen

von

Dr. Joachim Schmidt-Salzer

Rechtsanwalt in Braunschweig

1976

J. Schweitzer Verlag · Berlin

CIP-Kurztitelaufnahme der Deutschen Bibliothek

Entscheidungssammlung Produkthaftung / von Joachim Schmidt-Salzer.

ISBN 3-8059-0377-4

NE: Schmidt-Salzer, Joachim [Hrsg.]

Satz: N. Jessen, Hamburg · Druck: Color-Druck Berlin – Bindearbeiten: Wübben, Berlin – Printed in Germany

Für Kai und Jan

Vorwort

Die deutsche Rechtsprechung zum Produkthaftungsrecht ist bereits sehr weit entwikkelt. Fast alle in der Praxis wichtigen Fragen sind bereits Gegenstand gerichtlicher Entscheidungen geworden. Dieses Entscheidungsmaterial ist aber sehr verstreut. Die vorliegende Entscheidungssammlung soll den Zugang zu diesem Material ermöglichen und zugleich durch die Einleitung und die Urteilsanmerkungen dem Benutzer den systematischen Einstieg bzw. Überblick geben.

Abgedruckt sind Entscheidungen, die bis 1974 einschließlich ergangen bzw. publiziert sind sowie zwei wichtige, erst 1975 ergangene Entscheidungen des Bundesgerichtshofs und eine wichtige Entscheidung des LG Hannover. Mit dem Verlag ist beabsichtigt, die Entscheidungssammlung fortzusetzen in weiteren festeingebundenen Bänden, die zwanglos erscheinen sollen, wenn ausreichende weitere Entscheidungen vorliegen.

Die Beobachtung zeigt, daß gerade im Bereich der Landgerichte und der Oberlandesgerichte viele für die kaufmännische, technische und juristische Praxis sehr wichtige Fragen geklärt wurden, ohne daß allerdings die Entscheidungen publiziert wurden. Deshalb bin ich für Hinweise auf ältere bzw. zukünftige Entscheidungen der Instanzgerichte dankbar.

Braunschweig, Damm 22
im September 1975

Joachim Schmidt-Salzer

Inhaltsverzeichnis

Seite

Vorwort VII
Verzeichnis der abgedruckten Entscheidungen XI
Verzeichnis und Inhaltsübersicht der Urteilsanmerkungen XVII

Einleitung
I. Produkthaftung und Produzentenhaftung

II. Vertragsrechtliche Anspruchsgrundlagen 1
1. Die allgemeine vertragsrechtliche Schadensersatzhaftung 1
2. Das Gewährleistungsrecht im Kauf- und Werkvertragsrecht 2
3. Vertragliche Haftungsbeschränkungen 4

III. Deliktsrechtliche Anspruchsgrundlagen 6
1. § 823 Abs. 1 BGB 7
2. § 823 Abs. 2 BGB 7
3. § 826 BGB 8
4. Einzelfragen der deliktsrechtlichen Haftung 8
a) Die Tatbestandsmerkmale der deliktsrechtlichen Generalklausel 8
aa) Der Grundsatz der Verhältnismäßigkeit 8
ab) Die Freiheit in der Wahl der Gefahrabwendungsmaßnahmen 9
ac) Der Beurteilungszeitpunkt 9
ad) Branchenüblichkeit und Erforderlichkeit 10
ae) Das Verschuldenkriterium 10
b) Herstellerverantwortung und Anwender- bzw. Benutzerverantwortung 12
c) Der Begriff des Produktfehlers und die typischen Pflichtenbereiche der Produkthaftung 13
ca) Die Konstruktionshaftung 15
cb) Die Instruktionshaftung 16
cc) Die Fabrikationshaftung 17
cd) Die Produktbeobachtungshaftung 19
d) Arbeitsteilung und Deliktsrecht 20
da) Innerbetriebliche Arbeitsteilung 20

db) Zwischenbetriebliche Arbeitsteilungen 21
e) Die Darlegungs- und die Beweislast 23
ea) Der Fehler- und der Kausalitätsnachweis 23
eb) Der Verschuldensnachweis 24

IV. Verschuldensunabhängige Herstellerhaftung? 27

V. Rechtspolitische Perspektiven 28

I. Teil: Entscheidungen des Reichsgerichts bzw. des Bundesgerichtsnofes 29
II. Teil: Entscheidungen der Oberlandesgerichte 312
III. Teil: Entscheidungen der Landgerichte 352

Anhang (Entscheidungen des BGH vom 19. 2. 75 – Haartonicum – und vom 3. 6. 1975 – Spannkupplungen –) 400
Stichwortverzeichnis 429

Verzeichnis der abgedruckten Entscheidungen

Der in dieser Entscheidungssammlung abgedruckte Text ist nicht immer mit dem Abdruck an den weiteren Fundstellen identisch. Die kursiv gedruckten Entscheidungen sind mit einer Anmerkung versehen.

I.1	RG, 27. 4. 1905, 594/04 VI	JW 1905/368
I.2	RG, 13. 2. 1908, VI 172/07	JW 1908/236
I.3	RG, 27. 5. 1910, II 409/09	JW 1910/748
I.4	RG, 12. 4. 1912, II 86/12	JW 1912/682; LZ 1912 Sp. 1771
1.5	RG, 25. 2. 1915, VI 526/14	RGZ 87/1
I.6	RG, 19. 4. 1916, VI 47/16	LZ 1916 Sp. 1025
I.7	RG, 19. 4. 1918, II 478/17	Recht 1918 Nr. 1363
I.8	RG, 29. 4. 1918, VI 58/18	Recht 1918 Nr. 1367
I.9	RG, 6. 11. 1919, VI 215/19	RGZ 97/116
I.10	RG, 22. 12. 1919, VI 208/19	Recht 1920 Nr. 2845
I.11	RG, 29. 4. 1920, VI 6/20	Recht 1920 Nr. 2849
I.12	RG, 4. 1. 1921, II 374/20	RGZ 101/157
I.13	RG, 21. 9. 1923, III 569/22	RGZ 108/221
I.14	RG, 26. 6. 1929, I 17/29	RGZ 125/76
I.15	RG, 10. 2. 1933, II 268/32	LZ 1933 Sp. 659
I.16	RG, 17. 1. 1940, II 82/39	RGZ 163/21
I.17	RG, 3. 4. 1940, II 148/39	DR 1940/1293
I.18	BGH, 25.10. 1951, III ZR 95/50	BGHZ 4/1
I.19	BGH, 23. 6. 1952, III ZR 168/51	VersR 1952/357 (Rungenverschluß)
I.20	BGH, 1. 4. 1953, VI ZR 77/53	VersR 1953/242 (Speiseöl)
I.21	BGH, 16. 12. 1953, VI ZR 12/53	VersR 1954/100 (Trinkmilch)
I.22	BGH, 5. 11. 1955, VI ZR 199/54	VersR 1955/765, BB 1955/1109 (Insektenvernichtungsmittel)
I.23	BGH, 15. 3. 1956, II ZR 284/54	VersR 1956/259 (Motorroller)
I.24	BGH, 21. 4. 1956, VI ZR 36/55	VersR 1956/410 (Fahrradgabel)
I.25	BGH, 25. 4. 1956, VI ZR 34/55	VersR 1956/419, NJW 1956/1193 (Dreschmaschine)
I.26	BGH, 13. 7. 1956, VI ZR 223/54	VersR 1956/625 (Karussell)
I.27	BGH, 29. 10. 1956, II ZR 79/55	BGHZ 22/90

I.28	BGH, 17. 5. 1957, VI ZR 120/56	VersR 1957/584 (Gelenkwellenschutz)
I.29	BGH, 4. 6. 1957, VI ZR 145/56	VersR 1957/585 (Bagger)
I.30	BGH, 25. 3. 1958, VIII ZR 58/57	BB 1956/426 (Leim)
I.31	BGH, 11. 7. 1958, VI ZR 158/57	VersR 1958/672 (Ziegel)
I.32	BGH, 14. 10. 1958, VI ZR 183/57	
I.33	BGH, 14. 10. 1958, VIII ZR 143/57	LM Nr. 7 zu § 459 Abs. 1 BGB (Fußbodenbelag)
I.34	BGH, 28. 10. 1958, VI ZR 176/57	VersR 1959/104 (Seilschloß)
I.35	BGH, 17. 2. 1959, I StR 618/58	BB 1959/473 (Zwischenstecker)
I.36	BGH, 14. 4. 1959, VI Zr 94/58	VersR 1959/523 (Seilhexe)
I.37	BGH, 15. 5. 1959, VI ZR 109/58	JZ 1960/124 (Rostschutzmittel)
I.38	BGH, 10. 8. 1959, VIII ZR 113/58	(Maschinenfett)
I.39	BGH, 20. 10. 1959, VI ZR 152/58	VersR 1960/342 (Fußbodenklebemittel)
I.40	BGH, 29. 10. 1959, VII ZR 176/58	VersR 1960/344 (Auftaugerät)
I.41	BGH, 5. 7. 1960, VI ZR 130/59	VersR 1960/855 (Kondenstopf)
I.42	BGH, 8. 7. 1960, VI ZR 159/59	VersR 1960/856 (Silo)
I.43	BGH, 18. 10. 1960, VI ZR 8/60	VersR 1960/1095 (Kühlanlage)
I.44	BGH, 21. 2. 1962, VIII ZR 4/61	(Auto-Scooter)
I.45	BGH, 22. 2. 1962, VII ZR 205/60	VersR 1962/480 (Heizkörper)
I.46	BGH, 5. 4. 1962, VII ZR 183/60	BGHZ 37/94
I.47	BGH, 24. 1. 1963, VII ZR 100/61	NJW 1963/1148
I.48	BGH, 30. 4. 1963, VI ZR 7/62	VersR 1963/860 (Auftau-Transformator)
I.49	BGH, 20. 12. 1965, VIII ZR 220/63	VersR 1966/241, Betr. 1966/147
I.50	BGH, 28. 2. 1967, VI ZR 14/65	VersR 1967/498 (Plastikmassebehälter)
I.51	BGH, 8. 3. 1967, VIII ZR 4/65	JZ 1967/321 (Farben-Grundstoff)
I.52	BGH, 5. 4. 1967, VIII ZR 32/65	BGHZ 47/312, Betr. 1967/944, JZ 1968/228 (Betonbereitungsanlage)

I.53	BGH, 21. 6. 1967, VIII ZR 26/65	BGHZ 48/118, NJW 1967/ 1903 (Trevira)
I.54	BGH, 17. 10. 1967, VI ZR 70/66	NJW 1968/247, VersR 1967/ 1199 (Schubstrebe)
I.55	BGH, 8. 5. 1968, VIII ZR 62/66	
I.56	BGH, 29. 5. 1968, VIII ZR 77/66	BGHZ 50/200, NJW 1968/ 1622 (Kleber)
I.57	BGH, 25. 9. 1968, VIII ZR 108/66	NJW 1968/2238, JZ 1968/ 742 (Dieselöl)
I.58	BGH, 26. 11. 1968, VI ZR 212/66	BGHZ 51/91, NJW 1969/269, BB 1969/12, VersR 1969/155 (Hühnerpest)
I.59	BGH, 22. 10. 1969, VIII ZR 196/67	N/W 1970/383
I.60	BGH, 7. 7. 1970, VI ZR 223/68	JZ 1971/63 (Druckfehler)
I.61	BGH, 9. 7. 1970, VII 70/68	BGHZ 54/236
I.62	BGH, 28. 9. 1970, VIII ZR 166/68	BB 1970/1414, Betr. 1970/ 2213, VersR 1971/80, JZ 1971/29 (Bremsen)
I.63	BGH, 28. 4. 1971, VIII ZR 258/69	BB 1971/673 (Tanklastzug)
I.64	BGH, 16. 6. 1971, VIII ZR 69/70	WM 1971/1121, BB 1971/ 1173
I.65	BGH, 6. 10. 1971, VIII ZR 95/70	
I.66	BGH, 9. 11. 1971, VI ZR 58/70	BB 1972/13, Betr. 1972/85, VersR 1972/149 (Förderan-lage)
I.67	BGH, 24. 11. 1971, VIII ZR 81/70	NJW 1972/252 (Futtermittel)
I.68	BGH, 25. 11. 1971, VII ZR 82/70	Betr. 1972/233, VersR 1972/ 274
I.69	BGH, 16. 2. 1972, VI ZR 111/70	VersR 1972/559 (Förderkorb)
I.70	BGH, 18. 4. 1972, VI ZR 168/70	VersR 1972/693
I.71	BGH, 17. 5. 1972, VIII ZR 98/17	Betr. 1972/1335 (Propangas)
I.72	BGH, 5. 7. 1972, VIII ZR 74/71	BGHZ 59/158, BB 1972/1069 (Fensterlack)
I.73	BGH, 11. 7. 1972, VI ZR 194/70	BGHZ 59/172, NJW 1972/2217, BB 1972/1161, VersR 1972/ 1075 (Kurznarkosemittel)
I.74	BGH, 4. 10. 1972, VIII ZR 117/71	BGHZ 59/303, NJW 1972/ 2300, VersR 1973/33 (Wasser-versorgung)

I.75	BGH, 14. 3. 1973, VIII ZR 137/71	NJW 1973/843 (Nottestamentsmappe)
I.76	BGH, 19. 6. 1973, VI ZR 178/71	NJW 1973/1602, VersR 1973/862 (Feuerwerkskörper)
I.77	BGH, 23. 10. 1973, VI ZR 162/72	VersR 1974/243
I.78	BGH, 6. 12. 1973, VII ZR 17/72	NJW 1974/272, BB 1974/104
I.79	BGH, 20. 12. 1973, VII ZR 184/72	
I.80	BGH, 29. 1. 1974, VI ZR 53/71	VersR 1975/750
I.81	BGH, 6. 2. 1974, VIII ZR 12/73	DAR 74/128
I.82	BGH, 14. 5. 1974, VI ZR 48/73	BB 1974/998, NJW 1974/1503
I.83	BGH, 16. 5. 1974, VII ZR 214/72	BGHZ 62/323, NJW 1974/1322
I.84	BGH, 24. 6. 1974, VII ZR 254/72	
I.85	BGH, 19. 2. 1975, VIII ZR 144/37	BGHZ 64/46, BB 1975/806, NJW 1975/824 (Haartonikum)
I.86	BGH, 3. 6. 1975, VI ZR 192/73	BB 1975/1031, Betr. 1975/1404 (Spannkupplungen)

II.1	OLG Stuttgart, 10. 12. 1907	OLGE 18/69
II.2	OLG Bremen, 11. 10. 1951, 2 W 208/51	NJW 1951/145
II.3	OLG Frankfurt, 7. 1. 1954, U 173/52	
II.4	OLG Celle, 4. 5. 1957, 9 U 65/55	VersR 1958/404
II.5	OLG Köln, 9. 12. 1963, 10 U 44/62	VersR 1964/541
II.6	OLG Karlsruhe, 4. 3. 1964, 1 U 154/63	BB 1964/740
II.6a	OLG Zweibrücken, 7. 12. 1965, 1 U 63/65	
II.7	OLG Frankfurt, 2. 6. 1967, 5 U 136/66	VersR 1969/1121
II.8	OLG Celle, 28. 1. 1970, 13 U 175/69	
II.9	OLG Saarbrücken, 17. 3. 1970, 2 U 193/66	BB 1970/1417
II.10	OLG Celle, 4. 12. 1970, 8 U 113/68	
II.11	OLG Hamm, 18. 1. 1971, 3 U 193/70	BB 1971/845
II.12	OLG Hamburg, 22. 6. 1971, 7 U 113/70	DAR 1972/16
II.13	OLG Köln, 19. 10. 1971, 15 U 67/71	NJW 1972/162
II.14	OLG Hamm, 23. 10. 1972, 22 U 127/27	MDR 1973/224, Betr. 1973/325
II.15	OLG Düsseldorf, 24. 10. 1972, 4 U 68/72	

II.16	Kammergericht, 3. 11. 1972, 17 U 1137/72	BB 1973/169
II.17	OLG Stuttgart, 31. 10. 1973, 2 U 64/73	
II.18	OLG Hamm, 8. 11. 1973, 7 U 45/73	NJW 1974/1090
II.19	OLG München, 26. 4. 1974, 19 U 4324/73	Betr. 1974/1059
II.20	OLG Düsseldorf, 23. 7. 1974, 4 U 20/74	BB 1974/1366
III.1	LG Hanau, 28. 2. 1955, 2 O 117/53	VersR 1955/785
III.2	LG Lindau, 26. 4. 1955, OH 83/64	VersR 1955/428
III.3	LG Freiburg, 17. 2. 1959, 2 O 40/57	
III.4	LG Duisburg, 14. 2. 1963, 10 O 38/57	
III.5	LG Heidelberg, 10. 4. 1963, 2 O 196/60	BB 1963/670
III.6	LG Kleve, 26. 2. 1964, 2 O 157/62	
III.7	LG Limburg, 18. 6. 1969, 2 O 11/69	NJW 1969/1574
III.8	LG Düsseldorf, 26. 5. 1971, 5 O 363/70	VersR 1972/671, BB 1972/241
III.9	LG Hagen, 21. 3. 1972, 5 O 259/71	
III.10	LG Köln, 13. 4. 1972, 2 O 124/71	NJW 1972/1580
III.11	LG Braunschweig, 14. 12. 1972, 17 O 253/69	
III.12	LG Heidelberg, 25. 7. 1973, 3 S 28/73	DAR 1974/124
III.13	LG Saarbrücken, 2. 7. 1974, 10 O 111/73	
III.14	LG Hannover, 12. 6. 1975, 21 O 275/73	

Verzeichnis und Inhaltsübersicht der Urteilsanmerkungen

I.1	RG, 27. 4. 1905	Unterscheidung zwischen Sachbeschädigung und Herstellung eines mangelhaften Werks – Einzelfragen des Sachschadenbegriffes
I.13	RG, 21. 9. 1923	Streckengeschäft: Vorlieferant als Erfüllungsgehilfe des Verkäufers
I.15	RG, 10. 2. 1933	§ 826 BGB als Anspruchsgrundlage für Produktschäden; Beweisfragen
I.18	BGH, 25. 10. 1951	Haftung des Unternehmens für die Sachorganisation – Haftung des Unternehmens für die Personalorganisation: Haftung für die Mitarbeiter; Haftung für die allgemeine Unternehmensorganisation – § 831 BGB und dezentralisierter Entlastungsnachweis – Verhältnis der Organisationshaftung gemäß § 823 BGB und der Mitarbeiterhaftung gemäß § 831 BGB – Einzelfragen
I.27	BGH, 29. 10. 1956	Allgemeine Geschäftsbedingungen: Inhaltsgrenzen – Begriff der AGB bzw. der formularmäßigen Klauseln – Inhaltsgrenzen – Haftungsfreizeichnungsklauseln – Ausschluß der Schadensersatzhaftung – Abänderung der kaufrechtlichen Gewährleistungsrechte – Abänderung der werkvertragsrechtlichen Gewährleistungsrechte – Zahlungspflichten des Kunden und Gewährleistungsverpflichtung des Lieferanten
I.48	BGH, 30. 4. 1963	Rechtliche Relevanz von Werbeangaben – vertragsrechtliche Relevanz – deliktsrechtliche Relevanz
I.56	BGH, 29. 5. 1968	Formularmäßige Abbedingung der Schadensersatzhaftung für das Fehlen zugesicherter Eigenschaften: Unterschied zwischen Eigenschaftszusicherungen mit bloßer Vergewisserungsfunktion und Eigenschaftszusicherungen mit der Funktion einer Absicherung gegen Mangelfolgeschäden; Bedeutung bei Konstruktionsfehlern sowie bei Fabrikationsfehlern – Werkvertragsrecht – Verschuldensunabhängigkeit der Schadensersatzhaftung gemäß § 463 BGB
I.62	BGH, 28. 9. 1970	Anscheinsbeweis und Beweislastumkehr – retrospektiver Anscheinsbeweis – Beweisvereitelung bzw.

		Verpflichtung des Herstellers zur Aufbewahrung der Schadensteile
I.72	BGH, 5. 7. 1972	Vorliegen von Eigenschaftszusicherungen, insbesondere Eignung für einen bestimmten Verwendungszweck, Leistungsangaben, DIN-Normen – Voraussetzungen für eine Erstreckung der Eigenschaftszusicherung auf Mangelfolgeschäden – Umfang der mit der Erstrekkung auf Mangelfolgeschäden verbundenen Absicherungsfunktion
III.1	LG Hanau, 28. 2. 1955	Mitarbeiter- und Organisationshaftung (§§ 831, 823 BGB)
III.2	LG Lindau, 26. 4. 1955	Ineinandergreifen von Fabrikations- und Qualitätskontrollhaftung – Hundertprozent-Kontrollen – Stichproben-Kontrollen
III.3	LG Freiburg, 17. 2. 1959	Quasi-Herstellerhaftung bei Vertrieb eines Fremdproduktes unter eigenem Warenzeichen, eigener Handelsmarke oder als eigenes Produkt – Inhalt der Quasi-Herstellerhaftung
III.6	LG Kleve, 26. 2. 1964	Assembler-Haftung bei Fabrikationsfehlern – Einzelfragen der Drittunternehmerauswahl- bzw. Kontrollhaftung
III.12	LG Heidelberg, 25. 7. 1973	Beschränkung einer Eigenschaftszusicherung auf einen Vergewisserungseffekt
III.13	LG Saarbrücken, 2. 7. 1974	Deliktsrechtliche Importeurhaftung – Kollisionsrecht
I.85	BGH, 19. 2. 1975	Nichtberücksichtigung der bei Produkterprobung gewonnenen Erkenntnisse – vertragsrechtliche Instruktionshaftung – funktioneller Zusammenhang zwischen Konstruktionshaftung und Instruktionshaftung – Anwendungsbereiche der Instruktionshaftung – Fallbereiche der Instruktionshaftung – Instruktionshaftung und statistische Häufigkeit bzw. Seltenheit des Schadenseintritts – Beweislastumkehr im Bereich des Kausalitätsnachweises
I.86	BGH, 3. 6. 1975	Alternativer Fehlernachweis – Erfordernis der Verantwortung des Beklagten für beide potentiellen Fehler – Verantwortung des Fabrikationsleiters für Instruktionsfehler – Beweislastumkehr im Bereich der Mitarbeiter-Eigenhaftung: rechtspolitischer Stellen-

wert der Entscheidung – Anwendungsvoraussetzungen für die Beweislastumkehr im Bereich der Mitarbeiter-Eigenhaftung – sozialpsychologische Bedeutung der Entscheidung – unmittelbare deliktsrechtliche Haftung des Mitarbeiters gegenüber dem Endgeschädigten für in seinem Verantwortungsbereich gesetzte Fehlerursachen – Assembler-Haftung – Quasi-Herstellerhaftung

Einleitung*

I. Produkthaftung und Produzentenhaftung

Die Produkthaftung ist keineswegs nur eine „Produzentenhaftung“, denn dieser Begriff ist bereits insoweit zu eng als er genaugenommen den gesamten Vertriebshändlerbereich ausklammert.
Unter „Produkthaftung“ ist vielmehr die Schadensersatzhaftung für Schäden zu verstehen, die durch ein Produkt ausgelöst wurden.

In diesem Sinn sind Adressaten der Produkthaftung in erster Linie die Hersteller- und die Vertriebshändlerunternehmen einschließlich der Unternehmen, die auf diesen Stufen eingeschaltet wurden (z. B. Konstruktionsbüros, Testinstitute, Auftragsfertiger, usw.). Darüber hinaus trifft aber auch denjenigen, der das Produkt dann benutzt, eine Produktverantwortung im Sinn einer Haftung für Schäden, die durch einen falschen oder unnötig gefährlichen Einsatz des Produkts ausgelöst wurden (II. 20).

Die „Produkthaftung“ stellt keineswegs ein neues Rechtsgebiet oder eine neue Rechtsfigur (so *Graf von Westphalen*, BB 1972/1070, 1071) dar. Vielmehr handelt es sich hier um eine Anwendung der allgemeinen vertragsrechtlichen und deliktsrechtlichen Regeln auf die durch Produkte ausgelösten Schäden. Bereits aus den Anfangsjahren der Rechtsprechung zum 1900 in Kraft getretenen BGB liegen in

---

* Produkthaftung I
Schmidt-Salzer, PRODUKTHAFTUNG – Die Haftung der an der Warenherstellung und am Warenvertrieb beteiligten Personen und Unternehmen, Heidelberg 1972

Produkthaftung II
Schmidt-Salzer, Produkthaftung im französischen, belgischen, deutschen, schweizerischen, englischen, kanadischen und us-amerikanischen Recht sowie in rechtspolitischer Sicht, Berlin 1975

diesem Sinn produkthaftungsrechtliche Entscheidungen vor (z. B. I.2, I.3, I.4, I.5, I.6, II.1). Diese Entscheidungen wurden keineswegs als Bestandteile eines neuen Rechtsgebiets, sondern nur als das angesehen, was sie waren, nämlich Anwendung der allgemeinen Regeln auf die durch Produkte ausgelösten Personen- bzw. Sachschäden. Im Rechtsbewußtsein der Gerichte und der Anwälte sowie des Publikums hatte die Produkthaftung lange Zeit keinen besonderen Stellenwert und waren z. B. die Möglichkeiten direkter deliktsrechtlicher Schadensersatzansprüche des Endabnehmers bzw. des Geschädigten gegen den Hersteller weitgehend unbekannt. Erst gegen Ende der 60er Jahre änderte sich dies und erhielt die Produkthaftung einen eigenen Stellenwert. Der Bundesgerichtshof hat im Schubstreben- und im Hühnerpest-Urteil (I.54 und I.58) Marksteine der Entwicklung gesetzt. Dies ändert aber nichts daran, daß die „Produkthaftung" lediglich ein Arbeitstitel für die Kennzeichnung eines bestimmten Bereichs des Vertrags- und des Deliktsrechts ergibt, der typologisch faßbar ist, aber keine autonome rechtliche Existenz hat.

Im einzelnen ist hinsichtlich der Produkthaftung zu unterscheiden zwischen den vertragsrechtlichen und den deliktsrechtlichen Anspruchsgrundlagen.

II. Vertragsrechtliche Anspruchsgrundlagen

1. Die allgemeine vertragsrechtliche Schadensersatzhaftung

Die allgemeine vertragsrechtliche Schadensersatzhaftung ist positivrechtlich nicht geregelt. Im BGB sind nur die Fälle der Unmöglichkeit und des Verzuges mit der Vertragserfüllung, also negative Leistungsstörungen geregelt. Im Wege der Rechtsanalogie wurde von der Rechtsprechung das Institut der sog. positiven Vertragsverletzungen entwickelt: Bei vorsätzlicher oder fahrlässiger Verletzung von Vertragspflichten einschließlich von sog. nebenvertraglichen Sorgfaltspflichten haftet der Betreffende dem Vertragspartner auf Schadensersatz. Dies umfaßt nicht nur Personen- und Sachschäden, sondern auch unmittelbare Vermögensschäden (I.51; I.71).

Diese allgemeine vertragsrechtliche Schadensersatzhaftung gilt nicht nur gegenüber dem konkreten Vertragspartner. Darüber hinaus gilt sie auch gegenüber gewissen weiteren Personen, auf die die Schutzwirkung des Vertrages erstreckt wird (I.23; I.37; I.58). Abgesehen von diesem engen Ausnahmebereich tritt aber aufgrund der Arbeitsteiligkeit bei der Warenherstellung und beim Warenvertrieb faktisch oft ein Auseinanderfallen zwischen Schutzbedürfnis und Haftungsschutz auf (vgl. Produkthaftung I, RZ 255 ff.). Anders als die französische Rechtsprechung (vgl. Produkthaftung II, RZ 22 ff.) hat sich die deutsche Rechtsprechung nicht für eine warenbegleitende Herstellerhaftung (dazu siehe Produkthaftung I, RZ 255 ff.) entscheiden können. Dies wurde ausdrücklich abgelehnt (I.5; I.58; I.82). Lediglich im Einzelfall kann sich aufgrund eines besonderen direkten sozialen Kontaktes zwischen Hersteller und Endabnehmer ein Vertragsverhältnis ergeben (vgl. I.5; I.82 sowie Produkthaftung I, RZ 245–250). Insbesondere kommen hier Hersteller-Werbungen in Tageszeitungen, im Radio oder im Fernsehen und dem Produkt beigegebene Hersteller-Garantiekarten in Betracht (vgl. I.16; III.10).

Weiterhin können aufgrund der sog. Drittschadensliquidation (I.58) weitere Dritte von der vertragsrechtlichen Schadensersatzhaftung profitieren, obgleich es sich hier genaugenommen lediglich um eine Aufspaltung zwischen formaler Anspruchsberechtigung und wirtschaftlichem Betroffensein handelt, also um einen Ansatzpunkt, der vom Gedanken her durchaus zu einer warenbegleitenden vertragsrechtlichen Herstellerhaftung führen könnte. Die deutsche Rechtsprechung ist aber wie gesagt diesen Weg nicht gegangen, sondern begrenzt die Fälle der Drittschadensliquidation auf eine Typologie von drei Sachverhalten (I.58).

Das Handeln von eingeschalteten Erfüllungsgehilfen wird gemäß § 278 BGB dem Unternehmen wie eigenes Handeln zugerechnet, ohne daß es darauf ankäme, ob es sich um weisungsgebundene Mitarbeiter oder um rechtlich selbständige Drittunternehmen handelt (im einzelnen vgl. Produkthaftung II. RZ 108 ff.).

Der Anspruch auf Schadensersatz aufgrund der allgemeinen vertragsrechtlichen Schadensersatzhaftung verjährt innerhalb von 30 Jahren nach Entstehen der Anspruchsvoraussetzungen (§ 195 BGB), sofern nicht im Rahmen einer Anspruchskonkurrenz eine kürzere Verjährungsfrist gilt, was vor allem im Kaufrecht bedeutsam wird.

Im Bereich der Haftung aus positiver Vertragsverletzung wird das Verschulden vermutet, wenn es sich um einen Werkhersteller (I.38) bzw. um einen Hersteller-Verkäufer (I.62; I.67; I.74) handelt. Gegenüber einem Händler-Verkäufer ist dagegen entgegen der älteren, in der Folgezeit untergegangenen Rechtsprechung (I.2; I.4) der Verschuldensnachweis zu erbringen (I.21): die Überlegungen, mit denen im Schubstreben- und im Hühnerpest-Urteil (I.54 bzw. I.58) sowie im Werkvertragsrecht die Beweislastumkehr begründet wurde, treffen für die Vertriebshändler nicht zu.

2. Das Gewährleistungsrecht im Kauf- und Werkvertragsrecht

Neben der allgemeinen vertragsrechtlichen Schadensersatzhaftung sind für das Produkthaftungsrecht die gewährleistungsrechtlichen Vorschriften des Kauf- und des Werkvertragsrechts (§§ 459 ff. und 633 ff. BGB) von Bedeutung. Die Gewährleistungsrechte sind grundsätzlich auf das Erfüllungsinteresse beschränkt und regeln die Auswirkungen des Mangels auf die Preisobligation des Käufers bzw. Werkbestellers. Sie umfassen dagegen nicht das Bestandsinteresse des Käufers bzw. Werkbestellers an einem Schutz seiner übrigen Rechtsgüter vor durch den Vertragsgegenstand ausgelösten Schäden. Dieses sog. Bestandsinteresse wird im Kauf- und Werkvertragsrecht durch die Haftung für positive Vertragsverletzungen geschützt. Praktisch greifen also hier die positivrechtlich geregelte Gewährleistungshaftung und die Haftung aus positiver Vertragsverletzung ineinander.

Grundsätzlich sind die Gewährleistungsrechte auf den Anspruch auf Wandelung bzw. Minderung beschränkt. Lediglich der Schadensersatzanspruch aus § 463 BGB wegen Fehlens zugesicherter Eigenschaften kann sich im Einzelfall (Anm. I.56) auch auf sog. Mangelfolgeschäden und damit auf das Bestandsinteresse erstrecken, so daß im Kaufrecht ein Überlappen der beiden Anspruchssysteme eintritt. Während im Werkvertragsrecht die Haftung für das Vorhandensein zugesicherter Eigenschaften eine Verschuldenshaftung ist (§ 635 BGB), wird für das Kaufvertragsrecht die Haftung aus Eigenschaftszusicherung als verschuldensunabhängige Garantiehaftung angesehen (I.56).

Hinsichtlich der Verjährung ist nach dem derzeitigen Stand der Rechtsprechung zwischen Kaufrecht und Werkvertragsrecht zu unterscheiden. Im Kaufrecht verjährt die Haftung aus positiver Vertragsverletzung zugleich (*BGHZ* 60/9, 12) mit der Gewährleistungshaftung, d. h. unabhängig von dem Zeitpunkt der Entdeckung des Mangels 6 Monate nach Gefahrübergang (§ 477 BGB: vgl. aber I.75), sofern nicht der Mangel arglistig verschwiegen wurde (dazu I.55; I.79). Im Werkvertragsrecht dagegen gilt die in § 638 BGB für Leistungsmängel festgelegte kurze Verjährungsfrist nicht zugleich auch für die Haftung aus positiver Vertragsverletzung. Vielmehr soll diese Haftung erst 30 Jahre nach Entstehung des Anspruchs verjähren (*BGHZ* 35/130, 132 ff.). Hier liegt zweifellos ein Widerspruch vor, der einer Klärung bedarf.

M. E. ist der Widerspruch in dem Sinn aufzulösen, daß hinsichtlich der Verjährung unterschieden wird zwischen der Haftung aus Gewährleistung einerseits, die durch § 477, 638 BGB positivrechtlich geregelt ist und der Haftung aus positiver Vertragsverletzung andererseits. Die Überlegungen, die im Kaufrecht zu der Festlegung relativ kurzer Verjährungsfristen geführt haben, gelten nicht für die Haftung aus positiver Vertragsverletzung. Ob der Vertragsgegenstand für den vertragsgemäßen Gebrauch geeignet ist, kann der Käufer normalerweise innerhalb eines Zeitraumes von 6 Monaten nach Gefahrübergang feststellen. Insoweit ist es ihm zumutbar, sich innerhalb dieses Zeitraums zu entscheiden, ob er die Ware behält oder Gewährleistungsansprüche geltend macht. Ob dagegen die Ware über die Eignung zum vertragsgemäßen Gebrauch hinaus gefahrbringende Eigenschaften für sonstige Rechtsgüter des Käufers hat, kann er nicht unbedingt immer innerhalb von 6 Monaten beurteilen. Die Sache kann durchaus zum vertragsgemäßen Gebrauch geeignet sein, aber doch in einem sehr viel späteren Zeitpunkt aufgrund des Zusammentreffens bestimmter Faktoren zur Schadensursache werden. Das aber kann im Zeitpunkt des normalen Ablaufs der Gewährleistungsfristen noch nicht beurteilt werden. Infolgedessen ist es – wie die Rechtsprechung im Werkvertragsrecht anerkannt – nicht gerechtfertigt, auch die Haftung für Begleit- bzw. Mangelfolgeschäden zugleich mit der Gewährleistungshaftung verjähren zu lassen. Andererseits ist aber entgegen der Rechtsprechung die normalerweise geltende, für das Werkvertragsrecht anerkannte 30jährige Verjährungsfrist (§ 195 BGB) zu lang. Die angemessene Lösung ergibt sich m. E. aus einer Parallele zu der deliktsrechtlichen Verjährungsregelung (§ 852 BGB). Soweit es sich um Personen- oder Sachschäden handelt, kann sich hier sowieso eine Anspruchskonkurrenz ergeben. Auch die Sachproblematik ist vergleichbar. Deshalb sollte für die Haftung aus positiver Vertragsverletzung sowohl im Kauf- als auch im Werkvertragsrecht anstelle der bislang von der Rechtsprechung angewandten Lösungen entsprechend § 852 BGB eine dreijährige Verjährungsfrist nach Kenntnis von Tat und Täter gelten. Für das Werkvertragsrecht wäre dies gegenüber dem bisherigen Stand der Rechtsprechung eine Einschränkung. Für das Kaufrecht dagegen wäre es eine Erweiterung. Rechtsvergleichend ist zu diesem vorgeschlagenen Abstandnehmen von der Anknüpfung der Verjährungsfrist an den Gefahrübergang auf die Regelung im französischen Recht hinzuweisen (Produkthaftung II, RZ 36), wonach es lediglich darauf ankommt, daß der Käufer innerhalb einer kurzen Frist nach Erkenntnis des Mangels die Schadensersatzansprüche geltend macht.

3. Vertragliche Haftungsbeschränkungen

Die Gewährleistungshaftung sowie die Haftung für positive Vertragsverletzungen können vertraglich abbedungen werden. Vertragliche Haftungsbeschränkungen sind grundsätzlich nur dann unwirksam, wenn sie auch auf vorsätzliches Handeln erstreckt werden (§§ 276, 476 BGB). Anders als z. B. im schweizerischen, französischen oder italienischen Recht ist also eine Freizeichnung von der Haftung für grobe Fahrlässigkeit grundsätzlich rechtswirksam.

Allerdings unterscheidet das deutsche Recht zwischen individuell ausgehandelten Haftungsbeschränkungen und nur formularmäßig in Allgemeinen Geschäftsbedingungen festgelegten (Anm. I.27). Für letztere gelten besondere, relativ engere Rechtswirksamkeitsgrenzen (a.a.O.). Trotz dieser Rechtswirksamkeitsgrenzen ist es aber zulässig, daß die Gewährleistungshaftung weitgehend mittels von AGB umgestaltet (a.a.O.) und daß die Haftung für positive Vertragsverletzungen ausgeschlossen wird (a.a.O.). Dagegen kann die Schadensersatzhaftung aus Eigenschaftszusicherungen nicht formularmäßig beschränkt werden, wenn sich die Eigenschaftszusicherung im Einzelfall auf den Ersatz von Mangelfolgeschäden erstreckte (Anm. I.56).

III. Deliktsrechtliche Anspruchsgrundlagen

Die deliktsrechtliche Haftung ist unabhängig von vertragsrechtlichen Beziehungen. Deshalb kann z. B. der geschädigte Endabnehmer unter Überspringung der zwischengeschalteten Vertriebshändler (I.41) oder ein Mitarbeiter des Endabnehmers (I.34; II.1) oder ein durch das Produkt geschädigter außenstehender Dritter (I.25), also z. B. ein durch ein Kraftfahrzeug verletzter Passant, direkt gegen den Hersteller oder gegen den Zulieferer des Endherstellers (I.34) auf Schadensersatz klagen. Weiterhin kann z. B. ein Hersteller-Unternehmen unter Überspringung seines Lieferanten direkte deliktsrechtliche Schadensersatzansprüche gegen den Vorlieferanten geltend machen.

Allgemeine Verkaufsbedingungen des Herstellers gelten nur im Verhältnis zu seinem Abnehmer. Sie wirken dagegen nicht gegenüber Nichtvertragspartnern. Folglich kann sich der Hersteller gegenüber einer deliktsrechtlichen Schadensersatzklage des Endverbrauchers weder auf eine eventuell zwischenzeitlich im Verhältnis zu seinem Abnehmer eingetretene Verjährung noch auf eine in seinen AGB enthaltene Haftungsfreizeichnung berufen. Desgleichen ist ein Einverständnis des Abnehmers mit dem Verzicht auf an sich erforderliche Gefahrabwendungsmaßnahmen nur im vertragsrechtlichen Verhältnis zu dem Abnehmer von Bedeutung: deliktsrechtlich kann der Hersteller dem dadurch geschädigten Dritten gegenüber neben dem Abnehmer (I.73; III.3) verantwortlich sein (I.69; II.15). Dieses Problem stellt sich vor allem für Zulieferer, wenn der Abnehmerbetrieb aus Kostengründen Sicherheitsgesichtspunkte vernachlässigt.

Die Verjährung der deliktsrechtlichen Haftung beginnt mit der Kenntnis des Anspruchsberechtigten von Tat und Täter (§ 852 BGB). Wird also z. B. erst nach langen Untersuchungen ermittelt, daß die Fehlerursache bei einem Zulieferer des Endherstellers gesetzt wurde, beginnt die Verjährungsfrist für den deliktsrechtlichen Schadensersatzanspruch des Produktgeschädigten gegen den Zulieferer erst mit der Kenntnis dieser Tatsache an zu laufen (obwohl eventuell die vertraglichen Ansprüche gegen den Endhersteller bereits seit langem verjährt sind).

1. § 823 Abs. 1 BGB

§ 823 Abs. 1 BGB stellt die deliktsrechtliche Generalklausel dar. Voll ausformuliert müßte die Vorschrift folgendermaßen gefaßt werden:

> Deliktsrechtlich geschützt sind gegenüber Dritten das Leben, der Körper, die Gesundheit, die Freiheit, das Eigentum oder sonstige absolute Rechte. Niemand darf widerrechtlich in diese Rechtsgüter eingreifen. Weiterhin muß sich jedermann so verhalten, daß nicht in seinem Herrschaftsbereich Ursachen für eine Verletzung jener Rechtsgüter Dritter gesetzt werden. Er muß im Rahmen des ihm Möglichen und Zumutbaren die erforderlichen Maßnahmen treffen, um Gefahren für jene Rechtsgüter zu vermeiden. Bei vorsätzlicher und fahrlässiger Verletzung dieser Pflicht ist er dem anderen zum Ersatz des daraus entstehenden Schadens verpflichtet.

Jene ungeschriebene tatbestandliche Vervollständigung der deliktsrechtlichen Generalklausel hat die Rechtsprechung vor allem im Bereich der Verkehrssicherungspflichten des Grundstückseigentümers herausgearbeitet. Inzwischen hat sich aber klar herauskristallisiert, daß die Verkehrssicherungspflichten des Grundstückseigentümers nur der historische Ansatzpunkt und paradigmatisch für die Grundsatzproblematik waren und daß generell für jedermann eine allgemeine Verkehrssicherungspflicht gilt (vgl. *BGH*, 22. 10. 1974, VersR 1975/88, 89; *OLG Stuttgart*, 9. 5. 1974, VersR 1975/69, 70). Auch der Warenhersteller (I.17; I.19; I.22; I.25; I.36; I.43; I.66; II.1) und der Vertriebshändler (I.16; I.41) sowie der Produktanwender (II.20) unterliegen also dieser allgemeinen Verkehrssicherungspflicht, die auf ihren jeweiligen Tätigkeits- bzw. Verantwortungsbereich zu konkretisieren ist.

2. § 823 Abs. 2 BGB

§ 823 Abs. 2 BGB stellt nicht auf die verletzten Rechtsgüter, sondern lediglich darauf ab, ob ein Schutzgesetz verletzt wurde. Je nach Ausrichtung des Schutzgesetzes können über § 823 Abs. 2 BGB auch unmittelbare Vermögensschäden deliktsrechtlich geschützt sein. Ist ein Verstoß gegen ein Schutzgesetz bewiesen, so spricht nach der Rechtsprechung eine Vermutung dafür, daß die Verletzung schuldhaft erfolgt ist (I.58). Derjenige, der das Schutzgesetz übertreten hat, muß deshalb Umstände dartun und beweisen, die geeignet sind, die Annahme seines Verschuldens auszuräumen (a.a.O.).

3. § 826 BGB

Die Besonderheit des § 826 BGB besteht darin, daß in diesem Rahmen auch unmittelbare Vermögensschäden deliktsrechtlich geschützt sind. Tatbestandlich genügt hier aber keine Fahrlässigkeit. Vielmehr ist ein zumindest bedingt vorsätzliches Handeln Anspruchsvoraussetzung (Anm. I.15).

4. Einzelfragen der deliktsrechtlichen Haftung

a) Die Tatbestandsmerkmale der deliktsrechtlichen Generalklausel

aa) Der Grundsatz der Verhältnismäßigkeit

Das Tatbestandsmerkmal der Erforderlichkeit der Maßnahmen stellt einen sog. unbestimmten Rechtsbegriff dar. Zwar ist dieser Rechtsbegriff inhaltlich bestimmbar. In seiner konkreten Aussage ist er aber erst vom Einzelfall her faßbar (vgl. dazu *Schmidt-Salzer*, Der Beurteilungsspielraum der Verwaltungsbehörden, 1968, S. 12 ff.). Aus dieser Kennzeichnung als unbestimmter Rechtsbegriff ergibt sich, daß sämtliche Umstände des Einzelfalles gegeneinander abzuwägen sind. Dieses Gebot der wertenden Beurteilung sämtlicher Einzelfallumstände beinhaltet, daß es hinsichtlich der Frage, welche Maßnahmen erforderlich sind, entscheidend auf die Größe und Wahrscheinlichkeit der Gefahr, auf die Bedeutung der gefährdeten Rechtsgüter und auf die Zahl der Betroffenen ankommt: je quantitativ und/oder qualitativ gewichtiger die voraussehbarerweise drohenden Gefahren sind, umso höhere Anforderungen sind an die Gefahrabwendungspflichten des Herstellers zu richten; Art und Umfang der Maßnahmen müssen Art und Umfang der Gefahren entsprechen (Grundsatz der Verhältnismäßigkeit: vgl. I.42).

Da sich die steigenden Anforderungen meist in einem Ansteigen der finanziellen Belastungen niederschlagen, ist dieser deliktsrechtliche Grundsatz der Verhältnismäßigkeit vor allem für die Frage der von dem Hersteller zu fordernden finanziellen Aufwendungen von praktischer Bedeutung. Das Wertungsgewicht, das den finanziellen Belastungen zukommt, die für den Hersteller aufgrund der rechtlich erforderlichen Maßnahmen entstehen, ist umgekehrt proportional zur Größe und Wahrscheinlichkeit der Gefahr. Gegenüber einer akuten Gefahr für Leben oder Gesundheit kann sich der Hersteller nicht darauf berufen, daß für ihn durch die Gefahrabwehrmaßnahmen eine finanzielle Zusatzbelastung entsteht (I.73; III.3) bzw. seine Absatzinteressen beeinträchtigt werden (I.73) oder daß z. B. die erforderliche Warnung der Endabnehmer bereits verkaufter Produkte schädliche Auswirkungen auf seine zukünftige Geschäftstätigkeit haben werde (vgl. III.4 sowie *OLG München*, VersR 1972/472, 474). Dasgleiche gilt, wenn die voraussehbaren Sachschäden erheblich sind (vgl. I.58). Die Frage der rechtlich erforderlichen Maßnahmen richtet sich also nicht so sehr nach technischen oder kaufmännischen Gesichtspunkten als vielmehr nach dem rechtlich angesichts der Umstände des betreffenden Einzelfalles Gebotenen (*BGH*, VersR 1972/693 und I.70).

ab) Die Freiheit in der Wahl der Gefahrabwendungsmaßnahmen

Daraus, daß die Generalklausel das Tatbestandsmerkmal der Erforderlichkeit der Maßnahmen verwendet, ergibt sich weiterhin, daß der Schuldner der deliktsrechtlichen Gefahrabwendungspflichten nur den Erfolg (d. h. nur die Gefahrabwendung) schuldet. Er schuldet dagegen nicht die Vornahme bestimmter Maßnahmen. Es bleibt ihm also grundsätzlich die Freiheit zur Wahl der zu treffenden Maßnahmen, sofern er nur das nach Lage der Dinge Erforderliche und Ausreichende tut. Ob z. B. ein Hersteller die Qualitätskontrolle im Rahmen seines Unternehmens ausführen läßt oder aber einem rechtlich selbständigen Drittunternehmen überträgt, ist Gegenstand seiner freien unternehmerischen Entscheidung. Wenn er aber die Qualitätskontrolle einem Drittunternehmen überträgt, muß er dafür sorgen, daß die Qualitätskontrolle durch das eingeschaltete Drittunternehmen ordnungsgemäß ausgeführt wird. Dies ist im einzelnen im Zusammenhang mit der deliktsrechtlichen Erfassung von tatsächlichen Arbeitsteilungen dargelegt.

ac) Der Beurteilungszeitpunkt

Da das Tatbestandsmerkmal der Erforderlichkeit der Maßnahmen in seiner konkreten Aussage erst vom Einzelfall her faßbar ist, ist es unvermeidbar, daß der konkrete Inhalt der dem Warenhersteller obliegenden Verhaltungspflichten praktisch erst ex post vom eingetretenen Schaden her präzisierbar ist. Diese praktisch unvermeidbare ex post-Analyse darf aber nicht dazu führen, daß hinsichtlich des objektiven und des subjektiven Tatbestandes auf den Zeitpunkt des Schadenfalles abgestellt wird. Da es sich hier um eine Verschuldenshaftung handelt, ist stets eine Voraussehbarkeit des Schadenseintritts erforderlich (I.22; II.12). Beurteilungszeitpunkt ist also nicht der Zeitpunkt des Schadenfalls, sondern der Zeitpunkt des potentiellen Handelns bzw. Unterlassens (I.28). Hat der Hersteller bestimmte, unter dem Gesichtspunkt der Betriebssicherheit erforderliche Maßnahmen unterlassen, liegt also ein Verschulden nur vor, wenn er im Zeitpunkt des Handelns (z. B. Herstellung und/oder Auslieferung einer nicht ausreichend gegen Überdruck gesicherten Kühlanlage) wußte oder hätte wissen müssen (grobe Fahrlässigkeit) bzw. wissen können (leichte Fahrlässigkeit), daß sich aus der Ausstattung der Anlage Gefahren für deliktsrechtlich geschützte Rechtsgüter Dritter ergaben (vgl. I.26; I.43), d. h. wenn dies aus seiner Perspektive in jenem Zeitpunkt voraussehbar war.

ad) Branchenüblichkeit und Erforderlichkeit

Im Rahmen der Fahrlässigkeitshaftung haben die Einzelnen für das im Verkehr Erforderliche einzustehen. Es kommt also nicht darauf an, was im Verkehr bzw. in dem betreffenden Wirtschaftszweig üblich ist. Entspricht das Verkehrsübliche nicht dem im Verkehr Erforderlichen, haftet das Unternehmen für dieses zwar branchentypische, rechtlich gesehen aber unzulässige Zurückbleiben hinter den Verhaltensanforderungen (I.71). Ein branchenüblicher Schlendrian ist also kein Haftungsreduzierungsgrund.

ae) Das Verschuldenkriterium

Der Fahrlässigkeitsbegriff des deutschen Zivilrechts ist nicht individuell, sondern objektiv-typisierend zu verstehen. Jedermann haftet dafür, daß er das für die übernommene Tätigkeit erforderliche Fachwissen aufweist (sog. Übernahmehaftung: I.24, I.48, I.59, III.1), insbesondere also dafür, daß die einschlägigen Fachzeitschriften zwecks Erfassung des allgemein in dem betreffenden Bereich zur Verfügung stehenden Wissens ausgewertet werden (I.41, I.73, *BGH,* 19. 3. 68, VersR 1968/601, 602; *BGH,* 9. 4. 68, VersR 1968/701 f.). Ein Spezialwissen wird nur von den Spezialisten verlangt (*BGH,* 6. 3. 74, VersR 1974/772, 773). Grundsätzlich ist also lediglich für das allgemein verfügbare Wissen einzustehen (*BGH,* aaO). Verfügt die Geschäftsleitung nicht über das erforderliche Fachwissen, muß sie entsprechend qualifizierte Mitarbeiter einsetzen (I.8).

Unter dem Gesichtspunkt der Übernahmehaftung kommt es also nicht auf die individuellen Verhältnisse, Fähigkeiten, Kenntnisse, usw. des Betreffenden an. Die

Bedeutung des objektiv-typisierenden Fahrlässigkeitsbegriffs erschöpft sich aber in dieser Absicherung nach unten. Verfügt ein Unternehmen über ein der Konkurrenz nicht zugängliches Know How, kann es verpflichtet sein, dieses Know How einzusetzen, wenn dadurch Schäden für die Person oder für Sachen Dritter vermieden werden (vgl. Produkthaftung I, Rz 30–33), obwohl also die Konkurrenzunternehmen in der gleichen Situation keiner Haftung unterlägen. Diese Fragestellung wird im Herstellungsbereich vor allem dann aktuell, wenn das Unternehmen im Rahmen der Schadenregulierung die Einsicht in bestimmte, noch nicht allgemein bekannte Kausalzusammenhänge gewonnen hat. Wenn z. B. das Zusammentreffen bestimmter Faktoren zur Schadensursache werden kann, dies aber noch nicht Stand der Technik, sondern nur dem einzelnen Unternehmen aufgrund besonderer, durch konkrete Schadensfälle ausgelöster Untersuchungen bekannt ist, haftet es deliktsrechtlich dafür, daß die Konsequenzen aus dieser Erkenntnis gezogen werden. Selbstverständlich ist dies in der Praxis vor allem ein Beweisproblem. Ergibt sich aber, daß dem betreffenden Unternehmen jene Kausalreihe bekannt war, obwohl die Konkurrenzunternehmen darüber nicht informiert waren, kann sich für das betreffende Unternehmen eine deliktsrechtliche Gefahrabwendungspflicht ergeben.

Die Verschuldenshaftung bedeutet für den Bereich der Produkthaftung vor allem, daß nur für die Einhaltung des Standes der Technik gehaftet wird (*BGH,* 11.3.74, VersR 1974/772, 773), nicht aber für die Berücksichtigung eines nicht allgemein verfügbaren Spezialwissens (*BGH*, aaO.). Weiterhin bedeutet sie, daß der Stand der Technik (I.19, I.26, I.28, I.36, I.43, II.17, III.2) bzw. im außertechnischen Bereich der sog. Stand der Wissenschaften (I.30; state of the art) zu erfüllen ist bzw. nicht unterschritten werden darf, d. h. daß das für den betreffenden Bereich allgemein verfügbare Wissen beachtet wird (vgl. oben bei *BGH*, 9. 4. 68). DIN-Normen sind nicht mit dem Stand der Technik identisch. Sie stellen nur die Auffassung eines fachmännisch besetzten Gremiums über das dar, was in den einschlägigen Verkehrskreisen als technisch ordnungsgemäßes Verhalten angesehen wird. Ist der Stand der Technik über den Stand der DIN-Norm hinausgegangen, genügt die Erfüllung der DIN-Norm nicht, sondern ist der Weiterentwicklung des Standes der Technik Rechnung zu tragen (II.17 sowie *BGH,* 12. 10. 67, VersR 1967/1194, 1195). Geht der Hersteller mit einer Neuentwicklung über den Stand der Technik hinaus, ergeben sich daraus für ihn besondere Überprüfungs- und eventuell auch besondere Hinweispflichten gegenüber den Abnehmern bzw. Benutzern (I.30, II.8).

Konsequenz des Verschuldenkriteriums ist vor allem, daß das Unternehmen nur im Rahmen des Vorwerfbaren haftet. Eine Überspannung der Sorgfaltspflichten ist unzulässig (I.40, I.42, I.48). Die Verschuldenshaftung darf nicht mittels Hochschraubung der Sorgfaltsanforderungen praktisch zu einer Garantiehaftung umfunktioniert werden.

b) Herstellerverantwortung und Anwender- bzw. Benutzerverantwortung

Die Produktverantwortung des Benutzers ist unabhängig davon, ob der Betreffende gewerblich tätig wurde (z. B. Installationsunternehmen oder sonstige Handwerker: I.45 bzw. I.36, I.38, I.48, II.9) oder ob er privater Endbenutzer (II.20) ist. Der Benutzer kann sich zwar im allgemeinen (I.48, II.8), aber doch nicht blindlings auf Herstellerangaben über die Brauchbarkeit oder Ungefährlichkeit des Produkts verlassen (I.38, I.48 sowie *OLG München,* 21. 2. 74, VersR 1975/61, 62). Waren die Herstellerangaben falsch bzw. irreführend, haftet der Hersteller (I.48, I.73) gegebenenfalls neben dem Benutzer bzw. Anwender (vgl. *BGH,* 12. 12. 67, VersR 1968/280 f., *BGH,* 19. 3. 68, VersR 1968/601, 602) dem dadurch Geschädigten. Waren umgekehrt die Herstellerangaben zutreffend, ist der Schaden aber dadurch eingetreten, daß der Benutzer die Herstellerangaben nicht respektiert hat, haftet der Benutzer dem dadurch Geschädigten auf Schadensersatz (I.45).

Diese Produktverantwortung des Benutzers kann sich unter den Aspekten der Verantwortung gegenüber sich selbst und der Verantwortung gegenüber Dritten realisieren:

Im Bereich der Verantwortung gegenüber sich selbst schlägt sich diese Produktverantwortung des Benutzers zunächst in der Frage nieder, welche Sorgfaltspflichten dem Hersteller obliegen. Unabhängig von der Frage des Verschuldens ist bereits bei der Festlegung der Sorgfaltspflichten gegebenenfalls zu berücksichtigen, welche Schutzerwartungen der Benutzer berechtigtermaßen geltend machen kann. (I.20, I.26, I.60). Wer ein für Fachleute bestimmtes maschinelles Arbeitsgerät kauft, hat dafür einzustehen, daß er über das zur Benutzung erforderliche Fachwissen verfügt (I.36). Der Hersteller braucht ihn nicht auf die objektiv erforderlichen Gefahrabwendungsmaßnahmen hinzuweisen, wenn ein durchschnittlicher Fachmann darüber informiert ist (I.36) ebensowenig wie der Hersteller einen fachmännischen Benutzer vor unsachgemäßem Gebrauch warnen muß (I.66). In gewissem Umfang muß sich also der Benutzer das erforderliche Anwendungswissen selbst verschaffen (I.36, I.86) und hat nur er dafür einzustehen. Die Mitverantwortung des Herstellers setzt an dem Punkt ein, an dem das vorauszusehende Wissen des durchschnittlichen Benutzers überschritten ist (I.73, I.86). Ein derartiger Fall ist gegeben, wenn bei dem Einsatz des Produkts ungewöhnliche Gefahren bzw. Gefahrenausmaße bestehen, mit denen ein durchschnittlicher Benutzer nicht zu rechnen braucht (I.73) oder wenn ein neues Produkt bzw. Arbeitsgerät auf den Markt gebracht wird, hinsichtlich dessen noch kein Anwendungswissen der potentiellen Benutzer besteht (I.33).

Weiterhin kann sich die Produktverantwortung des Benutzers im Hersteller-/Benutzerverhältnis im Bereich des Mitverschuldens (§ 254 BGB) praktisch auswirken, indem der an sich gegebene Schadensersatzanspruch des Benutzers proportional zu seinem Mitverschulden am Schadenseintritt gekürzt wird (vgl. I.17). Wählt z. B. der Hersteller eine unnötig gefährliche Konstruktion oder verharmlost er das Produkt durch fälschliche Herausstellung der Ungefährlichkeit, haftet der Hersteller dafür, auch wenn der Schaden erst durch einen hinzutretenden Bedienungsfehler ausgelöst wurde (I.17 bzw. I.48).[1]

Ist dagegen der Schaden nicht im Bereich des Benutzers, sondern bei außenstehenden Dritten eingetreten, stellt sich die obige Problematik unter dem Gesichtspunkt, ob der Geschädigte nur den Hersteller, nur den Benutzer oder beide gesamtschuldnerisch (I.48, I.73) in Anspruch nehmen kann.

c) Der Begriff des Produktfehlers und die typischen Pflichtenbereiche der Produkthaftung

Bereits in den deliktsrechtlichen Begriff des Produktfehlers fließen Wertungs- und Rechtssphärenabgrenzungsmomente ein. Nicht jede Mangelhaftigkeit, die zur Schadensursache wurde, stellt einen Produktfehler dar, sondern nur eine angesichts der Umstände (II.14, III.10), der nach dem Stand der Technik gegebenen Konstruktionsmöglichkeiten (I.17) und/oder der berechtigten Benutzererwartungen (I.60, III.7) unnötige Gefährlichkeit ist als Produktfehler zu bewerten (vgl. zur entsprechenden Entwicklung im us-amerikanischen Recht Produkthaftung II, Rz 219–223: unreasonability of the defect).

---

[1] Das Verschulden des Bedienungsfehlers kann dann gemäß § 254 BGB zu einer Anspruchsminderung führen.

III.

In der Literatur wird im allgemeinen der Begriff des Produktfehlers benutzt. Die Produkthaftung wird definiert als „Haftung des Warenherstellers für das schuldhafte Inverkehrbringen eines fehlerhaften Produkts" (vgl. z. B. *Weitnauer*, NJW 1968/1593, 1594; *Palandt-Thomas*, BGB, Anm. 16 c, bb zu § 823). Eine derartige Norm besteht aber nicht. Vielmehr handelt es sich hier um eine Anwendung der allgemeinen deliktsrechtlichen, weitgehend ungeschrieben in § 823 Abs. 1 BGB enthaltenen Generalklausel auf die durch ein Produkt ausgelösten Personen- bzw. Sachschäden.

Die Deliktshaftung ist eine Verhaltenshaftung. Sie umfaßt folglich den gesamten Tätigkeitsbereich der Einzelnen. Würde man die Produkthaftung entsprechend der bisherigen Praxis in der Literatur begrenzen auf die drei klassischen Fehlergruppen Konstruktionsfehler, Fabrikationsfehler und Instruktionsfehler, gewinnt man zwar drei scheinbar klar abgegrenzte Pflichtenbereiche. Dabei wird aber übersehen, daß die deliktsrechtliche Haftung den gesamten Tätigkeitsbereich umfaßt. Beschränkt man die Produkthaftung auf die Kategorien Konstruktionshaftung, Fabrikationshaftung und Instruktionshaftung, dann bleibt bei den sog. Ausreißern und den Entwicklungsgefahren[1] sowie bei den Entwicklungslücken[2] eine Haftungslücke, weil im Zeitpunkt des Inverkehrbringens ein Schuldvorwurf nicht erhoben werden kann. Sieht man dagegen die Produkthaftung entsprechend der deliktsrechtlichen Generalklausel als generelle, den gesamten Tätigkeitsbereich umfassende Verhaltenshaftung, dann kann die im Bereich der Konstruktionshaftung oder der Fabrikationshaftung deliktsrechtlich nicht faßbare Verantwortung für Ausreißer im Rahmen der Qualitätskontrollhaftung besondere Gefahrabwendungspflichten begründen. Weiterhin kann die im Bereich der Konstruktionshaftung nicht erfaßbare Problematik der Entwicklungsgefahren im Rahmen der Instruktionshaftung (II.17) sowie im Rahmen der Pflicht zur Produktbeobachtung (dazu siehe unten) relevant werden. Das Ausgehen von den typischen Kategorien der Konstruktionshaftung, der Fabrikationshaftung und der Instruktionshaftung erfaßt nur Ausschnitte. Es verhindert die Totalperspektive, die sich als notwendige Konsequenz der deliktsrechtlichen Generalklausel ergibt. Deliktsrechtlich ist deshalb die Perspektivenbegrenzung auf Konstruktionsfehler, Fabrikationsfehler und Instruktionsfehler abzulehnen. Vielmehr ist stets die Frage zu stellen, ob in der konkreten Situation deliktsrechtliche Gefahrenabwendungspflichten bestanden haben.

---

[1] Gefahr noch nicht nach dem Stand der Technik erkannt.

[2] Gefahr erkannt, aber noch keine adäquaten Abwendungsmittel verfügbar.

Das bedeutet nicht, daß die herkömmlichen Kategorien der Konstruktions-, der Fabrikations- und der Instruktionshaftung wertlos wären. Ihre Bedeutung reduziert sich lediglich darauf, daß es sich nur um die *rein deskriptive Zusammenfassung typischer Pflichtenbereiche* handelt. Sie sind gewissermaßen ein Instrument der Arbeitsrationalisierung, indem zur Erleichterung des Verständnisses und der Anwendung der Generalklausel Sachverhaltensgruppen gebildet werden, hinsichtlich derer die Generalklausel zu bestimmten, bereits relativ konkreten Beurteilungen führt. Eine derartige typologische Erschließung der deliktsrechtlichen Generalklausel darf aber nur deskriptiv sein, weil jede Petrifizierung von „Untertatbeständen" für die betreffenden typischen Situationen eine Typisierung der deliktsrechtlichen Gefahrenabwendungspflichten enthielte. Das aber wird gerade durch das Gebot der wertenden Beurteilung sämtlicher Einzelfallumstände untersagt, das normstrukturell mit der Verwendung des unbestimmten Rechtsbegriffes der Erforderlichkeit der Maßnahmen verbunden ist.

In diesem nur deskriptiven Sinn kann man vier Pflichtenbereiche unterscheiden: Konstruktionshaftung, Instruktionshaftung, Fabrikationshaftung und Produktbeobachtungshaftung.

ca) Die Konstruktionshaftung

Aufgrund der Konstruktionshaftung muß das Produkt für den bestimmungsgemäßen Gebrauch durch den durchschnittlichen Benutzer geeignet (I.19, I.66), also vor allem betriebssicher sein (I.17, I.23, I.24, I.36, I.41, I.43, I.45, I.48, I.66, II.11).

Der bestimmungsgemäße Gebrauch umfaßt nur den Kernbereich. Der Hersteller hat die tatsächlichen Einsatzbedingungen seines Produkts zu berücksichtigen (I.19, I.43, I.44, I.66, I.69, III.3, III.4). Gegebenenfalls hat er also auch eventuelle Bedienungsfehler (I.19, I.48, I.66, I.73) oder das Hinzutreten von Kleinkindern bzw. sachunkundigen Personen (I.28) bei der Produktgestaltung zu berücksichtigen. Genauer formuliert haftet der Hersteller im Bereich der Konstruktionshaftung dafür, daß das Produkt in den tatsächlich vorhersehbaren und rechtlich vorherzusehenden Einsatzsituationen nicht unnötig gefährlich ist (im einzelnen vgl. Produkthaftung I, Rz. 55–58). Dagegen haftet der Hersteller nicht für Schäden, die sein Produkt aufgrund von im Einzelfall gegebenen atypischen Verhältnissen auslöst (II.4).

Die bei dem durchschnittlichen Benutzer vorauszusehenden Eigenschaften, Kenntnisse, usw. beurteilen sich nach dem für den Hersteller Voraussehbaren. Ist das

Produkt nur für fachkundige Benutzer bestimmt, werden angesichts des bei ihnen vorauszusetzenden höheren Wissens- und Erfahrungsstandes z. B. an die Gebrauchsanweisungen geringere Anforderungen gestellt (I.36, I.66, I.73, I.86) als wenn das Produkt auch von Amateuren benutzt wird. Ist das Produkt an sich nur für Fachleute bestimmt, verschafft sich aber im Einzelfall ein Nichtfachmann das Produkt (z. B. als Gebrauchtkauf oder durch Diebstahl), dann haftet dafür der Hersteller nicht, weil insoweit der tatsächliche Benutzer nicht die Mindestanforderungen des „durchschnittlichen Benutzers" erfüllt, die der Hersteller bei der Gestaltung des Produkts zu berücksichtigen hat.

Im übrigen hat der Hersteller das Produkt ausreichend zu erproben. Er darf also keinesfalls die Erprobung des Produkts der Praxis überlassen (II.8), sondern er muß von sich aus u. a. auch das Langzeitverhalten testen (I.15). Haftungsrechtlich gesehen ist also die Produktverläßlichkeit eindeutig eine Komponente des Qualitätsbegriffs.

Wird ein Produkt nur für einen bestimmten Verwendungszweck angeboten, muß es dafür geeignet sein (III.8) und kann sich der Benutzer darauf verlassen. Handelt es sich dagegen um ein Vielzweck-Produkt, ist die Benutzerverantwortung ungleich größer, indem der Benutzer für seinen konkreten Verwendungszweck überprüfen muß, ob das Produkt dafür geeignet ist (II.14). Wird das Produkt unter einer bestimmten Bezeichnung vertrieben, die für den durchschnittlichen Benutzer auf bestimmte Eigenschaften hinweist, muß das Produkt diese Eigenschaften auch tatsächlich aufweisen (III.10). Wird z. B. ein Produkt als Epoxy-Harz vertrieben, ohne daß es sich chemisch aber um ein Epoxy-Harz handelt und ohne daß das Produkt die für Epoxy-Harze kennzeichnende Alkali- und Wasserbeständigkeit aufweist, haftet dafür der Hersteller, weil er das Produkt unter einer über die wirklichen Eigenschaften und damit über die Einsatzmöglichkeiten täuschenden Bezeichnung vertrieben hat.

cb) Die Instruktionshaftung

Konstruktions- und Instruktionshaftung sind nicht zwei verschiedene Bereiche der Herstellerhaftung (Anm. I.85). Vielmehr sind diese beiden Erscheinungsformen eng miteinander verzahnt. Die Instruktionshaftung ergänzt die Konstruktionshaftung und deckt haftungsrechtlich die Gefahren ab, die konstruktionell nicht beseitigt werden können (vgl. I.28) bzw. die sich erst aus dem konkreten Einsatz des Produktes ergeben. Ist ein Produkt an sich ordnungsgemäß konstruiert, hat der Hersteller darauf hinzuweisen, welche konkreten Gefahren mit der Benutzung seines Produkts verbunden sind (I.73, I.85) und welche Maßnahmen vorzunehmen sind, um diese Gefahren zu vermeiden. Kann das an sich ordnungsgemäße Produkt für einzelne Benutzerkreise gefährlich werden (z. B. Allergieproblematik), hat der Hersteller den betroffenen Personenkreis zu warnen.

Im Rahmen der Instruktionshaftung hat der Hersteller dem durchschnittlichen Benutzer (I.36, I.86) einen klaren Eindruck (a) von den bestehenden Gefahren (I. 85) und (b) von den Möglichkeiten der Vermeidung zu vermitteln (I.39, I.73). Kann der Hersteller davon ausgehen, daß der durchschnittliche Benutzer die Gefahren und die zu ihrer Vermeidung erforderlichen Voraussetzungen kennt, braucht er dem Produkt keine entsprechenden Hinweise beizufügen (I.36, I.73, I.86). Kennt der durchschnittliche Benutzer zwar die allgemein mit Produkten dieser Art verbundenen Gefahren, nicht aber die im konkreten Fall durch die Eigenschaften des konkreten Produkts bestehende spezifische Gefahr, muß der Hersteller (nur) auf die spezifische Gefahr hinweisen (I. 73). Wird ein Produkt sowohl an Fachleute als auch an Nichtfachleute verkauft, werden die Sorgfaltsanforderungen durch den Bewertungsmaßstab des Nichtfachmannes geprägt (vgl. I.26, I.37, I.39).

Die Instruktionen müssen vollständig, klar und eindeutig sein. Sie dürfen also vor allem nicht die Gefahren verniedlichen, so daß der Hersteller haftet, wenn er sein Produkt tatsachenwidrig verharmlost (I.48) oder wenn er einen falschen Eindruck von den Einsatzmöglichkeiten bzw. -grenzen gibt (I.86). Vielmehr müssen die Instruktionen eine deutliche Vorstellung von den möglichen Gefahren und ihrer Abwehr geben (I.39, I.73).

cc) Die Fabrikationshaftung

Die Fabrikationshaftung ist eng verzahnt mit der Qualitätskontrollhaftung. Je mehr der Fertigungsprozeß beherrscht wird, umso geringer sind die Anforderungen an die Qualitätskontrolle und umgekehrt (Anm. III.2). Erfolgt die Produktherstellung weitgehend per Hand, ist angesichts des Faktors menschliche Arbeitskraft eine Beherrschung der Fertigungsqualität nur begrenzt möglich. Folglich entstehen hier relativ intensive Qualitätskontrollpflichten. Erfolgt dagegen die Herstellung automatisiert, so wird damit eine relativ hohe Fertigungssicherheit erreicht und bestehen umgekehrt proportional relativ geringere Qualitätskontrollpflichten.

Im einzelnen sind hier folgende Fragen zu stellen:

(1) Welche Fertigungsfehler können bei der Herstellung des Produkts auftreten?
(2) Welche dieser tatsächlichen Fertigungsfehler sind im Rahmen des voraussehbaren Produkteinsatzes durch den durchschnittlichen Benutzer relevant?

(3) Welche der tatsächlichen und haftungsrechtlich relevanten Fabrikationsfehler können mittels fertigungstechnischer Mittel beherrscht werden?
(4) Welche Maßnahmen sind erforderlich, um die tatsächlich möglichen, gegebenenfalls haftungsrechtlich relevanten und fertigungstechnisch nicht beseitigten Fabrikationsfehler im Rahmen der Qualitätskontrolle zu erfassen?

Handelt es sich z. B. um die Herstellung von Glasflaschen, so sind fertigungstechnisch Materialverdünnungen nicht zu vermeiden. Insoweit liegt also ein tatsächlicher Fabrikationsfehler vor. Die anschließende Frage ist, ob bzw. in welchem Umfang derartige, fertigungstechnisch nicht vermeidbare Fabrikationsfehler für die Produktqualität erheblich sind. Handelt es sich um die Herstellung von Flaschen für kohlensäurehaltige Flüssigkeiten, so haben diese Flaschen gegebenenfalls einen erheblichen Innendruck auszuhalten und ist folglich die Frage der Materialverdünnung von wesentlicher Bedeutung. Handelt es sich dagegen um Flaschen, in denen kohlensäurefreie Flüssigkeiten aufbewahrt werden, ist die Frage der Materialverdünnung, abgesehen von gewissen Grenzwerten, unerheblich. Im Bereich der dritten Frage braucht also im zweiten Fall nur sichergestellt zu werden, daß die fertigungstechnisch nicht vermeidbaren Fabrikationsfehler hinsichtlich der Materialverdünnung in einem ausreichenden Sicherheitsabstand zu jenen Grenzwerten bleiben. Im ersten Fall dagegen genügt dies nicht, sondern sind weitere Maßnahmen erforderlich. Handelt es sich also um Flaschen für kohlensäurehaltige Flüssigkeiten, muß der Hersteller entweder die Fertigungsanlagen verbessern, also zusätzliche Investitionen vornehmen, oder aber dafür sorgen, daß mittels der Qualitätskontrolle eine ausreichende Überprüfung der Materialverdünnung erfolgt.

Handelt es sich z. B. um Gießereiprodukte, sind fertigungstechnisch sog. Warmrisse nicht zu vermeiden. Hier liegt also ein tatsächlicher Fabrikationsfehler vor. Durch derartige Warmrisse wird die Festigkeit der Gußteile gegebenenfalls entscheidend verringert. Folglich handelt es sich hier um einen haftungsrechtlich relevanten Fertigungsfehler. Da diese Fehlerquelle aber fertigungstechnisch nicht voll beherrscht werden kann, ergeben sich hier für den Hersteller im Bereich der Qualitätskontrolle besondere Anforderungen: Er muß Prüfungsverfahren einsetzen, mit denen diese Fehlerquelle beherrscht wird. Da die Warmrisse häufig mit bloßem Auge nicht bzw. kaum erkennbar sind, wäre eine bloße Sichtkontrolle eine haftungsrechtlich nicht ausreichende Qualitätskontrollmethode. Vielmehr sind hier Verfahren wie z. B. Magnetflutung oder Röntgenanalyse erforderlich.

Handelt es sich um die Abfüllung eines Hühnerserums, bei dem Verunreinigungen zu Schädigungen der Hühner und damit Sachschäden führen können, dann muß das

Abfüllverfahren so organisiert werden, daß derartige Verunreinigungen ausgeschlossen sind (I. 58). Grundsätzlich ist es zwar dem Hersteller freigestellt, ob er die Produktqualität mittels Verbesserung der Fertigungsmethoden, -anlagen usw. oder aber mittels Gestaltung der Qualitätskontrolle beherrscht. Ob im Einzelfall das Hühnerserum keimfrei abgefüllt wurde oder nicht, kann aber mittels der Qualitätskontrolle nicht mehr ermittelt werden. Folglich entsteht hier für den Hersteller im Bereich der Fertigungsplanung eine deliktsrechtliche Verpflichtung, für eine Abfüllmethode zu sorgen, bei der Verunreinigungen vermieden werden (aaO.). Erfolgt die Abfüllung per Hand, ist dies nicht der Fall und ist diese Abfüllmethode haftungsrechtlich mangelhaft. Erfolgt dagegen die Abfüllung automatisch, wird das Problem der Verunreinigung im wesentlichen beherrscht und sind die haftungsrechtlichen Herstellerpflichten erfüllt.

cd) Die Produktbeobachtungshaftung

Die Produkthaftung stellt sich aber nicht nur als Haftung für das Inverkehrbringen eines fehlerhaften Produkts dar. Vielmehr handelt es sich ganz allgemein um die Haftung für die zurechenbare Verursachung eines Produktschadens. Die Haftung kann also bereits vor dem Inverkehrbringen des Produktes einsetzen, wenn z. B. eine noch nicht betriebsfertige Anlage nicht genügend abgesichert wird (I. 26, I. 42). Darüber hinaus kann die Produkthaftung aber auch einsetzen, wenn hinsichtlich des Inverkehrbringens selbst ein haftungsrechtlicher Vorwurf nicht erhoben werden kann. Eine derartige Sachlage ist gegeben, wenn im Zeitpunkt des Inverkehrbringens die Fehlerhaftigkeit unverschuldetermaßen unbekannt war und sich z. B. erst im Rahmen der Schadenbearbeitung herausstellt, daß das Produkt Konstruktions- oder Fabrikationsfehler aufweist (vgl. I. 16, I. 17, III. 3, III. 4). Aber auch unabhängig von derartigen konkreten Anlässen ist der Hersteller verpflichtet, die Bewährung seines Produktes im Feld zu beobachten (I. 62). Organisatorisch bedeutet dies, daß der Hersteller eine entsprechende Informationsermittlung und -weiterleitung sicherstellen muß (I. 62).

Diese sog. Produktbeobachtungshaftung umfaßt vor allem die Verpflichtung zur Auswertung der Schadenregulierungs- und Gewährleistungsfälle. Die Schadenbearbeitung (loss management) hat also neben der regulativen Seite noch eine präventive Dimension (risk management: vgl. I. 17, I. 31, I. 33, I. 43, III. 3, III. 4).

Die präventive Dimension der Schadenbearbeitung umfaßt einerseits die bereits in den Verkehr gebrachten Produkte (III. 3). Hinsichtlich dieser Produkte kann sich für den Hersteller eine deliktsrechtliche Verpflichtung zu Warn- bzw. Rückrufaktionen ergeben, wenn dies wegen Art und Umfang der zu befürchtenden Gefahren erforderlich ist (III. 3, III. 4).

Weiterhin umfaßt die präventive Dimension die laufende Produktion. Bei Feststellung von Ungenauigkeiten in der Qualitätskontrolle kann sich für den Hersteller die Verpflichtung zur Nachkontrolle der noch auf Lager befindlichen Produkte ergeben.

Darüber hinaus umfaßt die präventive Dimension die zukünftige Produktion (III. 5). Der Hersteller hat Fehler, die aufgrund der Schadenbearbeitung oder der sog. Feldbeobachtung erkannt wurden, zu beseitigen (III. 3). Ist die Fehlerursache ungeklärt, sind die erforderlichen Untersuchungen, Typenprüfungen usw. vorzunehmen (III. 4). Ist die Fehlerursache geklärt und haben sich Konstruktionsfehler herausgestellt, sind die Konstruktionspläne zu überarbeiten. Handelt es sich um Fabrikationsfehler, ist die Fertigungsplanung zu überprüfen, d. h. sind je nach Sachlage z. B. die Fertigungsanlagen zu verbessern oder aber adäquate Qualitätskontrollverfahren einzusetzen, um eine Erfassung der betreffenden Fehler sicherzustellen.

d) Arbeitsteilung und Deliktsrecht

Die Produkthaftung ist eine Verhaltenshaftung. Deshalb setzt eine Verurteilung zum Schadensersatz voraus, daß sich der Inanspruchgenommene vorwerfbar verhalten und dadurch den Produktschaden ausgelöst hat.

da) Innerbetriebliche Arbeitsteilung

Das pflichtwidrige Verhalten kann zunächst ein Eigenhandeln sein, wenn die Fehlerursache von einem Organ oder von einem verfassungsmäßigen Vertreter (§ 31 BGB) gesetzt wurde. Hier liegt dann eine ***Eigenhaftung für eigenes Handeln*** (§ 823 BGB) vor.

Weiterhin kann sich das pflichtwidrige Verhalten aus einem Fremdhandeln ergeben, wenn ein sonstiger Mitarbeiter die Schadensursache gesetzt hat. Hier handelt es sich um den Problembereich der ***Eigenhaftung für Fremdhandeln.*** Während vor allem in den romanischen Rechten und im anglo-amerikanischen Recht dem Unternehmen das Handeln seiner Mitarbeiter wie eigenes Handeln zugerechnet wird (respondeat superior) geht das deutsche Recht davon aus, daß im deliktsrechtlichen Bereich mit Ausnahme der Organe und der verfassungsmäßigen Vertreter dem Unternehmen das Handeln von Mitarbeitern gerade nicht als eigenes Handeln zugerechnet wird

(§ 831 BGB). Zunächst einmal unterliegen die betreffenden Mitarbeiter einer Eigenhaftung für ihr eigenes Handeln gemäß § 823 BGB (I. 2, I. 29, I. 80, I. 86). Daneben haften die Unternehmen dafür, daß die einzelnen Arbeitsplätze mit ausreichend qualifizierten und zuverlässigen Mitarbeitern besetzt sind. War dies nicht der Fall, trifft das Unternehmen eine Mitverantwortung für den Schadensfall und haftet es gemäß § 831 BGB gesamtschuldnerisch neben dem handelnden Mitarbeiter.

Neben dieser Mitarbeiterhaftung unterliegt das Unternehmen aber der nicht delegierbaren sog. Organisationshaftung für den Erlaß der erforderlichen Arbeitsanweisungen (vgl. Anm. III. 1). Diese Organisationshaftung stellt sich rechtlich als Eigenhaftung für Eigenhandeln dar. Sie ist folglich nicht § 831 BGB, sondern § 823 BGB zuzuordnen (Anm. I. 18). Hinsichtlich der innerbetrieblichen Arbeitsteilung ist also angesichts dieser nicht delegierbaren Organisationshaftung zwischen der Eigenhaftung des Unternehmens für Eigenhandeln (§ 823 BGB) und der Eigenhaftung des Unternehmens für das Fremdhandeln seiner Mitarbeiter (§ 831 BGB) zu unterscheiden.

db) Zwischenbetriebliche Arbeitsteilungen

Für die rechtliche Erfassung tatsächlicher zwischenbetrieblicher Arbeitsteilungen ergibt sich aus dem Verschuldensprinzip, daß von den einzelnen Unternehmen nur das verlangt werden kann, was ihnen tatsächlich möglich ist. Jedes Unternehmen haftet deshalb nur im Rahmen seiner Steuerungsmöglichkeiten (ausführlicher zur Frage der rechtlichen Erfassung tatsächlicher Arbeitsteilungen Produkthaftung II, Rz. 124 ff. sowie Anm. I. 86, Nr. 3).

Der Vertriebshändler haftet nicht für Herstellungsfehler (I. 23, I. 41). Der Hersteller haftet nicht für Vertriebsfehler. Die Fabrikationshaftung für zugelieferte Einzelteile trifft nur den betreffenden Zulieferer (I. 41), nicht aber den Assembler, d. h. den Hersteller des Endproduktes (I. 67, I. 69, III. 6). Hat der Hersteller einen sog. Auftragsfertiger damit beauftragt, nach den übergebenen Konstruktionsunterlagen die Serienfertigung zu übernehmen, so haftet für Konstruktionsfehler nur das beauftragende Unternehmen, nicht dagegen der Auftragsfertiger (I. 34), denn dieser hat nur die Fabrikation, nicht aber die Konstruktion übernommen. Die Fabrikationshaftung dagegen obliegt nur dem Auftragsfertiger, da dieser anstelle des beauftragenden Unternehmens die Fertigung übernommen hat. Entsprechendes gilt, wenn der Hersteller die Konstruktion einem Konstruktionsbüro übertragen hat: hier ist Adressat der Konstruktionshaftung nicht das beauftragende Unternehmen, sondern das Auftragsunternehmen, das die betreffenden Tätigkeiten vertraglich übernommen hat (III. 3).

III.

Darüber hinaus bestehen aber auch Mitverantwortlichkeiten für Fremdbereiche. Wirtschaftlich gesehen ist die Einschaltung von Zulieferern, Auftragsfertigern oder Konstruktionsbüros in die Warenherstellung eine Delegation der betreffenden Herstellerhandlungen an Dritte bzw. die Einplanung fremden Handelns in die eigene unternehmerische Tätigkeit. Dieser tatsächlichen Delegation bzw. Integration entspricht rechtlich, daß z. B. der Assembler den Zulieferer bzw. Auftragsfertiger ordnungsgemäß auswählen und kontrollieren muß (I. 67). Obwohl also die Herstellerhaftung für fremdproduzierte Einzelteile nur dem Zulieferer obliegt, besteht daneben eine Assemblerhaftung des Endherstellers für das Endprodukt (I. 41, I. 67). Hat der Assembler den Zulieferer ordnungsgemäß ausgewählt und kontrolliert, haftet er nicht für eine im Einzelfall verursachte Fehlerhaftigkeit des zugelieferten Einzelteiles und die dadurch ausgelöste Fehlerhaftigkeit des Endprodukts. Hat der Assembler dagegen den Zulieferer nicht ordnungsgemäß ausgewählt und kontrolliert, haftet er neben dem Zulieferer. Da mehrere für einen Schadensfall Verantwortliche unabhängig von einer Mitursächlichkeit Dritter jeweils auf die volle Schadenshöhe haften (§ 840 BGB: I. 73), kann der Produktgeschädigte gesamtschuldnerisch den Zulieferer aus Herstellerhaftung und den Endhersteller aus Lieferantenauswahlhaftung in Anspruch nehmen.

Weiterhin haften in gewissem Umfang auch Fabrikations- (I. 24, III. 3) bzw. Montageunternehmen (I. 17) neben dem auftraggebenden Unternehmen für Konstruktionsfehler, wenn sie aufgrund der für ihre Tätigkeit erforderlichen Beschäftigung mit den Konstruktionsunterlagen den Konstruktionsfehler hätten erkennen können (vgl. zu dieser Problematik auch *OLG Stuttgart,* 9. 5. 74, VersR 1975/69, 70). Ebenso haftet das Herstellerunternehmen, das die Konstruktion einem Konstruktionsbüro übertragen hat, neben dem Konstruktionsbüro für Konstruktionsfehler, wenn es diese hätte erkennen können (vgl. III.3) bzw. Anlaß hatte, an der Fehlerfreiheit der Konstruktionsunterlagen zu zweifeln.

Bringt dagegen ein Unternehmen ein fremdproduziertes Produkt unter seinem Warenzeichen bzw. unter seiner Handelsmarke oder Firmenbezeichnung in den Verkehr, stellt diese Kennzeichnung des Fremdprodukts eine Identifikation mit dem Fremdprodukt dar und haftet das Unternehmen als Quasi-Hersteller neben dem tatsächlichen Hersteller (vgl. Anm. III. 3 sowie I. 86).

Der Vertriebshändler (I. 41) oder z. B. das Installationsunternehmen, das ein Fremdprodukt einbaut (I. 45), ist grundsätzlich nicht für den Herstellerbereich verantwortlich oder mitverantwortlich. Handelt es sich um einen aus der Sicht des Vertriebshändlers zuverlässigen Hersteller, kann er sich damit begnügen, die Ware auf offenkundige Mängel zu untersuchen (I. 23). Kann er allerdings nicht auf Zuverlässigkeit des Herstellers bzw. auf die Produktqualität vertrauen, können sich für den Vertriebshändler besondere Pflichten ergeben (I. 41). Dies wird vor allem bei der Aufnahme neuer Geschäftsbeziehungen mit Herstellern aus Ländern mit normalerweise relativ niedrigem technischen Standard und damit vor allem für Importeure aktuell (III. 14).

Dagen können für den Vertriebshändler besondere Pflichten etnstehen, wenn er einen konkreten Anlaß hat, an der Fehlerfreiheit des Produkts zu zweifeln (I.14, I.41), also z. B. wenn er die Mängel in der Fertigungsorganisation des Herstellers kennt (I.41) oder aus bei ihm eingegangenen Schadensmeldungen derartige Anhaltspunkte ziehen müßte. Welche Maßnahmen der Vertriebshändler dann im einzelnen treffen muß (z. B. Information des Herstellers, Verkaufsstop, Information der bereits belieferten Kunden u. ä.), hängt von den Umständen, insbesondere also von Art und Umfang der zu befürchtenden Gefahren ab.

Zu den beweisrechtlichen Problemen vgl. im Folgenden.

e) Die Darlegungs- und die Beweislast

ea) Der Fehler- und der Kausalitätsnachweis

Der Kläger hat zunächst den Fehlernachweis zu führen. Dabei ist nicht nachzuweisen, welches die konkrete Fehlerursache war. Es genügt, daß mit ausreichender Sicherheit eine außerhalb des Herstellerbereichs liegende Fehlerquelle ausgeschaltet werden kann (I.62). Wird ein Endhersteller verklagt, genügt der Nachweis, daß ein Produktfehler die Schadensursache war. Gegebenenfalls müssen also an sich denkbare Vertriebsfehler oder Anwendungsfehler ausgeklammert werden, damit nur Fehlerursachen verbleiben, die im Herstellerbereich liegen (I.54, I.67, I.76). Wird dagegen ein Zulieferer direkt verklagt (z. B. weil der Hersteller in Konkurs gefallen oder der Anspruch gegen den Hersteller aufgrund der kurzen kaufvertraglichen Gewährleistungsfrist verjährt ist), hat der Produktgeschädigte den Nachweis zu erbringen, daß die Fehlerursache gerade im Bereich des betreffenden Zulieferers gesetzt wurde.

Weiterhin hat der Produktgeschädigte den Kausalitätsnachweis zu erbringen, daß der Produktfehler zur Ursache seines Sach- oder Personenschadens wurde. Praktisch greifen beide Nachweise eng ineinander, weil von den potentiellen Produktfehlern nur diejenigen interessant sind, die als eventuelle Ursache für den konkreten Produktschaden in Betracht kommen.

Zum Kausalitätsnachweis im Bereich der Instruktionshaftung vgl. I. 85 mit Anmerkung.

eb) Der Verschuldensnachweis

Hinsichtlich des Fehler- und des Kausalitätsnachweises obliegt dem Produktgeschädigten die volle Beweislast (I.58). Sind aber diese beiden Nachweise erbracht, wird im industriellen Bereich (vgl. dazu im einzelnen Produkthaftung I, Rz. 227–229) das Verschulden des Herstellers vermutet (I.58). Der Hersteller hat sich also zu entlasten. Kann er diesen Entlastungsnachweis nicht erbringen, haftet er auf Ersatz des Produktschadens. Das gleiche gilt für führende Mitarbeiter (vgl. I. 86 mit Anmerkung).

Beweisthema ist zunächst einmal die Frage der Fehlerverursachung. Im Rahmen des Entlastungsnachweises hat der Inanspruchgenommene darzulegen und gegebenenfalls zu beweisen, ob der Schaden durch einen Organwalter des Unternehmens (z. B. Geschäftsführer einer GmbH, Vorstandsmitglied einer AG) oder durch einen Mitarbeiter oder aber durch ein vor- bzw. eingeschaltetes rechtlich selbständiges Drittunternehmen gesetzt wurde (Fehlerverursachungsnachweis: I.76). Das erste Beweisthema ist also, ob die Fehlerursache durch ein Eigenhandeln oder durch ein Fremdhandeln (I.76), sei es im Rahmen der innerbetrieblichen Arbeitsteilung durch einen Mitarbeiter des Unternehmens, sei es im Rahmen der zwischenbetrieblichen Arbeitsteilung durch ein selbständiges Drittunternehmen gesetzt wurde.

Liegt die Schadensursache im Organisationsbereich und damit im Bereich der der Geschäftsleitung obliegenden, nicht delegierbaren Pflichten, kommt eine Haftung für Eigenhandeln in Betracht. Hier wird das Verschulden vermutet, gleichgültig ob es sich um Lücken in den erforderlichen Organisationsanweisungen (I.54) oder um eine fehlerhafte Sachausstattung des Unternehmens hinsichtlich der benutzten Arbeitsgeräte, Arbeitsverfahren, usw. handelt (I.58).

Liegt die Schadensursache im Mitarbeiterbereich, wird das Verschulden des Unternehmens gemäß § 831 BGB vermutet. Größeren Betrieben hat die Rechtsprechung dabei den sog. dezentralisierten Entlastungsnachweis eingeräumt (Anm. I, 18), aufgrund dessen der Entlastungsnachweis auf den ranghöchsten, der Geschäftsleitung nachgeordneten Mitarbeiter beschränkt werden kann.

Liegt die Schadensursache im Bereich eines vor- bzw. eingeschalteten Drittunternehmens (z. B. Zulieferer oder Auftragsfertiger), ist bei konsequenter Fortschreibung des Hühnerpest-Urteils (I.58) davon auszugehen, daß auch das Drittunternehmer-Auswahlverschulden vermutet wird. Die Gründe, die im Hühnerpest-Urteil für die Beweislastumkehr angeführt wurden, gelten erst recht für das Verhältnis des Unternehmens zu den vor- bzw. eingeschalteten Drittunternehmen, denn wird das Verschulden des Unternehmens vermutet, muß es konsequenterweise auch nachweisen, daß es die vor- bzw. eingeschalteten, rechtlich selbständigen Drittunternehmen ausreichend ausgewählt und kontrolliert hat. In den Fällen der zwischenbetrieblichen Arbeitsteilung muß also der Hersteller zunächst nachweisen, daß er nicht der Hersteller des innerhalb seines Endprodukts zur Schadensursache gewordenen Einzelteils war (III.6). Auch wenn dieser Nachweis erbracht ist, kann allerdings noch ein Hersteller-Verschulden in Betracht kommen und ist dann ein entsprechender Entlastungsnachweis erforderlich. Ergibt sich aufgrund des Fehlernachweises die Möglichkeit, daß z. B. ein Assemblingfehler Schadensursache oder zumindest Schadensmitursache war, muß der Endhersteller nachweisen, daß (a) die Fehlerursache in der Mangelhaftigkeit eines für die Herstellung seines Endproduktes verwerteten fremdproduzierten Einzelteils liegt und (b) daß die im Rahmen seines Betriebes benutzten Assemblingtechniken ordnungsgemäß waren. Erst mit diesem Nachweis hat der Hersteller des Endprodukts in dem gegebenen Beispiel klargestellt, daß ihn hinsichtlich des innerhalb seines Produkts zur Ursache des Produktschadens gewordenen fremdproduzierten Einzelteils kein Herstellerverschulden trifft. Damit ist der Endhersteller aber noch nicht endgültig von der Schadensersatzhaftung befreit. Da ihn aufgrund seiner Assemblerhaftung auch eine Mitverantwortung für fremdproduzierte Einzelteile seines Endproduktes trifft, muß er sich noch hinsichtlich der Einschaltung des Drittunternehmens entlasten. Er muß also nachweisen, daß er den Hersteller des betreffenden Einzelteils ordnungsgemäß ausgewählt und kontrolliert hat (Anm. III.6).

In den Fällen arbeitsteiliger Herstellung braucht der Produktgeschädigte bei einer Klage gegen den Endhersteller also nicht nachzuweisen, welches Herstellerunternehmen die konkrete Fehlerursache gesetzt hat. Dies ist nur dann erforderlich, wenn der Produktgeschädigte direkt gegen den Zulieferer klagt. Hier muß er nachweisen, daß das Einzelteil gerade des betreffenden Zulieferers innerhalb der größeren funktionellen Einheit des Endprodukts zur Fehlerursache wurde und den Produktschaden auslöste. Wird dagegen der Endhersteller verklagt, ist nur der Nachweis erforderlich, daß es sich überhaupt um einen Herstellerfehler handelt, d. h. daß vor allem Anwendungs- oder Vertriebsfehler ausscheiden. Dann ist es Sache des Endherstellers, mittels Aufdeckung der Fertigungsverhältnisse gegebenenfalls die Fehlerverursachung zu lokalisieren. Ist dieser Fehlerverursachungsnachweis (I.76) erbracht, ergeben sich dann je nach Sachlage unterschiedliche Anforderungen an die weiterhin zu erbringenden Entlastungsnachweise.

Auch zwischenbetrieblich ist also zu unterscheiden zwischen der Eigenhaftung für Eigenhandeln (Einsatz der erforderlichen Assembling-Techniken) und der Eigenhaftung für das Fremdhandeln der eingeschalteten rechtlich selbständigen Unternehmen. Entsprechend der im innerbetrieblichen Bereich bestehenden Mitarbeiter-Auswahlhaftung sollte hier von einer *Drittunternehmer-Auswahlhaftung* gesprochen werden. Der paradigmatische Fall dieser Drittunternehmer-Auswahlhaftung ist die Assemblerhaftung des Herstellers eines Endproduktes, der dabei fremdproduzierte Einzelteile verwertet. Eines der praktisch wichtigsten Beispiele dafür ist die Kfz-Herstellung, bei der in erheblichem Umfang fremdproduzierte Einzelteile vom Kfz-Hersteller zu dem Endprodukt „Kraftfahrzeug" zusammengebaut werden. Weitere Fälle der Einschaltung von rechtlich selbständigen Drittunternehmen in die Warenherstellung betreffen die Einschaltung von Testinstituten, Konstruktionsbüros und Auftragsfertigern.

IV. Verschuldensunabhängige Herstellerhaftung?

Die deutsche Rechtsprechung hat eine verschuldensunabhängige Herstellerhaftung sowohl für den deliktsrechtlichen (I.58) als auch für den vertragsrechtlichen Bereich (I.71) abgelehnt. Die Einführung einer derartigen Haftung wird als Aufgabe des Gesetzgebers verstanden (I.82).

V. Rechtspolitische Perspektiven

Auf der übernationalen Ebene, nämlich im Rahmen der OECD, laufen Reformarbeiten über eine Regelung der materiellrechtlichen, deliktsrechtlichen Produkthaftung. Das zu erarbeitende Regelungsmodell soll mittels völkerrechtlicher Verträge in die Rechtsordnungen der Einzelstaaten integriert werden. Das Bundesministerium der Justiz hat dazu im Herbst 1974 mitgeteilt:

> „Nach dem derzeitigen Stand der Arbeiten soll eine Gefährdungshaftung für die durch fehlerhafte Produkte verursachten Peronenschäden vorgesehen werden".

Abgesehen von rechtspolitischen Überlegungen ist vom Standpunkt der Praxis her vor allem darauf hinzuweisen, daß zugleich mit der Einführung einer eventuellen Produktgefährdungshaftung das Problem des Regresses innerhalb der Vertriebshändler- und Hersteller-Kette gelöst werden muß (Haftungsfreizeichnungen, Verjährungsfristen). Nur dann wird erreicht, daß die Endbelastung mit dem Schaden auch tatsächlich bei dem erfolgt, der den Schaden zurechenbar verursacht hat und daß neben dem repressiven auch der individualpräventive Zweck des Haftungsrechts verwirklicht wird. Die Entwicklung in den USA (strict liability in tort) und im französischen Kaufvertragsrecht belegt, daß die Einführung einer verschuldensunabhängigen Produkthaftung bzw. einer Produkt-Verschuldenshaftung mit unwiderlegbar vermutetem Verschulden durch adäquate Regreßregelungen flankiert werden muß (vgl. im einzelnen Produkthaftung II, Rz. 291 ff.).

I. Teil:

Entscheidungen des Reichsgerichts- bzw. des Bundesgerichtshofes

I. 1: RG, 27. 4. 1905, 598/04 VI:

Der Kläger verlangt von der Beklagten Schadensersatz, weil diese dem Lieferanten des Klägers mangelhaften Kalk geliefert habe und es dadurch zur Erstellung eines unbrauchbaren Gebäudes auf seinem Grundstück gekommen sei.

Deliktshaftung

Der Kläger hat den Gesichtspunkt hervorgekehrt, daß durch die Lieferung salzhaltigen Kalkes seitens der Beklagten das Eigentum des Klägers verletzt worden sei. Diese Versuche einer Begründung der Klage aus § 823 BGB sind nicht begründet.

Sachbeschädigung

Eine Beschädigung des dem Kläger gehörigen Baumaterials ist nicht durch den vom Beklagten in Verkehr gebrachten Kalk in der Weise herbeigeführt worden, daß ein Eigentumsobjekt des Klägers beschädigt, ein bisher bestehendes Eigentum desselben verletzt wäre. Daß die einzelnen Mauersteine schon vor der Vermauerung in das Bauwerk oder durch die in diesem Moment erfolgende Verbindung mit dem schädlichen Kalk beschädigt worden wären, ist nicht denkbar. Die schädigende Einwirkung traf die Steine nicht mehr als selbständige, dem Kläger gehörige Sachen. Und auch schon der Mörtel, zu welchem der Kalk zunächst verarbeitet war, kann weder im ganzen, noch in seinen Bestandteilen als Eigentumsobjekt des Klägers Gegenstand der Beschädigung durch den salzhaltigen Kalk gewesen sein. Dieses Baumaterial war eine neue Sache, welche mittels Verwendung des Kalks (Verarbeitung bzw. Vermengung mit den anderen Stoffen), und zwar durch die selbständige Tätigkeit der Bauleute hergestellt war.

Keine Sachbeschädigung, wenn Herstellung einer neuen, mangelhaften Sache

Der Bauherr M. andererseits mag dadurch geschädigt sein, daß sein Grundstück mit einem unbenützbaren Gebäude besetzt worden ist. Aber dieser Schaden ist nicht verursacht durch einen Eingriff der Beklagten in das Eigentum des M., sondern die Sache liegt so, daß der Bauherr infolge der Verwendung des mangelhaften Kalkes seitens des Bauunternehmers ein unbenützbares Gebäude (anstatt eines brauchbaren) als Bestandteil seines Grundstücks erhalten, das Haus in diesem mangelhaften Zustand zu Eigentum erworben hat.

Es kann keine Rede davon sein, daß die Vorschrift des § 823 Abs. 1 BGB überall da anwendbar wäre, wo jemand infolge des Erwerbs oder der Verwendung fehlerhafter Stoffe ein schlechtes Erzeugnis gewinnt, und daß derjenige, der mittelbar durch die von irgendeinem Dritten in Verkehr gebrachten Gegenstände geschädigt worden ist, den mit ihm in keiner Rechtsbeziehung stehenden Lieferanten auf Schadensersatz in Anspruch nehmen dürfte. Die im Verkehr erforderliche Sorgfalt, deren Außerachtlassung eine Fahrlässigkeit darstellen würde, schuldete die Beklagte, sofern nicht ein von jedem zu beachtendes absolutes Recht Dritter in Frage kam, nur dem Vertragsgegner.

Streckengeschäft

Daran ändert auch nichts der Umstand, daß der von der Beklagten gelieferte Kalk direkt aus der Fabrik zur Baustelle gefördert wurde.

Anmerkung:

1. Zu unterscheiden ist einerseits zwischen der Herstellung bzw. Lieferung eines mangelhaften Werks, die deliktsrechtlich keine „Beschädigung einer fremden Sache" darstellt und der Beschädigung anderer oder weiterer Sachen durch eine vom Beklagten gelieferte mangelhafte Sache: hier können deliktsrechtliche Schadensersatzansprüche bestehen.

2. Ein Sachschaden liegt vor, wenn eine Schutzvorrichtung versagt und eine Sache dadurch beschädigt wird (z. B. wirkungsloses Mottenvernichtungsmittel, versagendes Steuerungsgerät für Wasserkühlung). Kein Sachschaden liegt dagegen vor, wenn der Entwicklungsprozeß einer werdenden Sache gestört wird (z. B. versagende Heizungsanlage einer Hähnchenbrüterei oder fehlende Wachstumskomponenten von Hühnerfutter und dadurch bedingtes Minderwachstum). Diese Fälle entsprechen der Herstellung eines mangelhaften Werks und sind nicht als deliktsrechtlich geschützter Sachschaden zu bewerten. Hier kommen nur vertragliche Ansprüche wegen Nichteinhaltung eventuell zugesagter Leistungswerte in Betracht.

Ist die mangelhafte Sache Einzelteil einer größeren funktionellen Einheit (z. B. Schiffsschraube) und wird durch den Sachmangel die funktionelle Einheit beschädigt (Beschädigung des Schiffskörpers) liegt hinsichtlich der übrigen Teile ein Sachschaden vor (I.68, II.3). Während also deliktsrechtlich keine neue Schiffsschraube verlangt werden kann, können die Kosten für die Reparatur des Schiffskörpers ersetzt verlangt werden.

3. Ein Sachschaden setzt eine direkte Einwirkung auf die Sache voraus. Dies ist im Fall des versagenden Steuergerätes für die Wasserkühlung gegeben, weil dadurch die Anlage nicht ausreichend gekühlt wird. Eine direkte Einwirkung fehlt dagegen, wenn ein Lkw wegen Achsbruchs liegenbleibt und das transportierte Gemüse durch die Außentemperatur verdirbt (II.6). Führt dagegen der Achsbruch zu einem Unfall und wird dabei das Transportgut beschädigt, liegt eine direkte Sacheinwirkung und damit ein deliktsrechtlicher Schadensersatzanspruch vor.

I. 2: RG, 13. 2. 1908, VI 172/07 (Selterswasser-Flasche)

Der Kläger hatte in dem Kaufladen des Beklagten eine Flasche Selterswasser verlangt, die ihm daraufhin von der Ehefrau des Beklagten gebrachte Flasche geöffnet und im Laden daraus getrunken. Die Flasche enthielt nicht Selterswasser, sondern Natronlauge. Hierdurch erlitt der Kläger eine schwere Verbrennung der Speiseröhre und des Magens.

Der Kläger verklagte sowohl den Geschäftsinhaber als auch dessen Ehefrau auf Schadensersatz.

Vertriebshändler Vertragshaftung: Verschuldensvermutung

Die vertragliche Haftung hat außer der Rechtsfolge der Verantwortlichkeit des Vertragsschuldners für das Verschulden eines Erfüllungsgehilfen nach § 278 BGB auch eine weitere Bedeutung, nämlich für die Beweislast. Es mag zwar zugegeben werden, daß dem auf Schadensersatz in Anspruch genommenen Vertragsschuldner, wenn es sich um positive Vertragsverletzungen handelt, nicht unbedingt und unter allen Umständen die Beweislast für Beobachtung der schuldigen Diligenz aufzubürden ist. Allein wenn der Schaden von dem Vertragsschuldner durch eine nicht bloß anläßlich, sondern gerade zwecks der Erfüllung vorgenommene Handlung, den Akt oder die Beschaffenheit der Vertragsleistung angestiftet worden ist, so ist unbedenklich von dem Beklagten der Nachweis, daß er die geschuldete Sorgfalt angewendet habe, für den Bereich der vertraglichen Schadensersatzpflicht zu verlangen.

In dem unstreitigen Hergang, wonach dem Kläger in dem Ladengeschäfte des Beklagten anstatt Selterswasser eine giftige Substanz verabreicht worden ist, steht objektiv ein Sachverhalt fest, der nach der allgemeinen Anschauung und Erfahrung im Verkehrsleben für die Regel kaum anders als daraus sich erklären läßt, daß es in dem betreffenden Geschäfte an der nötigen Ordnung oder Aufsicht, solchen Einrichtungen oder Anordnungen, wodurch derartigen gefährlichen Verwechslungen vorgebeugt wird, gefehlt haben muß. Hier kann nicht dem Käufer der für ihn gewöhnlich fast unmögliche Nachweis zugemutet werden, daß der ihm abgegebene schadenbringende Gegenstand durch Verschulden des Geschäftsinhabers oder seiner Angestellten unter die Waren des Verkäufers geraten und ausgehändigt worden sei. Vielmehr ist von dem Verkäufer und Gewerbetreibenden solchenfalls und zumal, wenn es den Verkauf von Nahrungs- oder Genußmitteln betrifft, zu verlangen, daß er seinerseits die Umstände darlegt, welche die Annahme eines ihm oder seiner Gehilfin zur Last fallenden Verschuldens zu beseitigen geeignet sind.

Deliktshaftung: Verschuldensvermutung

Auch für die außerkontraktliche Haftung kann, wenngleich hier grundsätzlich dem Kläger die Beweispflicht obliegt, doch einer durch Erfahrungstatsachen etwa begründeten faktischen Vermutung Rechnung getragen werden.

Mitarbeiter-haftung: Eigenhaftung

Auf die Ehefrau treffen die obigen Erwägungen über die Verantwortlichkeit des Geschäftsinhabers und Verkäufers sowie die Beweispflicht nicht zu. Ihre Stellung als Verkäuferin im Laden und als Hausfrau würde es nicht rechtfertigen, sie in jener Richtung mit gleichem Maße zu messen. Es fehlt an jedem Anhalte dafür, daß sie die gefährliche Flasche in den Keller gebracht habe oder daß dies mit ihrem Wissen von einem anderen geschehen sei. Die Ehefrau traf keine Verpflichtung, darauf zu achten, ob die Flasche mit Lauge nicht etwa durch eine andere Person in den Keller unter die zum Verkaufe dienenden Sachen oder in deren Nähe gebracht wurde. Wenn sodann der Inhalt der fraglichen Flasche „von klarerer Farbe" (d. h., wohl farblos) gewesen ist, so daß sie wohl mit Selterswasser verwechselt werden konnte, dann ist auch mit Recht in der Verabfolgung der Flasche an den Kläger ohne nähere Prüfung eine Fahrlässigkeit der beklagten Ehefrau nicht gefunden.

I. 3: RG, 27. 5. 1910, II 409/09 (Gurtwaren-Apparat)

Der Beklagte war Vertriebshändler und verkaufte dem Kläger einen Apparat, durch den der Kläger einen Personenschaden erlitt.

Vertragshaftung Untersuchungs-pflichten des Vertriebshändlers

Das Berufungsgericht hat das Verschulden des Beklagten darin gefunden, daß er vor der Ablieferung an den Kläger „die Art der Verwendung des Apparats nicht näher prüfte": der Beklagte habe mit der Möglichkeit rechnen müssen, es könne die Schlinge, deren Zerreißen die Verletzung des Klägers tatsächlich herbeiführte, in einer ihre Festigkeit übermäßig in Anspruch nehmenden Art gebraucht werden, und es könne hierbei eine Schädigung der Gesundheit vorkommen. Bezüglich der Beschaffenheit der Schlinge ist nur festzustellen, daß sie nicht fest genug war, für solche Verwendungen des Apparates, die ihre Festigkeit übermäßig in Anspruch nahmen. Es ist ferner festgestellt, daß in Folge einer solchen Verwendung durch den Kläger die Schlinge riß und daß auch der Kläger als Laie bei Betrachtung des dünnen durchscheinenden Stoffes sich hätte sagen müssen, die Schlinge sei für diese Verwendung nicht fest genug. Unter diesen Umständen bestand aber für den Beklagten keine Pflicht zu der von dem Berufungsgericht verlangten näheren Prüfung. Eine solche Pflicht läßt sich nicht damit begründen, daß der Beklagte Verkäufer und als Bandagist zugleich Sachverständiger bezüglich der verkauften Ware war. Denn der Verkäufer einer individuell bestimmten Ware ist grundsätzlich nicht verpflichtet, die Ware auf ihre Tauglichkeit für den ihm bekannten Verwendungszweck des Käufers näher zu prüfen. Vielmehr ist diese Prüfung grundsätzlich Sache des Käufers.

Anwendungsverantwortung des Käufers

Untersuchungspflichten des Fachhändlers

Auch aus dem Umstande, daß der Verkäufer Sachverständiger ist, läßt sich dessen Prüfungspflicht nicht herleiten, zumal im vorliegenden Fall hinsichtlich der Leistungen des Beklagten im allgemeinen nichts Nachteiliges behauptet ist und der Kläger wußte, daß der Beklagte den Apparat nicht selbst angefertigt hatte. Eine solche Prüfungspflicht könnte dem Beklagten obliegen, wenn er sich dem Kläger gegenüber zur Erteilung seines sachverständigen Rates verpflichtet hätte. Dies könnte auch ohne besondere Übernahme als Teil der Verpflichtung des Verkäufers angenommen werden, wenn eine dahingehende Verkehrssitte bestände. Dies ist aber nicht festgestellt.

Eigenschaftszusicherung

Ebensowenig rechtfertigt der festgestellte Sachverhalt die Anwendung der §§ 459 Abs. 2, 463 BGB. Allerdings kann eine Zusicherung auch stillschweigend erteilt werden. Eine solche Zusicherung kann unter Umständen in dem beiden Vertragsteilen bekannten Verwendungszweck der Ware gefunden werden, wenn dieser Zweck in den Vertragsinhalt aufgenommen ist. So könnte aus dem Verkaufe eines Apparates für Muskelstärkung die Zusicherung entnommen werden, es sei ein Apparat von solcher Beschaffenheit, daß er ohne Gefährdung des Gebrauchenden Übungen zur Muskelstärkung gestattet. Aber eine Zusicherung, daß damit ohne Gefahr auch solche Übungen vorgenommen werden können, die erkennbar den Apparat übermäßig belasten, daß also der Apparat unbedingt gefahrlos sei, ist aus der Tatsache des Verkaufs zur Muskelstärkung keinesfalls zu entnehmen.

Werbematerialien als Eigenschaftszusicherung?

Mit Unrecht rügt die Revision des Klägers, daß das Berufungsgericht nicht die Zusicherung der in dem beigegebenen „Ratgeber" gerühmten Eigenschaften des Apparats, insbesondere dessen Gefahrlosigkeit angenommen habe. In dieser Beziehung ist festgestellt, daß sich der Kläger nach den Umständen nicht darauf verlassen konnte, der Beklagte habe von dem Inhalte des „Ratgebers" Kenntnis genommen. Vielmehr ist festgestellt, daß der Beklagte in beiderseitigem Einverständnis dem Kläger die Benutzung des „Ratgebers" vollkommen überließ. Daraus ergibt sich, daß der Beklagte dem Kläger die in dem „Ratgeber" erwähnten Eigenschaften des Apparats nicht zugesichert hat.

I. 4: RG, 12. 4. 1912, II 86/12 (Sauerbrunnen-Flasche)

Dem Kläger wurde in der Gastwirtschaft des Beklagten von dessen Kellnerin statt der bestellten Flasche Sauerbrunnen eine Flasche mit ätzender Flüssigkeit vorgesetzt. Der Kläger hat sich von dieser Flüssigkeit eingeschenkt und aus dem Glas in der Meinung getrunken, Sauerwasser zu sich zu nehmen.

Vertragshaftung Vertriebshändler: Verschuldensvermutung

Wenn es auch grundsätzlich anzuerkennen ist, daß der Verkäufer bei der Lieferung fehlerhafter Waren, wenn er wegen schuldhafter Vertragserfüllung in Anspruch genommen wird, nicht seine Sorgfalt beweisen, sondern der Käufer das Verschulden des Verkäufers nachweisen muß, so können von dieser Regel die besonderen Umstände doch Ausnahmen bedingen. Ein solcher Ausnahmefall liegt vor, wenn nach dem Sachverhalt die Schädigung des Käufers durch die gelieferte Sache im Hinblick auf die allgemeinen Verkehrsanschauungen und Erfahrungen, solange nichts Gegenteiliges sich aus den Umständen ergibt, nicht anders zu erklären ist, als durch mangelnde Aufsicht des Verkäufers in seinem Betrieb oder durch geschäftliche Unordnung. Der Beklagte hat dem Kläger nicht eine mangelhafte Ware, sondern etwas ganz anderes als das Gekaufte, unter dem dem Käufer nicht erkennbaren Scheine geliefert, es sei die gekaufte Ware und ihn dadurch an der Gesundheit geschädigt. Dieses Verhalten des Beklagten läßt sich nicht anders erklären, als durch mangelhafte Beaufsichtigung und geschäftliche Unordnung, wenn nicht der Beklagte darzutun vermag, weshalb diese Erklärung nicht zutrifft. Der Beklagte muß sich hier entlasten.

Durch die Auferlegung des Entlastungsbeweises wird dem Beklagten weder etwas Unbilliges noch etwas Unmögliches zugemutet. Unbillig ist diese Auflage nicht. Denn nur der Beklagte, der seinen Betrieb kennen muß, nicht aber der Kläger, ist in der Lage, den Grund anzugeben, aus welchem dem Kläger anstatt eines Nahrungsmittels eine ätzende Flüssigkeit zu sofortigem Genusse überreicht wurde. Der Entlastungsbeweis, welcher dem Beklagten anzusinnen ist, enthält auch nichts Unmögliches. Der Beklagte kann und muß dartun – soweit ihm derartiges als Gastwirt möglich ist –, (a) daß er die Sauerwasser-Flaschen so, wie er sie von der Fabrik bezogen hat, eingelagert hat, (b) daß diese Lagerung eine solche war, daß genügende Vorkehrungen gegen Verwechslungen getroffen erscheinen und (c) wie es in seinem Betriebe mit leeren Sauerwasser-Flaschen gehalten wurde, wenn sie zur Einfüllung anderer Flüssigkeiten wieder in Benutzung genommen werden konnten. Auf dieser Grundlage wird der Beklagte in den Stand gesetzt, seine Schuldlosigkeit, die ihn von der Haftung befreit, darzutun.

Entlastungsnachweis: Anforderungen

I. 5: RG, 25. 2. 1915, VI 526/14 (Brunnensalz)

Vertragsverhältnis Hersteller/Endabnehmer?

Das unmittelbare Vertragsverhältnis, in das die Klägerin durch den Kauf des in der Fabrik der Beklagten hergestellten Salzes zu der Beklagten selbst getreten sein will und auf das sie ihren Schadensersatzanspruch in erster Linie stützt, weil die Beklagte durch die Lieferung einer mit fremden und dem menschlichen Körper schädlichen Stoffen vermischten Ware die Vertragspflicht verletzt habe, kann als bestehend nicht anerkannt werden. Die Beklagte ist in vertragliche Beziehungen zu ihrem Abnehmer, dem Apotheker, getreten, und dieser wiederum in solche zu der Klägerin; das zwischen ihnen geschlossene Rechtsgeschäft ist in beiden Fällen der Kauf.

Vertragsverhältnis aufgrund von warenbegleitenden Erklärungen?

Daneben wäre gewiß auch zwischen der Beklagten und dem Einzelabnehmer, der von einem Dritten als Zwischenkaufmann deren Fabrikate kauft, eine vertragliche Rechtsbeziehung möglich, nicht zwar in Gestalt eines unmittelbaren Kaufvertrages, wohl aber als Übernahme einer Gewähr auch dem Verbraucher gegenüber für den Inhalt der Verpackung, für die Echtheit, Unverfälschtheit und sorgfältige Zubereitung der in der Originalverpackung an den Kaufmann gelieferten und von diesem im einzelnen an den Verbraucher wiederum kaufweise abgegebenen Ware. Allein lediglich aus der Art und Weise der

Originalverpackung

Versendung in Originalpackungen ist ein stillschweigend eingegangenes Vertragsverhältnis zwischen den Fabrikanten und dem Verbraucher kaum zu entnehmen. Ein solches setzt einen beiderseitigen Vertragswillen voraus, der irgendwie zum Ausdruck gelangt sein muß. Auf Seiten des Fabrikanten würde dies durch einen Aufdruck auf der Verpackung geschehen können, durch den er sein Einstehen für den Inhalt erklärt; der Annahmewille des Verbrauchers würde alsdann nicht auf Bedenken stoßen.

Mitlaufen der Gewährleistungsansprüche mit der Ware?

Noch weniger natürlich erscheint die Annahme einer stillschweigenden Abtretung der Gewährleistungsansprüche des Zwischenabnehmers gegen den Fabrikanten an den Verbraucher, für die es an jeder Unterlage fehlt.

Mitarbeiterhaftung (§ 831 BGB)

Der Entlastungsbeweis aus § 831 BGB, daß die Beklagte bei der Auswahl der mit der Verrichtung des Einfüllens der Salze in die Gläser bestellten Personen und bei der Beschaffung der dazu erforderlichen Verrichtungen und Gerätschaften die im Verkehr erforderliche Sorgfalt beobachtet habe, kann durch die von dem Berufungsgericht angezogenen Erwägungen nicht für erbracht angesehen werden.

Kausalitätsnachweis

Die tatsächliche Grundlage für die Anwendung des § 831 BGB ist gegeben, wenn feststeht, daß die Ursache der Verletzung der Klägerin in der Fabrik der Beklagten gesetzt worden ist. Das haben aber die Gerichte beider Vorinstanzen für erwiesen erachtet. Für diese Tatsache war die Klägerin beweispflichtig; damit hat sie aber auch ihrer Beweispflicht genügt. Es ist verfehlt, wenn von der Klägerin nähere Angaben darüber verlangt werden, wie in der Fabrik der Beklagten die Glassplitter zwischen das Salz gekommen seien. Die Beklagte hat sich im vollen Umfange zu entlasten. Deshalb geht es nicht an, daß vom Gericht erwogen wird, eine mangelhafte Sorgfalt in der Beaufsichtigung des Betriebes der Beklagten sei aus dem Vorbringen der Klägerin nicht zu entnehmen; denn die Klägerin hatte keine Veranlassung und keine Pflicht, für die Beklagte Belastendes vorzubringen. Die dem Gericht bekannte Tatsache, daß die Fabrik der Beklagten sich des besten Rufes erfreut, kann den nach § 831 BGB für den einzelnen Fall bestimmt (konkret) zu führenden Entlastungsbeweis ebensowenig ersetzen wie die weiteren Erwägungen, daß ohne Verschulden der Beklagten durch deren Leute die Glassplitter vorsätzlich oder fahrlässig in der Fabrik dem Salze beigefügt worden sein könnten.

Die Bestimmung des § 831 BGB verlangt nicht den Nachweis eines Verschuldens des ersatzpflichtigen Geschäftsherrn. Dieser muß vielmehr in der im Gesetz vorgeschriebenen Weise die Beobachtung aller im Verkehr erforderlichen Sorgfalt seinerseits beweisen. Daß seine Arbeiter vorsätzlich oder fahrlässig gehandelt haben, kann ihn von der Haftung selbstverständlich nicht befreien. Auch für vorsätzlich begangene Schädigungen hat der Geschäftsherr nach § 831 BGB einzustehen. Er muß den schlüssigen Beweis für den Einzelfall führen, daß seinerseits alles geschehen sei, um nur Arbeiter zu bestellen, die zuverlässig waren und denen weder Bosheit noch auch nur Fahrlässigkeit bei der Ausführung ihrer Verrichtungen zuzutrauen war. Allgemeine Erwägungen, daß die Sorgfalt des Geschäftsherrn in der Auswahl seiner Leute bei dem Rufe seines Geschäfts selbstverständlich sei, genügen nicht. Bei einem größeren Personal muß der Geschäftsführer entweder dartun, auf welche Personen die schadenzufügende Handlung zurückzuführen ist, und alsdann für diese bestimmten Personen seine Sorgfalt in der Auswahl dartun oder er muß diesen Nachweis für alle Personen im einzelnen führen, die als Urheber der Handlung in Betracht kommen können.

Entlastungsnachweis: Anforderungen

Es muß alsdann die Sorgfalt in der Auswahl des gesamten in Betracht kommenden Personals und weiter die hinreichende

Beaufsichtigung des Personals zur Zeit der Verrichtung dargetan werden, da der Entlastungsbeweis für die Zeit der Verrichtung zu führen ist und nur ein wohl beaufsichtigtes Personal als wohl ausgewählt erachtet werden kann. Auch für diese Aufsichtsführung genügen allgemeine Erwägungen wie die, daß die Beklagte nur einwandfreies Personal verwende, nicht.

Organisationshaftung (§ 823 BGB)

Dem hinzutreten muß der Beweis der allgemeinen Oberaufsicht des Geschäftsherrn, deren er sich niemals entschlagen und die er auch dem sorgfältig ausgewählten Aufsichtsbeamten nicht selbständig überlassen kann.

I. 6: RG, 19. 4. 1916, VI 47/16 (Freistelleiter)

Die Klägerin fiel beim Obstpflücken von einer ihrem Dienstherrn Z. kurz zuvor vom Beklagten gelieferten Freistelleiter. Sie verklagte den Beklagten auf Schadensersatz, weil die Leiter schon bei der Ablieferung in Folge fehlerhafter Karabinerhaken nicht standfest gewesen sei. Das OLG wies die Klage zurück, weil der Verkäufer, der eine mangelhafte Ware liefere, damit regelmäßig nur seine Vertragspflicht gegen den Käufer, nicht aber, wie es die unerlaubte Handlung voraussetzt, eine ihm der Allgemeinheit gegenüber obliegende Pflicht verletze. Das RG mißbilligte diese Auffassung:

Deliktshaftung

Was das OLG unter einer dem Verkäufer gegen die Allgemeinheit bestehenden Pflicht versteht, wenn es eine Sorgfaltspflicht des Beklagten gegenüber der Klägerin verneint, ist unklar. An sich schon schließt die Haftung aus Vertrag nicht die Haftung aus unerlaubter Handlung aus, sofern deren Erfordernisse gegeben sind. Die Klägerin stand indes in keinem Vertragsverhältnis zum Beklagten. Hat dieser eine fehlerhafte und deshalb bei der Benutzung gefährliche Gartenleiter verkauft, so mußte er bei der gebotenen Achtsamkeit voraussehen, daß nicht bloß der Käufer, sondern auch die Personen, die die Leiter befugt und bestimmungsmäßig gebrauchen würden, namentlich die

Angehörigen, Bediensteten und Handwerker des Käufers dadurch Schaden nehmen könnten. Er hat daher, falls er dem Z. schuldhaft eine sicherheitsgefährliche Leiter geliefert hat, auch der Klägerin gegenüber die erforderliche Sorgfalt vernachlässigt.

I. 7: RG, 19. 4. 1918, 478/17 (Fleischkonserven)

Deliktshaftung: § 823 Abs. 2 BGB

Wer verdorbene Nahrungsmittel (Fleischkonserven) verkauft, macht sich dem Käufer gegenüber schadensersatzpflichtig, wenn er der ihm obliegenden Pflicht, sich über die Beschaffenheit der Ware vor dem Verkauf zu unterrichten, nicht genügt hat. Das Berufungsgericht nimmt an, daß, wenn der Verkäufer beim Verkauf den wahren Zustand der Konserven nicht kannte, diese Unkenntnis von ihm durch Fahrlässigkeit verschuldet war. Ist diese Annahme richtig, so hat der Verkäufer sich durch den Verkauf der verdorbenen Ware der Übertretung sowohl gegen § 367 Nr. 7 StGB wie gegen § 10 Abs. 2, 11 des Gesetzes betreffend den Verkehr mit Nahrungsmitteln schuldig gemacht. Er ist dann, da die erwähnten Gesetze auch den Schutz des Käufers bezwecken, gemäß § 823 Abs. 2 BGB dem Käufer zum Ersatze des ihm aus dem Kaufe entstandenen Schadens verpflichtet. Zutreffend ist auch eine Fahrlässigkeit des Verkäufers festgestellt.

Vertriebshändler: Untersuchungspflichten

§ 11 des NahrungsmittelG geht davon aus, daß wer Lebensmittel feil-hält oder verkauft, die Pflicht hat, sich über deren Beschaffenheit zu unterrichten und unterrichtet zu halten. Dies gilt für Fleischkonserven auch dann, wenn deren Prüfung nicht ohne ein Öffnen der Dosen geschehen kann und die geöffneten Dosen nicht mehr verkäuflich sind.

Stichprobenkontrolle

Die Prüfung muß dann durch Stichproben erfolgen. Diese Prüfungspflicht bestand auch dann, wenn dem Verkäufer von seinem Lieferanten die Ware ausdrücklich als gesund bezeichnet worden ist. Bei Anwendung der im Verkehr erforderlichen Sorgfalt durfte der Verkäufer sich nicht auf eine Zusicherung seines Lieferanten verlassen. Vielmehr mußte er bei der im Verkehr mit Nahrungsmitteln insbesondere obliegenden Sorgfaltspflicht über die Beschaffenheit der Fleischkonserven sich selbst unterrichten, ehe er diese als gesund verkaufte.

I. 8: RG, 29. 4. 1918, VI 58/18

Deliktshaftung: Organisationshaftung

Wenn jemand, obschon Laie, ein zahnärztliches Ambulatorium gewerblich betreibt, so ist von ihm eine besondere Sorgfalt in der Auswahl der von ihm anzustellenden Zahnärzte und Zahntechniker zu verlangen. Auch muß er dafür sorgen, daß in den Fällen, in denen eine ärztliche Behandlung geboten ist, es hieran nicht fehlt.

Pflicht zur Anstellung qualifizierter Fachleute

Allerdings liegt nicht schon darin ein Verschulden, daß der Beklagte, obwohl auf diesem Gebiet Laie, ein „zahnärztliches Ambulatorium" gewerblich betreibt und sich damit dem Publikum zu zahnärztlicher Behandlung anbietet, die er durch Fachmänner als Angestellte seines Instituts ausüben läßt. Aber gerade darum, weil er selbst von der Sache nichts versteht, wird er um so sorgfältiger bei der Auswahl der Kräfte verfahren müssen, denen er die Behandlung der Patienten anvertraut. Wenn ferner auch nicht die Rede davon sein kann, daß der Beklagte als Laie in Beziehung auf die eigentlich fachmännische Tätigkeit seiner Angestellten als solche eine leitende Tätigkeit hätte ausüben müssen, so war es doch seine Sache, als Unternehmer des Instituts dafür zu sorgen, daß der Betrieb im Ganzen in der erforderlichen Weise organisiert und im einzelnen dem an ein solches Institut zu stellenden Anforderungen entsprechend durchgeführt wurde. Insbesondere mußte genau bestimmt werden, in welcher Weise, in welchem Umfang und unter welchen Voraussetzungen die nur technisch ausgebildeten Angestellten mehr oder weniger selbständig verfahren dürfen. Der Leiter eines zahnärztlichen Instituts muß sich vergewissern, ob der Mann, den er anstellen will, die hierzu erforderliche Umsicht besitzt.

I. 9: RG, 6. 11. 1919, VI 215/19 (Selterswasser-Flasche)

Der Erblasser der Beklagten hat dem Kläger statt der bestellten Flasche Selterswasser eine Flasche Salmiakgeist vorgesetzt.

Er hat dadurch die Schädigung des Klägers, der von dem Salmiakgeiste getrunken hat, verursacht.

Deliktshaftung

Allerdings genügt nicht schon dieser äußere Tatbestand der Verwechslung der Flaschen, um der Schadensklage aus § 823 Abs. 1 BGB stattzugeben. Hinzukommen muß der subjektive Tatbestand, nach dem die Verwechslung auf eine Fahrlässigkeit des Erblassers zurückzuführen ist. Auch hierfür ist der Kläger beweispflichtig. Aber hier, wo schon der äußere Tatbestand an sich betrachtet nach dem regelmäßigen Zusammenhange der Dinge die Folgerung rechtfertigt, daß der Unfall im ordnungsmäßigen Wirtschaftsbetriebe bei gehöriger Sorgfalt zu vermeiden war, konnte das Berufungsgericht den Beweis für ein Verschulden des Erblassers zunächst als geführt erachten und es den Beklagten überlassen, sich nunmehr ihrerseits von diesem Vorwurfe des Verschuldens in der Weise zu entlasten, daß sie diejenigen besonderen Umstände nachweisen, aus denen sich die Schuldlosigkeit des Erblassers ergibt.

Anscheinsbeweis bzw. Beweislastumkehr

Vertragshaftung: Anscheinsbeweis bzw. Beweislastumkehr

Dieser zur Beweisregelung eingenommene Standpunkt des Berufungsgerichts wird übrigens auch durch die Erwägung gerechtfertigt, daß es sich hier um ein zwischen Gastwirt und Gast geschlossenes Kaufgeschäft gehandelt hat, das der Erblasser als Gastwirt mit der im Verkehr erforderlichen Sorgfalt zu erfüllen verpflichtet war. Auch aus diesem Gesichtspunkt ist es Sache der Beklagten, den Beweis dafür zu erbringen, daß der Erblasser, indem er dem Kläger die verwechselte Flasche vorsetzte, gleichwohl seiner vertraglichen Sorgfaltspflicht genügt hat.

Entlastungsnachweis

Zur Führung dieses Entlastungsbeweises hatten die Beklagten nur vorgetragen, die Flasche Salmiakgeist habe sich unter den von dem Selterswasserfabrikanten gelieferten Seltersflaschen befunden, im Hause des Erblassers sei niemals Salmiakgeist verwendet worden. Das Berufungsgericht hat dieses Vorbringen mit näherer Begründung als unzulänglich abgelehnt. Es hat dabei berücksichtigt, daß der Erblasser über die Herkunft der Flasche unsichere und wechselnde Angaben gemacht und daß auch die Beklagten trotz richterlicher Befragung weder bestimmte, den Erblasser entlastende Behauptungen aufstellen noch bestimmte Beweise nach dieser Richtung anzutreten vermocht haben. Somit ist dieses Vorbringen der Beklagten tatsächlich belang- und beweislos geblieben.

Die weitere, in das Zeugnis des Dienstmädchens gestellte Behauptung der Beklagten, daß kein Salmiakgeist zur Verwendung im Haushalt angeschafft worden sei, hat aber das Berufungsgericht als zur Entlastung des Erblassers unzureichend gewürdigt, da offenbleibe, daß dieser den Salmiakgeist ohne Wissen des Mädchens zu anderen Zwecken angeschafft haben kann. Hierbei hat das Berufungsgericht auch das vom Kläger mitgeteilte Gerücht, wonach der Erblasser sich mit der Herstellung von Selterswasser selbst befassen wollte, nach Lage der Dinge als nicht unwahrscheinlich mitberücksichtigen dürfen. Bei dieser Sachwürdigung konnte das Berufungsgericht ohne Prozeßverstoß von der Vernehmung des Dienstmädchens absehen und den Entlastungsbeweis der Beklagten, daß den Erblasser kein Verschulden treffe, für nicht erbringbar erklären.

Selbst wenn der Revision zuzugeben ist, daß bei einem prima facie-Beweise gegenüber nicht unbedingt ein „absolut strikter" Gegenbeweis der Schuldlosigkeit verlangt werden darf, so haben doch die Beklagten nach den Ausführungen des Berufungsgerichts überhaupt keine besonderen Umstände auch nur mit einiger Sicherheit darzutun vermocht, die es rechtfertigen könnten, den Unfall anders als nach dem regelmäßigen Verlauf und Zusammenhange der Dinge zu erklären.

I. 10: RG, 22. 12. 1919, VI 208/19 (Obstpflück-Leiter)

Deliktshaftung

Ein Gärtner, der gewerbsmäßig Leitern zum Obstpflücken herstellt und verkauft, haftet auch Dritten außerhalb eines Vertrages für nachlässige Arbeit seines Gehilfen, wenn er jede Nachprüfung unterläßt und bei dieser der Mangel entdeckt worden wäre. Es mag sein, daß der Beklagte als Gärtner in Bezug auf die Leitern weniger sachverständig war als der mit der Her-

Qualitätskontrolle

Organisations-
haftung

stellung der Leitern beauftragte Z. und daß er als Inhaber eines Großbetriebs zur persönlichen Nachprüfung jeder einzelnen Leiter nicht imstande gewesen wäre. Bei der Gefährlichkeit der 5 m hohen, zur freien Aufstellung bestimmten Leiter durfte er aber deren schließliche Prüfung vor der Absendung an den Käufer nicht dem Verfertiger selbst überlassen, auch wenn dieser durchaus zuverlässig war und seit 1905 hunderte von Leitern hergestellt hatte, ohne daß Beanstandungen vorkamen. Konnte der Beklagte die notwendige Nachprüfung, bei der auch zu ermitteln war, ob alle einzelnen Teile gehörig paßten, nicht selbst vornehmen, so verlangte es die im Verkehr erforderliche Sorgfalt, daß er hiermit zur Kontrolle des Z. eine dritte sachverständige Person bestellte. Eine gehörige Nachprüfung hätte das Dasein der Mängel ergeben und deren Abstellung herbeigeführt. In der Unterlassung liegt ein Verstoß gegen § 823 BGB.1

I. 11: RG, 29. 4. 1920 (Straßenbauarbeiten)

Organisations-
haftung

Bei Straßenaufgrabungen darf sich die Gemeinde hinsichtlich der Sicherung gegen nächtliche Unfälle nicht schlechthin auf ihren Baubeamten verlassen, auch wenn er bisher zu keiner Beanstandung Anlaß gegeben hat. Sie mußte vielmehr eine allgemeine fortlaufende Aufsichtstätigkeit einrichten, die allein das Ineinandergreifen der einzelnen Glieder, die pflichtmäßige Erledigung der den einzelnen übertragenen Geschäfte gewährleistete, die auch nicht erst dann einzusetzen hatte, wenn Zweifel an der Zuverlässigkeit des Angestellten sich ergaben, sondern in diesem Fall zu verschärfen war. Sie mußte also Anordnungen treffen, die die erforderliche Überwachung der städtischen Bauarbeiten unter Berücksichtigung der Verkehrssicherheit regelmäßig zu gewährleisten imstande waren.

Ausführungs-
kontrolle der Or-
ganisationsanwei-
sungen

Sie hatte aber auch weiter die Pflicht zu einer genügenden, allgemeinen Kontrolle der so geschaffenen Organisation und ihres Baubeamten, um den Vollzug der Angemessenheit und das Zureichen jener Anordnungen fortlaufend zu erproben und sicherzustellen.

I. 12: RG, 4. 1. 1921, II 374/20 (Chassis-Aufbau)

Der Beklagte hatte sich verpflichtet, der Klägerin einen Omnibus zu liefern, bei dessen Herstellung ein von der Firma Fafnir zu beziehendes Spezialchassis zu benutzen war.

Assemblerhaftung für fremdproduziertes Einzelteil

Die Fafnir-Werke waren nicht Erfüllungsgehilfen des Beklagten. Sie waren verpflichtet, dem Beklagten vertragsmäßig zu liefern. Durch ihre Leistung erfüllten sie nicht die dem Beklagten gegenüber der Klägerin obliegende Verpflichtung, sondern nur ihre eigene Verpflichtung dem Beklagten gegenüber.

I. 13: RG, 21. 9. 1923, III 569/22 (Wasserstoff-Flasche)

Die Beklagte belieferte die Klägerin mit verdichtetem Wasserstoff, der in Flaschen abgefüllt war. Die Flaschen bezog die Beklagte von der Nebenintervenientin. Die Flaschen wurden mehrfach verwendet. Die Beklagte wies deshalb die Nebenintervenientin an, die Flaschen nach erfolgter Abfüllung jeweils direkt an die Klägerin auszuliefern.

Im Fall der Flasche Nr. 12.527 enthielt diese aber nicht den verdichteten Wasserstoff, sondern eine durch Vorhandensein eines weiteren Gases entstandene explosible Mischung, die zu einem Sachschaden führte. Die Flasche war zugleich mit drei weiteren Flaschen gefüllt worden. Eine von den anderen Flaschen enthielt, als die Füllung begann, noch 120 atm Gas, das beim Füllen in die mitangeschlossene Flasche 12.527 gelangte.

Vertragshaftung

Nicht aufgeklärt ist, wie der Sauerstoff in die Flasche Nr. 19.321 gelangt ist. Nach den Feststellungen des Berufungsrichters kommen dafür aber nur zwei Möglichkeiten in Betracht. Für beide bejaht er ein die Beklagte haftbarmachendes Verschulden.

I.13

Fehlernachweis

Die Flasche Nr. 19.321 hatte die Beklagte mit Wasserstoff gefüllt an die Firma H. gesandt und von dieser nach Gebrauch zurückerhalten. War die Flasche nach ihrer Rücklieferung leer oder enthielt sie damals reinen Wasserstoff, so muß der Sauerstoff auf dem Werk der Beklagten in sie gelangt sein. Daß dann aber die Füllung der Wasserstoff-Flasche Nr. 19.321 mit Sauerstoff nur auf ein Verschulden der Angestellten der Beklagten zurückgeführt werden kann, ist vom Oberlandesgericht zutreffend dargelegt worden.

Die andere Möglichkeit ist die, daß der Sauerstoff bereits in der Firma H. in die Flasche Nr. 19.321 eingedrungen ist, daß sie ihn also schon enthielt, als sie im Werk der Beklagten anlangte. Sie ist dann ungeprüft an die Nebenintervenientin gesandt worden. Dort hat man zwar bemerkt, daß sich in ihr noch Gas befand. Trotzdem hat man den Inhalt der Flasche weder untersucht noch sie ausgeblasen. Vielmehr ist sie ohne weiteres an den Füllstand angeschlossen worden. In dem Füllen der noch Gas enthaltenden Flasche Nr. 19.321 ohne daß zuvor die Natur dieses Gases festgestellt oder die Flache entleert wurde, sieht die Vorinstanz mit Recht ein für den entstandenen Schaden ursächliches Verhalten der Nebenintervenientin.

Arbeitsteilung: Vorlieferant beim Streckengeschäft Erfüllungsgehilfe (§ 278 BGB)

Der Berufungsrichter hat angenommen, daß die Beklagte für dieses Verschulden der Nebenintervenientin einzustehen habe, daß sie sich ihrer als Erfüllungsgehilfin (§ 278 BGB) bedient habe. Hiergegen wendet sich die Revision jedoch zu Unrecht. Die Hauptverpflichtung der Beklagten aus dem von ihr mit der Klägerin geschlossenen Kaufvertrage ging dahin, der Klägerin den Wasserstoff zu übergeben und ihr das Eigentum daran zu verschaffen. Diese Verpflichtung hat sie nicht selbst erfüllt, sondern durch die Nebenintervenientin erfüllen lassen. Sie hat sich also der Nebenintervenientin zur Erfüllung der ihr selbst der Klägerin obliegenden Verbindlichkeit bedient. Nicht zu billigen ist die Auffassung des OLG, daß grundsätzlich der Lieferant des Verkäufers nicht als dessen Erfüllungsgehilfe anzusehen sei, da der Lieferant im allgemeinen nur seine Vertragspflichten gegenüber dem Verkäufer erfülle, nicht aber Vertragspflichten, die dem Verkäufer dem Käufer gegenüber obliegen.

Die Frage, ob jemand Erfüllungsgehilfe eines Dritten ist, kann überhaupt nicht allgemein, sondern nur nach der Gestaltung des Einzelfalles entschieden werden. Es kommt dabei auch nicht auf die Rechtsbeziehungen des Gehilfen zu dem Verpflichteten an. Ausschlaggebend ist vielmehr, wie er dem Berechtigten gegenübertritt. Erforderlich und genügend ist, daß er bei der Vertragserfüllung als Hilfsperson des Schuldners mitwirkt. Das hat die Nebenintervenientin getan, mag sie damit auch zugleich eigene Verpflichtungen gegenüber der Beklagten erfüllt haben. Die Entscheidungen des Reichsgerichts (z. B. *RGZ* 101/152, 153), die dem Lieferanten des Verkäufers die Eigenschaft eines Erfüllungsgehilfen absprechen, haben nur solche Fälle im Auge, in denen die Ware zunächst dem Verkäufer geliefert wird, der sie dann seinerseits an den Käufer weiterliefert. In dem ungedruckten Urteil des II. Zivilsenats vom 12. Mai 1908 ist diese Einschränkung besonders hervorgehoben. Tritt dagegen der Lieferant mit dem Vertragsgegner seines Käufers in unmittelbare Verbindung, so sind die Voraussetzungen des § 278 BGB gegeben. Durch die Zustimmung der Klägerin zur Mitwirkung der Nebenintervenientin bei der Vertragserfüllung wird an der Rechtslage nichts geändert.

Anmerkung:

Die in der Folgezeit vielzitierte Entscheidung ist m. E. falsch entschieden (vgl. auch I.62). Für die Qualifizierung einer sei es im Bereich der innerbetrieblichen Arbeitsteilung, sei es im Bereich der zwischenbetrieblichen Arbeitsteilung eingeschalteten Drittperson als Erfüllungsgehilfe i. S. des § 278 BGB ist zu fragen, ob der Dritte eine dem Schuldner obliegende Verpflichtung erfüllt hat (I.64). Beim Streckengeschäft ergibt sich hier eine besondere Problematik, weil durch die direkte Belieferung des Zweitkäufers durch den Erstverkäufer ein direkter sozialer Kontakt entsteht: rechtlich ist aber im Gegensatz zu diesem unmittelbaren tatsächlichen Kontakt zu unterscheiden zwischen dem Kaufvertrag zwischen dem Erstverkäufer und dem Zwi-

schenhändler einerseits, dem weiteren Kaufvertrag zwischen dem Zwischenhändler und dem Zweitkäufer andererseits.

Handelt es sich z. B. um Transportschäden, so stellt sich die Frage, ob der Kaufvertrag zwischen dem Zwischenhändler und dem Zweitkäufer einen Versendungskauf darstellt oder ob es sich um eine Bringschuld handelt. Im Fall des Versendungskaufes schuldet der Zwischenhändler nicht den Antransport der Ware. Folglich ist der den Zweitkäufer direkt beliefernde Erstverkäufer hinsichtlich des Transports nicht Erfüllungsgehilfe des Zwischenhändlers. Allenfalls kann der Zwischenhändler für die ordnungsgemäße Auswahl des Transportunternehmens haften (vgl. Schmidt-Salzer, Produkthaftung II, Rz 111), was für den Fall des Streckengeschäfts bedeutet, daß den Zwischenhändler hinsichtlich von Transportschäden eine Haftung nur treffen kann, wenn aus seiner Sicht Bedenken bestanden, ob der Erstverkäufer den Transport ordnungsgemäß ausführt. Handelt es sich dagegen um eine Bringschuld, so schuldet der Zwischenhändler den Antransport der Ware. Beauftragt der Zwischenhändler den Erstverkäufer, die Ware direkt an den Zweitkäufer zu liefern, dann hat der Erstverkäufer eine dem Zwischenhändler im Verhältnis zum Zweitkäufer obliegende Verpflichtung übernommen und haftet der Zwischenhändler gemäß § 278 BGB für einen schuldhaft durch den Erstverkäufer verursachten Transportschaden.

Handelt es sich demgegenüber um einen Fabrikationsfehler, stellt sich die Frage, ob der Zwischenverkäufer für einen bei seinem Vorlieferanten verursachten Fabrikationsfehler haftet (vgl. dazu im einzelnen Schmidt-Salzer, aaO, Rz 114–117). Bei Kaufverträgen und Werklieferungsverträgen über vertretbare Sachen (§ 651 BGB) haftet der Verkäufer gerade nicht für die Herstellung, weil er nur die Übergabe und die Übereignung, nicht dagegen die Herstellung selbst schuldet (vgl. I.55). Folglich ist der Hersteller, von dem der Vertriebshändler die Sache bezogen hat, nicht sein Erfüllungsgehilfe (vgl. auch I.55 und I.64). Bei Werkverträgen (§ 631 BGB) dagegen haftet der Werkhersteller für die Herstellung. Folglich ist ein von ihm ein- bzw. vorgeschalteter Dritter sein Erfüllungsgehilfe, für den er gemäß § 278 BGB haftet.

Im obigen Fall handelte es sich um Kaufverträge. Also haftete die Beklagte nicht gemäß § 278 BGB für bei der Nebenintervenientin erfolgte Abfüllfehler. Die Tatsache der direkten Belieferung der Klägerin durch die Nebenintervenientin betraf nur die Art und Weise der Transportabwicklung. Sie konnte aber nicht die Pflichtenlage im Bereich der Flaschen-Abfüllung verändern (ebenso in der Sache I.55 und I.64).

I.14: RG, 26. 6. 1929, I 17/29 (Schrott)

Vertragshaftung

Schadensersatz wegen Lieferung von Schrott, der wegen seines groben Gehalts zur Verhüttung im Martinsofen ungeeignet war, kann die Klägerin nur dann verlangen, wenn die Beklagte oder ihre Angestellten bei jener Lieferung ein Verschulden trifft.

Untersuchungspflichten des Vertriebshändlers

Grundsätzlich braucht nun zwar der Verkäufer die Tauglichkeit der Ware zu dem ihm bekannten Verwendungszweck nicht zu prüfen (vgl. RG JW 1910/748 I.3). Aber aus den besonderen Umständen des Falles kann sich eine solche Prüfungspflicht ergeben. Für die Beklagte bestand sie deswegen, weil sie den an das Stahlwerk gelieferten Schrott den Beständen entnahm, die sich bei ihr aus umfangreichen Lieferungen der Inflationszeit angesammelt hatten, obgleich sie wissen mußte, daß damals viel chromhaltiger Schrott im Handel war. Die Richtigkeit dieser Annahme ergibt sich schon daraus, daß die Beklagte damals allgemein die Untersuchung auf Chromgehalt in ihrem Betrieb vorgeschrieben hatte. Sie hat auch nicht darzulegen versucht, daß sich etwa in diesem Sonderfall nach dem aus den Frachtbriefen für sie ersichtlichen Herkunftsort des Schrotts jede Untersuchung erübrigt hätte. Unter diesen Umständen konnte der Berufungsrichter ohne Rechtsirrtum annehmen, daß die Beklagte mit der Lieferung des nicht auf Chromgehalt untersuchten Schrotts ihre Vertragspflicht verletzte.

Verhältnis zu den Untersuchungspflichten des Abnehmers

Zu Unrecht wendet die Revision hiergegen ein, die Beklagte habe nicht damit zu rechnen brauchen, daß der Schrott beim Werk ununtersucht verhüttet würde. Denn wenn dies zuträfe, so könnte es doch die Beklagte nicht von der eigenen Untersuchungspflicht befreien.

I. 15: RG, 10. 2. 1933, II 268/32 (Mauersteine)

Der Kläger beauftragte den Maurermeister D. mit den Maurerarbeiten für einen von ihm geplanten Neubau. Hierfür kaufte der D. von dem Beklagten 100.000 alte Mauersteine, die aus dem Abbruch eines Kali-Werkes herrührten. Infolge einer Salz- und Salpeterhaltigkeit der Steine war das Mauerwerk mit schweren Mängeln behaftet und das Haus abbruchreif.

Deliktshaftung: § 826 BGB

Zu der in der Revisionsinstanz allein zu behandelnden Frage des Klagegrundes aus unerlaubter Handlung (§ 826 BGB) stellt das angefochtene Urteil fest, daß die von der Beklagten an D. verkauften und in das Haus des Klägers verbauten Mauersteine salz- und salpeterhaltig gewesen sind, und dadurch dem Kläger Schaden entstanden ist. Der Prokurist der Beklagten, der die mündlichen Kaufverhandlungen mit D. geführt hat, habe damals gewußt, daß die Steine salzverdächtig seien und von anderer Seite als für Hausbauten ungeeignet abgelehnt waren und sonach ebenso wie der damalige persönlich haftende Gesellschafter der Beklagten nicht nur gegen D. arglistig gehandelt, sondern auch den Kläger als Bauherrn in sittenwidriger Weise vorsätzlich geschädigt. Die Revision greift diese Erwägungen zu Unrecht an. Sie wendet sich zunächst gegen die in der Beurteilung des Verhaltens der Beklagten gegenüber D. zu erblickende Verkennung des Begriffes der Arglist. Eine solche scheide schon deshalb aus, weil D. die Herkunft der Steine aus dem Kali-Werk gekannt und mithin mit ihrer Salzhaltigkeit gerechnet habe. Habe aber die Beklagte gegenüber D. die Beschaffenheit der Steine nicht zu vertreten, so gehe sie nichts an, in welcher Weise dieser dafür darüber verfügt habe und ob durch ihn der Kläger geschädigt worden sei. Indessen beruhen die Ausführungen der Revision auf einer Verwechslung vertraglicher Gesichtspunkte mit solchen der unerlaubten Handlung. Eine etwaige Arglist der Beklagten gegenüber D. ist für die Begründung der Klage aus § 826 BGB überhaupt nicht Voraussetzung. Der Fall läge bezüglich des Klaganspruchs nicht anders, wenn etwa D. mit vollem Bewußtsein die Steine als salpeterhaltig gekauft hätte. Das Rechtsverhältnis zwischen ihm und der Beklagten scheidet vielmehr für die Frage nach dem Vorliegen einer unerlaubten Handlung der Beklagten gegenüber dem Kläger vollkommen aus. Die Frage ist allein die, ob die Beklagte den Kläger durch die Lieferung der mangelhaften Steine in sittenwidriger Weise vorsätzlich geschädigt hat.

Vorsatz

Mit vollem Recht hat dies das OLG bejaht. Festzustellen war dazu einmal bei der Beklagten der Vorsatz der Schädigung und ferner ein gegen die guten Sitten verstoßendes Verhalten ihrerseits. Beides ist gegeben. Daß zum Vorsatz der Schädigung nicht Schädigungsabsicht erforderlich ist, vielmehr das Bewußtsein der Möglichkeit eines Schadenserfolges unter eventueller Billigung dieses Erfolges genügt, ist anerkannten Rechts ebenso wie, daß der gegen § 826 BGB Verstoßende nicht im Hinblick auf eine bestimmte Person zu handeln braucht. In dieser Hinsicht stellt das OLG fest, daß sowohl der Prokurist als auch der damalige persönlich haftende Gesellschafter der Beklagten, der die Verkaufsbestätigung an D. unterzeichnet hat, beim Verkauf der Steine die mögliche schwere Schädigung des Bauherrn übersehen und in Kauf genommen haben.

Deliktshaftung gegenüber dem Drittkäufer

Was aber die Frage des sittenwidrigen Verhaltens der Beklagten anbelangt, so wird ein solches gegenüber dem Kläger nicht dadurch ausgeschlossen, daß die Lieferung nicht an ihn unmittelbar, sondern aufgrund eines Vertrages der Beklagten mit einem Dritten ausgehändigt worden ist. Vielmehr ist die Haftung des Verkäufers einer mangelhaften Sache gegenüber seinem Abkäufer aus dem Kaufverhältnis mit einer Haftung aus unerlaubter Handlung gegenüber einem Dritten durch die Sache Beschädigten durchaus vereinbar.

Zur Sittenwidrigkeit des Verhaltens der Beklagten war Arglist nicht notwendig erforderlich. Auch eine besonders grobe, die Merkmale äußerster Leichtfertigkeit und Gewissenlosigkeit an sich tragende Fahrlässigkeit konnte ausreichen, um den Verkauf der Ziegel als zu den allgemeinen sittlichen Anschauungen im Widerspruch stehend erscheinen zu lassen. Was das OLG

Vorsatz

festgestellt hat, läßt ohne Rechtsverstoß ein sittenwidriges Verhalten der Beklagten in der Tat erkennen. Wenn als erwiesen anzusehen ist, daß sowohl der Prokurist als auch der persönlich haftende Inhaber der Beklagten vor dem Verkaufe an D. wußten, die Ziegel aus dem Abbruch des Kali-Werkes seien von anderer Seite, weil salzverdächtig, abbestellt, sie daraufhin ihre eigenen Kaufabsichten gegenüber der liefernden Firma H. aufgegeben, dann aber doch auf die Nachfrage des D. die 100.000 Stück übernommen und diese, wie sie wußten, im Fall vorauszusetzender Salpeterhaltigkeit für einen Hausbau untauglichen Ziegel zwecks Erzielung von Gewinn veräußert haben, so nimmt das Urteil mit Recht an, daß darin ein Verstoß gegen die guten Sitten lag; denn damit, daß dem Bauherrn der Sachverhalt bekannt war, konnten sie nicht rechnen. Sie brachten also eine Ware, bezüglich deren eine andere nützliche Verwendung als in einen Bau nicht denkbar war, in den Verkehr, die dem Verbraucher mit naheliegender Wahrscheinlichkeit einen von ihm nicht voraussehbaren Schaden zufügen konnte und zogen daraus für die Beklagte geldliche Vorteile.

Eignung für den voraussehbaren Verwendungszweck

Es ist hiernach also unerheblich, ob sich die Beklagte auch D. gegenüber haftbar gemacht und ob auch D. den Kläger geschädigt hat sowie ob ohne Dazwischentreten des D. die Schädigung des Klägers vielleicht nicht eingetreten wäre. Der ursächliche Zusammenhang zwischen ihrem Verhalten und der Schädigung des Klägers ist jedenfalls gegeben.

Anmerkung:

1. Die faktische Bedeutung des § 826 BGB als Anspruchsgrundlage für Produktschäden besteht darin, daß hier – anders als im Bereich des § 823 Abs. 1 BGB – auch unmittelbare Vermögensschäden zu ersetzen sind.

2. Anspruchsvoraussetzung ist aber ein vorsätzliches Handeln, genauer: ein vorsätzliches Handeln des Beklagten selbst bzw., wenn es sich um juristische Personen handelt, von Organwaltern. Hat ein Mitarbeiter gehandelt, liegt nur eine Fremdhaftung des

Unternehmens gemäß § 831 für vermutetes Auswahl- bzw. Überwachungsverschulden vor, d. h. wird das Handeln des Mitarbeiters dem Unternehmen gerade nicht als eigenes zugerechnet. Da es sich demgegenüber im Bereich des § 826 BGB um eine Eigenhaftung für Eigenhandeln handelt, muß der Vorsatz in der Person eines Organwalters oder zumindest eines Repräsentanten (§ 31 BGB: I.16) vorliegen. Eine bei diesen Personen gegebene grobe Fahrlässigkeit reicht dagegen nicht, um eine Anwendung des § 826 BGB zu rechtfertigen (I.16).

3. Der Vorsatz ist vom Produktgeschädigten nachzuweisen (I.16). Eine Beweislastumkehr, wie sie der Bundesgerichtshof *im Schubstreben- und im Hühnerpest-Urteil für § 823 BGB ausgesprochen hat, ist hier nicht gerechtfertigt: es handelt sich hier nicht um die allgemeine Unternehmensorganisation, die für Außenstehende nur schwer überschaubar ist; vielmehr handelt es sich hier um die Frage einer Kenntnis bestimmter Umstände sowie um die Frage einer Inkaufnahme von dadurch ausgelösten Schäden. Abgesehen von dem allgemeinen Grundsatz, daß der Vorsatz nicht vermutet wird, sondern stets konkret nachzuweisen ist, würde sich hier das Problem des Negativbeweises stellen. Die Beweislastumkehr im Bereich der Fahrlässigkeitshaftung ist gerechtfertigt, weil damit nichts Unmögliches oder Unzumutbares verlangt wird. Im Bereich des § 826 BGB dagegen würde bei Anerkennung einer Beweislastumkehr hinsichtlich des Entlastungsnachweises in vielen Fällen ein praktisch nichtzuerbringender Beweis verlangt. Deshalb muß es hier m. E. bei der allgemeinen Regelung über die Darlegungs- und Beweislast verbleiben.*

I. 16: RG, 17. 1. 1940, II 82/39 (Bremsen)

Deliktshaftung: Produktbeobachtungshaftung

Aufgrund des Beweisergebnisses steht fest, daß die Bremseinrichtung des Unfallwagens mit einem Konstruktionsfehler behaftet und der Unfall hierauf zurückzuführen war.

I.16

§ 826 BGB

Das Berufungsgericht lehnt die Haftung der Beklagten aus Kaufvertrag und Gewährvertrag sowie aus unerlaubter Handlung gemäß § 823 Abs. 1 u. 2 BGB ab und gelangt zu einer Verurteilung der Beklagten nur aufgrund des § 826 BGB. Hierbei geht es davon aus, daß es einen Verstoß gegen die guten Sitten bedeuten würde, wenn die Beklagte in Kenntnis des Konstruktionsfehlers, aus dem sich bei der Benutzung des Wagens nicht nur für die Insassen, sondern auch für den Straßenverkehr die größten Gefahren ergäben, den Verkauf der betreffenden Bremskonstruktion weiter zugelassen und auch noch den Gewährschein ausgestellt habe, ja sogar schon, wenn sie nach Erlangung der Kenntnis nicht alsbald eine Abstellung des Mangels bei den bereits im Verkehr befindlichen Wagen gesorgt habe. Deshalb kommt es nach Meinung des Berufungsgerichts nur darauf an, ob die Beklagte rechtzeitig vor dem Unfall vom 21. April 1930 Kenntnis von dem Konstruktionsfehler und von der sich aus ihm ergebenden Gefährdung erlangt hat.

Konstruktionshaftung

Dies ist rechtlich nicht zu beanstanden. Derjenige, der ein nicht verkehrssicheres Kraftfahrzeug, sei es als Hersteller, sei es als Verkäufer, in den Verkehr bringt, verletzt eine allgemeine Rechtspflicht, da er hierdurch eine Gefahr für den Verkehr setzt. Er haftet deshalb im Rahmen der §§ 823, 826 BGB für die hierdurch verursachten Schäden. Voraussetzung hierfür ist, daß es sich um eine wirklich wesentliche Gefährdung von Menschen oder Sachen, nicht etwa nur um die Möglichkeit von Verbesserungen handelt, die an einem an sich ordnungsmäßigen Wagen noch vorgenommen werden könnten. Eine solche wesentliche Gefährdung liegt auf alle Fälle vor, wenn infolge eines Konstruktionsfehlers die Bremsvorrichtung nicht zuverlässig wirkt. Jedenfalls handelt der Betreffende rechts- und sittenwidrig, wenn er das Fahrzeug in den Verkehr gibt, obwohl ihm ein seine Verkehrssicherheit in der angegebenen Weise erheblich beeinträchtigender Fehler und zugleich auch die darauf beruhende Gefahr für die Allgemeinheit bekannt ist.

Produktbeobachtungshaftung

Aber auch dann, wenn er von einem Fehler dieser Art, den das Fahrzeug zur Zeit des Inverkehrbringens gehabt hat, nachträglich erfährt, ist er verpflichtet, der dadurch von ihm gesetzten

Gefahr nach Kräften zu steuern. Wer, wenn auch vielleicht unwissend, eine Gefahr für den allgemeinen Verkehr gesetzt hat, muß, sobald er die Gefahr erkennt, alles tun, was ihm nach den Umständen zugemutet werden kann, um sie abzuwenden. Entzieht er sich dem und läßt er einer solchen Gefahr, nachdem er sie erkannt hat, freien Lauf, so verstößt sein Verhalten ebenfalls gegen die der Allgemeinheit gegenüber bestehenden Pflichten und damit auch gegen die guten Sitten. Das Berufungsgericht gelangt zu der Feststellung, daß die Beklagte den Konstruktionsfehler und die sich daraus ergebende Gefahr für den allgemeinen Verkehr erkannt habe, indem es seine Ausführungen wiederholt auf den Beweis des ersten Anscheins stützt.

Anscheinsbeweis

Die Revision macht demgegenüber mit Recht geltend, das Berufungsgericht wende die Grundsätze über den Beweis des ersten Anscheins mit Unrecht und obendrein auch unrichtig an. Die Lehre vom Beweise des ersten Anscheins stützt sich auf die Berücksichtigung von Erfahrungssätzen, so daß sie nur bei regelmäßigen (typischen) Geschehensabläufen anwendbar ist, d. h., dort, wo ein gewisser Tatbestand fest steht, der nach der Erfahrung des Lebens auf eine bestimmte Ursache hinweist, als welche auch ein schuldhaftes Verhalten in Betracht kommt. In diesen Fällen wird im allgemeinen dem, der einen vom gewöhnlichen Verlauf abweichenden Gang des Geschehens behauptet, die Beweislast für diesen zufallen. Eine Ausdehnung dieser Regel dahin, daß der Beweisführer nur einen gewissen Grad von Wahrscheinlichkeit darzutuen brauche und der Gegner eine sich daraus ergebende Vermutung zu widerlegen habe, ist aber selbst für Fälle dieser Art stets abgelehnt worden.

Ein regelmäßiger Geschehensablauf im Sinne der erwähnten Beweisregel liegt hier, wo es sich lediglich um das Erkennen einer gewissen Gefahr handelt, unzweifelhaft nicht vor. Es wird nicht aus einem solchen Geschehensablauf, der zu einem bestimmten Erfolge geführt hat, auf eine bestimmte Ursache geschlossen. Vielmehr wird aus gewissen Umständen — nämlich aus Kundenbeschwerden über das Blockieren der Räder, aus der Beobachtung des Arbeitens der Bremsen durch eine aufgeschnittene

Bremstrommel seitens Angestellter der Beklagten und aus der daraufhin erfolgten Verwendung größerer Bremsrollen in einigen Fällen der Beanstandung sowie aus dem Einbau einer besonderen Feder am Bremsgestänge einiger Wagen – gefolgert, daß „die Beklagte" zunächst die zu hohe Spreizstellung des Bremsnockens als Ursache für das Blockieren der Räder erkannt habe und auf diese Weise auch weiterhin sich sowohl der Gefahr des Überspringens des Bremsnockens als auch der sich daraus ergebenden Gefahr des völligen Versagens der Bremse im Verkehr und der Herbeiführung von Verkehrsunfällen mit solchen Wagen bewußt geworden sei. Es wird also aus gewissen Anzeichen auf einen bestimmten Erfolg, und zwar auf einen inneren Vorgang geschlossen. In solchem Falle handelt es sich nicht um die besondere Art der Beweisführung aufgrund des ersten Anscheins, sondern um eine gewöhnliche Beweisführung durch Anzeichen (sog. Indizienbeweis).

Indizienbeweis

Bei dem gewöhnlichen Beweise durch Anzeichen genügt aber erst recht nicht eine größere oder geringere Wahrscheinlichkeit, sondern es ist, um den Beweis als erbracht anzusehen, die volle richterliche Überzeugung erforderlich. Hierbei ist bei dem gewöhnlichen Beweise durch Anzeichen sogar mit besonderer Vorsicht zu verfahren, damit die Beweisführung keine irgendwie beachtliche Lücke aufweist, während beim Beweise des ersten Anscheins gewisse Lücken in der Feststellung des Geschehensablaufs im einzelnen durch Berücksichtigung allgemeiner Erfahrungssätze über den regelmäßigen Verlauf ausgefüllt werden können. Ob das Berufungsgericht zu dem gleichen Ergebnis gelangt wäre, wenn es sich der Notwendigkeit der gewöhnlichen Beweisführung durch Anzeichen bewußt geworden wäre, ist nicht ersichtlich.

§ 826 BGB: Anforderungen an Darlegung und Beweis

Aber auch die Ausführungen sind rechtlich nicht haltbar, mit denen das Berufungsgericht – ebenfalls aufgrund unrichtiger Anwendung des Beweises des ersten Anscheins – zu der Feststellung gelangt, gerade die Organe der Beklagten, die im Sinne des § 31 BGB zu ihrer Vertretung berufen sind, hätten nicht nur den Einbau der größeren Bremsrollen, sondern auch die Erwägungen gekannt, die nach seiner Meinung dazu geführt haben. Es ist verfehlt, wenn das Berufungsgericht Entscheidungen des Reichsgerichts (*RGZ* 89/136; WarnRspr 1910 Nr. 189; JW 1932, S. 2076) als Belege dafür anführt, daß von den Klägern eine weitere Darlegung darüber nicht verlangt werden könne, bei welchem dieser Vertreter der Beklagten die sich aus dem Einbau der größeren Rollen ergebende Erkenntnismöglichkeit für das Überspringen der Bremsnocken vorhanden gewesen sei. Bei den angeführten Entscheidungen handelte es sich um eine Haftung für Fahrlässigkeit in Fällen mangelnder Verkehrssicherheit einer Straße, bei einer Bahn usw. Dort ließ bereits der verkehrswidrige Zustand nach dem insofern zulässigen Beweise des ersten Anscheins den Schluß auf ein Verschulden der verantwortlichen Vertreter zu. Im vorliegenden Fall ist aber den gesetzlichen oder etwaigen besonderen Vertretern der Beklagten (§ 31 BGB) im Rahmen des § 826 BGB eine tatsächliche Kenntnis oder die bewußte und gewollte Inkaufnahme von bestimmten Tatumständen und Verkehrsgefahren nachzuweisen. Diese Kenntnis kann nur durch genaue Klarstellung der näheren Umstände bewiesen werden.

Nachweis der Kenntnis von Organwaltern

Kreis der Organwalter: verfassungsmäßige Vertreter i. S. des § 31 BGB

Die Revision weist daher mit Recht darauf hin, daß die Frage, ob die „Beklagte" im Sinn des Berufungsurteils gemäß § 826 BGB i. V. mit § 31 BGB verantwortlich gemacht werden könne, davon abhänge, welche bestimmten Personen sich einer Handlungsweise schuldig gemacht haben, die eine Anwendung des § 826 BGB rechtfertigt, und ob sie dabei als im Sinne des § 31 BGB verantwortliche Vertreter der Beklagten gehandelt haben. Hierzu bedarf es eines näheren Eingehens auf die Gliederung der Beklagten. Dabei kommt es aber nicht darauf an, ob nach dieser Gliederung angenommen werden kann, die gesetzlichen Vertreter (Geschäftsführer) der Beklagten oder auch nur einer von ihnen hätten diese Kenntnis erlangt, sondern als Vertreter im Sinne des § 31 BGB kommen auch „andere verfassungsmäßig berufene Vertreter" in Betracht, sofern sie nur in Ausführung der ihnen zustehenden Verrichtungen gehandelt haben. Hierbei ist zu beachten, daß es sich bei der Beklagten um einen umfangreichen und weitverzweigten Betrieb gehandelt zu haben scheint, der in zahlreiche Abteilungen (eine Betriebsabteilung und eine Verkaufsabteilung mit je mindestens einem

Leiter, eine Ausbesserungswerkstatt, eine Ersatzabteilung, den Kundendienst, die Einkaufsabteilung usw.) gegliedert war. Bei einer solchen Einrichtung liegt es nahe, daß die Geschäftsführer sich persönlich nicht um alle Einzelheiten des verzweigten Betriebes kümmern konnten und daß deshalb, sei es aufgrund der Satzung, sei es aufgrund allgemeiner Betriebsregelung und Handhabung, einzelnen Abteilungsleitern Aufgaben zugewiesen waren, die sie selbständig und unter eigener Verantwortung als besondere Vertreter der Beklagten zu erfüllen hatten, obwohl es sich hierbei im Grunde um Aufgaben der Geschäftsführung handelte. Auch derartige Vertreter haben, jedenfalls bei den Kapitalgesellschaften des Handelsrechts, als besondere verfassungsmäßige Vertreter im Sinn des § 31 BGB zu gelten. Andernfalls könnten sich derartige Körperschaften ihrer Haftung aus § 31 BGB allzu leicht entziehen.

Organisationshaftung und § 826 BGB

Allerdings käme hier, falls den Abteilungsleitern nicht die den Umständen nach erforderliche Selbständigkeit eingeräumt worden wäre, eine Haftung wegen „Organisationsmangels" nicht in Betracht, da hiervon nur bei Haftung für Fahrlässigkeit die Rede sein kann, die Haftung aus § 826 BGB aber Vorsatz voraussetzt. Falls sich herausstellen sollte, daß sich jemand aus § 826 BGB haftbar gemacht hat, der, ohne Vertreter der Beklagten im Sinn des § 31 BGB zu sein, doch von ihr zu einer entsprechenden Verrichtung bestellt war, so käme die Haftung der Beklagten hierfür aus § 831 BGB in Betracht. Ehe einem der hiernach verantwortlichen Vertreter (oder Angestellten oder Gehilfen) der Beklagten der schwere Vorwurf gemacht werden kann, er habe bewußt die Gefahr von Verkehrsunfällen mit dem von der Beklagten in den Verkehr gebrachten Kraftfahrzeugen in Kauf genommen, bedürfen auf alle Fälle die persönlichen Verhältnisse des Betreffenden und die Umstände, unter denen gerade er die Kenntnis von der Verkehrsgefährlichkeit der Fahrzeuge erlangt haben soll, einer sorgfältigen Klärung. Hierbei wird auch zu beachten sein, daß zum mindesten den Geschäftsführern mit Rücksicht auf den Ruf des eigenen Unternehmens in aller Regel daran gelegen sein wird, einen etwa erkannten wesentlichen Konstruktionsfehler alsbald zu beheben und keine damit behafteten Fahrzeuge mehr in den

Mitarbeiterhaftung (§ 831 BGB)

Verkehr zu bringen, nach Möglichkeit auch bei den bereits im Verkehr befindlichen Fahrzeugen den Mangel zu beseitigen. Ferner ist darauf hinzuweisen, daß zwar der Beklagten für ihre Gliederung die Darlegungspflicht obliegen mag (vgl. *RGZ* 103/8, 124/65,68; *RG* JW 1908/151, 1922/31), daß aber doch die Beweislast für die Voraussetzungen der Anwendbarkeit des § 826 BGB in vollem Umfange den Klägern zufällt.

§ 826 BGB: Beweislast

Die Aufhebung des Berufungsurteils, soweit die Klage auf § 826 BGB gestützt ist, gibt wegen der Möglichkeit, daß nunmehr der Anspruch aus § 826 BGB für unbegründet erachtet wird, Veranlassung zur Nachprüfung, ob das Berufungsgericht die anderen Klaggründe ohne Rechtsirrtum für unbegründet erklärt hat.

Vertragsverhältnis aufgrund von warenbegleitenden Erklärungen? Hersteller-Garantiekarte

Dem Gewährschein der Beklagten vom 26. April 1929 mißt das Berufungsgericht keine Bedeutung bei. Wer einen derartigen Gewährschein ausstellt, erweckt dadurch in der Regel den Eindruck, daß er damit grundsätzlich in die gesetzliche Haftung des Verkäufers für Sachmängel, wenn auch mit den sich aus dem Gewährschein selbst ergebenden Einschränkungen und Abänderungen, einzutreten gewillt ist, sei es anstelle des Verkäufers, falls dieser sich mit Rücksicht auf den Schein im Einverständnis mit dessen Aussteller die völlige Freistellung von dieser Haftung in den gesetzlich zulässigen Grenzen ausbedingt, sei es neben dem Verkäufer zur weiteren Sicherheit, weil dessen Leistungsfähigkeit möglicherweise mehr oder minder zweifelhaft ist. Daraus könnte sich dann in vorliegendem Falle ergeben, daß die Beklagte durch die Ausstellung des Gewährscheins, soweit nicht eine der weitgehenden Freizeichnungsklauseln eingreift, die Haftung für Sachmängel in gleicher Weise übernommen hat, als wenn sie die Verkäuferin wäre.

Hersteller-Garantiekarte als Instrument der Haftungsbeschränkung gegenüber dem Endabnehmer?

Nach ständiger Rechtsprechung sind die Freizeichnungsklauseln, die ein solcher Gewährschein der Lieferfirma oder der hinter dieser stehenden Herstellerfirma enthält, eng auszulegen. Das Berufungsgericht wird daher zu prüfen haben, ob der vorliegende Schein, der die Haftung für alle aus „Materialfehlern" etwa entstehenden Unfälle und deren Folgen ablehnt, auch die

Haftung für solche Unfälle ausschließt, die durch fehlerhafte „Arbeit", insbesondere durch Konstruktionsfehler herbeigeführt werden und ferner, ob auch die Haftung der Beklagten aus positiver Vertragsverletzung ausgeschlossen ist, falls durch einen von ihr verschuldeten oder fahrlässig nicht erkannten Konstruktionsfehler ein Unfall entsteht und dem Käufer dadurch Nachteile erwachsen. Jedenfalls aber würde die Beklagte arglistig gehandelt haben, wenn sie bei der Ausstellung des Gewährscheins den Konstruktionsfehler gekannt oder auch nur mit der Möglichkeit seines Vorhandenseins gerechnet hätte.

Unwirksamkeit derartiger Haftungsbeschränkungen im Einzelfall (§ 276 BGB)

In diesem Fall würde deshalb, da sich von Arglist niemand freizeichnen kann, ihre Haftung auch aus dem Gewährschein begründet sein und würde sie sich auch nicht auf den Zeitablauf berufen können.

§ 823 BGB

Ein Anspruch aus § 823 Abs. 1 BGB ließe sich nur rechtfertigen, wenn das etwaige schuldhafte Verhalten der Beklagten unmittelbar eines der durch diese Vorschrift geschützten Rechtsgüter verletzt hätte. Als Rechtsgut dieser Art kommt nach ständiger Rechtsprechung auch ein eingerichteter und ausgeübter Gewerbebetrieb in Betracht, sofern der Eingriff unmittelbar erfolgte. Davon, daß sich im vorliegenden Falle das etwaige schuldhafte Verhalten der Beklagten unmittelbar gegen den Bereich des Gewerbebetriebes des Erstklägers gerichtet habe, kann jedoch keine Rede sein. Der Konstruktionsfehler des dem Erstkläger gelieferten Kraftfahrzeuges hat unmittelbar nur die Personen und Sachen gefährdet, die bei einem infolge des Konstruktionsfehlers sich ereignenden Verkehrsunfall verletzt oder beschädigt werden. Um den Gewerbebetrieb des Klägers zu beeinflussen, bedürfte es der Zwischenschaltung sowohl des Unfalls als auch der Inanspruchnahme des Erstklägers durch den Unfallverletzten H. und der darauf zurückzuführenden Verschuldung des Klägers. Insofern ist dem Berufungsgericht daher beizustimmen, wenn es die Anwendung des § 823 Abs. 1 BGB grundsätzlich ablehnt.

Eingerichteter und ausgeübter Gewerbebetrieb als verletztes Rechtsgut

§ 823 Abs. 2 BGB

Im Ergebnis ist dem Berufungsgericht auch darin beizupflichten, daß die Inanspruchnahme der Beklagten sich nicht stützen läßt auf § 823 Abs. 2 BGB in Verbindung mit den Schutzvorschriften der Verordnung über den Kraftfahrzeugverkehr in der zur Zeit des Unfalls und der vorhergehenden Handlungen der Beklagten geltenden Fassung. Da die allgemeine Rechtspflicht besteht, ein nichtverkehrssicheres Kraftfahrzeug nicht in den Verkehr zu bringen, kann es nicht gebilligt werden, wenn das Berufungsgericht meint, eine Verletzung des § 4 Nr. 2 KSVO komme nicht in Betracht, weil das Fahrzeug dieser Vorschrift zur Zeit der Erteilung der Typenbescheinigung entsprochen habe, der hier maßgebende Konstruktionsfehler in der Bremseinrichtung beim Erwirken dieser Bescheinigung wahrscheinlich der Beklagten auch noch nicht bekannt gewesen sei. Auf den Zeitpunkt der Erteilung der Bescheinigung kann es hierbei in keiner Weise ankommen. Sie kann auch nur eine tatsächliche Vermutung dafür begründen, daß das Fahrzeug den gesetzlichen Anforderungen genügt. Es kann nicht anerkannt werden, daß das Fahrzeug verkehrssicher gebaut und eingerichtet gewesen ist, wie dies der § 3 KfVO erforderte. Das Gegenteil hat die Aufdeckung des verkehrsgefährdenden Konstruktionsfehlers ergeben. Somit hat die Beklagte sachlich diese Vorschrift des § 3 KfVO verletzt, indem sie ein mit einem solchen Mangel belastetes Kraftfahrzeug in den Verkehr gegeben hat. Auch diese Vorschrift ist als Schutzgesetz im Sinn des § 823 Abs. 2 BGB anzusehen.

Behördliche Typenprüfung

Sie dient aber nur dem Schutze der Personen und Sachen, die von dem in der Verordnung geregelten Verkehr unmittelbar berührt werden. Auch kann einen Ersatzanspruch wegen Verletzung dieser Personen und Sachen nach ständiger Rechtsprechung nur der unmittelbar Verletzte geltend machen. Der Kläger leitet seinen Schaden aber nur mittelbar aus einer Verletzung des H. her, weil dieser ihn wegen des Unfalls in Anspruch genommen habe und ihm dadurch Nachteile entstanden seien. Ein derartiger Anspruch läßt sich nicht auf das genannte Schutzgesetz stützen.

I. 17: RG, 3. 4. 1940, II 148/39 (Bremsen)

Deliktshaftung

Derjenige, der ein infolge wesentlichen Konstruktionsfehlers mit unzuverlässiger Bremsvorrichtung ausgestattetes und daher nicht verkehrssicheres Kraftfahrzeug in den Verkehr gibt, sei es als Hersteller, sei es als Verkäufer, verletzt dadurch eine allgemeine Verkehrssicherungspflicht i. S. der §§ 823, 826 BGB. Damit ist jedoch nur die objektive Haftungsvoraussetzung der Beklagten gegeben. Im gegenwärtigen Rechtsstreit kommt es allein nur darauf an, ob der Kläger (Insasse eines Taxis) die Beklagte (die den Pkw montiert und dem Verkäufer geliefert hatte) für die Folgen des auf den Konstruktionsfehler zurückzuführenden Unfalls verantwortlich machen kann.

Arbeitsteilung: Mithaftung des Montageunternehmens für Konstruktionsfehler

Es genügt für die hier in Betracht kommende Anwendung des § 823 Abs. 1, daß die Beklagte den Konstruktionsfehler und seine Gefährlichkeit vor dem Verkauf des Wagens oder doch mindestens vor der Ausstellung des Garantiescheins hätte erkennen müssen. Die Rev. beanstandet die Annahme des BG., daß die Beklagte als Herstellerin der von ihr in den Verkehr gebrachten Kraftfahrzeuge anzusehen sei, und die hieraus gezogene Folgerung, daß ihr eine eigene Nachprüfung der Einrichtungen des Wagenmodells insbesondere der Bremsen, noch dazu unter „sehr hoch geschraubten Anforderungen" zuzumuten sei. Sie meint, das Berufungsurteil stelle hierbei die Bekl. rechtlich im wesentlichen gleich nicht nur mit der amerikanischen Herstellerin des Kraftfahrzeugmodells, sondern sogar mit der Spezialfirma, die die in Rede stehende Bremskonstruktion hergestellt und an die amerikanische Herstellerin geliefert habe. Ferner rügt sie Nichtbeachtung des unter Beweis gestellten Vorbringens, daß es sich bei der Zusammensetzung der aus Amerika bezogenen Wagenteile um eine rein mechanische Arbeit handele, die wie auch der Zeuge H. bestätigt habe, ganz überwiegend sogar von ungelernten Arbeitern habe ausgeführt werden können, sowie daß die Versendung der Wagenteile nach Deutschland in zerlegtem Zustand nur der Zollersparnis wegen erfolgt sei. Daraus ergebe sich – so führt die Rev. weiter aus – daß die Wagen in Amerika gebaut worden seien wie alle anderen und daß sie nur für den Versand nach Deutschland noch einmal zerlegt worden seien; dies würde die Bekl. auf Befragen erforderlichenfalls noch ausdrücklich klargestellt haben. Als bloße Montagefirma habe die Bekl. für richtige Konstruktion keine Verantwortung übernehmen können, wie auch unter Sachverständigenbeweis gestellt sei. Daß sich bei der Zusammensetzungsarbeit Fehler ergeben hätten, sei aus den Akten nicht ersichtlich. Auch aus dem Garantievertrag lasse sich nicht entnehmen, daß die Bekl. als Herstellerin habe haften sollen. In Wahrheit sei sie, wie sie stets betont habe, nichts anderes als eine Automobilgroßhändlerin. Daß sie eine Montageabteilung und eine Reparaturwerkstatt unterhalten habe, liege im allgemeinen Rahmen eines solchen Betriebes. Insbesondere hätten die in Betracht kommenden Beschwerden und Abhilfeversuche mit der Montageabteilung nichts zu tun. Die als Zeugen vernommenen Angestellten der Bekl. seien sämtlich entweder in der Reparaturwerkstatt tätig gewesen oder sie hätten doch ihre Kenntnis von den vorgekommenen Beschwerden nur von dieser; keiner von ihnen sei auch nur auf diesen Gedanken gekommen, daß die Bremsen irgendwie gefährlich sein könnten. Unter diesen Umständen könne auch gegen die Geschäftsführer nicht der Vorwurf erhoben werden, daß sie ihre Pflicht versäumt hätten, zumal da bei den in Deutschland so zahlreich laufenden Wagen sich die Unfälle keineswegs gehäuft hätten.

Keine volle Hersteller-Konstruktionshaftung des Montageunternehmens

Der Rev. ist zugegeben, daß die Bekl. nicht uneingeschränkt als Herstellerin des Unfallwagens anzusehen ist. Sie hat, wie auch das BG nicht verkennt, die fertigen Teile des Wagenmodells sowie insbesondere auch des Bremsmodells von den amerikanischen Herstellerfirmen übernommen – wenn auch nicht unmittelbar – und in Deutschland lediglich diese Teile zusammengesetzt und zusammengenietet. Unter diesen Umständen mag ihr nicht ohne weiteres zuzumuten sein, die Untersuchungen und Erprobungen, die für die ursprüngliche Herstellung erforderlichen und die daher mit der Konstruktion selbst sich befassenden Fabrikunternehmen obliegen, zu wiederholen. Derartige Versuche nicht von vornherein angestellt zu haben, macht das BG der Bekl. aber auch gar nicht zum Vorwurf, jedenfalls nicht in dem Sinne, daß es darauf die Entscheidung stützt.

Mitverantwortung im Konstruktionsbereich

Dadurch, daß die Bekl. nicht Herstellerin in dem angegebenen Sinne ist, wird sie jedoch noch nicht von jeder Verantwortung frei. Wie der Senat bereits in dem Urteil vom 17. 1. 1940

(= I.16) ausgeführt hat, hat auch der Verkäufer eines Kraftfahrzeuges die erforderliche Sorgfalt aufzuwenden, um zu verhüten, daß ein nicht verkehrssicherer und dadurch eine allgemeine Verkehrsgefahr bildender Kraftwagen in den Verkehr gegeben wird. Dies gilt umsomehr, als es sich hier um ein aus dem Ausland bezogenes Kraftfahrzeug handelt, das obendrein erst in Deutschland zusammengesetzt und montiert wird. Wenn der Bekl. auch nicht zur Last gelegt wird, daß sie die Montage selbst nicht ordnungsmäßig ausgeführt habe, so setzt doch auch schon dies Montieren ein eingehendes Erfassen der Konstruktion und der ihr zugrunde liegenden Zeichnungen voraus. Demgegenüber kann sich die Beklagte nicht damit entschuldigen, daß die Ausführung so einfach gewesen sei, daß sie selbst im wesentlichen ungelernten Arbeitern habe übertragen werden können. Ebenso gab der Bekl. auch die regelmäßig gegenüber den Käufern letzter Hand von ihr übernommene Garantie Veranlassung, sich näher mit der Konstruktion der von ihr vertriebenen Fahrzeuge zu befassen. Von einer gewissen Bedeutung könne es auch sein, wenn die Beklagte durch die Erlangung der Typenbezeichnung und durch die Verwendung des auf ihren Namen lautenden Typenschildes sich in Deutschland als Herstellerin der Fahrzeuge ausgegeben hätte; in dieser Hinsicht hat das BG jedoch keine Feststellungen getroffen. Die ist deshalb zum mindesten zweifelhaft, weil nach § 5 Abs. 3 Satz 2 KraftverkehrsO vom 16. März 1928 die Typenbescheinigung bei „im Ausland hergestellten" Fahrzeugen auch einer zuverlässigen ins Handelsregister eingetragenen Firma, zu deren Geschäftsbetrieb der Handel mit Kraftfahrzeugen gehört, ausgestellt werden kann; es mag sein, daß die der Bekl. erteilte Typenbescheinigung und daher auch das von ihr verwendete Typenschild darauf beruht. Aber auch schon die anderen erwähnten Umstände rechtfertigen die Annahme, daß die Bekl. nicht nur als Verkäuferin, sondern in gewissem Sinn und Umfang auch als Herstellerin anzusehen ist und daß ihr deshalb eine erhöhte Sorgfaltspflicht obgelegen hat. Im übrigen stützt das BG die Verurteilung der Bekl. auch nicht etwa darauf, daß diese schon vor dem Verkauf der ersten Wagen die Fehlerhaftigkeit der Bremskonstruktion hätte erkennen müssen, sondern darauf, daß sie später den ihr vorgebrachten Kundenbeschwerden über Blockieren der Brem-

Produktbeobachtungshaftung

sen nicht genügend Beachtung geschenkt habe, um den Grund zu erkennen.

Konstruktionsfehler

Zu der hiernach maßgeblichen Frage des Verschuldens der Beklagten bei ihrem Verhalten auf die Kundenbeschwerden führt das BG aus: die Bekl. habe selbst zugegeben, daß bei dieser Konstruktion häufig ein Blockieren der Bremse vorgekommen sei. Die als Zeugen vernommenen Angestellten und Meister der Bekl. hätten dies auch bestätigt. Nach den Sachverständigengutachten beruhe das Blockieren darauf, daß der Bremsnocken verhältnismäßig zu geringe Abmessungen habe, ihm also ein zu großer Spielraum gegeben sei; dieser könne sich durch Abnutzung der Bremstrommel oder aber insbesondere dann, wenn der Bremsbelag sich abnutze, vergrößern und so zum Blockieren oder gar zum Überspringen des Bremsnocken führen; dieser Mangel sei umso schwerwiegender als das mögliche Höchstmaß der Spreizung der Backen und die Blockierstellung des Nockens schon bei einer verhältnismäßig sehr geringen Abnutzung des Bremsbelages eintreten können. Ein weiterer sehr bedeutsamer Fehler dieser Konstruktion sei, daß sie keine Sicherung gegen das Überspringen des Bremsnockens vorsehe; zwar befinde sich zwischen dem Bremsnocken ein Abstandsbolzen; dieser diene aber, entgegen der Behauptung der Beklagten, nicht als Anschlag für den Bremsnocken. Da beim Überspringen des Bremsnockens die Bremse plötzlich wirkungslos werde, bedeute dieses Überspringen eine besondere Gefahr.

Langzeitverhalten

Produktbeobachtungshaftung: präventive Dimension der Schadenregulierung

Die Bekl. lege selbst dar, daß sie allenfalls eine Verpflichtung gehabt hätte, die Wagen und ihre Bestandteile auf ihre Verkehrssicherheit zu prüfen, wenn aus irgendwelchen Umständen begründete Zweifel an der Zuverlässigkeit hätten bestehen können; sie behauptet aber, daß dies nicht der Fall gewesen sei. Zunächst habe sie sogar entschieden bestritten, daß schon vor dem Verkauf des Unfallwagens zahlreiche Klagen über das plötzliche Versagen der Bremsen bei ihr erhoben worden seien und daß sie diesen Klagen durch den Einbau der größeren Rollen abzuhelfen versucht habe; sie habe behauptet, dies sei nur ganz vereinzelt bei solchen Bremsen geschehen, bei denen sich im Rückwärtsgang ein Blockieren gezeigt habe. Dieser Vortrag sei aber durch die Beweisaufnahme widerlegt worden; danach seien häufig wegen eines Blockierens der Bremse schlechthin, nicht nur wegen eines Blockierens im Rückwärtsgang Beschwerden bei der Bekl. erhoben worden. Anfangs habe die Bekl. freilich den dazu führenden Fehler in der Konstruktion und die Möglichkeit des Überspringens noch nicht erkannt; sie habe vielmehr das Blockieren auf Mängel des Bremsbelages zurückgeführt, u. a. auf dessen Verfettung oder auch auf dessen Bespritzung mit Lack beim Lackieren des Wagens; deshalb habe sie mit einem Aufrauhen oder einer Erneuerung des Bremsbelages sowie mit der Verwendung eines härteren, der Abnutzung weniger unterliegenden Bremsbelages Abhilfe zu schaffen versucht, schließlich auch mit dem Abschrägen der Kanten der Bremsbacken. Noch im Jahre 1928 sei die Bekl. aber zu der Erkenntnis gekommen, daß diese Mittel nicht genügten; sie habe daher begonnen, die Bremsrollen durch solche von etwas größerem Durchmesser zu ersetzen. Dies setze die Erkenntnis voraus, daß nicht allein die Beschaffenheit des Bremsbelages für das Blockieren verantwortlich sei, sondern die Abmessung der Nokken unter Berücksichtigung der Abnutzung des Bremsbelages. Allerdings habe die Beweisaufnahme die Behauptung der Bekl. bestätigt, daß ein amerikanischer Ingenieur ihr dieses Mittel zur Beseitigung des Blockierens empfohlen habe; aber der Standpunkt, daß sie selbst sich dabei über die Ursachen des Blockierens keine Gedanken gemacht habe, könne von der Bekl. als einer Firma, die sich mit der Herstellung und Reparatur von Kraftwagen, insbesondere von Kraftwagenbremsen befasse, unmöglich vertreten werden.

I. 18: BGH, 25. 10. 1951, III 95/50

Das Berufungsgericht sieht den dem Beklagten obliegenden Entlastungsbeweis deshalb nicht als geführt an, weil der Beklagte sich um die Fahrt nicht gekümmert habe. Es sieht eine Verletzung der dem Beklagten obliegenden Aufsichtspflicht darin, daß er nicht selbst darauf achtete, daß der Verwalter dem Ar-

beiter für die nicht ungefährliche Fahrt mit dem Halbblutpferd ins einzelne gehende Anweisungen gab.

Deliktshaftung: Mitarbeiterhaftung (§ 831 BGB)

Soweit das Berufungsgericht die Haftung des Beklagten daraus herleitet, daß er sich nicht persönlich um die Fahrt gekümmert hat, kann ihm nicht gefolgt werden.

Dezentralisierter Entlastungsnachweis

Im vorliegenden Fall hat der Verwalter den B angestellt und seine Arbeit geleitet. Er ist als Mittelperson zwischen dem Verrichtungsgehilfen B und dem Beklagten als Geschäftsherrn getreten. Nach der Rechtsprechung des *Reichsgerichts* ist bei größeren Betrieben dem Geschäftsherrn nicht zuzumuten, daß er das gesamte Personal auswähle und beaufsichtige. Wenn eine Mehrheit von Personen in der Weise beschäftigt ist, daß die eine der anderen nachgeordnet ist, richtet sich der Sorgfaltsbeweis des Geschäftsherrn auf Auswahl und Beaufsichtigung des von ihm ausgewählten höheren Angestellten, hier also des Verwalters.

Organisationshaftung (§ 823 BGB)

Diese erleichterte Beweisführung gemäß § 831 BGB ist vom *Reichsgericht* aus Zweckmäßigkeits- und Billigkeitsgründen zugelassen worden. Allerdings muß der Geschäftsherr eine ausreichende Kontrolle durchführen, die eine ordentliche Geschäftsführung und Beaufsichtigung gewährleistet. Auch wenn die unmittelbare persönliche Aufsicht über den landwirtschaftlichen Arbeiter allein dem Verwalter obliegt, bleibt es Aufgabe des Gutsherrn, allgemeine Aufsichtsanordnungen zu treffen, die die Gewähr für eine ordentliche Betriebsführung bieten. Sollte ein Mangel der Organisation vorliegen, so ist der Geschäftsherr wegen Vernachlässigung der allgemeinen Aufsicht aus § 823 Abs. 1 BGB haftbar (vgl. *RGZ* 89/136; *RG* JW 1938/1651; *RG* Warn 1920 Nr. 30).

Einige Schriftsteller haben sich gegen diese Haftungsgrundsätze des *Reichsgerichts* bei größeren Betrieben gewandt. Sie empfinden die erleichterte Beweisführung des Geschäftsherrn als unbillig und mit dem Gesetz nicht vereinbar. Wenn schon ein

Zwischenglied zwischen Unternehmer und Arbeiter eingeschaltet sei, so genüge nicht der Nachweis des Geschäftsherrn, daß er das Zwischenglied sorgfältig ausgewählt und beaufsichtigt habe, sondern es müsse auch dargetan werden, daß das Zwischenglied seinerseits bei Auswahl des unteren Angestellten sorgfältig gehandelt habe. Wenn aber der Geschäftsherr für diese Auswahl einen Vertreter benötige, so müsse er für das Verschulden dieses Vertreters wie für ein eigenes einstehen (§ 278 BGB); andernfalls komme man zu dem unbilligen Ergebnis, daß der kapitalkräftige Unternehmer sich entlasten könne, während der höhere Angestellte nicht in der Lage sei, einen größeren Schaden zu ersetzen.

Diese Einwendungen geben jedoch keinen Anlaß zur Aufgabe der Rechtsprechung des *Reichsgerichts.* Das geltende Recht unterscheidet zwischen den Voraussetzungen der Haftung für das Verhalten von Hilfspersonen danach, ob diese Haftung auf vertraglicher oder auf außervertraglicher Grundlage beruht. Wenn auch die für die vertragliche Haftung geltende Vorschrift des § 278 BGB auf verschiedene Fälle vertragsähnlicher Beziehungen angewandt wird, insbesondere auf das öffentlichrechtliche Verwahrungsverhältnis (*BGHZ* 1/369 ff sowie 3/162 ff), so ist es dennoch nicht möglich, diese Vorschrift auf den Fall der unerlaubten Handlung auszudehnen, zudem das Gesetz ausdrücklich die Sondervorschrift des § 831 BGB enthält. Diese gibt dem Geschäftsherrn die Möglichkeit eines Entlastungsbeweises, macht aber andererseits seine Haftung nicht davon abhängig, daß die Hilfsperson ein Verschulden trifft. Dieser allgemeine Grundsatz des § 831 BGB ist nicht von der Größe des Betriebes abhängig. Auch bei der Schaffung des Bürgerlichen Gesetzbuches waren schon Großbetriebe vorhanden, in denen es unmöglich war, jede einzelne Hilfsperson durch den Inhaber oder einen nach § 31 BGB berufenen verfassungsmäßigen Vertreter auswählen und überwachen zu lassen. Hätte man für solche Betriebe eine Sonderregelung schaffen, insbesondere den in § 278 BGB enthaltenen Rechtsgedanken auf die unerlaubten Handlungen ausdehnen wollen, wäre dies im Gesetz zum Ausdruck gekommen.

§ 831 BGB: Anforderungen an den Entlastungsnachweis

Es war hiernach zunächst zu prüfen, ob der Beklagte bei Auswahl und bei Beaufsichtigung seines Verwalters die erforderliche Sorgfalt hat walten lassen. Er hatte vorgetragen, er habe den Verwalter nach sorgfältiger Auswahl angestellt; dieser habe sich während seiner nun schon zehnjährigen Dienstzeit auf dem Gut als äußerst zuverlässig erwiesen. Auch in der Berufungsbeantwortung ist durch Zeugnis des Ortsvorstehers der Landwirtschaftskammer unter Beweis gestellt worden, daß der Verwalter bezüglich seiner Persönlichkeit Gewähr für eine einwandfreie Betriebsführung geboten und der Beklagte hinsichtlich der Auswahl und Überwachung seines Verwalters alles Erforderliche getan habe. Zwar hat das Berufungsgericht von seinem irrtümlichen Rechtsstandpunkt aus die Beweisantritte übergangen. Sollten die angetretenen Beweise jedoch ergeben, daß der Verwalter von dem Beklagten nach sorgfältiger Auswahl angestellt und während seiner Dienstzeit auf dem Hofgut ausreichend überwacht wurde, so würde dies in Verbindung mit der zehnjährigen Bewährung des Verwalters unter Umständen geeignet sein, den Entlastungsbeweis des Geschäftsherrn gemäß § 831 als geführt zu betrachten.

Anmerkung:

Hinsichtlich der deliktsrechtlichen Haftung für die Betriebsorganisation sind zu unterscheiden:

1. Haftung für die Sachorganisation, also z. B. für die Bereitstellung ausreichender Arbeitsverfahren (I.19, I.58), Kontrollgeräte (I.62), Materialien (I.69), Arbeitsgeräte (III.1), usw.

2. Haftung für die Personalorganisation:
a) Dies umfaßt zunächst die Haftung des Unternehmens für seine Mitarbeiter: Während mit Ausnahme des schweizerischen und des österreichischen Rechts die Industriestaaten im deliktsrechtlichen Bereich davon ausgehen, daß das Mitarbeiterhandeln dem Unternehmen als eigenes zugerechnet wird (respon-

deat superior: also Quasi-Eigenhaftung für Fremdhandeln), geht das deutsche Recht davon aus, daß die Eigenhaftung für eigenes Handeln gemäß § 823 BGB dem Mitarbeiter selbst obliegt (I.2, I.19, I.29, I.80). Daneben besteht gemäß § 831 BGB eine Fremdhaftung des Unternehmers. Diese Haftung ist strukturiert als Eigenhaftung für fremdes tatbestandsmäßiges und rechtswidriges (nicht unbedingt auch schuldhaftes) Handeln, nämlich Haftung für die ordnungsgemäße Auswahl, Anleitung und laufende Kontrolle der Mitarbeiter. Gemäß § 831 wird ein derartiges innerbetriebliches Delegationsverschulden vermutet und hat sich der Geschäftsherr gegebenenfalls zu entlasten.

Die Bedeutung der obigen Entscheidung besteht darin, daß sich die Unternehmensleitung nur für den ranghöchsten nachgeschalteten Angestellten entlasten muß (sog. dezentralisierter Entlastungsnachweis). Dagegen muß sie sich nicht für denjenigen Mitarbeiter entlasten, der im konkreten Schadensfall gehandelt hat. Diese sehr umstrittene Lösung ist m. E. die konsequente Fortschreibung des dem § 831 BGB zugrunde liegenden Konzepts von der Haftung für vermutetes Eigenverschulden, denn ein Verschulden kann nur insoweit vorliegen, wie die Organe des Unternehmens die Vorgänge steuern können. Dies ist aber im allgemeinen nur hinsichtlich der Auswahl, Anleitung und laufenden Kontrolle des der Unternehmensleitung nachgeordneten nächsten Angestellten der Fall, bei dem die Tätigkeitsdelegation beginnt.

b) Weiterhin umfaßt die Haftung für die Personalorganisation die Haftung des Unternehmens für die allgemeine Unternehmensorganisation. Sieht man nur § 831 BGB und den dezentralisierten Entlastungsnachweis, bliebe eine unbefriedigende und nicht gerechtfertigte Lücke. Die Geschäftsleitung soll sich nicht einfach mittels Pflichtendelegation an Mitarbeiter der deliktsrechtlichen Haftung entziehen können, sondern die Pflichtendelegation muß auf die konkret delegierten Tätigkeiten beschränkt bleiben: Ist die Delegation ordnungsgemäß ausgeführt mittels Auswahl, Anleitung und laufender Kontrolle eines qualifizierten und zuverlässigen Mitarbeiters, hat die Geschäftsleitung personell alles getan, was sie tun konnte. Die eigentliche

Geschäftsführung dagegen darf sie nicht dem eigenverantwortlichen Handeln ordnungsgemäß ausgewählter Nichtorgane überlassen (vgl. weiterhin Anm. III.1). Vielmehr muß sie außer der Auswahl der der Geschäftsleitung unmittelbar nachgeordneten Mitarbeiter alles tun, um die Betriebsabläufe innerhalb des Unternehmens organisatorisch zu regeln. Dazu gehört z. B., daß die Geschäftsleitung die allgemeinen Aufsichtsanweisungen erläßt (I.54), daß sie überprüft, ob die erlassenen allgemeinen Organisationsanweisungen auch tatsächlich eingehalten werden (I.11) und daß sie auch die wichtigen Sachentscheidungen trifft wie z. B. die Anordnung der für die einzelnen Fertigungsbereiche erforderlichen Qualitätskontrollen (I.10, I.34) oder die Benennung eines für die Klärung haftungsrechtlich relevanter Fragen zuständigen und kompetenten Mitarbeiters (I.77).

Obwohl also über § 831 BGB das Unternehmen nicht für den einzelnen Tätigkeitsakt des Mitarbeiters verantwortlich ist, besteht daneben die allgemeine Organisationshaftung für die Schaffung der Voraussetzungen, unter denen die Mitarbeiter konkret tätig werden. Diese Haftung ist eine Haftung für eigenes Handeln. Sie findet also ihre Grundlage nicht in § 831 BGB, sondern in § 823 BGB.

c) Die Verpflichtung zur organisatorischen Regelung des Tätigwerdens der Mitarbeiter bedeutet allerdings nicht, daß die Geschäftsleitung jeden einzelnen Arbeitsplatz gestalten muß (vgl. Anm. III.1). Dies kann innerhalb der erteilten allgemeinen Organisationsanweisungen nachgeordneten Mitarbeitern überlassen werden (aaO.). Erfüllen diese die ihnen übertragenen Aufgaben der Arbeitsplatzorganisation nicht ordnungsgemäß, haftet für die Fehler dieser Mitarbeiter das Unternehmen gemäß § 831 BGB (aaO.). Nur die allgemeine Unternehmensorganisation ist also eine originäre, nicht delegierbare Verpflichtung der Geschäftsleitung.

d) Weiterhin gehört in den Bereich der nicht delegierbaren Haftung für die allgemeine Unternehmensorganisation, daß unvorhergesehen auftretende, wichtige Einzelfragen gegebenenfalls auf der Ebene der Geschäftsleitung entschieden werden (II.7,

III.3) sowie die allgemeine Oberaufsicht über das betriebliche Geschehen (I.5). Ein Beispiel dafür ist z. B. die Frage, ob aufgrund festgestellter Konstruktions- oder Fabrikationsfehler eine Rückrufaktion oder eine Benutzer-Warnkampagne durchgeführt wird (III.4): Hat sich aufgrund der Auswertung der Schadenfälle ein konkreter Anlaß ergeben, aufgrund dessen rechtlich eine Rückruf- oder Warnaktion erforderlich gewesen wäre und hat ein nachgeordneter Mitarbeiter die Erforderlichkeit einer derartigen Aktion verneint, hat sich zwar die Geschäftsleitung hinsichtlich der Auswahl, Anleitung und Kontrolle dieses Mitarbeiters gemäß § 831 BGB entlasten können; es bleibt aber unabhängig davon die Organisationshaftung des Unternehmens dafür, daß derartige wichtige Fragen der Geschäftsleitung zur Entscheidung vorgelegt werden; wurde dies unterlassen und dadurch erst die Entscheidung auf der nachgeordneten Stufe möglich, kann also das Unternehmen gemäß § 823 BGB haften (aaO.).

e) Die Mitarbeiterhaftung gemäß § 831 BGB und die Organisationshaftung gemäß § 823 BGB greifen ineinander. § 823 BGB flankiert und kompensiert den im Bereich des § 831 BGB zugelassenen dezentralisierten Entlastungsnachweis. Beide zusammengelesen bedeuten, daß das Unternehmen dafür haftet, den Betrieb hinsichtlich der Personalauswahl, -anleitung und laufenden Kontrolle sowie hinsichtlich der gesamten Organisation der Arbeitsabläufe ordnungsgemäß zu organisieren. Gemäß dem Grundgedanken des § 831 BGB ist nur die Haftung für ein Fehlverhalten eines an sich ausreichend qualifizierten und zuverlässigen Mitarbeiters im Rahmen einer ausreichenden Unternehmensorganisation ausgeklammert (weil damit der Bereich der Steuerungsmöglichkeiten der Geschäftsleitung überschritten ist).

Diese sachliche Zusammengehörigkeit der Mitarbeiterhaftung gemäß § 831 BGB einerseits, der Organisationshaftung gemäß § 823 BGB andererseits zeigt sich auch darin, daß die Rechtsprechung im Schubstreben-Urteil (I.54) auch für die allgemeine Organisationshaftung eine Beweislastumkehr festgelegt hat, d. h. daß die für die Mitarbeiterhaftung durch § 831 BGB ge-

troffene Regelung durch eine Parallellösung im Bereich der Organisationshaftung flankiert wird.

I. 19: BGH, 23. 6. 1952, III ZR 168/51 (Rungenverschluß)

Der Kläger verunglückte bei der Beladung eines Langholzwagens, weil sich eine Runge gelöst hatte. Die Rungenbefestigung war verdeckt eingebaut. Ob die Runge gesichert war, konnte nur durch das hörbare Einrasten des Sicherungskeils und durch starkes Rütteln an den Rungen festgestellt werden.

Deliktshaftung: Konstruktionshaftung Betriebssicherheit

Der Hersteller von maschinellem Gerät muß nach den Grundsätzen des Rechts der unerlaubten Handlungen Ersatz leisten, wenn infolge einer die Betriebssicherheit des Gerätes mindernden Bauweise, die sich bei sorgfältiger Ausnutzung der technischen Möglichkeiten hätte vermeiden lassen, ein Benutzer verletzt wird (vgl. *RG* DR 1940/1293, I.17).

Die Feststellung der Verantwortlichkeit des Herstellers setzt hiernach voraus, daß die Bauweise für den Körperschaden ursächlich war und daß der Mangel der Bauweise auf Verschulden beruht.

Der ursächliche Zusammenhang zwischen Bauweise und Unfall kann bedenkenfrei aus den Feststellungen des OLG gefolgert werden. Hierzu bedarf es keiner Aufklärung aller Einzelheiten des technischen Ablaufs der Vorgänge, die zur Verletzung des klagenden Holzarbeiters geführt haben. Es genügt die Tatsache, daß die Baumstämme, die den Kläger verletzt haben, infolge Weichens der Runge ins Rollen gekommen sind und daß das Nachgeben der Runge auf ihrer mangelnden Sicherung beruht, die ihrerseits auf die Eigenart der Bauweise des Rungenverschlusses zurückzuführen ist. Dabei kann zugunsten der Beklagten unterstellt werden, daß der von ihr an dem Sonderfahrzeug für Stammholzverladungen angebrachte sog. Patentverschluß bei richtiger Bedienung ein genügendes Maß von Verschlußfestigkeit und -sicherheit besessen haben mag. Die Annahme, daß das erst seit etwa 8 Monaten von dem Arbeitgeber des Klägers benutzte Fahrzeug bereits Verschleißerscheinungen aufgewiesen hätte, muß in Übereinstimmung mit dem Gutachten des Technischen Überwachungsvereins ausscheiden. Ein für Körperverletzungen ursächlicher Mangel der Bauweise kann jedoch auch darin liegen, daß die für das einwandfreie Arbeiten eines technischen Geräts wesentliche richtige Bedienung zu sehr erschwert ist. Ein solcher Mangel ist namentlich gegeben, wenn Fehler der Bedienung durch die Bauweise in vermeidbarer Weise begünstigt werden.

Berücksichtigung potentieller Bedienungsfehler

Einen derartigen Mangel hat das OLG ohne Rechtsirrtum festgestellt. Es hat dabei zutreffend betont, daß an die Einfachheit und Zuverlässigkeit der Bedienung eines Langholzwagens wegen der bekannten Gefährlichkeit der Holzverladung besonders hohe Ansprüche zu stellen sind und daß auch darauf Rücksicht zu nehmen ist, daß Holzarbeiter im allgemeinen technisch nicht besonders geschult, sondern oft einfache Hilfsarbeiter sind, die eine überfeinerte Konstruktion nicht immer sachgemäß zu handhaben verstehen. Die Besonderheit des hier in Rede stehenden patentierten Rungenverschlusses der Beklagten besteht darin, daß er in verdeckter Bauweise angebracht war, so daß eine Überwachung seines richtigen Arbeitens nicht mit den Augen, sondern nur durch das Gehör (Anschlag beim Einrasten des Anschlagstückes der Runge unter dem Sicherungskeil) und das Tastgefühl (Rüttelprobe) stattfinden konnte. Es läßt sich nicht leugnen, daß bei solcher Bauweise Bedienungserschwerungen gegeben sind, die die Zuverlässigkeit des Verschlusses auch dann wesentlich beeinträchtigen können, wenn seine technische Wirkungsweise an sich einwandfrei ist. Es ist nicht zu beanstanden, wenn das OLG diese betriebsgefährlichen Erschwerungen darin sieht, daß das Einrastgeräusch infolge der bei Holzverladungen oft entstehenden sonstigen Geräusche leicht überhört werden kann, zumal das Hochklappen der Runge als solches ebenfalls einen metallischen Laut hervorruft. Ebensowenig kann dem Berufungsgericht entgegengetreten werden, wenn es die Zuverlässigkeit der Rüttelprobe deshalb bezweifelt, weil sich die Verschlußteile durch Eindringen von Holzsplittern

Maßstab des durchschnittlichen Benutzers

Unnötige Gefährlichkeit der Konstruktion

oder sonstige Verschmutzung verklemmen oder ihre beiden Nockenspitzen so gegeneinander stellen können, daß sich die Runge trotz Fehlens einer zuverlässigen Sicherung doch mit Handkraft nicht bewegen lasse, da diese u. U. nicht ausreiche, um die Kraft der Spannfeder und sonst etwa vorhandene Reibungen zu überwinden.

Es ergeben sich hiernach einwandfrei auf der Bauweise des Rungenverschlusses beruhende Bedienungserschwerungen, die sehr wohl geeignet sind, ein Versagen des Verschlusses und damit eine Verletzung der Benutzer herbeizuführen. Der demgemäß vorhandene ursächliche Zusammenhang zwischen Bauart und Unfall ist typisch und adäquat. Er wird durch das Verschulden derjenigen, die den Verschluß, begünstigt durch seine Eigentümlichkeit, falsch bedienen, nicht aufgehoben.

Hersteller-/Benutzer-Verschulden

Auch das für die Haftung der verklagten Herstellerin wesentliche Verschulden bei dem Inverkehrbringen ihres durch die Eigenart des Rungenverschlusses betriebsgefährlichen Anhängers ist vom OLG mit Recht angenommen worden.

Konstruktionelle Ausweichmöglichkeiten

Das sicherste Mittel zur Vereinfachung der Bedienung und demgemäß zur Erhöhung der Sicherheit wäre die Verwendung einer Bauart gewesen, die eine Überprüfung der richtigen Wirkungsweise des Rungenverschlusses auch mit den Augen ermöglicht hätte. Auf eine solche Art der Überwachung hätte die Herstellerin nur verzichten dürfen, wenn hinreichend zuverlässige andere Überwachungsmöglichkeiten zu Gebote standen. Die Bauweise, die zum Unfall geführt hat, genügte diesen Anforderungen nicht. Daß jedoch Konstruktionen, die eine Augenkontrolle ermöglichten, zur Verfügung standen, zeigt der Umstand, daß sowohl vor wie nach Einführung der umstrittenen Lösung Bauweisen verwandt worden sind, die eine solche Augenüberwachung erlaubten. Von diesen Konstruktionen mag die ursprüngliche einfache Sicherung nur durch Stecker wegen ihrer allgemeinen hohen Gefährlichkeit für die Beurteilung ausscheiden, obwohl sie den — relativen — Vorzug hatte, daß ihre Gefährlichkeit klar zu Tage lag, während die streitige Lösung dadurch besondere Bedenken erweckt, daß sie eine Sicherung vortäuschen kann, die bei der zu erwartenden Mangelhaftigkeit der Bedienung in Wirklichkeit nicht bestand und dadurch eine gewisse Unvorsichtigkeit begünstigte.

Jedenfalls zu verwirklichen war aber die spätere Bauweise, von der die Beklagte sogar behauptet, daß sie eine – kriegsbedingte – Vereinfachung dargestellt habe und die sie als einen erheblichen Rückschritt bezeichnet. Die Beklagte räumt damit ein, daß die spätere Lösung, die keine Federn, wohl aber Steckbolzen verwandte, mit denen die richtige Stellung des Sicherungskeiles überwacht und zugleich fixiert werden konnte, ohne technische Schwierigkeiten durchzuführen war, ja sich einfacher herstellen ließ als die Bauweise, die bei dem Ende 1939 gelieferten Rungenwarenlagen benutzt worden war. Hieraus ergibt sich, daß die spätere Konstruktion, wenn die Beklagte sich rechtzeitig über die mangelnde Betriebssicherheit des 1934 eingeführten Patentverschlusses klar geworden wäre, sehr wohl statt dieses Verschlusses, alsbald ebenfalls aber vor 1939 hätte verwandt werden können. Die Sicherheit der späteren Bauart mit ihrer durch das Einstecken des Bolzens gegebenen zusätzlichen Überwachung und Sicherung des Einrastens war der früheren unstreitig überlegen. Unter diesen Umständen liegt eine nicht gerade grobe, aber angesichts der Gefährlichkeit der Holzverladung doch ins Gewicht fallende Fahrlässigkeit der Beklagten darin, daß sie die streitige Bauweise herausgebracht hat,

Stand der Technik

statt sogleich auf eine technisch damals schon unschwer erreichbare Lösung Bedacht zu nehmen, deren Sicherheit nicht in solchem Maße von Bedienungsfehlern beeinträchtigt werden konnte. Welche Bauweise sie wählen sollte, ist im übrigen nicht durch die Gerichte zu entscheiden. Insbesondere mag dahingestellt bleiben, ob nur durch die zusätzliche Verwendung von Steckbolzen eine wesentliche Vermehrung der Sicherheit zu erreichen war. Für die hier festzustellende Fahrlässigkeit der verklagten Herstellerin bei dem Herausbringen gerade der streitigen Lösung genügte, daß schon nach dem damaligen technischen Entwicklungsstand Bauweisen möglich waren, die dem Erfordernis höchster Betriebssicherheit mehr entsprachen, als die Konstruktion, die zum Unfall des Klägers geführt hat und die deshalb statt ihrer hätten verwandt werden können.

Patentierung der Konstruktion; behördliche Typenfreigabe

Daß die Patentierung des Verschlusses und die Zulassung des Anhängers zum Straßenverkehr das Verschulden der Beklagten nicht ausschließt, hat das OLG ohne Rechtsirrtum ausgesprochen:

OLG Stuttgart, 21. 5. 1951: „Die Patenterteilung beschäftigt sich nur mit der Neukonstruktion als solcher, nicht mit deren Güte. Die Beklagte war durch das Patent gegen Nachahmung des Verschlusses geschützt. Der Prüfung, ob nicht die Bolzensicherung aus Gründen praktisch leichterer Kontrolle der Verriegelung der aufgerichteten Runge beibehalten werden soll, war die Beklagte dadurch nicht enthoben.
Ebenso unerheblich ist, ob und in welcher Weise die Zulassungsbehörde die Gebrauchsfähigkeit des Anhängers für den Straßenverkehr nachgeprüft hat. Selbst wenn die Zulassungsbehörde den Rungenverschluß geprüft hätte, so vermag das die Beklagte nicht zu entlasten, weil sie als Herstellerin den von Anfang an erkennbaren und auch von ihr später erkannten Mangel hätte beseitigen müssen, bevor sie das neue Modell des Rungengestells in Verkehr brachte. Die Zulassung begründet keine Vermutung für die ordnungsmäßige Beschaffenheit eines Fahrzeugs, sondern bezeugt nur, daß der Kontrollbeamte nichts vorschriftswidriges gefunden hat. Das Gericht ist an die Auffassung einer Verwaltungsbehörde nicht gebunden, ebenso auch nicht die Beklagte. Sie durfte sich darauf, daß die Zulassungsbehörde etwaige Mängel entdecken und dann die Zulassung versagen würde, nicht verlassen."

Innerbetriebliche Arbeitsteilung: Organisationshaftung

Für die fahrlässige Herstellung und Auslieferung von betriebsunsicheren Langholzwagen sind die Inhaber der Beklagten auch dann verantwortlich, wenn sie die Konstruktion durch bei ihr angestellte Fachingenieure besorgen ließen. Die Verwendung hochwertiger Konstrukteure allein genügt zu der Entlastung der Betriebsleitung nicht, wenn es darauf ankommt, auch die Verwendbarkeit der Konstruktion in der Praxis des Holzverladegeschäfts sicherzustellen. Daß die Inhaber der Beklagten nach dieser Richtung besondere Maßnahmen getroffen und dadurch ihrer ihnen selbst obliegenden Verpflichtung zur Vermeidung jeder Gefährdung ausreichend genügt hätten, ist nicht im einzel-

Mitarbeiterhaftung (§ 831 BGB) bei Konstruktionsfehlern

nen dargetan, auch nicht ersichtlich. Abgesehen davon hätte aber auch zum Nachweis der Auswahl und Überwachung der technischen Hilfskräfte genau dargelegt werden müssen, wer den hier streitigen Rungenverschluß entwickelt hat und in welcher Weise gerade dieser Techniker qualifiziert war und überwacht wurde.

Mitverschulden (§ 254 BGB)

Für die Schadensersatzpflicht der Beklagten gegenüber dem Kläger ist es unwichtig, ob neben ihr etwa auch die Angestellten und Arbeiter der Holzverladefirma oder den Kläger selbst ein Verschulden trifft. Ein mitwirkendes Eigenverschulden des Klägers, das zur Minderung seines Ersatzanspruches führen könnte (§ 254 BGB) hat das OLG aus zutreffenden Gründen verneint.

OLG Stuttgart, aaO.: „Der Kläger war nur als Ladegehilfe tätig. Er durfte sich auf das Funktionieren des Rungenverschlusses verlassen, den der Beifahrer M. betätigt hatte. Ihm selbst eine Nachprüfungspflicht aufzubürden, würde eine praktisch unausführbare Überspannung der Sorgfaltspflicht eines Verladehilfsarbeiters bedeuten."

I. 20: BGH, 1. 4. 1953, VI ZR 77/52 (Speiseöl)

Der Beklagte betrieb eine Ölfabrik, in der Speiseöl hergestellt wurde. Weiterhin bezog er aber auch Öl, das in anderen Betrieben hergestellt war. Die Klägerin zu 1) hatte dem Beklagten einen Eisschrank zum Gebrauch zur Verfügung gestellt und erhielt dafür laufend Öl ohne Bezugschein, u. a. am 17. 10. 1946 eine volle Flasche. Sie benutzte das Öl zur Herstellung von Kartoffelpuffern. Nach deren Genuß traten bei ihr und weiteren Personen schwere Personenschäden auf, weil das Öl 40 % Roh-Trikresylphosphat enthielt. Die Klägerin brachte dem Beklagten das Öl zurück. Der Beklagte gab ihr eine andere Flasche und schüttete das zurückerhaltene Öl nach eigener Darstellung zu dem technischen Öl.

Am 22. 11. 1946 schenkte der Beklagte einer weiteren Klägerin ebenfalls eine Flasche Öl. Auch diese Klägerin stellte daraus Pfannkuchen her, nach deren Genuß mehrere Personen schwere Personenschäden erlitten. Die noch vorhandenen Restbestände des in der betreffenden Flasche befindlichen Öls wurden chemisch analysiert und ergaben, daß das Öl 40 % Roh-Trikresylphosphat enthielt. Bereits kleine Mengen dieser Substanz sind geeignet, schwere Ölvergiftungen auszulösen.

Deliktshaftung

Das Berufungsgericht hat die Feststellung getroffen, daß die Gesundheitsbeschädigungen der Kläger auf den Genuß von vergiftetem Öl zurückzuführen sind, das der Beklagte als Öl-Fabrikant in den Verkehr gebracht hat. Das Berufungsgericht hat bei seiner Beweiswürdigung u. a. ausgeführt, die Klägerin zu 1) sei nicht in der Lage gewesen, weitgehend Öl auf dem schwarzen Markt zu kaufen, vor allem habe sie das auch gar nicht nötig gehabt, denn sie habe ja laufend Öl vom Beklagten für den ihm geliehenen Eisschrank bekommen. Das Berufungsgericht hat auch ausführlich dargelegt, aus welchen Gründen es den Beweis für die Herkunft des Öls aus dem Betriebe des Beklagten für bewiesen hält. An diese Beweiswürdigung ist der Senat gebunden. Sie läßt Verstöße gegen Denkgesetze oder Erfahrungssätze nicht erkennen und kann daher mit der Revision nicht angegriffen werden.

Fehler- und Kausalitätsnachweis

Beide Gutachten haben bestätigt, daß das im Öl festgestellte Trikresylphosphat geeignet ist, Vergiftungen herbeizuführen. Nach dem medizinischen Aufsatz, den der Beklagte im Strafverfahren vorgelegt hat, reichen sogar ganz geringe Mengen von OT zur Entstehung einer Öl-Vergiftung aus. Da zwischen den Parteien außer Streit war, daß die Gesundheitsschäden im Fall der Klägerin zu 2) nach dem Genuß der Pfannkuchen aufgetreten sind, die aus dem untersuchten Öl hergestellt waren, konnte das Berufungsgericht ohne Rechtsirrtum feststellen, daß die aufgetretenen Erscheinungen auf das vergiftete Öl zurückzuführen sind und daher ein zur Herbeiführung solcher Schäden ausreichender Giftgehalt vorhanden gewesen sein muß.

I.20

Verschuldensnachweis: Anscheinsbeweis

Steht hiernach fest, daß die Klägerinnen vergiftetes Öl aus dem Betriebe des Beklagten erhalten haben, so ist es rechtlich nicht zu beanstanden, daß das Berufungsgericht nach den Grundsätzen des Beweises vom ersten Anschein ein Verschulden des Beklagten als erwiesen ersehen hat.

Der Beweis des ersten Anscheins setzt Tatbestände voraus, bei denen eine ohne weiteres naheliegende Erklärung nach der allgemeinen Lebensauffassung zu finden ist (*RG* DR 1942/1515 und 1516). Er beruht bei typischen Geschehensabläufen auf der Erfahrung, daß typische Ursachen gewisse Folgen zu zeitigen pflegen, die deshalb ohne weiteren Nachweis rein erfahrungsmäßig nach dem ersten Anschein unterstellt werden dürfen (*BGHZ* 2/1,5; *BGH* VerkRSamml. 4/260, 262). Dabei muß der festgestellte Sachverhalt der Art sein, daß er unter Verwertung allgemeiner Erfahrungssätze, besonders der allgemeinen Lebenserfahrung, die Überzeugung des Richters in vollem Umfang begründet (*BGH* NJW 1951/360).

Mit der Tatsache, daß in zwei Fällen vergiftetes Öl aus der Öl-Fabrik des Beklagten verabreicht worden ist, steht objektiv ein Sachverhalt fest, der sich nach der allgemeinen Anschauung und Erfahrung im Verkehrsleben für die Regel kaum anders als dadurch erklären läßt, daß es in der Fabrik an der nötigen Ordnung oder Aufsicht oder an solchen Einrichtungen oder Anordnungen, durch die derartigen Vorgängen vorgebeugt wird, gefehlt haben muß (vgl. *RG* JW 1908/237). Es entspricht allgemeiner Lebenserfahrung, daß das Verabreichen vergifteten Öls in einer ordnungsgemäß geführten Öl-Fabrik bei gehöriger Sorgfalt zu vermeiden ist. Das *RG* hat das Verabfolgen einer ätzenden Flüssigkeit statt Sauerbrunnens (LZ 1912, Sp. 1771) und das Verabreichen von Salmiakgeist statt Selterswasser (*RGZ* 97/116) als typische, auf Verschulden der Gastwirte hindeutende Geschehensabläufe angesehen. Das gleiche muß gelten, wenn aus einer Öl-Fabrik gesundheitsschädliches Öl in den Verkehr kommt. In einem solchen Falle kann dem Kläger nicht der für ihn gewöhnlich fast unmögliche Nachweis zugemutet werden, der schadenbringende Gegenstand sei durch ein Verschulden des Geschäftsinhabers oder seiner Angestellten in den

Betrieb gekommen und ausgehändigt worden. Das Berufungsgericht konnte daher nach den Regeln des Anscheinsbeweises den Beweis für ein Verschulden des Erblassers zunächst als geführt ansehen und es dem Beklagten überlassen, sich nunmehr seinerseits von dem Vorwurfe des Verschuldens in der Weise zu entlasten, daß er diejenigen besonderen Umstände nachweist, welche die Annahme eines ihm nach § 823 oder nach § 831 BGB zur Last fallenden Verschuldens zu beseitigen geeignet sind.

Entlastungsnachweis

Der Beklagte meint im Gegensatz zu dem Berufungsgericht, dieser Entlastungsbeweis sei geführt. Er habe auf die Möglichkeit hingewiesen, daß bei Diebstählen in seinem Betrieb ein Dieb gestohlenes Öl durch OT-Trikresylphosphat oder durch Öl ersetzt habe, das damit versetzt gewesen sei. Das Berufungsgericht habe diese Möglichkeit zu Unrecht für so unwahrscheinlich erklärt, daß sie ernstlich nicht in Betracht gezogen werden könne. Was das Berufungsgericht als seine Vermutung an die Stelle der Vermutung des Beklagten setze, sei nicht einleuchtender. Es erkläre sich die Sache so, daß der offene Eimer, aus dem die kleinen Ölmengen an Kunden abgegeben worden seien, ausnahmsweise einmal nicht im Schrank verschlossen gewesen sei, sondern offen herumgestanden habe. Dann sei aber die Versuchung groß gewesen, Ölreste, auch von Maschinenöl, in diesen Eimer zu gießen; dadurch könne das Öl verunreinigt worden sein. Es sei möglich, daß die Klägerinnen mit Giftöl versetzte Öl-Reste aus dem Eimer erhalten haben.

Anscheinsbeweis: Anforderungen an Widerlegung

Diese Rüge ist verfehlt. Es kann dahingestellt bleiben, ob die vom Berufungsgericht gegebene Erklärung des Sachablaufs oder die vom Beklagten ausgesprochene Vermutung die größere Wahrscheinlichkeit für sich hat, denn es genügt nicht, daß der Beklagte, um den gegen ihn sprechenden Anscheinsbeweis den Boden zu entziehen, auf die Möglichkeit eines anderen Geschehensablaufs hinweist. Vielmehr bedürfen die Tatsachen, aus denen die Möglichkeit eines anderen Sachablaufs abgeleitet wird, des vollen Beweises (*BGHZ* 6/169, 170, 171). Der Beklagte mußte daher zur Entkräftung des Anscheinsbeweises darlegen und beim Bestreiten der Klägerinnen beweisen, daß Umstände vorgelegen haben, aus denen sich die ernsthafte Möglichkeit ergibt, das vergiftete Öl sei ohne sein Verschulden oder eine Mitwirkung seiner Angestellten als Speiseöl in den Verkehr gekommen.

Hierbei könnte der Nachweis, daß der Erblasser alle Vorkehrungen getroffen hat, um Schäden dieser Art auszuschließen, ausreichen, wenn er auch den Entlastungsbeweis des § 831 BGB umfassen würde, denn als Rechtsgrundlage für die Haftung des Beklagten kommt nicht nur § 823 BGB, sondern auch § 831 BGB in Betracht. Der Beklagte mußte daher entweder dartun, auf das Verhalten welcher Angestellten die schadenbringende Entwicklung zurückzuführen ist und alsdann hinsichtlich dieser bestimmten Person die sorgfältige Auswahl und Leitung nachweisen oder er mußte diesen Nachweis für alle Personen im einzelnen führen, deren Verhalten als mitwirkend in Betracht kommt (vgl. *RGZ* 159/283, 291). Der Beklagte hat diesen ihm durch § 831 BGB auferlegten Entlastungsbeweis nicht angeboten.

Mitarbeiterhaftung (§ 831 BGB): Anforderungen an den Entlastungsnachweis

Nach alledem ist der Ausführung des Berufungsgerichts, der Beklagte habe den gegen ihn sprechenden Anscheinsbeweis nicht entkräftet, im Ergebnis beizutreten.

§ 823 Abs. 2 BGB

Das Berufungsgericht hat es auch zutreffend für unerheblich gehalten, ob der Erblasser damit gerechnet hat, der Genuß verunreinigten Öls könne so schwere Folgen haben. Da ein Verstoß gegen §§ 3 Ziff. 1 b), 11 Abs. 2 des LebensmittelG in Betracht kommt und dieses ein Schutzgesetz im Sinn des § 823 Abs. 2 BGB ist, bedarf es keiner Voraussicht oder Voraussehbarkeit des Erfolges, wie die Fahrlässigkeit nach § 823 Abs. 1 sie erfordert. Es genügt, daß der Erblasser schuldhafterweise gesetzwidrig gehandelt hat.

Mitverschulden (§ 254 BGB)

Das Berufungsgericht hat den Klägerinnen nur 2/3 ihrer Ansprüche zuerkannt, weil sie ein mitwirkendes Verschulden treffe (§ 254 Abs. 2 BGB). Es hat hierzu ausgeführt:

Die Klägerinnen hätten nach ihrem eigenen Vorbringen bemerkt, daß mit dem Öl etwas nicht in Ordnung gewesen sei. Die Klägerin zu 1) habe beim Erhitzen einen beißenden Qualm und beim Essen einen beißenden Geschmack bemerkt, so daß sie mit dem Essen aufgehört habe. Bei ihrer ersten polizeilichen Vernehmung habe sie erklärt, es sei ihr beim Backen aufgefallen, daß das Öl in der Pfanne besonders schwarz geworden sei und einen maschinenölartigen Geschmack gehabt habe. Die Klägerin zu 2) habe bei ihrer polizeilichen Vernehmung ausgesagt, das Öl habe stark geschäumt und nach dem Ausglühen, das sie wegen des bitteren Geschmacks vorgenommen habe, eine dunkelgrünliche Farbe gehabt und unangenehm gerochen. Danach habe das Öl sich in beiden Fällen beim Verwerten offensichtlich so verhalten, wie es in den Fällen gewesen sein müsse, in denen Käufer solcher Öle, durch den stechenden Geruch und das eigenartige Verhalten des Öles beim Backen gewarnt, sich an den Sachverständigen H. in Hannover gewandt hätten, der dann nach seiner Aussage in 30 bis 40 % aller Fälle bei der Untersuchung habe feststellen können, daß es sich um O-Trikresylphosphat gehandelt habe. Die Frage, ob man den beiden Frauen als Verschulden anrechnen könne, daß sie das Öl trotz der bestehenden Bedenken verbraucht haben, könne man nur aus der damaligen Zeit heraus beurteilen. Damals sei man nicht so wählerisch gewesen. Da beide Frauen das Öl nicht etwa auf dem schwarzen Markt, sondern von einem ihnen bekannten Öl-Fabrikanten erworben hätten, hätten sie nicht ahnen können, daß der Gebrauch des Öls so gefährlich habe sein können. Ganz frei von Schuld könne man sie aber doch nicht sprechen. Beide Frauen seien nicht so unbedingt auf den sofortigen Genuß des Öles angewiesen gewesen wie andere Normalverbraucher, die nicht wie die Klägerin zu 1) eine ständige Ölquelle oder, wie die Klägerin zu 2), noch eine einwandfreie Flasche Öl in Besitz gehabt hätten. Es erscheine daher gerechtfertigt, daß beide Klägerinnen je 1/3 des ihnen erwachsenden Schadens tragen müßten.

Bei der Art, wie das Öl sich bei seiner Verwendung verhalten hat, mußten die Klägerinnen bei Beobachtung der erforderlichen Sorgfalt voraussehen, daß beim Genuß der Speisen Gesundheitsschäden auftreten würden. Das reicht zur Bejahung eines Verschuldens im bürgerlich-rechtlichen Sinne aus, denn dieses setzt nach anerkannter Rechtsprechung – im Gegensatz zur Fahrlässigkeit im strafrechtlichen Sinne, welche die Voraussehbarkeit gerade des eingetretenen Erfolges der Handlung verlangt – die Voraussehbarkeit irgendeines Schadens voraus, nicht aber bestimmter oder entfernter Schadenswirkungen (*RGZ* 148/154, 165). Das Berufungsgericht hat daher mit Recht ein Mitverschulden der Klägerinnen angenommen.

I. 21: BGH, 16. 12. 1953 VI ZR 12/53 (Trinkmilch)

In zwei nahegelegenen Dörfern erkrankten in der zweiten Septemberhälfte 1949 zwanzig in verstreuten Haushaltungen lebende Personen an Typhus. Amtsärztlich wurde festgestellt, daß 18 der erkrankten Personen während der 7- bis 21tägigen Inkubationsdauer ungekochte Milch genossen hätten, die von der Molkerei in dem einen Dorf im Kleinverkauf abgegeben worden war.

Zu den Bauerwirtschaften, die ihre Milch an die Molkerei lieferten, gehörten die Gehöfte der Bauern S. und T. Auf dem Hof des T. lebt die Altbäuerin L., die Bazillenausscheiderin ist. S. sowie eines seiner Kinder und die dort ebenfalls lebende F. sind gleichfalls Bazillenausscheider.

Die Erstbeklagte ist die Inhaberin, der Zweitbeklagte ist der Leiter der Molkerei.

Vertragshaftung/ Deliktshaftung Fehler- und Kausalitätsnachweis: Anscheinsbeweis

Das Berufungsgericht hat nach den Grundsätzen des Beweises des ersten Anscheins den Nachweis als erbracht angesehen, daß die von der Molkerei ausgegebene Milch Typhusbazillen enthalten hat und die Erkrankungen der Kläger durch den Genuß dieser Milch verursacht worden sind. Das gehäufte Auftreten von Typhuserkrankungen in U. um die gleiche Zeit weise auf eine gemeinsame Infektionsquelle hin. Sie in der Milch zu erblicken, die von der dortigen Molkerei ohne vorherige Pasteurisierung im Kleinverkauf abgegeben worden sei, liege am nächsten, da sämtliche betroffenen Haushaltungen Milchabnehmer gewesen seien und auf zwei anliefernden Gehöften erwiesenermaßen Dauerausscheider von Typhusbazillen gelebt hätten. Andere Möglichkeiten der Infektion kämen praktisch nicht in Betracht. Das Berufungsgericht ist der von der Beklagten aufgeworfenen Frage nachgegangen, ob nicht verseuchtes Grundwasser, bazillenbehaftetes Obst, Kontaktinfektion von Mensch zu Mensch oder Übertragung der Krankheitskeime durch Fliegen, die Erkrankungen ausgelöst haben könnten. Es hat alle diese Möglichkeiten in Übereinstimmung mit den gutachtlichen

Äußerungen des Amtsarztes und Sachverständigen E. verneint. Nach den Urteilsausführungen ist die aus der Lebenserfahrung zu schließende Ursächlichkeit infizierter Milch für den Ausbruch der Typhuserkrankungen durch keine Gegenannahme von auch nur annähernd ernsthaftem Gewicht erschüttert.

Diese Ausführungen lassen sich nicht beanstanden. Typhuserkrankungen sind, zumal in ihren Anfängen, von typischer Art. In ihrer Entstehung sind sie durch Ansteckung bedingt, die, wenn auch die körperliche Verfassung des Menschen, seine Ansteckungsbereitschaft, von Einfluß ist, nach wissenschaftlicher Erfahrung doch vor allem von dem Vorhandensein bestimmter äußerer Umstände abhängig ist. Bei gehäuftem gleichzeitigen Auftreten von Typhus in begrenztem Gebiet spricht die Erfahrung für das Vorhandensein einer gemeinsamen Infektionsquelle. Es läßt sich daher rechtlich nicht beanstanden, daß das Berufungsgericht die Grundsätze vom Beweis des ersten Anscheins herangezogen hat (*RGZ* 165/336, 339). Das Berufungsgericht war nicht gehalten, nach weiteren Möglichkeiten einer Infektion zu forschen. Vielmehr fiel es den Beklagten zu, den Anscheinsbeweis, der sich für die Infektion durch Milch aus der Molkerei ergab, dadurch zu erschüttern, daß sie einen Sachverhalt darlegten und erforderlichenfalls bewiesen, der die ernsthafte Möglichkeit einer andersartigen Infektion aufzeigte (*BGHZ* 8/239, 240).

Organisationshaftung: Arbeitsverfahren

Die Verbreitung der Typhusbazillen durch die Milch wäre unterbunden gewesen, wenn die Milch pasteurisiert worden wäre. Das Milchgesetz vom 31. 7. 1930 enthält jedoch keine Bestimmung, die es den Molkereien zur Pflicht machte, Milch allgemein zu pasteurisieren. Die AusführungsVO ist am 14. September 1949 in Kraft getreten. Die Infektion, die zum Ausbruch der Typhuserkrankungen geführt hat, hatte aber bereits vor diesem Zeitpunkt stattgefunden. Ein Rechtssatz des Gewohnheitsrechts, daß Molkereien die Milch zu pasteurisieren hätten, setzt die gemeinsame Überzeugung der im Molkereiwesen Tätigen voraus, mit der Pasteurisierung von Vollmilch Recht zu üben. Daß dies der Fall gewesen sei, ist dem angefochtenen Urteil indessen nicht zu entnehmen. Die Frage, ob die

Übung, die Milch zu pasteurisieren, den Charakter einer Verkehrssitte angenommen hat (§ 157 BGB) kann offenbleiben. Die Ansprüche der Kläger setzen nämlich nicht notwendig voraus, daß eine gesetzliche Bestimmung oder gewohnheitsrechtliche Norm bestanden hat, die den Molkereien die Pasteurisierung der Milch zur Pflicht machte oder daß für die Erstbeklagte, entsprechend einer Verkehrssitte, die vertragliche Pflicht begründet worden wäre, pasteurisierte Milch zu liefern.

Es ist in der Rechtsprechung anerkannt, daß die Ausübung des Berufes oder Gewerbes besondere Sorgfaltspflichten gegenüber Dritten mit sich bringt. Der Gewerbebetrieb begründet besondere Pflichten über die allgemeinen Pflichten eines jeden hinaus gegenüber den Personen, mit denen der Gewerbetreibende vermöge seines Gewerbes in Verkehrsberührung kommt. Die besonderen Sorgfaltspflichten treffen ihn für alle Handlungen, die in den Kreis seiner gewerblichen Betätigung fallen (*RGZ* 102/38, 43). So ist, wer gewerbsmäßig die Lagerung und Beförderung von Sachen betreibt, auch abgesehen von etwa geschlossenen Verträgen, zur Obhut und Überwachung der Sachen verpflichtet, die im Gewerbebetrieb an ihn gelangt sind (*RGZ* 102/38,42; 105/302; 120/121,122 f.). Den Hersteller oder Verkäufer von Kraftfahrzeugen trifft die allgemeine Verkehrspflicht, nur verkehrssichere Fahrzeuge in den Verkehr zu bringen (*RGZ* 163/21,26). Dabei bemessen sich die Anforderungen hinsichtlich der Betriebssicherheit nach dem derzeitigen Stand der technischen Entwicklung (*BGH* LM § 823 (C) BGB Nr. 5). Den Geschäftsinhaber trifft die Pflicht zur Fürsorge, die in seinem Betrieb beschäftigten Personen vor einer Ansteckung durch lungenkranke Mitarbeiter zu bewahren (*RG* SeuffArch 90/103,104). Bei Ausübung seiner beruflichen Tätigkeit hat der Tierarzt dafür zu sorgen, daß auch solche Personen, zu denen er in keinen vertraglichen Beziehungen steht, nicht durch Krankheitskeime, die von dem Tiere ausgehen, infiziert und gesundheitlich geschädigt werden (*RGZ* 102/372,374 f.).

Naturprodukt

Die Rechtsgedanken, die in diesen Entscheidungen zum Ausdruck gekommen sind, haben Bedeutung auch für den vor-

liegenden Fall. Ein Molkereibetrieb bringt es mit sich, daß in ihm Milch aus zahlreichen Erzeugungsstätten zusammengeführt und von ihm aus an zahlreiche Verbraucher wieder verteilt wird. Milch ist in besonderem Maß geeignet, Träger und Nährboden von Krankheitskeimen zu sein. Gelangt Milch, die mit Krankheitskeimen behaftet ist, in den Sammel- und Verteilungsprozeß der Molkerei, so besteht die Gefahr einer gesundheitlichen Schädigung der Verbraucher, die seuchenhafte Ausmaße annehmen kann. Daraus ergeben sich besondere Fürsorgepflichten der Unternehmer und Leiter von Molkereien zum Schutz der Milchverbraucher vor gesundheitlichen Schädigungen. Solche Pflichten haben in dem Milchgesetz selbst Ausdruck gefunden (das allerdings seinerzeit noch nicht galt).
So darf Milch von kranken Kühen je nach der Art der Krankheit teils überhaupt nicht, teils nur dann in den Verkehr gebracht oder zur Herstellung von Milcherzeugnissen oder in anderen Lebensmitteln verwendet werden, wenn durch ausreichende Erhitzung oder ein gleichwertiges Verfahren jede Gefahr für die Gesundheit beseitigt ist (§§ 3,4 des Gesetzes). Dabei kommt es nicht darauf an, ob im Einzelfall die Milch durch den Gesundheitszustand der Kühe überhaupt beeinflußt ist oder nicht; es genügt schon, daß der Gesundheitszustand der Kühe nur geeignet ist, die Milch nachteilig zu beeinflussen. Es braucht nicht einmal in jedem Fall festzustehen, daß die Milch von einem kranken Tier stammt. Bereits die hohe Wahrscheinlichkeit, daß eine Kuh an einer vorgeschrittenen Tuberkulose der Lunge oder einer Tuberkulose des Euters, der Gebärmutter oder des Darms erkrankt ist, nötigt dazu, die von ihr stammende Milch vom Verkehr auszuschließen (§ 3 Abs. 3). Besteht auch nur der einfache Verdacht einer Eutertuberkulose oder sind auch nur andere Tiere des Bestandes von der Maul- und Klauenseuche befallen, so darf die Milch nur nach vorheriger Erhitzung in den Verkehr gebracht oder zu Milcherzeugnissen oder anderen Lebensmitteln verarbeitet werden (§ 4 Abs. 1). Die angeführten Regelungen sind Beispielsfälle für den gesetzlichen Grundgedanken, daß diejenigen, welche Milch in den Verkehr bringen, die Milchverbraucher vor gesundheitlichen Schädigungen durch Lieferung von möglicherweise nicht einwandfreier Milch zu bewahren haben.

Besondere Pflichten bei konkretem Anlaß

In gleicher Weise müssen deshalb der Unternehmer und der Leiter einer Molkerei für verpflichtet erachtet werden, der Gefahr einer Verbreitung von Typhusbazillen vorzubeugen. Werden ihnen Umstände bekannt, die den Verdacht nahelegen, daß in die Milch Typhusbazillen geraten sein können, so gebietet ihnen die Rücksicht auf die Gesundheit und das Leben der Mitmenschen, die Milch nicht in den Verkehr zu bringen, ohne daß durch vorherige Pasteurisierung jede gesundheitliche Gefahr ausgeschaltet ist.

Ein solcher Sachverhalt hat aber nach den tatsächlichen Feststellungen des Berufungsgerichts hier vorgelegen. Das Berufungsgericht hat ausgeführt, es könne nicht verborgen geblieben sein, daß S. und eines seiner Kinder Typhus durchgemacht hatten; es sei Dorfgespräch gewesen, daß die auf dem Hof von S. lebende Frau F. Dauerausscheiderin von Typhusbazillen sei. Allgemein sei vermutet worden, daß S. und sein Kind von ihr angesteckt worden seien. Für die Vorstandsmitglieder der Erstbeklagten und den Zweitbeklagten hätten daher erhebliche Gefahrenzeichen für eine Weiterverschleppung der Krankheitskeime vom Hof von S. her bestanden. Diese Ausführungen können in diesem Zusammenhang nicht anders verstanden werden, als daß das Berufungsgericht es als erwiesen angesehen hat, daß den Vorstandsmitgliedern der Erstbeklagten und dem Zweitbeklagten die genannten Umstände bekannt gewesen sind.

Besondere Pflichten gegebenenfalls bereits bei Verdacht eines Produktfehlers

Schon der naheliegende – im vorliegenden Fall erwiesenermaßen auch begründete – Verdacht, daß auf einem Gehöft ein Typhuskranker oder Dauerausscheider von Typhusbazillen lebt, begründet aber die Besorgnis, daß in die Milch, die von dem Gehöft in die Molkerei geliefert wird, Typhusbazillen gelangt sein können, falls nicht, wofür hier nichts vorliegt, die Möglichkeit einer Infizierung der Milch durch besondere Vorkehrungen zuverlässig ausgeschlossen ist. Bei dieser Sachlage kann es keinem Zweifel unterliegen, daß für Unternehmer und Leiter der Molkerei die Pflicht bestand, die vom Hof von S. stammende Milch nicht ohne vorherige Pasteurisierung in den Verkehr zu bringen.

Da die Milch nach den Feststellungen des Berufungsgerichts der allgemeinen Sammelmilch zugeführt worden ist, mußte dieser ganze Bestand einer Pasteurisierung unterzogen werden, bevor aus ihm an die Verbraucher etwas abgegeben wurde. Eine Anlage zur Vornahme der Pasteurisierung war vorhanden. Es war die Pflicht des Vorstandes der Erstbeklagten, durch geeignete Maßnahmen für die erforderliche Pasteurisierung zu sorgen, die des Zweitbeklagten, die Pasteurisierung vorzunehmen. Daß sie dies unterlassen haben, hat das Berufungsgericht ohne Rechtsirrtum als eine schuldhafte für die eingetretenen Erkrankungen ursächliche Säumnis angesehen.

Allerdings hat sich nach den Ausführungen des angefochtenen Urteils nicht eindeutig feststellen lassen, ob die Bazillen mit der von S. gelieferten Milch in die Sammelmilch geraten sind. Die Möglichkeit ist nicht ausgeschlossen, daß sie auf andere Weise ihren Weg in die Milch gefunden haben. Damit entfällt aber nicht die Ursächlichkeit des Fehlverhaltens von Vorstand und Molkereileiter für die eingetretenen Erkrankungen. Da sich die Pflicht zur Pasteurisierung nach der Vermischung der von S. gelieferten Milch mit der Sammelmilch auf diesen ganzen Bestand erstreckte, ist es unerheblich, wie die Bazillen in diesen Bestand gelangt sind. Auch wenn sie auf andere Weise als durch die von S. gelieferte Milch in den Bestand Eingang gefunden haben sollten, sind die Erkrankungen darauf zurückzuführen, daß die Pasteurisierung dieses Bestandes unterblieben ist.

Deliktsrechtliche Eigenhaftung des handelnden Mitarbeiters

Mit Recht hat das Berufungsgericht hiernach die Haftung der Erstbeklagten aus Vertrag und bei der Beklagten aus unerlaubter Handlung bejaht.

I. 22: BGH, 5. 11. 1955, VI ZR 199/54 (Insektenvernichtungsmittel)

Die Beklagte ist die Herstellerin eines Insektenvernichtungsmittels, das sie in Prospekten nicht nur zur Bekämpfung von Fliegen, Schnaken, Küchenschaben, Wanzen usw., sondern auch zur Vertilgung von „Motten aller Art" angepriesen hat. In vier Fällen hat die Beklagte das Mittel insbesondere auch zur Bekämpfung der für die Bienenwaben gefährlichen Wachsmotten empfohlen, und zwar in ihrem Schreiben an den Imker A., an den Landesverein der . . . Bienenzüchter, an die Landesanstalt für Bienenzucht und an die . . . Imker-Zeitung, die den Inhalt des Schreibens veröffentlicht hat. In allen Schreiben wurde zum Ausdruck gebracht, die X-Räuchertabletten seien das ideale Mittel zur sicheren Bekämpfung der Wachsmotten und die Waben könnten 4–6 Wochen nach dem Gebrauch des X ohne Gefahr für die Bienen verwendet werden.

Als mehrere Imker das X gegen die Wachsmotten anwandten, wurden diese zwar vernichtet. Es gingen aber auch die Bienenvölker ein, in deren Stände die mit X behandelten Waben wieder eingesetzt wurden, da an ihnen das Gift noch lange Zeit nach der Beräucherung haftete.

Deliktshaftung
Berücksichtigung der Anwendungsgefahren
Voraussehbarkeit des Schadenseintritts
Instruktionshaftung
Werbeangaben

Der Hersteller eines in den Handel gegebenen giftigen Schädlingsbekämpfungsmittels muß prüfen, ob mit einer Anwendung des Mittels zu rechnen ist, die zur Schädigung der Benutzer oder ihres Eigentums führen kann. Ist eine solche Benutzung bei Anwendung der erforderlichen Sorgfalt voraussehbar, so hat der Hersteller dafür Sorge zu tragen, daß eine ausreichende Belehrung der Käufer über die möglichen Gefahrenquellen und die Grenzen der Anwendung des Mittels erfolgt. Erst recht hat er in seiner Werbung alles zu unterlassen, was Anlaß geben kann, das Mittel für Zwecke zu verwenden, für die es wegen der möglichen schädlichen Folgen nicht geeignet ist. Verletzt der Hersteller vorsätzlich oder fahrlässig diese Pflichten, so ist er für den daraus entstehenden Schaden gemäß § 823 Abs. 1 BGB ersatzpflichtig.

Grenzen der Instruktionshaftung; Anwenderverantwortung

Mit Recht hat aber das Berufungsgericht ausgeführt, daß es zu weit gehe, von dem Hersteller eines Mittels, das nach seiner Beschreibung zur Bekämpfung von Insekten dienen soll, einen Hinweis darüber zu verlangen, daß auch nützliche Insekten der

Auswirkung des Mittels ausgesetzt sein können. Wenn nach der Beschreibung Fliegen, Motten und Käfer durch X sicher vernichtet wurden, so lag es für den Käufer nur nahe, daß auch bei Bienen schädliche Einwirkungen eintreten konnten. In den vorgelegten Werbungsprospekten war auch betont, daß X eine lange Dauerwirkung habe. Der Benutzer konnte sich daher nicht darauf einstellen, daß für die Bienen keine Gefahr mehr bestehe, wenn diese erst nach einiger Zeit mit den mit X behandelten Waben in Berührung kämen. Ebensowenig war der Hinweis der Werbung, daß eine Gefahr für Haustiere nicht bestehe, nicht dazu angetan, die hier erfolgte Verwendung des Mittels nahezulegen. Konnte daher nach der Art der Kennzeichnung des Mittels nicht mit einer Verwendung des X gerechnet werden, die nützliche Insekten in den Wirkungsbereich des Gifts brachte, so entfällt ein Schuldvorwurf gegen die Beklagte.

Anwendungshinweise des Herstellers

Auch der Umstand, daß die Beklagte gelegentlich in Briefen auf Anfrage selbst ihre Ansicht dahin geäußert hat, die X-Tabletten könnten bei der Imkerei gefahrlos zur Bekämpfung von Wachsmotten verwandt werden, ist nicht geeignet, die hier geltend gemachten Schadensersatzansprüche zu begründen. Denn die Imker, deren Schaden noch Gegenstand der Entscheidung ist, haben nicht aufgrund dieser speziellen Empfehlung das Mittel verwandt. Vielmehr ist festgestellt, daß sie hierzu durch die allgemeinen Reklameschriften, die Empfehlungen ihrer Drogisten oder eine Zeitungsnotiz gekommen sind, die nicht von der Beklagten veranlaßt ist. Angesichts dieser Feststellungen kann der Zusammenhang zwischen den speziellen Empfehlungen der Beklagten und der hier in Frage stehenden Anwendung des X nicht aufgrund eines prima-facie-Beweises angenommen werden, zumal sich auch keine konkreten Anhaltspunkte dafür ergeben haben, daß sich aufgrund der speziellen Einzelempfehlungen der Beklagten allgemein in Imkerkreisen die Überzeugung gebildet hat, X sei bei der Bienenzucht zur Bekämpfung von Wachsmotten geeignet. Die speziellen Empfehlungen, die den Empfängern und Lesern Schadensersatzansprüche gegen die Beklagte gewähren können, müssen daher hier mangels eines ursächlichen Zusammenhanges ausscheiden.

Erfordernis einer Kausalität der Anwendungshinweise für den Schadenfall

I. 23: BGH, 15. 3. 1956, II ZR 284/54, (Motorroller)

Vertragshaftung: Vertriebshändler Verschuldensnachweis Untersuchungspflichten des Vertriebshändlers

Der Kläger kann seinen Schadensersatzanspruch nur auf eine positive Vertragsverletzung des Beklagten stützen. Dafür müßte er ein Verschulden des Beklagten nachweisen. Dem Berufungsgericht ist darin zu folgen, daß ein solches Verschulden nicht dargetan ist. Das Berufungsgericht prüft und verneint die Frage, ob für den Händler von Motorrollern eine Verpflichtung besteht, die vom Herstellerwerk betriebsfertig gelieferten Maschinen in allen Einzelheiten zu überprüfen, ob sie ordnungsmäßig montiert und damit absolut sicher sind. Zur Begründung führt das Berufungsgericht aus, eine solche Verpflichtung würde bedeuten, daß die Händler die ihnen vom Werk betriebsfertig gelieferten Maschinen in Einzelheiten überprüfen müßten, was nur möglich wäre, wenn sie maschinelle Einzelteile auseinandernähmen, die für die Betriebssicherheit besonders wichtig sind.

Haftungsrechtliche Untersuchungspflichten und § 377 HGB

Haftung für offensichtliche Mängel

Ob und inwieweit den Händler eine solche Untersuchungspflicht nach § 377 HGB treffen kann, bedarf keiner Erörterung, denn die Verletzung einer solchen Pflicht könnte nur zum Verlust von Gewährleistungsansprüchen gegen das Lieferwerk, aber niemals zu einer Schadensersatzpflicht gegenüber dem Käufer führen. Damit wird zwar nicht jede Verpflichtung des Händlers ausgeschlossen, wenigstens auf solche Mängel zu achten, die auch bei einer oberflächlichen Prüfung erkennbar sind. Während des Transports können sich zwar Teile lockern oder verbiegen. Der Kläger hat aber nichts darüber vorgetragen, daß und warum die behauptete mangelhafte Befestigung des Lenkers dem Beklagten bei einer solchen Prüfung hätte erkennbar sein müssen. Der Käufer hat auch nach den Geschäftsbedingungen Anspruch auf eine Prüfungsfahrt in dem üblichen Rahmen. Diese hat auch stattgefunden, ein Mangel hat sich nicht gezeigt.

Arbeitsteilung: Vertriebshändlerhaftung und Zuverlässigkeit des Herstellers

Bezieht ein Kfz-Händler ein fabrikneues Kraftfahrzeug von einem Hersteller, an dessen Zuverlässigkeit zu zweifeln er keinen Anlaß hat, so handelt er gegenüber seinem Kunden nicht deshalb schuldhaft, weil er sich auf eine oberflächliche Besichtigung und auf eine Probefahrt im üblichen Rahmen beschränkt und dabei eine vorhandene Verkehrsunsicherheit des Fahrzeugs, wie hier der Lenkvorrichtung, nicht bemerkt hat.

Arbeitsteilung: Hersteller kein Erfüllungsgehilfe des Vertriebshändlers

Die Unterstellung des Berufungsgerichts, daß die Verkehrssicherheit des Fahrzeugs schon bei dessen Lieferung vom Beklagten an den Kläger fehlte, enthält zugleich die Unterstellung, daß dasselbe auch schon bei der Absendung vom Lieferwerk der Fall war und daß dies auf einem Verschulden des Lieferwerkes beruhte. In der mündlichen Verhandlung vor dem Revisionsgericht ist die Frage erörtert worden, ob der Beklagte für ein solches Verschulden des Lieferwerks im Rahmen des § 278 BGB einstehen müßte. Auch diese Frage ist aber jedenfalls für den vorliegenden Streitfall zu verneinen.

Das RG hat es (RGZ 101/157, 158 = I.12) abgelehnt, das Lieferwerk des Verkäufers als Erfüllungsgehilfen des Händlers gegenüber dessen Käufer zu behandelns, weil es nur seine eigene Verpflichtung gegenüber dem Händler erfülle und nicht diejenige des Händlers gegenüber dem Käufer. Später (RGZ 108/221, 223 = I.13) hat es hiervon für den Fall eine Ausnahme gemacht, daß der Lieferant mit dem Vertragsgegner seines Kunden durch direkte Lieferung in unmittelbare Verbindung tritt. Es hat die Entscheidung darauf abgestellt, wie der Gehilfe dem Berechtigten gegenüber tritt. Dieser enge Rahmen ist später im gewissen Umfang erweitert worden.

In dem Rechtsstreit, der zur Entscheidung des RG vom 9. 5. 1939 (RGZ 160/310 ff.) geführt hat, hatte das Berufungsgericht (aaO., S. 313) ausgeführt, nicht der Gedanke der Vertretung in der Pflichtverletzung, also nicht das vertragliche Verhältnis zwischen dem Erfüllungsgehilfen und dem Geschäftsherrn sei für die Anwendung des § 278 BGB entscheidend, sondern allein der Umstand, daß der Gläubiger dadurch gefährdet werden könne, daß sich der Schuldner zur Erfüllung seiner Verpflichtung dritter Personen bediene und daß diese dabei im Rahmen des Schuldverhältnisses die Verpflichtung verletzten. Diese Ausführungen hat das RG nicht etwa grundsätzlich mißbilligt. Es hat nur für den Streitfall ausgeführt, die von dem Gehilfen begangene Pflichtverletzung liege überhaupt nicht mehr im Rahmen der Vertragserfüllung, stelle vielmehr eine unerlaubte Handlung dar.

Der VI. Zivilsenat des BGH (BGHZ 13/111, 113) hat ausgeführt, ob jemand als Erfüllungsgehilfe eines anderen anzusehen sei, bestimme sich nicht danach, in welchen rechtlichen Beziehungen er zu ihm oder dessen Gläubiger stehe; maßgebend sei allein, ob er nach den rein tatsächlichen Vorgängen des gegebenen Falles mit dem Willen des Schuldners bei der Erfüllung der diesem obliegenden Verbindlichkeit als dessen Hilfsperson tätig werde. Der Grund für dieses Tätigwerden sei unerheblich, wenn sich die Tätigkeit nur als eine vom Schuldner gewollte oder gebilligte Mitwirkung bei der Vertragserfüllung darstelle. Sei aber diese im Willen des Schuldners liegende gegenständliche Beziehung zur Vertragserfüllung gegeben, so sei Erfüllungsgehilfe des Schuldners auch derjenige, der seine Tätigkeit entfaltet, um eine eigene Verbindlichkeit zu erfüllen. Mit dieser Begründung wurde ein Kraftfahrer, der – möglicherweise nur aus Gefälligkeit – anstelle des Vertragspartners der beförderten Person eine Fahrt ausführte, als Erfüllungsgehilfe angesehen.

Arbeitsteilung: Hersteller nicht Erfüllungsgehilfe des Vertriebshändlers

Diese Erwägungen könnten für den Streitfall aber nur dann bedeutsam werden, wenn der Händler grundsätzlich eine eigene Untersuchungspflicht hätte und wenn er sich etwa zu deren Erfüllung allgemein oder im Einzelfall des Lieferwerks bedient hätte. Eine solche Untersuchungspflicht ist jedoch zu verneinen. Der Hersteller wird für diese Untersuchungspflicht auch nicht dadurch zum Erfüllungsgehilfen des Händlers, daß dessen eigene Untersuchungspflicht infolge seines gerechtfertigten Vertrauens auf die Zuverlässigkeit des Lieferwerks entfällt.

I. 24: BGH, 21. 4. 1956, VI ZR 36/55 (Fahrradgabel)

Deliktshaftung

Die Klage ist ausschließlich auf unerlaubte Handlung gestützt, da zwischen den Parteien keine vertraglichen Beziehungen bestanden haben. Voraussetzung einer Haftung der Beklagten wäre daher einmal ein Fehler bei der Herstellung des Fahrrades, zweitens dessen Ursächlichkeit für den Unfall und drittens, daß die Beklagte gemäß §§ 823, 31 BGB oder § 831 BGB für diesen Hergang haftet.

Fabrikationsfehler

Nach dem Vortrag des Klägers liegt kein Konstruktionsfehler vor, sondern ein Fabrikationsfehler. Der Vortrag des Klägers geht insbesondere dahin, daß das Gabelrohr infolge ungenauen Abdrehens im Rahmenrohr exzentrisch angebracht worden sei, und zwar hätte sich nach dem Gutachten eine Abweichung von 0,25–0,5 mm in der Zentrierung ergeben. Es handelt sich also nicht um einen Fehler, der bei allen Rädern derselben Produktionsart und -serie vorkommt, sondern um einen Fehler bei der Herstellung gerade des Rades des Klägers. (Die folgenden Ausführungen – vgl. Urteilsabdruck VersR 1956/410 – sind durch das Hühnerpest-Urteil [I.58] überholt).

Mitarbeiterhaftung (§ 831 BGB)

Es bleibt die Möglichkeit, daß ein Arbeiter der Beklagten fehlerhaft gehandelt hat, als das Fahrrad des Klägers hergestellt wurde. Auch dann käme nur eine Haftung der Beklagten gemäß § 831 BGB in Betracht. Hier hat aber das Berufungsgericht mit zutreffenden Erwägungen angenommen, daß der Entlastungsbeweis geführt sei. Die Revision greift das insoweit an, als zwar bekundet sei, daß der in erster Linie in Betracht kommende Arbeiter M. gelernter Dreher und ein erstklassiger Arbeiter gewesen, seine Überwachung aber nicht erwiesen sei. Die Revision übersieht dabei die Feststellung im Berufungsurteil, daß der Geschäftsführer, der Betriebsleiter und der zuständige Werkmeister ihrer Überwachungspflicht durch häufige Kontrolle genügt hätten. Nach dem Zusammenhang der Urteilsgründe kann sich das nur auf die ganze hier in Betracht kommende Fertigung und somit auch auf die Überwachung des M. beziehen.

I. 25: BGH, 25. 4. 1956, VI ZR 34/55 (Dreschmaschine)

Der Kläger verlebte seinen Urlaub auf einem Bauernhof und half beim Dreschen. Von der Dreschmaschine sprang eine

Scheibe ab, die ihn erheblich am Kopf verletzte. Er verklagte den Verkäufer der Dreschmaschine auf Schadensersatz.

Vertragshaftung

Das Berufungsgericht ist der Ansicht, daß die Beklagte aus Vertrag, nicht dagegen aus unerlaubter Handlung schadensersatzpflichtig sei. Nach seiner Feststellung ist die Verletzung des Klägers darauf zurückzuführen, daß die von der Beklagten gelieferte Antriebscheibe nicht betriebssicher war. Sie hat sich von der Dreschmaschine gelöst, weil sie keinen Treibsitz, nur eine Stellschraube hatte, obwohl zur ordnungsgemäßen Befestigung zwei Stellschrauben notwendig gewesen wären. Werden diese Feststellungen zugrunde gelegt, so ist die Annahme des Berufungsgerichts gerechtfertigt, daß die Beklagte mit der Lieferung dieser nicht betriebssicheren Antriebscheibe ihre Pflicht aus dem mit dem Landwirt C. abgeschlossenen Vertrage verletzt hat.

Betriebssicherheit

Schutzwirkung des Vertrages zugunsten Dritter

Das Berufungsgericht hat weiter angenommen, daß die Beklagte das Verschulden ihres Monteurs B., der die Scheibe in diesem Zustand an C. herausgegeben hat, nach § 278 BGB zu vertreten hat und daß sie aus dem mit C. abgeschlossenen Vertrag nach § 328 BGB auch dem Kläger gegenüber haftet. Zu dieser Frage ist in dem Berufungsurteil ausgeführt: Die zwischen der Beklagten und C. getroffene Vertragsabrede, eine betriebssichere Antriebscheibe zu liefern, habe u. a. den Sinn gehabt, auch die Personen vor Schaden zu bewahren, die von C. zur Bedienung der Dreschmaschine zugezogen würden. Ihnen gegenüber habe C. nach § 618 BGB die Arbeitsgerätschaften so einzurichten und so zu unterhalten, daß diese Personen so weit wie möglich gegen Gefahren geschützt seien. Es habe daher auf der Hand gelegen und sei auch der Beklagten bekannt gewesen, daß die Vereinbarung über den betriebssicheren Zustand der Scheibe auch diesen Dritten habe zugute kommen sollen. Die Rechtsprechung habe bei der Vertragsauslegung das Vorliegen eines echten Vertrages zu Gunsten Dritter (§ 328 BGB) in steigendem Maße bejaht. Insbesondere lege der große Unterschied bei der Haftung für Hilfspersonen im Vertragsrecht (§ 278 BGB) und im Recht der unerlaubten Handlung (§ 831 BGB) vielfach die Annahme nahe, daß die Vertragsschließenden bei Schadensfällen auch Dritten die größeren Vertragsrechte zugute kommen lassen wollten.

Entgegen der Ansicht der Revision ist die allgemeine Auslegung des zwischen C. und der Beklagten abgeschlossenen Vertrages aus Rechtsgründen nicht zu beanstanden. Wie in der Rechtsprechung anerkannt ist, ist der von dem Mieter einer Wohnung abgeschlossene Mietvertrag in dem Sinne zugleich auch zu Gunsten der Angehörigen des Mieters geschlossen, daß den Angehörigen im Falle einer gesundheitsgefährlichen Beschaffenheit der Mietsräume nach § 328 BGB ein unmittelbarer vertraglicher Anspruch auf Schadensersatz gegen den Vermieter zusteht. Ebenso kann in dem Vertrage auf Lieferung einer betriebssicheren Antriebscheibe für eine Dreschmaschine ein Vertrag auch zu Gunsten der Personen liegen, die der Eigentümer der Dreschmaschine zu ihrer Bedienung heranzieht, wenn der Besteller der Antriebscheibe bei Abschluß des Vertrages in der für den Unternehmer erkennbaren Absicht gehandelt hat, nach Möglichkeit auch die Belange dieser Personen wahrzunehmen. Es ist deshalb rechtlich nicht zu beanstanden, wenn das Berufungsgericht aufgrund vorwiegend tatsächlicher Erwägungen angenommen hat, daß die Beklagte stillschweigend nicht nur dem Landwirt C., sondern auch den von ihm angestellten Bedienern der Dreschmaschine gegenüber die Verpflichtung zur Lieferung einer betriebssicheren Antriebscheibe übernommen habe.

Kreis der in den Schutz des Vertrages einbezogenen Dritten

Zu Unrecht hat das Berufungsgericht aber angenommen, daß der Kläger zu dem Personenkreis gehört, der aus dem Vertrage unmittelbare Ansprüche gegen die Beklagte erworben hat. Das Berufungsgericht hat bei Anwendung der angeführten Rechtsgrundsätze auf den vorliegenden Fall den Verhandlungsstoff nicht erschöpft, insbesondere wesentliches Parteivorbringen übersehen. Der Kläger war damals als Petrolarbeiter in einem Kraftstofflager tätig und hat in seinem Urlaub nur aushilfsweise in der Landwirtschaft mitgeholfen. Er ist von seinem ursprünglichen Vorbringen, er sei am Unfalltage bei C. beschäftigt gewesen, abgerückt und hat, nachdem hierüber Beweis erhoben wurde, später vorgetragen, er sei nicht bei C., sondern aushilfsweise für den Bauer J. tätig gewesen; dieser habe ihn gebeten, ihm beim Dreschen zu helfen. Ebenso hat der Kläger in seiner Streitverkündung an C. erklärt, er sei von dem Landwirt J. aufgefordert worden, bei Drescharbeiten zu helfen; die Dreschmaschine habe auf dem Felde des J. gestanden. Daß zur Zeit des Unfalls das Getreide des J. gedroschen wurde und daß die Dreschmaschine auf dessen Feld stand, ist zwischen den Parteien außer Streit. Geht man von diesem unstreitigen Sachverhalt und dem eigenen Vorbringen des Klägers aus, so ist zu einer Anwendung des § 328 BGB kein Raum, denn als Erntehelfer des J. gehörte der Kläger nicht zu den Personen, die unmittelbare Rechte aus dem Vertrage zwischen C. und der Beklagten erworben haben könnten.

Das Berufungsgericht hat an einer anderen Stelle seines Urteils erwähnt, der Kläger habe am Unfalltage den Zeugen C. und J. ausgeholfen. Inwieweit er auch Helfer des C. gewesen sein soll, ist aber nicht festgestellt. Sollte das Berufungsgericht angenommen haben, der Kläger sei, wenn er als Erntehelfer des J. die Dreschmaschine des C. bediente, gleichzeitig dessen Helfer und daher nach § 328 BGB berechtigt gewesen, Ansprüche aus Vertrag gegen die Beklagte geltend zu machen, so könnte diese Auffassung nicht gebilligt werden. Sie würde den Kreis der begünstigten Personen in einer Weise ausdehnen, die nicht mehr als dem Willen der Parteien entsprechend angesehen werden könnte. Grundsätzlich ist davon auszugehen, daß die Vertragsschließenden den Vorteil unmittelbarer Ansprüche aus dem Vertrage solchen Personen zukommen lassen wollen, an deren Schutz der eine Vertragsteil ein objektiv begründetes und dem Vertragsgegner bei näherer Überlegung erkennbares Interesse hat. Das würde zutreffen, wenn C. eine oder mehrere bestimmte Personen ständig damit betraut hätte, seine Dreschmaschine zu bedienen. Soweit er aber seine Dreschmaschine anderen Personen zur Verfügung stellt, die sie selbst bedienen oder bedienen lassen, kommt ein so großer und nicht zu übersehender Kreis von Menschen in Betracht, daß beim Fehlen einer ausdrücklichen Vereinbarung nicht ohne weiteres angenommen werden kann, der Unternehmer (hier die Beklagte) habe sich einer Inanspruchnahme durch eine so große und unbegrenzte Anzahl von Personen aussetzen wollen.

Deliktshaftung

Betriebssicherheit

Bei der Prüfung, ob der Kläger aus § 823 Abs. 1 BGB Ansprüche gegen die Beklagte herleiten kann, ist das Berufungsgericht zutreffend davon ausgegangen, daß ein Unternehmer, der eine nicht betriebssichere und daher eine allgemeine Verkehrsgefahr bildende Schwungscheibe in den Verkehr gibt, dadurch auch eine allgemeine Verkehrspflicht im Sinn des § 823 BGB verletzt (vgl. *BGH*, VersR 52/357 f. = Nr. I.19 und RG, DR 40/1293 = Nr. I.17). Es hat jedoch nur die damit gegebene objektive Voraussetzung für eine Haftung der Beklagten bejaht und angenommen, dem Inhaber der Beklagten sei kein Verschulden zur Last zu legen.

Mitarbeiterhaftung (§ 831 BGB)

Auch in diesem Punkte unterliegt die Ansicht des Berufungsgerichts keinen rechtlichen Bedenken. Der Monteur B., dem der Inhaber der Beklagten das Erweitern der zu kleinen Bohrungen der Antriebscheibe überlassen hat, war nach den Feststellungen des Berufungsgerichts nach bestandener Gesellenprüfung jahrelang als Landmaschinenschlosser tätig und war auch zuverlässig. Er wußte, daß die Scheibe auf der Welle der Dreschmaschine fest aufsitzen und außerdem durch Stellschrauben gesichert werden mußte. Wie das Berufungsgericht weiter feststellt, bereitete die Arbeit, die zu erledigen war, einem Fachmann keine besonderen Schwierigkeiten. Wenn das Berufungsgericht unter diesen Umständen angenommen hat, der Inhaber der Beklagten habe diese Arbeit seinem Monteur B. zur selbständigen Erledigung überlassen dürfen und habe auch mit dem Versagen seines sonst zuverlässigen Angestellten nicht zu rechnen brauchen, so ist dies aus Rechtsgründen nicht zu beanstanden.

Drittschadensliquidation

Der Kläger hat sich zur Begründung seines Schadensersatzanspruchs auch darauf berufen, daß C. seine Ansprüche gegen die Beklagte an ihn abgetreten habe. Auch dieser Gesichtspunkt kann der Klage nicht zum Erfolg verhelfen, denn C. hat, da ihm kein Schaden entstanden ist, keinen Ersatzanspruch, der im Wege der Abtretung auf den Kläger hätte übergehen können. Daß C. den Schaden des Klägers, also einen sogenannten Drittschaden, gegen die Beklagte geltend machen könne, dafür fehlt es an den Voraussetzungen, unter denen dies nach der Rechtsprechung des RG und der Rechtslehre zulässig ist.

I. 26: BGH, 13. 7. 1956, VI ZR 223/54

Der Ehemann der Klägerin war bei einer Fahrt mit einem Karussell verunglückt, das dem V. gehörte. Der Erstbeklagte hatte das Karussell hergestellt. Nach einem im Auftrag des V. angefertigten Entwurf des Zweitbeklagten war eine Gitterkonstruktion vorgesehen. Wegen Materialknappheit verwendete der Erstbeklagte mit Einverständnis des V. U-Boot-Periskoprohre. Da die Ausleger etwa 7,15 m lang sein sollten, die Rohre aber nur eine Länge von ungefähr 6,40 m hatten, wurden sie durch ein angesetztes Rohrstück in der Weise verlängert, daß an die Rohrenden Flansche angeschweißt und diese jeweils durch 8 Schrauben miteinander verbunden wurden.

Deliktshaftung: Verantwortlichkeit für noch nicht betriebsfertige Anlage

Wenn das Berufungsgericht dem Erstbeklagten zugute hält, daß die betriebsfertige Herstellung des Karussells noch nicht abgeschlossen gewesen sei, so weist die Revision demgegenüber mit Recht darauf hin, daß der Erstbeklagte das Karussell unstreitig an V. abgeliefert hatte. Es ist nicht behauptet worden, daß er hierbei zum Ausdruck gebracht hätte, seine Arbeiten seien noch nicht abgeschlossen und daß er sich die Ausführung weiterer Arbeiten vorbehalten hätte, um das Karussell erst in betriebsfertigen Zustand zu versetzen. Die Baubehörde war nicht etwa von dem Erstbeklagten als Prüfstelle in den Herstellungs- und Ablieferungsgang eingeschaltet worden, sondern sie hat sich mit der Überprüfung der Konstruktionszeichnungen und statischen Berechnungen – nicht auch der tatsächlichen Sachausführung – nur darum befaßt, weil der Zweitbeklagte im Auftrage des V. bei ihr die baupolizeiliche Genehmigung nachgesucht hatte, deren V. nach den bestehenden Vorschriften bedurfte, bevor er das Karussell zur Publikumsbenutzung freigab.

Behördliche Freigabe

Allerdings ist dem Beklagten bekannt gewesen, daß das Karussell nicht ohne behördliche Überprüfung und Genehmigung in Betrieb gesetzt werden durfte.

Herstellerverantwortung und behördliche Freigabe

Das konnte ihn aber nicht von der Verantwortlichkeit befreien, die ihn für eine ordnungsmäßige Arbeitsausführung traf. Es wäre ein nicht zu entschuldigender Irrtum gewesen, wenn er geglaubt haben sollte, daß er die Schweißarbeiten im Hinblick auf die spätere behördliche Überprüfung nicht so ausführen zu lassen brauchte, wie es entsprechend dem damaligen Stande der Technik zur Gewährleistung der erforderlichen Betriebssicherheit geboten war.

Stand der Technik
Betriebssicherheit

Voraussehbarkeit des Schadens

Allerdings kann dem Erstbeklagten der Vorwurf fahrlässigen Verhaltens nur gemacht werden, wenn er bei gehöriger Sorgfalt die Möglichkeit eines schädigenden Erfolges hätte erkennen können und erkennen müssen. Für die Frage des Verschuldens war es daher von Bedeutung, ob der Eintritt des Unfalls im Bereich der für den Beklagten voraussehbaren Möglichkeiten lag. Indessen kommen auch hier die Regeln über den ursächlichen Zusammenhang in Betracht, so daß die Dinge in diesem Zusammenhang nicht wesentlich anders zu bewerten sind als bei ihrer Beurteilung unter dem Gesichtspunkt des Kausalverlaufs. Lag es nicht außerhalb jeder Wahrscheinlichkeit, daß V. das Karussell ohne polizeiliche Erlaubnis in Betrieb setzte, und war die Möglichkeit eines Schadeneintritts nicht so entfernt, daß sie für den ursächlichen Zusammenhang nicht mehr hätte in Betracht gezogen werden können, so war hiervon auch bei der Prüfung der Verschuldensfrage auszugehen.

Arbeitsteilung: Mitverantwortung des Auftragsfertigers für Konstruktionsfehler

Soweit das Berufungsgericht erwogen hat, der Erstbeklagte habe – vor behördlicher Prüfung – jedenfalls mit der Anbringung der von dem Zweitbeklagten vorgeschlagenen weiteren Verstärkungen rechnen können, reichen die Ausführungen gleichfalls nicht aus, die Annahme eines Verschuldens auszuschließen. Daß die Muffen ein Reißen der fehlerhaften Schweißnaht verhindert hätten, hat das Berufungsgericht nicht festgestellt; da die Behörde das Karussell auch mit den vorgeschlagenen Konstruktionsverstärkungen nicht genehmigt hat, erscheint es auch fraglich, ob die Muffen überhaupt zur Verstärkung hinreichend geeignet gewesen wären. Ihre Anbringung hätte nach Meinung des Berufungsgerichts nur die Aussicht eröffnet, daß eine etwa vorgekommene schlechte Verschweißung ausgeglichen und schädliche Auswirkungen hintan gehalten worden wären. Damit ist nicht schon verneint, daß der Beklagte bei Anwendung der Sorgfalt, die von ihm als Inhaber eines Maschinenbaubetriebes zu erfordern war, nicht doch mit der Möglich-

Typisierter Pflichtenmaßstab

keit eines Fehlschlagens dieser Aussicht habe rechnen können und rechnen müssen.

Die Ausführungen des Berufungsgerichts vermögen hiernach die Verneinung von Schadensersatzansprüchen aus § 823 BGB nicht zu tragen. Allerdings kann die Schadensersatzpflicht aus § 823 BGB auch nicht schon bejaht werden, da nicht geklärt ist und nur aufgrund weiterer Beweiserhebung Klarheit darüber geschaffen werden kann, ob es dem Beklagten nach dem damaligen Stande der technischen Entwicklung als Verletzung der ihm obliegenden Sorgfaltspflicht anzurechnen ist, daß bei der Ausführung der Schweißarbeiten in seinem Betriebe – sei es wegen Fehlens der persönlichen Voraussetzungen bei dem beauftragten Schweißer, sei es wegen Fehlens der sachlichen Betriebsvoraussetzungen – nicht die erforderliche Wurzelschweißung erreicht worden ist.

Stand der Technik

Mitarbeiterhaftung (§ 831 BGB)

Für die Schadensersatzansprüche der Klägerinnen bietet sich neben der Anspruchsgrundlage des § 823 BGB auch die des § 831 BGB dar. In Ausführung der Verrichtungen, die der Erstbeklagte seinem Bruder aufgetragen hatte, hat dieser die Schweißarbeiten so mangelhaft ausgeführt, daß hieraus der Schaden der Klägerinnen erwachsen ist. Der Erstbeklagte haftet daher nach § 831 BGB für den eingetretenen Schaden, sofern er nicht den ihm nach dieser Bestimmung offenstehenden Entlastungsbeweis führt.

I. 27: BGH, 29. 10. 1956, II ZR 79/55

AGB: Rechtswirksamkeit von Gewährleistungsregelungen

Maßgebend ist die Frage, ob es zulässig ist, in allgemein gefaßten Formularverträgen die Haftung für jedweden Sachmangel gegenüber dem letzten Abnehmer auszuschließen.

Ausschluß der gesetzlichen Gewährleistungsrechte

Das *Reichsgericht* hat in den jeweils zu seiner Entscheidung gestellten Sachverhalten keine Bedenken dagegen erhoben, wenn durch die AGB die Gewährleistungsansprüche des Käufers für

Sachmängel völlig ausgeschlossen werden (*RGZ* 142/353; LZ 1931/1379; DR 1941/1726). Dabei ist jedoch das Reichsgericht in diesen Fällen davon ausgegangen, daß dem Käufer statt der Gewährleistungsansprüche ein Nachbesserungsrecht eingeräumt ist. Außerdem hat es hervorgehoben, daß im Falle einer unmöglichen oder unzulänglichen Nachbesserung oder im Falle, daß die Nachbesserung verweigert oder ungebührlich verzögert wird, der Käufer gleichwohl auf die Gewährleistungsansprüche zurückgreifen kann (*RGZ* 87/335; 96/268; LZ 1931 Sp. 1379; vgl. auch *BGH*, MDR 1954/345). Das bedeutet, daß das Reichsgericht eine allgemeine Freizeichnung des Verkäufers von den Gewährleistungsansprüchen offenbar nur zuließ, wenn dem Käufer wenigstens ein Nachbesserungsrecht eingeräumt wurde und daß diese Freizeichnung nur insoweit wirksam war, als die Nachbesserung auch wirklich zur Beseitigung eines vorhandenen Sachmangels führte.

Gegenüber dieser Rechtsprechung des *Reichsgerichts* ist zu bemerken, daß es bei der Vielschichtigkeit des heutigen Wirtschaftslebens nicht möglich ist, für den Ausschluß der Gewährleistungsansprüche im Rahmen Allgemeiner Geschäftsbedingungen allgemeine Grundsätze aufzustellen. Für die Rechtsbeziehungen zwischen den einzelnen Produktionsstufen der Industrie mögen andere Grundsätze gelten wie für die Rechtsbeziehungen zwischen Industrie und Handel oder zwischen Großhandel und Einzelhandel und wiederum andere Grundsätze für die Rechtsbeziehungen zwischen Handel und dem letzten Abnehmer (Verbraucher). Aber auch für die Rechtsbeziehungen zwischen Handel und letztem Abnehmer sind Unterschiede denkbar, je nachdem welche Ware den Gegenstand des Kaufvertrages bildet, namentlich ob es sich hierbei um eine gebrauchte Sache (z. B. Kraftwagen oder Immobilien) oder ob es sich um eine fabrikneue Sache handelt. Der vorliegende Sachverhalt nötigt in dieser Hinsicht nur zu einer Stellungnahme zum Kauf fabrikneuer Möbel zwischen dem Einzelhandel und dem letzten Abnehmer.

Die Zulässigkeit eines allgemeinen Haftungsausschlusses für die Gewährleistungsansprüche in den AGB kann nicht mit einem

Hinweis auf § 476 BGB gerechtfertigt werden. Diese Vorschrift hat es entsprechend den tatsächlichen und wirtschaftlichen Verhältnissen am Ausgang des 19. Jahrhunderts mit dem individuellen Haftungsausschluß zu tun, der aufgrund der in Betracht kommenden Gegebenheiten des jeweiligen Einzelfalles zwischen dem Verkäufer und dem Käufer besonders ausgehandelt wird. Ein solcher Haftungsausschluß unterscheidet sich grundsätzlich von dem generellen Haftungsausschluß in AGB, weil dieser die generelle Außerkraftsetzung der dispositiven Vorschriften über das Gewährleistungsrecht bezweckt und damit im Regelfall anstelle der vom Gesetz ins Auge gefaßten und für den Regelfall als billig und gerecht gedachten Regelung gerade eine andere setzen soll.

Besondere, relativ engere Rechtswirksamkeitsgrenzen von AGB

Bei dem Einkauf von fabrikneuen Möbeln ist es typischerweise ein schutzwertes Anliegen des Käufers, daß er eine mangelfreie Ware erhält. In dieser Hinsicht zeigt sich bei objektiver Beurteilung gerade der entscheidende Unterschied zum Kauf gebrauchter Möbel, bei dem es sich durchaus darum handeln kann, daß eine solche Ware in dem Zustand gekauft wird, in dem sie sich befindet, bei dem also das Sachmängelrisiko durchaus dem Käufer zufallen kann. So beachtlich bei einem Kauf fabrikneuer Möbel dieses Anliegen des Käufers nach mangelfreier Ware auch ist, so wird man allerdings doch nach Treu und Glauben zugunsten des Verkäufers berücksichtigen müssen, daß das schutzwerte Interesse des Käufers in ausreichendem Umfang gewahrt ist, wenn er anstelle eines Minderungs- oder Wandlungsrechts ein Nachbesserungsrecht gegenüber seinem Verkäufer erhält. Denn nicht in der nach Gewährleistungsrecht gegebenen Möglichkeit einer preislichen Änderung oder Aufhebung des Kaufvertrages besteht das schutzwerte Interesse des Käufers, sondern darin, daß er eine mangelfreie Ware zu dem vereinbarten Preis erhält. Dieses Interesse kann auch dadurch gewahrt werden, daß ein aufgetretener Mangel in sachgerechter Weise durch den Verkäufer beseitigt wird. Auf diese Weise wird auch dem schutzwerten Interesse des Verkäufers an einer Aufrechterhaltung des Vertrages zu den vereinbarten Bedingungen sinnvoll Rechnung getragen.

Ersatz der gesetzlichen Gewährleistungsrechte durch ein Nachbesserungsrecht

Die Berücksichtigung des hier in Betracht kommenden schutzwerten Interesses des einzelnen Käufers daran, daß er eine mangelfreie Ware erhält, ist bei einem solchen Kauf umso mehr geboten, als es sich bei den Personen dieser Käuferschicht vielfach um solche handelt, die geschäftsunerfahren und geschäftsungewandt sind und sich demzufolge über die Tragweite der sie unbillig belastenden Freizeichnungsklausel nicht im Klaren sind. Diese Tatsache verlangt in diesem Rahmen einer besonderen Beachtung. Die Abwägung dieser Umstände führt für den Fall, daß eine Nachbesserung nicht möglich, abgelehnt, nicht sachgerecht oder verzögerlich durchgeführt wird, dazu, daß dann die Gewährleistungsansprüche des Käufers aufleben, an deren Stelle das Nachbesserungsrecht getreten war. Beim Einkauf fabrikneuer Möbel ist nämlich für einen solchen Fall das Interesse des Käufers an einer mangelfreien Ware stärker als das Interesse des Verkäufers an einer Aufrechterhaltung des Vertrages zu den vereinbarten Bedingungen, zumal das Fehlschlagen einer sachgemäßen Nachbesserung der Sphäre des Verkäufers zuzurechnen ist und dieses Risiko unter Berücksichtigung der an einem solchen Kauf beteiligten Personenkreise für den Verkäufer leichter übersehbar ist, und zumal schließlich bei objektiver Beurteilung der Zweck eines solchen Kaufs auf den Erwerb einer mangelfreien Ware gerichtet ist.

Wiederaufleben der gesetzlichen Gewährleistungsrechte

Zwingender Charakter der für AGB bestehenden Rechtswirksamkeitsgrenzen

Zusammenfassend ergibt sich daraus, daß bei einem Kauf fabrikneuer Möbel der Ausschluß der Gewährleistungsansprüche durch die Allgemeinen Lieferungsbedingungen des Käufers generell vorgesehen werden kann, wenn dem Käufer stattdessen ein Nachbesserungsrecht eingeräumt ist, daß aber die Gewährleistungsansprüche des Käufers aufleben, wenn sich das Nachbesserungsrecht aus irgendeinem Grunde nicht realisieren läßt. Eine andere Gestaltung von Lieferungsbedingungen läßt sich mit den Grundsätzen von Treu und Glauben nicht vereinbaren, weil dies zu einer rechtlich unhaltbaren, weil rechtlich unbilligen Belastung des Käufers führen würde, die nicht hingenommen werden kann. In dieser Hinsicht bestehen deshalb für den Inhalt der Lieferungsbedingungen gemäß § 242 BGB zwingende Schranken.

Anmerkung

1. Für AGB gelten besondere, im Vergleich zum Allgemeinen Vertragsrecht relativ engere Wirksamkeitsgrenzen (I. 46). Nicht alles, was rechtswirksam ist wenn individuell ausgehandelt, ist rechtswirksam wenn formularmäßig festgelegt. Bestimmte Sachregelungen sind nur rechtswirksam, wenn sie individuell ausgehandelt wurden. Will der Benutzer der AGB die formularmäßig unzulässige, bei individuellem Aushandeln aber rechtswirksame Regelung erzielen, muß er auf eine Regelung per AGB verzichten und die Klausel individuell mit dem einzelnen Kunden aushandeln (BGH, NJW 1965/246; BGH, WM 1970/392, 393; BGHZ. 41/151, 153; BGH, BB 1971/413, 414).

2. Formularmäßige Klauseln sind m. E. alle gedruckten Vertragsbestimmungen (vgl. im einzelnen Schmidt-Salzer, BB 1975/680 ff.), also die eigentlichen AGB, längere und kürzere Formularverträge sowie einzelne vorgedruckte Klauseln, nicht dagegen maschinegeschriebene Vertragsbestimmungen.

3. Bei Unwirksamkeit formularmäßiger Vertragsbestimmungen bleibt die Unwirksamkeit auf die betreffende Klausel beschränkt. § 139 BGB ist nicht anwendbar (BGHZ 22/90, 92 f.; BGHZ 51/55, 57). Es gilt das einschlägige dispositive Recht (BGH, aaO.), sofern nicht das Gericht praktisch den ganzen Vertrag neu schreiben müßte: dann und nur dann tritt eine Gesamtnichtigkeit ein (BGHZ 51/55, 57, 62/83, 89 f. sowie I. 83).

4. Inhaltsgrenze für formularmäßige Vertragsbestimmungen ist, daß sie unter Berücksichtigung der beiderseitigen berechtigten Interessen sachlich angemessen sein müssen (BGH, BB 1971/413; s. a. BGHZ 62/83, 89). Eine einseitig die Interessen des Benutzers der AGB berücksichtigende Sachregelung ist unwirksam (I. 83).

Bei der Beurteilung der Rechtswirksamkeit ist zunächst zu prüfen, ob die entscheidungserhebliche Klausel auf einem berechtigten Interesse des Benutzers der AGB beruht. Alsdann ist zu prüfen, ob sie auch die berechtigten Interessen des Kunden wahrt. Ist letzteres der Fall, ist sie rechtswirksam. Sind die berechtigten Interessen des Kunden nicht gewahrt, ist die Klausel unwirksam. Den Maßstab für die Beurteilung der inhaltlichen Angemessenheit und damit für die Vornahme der Interessenabwägung ergeben in erster Linie die einschlägigen Normen des dispositiven Gesetzes- oder Richterrechts (sog. Ordnungsfunktion des dispositiven Rechts: BGHZ 41/151, 153 f.; 51/55, 56; 54/106, 109 ff.).

5. Haftungsfreizeichnungen sind grundsätzlich rechtswirksam (BGHZ 38/183, 185). Während im allgemeinen Vertragsrecht nur die Haftung für Vorsatz freizeichnungsfest ist (§ 276 BGB), bestehen für formularmäßige Haftungsfreizeichnungen folgende Inhaltsgrenzen: der Unternehmer kann sich nicht von der Haftung für (a) eigene grobe Fahrlässigkeit bzw. (b) für Vorsatz oder grobe Fahrlässigkeit seiner leitenden Angestellten freizeichnen. Rechtswirksam ist dagegen eine formularmäßige Freizeichnung von der Haftung für Vorsatz und grobe Fahrlässigkeit der nichtleitenden Angestellten (BGHZ 20/164, 167; 38/183, 185 f., I.61, I.81; zum Begriff des leitenden Angestellten vgl. Schmidt-Salzer, Allgemeine Geschäftsbedingungen, RZ 187).

6. Im Gewährleistungsrecht (einschließlich der Haftung aus positiver Vertragsverletzung für Mangelfolgeschäden) ist der Ausschluß der Schadensersatzhaftung grundsätzlich rechtswirksam (I.47, I.61, I.78), sofern nicht die Schadenverursachung auf grobe Fahrlässigkeit oder Vorsatz des Unternehmers oder seiner leitenden Angestellten zurückzuführen ist (I.47, I.61) und sofern dem Käufer bzw. Besteller ein Recht auf Rücktritt vom Vertrag bei (endgültiger) Mangelhaftigkeit eingeräumt ist (I.61).

7. Im Kaufrecht ist eine formularmäßige Abbedingung der gesetzlichen Gewährleistungsrechte grundsätzlich rechtswirk-

sam. Voraussetzung ist aber, daß der Käufer nicht rechtlos gestellt wird (BGHZ 48/264, 267). Der Käufer hat ein rechtliches Interesse daran, für den Vertragspreis eine mangelfreie Ware zu erhalten (I.27, I.83). Dieses Interesse ist gegenüber dem an sich berechtigten Interesse des Unternehmers, den Vertragspreis zu behalten, vorrangig (I.27).

Folglich ist bei Neuwaren rechtswirksam

(a) der Ausschluß des Minderungsrechts und der Schadensersatzhaftung bei Aufrechterhaltung des Wandlungsrechts: hier kann sich der Käufer im Endergebnis vom Vertrag lösen, muß er also nicht den Vertragspreis für eine mangelhafte Ware zahlen

(b) eine Ersetzung des Wandlungs- bzw. Minderungsrechts durch den Nachbesserungs- bzw. Ersatzlieferungsanspruch (I.27 und BGH, Betr. 1958/162), wenn dadurch der Käufer im Endergebnis eine mangelfreie Ware erhält

(c) eine Beschränkung der Käuferrechte auf ein Rücktrittsrecht für den Fall eines Fehlschlagens, eines Unterbleibens, eines Unmöglichseins oder -werdens der Nachbesserung (I.61, I.78, I.84): auch hier kann sich der Käufer im Endergebnis vom Vertrag lösen, muß er also nicht den Vertragspreis für eine endgültig mangelhafte Ware zahlen.

Bei Neuwaren ist dagegen eine formularmäßige Regelung unwirksam, wenn es sich handelt um

- *den Ausschluß der Gewährleistungsrechte (I.44; I.61)*
- *die Beschränkung der Gewährleistungsrechte des Käufers auf einen Minderungsanspruch*
- *die Ersetzung der Gewährleistungsrechte durch den Anspruch auf Ersatzlieferung oder Nachbesserung, wenn diese (z. B. weil es sich um eine Fehlkonstruktion handelt) nicht tatsächlich zur Verschaffung einer im Endergebnis*

mangelfreien Ware führen (I.46, I.61) oder um einen ausdrücklichen Ausschluß weiterer Käuferrechte bei Fehlschlagen, Unterbleiben, Unmöglichsein oder -werden der Nachbesserung bzw. des Ersatzlieferungsanspruchs (BGHZ 62/83, 87 f.)

- *eine Beschränkung der Käuferrechte auf einen Minderungsanspruch im Fall eines Fehlschlagens, Unterbleibens, Unmöglichseins oder -werdens der Nachbesserung bzw. Ersatzlieferung.*

Das gemeinsame Kennzeichen dieser Fälle ist, daß sich der Käufer hier im Endergebnis von dem Vertrag nicht lösen kann. Das Minderungsrecht ist für ihn in den Fällen wertlos, in denen er die mangelhafte Sache nicht für den vorgesehenen Verwendungszweck verwerten kann, so daß ihm praktisch trotz der Kaufpreisminderung eine für ihn wertlose Sache aufgezwungen wird. In den obigen Fällen tritt ein Wiederaufleben der gesetzlichen Gewährleistungsrechte (I.25; I.44, I.83) und damit gegebenenfalls auch ein Wiederaufleben der gesetzlichen Schadensersatzhaftung (I.59 sowie BGHZ 62/83, 90) ein.

8. Zur Haftung für zugesicherte Eigenschaften und den dort bestehenden besonderen Inhaltsgrenzen formularmäßiger Klauseln vgl. Anm. I.56.

9. Im Werkvertragsrecht entstehen Gewährleistungsansprüche erst, wenn eine Nachbesserung unmöglich, fehlgeschlagen oder verweigert ist (§ 634 BGB). Vor dieser zu durchlaufenden Phase des Nachbesserungsanspruchs bestehen sie nicht. Infolgedessen können sie auch nicht „wiederaufleben". Auch im Werkvertragsrecht muß aber im Hinblick auf §§ 634, 635 BGB der Grundsatz gelten, daß formularmäßige Vertragsgestaltungen den Kunden nicht rechtlos stellen dürfen (BGHZ 48/264, 267 und I.61). Auch hier hat der Besteller einen Anspruch auf Erhalt einer mangelfreien Ware zum Vertragspreis. Folglich ist ein totaler Ausschluß der Gewährleistungsrechte nebst Ausschluß der Haftung für ein Fehlschlagen oder Unterbleiben der Nachbesserung unwirksam (BGH, LM Nr. 4 zu § 635 BGB). Vielmehr muß grundsätzlich ein Mängelbeseiti-

gungsanspruch eingeräumt sein und für den Fall der verzögerten, unterlassenen oder mißlungenen Nachbesserung ein Rücktrittsrecht bestehen (I.84).

10. Formularmäßige Klauseln, daß der Käufer Zahlungen nicht aus Gründen, die der Verkäufer nicht anerkennt, zurückhalten dürfe, sind grundsätzlich rechtswirksam (vgl. BGH, NJW 1958/419, NJW 1960/667, 668, NJW 1960/859). Die Rechtsprechung geht davon aus, daß sich der Verkäufer bzw. Werkunternehmer auf eine derartige Klausel jedenfalls dann nicht berufen könne, wenn im Rechtsstreit über den Kaufpreis oder Werklohn der Mängelanspruch entscheidungsreif und begründet ist (I.83). Darüber hinaus ist aber m. E. generell zu sagen, daß Vorleistungsklauseln wegen der Ausstrahlungen des Gewährleistungsrechts in dem Sinn einschränkend auszulegen sind, daß sie nicht gegenüber Gewährleistungsansprüchen eingreifen (vgl. Schmidt-Salzer, AGB, RZ 198), so daß es nicht auf die Frage der Entscheidungsreife und Begründetheit ankommt: da im allgemeinen gerade die Frage der Mangelhaftigkeit bestritten ist, müßte m. E. Beweis erhoben werden, wenn der Käufer bzw. Werkbesteller gegenüber dem Zahlungsanspruch des Partners geltend macht, daß die Vertragsleistung mangelhaft gewesen ist.

I. 28: BGH, 17. 5. 1957 VI ZR 120/56 (Gelenkwellenschutz)

§ 823 Abs. 2 BGB

Unfallverhütungsvorschriften als Schutzgesetze?

Das Berufungsgericht geht zutreffend davon aus, daß sich Schadensersatzansprüche des Klägers auf § 823 Abs. 2 BGB nicht stützen lassen, weil die Unfallverhütungsvorschriften der landwirtschaftlichen Berufsgenossenschaft (UVV), die die Beklagte nach der Ansicht des Klägers beim Bau der Baumspritze mißachtet hat, keine Schutzgesetze i. S. der genannten Vorschrift sind.

§ 823 Abs. 1 BGB

Als Anspruchsgrundlage kommt daher nur § 823 Abs. 1 BGB in Betracht. Hierzu führt das Berufungsgericht in dem angefochtenen Urteil aus:

Wie sich der Unfall im einzelnen abgespielt habe, lasse sich nicht aufklären. Fest stehe jedoch aufgrund der Beweisaufnahme, daß der Kläger nicht verunglückt wäre, wenn die Gelenkwelle der von der Beklagten hergestellten Baumspritze in geeigneter Weise verkleidet gewesen wäre. Die ungeschützte Gelenkwelle habe daher eine Gefahrenquelle gebildet, deren adäquate Folge der Unfall des Klägers gewesen sei. Gleichwohl könne die Beklagte für den Unfall nicht verantwortlich gemacht werden. Das schwierige Problem eines wirksamen Unfallschutzes bei Landmaschinen mit Zapfwellenantrieb sei nämlich im Zeitpunkt der Herstellung und Auslieferung der Baumspritze durch die Beklagte (Ende 1951) in Deutschland noch nicht gelöst gewesen. Es habe damals noch keinen allgemein anwendbaren und voll brauchbaren Gelenkwellenschutz gegeben. Man habe nur technisch unvollkommene Schutzvorrichtungen gekannt, die die Gelenkwellen lediglich teilweise verkleidet, also nicht jede mögliche Berührung der Wellen ausgeschlossen hätten und deren Haltbarkeit überdies fragwürdig gewesen sei. Da die beschränkte Tauglichkeit einer solchen Vorrichtung den Kaufinteressenten ohne weiteres aufgefallen wäre, wäre die Beklagte zu ihrer Herstellung nur verpflichtet gewesen, wenn die ungeschützte Gelenkwelle eine erhebliche Unfallgefahr mit sich gebracht hätte. Das sei nicht der Fall gewesen. Die Beklagte habe vielmehr damit rechnen können, daß es zu keinen Unfällen mit ihren Baumspritzen kommen werde, falls nicht Unbefugte sich an die rotierende Gelenkwelle heranmachten oder die mit der Bedienung befaßten Personen sich erhebliche Unachtsamkeiten zuschulden kommen ließen. Die an sich mögliche Sonderanfertigung eines auf die Zugmaschine des jeweiligen Käufers abgestellten Gelenkwellenschutzes sei der Beklagten wegen der damit verbundenen technischen Schwierigkeiten und Mehrkosten nicht zumutbar gewesen. Selbst wenn man aber annehmen wollte, daß die Beklagte trotz der sich entgegenstellenden Schwierigkeiten zur Anbringung eines Gelenkwellenschutzes verpflichtet gewesen sei, könne ihre diesbezügliche Unterlassung doch nicht als schuldhaft angesehen werden, weil die Frage eines wirksamen Unfallschutzes beim Zapfwellenantrieb damals noch sehr umstritten gewesen sei und die bis dahin vornehmlich auf Ausstellungen gezeigten Lösungsversuche sich erst hätten bewähren müssen.

Die Revision beanstandet diese Ausführungen mit der Rüge der Verletzung verfahrens- und sachlich-rechtlichen Vorschriften im Ergebnis jedoch ohne Erfolg.

Konstruktionshaftung: fehlende Möglichkeit der Gefahrenbeseitigung

Ausgangspunkt für die rechtliche Beurteilung des Falles ist die Feststellung des Berufungsgerichts, daß es zur Zeit der Herstellung und Auslieferung der Baumspritze durch die Beklagte (Ende 1951) für die in Deutschland beim Zapfwellenantrieb von Landmaschinen übliche Lanhanhängung noch keinen allgemein verwendbaren und voll wirksamen Gelenkwellenschutz gab. Wie im angefochtenen Urteil näher dargelegt worden ist, scheiterte die fabrikmäßige Herstellung einer Schutzvorrichtung daran, daß die auf dem deutschen Markt befindlichen Schleppertypen verschiedene Anhängesysteme aufwiesen und die Zapfwellenstummel, an welchen die Gelenkwellen der Landmaschinen angeschlossen wurden, sich teils in der Mitte der Schlepper, teils seitlich, teils höher und teils tiefer befanden. Ein voll wirksamer Gelenkwellenschutz hätte außerdem vorausgesetzt, daß die Gelenkwelle vollständig, d. h. ringsum und in ihrer ganzen Länge, umkleidet worden wäre. Eine solche (starre) Umkleidung wäre aber deshalb nicht brauchbar gewesen, weil sie die vertikalen und horizontalen Abwinkelungen, die bei seitlichen Schwenkungen von Zug- und Arbeitsmaschine oder auf unebenem Boden unvermeidbar auftreten, möglich gemacht und das Anhängen der Arbeitsmaschine an den Schlepper sowie das Aushängen in Einmannbedienung wesentlich erschwert hätte. Die bis dahin konstruierten Schutzrohre (Trompetenrohre) und Blechhauben genügten den genannten Anforderungen nicht, weil sie die Gelenkwellen nur teilweise abdeckten, also nicht jede Berührung ausschlossen, und überdies ihre Haltbarkeit fragwürdig war. So hätten sich die über den Gelenkwellen angebrachten Blechhauben leicht verbogen, was dazu geführt habe, daß sie vielfach abgeschraubt worden seien oder sich selbst abgerüttelt hätten; bei den Schutzrohren dagegen habe die Gefahr bestanden, daß sie sich auf der Gelenkwelle festsetzen.

Beurteilungszeitpunkt

Diese Darlegungen des Berufungsgerichts lassen keinen Rechtsirrtum erkennen. War aber Ende 1951 noch kein serienmäßig herstellbarer, voll brauchbarer Gelenkwellenschutz erfunden, so kann der Beklagten kein Vorwurf daraus gemacht werden, daß sie Baumspritzen ohne einen solchen Schutz hergestellt und ausgeliefert hat.

Verpflichtung zum Angebot der Einzelanfertigung von Schutzvorrichtungen für Serienfabrikat?

Das Berufungsgericht erwähnt nun allerdings, daß schon vor dem Walterscheid'schen Gelenkwellenschutz – der ersten voll brauchbaren Serienkonstruktion, die im Frühsommer 1953 auf der DLG-Ausstellung in Köln gezeigt worden sei – die Möglichkeit bestanden habe, einen Gelenkwellenschutz als Einzelanfertigung oder auch als Massenanfertigung, aber unter nachheriger Sonderanpaasung an den Schlepper des jeweiligen Käufers, herzustellen. Es führt jedoch aus, daß solche Sonderanfertigungen oder Sonderanpassungen wegen der damit verbundenen technischen und absatzmäßigen Schwierigkeiten und starken Erhöhungen der Gestehungskosten der Beklagten nicht zumutbar gewesen seien. Auch hiergegen kämpft die Revision nicht an.

Zumutbarkeit der an sich möglichen Maßnahme

Sie wendet sich aber gegen die Ansicht des Berufungsgerichts, die Beklagte sei nicht verpflichtet gewesen, die von ihr hergestellten Baumspritzen mit einer unvollkommenen Schutzvorrichtung auszustatten, weil die ungeschützte Gelenkwelle keine erhebliche Unfallgefahr mit sich gebracht habe.

Eignung für die voraussehbaren Einsatzbedingungen

Gefährdung sachunkundiger Dritter

Der Revision ist einzuräumen, daß die Erwägungen, aus denen der Tatrichter die Erheblichkeit der von der völlig ungeschützten Gelenkwelle ausgehenden Unfallgefahr verneint hat, rechtlichen Bedenken begegnen. Wie die Lebenserfahrung zeigt, muß gerade in landwirtschaftlichen Betrieben mit dem wenn auch unbefugten Hinzutreten sachunkundiger Personen, insbesondere von Kindern, an im Betrieb befindlichen Maschinen, aber auch mit Unvorsichtigkeiten der mit der Bedienung der Maschinen befaßten Personen in Arbeitsdrang oder infolge Gewöhnung an die Gefahr gerechnet werden. Selbst wenn man indes hieraus folgert, daß die Beklagte die von ihr hergestellten Baumspritzen keinesfalls ohne eine der damals bekannten (unvollkommenen) Schutzvorrichtungen hätte ausliefern dürfen, kann der Kläger mit seinen Schadensersatzansprüchen nicht durchdringen. Nach Feststellung des Tatrichters haben sich die Einzelheiten des Unfallhergangs nicht aufklären lassen. Der Kläger selbst behauptet, sich infolge der erlittenen Gehirnerschütterung an den Unfallverlauf nicht mehr zu erinnern. Sein mitanwesender Sohn hatte in den entscheidenden Augenblicken seinen Vater nicht beobachtet. Damit sei offen, an welcher Stelle der Kläger mit der rotierenden Gelenkwelle seiner Baumspritze in Berührung gekommen ist und ob diese Stelle bei Ausstattung der Spritze mit einem damals bekannten Gelenkwellenschutz verkleidet gewesen wäre. Nach den Darlegungen des Berufungsgerichts waren

Stand der Technik

bis zum Ende des Jahres 1951, an dem die Beklagte die infrage stehende Baumspritze ausgeliefert hat, nur zwei Arten von Schutzvorrichtungen bekannt, nämlich röhrenförmige Verkleidungen der Gelenkwellen und über den Wellen anzubringende Schutzdächer oder -schilde aus Blech (Blechhauben). Keine dieser Vorrichtungen umschloß jedoch die Gelenkwelle ganz. Die Blechhauben waren nach unten offen und „mindestens teilweise zu kurz, um die Gelenkwelle auch nur zum größeren Teil zu überdecken". Auch die Schutzrohre „umkleideten die Gelenkwellen nicht in ihrer ganzen Länge". Es ist daher zwar möglich, aber durchaus nicht sicher, daß der Unfall des Klägers durch ein solches Schutzdach oder -rohr, das die Gelenkwelle nur teilweise umschlossen hätte, vermieden worden wäre. Davon ist ersichtlich auch das Berufungsgericht ausgegangen. Dabei kann außer Betracht bleiben, ob eine an der Baumspritze des Klägers angebrachte Schutzvorrichtung nicht aus den vom Berufungsgericht angeführten Gründen bis zur Unfallzeit schadhaft geworden wäre und deshalb überhaupt keinen Unfallschutz mehr geboten hätte.

Kausalitätsnachweis

Die Beweislast dafür, daß die der Beklagten vorgeworfene Unterlassung in dem vorerörterten Sinne für den Schaden des Klägers ursächlich war, traf diesen. Er hat diesen Beweis nicht erbracht.

Instruktionshaftung

Entsprechendes gilt für das Vorbringen der Revision, die Beklagte hätte an der von ihr hergestellten Baumspritze wenigstens ein Warnschild mit einem Hinweis auf die Gefährlichkeit der im Betrieb befindlichen Gelenkwelle anbringen müssen. Das Berufungsgericht hat hierzu mit Recht ausgeführt, daß ein solches Warnschild die Möglichkeit grob unachtsamer Bedienungsfehler nicht ausgeschlossen hätte. Die auch dem Nichtfachmann ohne weiteres erkennbare Gefährlichkeit frei rotierender Gelenkwellen ist zweifellos auch dem Kläger nach mehr als einjähriger Benutzung der Baumspritze nicht entgangen. Aus diesem Gesichtspunkt bedurfte es daher keines Warnschildes. Die Bedeutung des Schildes konnte vielmehr nur darin bestehen, daß die durch die Arbeit des Spritzens in ihrer Aufmerksamkeit abgelenkten Personen „oft und eindringlich"

Erkennbarkeit der Gefahr für den Benutzer

Kausalitätsnachweis bei Verletzungen der Instruktionshaftung

auf die Gefahr der Annäherung an die Gelenkwelle hingewiesen wurden. Es ist aber nicht einzusehen, inwiefern der Kläger, wenn er schon infolge einer arbeitsbedingten Unaufmerksam- auf die offen vor seinen Augen liegende Gefahrenquelle selbst nicht geachtet hat, ein irgendwo an der Baumspritze angebrachtes Warnschild gelesen und in sein Bewußtsein aufgenommen hätte.

I. 29: BGH, 4. 6. 1957, VI ZR 145/56 (Bagger)

Deliktshaftung

Das Berufungsgericht hat es dahingestellt sein lassen, ob ein Konstruktionsmangel für das Herausgleiten des Grabseiles aus seiner Befestigung ursächlich gewesen ist; wenn ein solcher Fehler bestanden habe, so sei er jedenfalls den Beklagten nicht bekannt gewesen noch habe er ihnen bekannt sein müssen. Das Berufungsgericht hat auch nicht feststellen können, daß der zweitbeklagte Baggerführer durch fehlerhafte Bedienung oder Wartung des Baggers den Unfall verursacht hat. Doch hat es als erwiesen angesehen, daß er den gefüllten Baggerlöffel schon hochgehoben hat, als der Lkw des Klägers noch rückwärts heranrollte, und daß er ihn nach dem Anhalten des Wagens alsbald auf die Pritsche entleert hat. Hierdurch habe er gegen das in § 135 Ziff. 5 der Unfallverhütungsvorschriften der Bau-Berufsgenossenschaft ausgesprochene Verbot verstoßen, „im Gefahrbereich eines Baggers während des Betriebes zu arbeiten oder sich dort aufzuhalten, wenn ein Zug oder Fahrzeug durchfährt oder sich dort aufhält". Der Sinn dieser ihrem Wortlaut nach nicht ganz klaren und verständlichen Vorschrift sei der, daß sich während des Betriebes eines Baggers niemand in seinem Gefahrbereich aufhalten dürfe. Dementsprechend habe der Zweitbeklagte mit dem Beladen des Lkw warten müssen, bis der Kläger sein Fahrzeug verlassen habe. Diese Verpflichtung habe er schuldhaft verletzt, da er bei der Stellung des Baggers zum Lkw hätte sehen können und müssen, daß der Kläger noch nicht ausgestiegen sei. Das Berufungsgericht hat die Schadensersatzpflicht des Zweitbeklagten daher nach § 823 Abs. 1 BGB für begründet gehalten. Die

Eigenhaftung des Mitarbeiters

Mitarbeiterhaftung des Geschäftsherrn (§ 831 BGB)

Schadenshaftung der Erstbeklagten hat das Berufungsgericht aufgrund des § 831 BGB mit der Erwägung bejaht, der Zweitbeklagte sei von der Erstbeklagten zur Vornahme der Baggerarbeiten nach den Weisungen der Firma B. bestellt gewesen, auch wenn er in gewissem Umfang deren Anweisungen unterworfen war. Den Entlastungsbeweis nach § 831 Abs. 1 Satz 2 BGB hat das Berufungsgericht nicht als geführt angesehen, weil nach dem eigenen Vorbringen der Erstbeklagten während der ganzen Bauzeit weder Baggerführer noch Unternehmer noch Lkw-Fahrer darauf geachtet haben, daß die Fahrer vor dem Beladen ihrer Wagen ausstiegen, der Inhaber der Erstbeklagten aber alle paar Tage auf der Baustelle gewesen ist, um sich von dem ordnungsmäßigen Arbeiten des Baggers und Baggerführers zu überzeugen und es niemals beanstandet hat, daß die Fahrer der Lkw in der Regel sitzenblieben und der Zweitbeklagte dies duldete.

Diese Beurteilung läßt keinen Rechtsfehler erkennen.

Unfallverhütungsvorschriften

Mitverschulden (§ 254 BGB)

Das Berufungsgericht ist der Ansicht, daß den Kläger wegen der Nichtbeachtung der erwähnten Unfallverhütungsvorschrift, nach der, wie ihm bekannt gewesen sei, die Fahrer von Lkw während des Beladens ihrer Wagen durch einen Bagger hätten aussteigen müssen, ein eigenes Verschulden an seinem Unfall treffe.

Es mag dahingestellt bleiben, ob der Auffassung des Berufungsgerichts beigetreten werden kann, daß die Unfallverhütungsvorschrift der Bau-Berufsgenossenschaft auch für den Kläger gegolten hat, der dem Transportgewerbe und nicht dem Bauhandwerk angehört. Jedenfalls bedeutet es aber einen Verstoß gegen das Gebot des eigenen Interesses und in diesem Sinne ein Verschulden in eigener Angelegenheit, wenn jemand die Sorgfalt, die er vernünftigerweise anwenden muß, um sich selbst vor Schaden zu bewahren, dadurch außer Acht läßt, daß er sich im Gefahrenbereich eines im Betrieb befindlichen Baggers aufhält. So gesehen läßt sich die Erwägung des Berufungsgerichts rechtlich nicht beanstanden, daß der Fahrer eines Lkw, der zum Beladen in den Gefahrenbereich eines Baggers gebracht worden ist, nicht während des Beladens in dem Wagen sitzenbleiben darf, wenn er sich nicht bei einem Unfall, der ihm durch den Betrieb des Baggers zustößt, dem Vorwurf eigenen Verschuldens aussetzen will.

I. 30: BGH, 25. 3. 1958, VIII ZR 58/57 (Leim)

Die Klägerin (Herstellerin von Holzplatten) hatte die Beklagte (Leimherstellerin) um Rat gefragt, ob die Beklagte für die Verleimung einen billigeren als den bislang von ihr benutzten Melaminharz-Leim liefern könne. Nachdem die Parteien Versuche angestellt hatten, die zu ihrer Zufriedenheit ausgefallen waren, erkundigte sich die Klägerin bei der Beklagten, ob bei der Verwendung des von dieser angebotenen Leims für ihre Zwecke mit Sicherheit keine Fehlschläge zu erwarten seien. Die Beklagte erklärte dazu, daß das nach menschlichem Ermessen nicht anzunehmen sei. Darauf kam es zum Abschluß von Lieferverträgen. Später stellte sich heraus, daß der Leim für die Zwecke der Klägerin nicht geeignet war.

Vertragshaftung: Eigenschaftszusicherung

Das Berufungsgericht sieht nicht als erwiesen an, daß die Beklagte der Klägerin zugesichert habe, der von ihr zu liefernde Klemm-Leim sei für die vorgesehene Verleimung der Schalbretter geeignet oder daß die Beklagte der Klägerin Fehler des Leimes arglistig verschwiegen habe. Es hält daher die Voraussetzungen für einen Schadensersatzanspruch nach §§ 480, 463 BGB nicht für gegeben. Gegen diese Auffassung bestehen keine sachlich-rechtlichen Bedenken.

Haftung für fahrlässig unrichtige Angaben bei den Vertragsverhandlungen

Anspruchskonkurrenz

Das Berufungsgericht geht im übrigen erkennbar davon aus, daß die Beklagte aus Verschulden bei Vertragsschluß schadensersatzpflichtig sein würde, wenn sie schuldhaft die Klägerin in den irrigen Glauben versetzt hätte, daß der Klemm-Leim für ihre Zwecke brauchbar sei. Grundsätzlich ist allerdings, soweit sich unrichtige Erklärungen des Verkäufers auf Eigenschaften des Kaufgegenstandes beziehen, eine besondere Haftung für fahrlässig unrichtige Angaben bei Vertragsschluß durch die

Sondervorschriften der §§ 459 ff. BGB ausgeschlossen (*RGZ* 135/339, 346; 148/286, 296; 161/193, 196; *BGH*, MDR 1956/214, 216). Im vorliegenden Fall ist aber ein besonderer Sachverhalt gegeben. Die Tätigkeit des Prokuristen B. der Beklagten hat sich nicht darauf beschränkt, die Klägerin über Eigenschaften des Klemm-Leims zu unterrichten. Das Berufungsgericht stellt vielmehr fest, die Klägerin habe sich für eine eigene Beurteilung der Versuchsergebnisse nicht als genügend sachkundig angesehen und habe deshalb von dem in Leim-Fragen erfahrenen Fachmann B. wissen wollen, ob nach seinem sachverständigen Urteil der Klemm-Leim die Eigenschaft habe, daß er sich auch bei der Anwendung im Großen bewähre. Danach hat sich die Klägerin bei B. im Zuge der Kaufvertragsverhandlungen Rat geholt. Nimmt aber in solcher Art der Verkäufer die Stellung einer Vertrauensperson ein und wird er von dem nichtgenügend fachkundigen Käufer als Berater und Fachmann angesehen, so stellt sich der Rat oder die Empfehlung entweder als eine Verpflichtung aus einem selbständigen Beratungsvertrag oder bei einer Einheit des Geschäfts als Nebenleistung zum Kaufvertrag dar. Die Beratung gehört zu den Vertragspflichten, geht aber über die bloßen, dem Verkäufer aus dem Kaufvertrage obliegenden Leistungen hinaus. Der Verkäufer ist alsdann zu gehörigen Sorgfalt bei der Erteilung des Rats verpflichtet und haftet unbeschadet der Gewährleistungsansprüche des Käufers nach allgemeinem Vertragsrecht. Die Auffassung des Berufungsgerichts, daß eine Schadensersatzpflicht der Beklagten bei einem fahrlässig falsch erteilten Rat bestehen könne, begegnet daher keinen Bedenken.

Beratungshaftung

Fachhändler

Verschulden bei Eignungstests

Dagegen halten die Erwägungen, mit denen das Berufungsgericht ein Verschulden der Beklagten ausschließt, der Nachprüfung nicht stand. Aus der Tatsache, daß die Beklagte der Klägerin erklärt hat, sie besitze keine Erfahrungen und müsse erst Versuche anstellen, läßt sich nicht mit dem Berufungsgericht herleiten, die Beklagte treffe kein Verschulden. Die Klägerin wirft der Beklagten nicht vor, sie habe sie im Unklaren darüber gelassen, daß eine Verwendung des Klemm-Leimes zur Verleimung von Schalbrettern nicht erprobt sei. Sie erblickt vielmehr ein Verschulden des Zeugen B. als des Erfüllungsgehilfen der Beklagten gerade darin, daß er nach Durchführung der Versuche den Leim als geeignet bezeichnet habe. Dieser Vorwurf der Klägerin kann nicht mit der Erwägung ausgeräumt werden, daß die Parteien die Versuche gemeinsam angestellt hätten. Nach der Unterstellung des Berufungsgerichts beruhen die Mißerfolge bei der Verleimung darauf, daß ein Harnstoffharz-Leim in Verbindung mit dem Ammoniak enthaltenden Heißhärter 200 bei einer längeren „offenen Zeit" im Gegensatz zu dem bisher verwendeten Melaminharz-Leim aus physikalischen oder chemischen Gründen ungeeignet ist. Dafür, daß die Beklagte aufgrund der gemeinsamen Versuche das hätte erkennen können und daß sich deshalb etwa ein besonderer Hinweis der Beklagten auf die Möglichkeit von Fehlschlägen erübrigt hätte, ist nichts vorgetragen. Auch das Berufungsurteil läßt eine solche Auffassung nicht erkennen. Es geht im Gegenteil davon aus, daß die Klägerin sich nicht für genügend sachkundig gehalten und deshalb gerade das sachverständige Urteil des B. erbeten hat. Nicht ersichtlich ist deshalb, weshalb die Mitwirkung der Klägerin die Beklagte von dem Vorwurf fahrlässig falscher Beratung entlasten und damit gegen ein Verschulden der Beklagten sprechen sollte.

Haftung bei genereller Ungeeignetheit (Konstruktionshaftung)

Mit Recht wendet sich die Revision auch gegen die weitere Beurteilung, die das Berufungsgericht dem Verhalten des B zuteil werden läßt. Das Berufungsgericht geht davon aus, daß der bei der Verleimung eingetretene Mißerfolg nicht einen einmaligen Fehlschlag bilde, sondern darauf beruhe, daß der Klemm-Leim ungeeignet sei und bei seiner Verwendung in der Praxis sich der erstrebte Erfolg nicht erzielen lasse. Die Beratung durch B., daß nach dem Ergebnis der Verleimungsversuche nur der Klemm-Leim in Frage komme und daß nach menschlichem Ermessen Fehlschläge nicht anzunehmen seien, wäre danach objektiv falsch gewesen. Da das Berufungsgericht weiter unterstellt, ein Fachmann müsse nach dem gegenwärtigen Stand der Verleimungstechnik wissen, daß ein Leim wie der Klemm-Leim für die von der Klägerin beabsichtigten Verleimungen ungeeignet sei und da B. nach der Annahme des Berufungsgerichts ein Fachmann ist, hätte er bei der Beratung der

Klägerin die ihm obliegende Sorgfaltspflicht schuldhaft verletzt.

Stand der Wissenschaften

Das Berufungsgericht unterstellt allerdings weiterhin, daß B. geglaubt habe, die wissenschaftliche Ansicht über die Unbrauchbarkeit eines Leimes wie des Klemm-Leimes für die Zwecke der Klägerin sei durch die praktischen Versuche widerlegt worden. In der Annahme des Berufungsgerichts, ein Verschulden des B. sei aus diesem Grund ausgeschlossen, sieht die Revision indessen zutreffend eine Verkennung des Rechtsbegriffs des Verschuldens und einen Verstoß gegen das Gebot zur erschöpfenden Sachaufklärung (§ 286 ZPO). Wenn das Berufungsgericht davon ausgehen wollte, es stelle eine wissenschaftlich gesicherte Erkenntnis dar, daß ein Leim von der Beschaffenheit des Klemm-Leimes bei der Anwendung des Heißhärters 200 für das von der Klägerin vorgesehene Fertigungsverfahren ungeeignet sei, so hätte es prüfen müssen, ob nicht die Pflicht zur sachgemäßen und sorgfältigen Beratung B. nötigte, die Klägerin von dem Stand der Wissenschaft auch dann ins Bild zu setzen, wenn er aufgrund eigener Versuche zu einer abweichenden Überzeugung gekommen war. Es ist denkbar, daß die Klägerin von der Verwendung des Klemm-Leims abgesehen oder auf der Durchführung weiterer Versuche bestanden hätte, wenn ihr die Auffassung der Wissenschaft offenbart worden wäre.

Informationspflicht bei Abweichungen vom Stand der Wissenschaften

Das Berufungsgericht meint allerdings, für die Beklagte habe, nachdem die Versuche ein günstiges Ergebnis gehabt hätten, keine Veranlassung bestanden, auf die Zusammensetzung des von ihr verwendeten Heißhärters 200 hinzuweisen. Dieser Auffassung ist nicht zu folgen. War der nicht genügend fachkundigen Klägerin die Zusammensetzung des Heißhärters unbekannt, so konnte sie die Frage des physikalischen und chemischen Verhaltens der Stoffe überhaupt nicht beurteilen. Es ist deshalb nicht ersichtlich, weshalb der Umstand, daß die von den Parteien gemeinsam durchgeführten Versuche zu einem günstigen Ergebnis geführt hatten, die fachkundige Beklagte der Verpflichtung entheben sollte, die Klägerin vorsorglich über die Zusammensetzung der verwendeten Erzeugnisse aufzu-

Anwenderverantwortung

klären, wenn die Fachwissenschaft aus der Zusammensetzung den Schluß zieht, daß der zu erprobende Leim für den Verwendungszweck ungeeignet sei.

Abweichungen vom Stand der Wissenschaften

Im übrigen würde die vom Berufungsgericht unterstellte Annahme des B., daß die bisherige wissenschaftliche Meinung durch die praktischen Versuche widerlegt sei und daß diese Versuche eine bessere Erkenntnisquelle darstellten, ein Verschulden nur ausschließen, wenn B. seine Folgerungen aus den Versuchen ohne Fahrlässigkeit hätte ziehen dürfen.

I. 31: BGH, 11. 7. 1958, VI ZR 158/57 (Ziegel)

Im Sommer 1953 hatte die Klägerin den Rohbau eines Wohnhauses für die Eheleute M. erstellt. Die hierzu notwendigen Backsteine hatte sie von der Backsteinverkaufsstelle GmbH X. bezogen, die eine gemeinsame Vertriebsstelle mehrerer Ziegeleien ist. Die für den Bau der Eheleute M. gelieferten Ziegelsteine stammen nach der Behauptung der Klägerin aus dem Betrieb der Beklagten.

Deliktshaftung

§ 826 BGB

Das Berufungsgericht hat zwar die Annahme einer vertraglichen Beziehung zwischen den Parteien abgelehnt und auch die Anwendung des § 823 BGB verneint. Im Gegensatz zur Ansicht der Revision hat das Berufungsgericht aber die Voraussetzungen, unter denen grober Leichtsinn zur Haftung gemäß § 826 BGB führen kann (*BGHZ* 10/228, 233; *BGH*, VersR 56/641) zutreffend erkannt und festgestellt.

Bedingter Vorsatz

Kenntnis des Produktfehlers

Das Berufungsgericht ist davon ausgegangen, daß zwar nicht jede Lieferung minderwertiger Ware sittenwidrig im Sinne des § 826 BGB sei. Es nimmt aber aufgrund der besonderen Umstände des gegenwärtigen Falles an, daß die Beklagte durch die schlechte Lieferung gegen das Anstandsgefühl aller billig und gerecht Denkenden verstoßen habe. Der Inhaber der Beklagten gebe zu, daß er schon vor Ankauf des Werkes A. gewußt habe, daß das sog. Oberfeld des Betriebes eine unter einer abbauwürdigen Erdschicht sich hinziehende geschlossene Kalkschicht aufwies, auf die dann wieder abbauwürdiges Erdreich folgte. Das Berufungsgericht hat dann weiter aufgrund der Beweisaufnahme festgestellt, welche besonderen Maßnahmen erforderlich gewesen wären, um von diesem Feld stammende Ziegel einwandfrei herzustellen, daß aber ausreichende Maßnahmen nicht vorgenommen worden seien. Bei dem angewandten Verfahren sei es, wie auch der Inhaber der Beklagten nicht verkannt habe, unvermeidlich gewesen, daß die Erde mit Kalk durchsetzt war und daß auch die nachherige Aussortierung nicht einwandfrei erfolgen konnte. Außerdem sei dem Inhaber der Beklagten mehrere Monate vor der den Anlaß dieses Rechtsstreits gebenden Lieferung eindeutig bekannt geworden, daß die Mißstände sofort abzustellen wären, denn von dem Zeugen H. seien 4.000 Ziegelsteine zurückgewiesen worden, und zwar ausdrücklich darum, weil die verweigerten Ziegel Kalkeinschlüsse in gefährlicher Größe aufwiesen. Nach alledem, so folgert das Berufungsgericht abschließend, legten diese Feststellungen den Schluß nahe, daß der Inhaber der Beklagten wußte, daß die Erzeugnisse seines Betriebs gefährliche Kalkeinschlüsse aufwiesen zumindest daß er die Möglichkeit des Vorhandenseins dieses Mangels nicht für ausgeschlossen hielt und es inkauf nahm.

Produktbeobachtungshaftung: präventive Dimension der Schadensregulierung

Wie diese Ausführungen des Berufungsurteils erkennen lassen, hat das Berufungsurteil nicht grobe Fahrlässigkeit und bedingten Vorsatz miteinander verwechselt oder zum wenigsten unzureichend getrennt gehalten, sondern beide Umstände für den jeweils für sie in Betracht kommenden Bereich festgestellt. Das Berufungsurteil besagt inhaltlich, daß der Inhaber der Beklagten grob leichtfertig gehandelt und die aus dieser erkannten Fahrlässigkeit mögliche Folge für Dritte bewußt inkauf genommen hat.

Auch die Leichtfertigkeit der Handlungsweise des Beklagten ist im Berufungsurteil ausreichend dargelegt. Daß der Zeuge H. beim Inhaber der Beklagten den Eindruck gehabt hat, daß dieser „ernsthaft der Meinung gewesen sei, die Kalkeinschlüsse seien ungefährlich", besagt nichts. Denn einmal ist das Berufungsgericht mit besonderer Begründung der Ansicht, daß dieser Eindruck nicht zutraf. Aber selbst, wenn der Eindruck des Zeugen richtig gewesen wäre, entstand er, als die erste Lieferung mangelhafter Steine von einem anderen Abnehmer, der Stadt Z., eben durch den Zeugen verweigert wurde. Nachdem der sachkundige Zeuge, ein Oberbaurat, dem Inhaber der Beklagten seine ernsten, sachlichen Bedenken gegen diese Art Steine dargelegt und sie retourniert habe, mochte zwar der Inhaber weiterhin zu einer etwaigen abweichenden Ansicht gestanden haben. Das Berufungsgericht erkennt aber dem Sinn nach zutreffend, daß er dann nicht ohne grobe Leichtfertigkeit handelte, wenn er, ohne bei weiteren Lieferungen aus der gleichen Produktion sorgfältig nachzuprüfen, an andere Kunden lieferte. Er hat allerdings zunächst versucht, den Zeugen H. zu veranlassen, die Steine „untendrin", also im Fundament des Neubaues, zu verwenden. Aber auch hieraus durfte das Berufungsgericht ohne Rechtsbedenken Schlüsse auf seine Leichtfertigkeit und auf seinen bedingten Vorsatz bei späteren Lieferungen ziehen. Zunächst kann der Revision nicht zugestimmt werden, daß – da gerade das Fundament besonders fest sein müsse – sich aus der angeführten Bemerkung die Redlichkeit des Inhabers der Beklagten ergebe. Diese Bemerkung kann genauso gut bedeuten, und das hat das Berufungsgericht augenscheinlich ihr entnommen, daß im Fundament, wo also weder die Witterungseinflüsse noch Verputz unmittelbar Wasser an die Steine bringen, wasserempfindliche Steine eher verwendet werden könnten als an anderen Mauern. Aber das kann dahingestellt bleiben. Wenn der Inhaber der Beklagten zur Ansicht gekommen war, daß Steine aus einer bestimmten Produktion nicht für alle Zwecke oder wenigstens vorzugsweise doch für einen bestimmten Zweck verwendbar waren, dann war es eben leichtfertig, sie ohne eine derartige Erklärung zum allgemeinen Gebrauch, also auch zu anderen Zwecken zu verkaufen. Aus diesem Grunde konnte die vom Zeugen H. bekundete Äußerung des Inhabers der Beklagten sehr wohl im Berufungsurteil im Zusammenhang mit der Darstellung seiner sittenwidrigen Leichtfertigkeit angeführt werden.

Präventive Dimension der Schadenregulierung

Vorbehaltloser Verkauf von nur bedingt verwertbaren Produkten

I.31

Bedingter Vorsatz

Die Feststellung des Berufungsgerichts über die Herstellung der Steine, die vorherige Warnung über die Zusammensetzung der verwandten Erde, die vor der Lieferung an die Abnehmer der Beklagten im vorliegenden Falle erfolgte Zurückweisung der Lieferung an die Stadt Z. und die unbestrittene, in Jahrzehnten erworbene Fachkenntnis des Inhabers der Beklagten rechtfertigen also sowohl die Annahme der groben Leichtfertigkeit als auch des bedingten Vorsatzes, bei dem letzteren demzufolge auch die Bejahungen der Voraussetzungen des § 826 BGB, so wie sie in einem sehr ähnlich liegenden Fall (Lieferung salzverdächtiger und deshalb von anderer Seite abgelehnter Ziegelsteine an einen Bauherrn) vom *RG* (LZ 1933, Sp. 659 = I.15) bejaht worden sind. Besonders wesentlich ist hierbei, daß eine Lieferung schlechter Steine unabsehbare Folgen sowohl für Leib und Leben des Bauherrn wie für dessen Haus haben konnte.

Ersatz des Haftpflichtschadens per Freistellung von Regreßansprüchen

Eine Eigentümlichkeit des Falles liegt nun darin, daß die Klägerin nicht einen ihr unmittelbar entstandenen Schaden geltend gemacht hat, sondern Schäden, die ihren Werkbestellern erwachsen sind, deren Verursachung durch die grob fahrlässige Lieferung der Beklagten nach dem Ausgeführten nicht zweifelhaft ist und deretwegen die Werkbesteller die Klägerin auf Ersatz in Anspruch genommen haben. Die Klägerin verlangt Freistellung von Regreßansprüchen, die gegen sie selbst entstanden sind, die zum Teil rechtskräftig feststehen und über deren Höhe noch Ermittlungen laufen. Solche Ansprüche können im Rahmen des § 826 BGB, der auch die Haftung für Vermögensschäden gewährt, geltend gemacht werden, und zwar von jedem, der durch das sittenwidrige Verhalten im Rahmen adäquater Ursächlichkeit geschädigt ist. Das trifft für die Klägerin zu, deren Anspruch also an sich gerechtfertigt ist.

Mitverschulden (§ 254 BGB)

Allerdings kann auch in einem solchen Fall der Rechtsgedanke des § 254 BGB Anwendung finden. Das hat das Berufungsgericht erkannt. Es hat aber, wozu es an sich im Rahmen dieser Vorschrift berechtigt ist, das Verschulden der Beklagten als so überwiegend angesehen, daß es dieser allein die Schadensfolgen aufgebürdet und die Klage mit Ausnahme der Nebenforderung wegen der Kosten des Vorprozesses voll zugesprochen hat. Es hat hierzu ausgeführt, es könne dahinstehen, ob die Klägerin verpflichtet gewesen wäre, selbst die Steine vor ihrer Vermauerung darauf zu untersuchen, ob sie Kalkeinschlüsse aufwiesen. Denn selbst wenn sie eine solche Verpflichtung aus den Augen gelassen hätte, so könnte ihr hierwegen nur eine einfache Fahrlässigkeit vorgeworfen werden, da sie im Gegensatz zur Beklagten keine besonderen Anhaltspunkte für die Annahme gehabt habe, daß solche Mängel tatsächlich vorlagen. Es stehen sich bei der Abwägung, wie aus dem Ausgeführten folgt, bedingter Vorsatz und leichte Fahrlässigkeit gegenüber. Wie das Berufungsgericht zutreffend ausführt, hat das RG für solche Fälle ausgesprochen, daß von einer Beteiligung am Schaden durch den nur fahrlässig Getäuschten abgesehen werden kann (*RGZ* 76/323; 162/208; Gruch. 64/214).

DIN-Normen

Das Berufungsgericht hat auch keine Umstände, die für eine Auswirkung des § 254 BGB zugunsten der Beklagten sprechen könnten, unberücksichtigt gelassen. Zur Prüfungspflicht der Klägerin ist ausdrücklich Stellung genommen. Die Beklagte stützt sich im besonderen darauf, daß die Beklagte verpflichtet gewesen wäre, und zwar aufgrund der DIN-Vorschriften, die Steine vor der Benutzung zu wässern und dadurch den Schaden zu vermindern oder ganz zu vermeiden, da dann die schlechten Steine erkennbar gewesen und nicht verbaut worden wären. Die hierfür und für das Nichtwässern angebotenen Beweise seien aber übergangen worden. Die DIN-Vorschriften sehen aber das Wässern der Steine nicht als ein Mittel vor, diese zu untersuchen und schlechte (kalkhaltige) Ziegel auszuscheiden, sondern allein als eine Vorbeugung dagegen, daß die Ziegel dem Mörtel zuviel Feuchtigkeit entziehen und damit die Haltbarkeit des Mauerwerks beeinträchtigt wird. Der Lieferer der Ziegel hat also als solcher keinen Anspruch irgendwelcher Art – etwa im Rahmen des Rügeverfahrens –, daß der Bauunternehmer die Ziegel zwecks Vermeidung von Rechtsnachteilen wässere. Seinem Schutz dienen die betreffenden DIN-Vorschriften also nicht. Infolgedessen konnte das Berufungsgericht von der Erhebung der über diese Vorschriften und ihre Nichtbefolgung erbotenen Beweise absehen.

I. 32: BGH, 14. 10. 1958, VI ZR 183/57

Deliktsrecht: Verjährung (§ 852 BGB)

Haben sich Verhandlungen über die Regulierung eines auf §§ 823 ff. gestützten Schadensersatzanspruchs bis über das Ende der Verjährungsfrist hinausgezogen, muß der Berechtigte den Anspruch innerhalb kurzer Frist nach Scheitern gerichtlich geltend machen. Handelt es sich um einen anwaltlich beratenen Kaufmann, ist eine Geltendmachung innerhalb von 3 Monaten nach dem Scheitern in der Regel nicht ausreichend. Es handelt sich hier um eine kurze, nach den Umständen des Einzelfalles zu bemessende Frist. Es muß gefordert werden, daß sich der Anspruchsteller alsbald entschließt.

I. 33: BGH, 14. 10. 1958, VIII 143/57 (Fußbodenbelag)

Vertragshaftung

Zutreffend hat das Berufungsgericht erwogen, daß sich das Recht des Beklagten, die Zahlung des Kaufpreises zu verweigern, nicht nur aus dem Gesichtspunkt der Wandlung, sondern auch aus einer Verletzung der vertraglichen Nebenpflichten durch die Klägerin ergeben könne. Dabei ist es davon ausgegangen, daß die Klägerin die Verlegearbeiten im Kaufvertrage nicht mit übernommen habe. Es hat andererseits nicht verkannt, daß sich aus der Vertragsklausel, wonach sich die Klägerin verpflichtete, dem Beklagten eine Verlegergruppe mit soviel Verlegern zuzuweisen, daß innerhalb 8 Tagen die dem Beklagten verkauften Mengen verlegt werden könnten, gewisse Pflichten für die Klägerin ergaben, die vor allem darin bestanden, der Beklagten eine solche Firma zuzuweisen, die in der Lage war, das Material kunstgerecht und einwandfrei zu verlegen. Das Berufungsgericht ist jedoch der Ansicht, daß die Klägerin ihre Verpflichtung durch Benennung der Firma W. erfüllt habe. Wenn der Beklagte sich stattdessen von dem Zeugen G. die Firma E. habe namhaft machen lassen und diese unverzüglich mit der Durch-

Auswahlhaftung des Lieferanten für benannte Montage- bzw. Verlegefirmen

führung beauftragt habe, so habe er das Risiko des Mißerfolges selbst zu tragen.

Das Berufungsgericht berücksichtigt bei seinen Erwägungen nicht, daß es für die Blasenbildung des Bodenbelags auch die Möglichkeit gibt, daß ein untaugliches Klebemittel verwendet wurde. Gerade dieser Gesichtspunkt ist von besonderer Bedeutung, wenn es sich darum handelt, die der Klägerin obliegende Verpflichtung, den Beklagten hinsichtlich der Verlegung zu beraten, richtig zu beurteilen. Im Hinblick auf die vom Berufungsgericht angeführte Vertragsbestimmung betreffend die Verantwortung für sachgemäße Verlegung durch Nachweis einer Verlegergruppe ist die Klägerin als Verkäuferin eines neuen, bisher auf dem Markt noch unbekannten Werkstoffes, des hier infrage kommenden Fußbodenbelages, nach Treu und Glauben für verpflichtet anzusehen, den Abnehmer über seine Handhabung und insbesondere auch darüber zu unterrichten, mit welchem technischen Klebemittel ein Erfolg erzielt werden kann. Das Berufungsgericht hat aber diese der Klägerin obliegende Nebenpflicht aus dem Kaufvertrage zu eng beurteilt. In dieser Beziehung könnte allerdings infrage stehen, ob die Klägerin ihrer Beratungspflicht dadurch genügt hat, daß sie dem Beklagten eine Verlegefirma namhaft machte, deren Obliegenheit die sachkundige Ausführung der Arbeit gewesen wäre. Die Frage würde nur dann zu bejahen sein, wenn die Klägerin diese Verlegefirma mit den erforderlichen Anweisungen, insbesondere auch hinsichtlich des geeigneten Klebemittels versehen hätte. Zu einer solchen Anweisung muß die Klägerin umso mehr verpflichtet angesehen werden, als der Sachverständige darauf hinweist, die vielen Mißerfolge aus dem Jahre 1952 seien darauf zurückzuführen, daß den Verlegerfirmen die erforderlichen Erfahrungen gefehlt hätten. In dieser Beziehung bestehen Bedenken dagegen, daß die Klägerin ihrer entsprechenden Verpflichtung nachgekommen ist. Denn der Inhaber der dem Beklagten von ihr namhaft gemachten Verlegefirma W. hat bekundet, er habe mit Febolit noch keinerlei Erfahrungen gehabt und könne auch über Erfahrungen anderer Firmen nichts sagen. Zwar ist eine etwaige mangelhafte Unterrichtung dieser Firma durch die Klägerin für den Mißerfolg des Beklag-

Instruktionshaftung bei geringem Anwendungswissen der Benutzer bzw. bei neuem Produkt

Arbeitsteilung: Drittunternehmer-Auswahlhaftung

Produktbeobachtungshaftung

ten nicht ursächlich gewesen, weil die Firma W. es aus anderen Gründen abgelehnt hat, das Febolit beim Beklagten zu verlegen. Sollte die Klägerin aber schon die Firma W., die sie gemäß ihren Verkaufsbedingungen dem Beklagten nachgewiesen hatte, nicht mit den nötigen Anweisungen versehen gehabt haben, so würde ihr weiteres abwartendes Verhalten unter Beachtung der oben angeführten rechtlichen Gesichtspunkte zu beurteilen sein, als der Beklagte nunmehr die Firma E. beauftragte, das Febolit zu verlegen. Selbst wenn man die Beratung des Beklagten durch seinen Verkaufsvertreter G. der Klägerin nicht anlastet, hätte das Berufungsgericht das Beweisergebnis in tatsächlicher Sicht auswerten und rechtlich würdigen müssen. Im Hinblick auf dies sich aus den verschiedenen Aussagen der Zeugen ergebenden Zweifel über die Erfahrungen und Kenntnisse mehrerer Verlegefirmen hinsichtlich des geeigneten Klebemittels und im Hinblick auf das weitere Vorbringen des Beklagten hätte das Berufungsgericht auch prüfen müssen, ob es nicht geboten war, durch Einholung eines weiteren Sachverständigengutachtens Klarheit darüber zu schaffen, welches Klebemittel geeignet war und ob es im Jahre 1952 überhaupt ein zum Aufkleben von Febolit taugliches Klebemittel gab.

I. 34: BGH, 28. 10. 1958, VI ZR 176/57 (Seilschloß)

Die Beklagte hatte als Kundengießerei für die Firma O. nach Muster serienweise in Stahlguß Seilschlösser für Auslegerhalteseile, die bei Greifbaggern benutzt werden, hergestellt. Auf einer Baustelle zerriß beim Heben des Greiferkorbes eines dieser Seilschlösser und wurde ein Arbeiter getötet. Der Bruch war durch einen Fabrikationsmangel, nämlich durch drei große Warmrisse verursacht, die eine 70 %ige Schwächung des Materialquerschnitts bewirkten. Die Witwe und die Tochter des Arbeiters klagten auf Schadensersatz.

Deliktshaftung: Mitarbeiterhaftung (§ 831 BGB)

Die Revision beanstandet, daß das Berufungsgericht den Tatbestand des § 831 Abs. 1 Satz BGB für gegeben und das Entlastungsvorbringen der Beklagten für unzureichend erachtet.

Verrichtungsgehilfen der Beklagten haben dadurch, daß sie das mit dem Fabrikationsmangel erheblicher Warmrisse behaftete Seilschloß an die Firma O. auslieferten, eine nicht wegdenkbare Bedingung zum Unfalltode des Arbeiters H. gesetzt. Derartige Risse sind auch nach dem regelmäßigen Verlauf der Dinge zur Herbeiführung eines Bruchs des Werkstücks im Gebrauch und damit zur Verursachung eines tödlichen Unfalls geeignet. Die Tötung des H. war endlich nicht gerechtfertigt und daher widerrechtlich.

Inanspruchnahme des Zulieferers

Diesem objektiven Tatbestande gegenüber ist es unerheblich, daß das mangelhafte Seilschloß nicht von der Beklagten, sondern von deren Abnehmerin, der Firma O., in den allgemeinen Verkehr gebracht wurde. Denn es handelt sich im vorliegenden Fall nicht um die Verletzung einer Verkehrssicherungspflicht, d. h. eine Unterlassung, sondern um positives Tun.

Arbeitsteilung: keine Konstruktionshaftung des Auftragfertigers

Unerheblich ist ferner, ob auch – von der Beklagten nicht zu vertretende – Konstruktionsmängel des Seilschlosses zu der Warmrißbildung und im Zusammenwirken mit den Warmrissen zum Bruch des Werkstücks beigetragen haben. Denn Seilschlösser dieser Konstruktion konnten unter Vermeidung von Warmrissen hergestellt werden, und das am Bagger der Baufirma K. verwendete Seilschloß wäre nach den Feststellungen trotz seiner Konstruktion nicht gebrochen, wenn sein Materialquerschnitt nicht durch die Risse entscheidend geschwächt gewesen wäre.

Fabrikationsfehler

Die Bildung von Warmrissen ist selbst bei sorgfältigster Herstellung nicht immer zu vermeiden und im konkreten Fall trotz einwandfreier Fertigung auch nicht vermieden worden. Es handelt sich indessen um einen Außenwarmriß, der schon bei Ablieferung des Gußstücks von der Gießerei vorhanden gewesen sein muß. Nicht mehr nachzuweisen ist allerdings, ob der Riß bei der üblichen Fertigungskontrolle mit bloßem Auge zu erkennen war oder nicht. Nach dem Sachverständigen Dr. S. muß beides freibleiben.

Qualitätskontrolle Mitarbeiterhaftung (§ 831 BGB)

Die Beweislast dafür, daß der Riß durch Sichtprüfung nicht zu erkennen war und demgemäß die mit der Kontrolle des Werkstücks betrauten Verrichtungsgehilfen die ihnen übertragene Aufgabe pflichtgemäß erfüllt haben, trägt die Beklagte. Da sie den ihr obliegenden Beweis nicht zu führen und somit das Tatbestandsmerkmal der Widerrechtlichkeit nicht auszuräumen vermag, trifft die Auffassung des Berufungsgerichts, daß der Tatbestand des § 831 Abs. 1 Satz 1 BGB gegeben sei, im rechtlichen Ergebnis zu (vgl. *BGH*, VersR 56/410 = I.24).

Dezentralisierter Entlastungsnachweis

Da hier noch davon auszugehen ist, daß die Auslieferung des mangelhaften Seilschlosses auf einem Versagen der Kontrolle beruht, muß die Beklagte zur Entlastung nach § 831 Abs. 1 Satz 2, Halbsatz 2 BGB behaupten und beweisen, daß entweder die mit der Kontrolle dieses Werkstücks beauftragten Arbeitnehmer oder aber die Mittelspersonen, die diese angestellt und zu leiten hatten, sorgfältig ausgewählt, unterwiesen und überwacht worden sind (*BGHZ* 4/1). Die Beklagte hat in dieser Hinsicht vorgetragen:

> Sie wisse nicht, wann die fraglichen Gußteile an die Firma O. geliefert worden seien – möglicherweise im Jahr 1949 –, und es lasse sich daher nicht mehr feststellen, wie die Überwachung im einzelnen durchgeführt worden sei. Jedenfalls sei bei ihr – einem mittleren Gießereibetriebe, der monatlich zwischen 20.000 und 25.000 Gußteile versende – schon seit 1947 eine ständig überwachte innerbetriebliche Organisation vorhanden, die alle Vorkehrungen getroffen habe, daß kein zu beanstandendes Gußstück den Betrieb verlassen könne; auch seien die Betriebsleiter mit der erforderlichen Sorgfalt ausgewählt worden. Nach Beendigung des Gusses sei jedes einzelne Stück durch Besichtigung untersucht und sodann an die Firma O. abgeliefert worden. Die einzelnen Gußstücke seien durch langjährig im eigenen Betrieb geschulte Fachkräfte überprüft worden, die ihrerseits wieder durch erfahrene und erprobte Aufsichts- und technische Personen überwacht worden seien.
>
> Die bei ihr üblichen Kontrollen schildert die Beklagte wie folgt: Das bis zur Rotglut abgekühlte Gußstück werde zunächst durch

Sandstrahl geputzt, wobei gleichzeitig eine Kontrolle durch den Kontrolleur G. vorgenommen werde, der fehlerhafte Stücke schon jetzt ausscheide. Der gesamte gute Guß wandere dann zu den Putzern, die angewiesen seien, fehlerhafte Gußstücke auszuscheiden. Diese Putzer würden durch den Putzermeister H. überwacht, der dem Betriebsleiter direkt unterstehe. Der dann geglühte Guß unterliege einer nochmaligen Kontrolle des Schreinermeisters B. und des Kontrolleurs G. Schließlich werde das gesamte Material nochmals nachgeputzt und nach Kontrolle durch den Kontrolleur G. zum Versandlager transportiert.

Entlastungsnachweis: Anforderungen

Es kann der Revision nicht zugegeben werden, daß diese Behauptungen bei unterstellter Richtigkeit die Verschuldens- und Kausalitätsvermutung des § 831 BGB zu widerlegen vermöchten. Dem Vortrag der Beklagten mag zu entnehmen sein, daß die Kontrolle der Gußstücke gegenwärtig einwandfrei organisiert ist und daß die jetzt mit ihr betrauten Personen sorgfältig ausgesucht worden sind und gehörig überwacht werden. Maßgebend ist indessen der Zeitpunkt, in dem das unfallursächliche Seilschloß zu kontrollieren war. Selbst wenn zugunsten der Beklagten davon ausgegangen wird, daß die Kontrolle damals in entsprechender Weise erfolgte, so wäre allenfalls ein Organisationsverschulden auszuschließen, aber keine ausreichende Grundlage für den Entlastungsbeweis nach § 831 BGB geboten. Denn es fehlt jede Angabe, welche Personen damals mit der Durchführung der Kontrollen oder mit der Einstellung und Überwachung dieser Arbeitnehmer betraut waren, und aus welchen Tatsachen sich die Sorgfalt der Auswahl und Leitung ergeben sollen.

Beurteilungszeitpunkt

Organisationsverschulden (§ 823 BGB)

Mitarbeiterhaftung (§ 831 BGB): Anforderungen an Entlastungsnachweis

Es mag der Beklagten nach Lage der Betriebsverhältnisse nicht möglich sein, die für die Kontrolle gerade des unfallursächlichen Werkstücks verantwortlichen Arbeitnehmer zu bezeichnen. Solchen Schwierigkeiten wird Rechnung getragen und die Anforderungen an den Entlastungsbeweis dürfen nicht überspannt werden. Andererseits aber kann das ganz allgemeine, in keiner Weise spezifizierte Vorbringen, alle für die Kontrolle in Betracht kommenden Betriebsangehörigen seien von der Geschäftsleitung sorgfältig ausgesucht und überwacht worden, mangels konkreter Nachprüfbarkeit nicht genügen. Es mußte und konnte vielmehr von der Beklagten erwartet und verlangt werden, daß sie die in dem entscheidenden Zeitraum mit der Kontrolle betrauten Arbeitnehmer oder wenigstens die für deren Anstellung und Beaufsichtigung verantwortlichen Mittelspersonen angab und für sie geeignete Entlastungsbehauptungen aufstellte. Das ist indessen in keiner Weise geschehen. Soweit Personen angegeben werden, ergibt das eigene Vorbringen der Beklagten vielmehr, daß der Betriebsleiter H. erst 1950 – möglicherweise also nach der Fertigung des unfallursächlichen Seilschlosses – bei der Beklagten eingetreten und daß H. sogar erst seit 1953 Putzermeister ist. Offen bleibt auch, seit wann G., der im Alter von 14 Jahren bei der Beklagten eintrat, mit Kontrollaufgaben befaßt war.

Daß alle in Betracht kommenden Verrichtungsgehilfen oder Mittelspersonen der Beklagten sich so verhalten haben, wie jede mit Sorgfalt ausgewählte Person sich verhalten hätte (*BGHZ* 12/94, 96), ist nicht feststellbar. Denn möglicherweise ist ein für das bloße Auge sichtbarer Außenriß unentdeckt geblieben, der bei sorgfältiger Besichtigung hätte erkannt werden können und müssen.

Daß die Beklagte noch nie eine Beanstandung erfahren hat, obwohl sie seit Jahren für die Firma O. gießt, vermag einen Entlastungsbeweis nach § 831 BGB nicht zu ersetzen. Denn es bleibt die Möglichkeit offen, daß das unfallursächliche Seilschloß die Folge vorübergehender Beschäftigung eines unzuverlässigen Verrichtungsgehilfen unbeanstandet geblieben und ausgeliefert worden ist.

I. 35: BGH, 17. 2. 1959, I StR 618/58, (Zwischenstecker)

Eine Frau erhielt beim Waschen mit einer elektrischen Waschmaschine einen tödlichen elektrischen Schlag. Der Schukostecker des Zuleitungskabels war nicht unmittelbar, sondern vermittels eines nur zweipoligen Zwischensteckers an die Schuko-Wandsteckdose angeschlossen. Das Gehäuse der Waschmaschine war durch elektrische Fehlströme, die bei diesem Anschluß nicht abfließen konnten, unter Strom gesetzt worden.

Strafrechtliche Verantwortung

Der Angeklagte hat nicht die für einen Hersteller von elektrischen Erzeugnissen gebotene Sorgfalt beachtet als er die Zwischenstecker herstellte und in den Verkehr brachte. Denn dadurch wurde es ermöglicht, nicht nur mit zweipoligen, sondern auch mit Schukosteckern versehene Geräte an Steckdosen mit Schutzkontakt in der Weise anzuschließen, daß die Schutzfunktion der Erdleitung hinfällig wurde. Damit war dann sowohl die für das Gerät durch den Schukostecker wie die für den betreffenden Raum durch die Schukosteckdose vorgesehene Sicherung beseitigt. Auf diese Weise wurden die vom Verband Deutscher Elektrotechniker e. V. aufgestellten Richtlinien, die zwar für den Hersteller – vor allem im Hinblick auf die Fabrikation von Exportartikeln – nicht unmittelbar verbindlich sind, deren Beachtung aber für die Einrichtung und Unterhaltung elektrischer Energieanlagen und Energieverbrauchsgeräte auch gesetzlich vorgeschrieben ist, in einem besonders gefährlichen Ausmaß mißachtet.

Voraussehbarkeit des Schadens

Aber selbst wenn solche ausdrücklichen Richtlinien überhaupt nicht bestanden hätten, wäre für einen einsichtigen Produzenten erkennbar gewesen, daß er nicht durch Herstellung und Vertrieb eines bestimmten Artikels die Möglichkeit schaffen durfte, besondere an Räumen und Geräten zur Verhinderung lebensgefährlicher Folgen getroffene Schutzvorkehrungen gleichermaßen aufzuheben. Daran ändert es nichts, daß zur Zeit der Produktionsaufnahme durch den Angeklagten bereits ähnliche Fabrikate anderer Firmen auf dem Markt waren.

I. 36: BGH, 14. 4. 1959, VI ZR 94/58 (Seilhexe)

Der Bauarbeiter S., Ehemann der Klägerin, war als Hilfsarbeiter im Dienste des Zementeurmeisters E. auf einer Baustelle eingesetzt, indem er einen Fensterkran mit „Seilhexe" bediente. Der Fensterkran brach aus der Fensteröffnung heraus und verletzte den Kläger tödlich. Der Fensterkran ist ein Erzeugnis der Beklagten, das E. kurz zuvor von einem Vertriebshändler bezogen hatte.

Deliktshaftung: Instruktionshaftung

Das Berufungsgericht meint, die Beklagte hätte dem von ihr auf den Markt gebrachten Fensterkran eine mündliche oder gedruckte Montageanweisung mit auf den Weg geben müssen, wonach der Kran in den meisten Fällen seiner Anwendung nicht nur verspannt, sondern auch verankert werden müsse. Das Berufungsgericht hat es für eine Verletzung der Sorgfaltspflicht der Beklagten gehalten, daß sie es an einer derartigen Montageanweisung hat fehlen lassen und ist der Ansicht, daß sie durch diese Unterlassung die fehlerhafte Montage des Kranes an der Unfallstelle und in der Folge auch den Unfall des Ehemannes der Klägerin sowie dessen nachfolgenden Tod schuldhaft verursacht hatte. Es hat die Schadensersatzpflicht der Beklagten daher nach § 823 BGB für begründet gehalten.

Stand der Technik Betriebssicherheit

Wie das Berufungsgericht nicht verkannt hat, wäre die Unterlassung der Beklagten nur dann rechtlich relevant, wenn für sie eine Rechtspflicht bestanden hätte, dafür zu sorgen, daß die Erwerber und Benutzer des von ihr erzeugten Fensterkranes darüber belehrt wurden, welche Gefahren sich aus der Verwendung des Kranes ergeben konnten und wie diesen Gefahren zu begegnen sei. In der Rechtsprechung ist anerkannt, daß der Hersteller von maschinellem Gerät nach den Grundsätzen des Rechts der unerlaubten Handlung Ersatz leisten muß, wenn infolge einer die technischen Möglichkeiten vernachlässigenden Bauweise die Betriebssicherheit des Gerätes beeinträchtigt ist und daraus für einen Benutzer ein Unfallschaden entsteht (vgl.

RG DR 1940/1293 = I.17; *RGZ* 163/21, 26 = I.16; *BGH*, VersR 52/357 = I.19; *BGH*, VersR. 56/625 = I.26). In Fällen dieser Art wird der Hersteller daher auch verpflichtet sein können, den Benutzer in geeigneter Weise – etwa durch Bedienungsvorschriften, die am Gerät selbst angebracht sind – darüber zu belehren, wie das Gerät gehandhabt werden muß, damit Schaden vermieden wird. Daß der Hersteller eines Erzeugnisses unabhängig von etwaiger vertraglicher Grundlage zu einer Belehrung der Käufer verpflichtet sein kann, hat der erkennende Senat auch in dem Falle angenommen, daß es sich bei dem Erzeugnis um ein giftiges Schädlingsbekämpfungsmittel handelt, wenn mit einer Anwendung des Mittels zu rechnen ist, die zur Schädigung der Benutzer oder ihres Eigentums führen kann (*BGH*, VersR. 55/765 = I.22).

Warnung am Produkt

Diesen Fällen läßt sich der hier vorliegende Sachverhalt aber nicht gleichstellen. Daß der Fensterkran Konstruktionsmängel aufgewiesen und Gefahren in sich geborgen habe, die zur Vermeidung des Eintritts von Schäden besondere Bedienungsanweisungen erforderlich gemacht hätten, hat das Berufungsgericht nicht festgestellt und nach dem Ergebnis der Beweisaufnahme ersichtlich auch nicht feststellen können. Keiner der Sachverständigen, die sich über den Fensterkran und seine Verwendung gutachtlich geäußert haben, hat in dieser Hinsicht Beanstandungen erhoben. Das Gutachten der Baugenossenschaft hat im Gegenteil betont, daß gegen die Konstruktion des Fensterkrans als solche betriebstechnisch und vom Standpunkt der Unfallverhütung aus gesehen keine Bedenken zu erheben seien; der Fensterkran sei von solider Bauart und erfülle alle Forderungen, die aus Gründen des Arbeitsschutzes an ihn gestellt werden müßten. Die Verwendung des Fensterkrans war demnach völlig gefahrlos, wenn er in einer Fensteröffnung nicht unsachgemäß angebracht wurde.

Konstruktionshaftung

Es kann keine Rede davon sein, daß ein einwandfrei gestaltetes maschinelles Gerät von dem Hersteller immer nur dann auf den Markt gebracht werden dürfte, wenn er dafür Sorge trüge, daß die Abnehmer vor unsachgemäßem Gebrauch gewarnt werden,

Herstellerverantwortung/Anwenderverantwortung

Anwenderverantwortung

ganz abgesehen davon, ob sich die denkbaren Möglichkeiten unsachgemäßer Anwendung in ihrer Vielfalt überhaupt aufzählen ließen. Wer sich eine Maschine, ein Werkzeug oder ein sonstiges Gerät anschafft, um sich seiner zu bedienen, muß sich selbst darum kümmern, daß er mit ihm umzugehen lernt. Es ist seine Sache, sich darüber zu unterrichten, wie es in rechter Weise einzusetzen und zu handhaben ist. Der Hersteller kann – außerhalb vertraglicher Beziehungen – nur unter dem Gesichtspunkt einer ihn treffenden Verkehrssicherungspflicht genötigt sein, für eine Belehrung der Abnehmer seines Gerätes zu sorgen. Voraussetzung hierfür wäre aber, daß er mit der Herstellung und dem Vertriebe seines Erzeugnisses eine Gefahrenquelle eröffnet hätte und daß zur Abwehr der drohenden Gefahren die Belehrung erforderlich wäre. Eine Belehrungspflicht der Beklagten würde daher nur dann angenommen werden können, wenn die Beklagte das von ihr hergestellte Gerät in einer Weise gestaltet hätte, daß sie damit die Gefahr einer fehlerhaften Montage und daraus entspringender Gefährdung anderer heraufbeschwor. Für eine solche Annahme ist nach Lage der Sache kein Raum.

Beurteilungsmaßstab des durchschnittlichen Benutzers

Allerdings war der Fensterkran so geartet, daß die Standsäule, an der sich der schwenkbare Arm mit der Rollenvorrichtung zum Emporziehen der Last befand, in die Fensteröffnung eingespannt werden mußte. Es bedurfte aber keiner ungewöhnlichen technischen Einsichten, um zu erkennen, daß ein sicherer Halt des Kranes nicht gewährleistet war, wenn die Kopf- und Fußplatte der Standsäule mittels der Gewindevorrichtung der Säule nur gegen die ebene Fläche der Fensterbank und des Fenstersturzes angepreßt wurde. Von der Last, die an dem ausladenden Arm hochgezogen wurde, ging eine Kraft aus, die das obere Ende der Standsäule nach außen zog, wobei jeder Hub eine ruckartige Wirkung ausübte. Daß die Reibung zwischen der Platte am Ende der Standsäule und dem flachen Stein oder Verputz der Fensteröffnung dieser Zugkraft standhielt, mußte auch dann fragwürdig erscheinen, wenn ein Brett dazwischen gelegt wurde, zumal sich die Platte mit ihrer Riffelung beim Arbeitsbetrieb mehr oder weniger stark in das Holz eindrückte und unter dem Einfluß der Betriebserschütterungen die Spannung nachließ. All das lag zumindest auf dem Gebiet allgemeinen Erfahrungswissens des Bauhandwerks, für das allein der Fensterkran als Arbeitsgerät in Betracht kam. Man kann daher nicht sagen, daß für die Abnehmer des Kranes die Notwendigkeit einer weiteren Befestigung des Fensterkranes bei seiner Arbeitsmontage nicht erkennbar gewesen wäre. Daß ein bloßes Einspannen der Standsäule zwischen den ebenen Flächen der Fensterbank und des Fenstersturzes für ausreichend gehalten werden könnte, braucht umso weniger befürchtet zu werden, als die Beklagte in den Prospekten, die sie den Abnehmern zukommen ließ, veranschaulicht hatte, wie die Kopf- und Fußplatte der Standsäule mit den vorhandenen Schraubvorrichtungen mit stabilen Holzbrücken verbunden waren, die über den bereits eingesetzten Fensterrahmen hinübergriffen und der Säule hierdurch einen kipp- und rutschsicheren Halt vermittelten.

Fachwissen des durchschnittlichen Benutzers

Prospektangaben

Es kann daher nicht anerkannt werden, daß die Beklagte mit der Herstellung und dem Vertrieb des von ihr erzeugten Fensterkranes eine Gefahr gesetzt hätte, die sie verpflichtet hätte, die Abnehmer ihres Fensterkranes generell davor zu warnen, den Kran so unsachgemäß einzusetzen, wie es im vorliegenden Fall geschehen ist, und sie in ausdrücklichen Montageanweisungen darüber zu belehren, daß die Verwendung von Brücken der in ihren Prospekten dargestellten Art oder eine sonstige „Verankerung" notwendig sei. Vielmehr konnte sie davon ausgehen, daß ihre Abnehmer den Kran im Einklang mit den allgemeinen Regeln der Baukunst montieren würden, insbesondere also etwa so, wie es aus ihren Prospekten ersichtlich war, und daß sie, wo ein Fensterrahmen nicht schon eingesetzt war, jedenfalls eine den jeweiligen Verhältnissen entsprechende geeignete andere Befestigung vornehmen würden. Welche andere Befestigungsart gegebenenfalls in Betracht kam, mußte der eigenverantwortlichen Prüfung oder Erkundigung des betreffenden Handwerkers überlassen bleiben, der allein auch die örtlichen Gegebenheiten überblicken konnte, von denen die Art der Befestigung abhing.

Herstellerverantwortung/Anwenderverantwortung

Anwenderverantwortung

Es läßt sich hiernach nicht aufrecht erhalten, daß sich die Beklagte nach § 823 BGB schadensersatzpflichtig gemacht hätte.

I. 37: BGH, 15. 5. 1959, VI ZR 109/58 (Rostschutzmittel)

Die Beklagte belieferte die X GmbH., bei der die Klägerin als Packerin beschäftigt war, seit 1936 mit dem von ihr hergestellten Rostschutzmittel C. Nachdem sie viele Jahre hindurch eine nicht brennbare Sorte C. geliefert hatte, lieferte sie im Januar 1946 zum erstenmal C. der Sorte 22, das infolge der damaligen Rohstoffknappheit mit Testbenzin als Lösungsmittel hergestellt und deshalb brennbar war. Im Februar 1946 benutzten die Arbeiter der X. GmbH wegen der starken Kälte das Rostschutzmittel nicht in dem offenen Kontrollraum, sondern in der Löterei, in der offenes Feuer brannte. Als ein Teil auf dem Erdboden verschüttet wurde, entzündete es sich plötzlich und geriet explosionsartig in Brand. Dadurch erlitt die Klägerin erhebliche Brandwunden.

Vertragshaftung: Schutzwirkung zugunsten Dritter

Die Pflicht der Beklagten, die X. GmbH auf die Brennbarkeit des C. 22 aufmerksam zu machen, ergibt sich aus dem Vertrag, der zwischen der Beklagten und der X. GmbH bestanden hat. Daher stellt sich die Frage, ob die Klägerin aus der Verletzung dieser Vertragspflicht ebenfalls Rechte gegen die Beklagte herleiten kann. Diese Frage ist zu bejahen. Es handelt sich hier um einen der Fälle, in denen dritte Personen in den Schutz des Vertrages einzubeziehen sind, weil die vertragliche Sorgfalt- und Schutzpflicht nach Treu und Glauben und dem Zweck des Vertrages nicht nur dem Vertragsgegner, sondern auch bestimmten weiteren Personen gegenüber zu beachten ist.

Es handelt sich in diesem und ähnlichen Fällen nicht um einen eigentlichen „Vertrag zugunsten Dritter", denn der Schuldner ist nach dem Vertrage nicht verpflichtet, an den Dritten zu leisten, wie § 328 BGB es voraussetzt. Von dem Schuldner wird aber ein Verhalten gefordert, das dem Schutzbedürfnis der Personen Rechnung trägt, die durch eine mangelhafte Leistung oder durch fehlende Sicherheitsmaßnahmen in Mitleidenschaft gezogen werden können. Gewiß ist es nicht der Sinn derartiger Verträge, daß jeder, der aus einer Sorgfaltsverletzung des Schuldners Schaden erleidet, einen Ersatzanspruch aus dem Vertrage herleiten kann. Nach dem Sinn und Zweck des Vertrages und nach den Grundsätzen von Treu und Glauben wird die vertragliche Sorgfalts- und Obhutspflicht aber in der Regel gegenüber Personen bestehen, die durch den Gläubiger mit der Leistung des anderen Vertragsteils in Berührung kommen und deren Ergehen den Gläubiger selbst berührt, weil er seinerseits ihnen gegenüber zu Schutz und Fürsorge verpflichtet ist, wie der Vater gegenüber den Angehörigen der Familie und wie der Unternehmer gegenüber seinen Arbeitnehmern. Da sie für das Wohl und Wehe dieser Personen mitverantwortlich sind, haben sie ein Interesse daran, daß die ihrem Schutz anvertrauten Personen nicht durch Sorgfaltsverletzungen des Vertragsgegners geschädigt werden. Diese Erweiterung der Verantwortlichkeit des Vertragsschuldners ist ihm gegenüber gerechtfertigt, weil er zu erkennen vermag, daß sein Vertragsgegner auf die Sicherheit dieser Personen ebenso vertraut wie auf seine eigene, und weil es sich um einen begrenzten, übersehbaren Personenkreis handelt, dem dieser Schutz des Vertrages zugute kommt.

Kreis der in den Schutz einbezogenen Dritten

In dem jetzt zu entscheidenden Falle gehört auch die Klägerin zu dem Personenkreis, der durch den Vertrag auf Lieferung des Rostschutzmittels geschützt wird. Die X. GmbH hatte ihr gegenüber wie gegenüber allen ihren Arbeitnehmern Schutz- und Fürsorgepflichten nach § 618 BGB. Als Packerin kam sie im Betriebe der X. GmbH in den Bereich der Gefahren, die durch die Verwendung des brennbaren Rostschutzmittels heraufbeschworen wurden. Daher ist es gerechtfertigt, auch sie in dem Sinne in den Schutzbereich der Vertragshaftung einzubeziehen, daß ihr ein Schadensersatzanspruch nach den Grundsätzen der Vertragshaftung dann zusteht, wenn sie durch ein fahrlässiges Verhalten der Beklagten Schaden erleidet.

Verjährung

Da für diese vertraglichen Ansprüche die regelmäßige Verjährungsfrist von 30 Jahren gilt, ergibt sich schon hieraus, daß die Einrede der Verjährung nicht begründet ist.

I. 38: BGH, 10. 8. 1959, VIII ZR 113/58 (Maschinenfett)

AGB: Rechtswirksamkeitsgrenzen bei Eigenschaftszusicherungen

Die Freizeichnungsklausel

> Beanstandungen können nur vorgebracht werden, wenn die Ware sich noch in der Originalumschließung befindet und unvermischt ist. In diesem Fall besteht ein Anspruch nur auf Wandlung und nur für die vorhandene unvermischte Menge.

kann nicht für den hier geltend gemachten Schadensersatzanspruch gedacht sein. Das Berufungsgericht hat dazu ausgeführt: Hätte die Beklagte die Mängelrechte der Klägerin auch bei heimlichen Mängeln, d. h. bei solchen Mängeln, die sich erst in einem späteren Produktionsprozeß zeigen würden, ausgeschlossen, so könnte sie sich doch darauf nach Treu und Glauben nicht berufen. Sie konnte von der Klägerin nicht erwarten, daß diese sich vor Kaufabschluß alle erdenklichen Konsequenzen klarmachte, die aus der Freizeichnungsklausel entspringen konnten und daß sie beim Studium der Geschäftsbedingungen der Beklagten zu der ungewöhnlichen Feststellung gelange, der Beklagte wolle ihr zwar eine Eigenschaft des Ringläufer-Fettes zusichern, ihr aber auf der anderen Seite die Rechte, die sich aus der Zusicherung ergeben konnten, wieder dadurch nehmen, daß eine Gewährleistung für heimliche Mängel praktisch ausgeschlossen werde. Diese Erwägungen des Berufungsgerichts enthalten keinen Rechtsverstoß. Die Klausel bringt nicht zum Ausdruck, daß sie die Gewährleistung auch hinsichtlich solcher Schäden einschränken oder ausschließen soll, die durch Mängel entstehen, die unter die ausdrücklich gegebene Zusicherung von Eigenschaften der Kaufsache fallen. Eine Beschränkung der Gewährleistung in Kaufbedingungen verträgt keine weite Auslegung. Deshalb ist es kein Rechtsfehler, daß das Berufungsgericht die Freizeichnung nicht auf den vorliegenden Fall bezogen hat. Der Umstand, daß das Fehlen der zugesicherten vollen Auswaschbarkeit sich erst in einem weiteren Produktionsprozeß im Betriebe der Auftraggeberin der Klägerin gegebenenfalls erst nach geraumer Zeit zeigen konnte, spricht außerdem dafür, daß bei einer den Grundsätzen von Treu und Glauben und der Verkehrssitte gerecht werdenden Auslegung die Schadensersatzansprüche aus §§ 463, 480 Abs. 2 BGB in dem gekennzeichneten Umfange durch die Klausel nicht erfaßt werden.

I. 39: BGH, 20. 10. 1959, VI ZR 152/58 (Fußbodenklebemittel)

Deliktshaftung

Wie das Berufungsgericht feststellt, konnte der von dem T-Werk hergestellte Klebstoff „X" wegen der entzündlichen Lösungsmittel, die in ihm enthalten sind, ohne Gefahr nur verarbeitet werden, wenn jedes offene Feuer oder Licht auch an entfernteren Orten des Raumes vermieden wurde und die Fenster zum Abströmen der Dämpfe offen gehalten wurden. Diese Feststellung rechtfertigt die Annahme des Berufungsgerichts, daß das T-Werk verpflichtet war, die Käufer und Benutzer des Klebemittels deutlich auf die Gefahren hinzuweisen, die sich bei der Verarbeitung des Mittels ergeben und sie über die erforderlichen Vorsichtsmaßregeln zu belehren. Daß der Hersteller

Instruktionshaftung

eines Erzeugnisses oder Gerätes unabhängig von einer vertraglichen Grundlage aus dem Gesichtspunkt der Gefahrenabwehr verpflichtet sein kann, die Käufer und Benutzer in dieser Weise zu belehren, hat der erkennende Senat schon in ähnlichen Fällen ausgesprochen. Im Urteil vom 5. 11. 1955 (VersR 55/765 = I.22) ist in einem Falle, in dem ein giftiges Schädlingsbekämpfungsmittel in den Handel gebracht worden ist, ausgeführt: der Hersteller müsse prüfen, ob mit einer Anwendung des Mittels zu rechnen sei, die zur Schädigung der Benutzer oder ihres Eigentums führen könne. Sei eine solche Benutzung bei Anwendung der erforderlichen Sorgfalt voraussehbar, so habe der Hersteller dafür zu sorgen, daß der Käufer ausreichend über die möglichen Gefahrenquellen und die Grenzen der Anwendung des Mittels belehrt werde. Das gleiche gilt, wenn ein Arbeitsgerät so gestaltet ist, daß sich aus seiner Verwendung Gefahren ergeben. Auch in einem solchen Fall kann der Hersteller verpflichtet sein, den Benutzer in geeigneter Weise – etwa durch Bedienungsvorschriften, die am Gerät selbst angebracht sind – darüber aufzuklären, wie das Gerät gehandhabt werden muß, damit Schaden vermieden wird (vgl. *BGH*, 14. 4. 1959, VersR 59/523 = I.36).

Berücksichtigung der tatsächlichen Einsatzbedingungen

Die Rechtsgedanken dieser Entscheidung sind auch auf den jetzt zu beurteilenden Fall anzuwenden. Ist die Verwendung eines Klebemittels mit so erheblichen Gefahren verbunden, wie sie für die Verarbeitung des „X" festgestellt sind, so ergibt sich aus der allgemeinen Verkehrssicherungspflicht, daß der Hersteller des Mittels verpflichtet ist, die Benutzer deutlich auf diese Gefahren hinzuweisen und sie darüber aufzuklären, welche Vorsichtsmaßnahmen bei der Verwendung des Mittels zu beachten sind.

Hinweis auf (a) die Gefahr und (b) die Gefahrabwendungsmaßnahmen

Dieser Pflicht ist das T-Werk nicht in ausreichendem Maß nachgekommen.

Die Revision meint, das Werk habe schon durch den Aufdruck „Feuergefährlich", den die auf dem Behälter aufgeklebte Gebrauchsanweisung enthielt, genügend zum Schutz der Benutzer des Mittels getan, weil schon hierdurch darauf hingewiesen werde, daß es sich um einen Stoff handele, der sich rasch verflüchtige und dessen Gase leicht entzündlich seien. Das Berufungsgericht hat aber mit Recht angenommen, daß die Bezeichnung des Erzeugnisses als feuergefährlich zu allgemein gehalten ist und nicht ausreicht, um den Benutzern des Klebemittels eine deutliche Vorstellung von den möglichen Gefahren und ihrer Abwehr zu geben. Zur Begründung hat das Berufungsgericht sich die Ausführungen des LG zu eigen gemacht, das hierzu dargelegt hat: für die Kennzeichnung feuergefährlicher Stoffe mache es einen Unterschied, ob sie nur mit einer besonderen Brennbereitschaft ausgestattet seien oder ob ihre wesentliche Gefahr darin bestehe, daß sie Bestandteile enthielten, die sich leicht verflüchtigen, in gasförmigem Zustand leicht entzündbar und deshalb unter Umständen sogar explosionsgefährlich seien. Bei Stoffen dieser zweiten Art, zu denen auch das „X" gehöre, mache der Vermerk „Feuergefährlich" die eigentliche Gefahr des Erzeugnisses – die Bildung entzündlicher und feuergefährlicher Dämpfe – nicht genügend deutlich. Auf diese Gefahr müsse besonders hingewiesen werden, weil sonst zu befürchten sei, daß dieses wesentliche Gefahrenmoment übersehen werde und es dadurch zu Unfällen komme. Das sei umso mehr erforderlich, als das „X" entsprechend seinem Gebrauchszweck als Bodenbelagkleber vor allem in Räumen und dann zumeist in größeren Mengen und auf größere Flächen aufgetragen werde, so daß es besonders intensiv verdunste und daher mit einer erheblichen feuergefährlichen Konzentration der dabei sich bildenden Dämpfe zu rechnen sei. Hinzu komme, daß das „X" nicht nur Fachleuten zur Verwendung offenstehe, sondern von jedermann gekauft und verarbeitet werden könne. Aus alle dem ergebe sich, daß das T-Werk auf die in der Entwicklung feuergefährlicher Gase bestehende erhöhte Gefährlichkeit des Klebemittels eindeutig und nachhaltig habe aufmerksam machen müssen, um den Anforderungen an seine Pflicht zur Schadenverhütung gerecht zu werden. Diesen Ausführungen ist voll beizutreten. Sie rechtfertigen die Ansicht des Berufungsgerichts, daß der unbestimmte und undeutliche Hinweis „Feuergefährlich" nicht ausreichte, um die Benutzer des Klebemittels angemessen zu warnen und zu belehren.

Erfordernis des konkreten Hinweises

Erfordernis des Hinweises auf die spezifischen Gefahren

durchschnittlicher Benutzer: Vertrieb auch an Nichtfachleute

Nun hat das T-Werk zwar in den „Hinweisen zur Verlegung"

u. a. gesagt: „Während der Verarbeitung ist für gute Lüftung zu sorgen. Offenes Licht und Feuer (Rauchen) ist zu vermeiden".

Anbringung der Warnung an dem Produkt

Das allein ist aber keine ausreichende Sicherungsmaßnahme, zumal diese Hinweise nicht fest mit dem Klebstoffbehälter verbunden sind, sondern nur lose übergeben werden und deshalb leicht verlorengehen können. Da nach den Feststellungen des Berufungsgerichts nicht bewiesen ist, daß der Beklagte S. die Hinweise erhalten hat, kann dahingestellt bleiben, ob ihr Inhalt als Warnung und Belehrung der Benutzer ausreichen würde.

Da die für die Beurteilung des Rechtsstreits hinsichtlich der Art der Gefährlichkeit des „X" und über den Unfallhergang wesentlichen Umstände in der letzten mündlichen Verhandlung vor dem Berufungsgericht unstreitig waren, war das Berufungsgericht nicht verpflichtet, sich zu diesen Fragen noch mit den Gutachten der Sachverständigen und dem übrigen Ergebnis der Beweisaufnahme zu befassen. Soweit die Frage zu entscheiden war, ob der Aufdruck „Feuergefährlich" zur Warnung und Belehrung der Benutzer des Klebemittels ausreicht, handelt es sich um eine reine Rechtsfrage, die das Berufungsgericht selbständig zu entscheiden hatte, ohne an die Äußerungen des Sachverständigen gebunden zu sein.

Daß die verantwortlichen Organe des T-Werkes fahrlässig gehandelt haben, hat das Berufungsgericht ebenfalls rechtsirrtumsfrei dargelegt.

Kausalitätsnachweis

Das Verschulden des T-Werkes war nach den Feststellungen des Berufungsgerichts ursächlich für den Schaden der Klägerin. Hierzu ist im Berufungsurteil im wesentlichen ausgeführt:

Berücksichtigung potentieller Bedienungsfehler

Zwar habe S. bei der Entstehung des Unfalls fahrlässig mitgewirkt, weil er die von ihm zu erwartenden Vorsichtsmaßregeln unterlassen habe. Diese Mitwirkung sei aber nicht derart, daß der Unfall nicht auch eine adäquate Folge der dem T-Werk zur Last zu legenden Unterlassung sei, denn das Verhalten des S. und das hierdurch ausgelöste Geschehen habe nicht außerhalb des von dem T-Werk voraussehbaren Ablaufs der Dinge gelegen. Es sei davon auszugehen, daß S. keine Kenntnis davon gehabt habe, daß bei der Verwendung des Mittels entzündliche Dämpfe entstehen. Denn es sei glaubhaft, daß er im Falle einer solchen Kenntnis schon wegen der Gefährdung seiner eigenen Person sorgfältiger vorgegangen wäre, als er es tatsächlich getan habe. Die Kennzeichnung des Klebemittels als feuergefährlich sei auch für den S. als Schreiner kein zwingender Hinweis auf die Gefahren gewesen, die aus der Bildung brennbarer Dämpfe entstehen. Sein den Unfall auslösendes Verhalten sei zum Teil darauf zurückzuführen, daß er infolge unzureichender Belehrung durch das T-Werk nicht genügend über die möglichen Gefahren unterrichtet worden sei.

Adäquanz des Kausalverlaufs

Dies ist rechtlich nicht zu beanstanden. Ein Unterlassen, wie es hier dem T-Werk zur Last gelegt wird, ist kausal für einen Erfolg, wenn pflichtgemäßes Handeln den Eintritt des schädlichen Erfolges verhindert hätte. Über diesen Kausalverlauf, wie er bei Einführung der unterlassenen Handlung in das Geschehen anzunehmen wäre, hatte das Berufungsgericht als Tatrichter gemäß § 287 ZPO nach seiner freien Überzeugung zu entscheiden. Es hat seine Feststellungen rechtsirrtumsfrei getroffen und bindet daher den Senat (§ 561 Abs. 2 ZPO).

Mitverschulden (§ 254 BGB)

Dagegen können die Ausführungen, mit denen im Berufungsurteil eine Mitschuld der Klägerin verneint wird, einer rechtlichen Prüfung nicht standhalten. Ein Mitverschulden der Klägerin kann nur angenommen werden, wenn sie die Sorgfalt außer acht gelassen hat, die ein ordentlicher und verständiger Mensch zur Vermeidung eigenen Schadens anzuwenden pflegt.

Kenntnis der Gefahr

Das setzt aber nicht voraus, daß die Klägerin die Gefährlichkeit des Klebemittels im einzelnen gekannt hat, und daß ihr die besondere Gefahr bekannt war, die ihr aus der Feuergefährlichkeit des Klebemittels drohte. Ein Verstoß gegen das Gebot des eigenen Interesses kann vielmehr auch in Betracht kommen, wenn sie aufgrund der Warnung, die sie erhalten hatte, mit der Möglichkeit irgendeiner Schädigung hätte rechnen müssen und wenn ein verständiger Mensch in ihrer Lage eine größere Vorsicht angewandt hätte, als es die Klägerin getan hat.

Legt man die Zeugenaussage der Frau B. zugrunde, so hat der Ehemann der Klägerin nach seiner eigenen Erklärung seine Frau am Abend vor dem Unfall dem Sinne nach mit den Worten gewarnt „Das Zeug sei feuergefährlich und wenn der Handwerker komme, solle sie aus der Küche herausbleiben". Ist die Klägerin aber in der geschilderten Weise gewarnt worden, so ist ihr entgegen der Ansicht des Berufungsgerichts der Vorwurf zu machen, daß sie die Warnung ihres Mannes in den Wind geschlagen und nicht die ihr zumutende Vorsicht hat walten lassen. Allerdings ist ihr noch kein Vorwurf daraus zu machen, daß sie entgegen dem Rat ihres Mannes in der Küche geblieben ist, während S. den Fußboden mit dem feuergefährlichen „X" bestrich. Nach der Warnung, die ihr Mann ihr erteilt haben soll, hätte es aber nahegelegen, daß sie während dieser Zeit den Gasherd ausschaltete oder wenigstens den S. auf die nicht ohne weiteres sichtbare Flamme im Inneren des Backofens hinwies und ihn befragte, ob sie den Gasherd weiter in Betrieb halten dürfe. Daß sie das unterlassen hat, wäre unter den Voraussetzungen, von denen das Berufungsgericht ausgeht, eine Außerachtlassung der im eigenen Interesse gebotenen Sorgfalt und würde es nach § 254 BGB rechtfertigen, daß sie einen Teil ihres Schadens selbst tragen müßte.

I. 40: BGH, 29. 10. 1959, VII ZR 176/58 (Auftaugerät)

Im Hause der Klägerin war Anfang Februar 1956 die Wasserleitung an mehreren Stellen eingefroren. Sie erteilte der Beklagten den Auftrag zum Auftauen der Leitung. Der Geselle F. und der Lehrling M. der Beklagten benutzten dabei ein elektrisches Auftaugerät. Etwa eine halbe Stunde, nachdem der Strom eingeschaltet wurde, entzündete sich an einer Berührungsstelle der Wasserleitung mit einem parallel zu ihr verlaufenden Warmwasserleitungsrohr Isoliermaterial, das den Dachstuhl des Hauses in Brand setzte.

Vertragshaftung Verschuldensvermutung (Werkvertragsrecht)

Da der Brand im Hause der Klägerin auf den Auftauversuch des Gesellen der Beklagten zurückzuführen ist, trifft die Beklagte nach herrschender Meinung (*BGHZ* 23/288, 290 f.) die Beweislast dafür, daß sie oder ihre Erfüllungsgehilfen bei dem Anschluß oder der Verwendung des Auftaugeräts die im Verkehr erforderliche Sorgfalt beachtet haben.

Hiervon geht auch die Revision aus. Sie meint aber, das Berufungsgericht habe bei der Prüfung der Schuldfrage nicht beachtet, daß weder F. noch die Beklagte den Schaden und die Gefährlichkeit elektrischer Auftaugeräte nach Lage der Umstände hätten voraussehen können. Die Beklagte habe sich des Transformators Jahre hindurch und in zahlreichen Fällen bedient, ohne daß ein Schaden eingetreten sei. Die Hersteller derartiger Geräte hätten diese noch bis in die jüngste Zeit als ungefährlich bezeichnet und jede Brandgefahr für ausgeschlossen erklärt. Auf die mit der Verwendung elektrischer Auftaugeräte verbundenen Gefahren sei von interessierter Seite erst längere Zeit nach dem Brande im Hause der Klägerin hingewiesen worden. Diese Gesichtspunkte können aber das angefochtene Urteil nicht erschüttern.

Anwenderverantwortung

Von einem Fachmann, der sich bei seiner Arbeit elektrischer Geräte bedient, muß verlangt werden, daß er mit der Eigenart und dem Verhalten des elektrischen Stroms wenigstens in den Grundzügen vertraut ist. Hierzu gehört die Erkenntnis, daß an Wasserrohren, die gewöhnlich nicht zur Weiterleitung elektrischen Stroms bestimmt und deshalb nicht gegen Abirrungen des Stroms gesichert sind, sofern sie elektrisch erwärmt und zu diesem Zweck unter Strom gesetzt werden aus verschiedenen Ursachen Widerstände auftreten und daß die davon betroffenen Stellen auch bei geringer Spannung in gefährlicher Weise erhitzt werden können. Das Berufungsgericht hat somit die Vorhersehbarkeit des Brandes in rechtlich einwandfreier Weise bejaht.

Nach den Feststellungen des Berufungsgerichts handelt es sich bei dem Gesellen F. der Beklagten um einen erfahrenen Elektromonteur und -installateur, bei dem jenes Wissen vorauszusetzen ist. Eine besondere wissenschaftliche Vorbildung ist hierzu nicht erforderlich.

Anforderungen an Fachmann

Wenn F. den ihm erteilten Auftrag ordnungsmäßig und ohne Schädigung der Klägerin ausführen wollte, so genügte es nicht, daß er das Auftaugerät mit zwei weit voneinander entfernten Stellen der Wasserleitung verband, den Strom einschaltete und den Auftauerfolg abwartete. Das hätte auch jeder Laie tun können, der über die Handhabung von Transformatoren belehrt worden war. Von einem Fachmann wie F. mußte darüber hinaus erwartet werden, daß er sich über den Verlauf der unter Strom zu setzenden Wasserleitung und über das Vorhandensein möglicher Widerstände Gedanken machte. Denn es war ihm bekannt, daß es sich bei dem Hause der Klägerin um ein älteres Gebäude mit unübersichtlichem Rohrverlauf handelte. Dann aber durfte er sich nicht darauf verlassen, daß die Wasserleitung so verlegt sei, daß sie keinen Kontakt mit anderen metallischen Leitungen hatte. Vielmehr hätte er, ehe er das Auftaugerät einschaltete, mindestens den für ihn sichtbaren Teil der Wasserleitung verfolgen und ihn auf das Vorhandensein etwaiger Widerstände untersuchen müssen. Das ist unstreitig nicht geschehen. F. hat im Gegenteil nicht die geringsten Vorsichtsmaßregeln getroffen. Er hat nach seiner eigenen Erklärung nicht einmal die hinter dem Wandschrank in der Wohnung G. befindlichen Rohre in Augenschein genommen, obwohl ihn diese Mieterin auf den Rohrverlauf aufmerksam gemacht hatte. Durch ein solches Verhalten hat er die im Verkehr erforderliche Sorgfalt in erheblichem Maß verletzt.

Die von der Revision hervorgehobenen Umstände können die Beklagte nicht entlasten.

Daß F. vor dem Brand schon lange und oft ohne Schwierigkeiten mit dem Auftaugerät erfolgreich gearbeitet hat, enthob ihn ebenso wenig der Verpflichtung, vor Einschaltung des Stromes die Wasserrohre, soweit dies möglich war, auf ihren Verlauf zu überprüfen, wie die ihm bekannte Tatsache, daß andere Installateure die Rohrleitung im Hause der Klägerin früher schon mit Erfolg aufgetaut hatten. Denn die Unterlassung einer Pflicht findet nicht dadurch ihre Rechtfertigung, daß sie in vielen Fällen keine schädlichen Folgen gehabt hat. Im übrigen hat die Beklagte nicht vorgetragen, daß die Handwerker, die das Rohrnetz im Hause der Klägerin in früheren Jahren mit elektrischen Geräten aufgetaut haben, es unterlassen haben, die Leitung auf das Vorhandensein von Widerständen zu untersuchen.

Mit dem Berufungsgericht ist davon auszugehen, daß der von F. benutzte Transformator, sofern er richtig gehandhabt wurde, ungefährlich war. Der Umstand, daß bei sachgemäßer Verwendung des Auftaugeräts ein Schaden nicht zu erwarten war, befreit die Beklagte aber nicht von der Verpflichtung, alle ihr zumutbaren Vorkehrungen zu treffen, um einen mit der Stromzufuhr verbundenen Schaden im Hause der Klägerin abzuwenden. Hierzu gehörte u. a. eine möglichst eingehende Untersuchung der Wasserleitung auf ihren Verlauf und auf das Vorhandensein von Widerstandsstellen. Von dieser Verpflichtung wurde die Beklagte weder durch die Versicherung der Herstellerfirmen, daß ihre Geräte ungefährlich und daß bei ihrer Verwendung Brände ausgeschlossen seien, noch dadurch befreit, daß bis zu dem im Hause der Klägerin ausgebrochenen Brande von den dazu berufenen Stellen auf die mit der Verwendung elektrischer Auftaugeräte verbundenen Gefahren nicht hingewiesen worden war. Denn die bei einem Elektromonteur zu unterstellende Kenntnis von der Eigenart und dem Verhalten des elektrischen Stromes erforderte diese Maßnahme ohne Rücksicht auf die Beschaffenheit des Auftaugeräts und auf etwaige Warnungen aus Fachkreisen.

Herstellerangaben und Anwenderverantwortung

Ein Brand in einem bewohnten Haus gefährdet nicht nur hohe Sachwerte, sondern auch Gesundheit und Leben der Bewohner. Es ist daher ein besonders hohes Maß von Sorgfalt zu verlangen. Insbesondere mußte F. auch die nicht ganz naheliegende Möglichkeit in Betracht ziehen, daß das Wasserrohr mit einem anderen Rohr in Berührung kam und in der Nähe der Berührungsstelle leicht entzündliche Stoffe waren.

Unzulässigkeit von Überspannungen der Sorgfaltspflicht

Das Berufungsgericht hat hiernach ohne Rechtsverstoß und ohne die an einen Elektrofachmann hinsichtlich seiner Sorgfaltspflicht zu stellenden Anforderungen zu überspannen, den Beweis dafür, daß die Beklagte oder ihr Erfüllungsgehilfe bei dem Auftauversuch im Hause der Klägerin die im Verkehr erforderliche Sorgfalt beobachtet hat, nicht als erbracht angesehen.

I. 41: BGH, 5. 7. 1960, VI ZR 130/59 (Kondenstopf)

Ein von dem Kläger erworbener Kondenstopf zerplatzte und verletzte den Kläger schwer. Ursache des Unfalls war, daß die durchschnittliche Wandstärke 6 bis 6,5 mm betrug, an der Bruchstelle in der Nähe des Übergangs zum Flansch aber nur 1,9 mm stark war. Der Kläger ist persönlich haftender Gesellschafter und Betriebsleiter der Firma P., die den Kondensomaten von der Beklagten gekauft hatte.

Herstellerin des Kondensomaten war die Firma T. Sie ist eine Tochtergesellschaft der Beklagten, deren persönlich haftender Gesellschafter G. zugleich Gesellschafter und Geschäftsführer der T. ist. Die T. hatte das Gußgehäuse des Kondensomaten von der Eisengießerei F. bezogen.

Deliktsrecht

Eine Schadensersatzpflicht der Beklagten gegenüber dem Kläger auf der Grundlage des von ihr mit der Firma P. geschlossenen Lieferungsvertrages kommt nicht in Betracht. Nur aus unerlaubter Handlung kann die Beklagte dem Kläger zum Schadensersatz verpflichtet sein.

Betriebssicherheit

Vertriebshändlerhaftung

In der Rechtsprechung ist anerkannt, daß der Hersteller von Maschinen oder maschinellen Geräten nach § 823 BGB schadensersatzpflichtig ist, wenn infolge einer vorwerfbar mangelhaften Herstellung ihre Betriebssicherheit beeinträchtigt ist und daraus für einen Benutzer ein Unfallschaden entsteht. (*RGZ* 163/21, 26 = I.16; *RG* DR 1940/1293 = I.17; *BGH*, VersR 52/357 = I.19; *BGH*, VersR 56/625 = I.24; *BGH*, VersR 59/523 = I.36). Wegen Verletzung einer Verkehrssicherungspflicht i. S. des § 823 BGB kann ebenso auch den eine Schadensersatzpflicht treffen, der, ohne selbst Hersteller gewesen zu sein, ein maschinelles Gerät, das infolge fehlerhafter Fertigung nicht betriebssicher ist, schuldhaft in Verkehr bringt (*RG*. aaO.).

Wenn der Kondensomat, den die Beklagte an die Firma P. geliefert hat, auch nicht von ihr, sondern von ihrer Tochtergesellschaft T. unter Verwendung des von der Firma F. bezogenen

Kondenstopfes hergestellt worden ist, so hat das Berufungsgericht doch mit Recht angenommen, daß der Beklagten die Verkehrssicherungspflicht oblag, kein solches Gerät zu liefern,

Fabrikationsfehler

das mit einem Fehler behaftet war und Gefahren für andere in sich barg. Aufgrund des Gutachtens des Sachverständigen M. hat es als erwiesen angesehen, daß infolge eines örtlich begrenzten Fehlers beim Gießvorgang die Wandstärke des Kondenstopfes an einer Stelle nur 1,9 mm betragen hat. Dies hat dazu geführt, daß der Topf nach dem Einbau in die Anlagen der Firma P. den Beanspruchungen, denen er hier mit vielem Temperaturwechsel ausgesetzt war, auf die Dauer nicht hat standhalten können.

Mitverantwortung des Vertriebshändlers für den Herstellerbereich?

Das Berufungsgericht ist aber der Ansicht, daß den für die Beklagte handelnden Personen kein Verschulden zur Last fällt. Sie hätten den Fehler weder erkennen können noch erkennen müssen; der Fehler sei verborgen gewesen. Wenn die Beklagte in ihrem eigenen Unternehmen auch keine Prüfung der ihr von der T. gelieferten Kondensomaten vorgenommen habe, so habe sie bei ihrer engen personellen Verbindung mit der T. aber doch auf deren Kontrollsystem Einfluß genommen und für die Überwachung und Sicherstellung eines den technischen Anforderungen genügenden Produktionsganges Sorge getragen.

Der an die P. gelieferte Kondensomat sei im Betriebe der T. einer Wasserdruckprobe von 32 atü unterzogen worden, einem Druck also, der doppelt so hoch gewesen sei wie der Nenndruck des Geräts. Dabei sei in den DIN-Richtlinien 2401 nur eine Druckprobe mit dem 1,5-fachen des Nenndrucks – hier also mit 24 atü – vorgeschrieben. Selbst nach den Richtlinien des AD-Merkblattes W 3, die der Kläger für maßgebend halte und in denen eine Kaltwasserdruckprobe mit dem Doppelten des Betriebsdruckes empfohlen werde, habe die hier vorgenommene Druckprobe genügt. Darüber hinaus sei das Gerät auch noch einer Dampffunktionsprüfung bei 12 atü und einer Dampftemperatur von 180 bis 190 Grad unterzogen worden. Diese Prüfungen seien nach den überzeugenden Darlegungen des Sachverständigen ausreichend gewesen, ein Funktionieren des Geräts zu garantieren. Da sich bei ihrer Durchführung

Mängel nicht gezeigt hätten, habe die Beklagte erwarten dürfen, daß das Gerät fehlerfrei arbeiten und insbesondere nicht mit technischen Mängeln aufgrund des Gießvorgangs behaftet sein würde. Von ihr sei daher nicht zu verlangen gewesen, daß sie eine weitergehende Prüfung vornahm oder bei der T. veranlaßte.

Diese Beurteilung läßt keinen Rechtsfehler zum Nachteil des Klägers erkennen.

Ersichtlich hat das Berufungsgericht angenommen, daß die Beklagte zu einer Überprüfung der Kondensomaten, die sie von der T. erhielt und absetzte, verpflichtet gewesen ist und daß es ihr zum Verschulden gereichen würde, wenn sie nicht dafür gesorgt hätte, daß im Betrieb der T. eine ausreichende Prüfung stattfand.

Keine Herstellerhaftung des Vertriebshändlers

Arbeitsteilung:

Qualitätskontroll-Haftung obliegt dem Hersteller

Keine Qualitätskontrollhaftung des Vertriebshändlers

Ausnahme bei konkretem Anlaß

Daß ein Handelsunternehmen, das maschinelle Geräte fremder Erzeugung vertreibt, einem Schuldvorwurf ausgesetzt wäre, wenn es die veräußerten Objekte nicht jeweils darauf überprüft hat, ob sie auch nicht mit gefahrbringenden Fehlern behaftet sind, versteht sich jedoch nicht von selbst. Es ist in erster Linie Sache des Herstellers, die von ihm gefertigten Stücke auf ihre gefahrenfreie Beschaffenheit zu untersuchen. Ihm wird es in der Regel als Verschulden zur Last fallen, wenn er nicht durch sorgfältige Kontrolle dafür sorgt, daß kein Werkstück seine Produktionsstätte verläßt, das infolge eines Fehlers der Herstellung andere in Gefahr bringen kann. Wer fremde Erzeugnisse nur vertreibt, dem wird daraus, daß er ein Stück vor dem Verkauf nicht auf gefahrenfreie Beschaffenheit untersucht hat, ein außervertragliches Verschulden in der Regel nur dann zum Vorwurf gemacht werden können, wenn aus besonderem Grunde Anlaß zu einer solchen Überprüfung bestand oder die Umstände des Falles eine Überprüfung zumindestens nahelegten.

Lieferantenkontrollhaftung des Weiterverarbeiters bzw. Assemblers

Obwohl die Kondenstöpfe als fertige Teilstücke von der Gießerei F. geliefert worden waren, hat hier allerdings jedenfalls für die T. eine Verpflichtung bestanden, die Töpfe nicht ungeprüft zu lassen. Zwar brauchte sie sich nicht ohne weiteres

Qualitätskontrollhaftung des Zulieferers
Herstellerverantwortung des Weiterverarbeiters bzw. Assemblers für sein Endprodukt
Lieferantenkontrollhaftung

für verpflichtet zu halten, die Untersuchungen zu wiederholen oder wiederholen zu lassen, die von der Firma F. als Gießerei mit ihren besonderen fachlichen Betriebserfahrungen und -einrichtungen vorgenommen worden sein mußten (vgl. *RG*, DR 1940/1293 = I.17). Da sie Herstellerin der Kondensomaten war, zu denen die Kondenstöpfe verwendet wurden, lagen aber auch ihr Sorgfaltspflichten eines Herstellers ob. Als solche durfte sie keine Einbauteile verwenden, von deren mangelfreier Beschaffenheit sie nicht überzeugt sein durfte. Die Notwendigkeit einer Überprüfung war schon damit gegeben, daß die von ihr fertiggestellten Kondensomaten nach ihrer Herstellung mitsamt dem Kondenstopf auf ihre Ordnungsmäßigkeit und Betriebssicherheit untersucht werden mußten.

Vertriebshändlerhaftung bei Kenntnis vom Vorhandensein von Organisationsmängeln im Herstellerbereich

Hinsichtlich dieser Prüfungspflicht hat das Berufungsgericht die Beklagte ihrer Tochterfirma T. praktisch gleichgestellt. Das ist insofern gerechtfertigt, als es bei der Identität des Geschäftsführers der T. mit dem persönlich haftenden Gesellschafter der Beklagten dieser offenbar nicht unbekannt geblieben wäre, wenn die notwendigen Überprüfungen im Betriebe der T. unterblieben wären und die Beklagte dann selbst die Überprüfungen hätte vornehmen müssen.

Qualitätskontrollhaftung

Die Revision tritt der Ansicht des Berufungsgerichts entgegen, daß die Beklagte aufgrund der Druckprobe und Dampffunktionsprüfung, die im Betriebe der T. stattgefunden haben, den an die Firma P. gelieferten Kondensomaten ohne Verschulden als ordnungsmäßig und betriebssicher habe halten dürfen.
Die Revision meint, eine solche Annahme hätte nur dann gerechtfertigt sein können, wenn über die vorgenommenen Erprobungen hinaus mit einem Tastgerät die Maßhaltigkeit der Wände des Kondenstopfes überprüft worden wäre. Das Berufungsgericht hat diese Auffassung jedoch zurückgewiesen, ohne daß hierin ein Rechtsfehler zutage träte.

Es ist eine Frage technischer Art, ob von den Prüfungen, die vorgenommen worden sind, erwartet werden konnte, daß sie etwaige Fehler des Kondenstopfes aufdecken würden, die seine Betriebssicherheit beeinträchtigen konnten. Darum liegt es auch auf dem Gebiet der dem Tatrichter vorbehaltenen Beweiswürdigung, wenn sich das Berufungsgericht hierüber ein Urteil gebildet hat. Das Berufungsgericht hat aufgrund der Gutachten und Bekundungen des auch persönlich vernommenen Sachverständigen die Überzeugung gewonnen, daß die Prüfungen, die im Betriebe der T. durchgeführt worden sind, die Annahme einer ordnungsmäßigen Beschaffenheit des Kondenstopfes begründen konnten und der Beklagten daher nicht zum Vorwurf gemacht werden kann, nicht noch weitere Untersuchungen, insbesondere ein Nachmessen der Wandstärke mittels Tasters, veranlaßt zu haben. Abgesehen davon, daß die Überprüfung der Wandstärke des Gußgehäuses mit einem Taster nach den vom Berufungsgericht hervorgehobenen Darlegungen des Sachverständigen sehr viele Messungen erfordert hätte und die nur bei einem geringfügigen Teil der Wandfläche vorhandene Wandverdünnung nur zufällig würde gefunden worden sein, hat der Sachverständige unter Anerkennung der Notwendigkeit einer Überprüfung der Maßhaltigkeit des Kondenstopfes doch betont, daß die Wasserdruckprobe eine andersartige Untersuchung ersetzte — dies darum, weil die Wasserdruckprobe mit ihrem erheblich über dem Betriebsdruck liegenden Probedruck nicht nur eine Dichtigkeitsprobe, sondern gleichzeitig auch eine Festigkeitsprüfung ist, die ausgeführt wird, um Stellen örtlicher Wandstärkeschwächung und Festigkeitsminderung ausfindig zu machen. Das Berufungsgericht hat diese Darlegungen für überzeugend gehalten und sich ihnen angeschlossen. Diese Würdigung ist im Revisionsverfahren nicht angreifbar. Danach hat das Berufungsgericht ein Verschulden der für die Beklagte handelnden Personen aber mit Recht verneint. Der

Prospektangaben

Revision kann auch bei Berücksichtigung der rühmenden Prospektdarstellungen der Beklagten über die von ihr vertriebenen Kondensomaten und der besonderen Gefahren, die ein fehlerhaftes Stück im Betriebe bei sich bringen konnte, nicht darin beigetreten werden, daß das Berufungsgericht die Anforderungen an die Sorgfaltspflicht der Beklagten zu gering bemessen habe.

I. 42: BGH, 8. 7. 1960, VI ZR 159/59 (Silo)

Der Besteller S. nahm die von dem Beklagten hergestellte und gelieferte Silo-Anlage in Betrieb, obwohl die konstruktiv vorgesehenen Verankerungen noch nicht durchgeführt waren. Bei der Beladung eines Lkw stürzte der Silo zusammen und tötete mehrere Personen.

Deliktshaftung

Das Berufungsgericht hat eine Schadensersatzpflicht des Beklagten – neben dem S. – gemäß § 823 Abs. 1 BGB mit folgenden Erwägungen bejaht:

Herstellerhaftung bei noch nicht vollendeter Anlage

Nach der eigenen, durch die Beweisaufnahme bestätigten Darstellung des Beklagten sei die Anlage noch nicht fertiggestellt gewesen. Sie habe sich im Zeitpunkt des Unfalls noch in Montage befunden, habe noch gestützt und verschraubt sowie durch Anbringung von Ankerbolzen verankert werden müssen. Die als Verbindung zwischen den Silowänden und den Silostützen provisorisch angebrachten Laschen und die Stützschrauben hätten noch angeschweißt werden müssen. Damit wäre die Tragfähigkeit der Anlage gewährleistet gewesen. Der vom Sachverständigen als zu schwach angesehene Obergurtriegel sei überhaupt nicht als tragendes Element der Silozellen vorgesehen gewesen, sondern habe bis zur Fertigmontage nur die Membranwirkung der Silozellen aufnehmen sollen, um deren Verbiegung zu verhindern. Eine dergestalt unfertige Anlage stelle eine erhebliche Gefahrenquelle dar. Der Hersteller verletze daher seine allgemeine Verkehrssicherungspflicht i. S. des § 823 BGB, wenn er eine solche nicht verkehrssichere Anlage

Herstellerverantwortung/Benutzerverantwortung

in den Verkehr gebe. Der Beklagte habe allerdings die Anlage nicht selbst in den Verkehr gebracht, sondern dem Besteller S. ausdrücklich und wiederholt verboten, sie vor ihrer Verankerung in Betrieb zu nehmen. S. habe die Verankerung selbst und nicht mehr durch den Beklagten vornehmen lassen wollen. Er habe wochenlang und trotz wiederholter Vorbehalte des Be-

Kenntnis vom Benutzerverhalten

klagten die Anlage regulär in Betrieb genommen. Die fortgesetzte Benutzung der Anlage sei dem Beklagten bekannt gewesen. Als Hersteller der noch nicht fertiggestellten und noch nicht abgelieferten, aber bereits in Betrieb genommenen und dadurch gefahrdrohenden Anlage habe er die Verpflichtung gehabt, durch geeignete Schritte die vorzeitige, überaus gefährliche Inbetriebnahme zu unterbinden. Schon durch die Ausübung seines Gewerbebetriebes sei er Dritten gegenüber verpflichtet gewesen, alle erforderlichen Maßnahmen zu treffen, um andere gegen die von der Anlage ausgehenden, ihm bekannten besonderen Gefahren zu schützen. Er habe zwar S. gewarnt und ihm die vorzeitige Inbetriebnahme der Anlage verboten. Damit habe er sich aber nicht begnügen dürfen, sobald er bemerkt habe, daß S. seinem Verbot fortgesetzt zuwiderhandelte. Indem er daraufhin nicht sofort weiteres unternommen habe, habe er seinerseits nicht alles Erforderliche und ihm Zumutbare zur Gefahrenabwendung getan und dadurch den Unfall schuldhaft mitverursacht. Die von ihm anzuwendenden und zu fordernden Maßnahmen hätten der Größe der mit der Anlage verbundenen Gefahr entsprechen müssen, einer Gefahr, die sich durch den späteren Unfall in ihrer ganzen Größe geoffenbart habe und der sich der Beklagte auch voll bewußt gewesen sei. Es wäre seine Pflicht gewesen, durch geeignete Maßnahmen, nämlich entweder durch Entfernen oder Blockieren wichtiger Bauteile oder mit Hilfe der Gewerbepolizei die weitere Benutzung der Anlage zu unterbinden. Nur so wäre der Unfall mit Sicherheit verhütet worden. Seinen eigenen Angaben im Strafverfahren zufolge habe er sich, nachdem er am Tage des Unfalls – noch vor demselben – wiederum die Benutzung der Anlage durch S. festgestellt habe, gesagt, er müsse nun „andere Mittel und Wege" beschreiten und sich vorgenommen, bei dem Technischen Überwachungsverein in W. vorzusprechen. Diese Erwägungen habe er schuldhaft zu spät angestellt. Ein weiteres Zuwarten des Beklagten mit der Ergreifung geeigneter Maßnahmen sei angesichts der Größe der Gefahr in dem Augenblick nicht mehr vertretbar gewesen, als der Beklagte die erstmalige Zuwiderhandlung gegen sein Verbot bemerkt habe. Das LG hatte S. und den Beklagten gesamtschuldnerisch zum Schadensersatz verurteilt. Hinsichtlich des S. wurde dieses Urteil rechtskräftig.

Verhältnismäßigkeit von Gefahr und Gefahrabwendungsmaßnahme

Diese Ausführungen halten einer rechtlichen Nachprüfung stand.

Zutreffend hat das Berufungsgericht eine dem Beklagten hinsichtlich der Silo-Anlage Dritten gegenüber obliegende Verkehrssicherungspflicht bejaht. Wer eine Gefahrenquelle schafft, hat die nach Lage der Verhältnisse erforderlichen Sicherungsmaßnahmen zum Schutze Dritter zu treffen (*BGHZ* 5/378, 380; 24/124, 127; *BGH*, VersR 1955/21, 1955/56 und 1955/489). Unterläßt er dies, so macht er sich Dritten gegenüber, die dadurch einen Schaden erleiden, ersatzpflichtig, sofern er den gefahrdrohenden Zustand und die Möglichkeit eines schädigenden Erfolges erkannt hat oder hätte erkennen müssen. Hier bedeutete die vom Berufungsgericht festgestellte mangelnde Tragfähigkeit der Silo-Anlage eine Gefahrenquelle. Nach den weiteren Feststellungen des Berufungsgerichts beruhte dieser Mangel darauf, daß die Anlage noch nicht fertiggestellt war. Für die Frage der Verkehrssicherungspflicht ist es ohne Belang, ob die mit einer Maschine oder Anlage verbundene Gefahr auf eine Nichtfertigstellung oder auf eine fehlerhafte Herstellung zurückzuführen ist. Die Revision rügt daher zu Unrecht, das Berufungsgericht habe außer Acht gelassen, daß die Anlage konstruktiv nicht zu beanstanden gewesen sei. Entscheidend ist, daß die Anlage betriebsunsicher war.

Hersteller-Mitverantwortung trotz eigenverantwortlichen Benutzerhandelns

Auch beruft sich die Revision ohne Erfolg darauf, daß eine Gefahrenlage für Dritte erst mit Inbetriebnahme der Anlage entstanden war und daß nicht der Beklagte, sondern S. – entgegen dem Verbot des Beklagten – die Anlage in Betrieb genommen hatte. Eine Gefahrenlage schafft nicht nur derjenige, der einen gefährlichen Zustand herbeiführt, sondern auch derjenige, der einen solchen Zustand andauern läßt (*BGH*, BB 1959/394). Auch im letzteren Fall besteht daher die Pflicht, die entsprechenden Sicherungsmaßnahmen zu treffen. Hier hat der Beklagte die Anlage aufgestellt und es ermöglicht, daß S. die noch nicht fertiggestellte und daher betriebsunsichere Anlage in Betrieb nahm. Mit dieser Inbetriebnahme, die dem Beklagten bekannt war, wurde die Silo-Anlage zu einer Gefahrenquelle für Dritte. Auch dessen war sich der Beklagte bewußt. Durch die Belassung der von ihm noch nicht übergebenen Anlage in den Händen eines zur Benutzung entschlossenen Unternehmers hat der Beklagte eine Gefahrensituation mit geschaffen;

damit gehörte die alsbaldige Beseitigung der Gefahr zu seinem Pflichtenkreis. Aufgrund seines vorangegangenen Tuns, nämlich der Aufstellung der noch nicht fertiggestellten und in diesem Zustand betriebsunsicheren Anlage, war er, nachdem er von der Inbetriebnahme der Anlage erfahren hatte, verpflichtet, der ihm bekannten und von ihm mit herbeigeführten Gefahr nach Kräften zu steuern und alles zu tun, was ihm nach den Umständen zugemutet werden konnte, um die Gefahren abzuwenden (vgl. *RGZ* 163/21 = I.16).

Seiner eigenen Darstellung zufolge hatte er die Anlage noch nicht übergeben. Er war also rechtlich in der Lage, über sie zu bestimmen und ihre weitere Inbetriebnahme hinanzuhalten. Dieser Verfügungsberechtigung entsprach die allgemeine Rechtspflicht, den gefahrdrohend gewordenen Zustand der Anlage mit Rücksicht auf die Verkehrssicherheit und die Interessen Dritter zu beseitigen (vgl. *RGZ* 54/56; *RG* HRR 1936 Nr. 1496). Dieser Pflicht ist der Beklagte nicht ausreichend und nicht rechtzeitig nachgekommen. Mit Recht nimmt das Berufungsgericht an, daß der Beklagte bei der ihm bekannten Größe der Gefahr sich nicht mit bloßen, wirkungslos gebliebenen Warnungen und Verboten begnügen durfte, sondern sofort eine der aufgeführten Maßnahmen hätte ergreifen müssen. Dies bedeutet angesichts dessen, was auf dem Spiele stand, keine Überspannung der Sorgfaltspflicht. Da durch derartige Maßnahmen der Unfall vermieden worden wäre, hat das Berufungsgericht mit Recht angenommen, daß der Beklagte durch Fahrlässigkeit, begangen durch Unterlassung, den Unfall herbeigeführt hat, und für dessen Folgen nach § 823 Abs. 1 BGB haftet.

Unzulässigkeit von Überspannungen der Sorgfaltspflicht

I. 43: BGH, 18. 10. 1960, VI ZR 8/60 (Kühlanlage)

Deliktshaftung

Betriebssicherheit

Der Hersteller einer Maschine ist nach § 823 Abs. 1 BGB ersatzpflichtig, wenn ihr infolge einer vorwerfbaren mangelhaften Bauweise die erforderliche Betriebssicherheit fehlt und ein Benutzer der Maschine dadurch Schaden erleidet. Von diesem Grundsatz ist auch das Berufungsgericht ausgegangen. Es hat angenommen, daß die Beklagte bei der Herstellung des an die Meierei in W. gelieferten Kühlautomaten die erforderliche Betriebssicherheit nicht genügend beachtet hat, obwohl sie das

Stand der Technik

bei Ausnutzung der technischen Möglichkeiten gekonnt hätte.

Bei dieser Beurteilung hat sich das Berufungsgericht weitgehend auf das Gutachten des Prof. L. gestützt. Es hält ebenso wie der Sachverständige für ausgeschlossen, daß Kältespannungen im Kurbelgehäuse den Bruch des Schauglases verursacht haben. Nach Ansicht des Berufungsgerichts ist das Zerspringen des Glases vielmehr darauf zurückzuführen, daß in dem Kurbelgehäuse abnorme Drucksteigerungen entstanden sind. Da die Absperrventile nicht geschlossen worden waren, als die Maschine Ende November 1949 stillgelegt wurde, hatte sich im Kurbelgehäuse eine erhebliche Menge flüssigen Ammoniaks angesammelt. Dadurch traten beim Ingangsetzen der Maschine Druckschwingungen mit so hohen Druckspitzen auf, daß das Schauglas als schwächster Teil des Kurbelgehäuses platzte.

Zu diesem Unfall und zu der Verletzung des Klägers konnte es nach den Feststellungen des Berufungsgerichts nur kommen, weil der Kühlautomat zwei Mängel hatte. Einmal hatte das Schauglas eine zu geringe Festigkeit. Ferner fehlte eine Vorrichtung für die Ableitung des Überdrucks. Durch eine Verbindung zwischen Kurbelgehäuse und Saugseite wäre das in das Kurbelgehäuse eingedrungene Ammoniak schnell abgesaugt und damit vermieden worden, daß gefährliche Druckschwingungen auftraten.

Das Berufungsgericht sieht das Verschulden der Beklagten darin, daß sie diese Gefahrenquelle, die sich unmittelbar aus dem technischen Prinzip der Kühlmaschine ergibt, nicht beseitigt hat, obwohl ihr das bei Anwendung der von einem ordentlichen Fabrikanten zu fordernden Sorgfalt möglich gewesen wäre. Es führt in seinem Urteil aus: Der Mangel der Maschine sei nach dem Stande der Technik von 1935 erkennbar und vermeidbar gewesen; ein Fehler der ersten Konstruktion habe also bis zum Jahre 1947, als der Kühlautomat an die Meierei in W. geliefert wurde, längst behoben sein können. Alle anderen Firmen hätten bei ihrem einzylindrigen Ammoniak-Kühlautomaten für eine Verbindung zwischen Kurbelgehäuse und Saugseite gesorgt. Auf die Notwendigkeit dieser Verbindung sei die Beklagte auch durch einen schon 1932 als Sonderdruck erschienenen Artikel der Milchwirtschaftlichen Zeitung über „Die automatisch arbeitende Kältemaschine der Meierei K." hingewiesen worden. Die Beklagte habe diese Zeitschrift gehalten. Da sie gerade für Meiereien Kühlautomaten herstelle, sei sie verpflichtet gewesen, sich bei ihren Konstruktionen auf die Verhältnisse in Meiereien einzustellen und den Entwicklungsstand der Technik zu verfolgen. Hierzu habe sie besondere Veranlassung gehabt, weil schon vor 1947 in mehreren Meiereien, an die die Beklagte Kühlanlagen der gleichen Art geliefert hatte, Unfälle vorgekommen seien, wobei in drei Fällen auch das Schauglas gesprungen sei.

Verfolgung der Fachliteratur

Präventive Dimension der Schadenregulierung

Die Ausführungen des Berufungsgerichts sind rechtlich nicht zu beanstanden. Das Verschulden ist mit zutreffender Begründung bejaht. Selbst wenn man mit der Revision davon ausgeht, daß drei Firmen an ihren Maschinen keine Vorrichtungen zum Absaugen des Kältemittels aus dem Kurbelgehäuse angebracht haben, so könnte das die Beklagte nicht entlasten, denn schon der übrige, vom Berufungsgericht festgestellte Sachverhalt rechtfertigt dessen Annahme, daß die Beklagte die im Verkehr erforderliche Sorgfalt außer Acht gelassen hat. Da ihr bekannt war oder zumindest hätte bekannt sein müssen, daß ihre Kühlmaschine Gefahren für andere in sich barg, hatte sie die Pflicht, die technisch möglichen Sicherungsvorkehrungen zu treffen.

Stand der Technik

Allerdings treten die gefährlichen Drucksteigerungen im Gehäuse bei normalem Kältebetrieb nicht auf. Sie können vielmehr nur entstehen, wenn die Maschine im Winter einige Zeit stilliegt und entweder das Saugabsperrventil offensteht oder Undichtigkeiten des Ventils dem Ammoniak den Zutritt in das Kurbelgehäuse gestatten. Das aber kann die Beklagte nicht entlasten. Denn sie muß mit solchen Verhältnissen, vor

Berücksichtigung der tatsächlichen Einsatzsituation

allem damit rechnen, daß der Kühlautomat nicht ständig in Betrieb ist. Die Beklagte weist zwar in ihren Betriebsanweisungen kurz darauf hin, daß die Ventile beim Stillegen der Maschine zu schließen sind. Es fehlt aber jeder Hinweis darauf, welche Gefahren drohen, wenn die Ventile geöffnet bleiben. Zudem hält das Berufungsgericht aber auch für bewiesen, daß die Beklagte der Meierei in W. keine Betriebsanweisung mitgeliefert hat und daß deren Angestellte über die Notwendigkeit, die Ventile zu schließen, nicht unterrichtet waren.

Instruktionshaftung

Mitverschulden (§ 254 BGB)

Schließlich halten auch die Ausführungen, mit denen das Berufungsgericht ein Mitverschulden des Klägers verneint, einer rechtlichen Prüfung stand.

Ihn träfe eine eigene Schuld an seinem Unfall, wenn er die Gefahr hätte erkennen können und mit der Möglichkeit eines Schadens hätte rechnen müssen. In dieser Hinsicht ist ihm aber kein Vorwurf zu machen.

Entgegen der Meinung der Revision kann dem Kläger auch kein Vorwurf daraus gemacht werden, daß er bei den Arbeiten an der Maschine keine Schutzbrille getragen hat. Die Behauptung, der Kläger habe damit rechnen müssen, daß das Schauglas zersprang und Ammoniak aus dem Kurbelgehäuse herausspritzte, ist durch nichts belegt. Sie steht vielmehr im Widerspruch zu der Feststellung des Berufungsgerichts, daß der Gefahrenzustand für den Kläger nicht erkennbar war.

I. 44: BGH, 21. 2. 1962, VIII ZR 4/61 (Auto-Scooter)

Der Kläger verletzte sich an dem scharfkantigen Eisen eines Auto-Scooters und klagt gegen den Inhaber der Scooter-Anlage auf Schadensersatz.

Vertragshaftung: Berücksichtigung der tatsächlichen Einsatzbedingungen

Der Anwendung dieser Vorschrift (§ 537 BGB) auf den vorliegenden Sachverhalt steht nicht entgegen, daß der Schaden nicht allein durch einen Mangel des vom Kläger benutzten Fahrzeuges entstanden ist, sondern daß die nach den Feststellungen des Berufungsgerichts als Mangel anzusehende Beschaffenheit des Fahrzeugs erst im Zusammenwirken mit einem anderen Ereignis, nämlich dem Auffahren eines Fahrzeuges auf das stehende Fahrzeug des Klägers, für den entstandenen Schaden ursächlich geworden ist. Mit einem solchen Auffahren war bei der Benutzung der Fahrzeuge zu rechnen. Wie das Berufungsgericht festgestellt hat, gehörte auch das Rammen der Fahrzeuge zu den Eigenarten ihrer üblichen Benutzung. Deshalb mußten sie auch einem derartigen Gebrauch angepaßt und so beschaffen sein, daß Benutzer gegen mögliche Verletzungen infolge Rammens oder Anfahrens nach Möglichkeit geschützt waren.

I. 45: BGH, 22. 2. 1962, VII ZR 205/60 (Heizkörper)

Die Beklagte hatte eine Heizanlage an einzelne Gebäude anzuschließen und die Installation der Heizkörper vorzunehmen. Durch das Platzen eines Heizkörpers entstand ein erheblicher Wasserschaden in dem Gebäude.

Vertragshaftung Haftung für positive Vertragsverletzungen

Anwenderverantwortung

Bei dem infrage stehenden Wasserschaden handelt es sich um einen Folgeschaden, der dem gelieferten Werk und der gelieferten Sache nicht unmittelbar anhaftet. Für diesen Folgeschaden könnte die Beklagte daher nur unter dem Gesichtspunkt der positiven Vertragsverletzung Ersatz verlangen. Ein solcher Schadensersatzanspruch setzt jedoch ein Verschulden des Unternehmers oder Lieferanten voraus. Das Berufungsgericht hat in einer Hilfsbegründung ein Verschulden der Klägerin verneint, da diese sich auf die Lieferfirma habe verlassen dürfen und ihr eine Prüfung des Heizkörpers auf seine Wandstärke nicht möglich gewesen sei. Das läßt keinen Rechtsfehler erkennen.

Arbeitsteilung: Hersteller kein Erfüllungsgehilfe des Montageunternehmens

Ebenso ist dem Berufungsgericht darin beizutreten, daß die Klägerin für ein etwaiges Verschulden ihrer Lieferfirma nicht nach § 278 BGB einzustehen hat. Der Lieferant des Verkäufers ist nicht ohne weiteres als Erfüllungsgehilfe im Verhältnis des Verkäufers zum Käufer anzusehen, weil er regelmäßig nur seine eigene Verpflichtung gegenüber dem Verkäufer erfüllt und nicht dessen Verpflichtung gegenüber dem Käufer (*RGZ* 101/155, 157 = I.12; *BGH*, VersR 56/259 = I.23).

Betriebssicherheit

Herstellerangaben und Anwenderverantwortung

Die Beklagte hat in ihrem Schriftsatz vom 20. 10. 1959 ihren Schadensersatzanspruch noch auf einen anderen Sachverhalt gegründet. Sie hat im Anschluß an das Gutachten des Technischen Überwachungsvereins vom 11. 8. 1959 angeführt, daß die Heizung nicht betriebssicher ausgeführt worden sei, weil die von der Klägerin installierten Heizkörper nach den Gewährleistungsbestimmungen der Lieferfirma nur für offene Warmwasseranlagen hätten verwendet werden dürfen, während tatsächlich — was die Klägerin auch gewußt habe — eine geschlossene Heizung errichtet worden sei. Die Klägerin hätte dies erkennen und der Beklagten gegenüber ihre dahingehenden Bedenken gegen eine Verwendung von Heizkörpern nach DIN-Normen DIN 4720 geltend machen müssen. Dieser neue Vortrag der Beklagten, der u. a. auch die Behauptung einer positiven Vertragsverletzung zum Inhalt hat, wäre — seine Richtigkeit unterstellt — möglicherweise erheblich für die Sachentscheidung des Berufungsgerichts gewesen. Es hätte sich also mit ihm sachlich befassen müssen.

I. 46: BGH, 5. 4. 1962, Akt.-Z. VII ZR 183/60

AGB: Rechtswirksamkeitsgrenzen

Für Formularverträge, die mit Hilfe Allgemeiner Geschäftsbedingungen eine einheitliche Vertragsordnung für eine Vielzahl von Fällen schaffen, müssen grundsätzlich andere Schranken gelten als für die inhaltliche Ausgestaltung eines Individualvertrages (*Fischer*, BB 1957/481, 486).

I.47

Ersatz der Gewährleistungsrechte durch Nachbesserungsanspruch

Wiederaufleben der Gewährleistungsrechte

Beim Verkauf fabrikneuer Sachen an Letztabnehmer – im Gebrauchtwarenhandel wird es vielfach anders sein – widerspricht es, auch außerhalb des in § 476 BGB geregelten Falles, in der Regel Treu und Glauben (§ 242 BGB), wenn der Händler sich gegenüber dem Letztabnehmer formularmäßig von jeder Gewährleistung für Sachmängel freizeichnet. Deshalb hat die Rechtsprechung eine solche Freizeichnung nur in Verbindung mit einem vertraglich eingeräumten Nachbesserungsrecht des Käufers zugelassen und hat weiter ausgesprochen, daß der Käufer dann, wenn die Nachbesserung *im Einzelfall* unterbleibt oder fehlschlägt, auf die gesetzlichen Gewährleistungsrechte zurückgreifen kann (*BGHZ* 22/90 ff. = I.27). Es darf also auch eine an sich zulässige formularmäßige Vertragsausgestaltung nicht dazu führen, den Käufer im Einzelfall in Bezug auf Mängel der Sache rechtlos zu machen.

I. 47: BGH, 24. 1. 1963, VII ZR 100/61

AGB: Rechtswirksamkeitsgrenzen

Einräumung des Rücktrittrechts bei Fehlschlagen bzw. Unterbleiben der Nachbesserung

Die Firma G. hat dem Beklagten eine Nachbesserungsfrist eingeräumt. Bei dieser Sachlage sind die Voraussetzungen der Ziff. VIII 4 und 5 der Lieferbedingungen des VDMA gegeben, wonach bei Mängeln des Werks dem Besteller nach fruchtlosem Ablauf einer dem Unternehmer gesetzten Nachbesserungsfrist nur ein Rücktrittsrecht gewährt ist, weitergehende, insbesondere Schadensersatzansprüche aber abbedungen sind.

Ausschluß der Schadensersatzhaftung

Der Senat hält die Klausel grundsätzlich für wirksam. Das Bestreben eines Werkunternehmers, Schadensersatzansprüche auszuschließen, ist verständlich, insbesondere wenn es sich um eine für den Einzelfall besonders konstruierte Maschinenanlage handelt. Ansprüche auf entgangenen Gewinn und Ansprüche aus positiver Vertragsverletzung für mittelbare Schäden können nämlich ein unübersehbares Ausmaß annehmen und gegebenenfalls zum wirtschaftlichen Zusammenbruch des Unternehmers führen. Wenn dieser sich durch Allgemeine Lieferbedingungen um Ausschaltung eines so weitgehenden Wagnisses bemüht, dann kann darin ohne Hinzutreten weiterer Umstände noch kein Verstoß gegen Treu und Glauben gefunden werden (vgl. *BGH*, 24. 5. 1962, Akt.-Z. VII ZR 5/61; *BGH*, NJW 1959/38).

Es kann auch nicht darauf ankommen, ob die Nachbesserung objektiv möglich war oder nicht, oder ob der Unternehmer die Nachbesserung (vergeblich) versucht hat oder nicht. Darauf stellt die genannte Bestimmung der Lieferungsbedingungen nicht ab. Es erscheint auch nicht gerechtfertigt, daß der Umfang der Rechte des Bestellers davon abhängen sollte, ob die Nachbesserung objektiv unmöglich ist, oder ob der Unternehmer nicht nachbessern kann oder will. Der Nachweis objektiver Unmöglichkeit einer Nachbesserung würde vielfach schwierig sein.

Damit ist aber noch nicht ausgeschlossen, daß im einzelnen Fall aus besonderen Gründen die Berufung auf die Klausel eine unzulässige Rechtsausübung darstellen kann.

Grenzen des Ausschlusses der Schadensersatzhaftung

Bei vorsätzlicher Verletzung der Nachbesserungspflicht ist eine derartige Freizeichnung schon nach § 276 Abs. 2 BGB nicht möglich. Ferner wird bei grober Fahrlässigkeit des Lieferers oder seiner leitenden Angestellten die Berufung auf eine solche Klausel in der Regel Treu und Glauben widersprechen. (Vgl. *BGHZ* 20/164; *BGH*, NJW 1963/99; *BGH*, NJW 1962/1195).

I. 48: BGH, 30. 4. 1963, VI ZR 7/62 (Auftau-Transformator)

Der Erstbeklagte hatte eine eingefrorene Wasserleitung mit einem X-Auftautransformator aufgetaut, den die Zweitbeklagte herstellt. Daraufhin war es zu einem Brand gekommen, der einen erheblichen Sachschaden verursachte. Die Zweitbeklagte hatte das Gerät mit der Anpreisung vertrieben, daß das Auftauen völlig gefahrlos sei, keine Brandgefahr bestehe und insbe-

sondere eine örtliche Überhitzung der Leitung ausgeschlossen sei. Der Erstbeklagte, der Installateur ohne Ausbildung in der Elektrotechnik war, hatte den Transformator bis zur Brandnacht in etwa 60 Fällen erfolgreich und ohne schädliche Wirkungen benutzt.

Vertragshaftung: Anwenderverantwortung

Die Revision des Erstbeklagten rügt zu Unrecht, daß das Berufungsgericht die Anforderungen an seine Sorgfalt überspannt habe.

Übernahmeverschulden

Das Urteil hat keinen Vorwurf gegen den Erstbeklagten daraus hergeleitet, daß er bei der Ausübung seines Berufes ein Gerät verwandte, dessen Wirkungsweise er nur in großen Zügen verstand. Wer eine gewerbliche Leistung übernimmt, muß zwar dafür einstehen, daß er die hierfür erforderlichen Kenntnisse besitzt. Bei der Benutzung von Maschinen und sonstigem technischen Gerät genügt es jedoch, daß er zur sachgemäßen, insbesondere gefahrlosen Bedienung imstande ist. Würde die Beherrschung der naturgesetzlichen Grundlagen auch insoweit verlangt, wie dies für die eigentliche Arbeitsleistung nicht erforderlich ist, käme die gewerbliche Anwendung von Maschinen großenteils zum Erliegen.

Andererseits ist jedoch zu fordern, daß der Einsatz des technischen Geräts unterbleibt oder eingestellt wird, sobald sich außergewöhnliche Erscheinungen zeigen, die sich ohne weitergehendes Wissen weder beherrschen noch hinsichtlich der Gefährlichkeit beurteilen lassen. Wer das Gerät gleichwohl weiter benutzt, legt sich damit selbst überdurchschnittliche Kenntnisse in der Ausübung seines Gewerbebetriebes zu, die er nicht besitzt und für deren Fehlen er alsdann einstehen muß.

Die Entscheidung des Berufungsgerichts entspricht diesen Erwägungen. Es hat den Vorwurf der Fahrlässigkeit ausschließlich mit der Weiterverwendung des Transformators in der ungewöhnlichen und besorgniserregenden Lage begründet, wie sie sich dem Erstbeklagten nach etwa einstündiger Anschaltung darbot. Daß nach dieser Zeit noch kein Wasser floß, hat der Beklagte selbst als Abweichung von der Regel angesehen. Erst recht auffällig, widersprüchlich und vom gewöhnlichen Verlauf abweichend war die Erhitzung des Rohres im Neubau. Da der Beklagte die physikalischen Grundlagen des verwendeten Gerätes nicht beherrschte, konnte er in dieser Lage nur feststellen, daß der Transformator nicht so arbeitete, wie er sollte. Dagegen konnte er nicht wissen, ob seine Annahme hinsichtlich der Rohrablagerungen die zutreffende Erklärung war. Noch weniger konnte er die weitere Entwicklung beurteilen, und zwar auch für den Fall nicht, daß sein Gedanke richtig sein sollte, es müsse wohl an Ablagerungen an den Innenwänden der alten Rohre liegen, die den Übergang der Wärme verzögerten. Der Erstbeklagte durfte sich deshalb bei seiner Deutung nicht beruhigen. Er konnte die entscheidende Frage, wie warm der unzugängliche Teil der Leitung bereits war und wie hoch er sich bei weiterem Stromdurchgang noch erhitzen werde, kaum besser beantworten als die schon wegen eines Brandes besorgten Hausbewohner. Insbesondere vermochte er ein sicheres Urteil nicht etwa danach abzugeben, ob das Rohr sich im Neubau noch anfassen ließ oder nicht.

Herstellerangaben und Anwenderverantwortung

Der Erstbeklagte hat denn auch die bedenklichen Anzeichen und die geäußerten Besorgnisse nicht aufgrund eigener physikalischer Überlegungen betrachtet, sondern im Vertrauen auf die Zusicherung der völligen Ungefährlichkeit des Transformators durch die Zweitbeklagte. Solche Erklärungen des Herstellers vermögen den Benutzer des Gerätes jedoch nicht schlechthin zu entlasten. Er darf sich zwar im allgemeinen, jedoch nicht blindlings und selbst unter den ungewöhnlichsten Umständen auf sie verlassen. So kann nahezu jede elektrische Apparatur beim Anschluß durch Zufall unter unkontrollierbare Einflüsse geraten oder aber schadhaft und dadurch zu einer Gefahr werden. Treten bei ihrem Gebrauch außerordentliche, auf ein regelwidriges und gefährliches Arbeiten hindeutende Erscheinungen auf, so gebietet die Sorgfalt deshalb das Abschalten, bis die Ursache erforscht und behoben ist.

Der Erstbeklagte mußte sich hierzu besonders deshalb entschließen, weil der weitere Verlauf für ihn nicht nur unvorhersehbar, sondern auch nicht zu kontrollieren und zu beherrschen war.

Der größte Teil der Wasserleitung war unzugänglich. Daher durfte der Erstbeklagte es nicht darauf ankommen lassen, ob sich das Rohr wirklich bis zu gefährlichen Graden erhitzen werde und seinen Versuch gleichwohl fortsetzen. Das verbot sich ganz besonders wegen seiner Kenntnis, daß die Leitung auf dem Dachboden von großen Mengen Stroh und Heu umgeben war und daß hier seinem Auftraggeber ein unverhältnismäßiger Schaden drohte, der auch nicht das kleinste Wagnis gestattete.

Daß in dieser Lage, wenn man die weitere Entwicklung weder sicher voraussehen noch beherrschen konnte, an die Gefahr eines Brandes zu denken war, zeigen die Äußerungen der Hausbewohner. Der Erstbeklagte wußte in dieser Hinsicht kaum mehr als sie. Es kommt nicht darauf an, ob ihm bekannt war, daß sich mit dem Transformator die kritische Entzündungstemperatur erzeugen ließ, sondern darauf, daß er eine solche Möglichkeit bei pflichtgemäßer Überlegung nicht ausschließen konnte und deshalb mit ihr rechnen mußte. Auch den Begriff der Voraussehbarkeit hat das Berufungsgericht mithin nicht überspannt.

Nach alledem ist der Entscheidung beizutreten, soweit sie den Erstbeklagten betrifft.

Deliktshaftung

Betriebssicherheit

Hinsichtlich des Zweitbeklagten hat das Berufungsgericht nicht verkannt, daß diese als Herstellerin des Transformators für seine Betriebssicherheit einstehen und auf Gefahren, die sich bei seinem Gebrauch ergeben können, hinweisen muß. Der Tatrichter ist jedoch zu der Ansicht gelangt, daß der Zweitbeklagten ein schuldhafter Verstoß gegen diese Pflicht zum Schutz der Benutzer nicht nachzuweisen sei. Dem kann nicht gefolgt werden.

Typenprüfung

Hersteller-werbung: Verharmlosung des Produkts

Die Zweitbeklagte hat selbst nicht behauptet, irgendwelche Versuche oder Berechnungen über die Feuergefährlichkeit ihres Geräts angestellt zu haben, ehe sie es in den Verkehr brachte. Gleichwohl hat sie es nicht nur ohne Warnungen, sondern mit der ausdrücklichen Zusicherung vertrieben, daß jede Brandgefahr ausgeschlossen sei. Diese an die Käufer gerichtete Erklärung war objektiv falsch.

Das Berufungsgericht hat bei der Prüfung des Verschuldens zwischen der unterlassenen Gefahrenwarnung und der positiven Versicherung der Ungefährlichkeit nicht unterschieden. Hätte die Zweitbeklagte den Transformator nur ohne Beifügung von Sicherheitsvorschriften vertrieben, so käme es freilich darauf an, ob die von der Zweitbeklagten unterlassene Vergewisserung ergeben hätte, daß es solcher bedurfte. Die positive Versicherung aber, daß jede Brandgefahr ausgeschlossen sei, durfte die Zweitbeklagte keinesfalls abgeben und sogar zu Werbezwecken herausstellen, ohne sich zuvor ebenso positiv und mit aller Sorgfalt von der Richtigkeit ihrer Behauptung überzeugt zu haben, ja ohne überhaupt in eine technisch ernsthafte Prüfung der Frage eingetreten zu sein.

Verharmlosung des Produkts

Mit ihrer Anpreisung ging die Zweitbeklagte über das bloße Weglassen von Sicherheitsvorschriften, die sie derzeit möglicherweise noch nicht für erforderlich zu halten brauchte, entscheidend und unvertretbar hinaus. Sie erklärte nämlich auch die Vorsicht, die der Benutzer sonst vielleicht von selbst beobachten würde, für überflüssig und gegenstandslos. Insbesondere wurde der Eindruck hervorgerufen, daß die Wärmeentwicklung sogar beim Arbeiten unter erschwerten und unübersehbaren Bedingungen keiner Kontrolle bedürfe und niemals bedrohlich werden könne. Daß die Zweitbeklagte ihre Zusicherung der absoluten Brandsicherheit ausdrücklich so verstanden wissen wollte, ergibt die Erläuterung in ihrem Prospekt, daß auch unter Putz, im Mauerwerk und durch Decken verlegte Leitungen völlig gefahrlos und „ohne viel Umstände" aufzutauen seien; eine örtliche Überhitzung sei ausgeschlossen. Da dies der Sinn ihrer Werbung schlechthin war, kommt es nicht darauf an, ob der Erstbeklagte gerade diese Druckschrift erhalten oder nur die alles umfassende Versicherung des Vertreters entgegengenommen hat, daß eine Brandgefahr überhaupt nicht mehr in Frage komme. Er wurde in jedem Fall zu der Überzeugung verleitet, es mit einem Gerät zu tun zu haben, das die Herstellerin als unter allen Umständen völlig brandsicher erprobt hatte, während in Wirklichkeit hinter der Zusicherung der Zweitbeklagten kaum mehr stand, als daß ihr Gegenteiliges noch nicht zu Ohren gekommen war.

Kausalität der Werbung

Verharmlosung des Produkts

Die Zweitbeklagte kann sich ihrer Verantwortung für dieses Verhalten nicht mit der Begründung entziehen, die Klägerin vermöge nicht nachzuweisen, daß vor dem Vertrieb angestellte Versuche oder Berechnungen schon die Gefährlichkeit des Transformators unter ungünstigen Arbeitsbedingungen ergeben hätten. Ein Hersteller, der über die Ungefährlichkeit seines Erzeugnisses nichts Verläßliches weiß und sie gleichwohl ausdrücklich zusichert, verstößt allein dadurch bereits gegen die im Verkehr erforderliche Sorgfalt. Er muß deshalb nach § 823 Abs. 1 BGB aus dem Gesichtspunkt der verletzten Verkehrssicherungspflicht für den Schaden einstehen, den jemand dadurch erleidet, daß das auf den Markt gebrachte Gerät entsprechend der leichtfertigen Anpreisung benutzt wird.

Herstellerangaben und Anwenderverantwortung

Berücksichtigung von Anwendungsfehlern

Der Erstbeklagte, der sich mangels elektrotechnischer Kenntnisse kein eigenes Urteil bilden konnte, hat sich auf die zugesicherte Ungefährlichkeit verlassen. Daß er dies angesichts der beobachteten Erscheinungen nicht blindlings tun durfte, entlastet die Zweitbeklagte nicht, weil sie ein solches Verhalten eines Benutzers in Rechnung stellen mußte, wenn sie jede Brandgefahr als ausgeschlossen bezeichnete. Der Erstbeklagte hat das Gerät auch nicht in einer völlig unsachgemäßen, nicht voraussehbaren Weise benutzt. Die von der Zweitbeklagten angegebenen Auftauzeiten stellen ersichtlich nur eine Anpreisung der Leistung unter idealen Bedingungen dar und mußten schon bei weniger günstigen Verhältnissen zwangsläufig überschritten werden; irgend eine zeitliche Begrenzung der Stromzuführung war ihnen nicht zu entnehmen.

Entgegen der Meinung des Berufungsgerichts steht danach fest, daß die Zweitbeklagte den Schaden schuldhaft mitverursacht hat.

Anmerkung:

1. Werbeangaben können nicht nur vertragsrechtlich, sondern auch deliktsrechtlich relevant werden. Zu dieser Fallgruppe gehören warenbegleitende Herstellererklärungen (z. B. Garantiekarten), Prospekte, Kataloge, Zeitungsinserate sowie vor allem die Fernseh-, Film- und Radiowerbung.

2. Vertragsrechtlich ist entscheidende Frage, ob der Käufer im Zeitpunkt des Vertragsabschlusses auf die Werbung vertraut hat (II.3, II.13). Hat der Käufer von der Werbung erst nach dem Vertragsabschluß Kenntnis erlangt, wird dadurch der bereits geschlossene Kaufvertrag nicht mehr nachträglich ergänzt. Allenfalls kann noch eine deliktsrechtliche Haftung des Herstellers ausgelöst werden. Damit werden aber nur Personen- und Sachschäden, nicht aber Vermögensschäden gedeckt.

a) Handelt es sich also z. B. um einen Prospekt, so ergeben die Prospektangaben nur dann die Grundlage für Eigenschaftszusicherungen, wenn der Käufer den Vertrag auf der Grundlage des Prospektes abgeschlossen hat (I.56, II.3, II.10). Dafür ist es allerdings nicht erforderlich, daß der Käufer ausdrücklich bei den Vertragsverhandlungen auf den Prospekt, die Zeitungsanzeige, usw. Bezug nimmt (II.13): mit der an jedermann gerichteten Werbung hat der Verkäufer ein Angebot an jeden, den es angeht, abgegeben; der Sinn dieser Werbung ist es gerade, Interessenten zumindest zu dem Eintritt in Vertragsverhandlungen zu bewegen: aus der Sicht des Verkäufers ist folglich jeder Kunde zugleich auch ein potentieller Adressat der Werbung; angesichts dieser Sachlage wäre es m. E. eine Überkonstruktion, wenn man bei den Vertragsverhandlungen jeweils eine individuelle Bezugnahme auf die Verkäufer-Werbung verlangen würde. Hier sollte mit einer flexibleren Anwendung der Regeln über den Vertragsabschluß den Realitäten des heutigen Marketing Rechnung getragen werden. Dies betrifft dann aber nur die Frage der individuellen Verweisung bei den Vertragsverhandlungen. Voraussetzung ist immer, daß der Käufer nachweist, von der Werbung vor dem Vertragsabschluß Kenntnis erlangt zu haben.

b) Handelt es sich um eine Hersteller-Werbung, während der Käufer das Produkt von einem Vertriebshändler ersteht, stellt sich einerseits die Frage, ob die Hersteller-Werbung zugleich

Inhalt des von dem Vertriebshändler abgeschlossenen Kaufvertrages ist (dazu I.53). Dafür spricht, daß der Vertriebshändler von der Hersteller-Werbung profitiert. War die Hersteller-Werbung irreführend, muß es dann eine Frage des Regreßverhältnisses zwischen Vertriebshändler und Hersteller sein, wie der Schaden endgültig verteilt wird.
Die zweite Frage ist, ob unabhängig von dem Vertragsverhältnis mit dem Vertriebshändler zugleich auch ein zweites, an die Werbung anknüpfendes Vertragsverhältnis mit dem Hersteller zustande kommt (dazu vgl. Schmidt-Salzer, Produkthaftung, Rz 311 ff.).

c) Voraussetzung ist aber stets, daß die Werbung eine konkrete Aussage hat (I.53). Allgemeine Anpreisungen genügen deshalb nicht. Handelt es sich z. B. um eine Hersteller-Werbung, daß eine Kfz-Frontglasscheibe die „bestmögliche auf dem Markt befindliche Sicherheitslösung" darstelle, dann fehlt hier eine konkrete Aussage. Deshalb sind die Voraussetzungen für ein zum Schadensersatz verpflichtendes direktes Vertragsverhältnis zwischen dem Hersteller und dem Endabnehmer nicht gegeben. Eine andere Frage ist, ob eventuell das Vertragsverhältnis zwischen dem Vertriebshändler und dem Endabnehmer durch diese Werbung mitbestimmt wird: stellt das Produkt in Wirklichkeit nicht die bestmögliche auf dem Markt befindliche Sicherheitslösung dar, kommt hier ein Wandlungs- oder Minderungsanspruch gegen den Vertriebshändler in Betracht, sofern diesem die Hersteller-Werbung zurechenbar ist.

Insbesondere ergibt die Werbung für Markenartikel als solche keine Grundlage für ein Vertragsverhältnis zwischen dem Hersteller und dem Endabnehmer (I.58, III.7, III.10), weil allein aus der Markenartikel-Eigenschaft keine konkreten Qualitätsaussagen hervorgehen.

Enthält dagegen umgekehrt die Hersteller-Werbung konkrete Aussagen (z. B. Hinweis, daß die Kerzen nicht rußen), dann ist dies eine direkt an den Endabnehmer gerichtete, auf seine Motivation zum Kaufabschluß gerichtete Erklärung. Rechtlich gesehen, müßte man eine derartige Erklärung als Erklärung an jedermann, den es angeht, werten. Kauft der Endabnehmer aufgrund dieser Erklärung das Produkt bei einem Vertriebshändler, ist es konstruktiv über § 151 BGB möglich, zugleich neben dem Vertrag mit dem Vertriebshändler auch einen Vertrag mit dem Hersteller anzunehmen. Dieser zweite Vertrag wäre auf die Hersteller-Werbung begrenzt, indem der Hersteller dafür haftet, daß seine warenbegleitenden Erklärungen bzw. direkt an die Endabnehmer gerichteten Tatsachenangaben auch wirklich zutreffen. Auch hier handelt es sich um einen Bereich, in dem das Recht die Methoden des modernen Produkt-Marketing erfassen muß. Die US-amerikanische Rechtsprechung hat hier die Konsequenzen gezogen und gewissermaßen als Kehrseite der direkt an den Endverbraucher gerichteten Hersteller-Werbung eine unmittelbare Vertragshaftung anerkannt (Randy Knitwear Inc. v. American Cyanamid Co.: [1962] 181 NE2d 399, 402 f.).

3. Deliktsrechtlich ist entscheidende Frage, ob der Endverbraucher durch die Hersteller-Werbung zu einer Handlung oder Unterlassung bewegt wurde, die die Ursache für einen Personen- oder Sachschaden wurde (I.20, II.3). Hier kommt es also nicht darauf an, ob dem Endverbraucher die Werbung vor oder nach dem Vertragsabschluß bekannt wurde, sondern allein auf die Kausalität der Werbung für sein Verhalten. Deliktsrechtlich gesehen hat der Hersteller alles zu unterlassen, was Anlaß geben könnte, das Produkt für Zwecke zu verwenden, in denen es zur Ursache eines Personen- oder Sachschadens wird (I.20, I.48, I.73, II.3). Darunter fallen einerseits ungenaue Angaben über die Einsatzmöglichkeiten bzw. Einsatzgrenzen des Produkts (I.73, II.3), andererseits Übersteigerungen (overpromotion) oder Verharmlosungen, die den Produktbenutzer irreführen. Deliktsrechtlich potentiell relevante Übersteigerungen sind bei der Absolutheitswerbung gegeben („absolut feuerfest"), die dem Benutzer ein falsches Sicherheitsgefühl gibt und ihn davon abhält, sich über Art, Umfang bzw. Erforderlichkeit von Gefahrabwendungsmaßnahmen Gedanken zu machen. Deliktsrechtlich potentiell relevante Verharmlosungen sind gegeben, wenn ein Produkt als ungefährlich bezeichnet wird, obwohl es in Wirklichkeit gewisse Anwendungsgefahren beinhaltet (I.48):

auch bei dieser Fallgestaltung liegt das haftungsbegründende Moment darin, daß der Benutzer verführt wird, in seiner Sorgfalt bei der Produktanwendung nachzulassen.

I. 49: BGH, 20. 12. 1965, VIII ZR 220/63 (Ziegelsteine)

Vertragshaftung: Eigenschaftszusicherung Vorliegen einer Eigenschaftszusicherung

Das Berufungsgericht meint, eine Zusicherung könne nur dann angenommen werden, wenn der Wille zur Garantieübernahme beim Verkäufer eindeutig zum Ausdruck gebracht worden ist. Das ist zu eng gesehen. Die Zusicherung der von der Klägerin geforderten Druckfestigkeit ergibt sich bereits aus dem festgestellten und unstreitigen Sachverhalt. Der Kläger hatte nicht Gittersteine schlechthin bestellt, sondern Gittersteine mit einer Druckfestigkeit von 350 kg je qcm. Diese Bestellung ist auch Vertragsinhalt geworden. Daraus ergibt sich aber unter den hier vorliegenden Umständen, daß diese Eigenschaft der zu liefernden Steine auch vertraglich zugesichert worden ist. Dieser rechtlichen Würdigung steht nicht entgegen, daß die Beklagte diese Beschaffenheit nicht „besonders" zugesichert hat. Wenn die Klägerin als Bauunternehmer von der Beklagten als Hersteller-Betrieb Ziegelsteine mit bestimmter Druckfestigkeit haben wollte, so mußte dieses Verlangen nach Treu und Glauben von der Beklagten dahin verstanden werden, daß die Klägerin eine entsprechende Beschaffenheit auch zugesichert haben wollte. Das gilt auch dann, wenn der Beklagten bei Annahme der Bestellung der konkrete Verwendungszweck nicht bekannt war.

Die Klägerin hat jedenfalls erkennbar ihren Kaufwillen von dem Vorhandensein der geforderten Druckfestigkeit bei den zu liefernden Steinen abhängig gemacht. Die ihr daraufhin gegebene Zusage der geforderten Beschaffenheit, auf deren Vorhandensein die Klägerin erkennbar vertrauen wollte und sollte, und die zudem von der Beklagten als Hersteller-Betrieb abgegeben worden ist, durfte und konnte von der Klägerin dahin verstanden werden, daß die Zusage des Unternehmers eines für die Herstellung solcher Steine besonders qualifizierten Ziegelwerks stillschweigend auch das Versprechen enthielt, für die Folgen einstehen zu wollen, wenn die zugesicherte Eigenschaft fehlte. Hätte die Beklagte diese Haftung ausschließen wollen, so hätte sie dies der Klägerin gegenüber zum Ausdruck bringen müssen.

Erstreckung auf Mangelfolgeschäden

Die Beklagte ist deshalb wegen Fehlens dieser zugesicherten Eigenschaften gemäß § 480 Abs. 2 BGB zum Schadensersatz wegen Nichterfüllung verpflichtet. Dieser Anspruch umfaßt auch den Schaden, den die Klägerin durch die nicht gehörige Erfüllung des Liefervertrages erlitten hat, indem sie mit fehlerhaften Ziegeln errichtetes Mauerwerk wieder beseitigen und durch andere Steine ersetzen mußte.

I. 50: BGH, 28. 2. 1967, VI ZR 14/65 (Plastikmasse-Behälter)

Vertragshaftung

Das Berufungsgericht hat festgestellt, daß sich der Unfall in der vom Kläger behaupteten Weise abgespielt hat. Es hat weiter die Überzeugung gewonnen, daß der Hobbock durch die Füllung mit 50 kg Masse dergestalt überlastet war, daß der bei der Konstruktion bedachte Sicherheitsspielraum hierdurch nahezu aufgebraucht wurde und nunmehr ein zufälliger, seitlicher Zug von etwa 7 kg genügte, um einen Griff aufzubiegen und aus der Halteschlaufe zu ziehen. Unter diesen Umständen müsse sich der Beklagte entlasten, wenn er die aus seinem Bereich hervorgegangene, schuldhafte Gefährdung der Abnehmer als Unfallursache ausschließen wolle. Diese Beurteilung wird von der Revision im Ergebnis ohne Erfolg angegriffen.

Anwenderverantwortung

Der Beklagte hat sich unstreitig bei der Herstellerfirma G. erkundigt, ob er die Hobbocks, die unter der Bezeichnung „30 l = 25 kg" angeboten wurden, mit 50 kg Masse füllen könne. Der Prokurist G. hat ihm geantwortet, die Hobbocks seien für ein Fassungsvermögen von 30 l = 25 kg geeignet, ob er 50 kg einfüllen könne, müsse er selbst wissen. Es ist dem Beklagten nicht gesagt worden, die Eimer seien „nur" für 25 kg geeignet. Entscheidend ist indessen, daß ihm eindeutig die Verantwortung für eine Belastung über die angegebene Grenze hinaus überlassen worden ist. Damit mußte dem Beklagten das Bedenkliche seines Vorhabens klar sein. Die erwartete Zusicherung der Lieferantin, auf die er möglicherweise hätte vertrauen dürfen, war ihm ausdrücklich verweigert worden. Er selbst besaß auf diesem Gebiet unstreitig keine Sachkunde, die ihm ein verläßliches eigenes Urteil erlaubt hätte. Der Beklagte hat sich auch nicht von dritter Seite sachverständig beraten lassen. Für ihn stand, wie er einräumt, die wirtschaftliche Überlegung im Vordergrund, daß er „brutto für netto", d. h. ohne gesonderte Berechnung der Verpackung liefern mußte und daß deshalb die Wahl eines schwereren Gefäßes, wie es die Firma G. ebenfalls anbot, seine Kalkulation empfindlich belastet hätte. Er hat deshalb die leichten Hobbocks bis zum Rande mit 50 kg Plastikmasse füllen lassen und so in den Handel gebracht. Auch wenn dem Beklagten von der Herstellerfirma nicht positiv erklärt worden ist, daß die Grenze der Tragfähigkeit bei 25 kg erreicht worden sei, liegt hierin unter den obwaltenden Umständen eine Fahrlässigkeit, wenn die Hobbocks bei einer Belastung mit 50 kg tatsächlich nicht mehr die erforderliche Sicherheit boten.

Eignung für voraussehbare Einsatzbedingungen

Daß dies der Fall war, hat das Berufungsgericht mit sachverständiger Hilfe geklärt. Es hat ausgeführt, daß ein seitlicher Zug von 7 kg, wie er bei einem Füllgewicht von 50 kg zum Aufbiegen der Griffe genüge, bei der voraussehbar starken und ungleichmäßigen Beanspruchung des Hobbocks auf den Arbeitsstellen leicht auftreten könne und daß deshalb die vom Beklagten in den Handel gebrachten Eimer nicht verkehrssicher gewesen seien. Hiergegen ist aus Rechtsgründen nicht zu erinnern.

I. 51: BGH, 8. 3. 1967, VIII ZR 4/65 (Farben-Grundstoff)

Die Klägerin kaufte von der Beklagten 21.000 kg „Rutile" als Grundstoff zur Herstellung von Farben. Versehentlich lieferte die Beklagte aber den Rohstoff „Anatase". Die Beklagte hatte die der Klägerin gelieferte Ware von dem Kaufmann H. gekauft. Dieser seinerseits hatte die Ware in den Niederlanden bezogen und ihre Verschiffung in Rotterdam veranlaßt.

Vertragshaftung: Anspruchskonkurrenz Haftung für positive Vertragsverletzungen

Es entspricht ständiger Rechtsprechung, daß dem Käufer neben den Ansprüchen aus Gewährleistung auch ein Anspruch wegen positiver Vertragsverletzung zustehen kann, wenn ihm durch eine schuldhafte Falsch- oder Schlechtlieferung des Verkäufers ein Vermögensschaden entsteht, der nicht unmittelbar durch die Nichterfüllung ausgelöst worden ist, wenn also der Schaden nicht schon im Kaufgegenstand selbst begründet ist, sondern sich in anderen Rechtsgütern des Käufers auswirkt (*RG* DR 1941/638; *BGH* NJW 59/1089; *BGH* LM Nr. 12 zu § 463 BGB). Zu diesen mittelbaren Schäden hat das RG auch die Belastung mit Schadensersatzansprüchen gerechnet, denen ein Käufer ausgesetzt war, der die vom Verkäufer gelieferte mangelhafte Sache verarbeitet und dadurch ein mit Mängeln behaftetes Werk hergestellt hatte (*RG*, aaO.). Nicht anders liegt es hier.

Haftpflichtschaden bzw. Freistellungsanspruch

Die Klägerin fordert nicht Schadensersatz, weil die gelieferte Ware etwa gegenüber der bestellten minderwertiger wäre, sondern weil sie infolge des vertragswidrigen Verhaltens der Beklagten unter Verwendung der gelieferten Ware eine Sache hergestellt hat, die für den beabsichtigten Zweck unbrauchbar ist und durch deren Verwendung ihre Abnehmer einen Schaden erlitten haben, dessen Ausgleich sie von der Klägerin verlangen.

Arbeitsteilung: Vorlieferant Erfüllungsgehilfe des Verkäufers hinsichtlich der Zusammenstellung der Lieferung

Das Berufungsgericht meint, die von der Beklagten begangene Vertragsverletzung sei schuldhaft. Sie müsse sich die Falschlieferung der Firma H. als eigenes Verschulden anrechnen lassen. Die Zusammenstellung der bestellten Sendungen sei eine Vertragspflicht der Beklagten gewesen. Zur Erfüllung dieser Verpflichtung, sowie der Auswahl, Verpackung und Verschiffung der Kaufsache habe sich die Beklagte des Inhabers der Firm H. bedient. Die Revision macht demgegenüber geltend, Vorlieferanten seien nicht Erfüllungsgehilfen eines späteren Lieferers. Damit verkennt die Revision aber, daß das Berufungsgericht den H. nicht als Erfüllungsgehilfen ansieht, weil er der

Beklagten den Grundstoff „Anatase" geliefert habe. Vielmehr hat das Berufungsgericht den H. als Erfüllungsgehilfen angesehen, weil er das getan habe, was sonst der Verkäufer selbst zu tun hat, nämlich die Ware unter Beobachtung der erforderlichen Sorgfaltspflicht auszuwählen und zusammenzustellen (vgl. *RGZ* 108/221, 223).

Soweit die Revision weiter hervorhebt, die Firma H. sei eine vertrauenswürdige Firma gewesen und es sei nicht ersichtlich, daß ihr Inhaber seine Pflichten verletzt habe, ist dieser Einwand unbegründet. Darauf, ob H. selbst vertrauenswürdig war, kommt es nicht an. Die vom Berufungsgericht ausdrücklich getroffene Feststellung, die Versendung von „Anatase" statt „Rutile" sei ein Versehen, das zumindest auf Fahrlässigkeit beruhe, läßt einen Rechtsirrtum nicht erkennen.

Vertragshaftung

Rügeobliegenheit (§§ 377, 378 HGB)

Die Klägerin ist nach Auffassung des Berufungsgerichts ihres Anspruchs auf Schadensersatz aus positiver Vertragsverletzung nicht etwa deshalb verlustig gegangen, weil sie die Falschlieferung verspätet gerügt hat. Das Berufungsgericht führt aus, die Klägerin habe eine Rüge nach § 378 HGB nicht zu erklären brauchen. Die Beklagte habe eine andere als die bedungene Ware geliefert. „Anatase" und „Rutile" bildeten Grundstoffe für Farben verschiedener Art.

Daß „Anatase" eine andere Ware als „Rutile" ist, nimmt die Revision hin. Sie meint aber, es liege keine so offensichtliche Abweichung vor, daß eine Genehmigung nicht zu erwarten gewesen sei, denn „Anatase" sei für Innenanstrich geeignet. Mit diesen Ausführungen setzt die Revision sich aber in Widerspruch zu der Würdigung des Berufungsgerichts, die Klägerin habe durch die Bestellung von „Rutile" in erheblicher Menge zum Ausdruck gebracht, daß sie einen großen Bedarf an einem Ausgangsstoff für die Herstellung von Außenstrichfarben hatte. Da „Anatase" und „Rutile" hinsichtlich der Konsistenz entgegengesetzte Eigenschaften haben und als Ausgangsstoff für ganz verschiedene Arten von Farben dienen, konnte das Berufungsgericht annehmen, die Beklagte hätte sich, wenn ihr bei der Übersendung die erfolgte Verwechslung bekannt gewesen wäre, gesagt, daß die Lieferung von „Anatase" nicht den Vertragszweck erfülle und die Klägerin nicht die Falschlieferung genehmigen würde. Ähnlich hat der erkennende Senat es im Urteil vom 20. September 1961 (Akt.-Z. VIII ZR 176/60) darauf abgestellt, ob nach vernünftiger Auffassung der Sachlage ein Kaufmann mit der gelieferten Ware auch nur einen Versuch, den Kaufvertrag zu erfüllen nicht machen würde und von dem Käufer ein Behalten der Ware als Erfüllung des Vertrages nicht erwartet werden könne.

Untersuchungsobliegenheit

Das Berufungsgericht hat in rechtsirrtumsfreier Würdigung angenommen, die Klägerin habe unter den hier vorliegenden Umständen von einer Untersuchung, ob die Beklagte statt „Rutile" „Anatase" geliefert habe, absehen dürfen. Sie habe nicht damit zu rechnen brauchen, daß ihr statt „Rutile" das von diesem äußerlich nicht unterscheidbare „Anatase" geliefert werde. Sie habe vielmehr davon ausgehen können, daß bei einem Farbenhersteller Verwechslungen von „Rutile" und „Anatase" so gut wie ausgeschlossen seien. Diese Auffassung ist nicht zu beanstanden.

Anwenderverantwortung

Die Revision meint, die Klägerin, die eine Farbe für Außenanstrich hergestellt habe, wäre verpflichtet gewesen, einen Probeanstrich der Witterung auszusetzen, ehe sie die Farbe veräußerte. Dabei übersieht die Revision, daß das Berufungsgericht nicht schlechthin eine Untersuchungspflicht verneint. Es mag sein, daß die Klägerin der Gewährleistungsansprüche verlustig gegangen wäre, wenn die Beklagte „Rutile" in mangelhafter Eigenschaft geliefert und die Klägerin infolge unterlassener Untersuchung den Mangel verspätet gerügt hätte. Darum geht es hier nicht.

Untersuchungs- und Rügeobliegenheit

Das Berufungsgericht stellt lediglich darauf ab, daß die Klägerin die gelieferte Ware nicht habe daraufhin zu untersuchen brauchen, ob ihr statt der bestellten eine äußerlich nicht unterscheidbare andere geliefert sei. Der erkennende Senat hat schon im Urteil vom 13. November 1956 (LM Nr. 3 zu § 459 Abs. 1 BGB) angenommen, ein Käufer sei nicht schlechthin verpflichtet, den Kaufgegenstand auf jeden nur denkbaren Mangel zu untersuchen. Er hat es als eine Überspannung der Rügepflicht nach § 377 HGB angesehen, wenn verlangt werde, daß der Käufer einen Omnibus, der ihm als fabrikneues Fahrzeug zu einem bestimmten Benutzungszweck, für den er äußerlich eingerichtet war, geliefert wurde, bald daraufhin hätte überprüfen müssen, ob er für den Vertragszweck auch mit allen Sitzen benutzt werden dürfe. Wenn der Käufer auf die Benutzbarkeit vertraut habe, so könne ihm das nicht angelastet werden. Im vorliegenden Fall ist die Klägerin gar nicht auf den Gedanken gekommen, daß das ihr gelieferte Material ein anderes als das bestellte sein könne. Dabei hat das Berufungsgericht mit Recht auf die eigene Behauptung der Beklagten hingewiesen, daß Verwechslungen bei den Herstellern ausgeschlossen seien. Das Berufungsgericht hätte schließlich auf das eigene Schreiben der Beklagten vom 9. 7. 1960 verweisen können, in dem die Beklagte erklärt, wenn der Kunde „Anatase" erhalten habe, sei dies ohne ihr Wissen geschehen, da sie die Ware nicht analysieren lasse; für gewöhnlich sei das nicht nötig, die damit verbundenen Kosten seien vermeidbar.

Verjährung (§ 477 BGB)

Die Verjährungsvorschrift des § 477 BGB gilt nicht für einen Schadensersatzanspruch, der daraus hergeleitet ist, daß eine andere als die geschuldete Sache geleistet ist (*BGH*, 21. 9. 1964, Akt.-Z. VIII ZR 298/62 sowie *BGH* LM Nr. 5 zu § 477 BGB). Im erstgenannten Urteil hat der Senat angenommen, die Lieferung eines Gemisches aus Sommer- und Winterweizen anstatt von Sommerweizen zur Aussaat sei als Lieferung einer anderen Warengattung statt der vereinbarten Gattung anzusehen und nicht nur als die Lieferung einer anderen Art derselben Gattung. Nicht anders liegt es im vorliegenden Fall. „Anatase" und „Rutile" sind wie Winter- und Sommerweizen in Aussehen, Zusammensetzung und Verwendungszweck zwar ähnlich. Sie bilden aber eine unterschiedliche Warengattung, weil sie zur Herstellung verschiedener Erzeugnisse verwendet werden.

Mitverschulden: Anwenderverantwortung

Hinsichtlich eines Mitverschuldens der Klägerin ist von folgendem auszugehen. Die Frage, ob die Klägerin die Lieferung unverzüglich untersuchen mußte, hat mit der weiteren Frage, ob die Klägerin die von ihr hergestellten Farben auf ihre Brauchbarkeit überprüfen müsse, nichts zu tun. Ihre Säumnis mit der erstgenannten Untersuchung hat, sofern sie erforderlich ist, zur Folge, daß die Lieferung als vertragsgemäß gilt und die Klägerin keine Ansprüche gegen die Beklagte geltend machen kann. Dagegen kann die Veräußerung der Farben ohne Prüfung auf Brauchbarkeit eine sog. Mitverursachung (§ 254 Abs. 1 BGB) sein, also ein Verhalten, das es verbietet, den selbst mitverursachten Schaden ganz oder teilweise auf den Vertragsgegner abzuwälzen. Sollte es in der Farbenindustrie üblich sein, Farbenerzeugnisse vor der Veräußerung auf Mängel zu überprüfen, so könnte im vorliegenden Fall eine Mitverursachung des durch Herstellung eines für den beabsichtigten Zweck unbrauchbaren Erzeugnisses und des durch die Weiterveräußerung entstandenen Schadens auch dann vorliegen, wenn die Klägerin nicht mit einer Verwechslung von „Anatase" und „Rutile" zu rechnen brauchte. Die Beklagten haben unter Beweisantritt vorgetragen, es sei handelsüblich, daß ein Hersteller von Farben diese prüfe, bevor sie in den Handel kommen. So würden durch Probeanstriche die Farben auf den Einfluß der Witterung überprüft. Hätte die Klägerin so gehandelt, hätten sich die Mängel der Farbe spätestens nach 3 bis 4 Wochen herausgestellt. In dieser Beziehung fehlt es an einer Würdigung des Berufungsgerichts.

Dieser Verfahrensfehler zwingt aber nicht zur Aufhebung des Urteils. Das Gericht kann die Frage des mitwirkenden Verschuldens dem Betragsverfahren überlassen, wenn feststeht, daß trotz schuldhafter Mitverursachung des Schadens ein Anspruch des Geschädigten, wenn auch in unbekannter Höhe, besteht. Hier würde auch bei mitwirkendem Verschulden des Beklagten irgendein Anspruch verbleiben. Es könnte zwar sein, daß dann, wenn die Klägerin einen Probeanstrich vor Veräußerung der hergestellten Farbe vorgenommen hätte, sie vor Schadensersatzansprüchen von Abnehmern verschont geblieben wäre. Auf den Ersatz des durch diese Ansprüche entstandenen Schadens ist der hier infrage stehende Klageanspruch aber nicht beschränkt. Hätte die Klägerin aufgrund eines Probeanstrichs von einer Veräußerung abgesehen, so hätte sie ebenfalls dadurch Schaden erlitten, daß durch Vermischung mit dem gelieferten „Anatase" die sonstigen von der Klägerin beigefügten Bestandteile der Farbe zur Herstellung einer Außenanstrichfarbe unverwendbar geworden waren und das gewonnene Erzeugnis nicht, wie beabsichtigt, als Außenanstrichfarbe abgesetzt werden konnte. Dieser Schaden kann davon, daß die Klägerin einen Probeanstrich unterlassen hat, nicht berührt werden. Unter diesen Umständen ist es gerechtfertigt, daß die Entscheidung über ein mitwirkendes Verschulden der Beklagten dem Betragsverfahren vorbehalten bleibt.

I. 52: BGH, 5. 4. 1967, VIII ZR 32/65 (Betonbereitungs-Anlage)

Vertragshaftung

Beratungshaftung des Vertriebshändlers

Nach Ansicht des Berufungsgerichts war die Beklagte, die den Handel mit Baumaschinen, Baugeräten und Baueisenwaren betreibt, als Verkäuferin verpflichtet, der Klägerin eine Gebrauchsanleitung für die Betonbereitungs-Anlage zu geben und ihr über die Behandlung der Anlage erschöpfend Auskunft zu erteilen, damit der Klägerin ein sachgerechter und risikoloser Gebrauch der Maschine ermöglicht wurde. Den Verkäufer treffe eine Unterweisungs- und Belehrungspflicht, wenn beim Käufer die erforderliche Sachkenntnis beim Gebrauch, bei der Bedienung und Handhabung des Kaufgegenstandes nicht erwartet werden könne, wie dies vor allem beim Kauf komplizierter Maschinen der Fall sei. Die Beklagte sei nicht nur Zwischenhändlerin, sondern Fachhändlerin, die zudem über einen eigenen Kundendienst verfüge. Der Kauf einer teueren Spezialmaschine beim Fachhändler sei Vertrauenssache: er sei redlicherweise nur auf der Grundlage gewollt, daß der Händler die gleichen Verpflichtungen hinsichtlich Belehrung und Unterweisung in der Handhabung und Wartung des Kaufgegenstandes übernehme, wie sie den Hersteller treffen, wenn er — statt über den Fachhandel zu liefern — selbst die Maschine an den Endabnehmer verkaufe. Dies sei ein sich aus der Natur der Sache ergebendes, zur Sicherung des Verkehrs notwendiges Gebot.

Gerade weil es für den Käufer außergewöhnlich schwierig sei, an den Fabrikanten „heranzukommen", sei es angebracht, die dem Händler aus Kaufverträgen obliegenden Verpflichtungen weit zu fassen. Demnach müsse vom Fachhändler verlangt werden, daß er sich beim Hersteller der gelieferten Maschine genauestens über Handhabung und Wartung informiere. Das gelte in besonderem Maß für die Beklagte, die sich als größtes Spezialhaus für Baumaschinen, Baugeräte und Baueisenwaren bezeichne. Die Beklagte behaupte auch nicht, daß ihr überhaupt etwa jede Kenntnis der Beschaffenheit der Waage gefehlt habe; das sei umso weniger anzunehmen, als sie mit der Aufstellung der Anlage einen eigenen Monteur beauftragt habe, der sogar den Arbeitern der Klägerin gewisse Anweisungen über die Vornahme der Probewiegungen erteilt haben soll. Die Beklagte habe der Klägerin zwar eine Betriebsanleitung zukommen lassen. Diese habe aber keinerlei Angaben über die Entlüftungsvorrichtung der Waage und deren Wartung enthalten. Mit der Verteidigung, sie selbst habe von der besonderen Wartungsbedürftigkeit der Entlüftungsanlage keine Kenntnis gehabt, könne sich die Beklagte nicht entlasten. Denn wenn sich der Fachhändler mit den ihm vom Hersteller erteilten Auskünften begnüge und diese sowie vom Hersteller beigegebene Gebrauchsanleitungen an den Käufer weitergebe, so hafte der Fachhändler dem Käufer, falls sich Gebrauchsanleitung und Auskünfte bezüglich des Kaufgegenstandes als falsch oder unvollständig erweisen, weil der Hersteller als Erfüllungsgehilfe des Fachhändlers angesehen werden müsse, für dessen Verschulden dieser nach § 278 BGB einzustehen habe. Die Erfüllungsgehilfenschaft des Herstellers ergebe sich auch daraus, daß der Hersteller mit der Aufstellung der Gebrauchsanleitung nicht nur eine eigene Pflicht gegenüber dem Händler erfülle, sondern dabei auch für den Händler tätig werde. Überdies habe die Beklagte hier nicht etwa bloß eine von der Lieferfirma erteilte Anweisung an die Klägerin weitergegeben, sondern eine Bedienungsanleitung, die nur die Firmenbezeichnung der Beklagten, nicht auch die der Herstellerin trage. Die Bedienungsanleitung habe daher als Anleitung der Beklagten erscheinen müssen. Derjenige, der für die Beklagte diese Anleitung verfaßt habe, sei deshalb Erfüllungsgehilfe der Beklagten.

Arbeitsteilung: Erfüllung eigener Beratungspflichten mittels Benutzung von Herstellerunterlagen

Die Auffassung des Berufungsgerichts, daß die Beklagte verpflichtet war, die Klägerin über die Behandlung und Wartung der Maschine zu belehren und sich die zu diesem Zweck erforderlichen Kenntnisse über ihre Handhabung zu verschaffen, unterliegt keinen rechtlichen Bedenken. Das Berufungsgericht durfte dem Sachvortrag der Parteien entnehmen, daß die Maschine bei naßkaltem Wetter einer besonders sorgfältigen Wartung bedurfte, und es konnte als erforderlich ansehen, daß die Klägerin hierauf in der Bedienungsanleitung hingewiesen wurde.

Bedeutung der Einzelfallumstände

Ob und inwieweit der Verkäufer einer Maschine, der sie vom Hersteller bezieht, beim Weiterverkauf den Käufer über die Beschaffenheit des Vertragsgegenstandes, seine Verwendungsmöglichkeiten und die hierfür erforderliche Wartung aufzuklären hat, hängt wesentlich von den Umständen des Einzelfalles ab. Diese hat das Berufungsgericht ohne ersichtlichen Rechtsfehler berücksichtigt. Es steht hier nicht zur Entscheidung, ob die Beklagte verpflichtet war, die gelieferte Maschine vor ihrer Ablieferung auf Fehler zu untersuchen, oder ob eine solche Kontrollpflicht deshalb zu verneinen wäre, weil die Beklagte auf die allgemeine Zuverlässigkeit des Herstellers vertrauen durfte (vgl. zu dieser Frage insbesondere *Diederichsen,* Die Haftung des Warenherstellers, 1967, S. 32 f.). Auch wenn die Beklagte zu einer solchen Kontrolle nicht verpflichtet war, so traf sie die Verpflichtung zur Unterweisung der Klägerin über die Behandlung und erforderliche Wartung der Maschine nach dem vom Berufungsgericht festgestellten Sachverhalt deshalb, weil die Beklagte diese Verpflichtung als Nebenverpflichtung zum Kaufvertrag übernommen hat.

Umfang der Beratungspflicht

Diese Verpflichtung wurde nicht schon dadurch erfüllt oder darauf beschränkt, daß die Beklagte der Klägerin schriftliche Montage- und Bedienungsanleitungen übersandte. Die Klägerin durfte vielmehr erwarten, daß die Beklagte ihr die erforderliche Aufklärung über die Funktion der Anlage einschließlich der Mischerwaage, über die hierbei möglicherweise auftretenden

Beratung mittels Benutzung von Herstellerunterlagen

Störungen und insbesondere auch über die erforderlichen Wartungsmaßnahmen gab. Wenn sich die Beklagte zur Erfüllung dieser Verpflichtung des von ihr entsandten Monteurs und der Bedienungsanleitungen bediente, die von dem Herstellerwerk verfaßt und von der Beklagten mit ihrem Firmenaufdruck versehen worden waren, so muß sie für die festgestellte Unvollständigkeit dieser Aufklärung und Anleitungen einstehen. Dabei kann dahingestellt bleiben, ob sie auch ein eigenes Verschulden daran trifft, daß sie sich nicht selbst die erforderlichen Kenntnisse verschafft hat, um die Klägerin ausreichend aufklären zu können.

Hersteller als Erfüllungsgehilfe des Vertriebshändlers hinsichtlich der Gebrauchsanleitungen

Es kommt insbesondere nicht darauf an, ob der Inhaber der Beklagten in der Lage war, zu erkennen, welche Bedeutung der Entlüftungsöffnung für den Betrieb der Anlage beizulegen war, denn es genügt, daß jedenfalls der Hersteller hierüber unterrichtet sein mußte. Bediente sich die Beklagte, um eine eigene Verpflichtung zur Aufklärung über die Funktion und Wartung der Anlage gegenüber der Klägerin zu erfüllen, der vom Hersteller verfaßten Bedienungsanleitung, so bestehen keine Bedenken, das Lieferwerk hinsichtlich dieser Verbindlichkeit als Erfüllungsgehilfen der Beklagten anzusehen (vgl. *Diederichsen,* aaO., S. 33).

Mitverschulden (§ 254 BGB)

Die Erwägungen des Berufungsgerichts, mit denen die Frage mitwirkender Verursachung und mitwirkenden Verschuldens verneint werden, enthalten keinen Rechtsfehler. Auch wenn berücksichtigt wird, daß der Monteur der Beklagten den Arbeiter der Klägerin bei der Einweisung darauf hingewiesen hatte, daß jeweils vor Arbeitsbeginn Zement-Wiegeproben vorzunehmen seien, berücksichtigt wird, so brauchte doch das Berufungsgericht bei der Abwägung der Verantwortlichkeit im Sinne des § 254 BGB der Nichtbeachtung dieses Hinweises kein so erhebliches Gewicht beizulegen, daß schon deshalb eine Beteiligung der Klägerin an dem entstandenen Schaden gerechtfertigt wäre. Es konnte bei seiner Abwägung ohne Rechtsverstoß berücksichtigen, daß die Maschine zunächst längere Zeit einwandfrei gearbeitet hat, so daß die Arbeiter der Klägerin kein erheblicher Schuldvorwurf trifft, wenn sie jedenfalls in dem Zeitpunkt, in dem sich der Schaden ereignete, Probewiegungen als nicht (mehr) erforderlich unterließen, zumal sie auch nicht auf die Gefahr hingewiesen worden waren, daß sich die Entlüftungsvorrichtung der Waage bei ungünstigen Witterungsbedingungen verstopfen könne und daß dann die Waage nicht mehr einwandfrei arbeite.

I. 53: BGH, 21. 6. 1967, VIII ZR 26/65 (Trevira)

Die Klägerin, ein Konfektionsbetrieb für Damenkleider, bestellte bei der beklagten Weberei Trevira-Stoffe. Bei der Verarbeitung entdeckte sie, daß an den daraus hergestellten Kleidern Kniffe und Falten auftraten, die auch beim Bügeln nicht weggingen. Sie stützt ihre Klage darauf, daß ihr die Beklagte Trevira verkauft habe, einen Stoff, bei dem ihr nach der Werbung der Farbwerke Hoechst als der Herstellerin „Bügel- und Faltenbeständigkeit bei ausgeprägter Knitterarmut" zugesichert sei.
Die Beklagte hatte die Stoffe der Firma W. zur „Ausrüstung" gegeben. Der Fehler des Stoffes entstand bei der Ausrüstung.

Vertragshaftung: Arbeitsteilung – Hersteller nicht Erfüllungsgehilfe des Verkäufers

Die Auffassung des Berufungsgerichts, daß der Lieferant des Verkäufers nicht dessen Gehilfe bei der Erfüllung seiner Pflicht ist, die vom Lieferanten bezogene Sache dem Käufer zu übereignen, entspricht der Rechtsprechung des RG (*RGZ* 101/152, 154; 101/157, 158; 108/221, 222), der der *BGH* im wesentlichen gefolgt ist (*BGH*, VersR 56/259 = I.23; *BGH*, VersR 62/480, 481/I.45).

Werklieferungsvertrag über vertretbare Sachen (§ 651 BGB)

Entgegen der Auffassung der Revision hat das Berufungsgericht die erwähnte Rechtsprechung zutreffend auch im vorliegenden Fall angewendet, in welchem die Klägerin einen Werklieferungsvertrag über Stoffe abgeschlossen hatte, die die Beklagte der Firma W. zur „Ausrüstung" gegeben hatte. An sich betrifft zwar jene Rechtsprechung die Kette Käufer – Zwischenverkäufer – Lieferant, also hintereinander geschaltete Kaufverträge.

Es ist aber kein durchgreifender Grund ersichtlich, diese Rechtsprechung nicht auch auf die Kette Besteller (Käufer) – Werklieferer – Ausrüster anzuwenden. Erfüllungsgehilfe ist, wer bei der Erfüllung der dem Schuldner obliegenden Verbindlichkeit als seine Hilfsperson tätig wird (*BGHZ* 13/111). Ein Verkäufer schuldet nach § 433 BGB die Übergabe und die Übereignung der Sache und nicht die Herstellung eines Werkes. Das ist bei dem hier vorliegenden „Werklieferungsvertrag" über eine vertretbare Sache nicht anders. Der „Unternehmer" kann dabei zwar die Sache herstellen oder anderweit herstellen lassen; er kann sie aber auch seinem Vorrat schon hergestellter Sachen entnehmen oder anderweit beziehen und sie dann seinem Besteller liefern. Im letzteren Fall liegt zweifellos ein Kauf vor. Dazu würde sich für die hier zu entscheidende Frage auch dann nichts ändern, wenn man annähme, daß auch bei einem „Werklieferungsvertrag" über vertretbare Sachen nicht nur der Verkauf der Sache Inhalt des Vertrages ist, sondern auch die Herstellung. Denn nach § 651 Abs. 1 BGB finden auf einen solchen Vertrag die Vorschriften über den Kauf Anwendung. Der „Unternehmer" schuldet nicht die Herstellung des Werkes (so § 651 Abs. 1 Satz 1 BGB). Bei Erfüllung dieser Pflicht bedient er sich aber in aller Regel nicht desjenigen, den er vor Lieferung der Sache in den Herstellungsprozeß eingeschaltet hatte, als seiner Hilfsperson. Das Berufungsgericht hat daher mit Recht die Anwendung des § 278 BGB abgelehnt.

Eigenschafts-
zusicherung

Jedoch hält das angefochtene Urteil der rechtlichen Nachprüfung insoweit nicht stand, als es auch eine Haftung der Beklagten wegen Fehlens zugesicherter Eigenschaften abgelehnt hat (§§ 651, 480 Abs. 2 BGB). Dabei hat das Berufungsgericht unentschieden gelassen, ob im allgemeinen ein Verkäufer, der einen Stoff als Trevira verkauft, damit schon zusichere, daß dieser alle die Eigenschaften habe, welche ihm die Verkehrsauffassung, geprägt durch die Werbung der Farbwerke Hoechst, beilegt. Denn es gehe im vorliegenden Falle um die andersgeartete Frage, ob eine solche etwaige Zusicherung auch das Nichtvorhandensein von Fehlern umfasse, die bei der Ausrüstung des Stoffes entstanden sind. Diese Frage sei aber zu verneinen.

Gegen diese Begründung erhebt die Revision mit Recht Bedenken.

Vorliegen einer Eigenschafts-Zusicherung

Werbung als Eigenschaftszusicherung?

Richtig ist zwar, daß dann, wenn in der Benennung des Stoffes mit Trevira nur die im Verkehr üblich gewordene Bezeichnung des Vertragsgegenstandes läge, von Zusicherung keine Rede sein könnte. Erst recht würden dazu allgemeine Anpreisungen in der Werbung nicht genügen. Vielmehr muß, wenn in der Erklärung des Verkäufers die Zusicherung einer Eigenschaft liegen soll, diese nach Treu und Glauben und nach der Verkehrssitte dahin aufzufassen sein, daß der Verkäufer für die betreffenden Eigenschaften die vertragsgemäße Gewähr übernehmen will. Seine Erklärung muß daher die Eigenschaften, für die er einstehen soll, so bezeichnen, daß ihr Inhalt und ihr Umfang, notfalls nach Auslegung, festgestellt werden könne (*BGH,* NJW 59/1489).

Warenzeichen als Eigenschaftszusicherung?

Daß diese Voraussetzungen hier nicht gegeben sind, hat das Berufungsgericht nicht bedenkenfrei dargetan. Allerdings haftet die Beklagte nicht schon deshalb aus § 480 Abs. 2 BGB, weil sie Stoffe mit einem geschützten Warenzeichen geliefert hat. Die Verwendung eines Warenzeichens bewirkt in der Regel nur, das Vertrauen des Verbrauchers in die Herkunft der Ware hervorzurufen und zu festigen. Es besagt aber noch nicht, daß der Hersteller, Verarbeiter, Händler, usw. damit auch die Gewähr für die Qualität der Ware leisten will (*RGZ* 161/29, 38). Auch liegt in der Werbung, die Hersteller und Händler für Markenartikel und deren Qualität machen, nicht ohne weiteres schon eine Zusicherung ihrer Eigenschaft (vgl. *Teichmann,* BB 66/173; *Müller,* AcP 1965/285, 319 ff.).

Eigenschaftszusicherung aufgrund von Werbeangaben?

Die Revision rügt jedoch mit Recht, daß das Berufungsgericht dem Vortrag der Klägerin über die besondere Art, mit der die Farbwerke Hoechst für ihre Trevira-Produkte werben, nicht genügend Beachtung geschenkt hat. Das Berufungsgericht scheint anzunehmen, daß diese Werbung allein der von den Farbwerken Hoechst produzierten Polyester-Faser gelte, aus der ihre Abnehmer das Trevira-Gewebe herstellen. Nach der Behauptung der Klägerin ist die Werbung jedoch auch und vor allem auf das Endprodukt, den fertiggestellten und verarbeiteten Trevira-Stoff abgestellt. Die Klägerin hatte durch Benennung von Fachleuten der Farbwerke Hoechst unter Beweis gestellt, daß diese Firma durch eingehende Verarbeitungsrichtlinien den ganzen Herstellungsprozeß des Trevira-Stoffes vorschreibt und überwacht. Offenbar handelt es sich bei der Aufgabe, die künstliche Faser mit der tierischen Wollfaser zu verschmelzen und dann daraus ein qualitätsmäßig einwandfreies Endprodukt herzustellen, um einen schwierigen technischen Prozeß, der verschiedene Be- und Verarbeitungsstufen durchlaufen muß und nur gelingen kann, wenn die hierfür vom Hersteller der Chemie-Faser entwickelten Richtlinien eingehalten werden. Deshalb soll nach dem Vorbringen der Klägerin die Werbung nicht nur darauf abgestellt sein, das Vertrauen der Abnehmer in die Qualität des neuartigen Stoffes zu festigen. Vielmehr soll sie auch dahin gehen, jedem Abnehmer eines Trevira-Produktes (Garn, Gewebe, Stoff, Kleidungsstück, usw.) die Gewähr dafür zu bieten, daß das im Wege der Arbeitsteilung von verschiedenen Betrieben weiter bearbeitete oder verarbeitete Produkt in jeder dieser Stufen (Spinnerei, Weberei, Färberei, Druckerei, usw.) so behandelt worden ist, wie es behandelt werden muß, damit es die in der Werbung einem Trevira-Produkt zugeschriebenen Eigenschaften hat. Dementsprechend sollen die Farbwerke Hoechst die Verwendung des Etiketts Trevira nur Betrieben erlauben, die nach den Richtlinien der Farbwerke arbeiten und sich deren Kontrollen unterwerfen.

Zurechnung einer Fremdwerbung

Läßt sich eine solche besondere Gestaltung der Werbung feststellen, so sichert der Verkäufer, der eine Ware als Trevira liefert, vertragsgemäß zu, daß in jeder Be- und Verarbeitungsstufe die Richtlinien der Farbwerke Hoechst eingehalten worden sind und die Ware deshalb die Eigenschaften besitzt, welche sich bei „treviramäßiger Behandlung" in den verschiedenen Produktionsstufen ergeben. Das ist nach dem Vorbringen der Klägerin Sinn und Inhalt der Werbung, wie ihn Verkehrssitte und Handelsbrauch verstehen. Hieran muß sich der Verkäufer festhalten lassen.

Umfang der Eigenschaftszusicherung

Richtig ist allerdings der Standpunkt des Berufungsgerichts, daß die von der Klägerin behauptete Zusicherung nicht das Fehlen jeglichen Mangels der Ware gewährleisten will. Vielmehr will die Werbungnur die Abwesenheit der Mängel gewährleisten, die bei Einhaltung der vom Hersteller aufgestellten Richtlinien nicht auftreten würden. Das Berufungsgericht wird daher aufzuklären haben, ob und welche Richtlinien die Farbwerke Hoechst für die „Ausrüstung" eines Trevira-Gewebes aufgestellt haben, ferner, wodurch die im vorliegenden Fall aufgetretenen Kniffe in dem Stoff entstanden waren und ob sie vermieden worden wären, wenn die Richtlinien der Farbwerke eingehalten worden wären. Denn nur dann kann davon gesprochen werden, daß die Klägerin in ihrem Vertrauen auf die Zusicherung „treviramäßiger Bearbeitung" enttäuscht worden sei und deshalb wegen Fehlens zugesicherter Eigenschaften Schadensersatz verlangen kann. Auf durch andere Ursachen zurückzuführende Fehler, wie sie auch bei Einhaltung der von den Farbwerken Hoechst erlassenen Richtlinien immer einmal unterlaufen können („Ausreißer"), kann die Zusicherung nicht erstreckt werden.

I. 54: BGH, 17. 10. 1967, VI ZR 70/66 (Schubstrebe)

Der Ehemann der Klägerin kaufte einen Pkw. Bei einer Fahrt, an der auch die Klägerin teilnahm, brach die hintere Schubstrebe. Durch den Unfall wurde die Klägerin schwer verletzt.

Die gegen den Pkw-Hersteller gerichtete Schadensersatzklage wurde abgewiesen (vgl. III. 6). Die Klägerin verklagte daraufhin den Lieferanten des Pkw-Herstellers, der die Schubstrebe geliefert hatte.

Deliktshaftung

In Übereinstimmung mit dem Landgericht bejaht das Berufungsgericht eine Schadensersatzpflicht der Beklagten aus § 831 BGB.

Das Berufungsgericht legt seiner Beurteilung folgenden Sachverhalt zugrunde: Der Unfall der Klägerin beruhte auf einem Bruch der hinteren Schubstrebe. Diese stammte aus der Werkstatt der Beklagten als Zulieferer der Firma G. Der Bruch der Schubstrebe ist auf einen Bearbeitungsfehler im Betrieb der

Qualitätskontrolle

Beklagten zurückzuführen; das Werkstück wurde bei zu niedriger Temperatur geschmiedet. Dieser Mangel hätte bei der Prüfung mittels magnetischer Flutung erkannt werden können, welche die Beklagte aufgrund einer Vereinbarung mit der Fir-

Fehlernachweis

ma G. durchführte. Das Berufungsgericht hat ausgeschlossen, daß der Bruch der Schubstrebe als Folge einer Überbeanspruchung beim Betriebe des Kraftfahrzeuges eingetreten ist.

Ohne Erfolg wendet sich die Revision gegen die Feststellung des Berufungsgerichts, der Bruch der Schubstrebe sei nicht die Ursache des Geschehens, sondern die Folge eines früheren Unfalls gewesen. Das Berufungsgericht schließt als Bruchursache eine Überbeanspruchung aus. Es weist darauf hin, daß der Zeuge X. in seinem Prüfbericht allerdings als wahrscheinliche Ursache bezeichnet habe, daß die Spureinstellung des Rades durch einen früheren Anschluß verändert und dadurch eine übermäßige Beanspruchung der Schubstrebe herbeigeführt worden sei. Aufgrund der Bekundung des Ehemannes der Klägerin hat sich das Berufungsgericht aber davon überzeugt, daß sich das Kraftfahrzeug im Unfallzeitpunkt nach 3.000 Fahrtkilometern in einwandfreiem Zustand befand und vorher an einem Verkehrsunfall nicht beteiligt und nicht beschädigt worden war. Darüber hinaus erachtet es eine solche Entstehungsursache durch das Gutachten des Sachverständigen M. für ausgeschlossen, nach dessen Ausführungen Ursache ein Bearbeitungsfehler war, der durch die magnetische Flutung mit hoher Sicherheit hätte erkannt werden müssen. Zudem weist das Berufungsgericht darauf hin, der von der Versicherungsgesellschaft der Firma G. mit einer metallogischen Untersuchung beauftragte Angestellte D. habe mit Sicherheit ausgeschlossen, daß die zahlreichen Einrisse durch eine Betriebsbeanspruchung ausgelöst worden seien und die geringe Restbruchfläche als weiteren Beweis für eine verhältnismäßig geringe Beanspruchung im Betrieb angeführt.

Mitarbeiterhaftung (§ 831 BGB)

Anforderungen an Entlastungsnachweis

Auf der Grundlage dieses Sachverhalts geht das Berufungsgericht zutreffend davon aus, die Beklagte könne ihre Haftung aus § 831 BGB nur durch den Nachweis abwenden, daß sie ihre mit Herstellung und Überprüfung des Werkstücks betrauten Arbeiter mit der erforderlichen Sorgfalt ausgesucht, angeleitet und beaufsichtigt habe.

Wohl hält das Berufungsgericht für erwiesen, daß der mit dem Verfahren der magnetischen Flutung regelmäßig beauftragte Angestellte S. mit hinreichender Sorgfalt ausgesucht und überprüft worden ist. Auch hat die Beklagte nach Auffassung des Berufungsgerichts hinsichtlich der Schmiedearbeiten hinreichenden Beweis für die sorgfältige Auswahl und Überwachung ihrer Hammerführer angeboten. Dagegen erachtet das Berufungsgericht für nicht genügend dargetan, daß der Ersatzmann des S. mit gleicher, im Hinblick auf die Bedeutung des Prüfungsverfahrens gebotener Sorgfalt nach Ausbildung, Zuverlässigkeit, Fähigkeit und Geschicklichkeit ausgesucht worden ist. Mit dem Berufungsgericht ist davon auszugehen, daß besonders hohe Anforderungen an die fachlichen, aber auch an die charakterlichen Qualitäten eines Arbeitnehmers zu stellen sind, der diese Tätigkeit ausübt. Das Prüfungsverfahren zur Feststellung von Bearbeitungsfehlern im Schmiedegesenk ist eine besonders wichtige und verantwortungsvolle Tätigkeit, von der die Sicherheit der Insassen des Kraftfahrzeugs, aber auch der übrigen Verkehrsteilnehmer abhängt. Dies gilt in besonders hohem Maße deshalb, weil die Firma G. von einer eigenen Ferro-flux-Kontrolle absah und sie völlig der Beklagten überließ, wie diese wußte.

Benennung des Verursachers

Die Beklagte hat nicht vorgetragen und erst recht nicht unter Beweis gestellt, daß die Schubstrebe des Unfallwagens durch S. kontrolliert worden ist. Die Revision selbst geht davon aus, daß es nicht möglich ist, darzutun, auf welche Person oder Personen die schadensbedingende Handlung zurückzuführen ist. Unter solchen Umständen muß der Entlastungsbeweis nach § 831 BGB für alle Personen geführt werden, die als Urheber der Handlung in Betracht kommen können. Daher verlangt das Berufungsgericht zutreffend, daß der Arbeitnehmer namhaft gemacht wird, der im Zeitpunkt des Schadensereignisses als Ersatzmann verantwortlich war (*BGH,* VersR 59/104 = I.34). Dem genügt das in der mündlichen Verhandlung vom 1. 3. 1966 unter Beweis gestellte Vorbringen der Beklagten nicht, der Ersatzmann für den Prüfer S. sei ein sorgfältig ausgesuchter und zuverlässiger Arbeiter, der bei seiner Prüftätigkeit noch besonders und in einem größeren Maß als S. überwacht worden sei. Auch die Revision führt den Namen des Ersatzmannes oder der Ersatzleute nicht an. Daß die benannten Zeugen bekundet haben würden, daß der vom Betriebsleiter „jeweils eingesetzte Ersatzmann" zuverlässig und hinreichend ausgebildet war, genügt ebenfalls nicht den zu stellenden Anforderungen (vgl. *BGH,* aaO.).

Arbeitsteilung: deliktsrechtliche Haftung gegenüber Dritten für fehlerhafte Ausführung von Auftragsarbeiten

Qualitätskontrolle

Ohne Erfolg macht die Revision geltend, lediglich die Herstellung der Schubstreben durch Schmieden und die äußere Prüfung auf Abmessungen nach Zeichnung, Oberflächenfehler und Oberflächenrisse gehörten zur „Verrichtung" im Sinne des § 831 BGB, dagegen nicht mehr die Kontrolle mittels magnetischer Flutung; sie sei eine durch besondere Vereinbarung zwischen der Firma G. und der Beklagten übernommene zusätzliche Verpflichtung. Ob der Beklagten ohne solche Vereinbarungen die allgemeine Pflicht für eine solche Kontrolle oblag, mag dahinstehen. Die Beklagte hatte sich zu einer schadenverhütenden Handlung (magnetische Flutung) verpflichtet, zu deren Vornahme nach heutiger Anschauung die Firma G. als Kraftfahrzeug-Hersteller der Allgemeinheit gegenüber verpflichtet war. Unter solchen Umständen ist anerkannten Rechts, daß der säumige Vertragspartner dem Verletzten aus unerlaubter Handlung haftet (*Erman-Drees,* BGB, 4. Aufl., § 823, 8 b; *Wussow,* Das Unfallhaftpflichtrecht, 8. Aufl., Tz. 149).
Die Revision ist der Auffassung, die Beklagte habe sich lediglich für den von ihr eingesetzten Betriebsleiter Y. zu entlasten, was ihr gelungen sei. Sie verweist auf die Rechtsprechung, die bei Großbetrieben den sog. dezentralisierten Entlastungsbeweis zugelassen hat (*BGHZ* 4/1 = I.18).

Es mag dahinstehen, ob an der den Großbetrieb begünstigenden Rechtsprechung zum dezentralisierten Entlastungsbeweis fest-

Organisationshaftung (§ 823 BGB)

gehalten werden kann. Jedenfalls ist der Unternehmer der Pflicht nicht enthoben, die allgemeinen Aufsichtsanweisungen selbst zu treffen. Diese Pflicht der allgemeinen Oberaufsicht obliegt in jedem Fall ihm; auch einem sorgfältig ausgewählten leitenden Angestellten kann er sie nicht mit der Folge überlassen, daß er sich selbst einer Haftung entzieht (vgl. *RGZ* 87/1, 4 = I.5). Bei juristischen Personen greift die Zurechnungsregel des § 31 BGB ein, wenn die schuldhafte Verletzung allgemeiner Überwachungs- und Organisationspflichten zu einer Rechtsgutverletzung im Sinn des § 823 BGB geführt hat.

Schon nach der Lebenserfahrung deutet es zunächst auf einen fahrlässigen Mangel im Organisationsbereich der Beklagten hin, wenn diese dem Auto-Hersteller ein für die Betriebssicherheit des Kraftwagens entscheidendes Werkstück in schadhaftem Zustand anliefert und wenn zudem feststeht, daß die Herstellung fehlerhaft und die Stückkontrolle unzureichend war.

Beweislastumkehr

Für die von der Beklagten rechtswidrig geschädigte Klägerin ist es schlechthin unmöglich, Angaben darüber zu machen, in welchen Einzelpunkten schuldhafte Pflichtverletzungen der Unternehmensleitung vorgelegen haben. Es ist bei einem solchen Sachverhalt Sache des Produzenten, sich zu entlasten (vgl. *BGH* LM Nr. 12 zu § 86 [C] ZPO = I.20). Da die Beklagte diejenigen Werksangehörigen, deren konkrete Nachlässigkeiten für den Schaden ursächlich waren, nicht namhaft machen kann oder nicht namhaft machen will, ist eine restlose Aufklärung der betriebsinternen Vorgänge, die mit den Fehlleistungen im Zusammenhang stehen, vollends ausgeschlossen. Zugleich ist der unfallbetroffenen Klägerin die Möglichkeit versperrt, mit Aussicht auf Erfolg die für den Schaden verantwortlichen Werksangehörigen auf Schadensersatz in Anspruch zu nehmen. Unter diesen Umständen könnte, wenn überhaupt, eine Entlastung nur bei Darlegung ganz besonderer Umstände in Betracht kommen. Die Beklagte hat die gegen sie sprechende Vermutung

Organisationshaftung (§ 823 BGB)

eines Organisationsverschuldens jedenfalls nicht entkräftet. Sie hat insbesondere nicht dargetan, daß sie ausreichende konkrete Aufsichtsanweisungen für den Fall getroffen hat, daß der allein für die Ausführung der magnetischen Flutung hinreichend ausgebildete Angestellte S. ausfiel. Bei der besonders hohen

Gefährdungsmöglichkeit hätten sich Anweisungen der Unternehmensleitung darauf erstrecken müssen, wer von den Betriebsangehörigen als Ersatzmann geeignet war und eingesetzt werden sollte, sowie welche zusätzlichen Sicherungs- und Überwachungsmaßnahmen vorzunehmen waren.

I. 55: BGH, 8. 5. 1968, VIII ZR 62/66

Vertragshaftung §§ 377 HGB, 477 BGB Arglistiges Verschweigen des Mangels § 278 BGB

Der Verkäufer kann sich weder auf die Vorschriften über die Rügefrist nach § 377 HGB noch auf die kurze Verjährungsfrist des § 477 BGB berufen, wenn er den Mangel arglistig verschwiegen hat. Bei der Überprüfung des Berufungsurteils kommt es darauf an, unter welchen Voraussetzungen dem Verkäufer ein Verheimlichen eines Mangels durch einen Vertreter oder sonstigen Erfüllungsgehilfen anzurechnen ist.

Arbeitsteilung: Zulieferer nicht Erfüllungsgehilfe des Verkäufers (Werklieferungsvertrag)

Ist die Schweißung bereits bei der Zulieferantin der Beklagten erfolgt, so würde eine der Zulieferantin etwa anzurechnende Arglist von der Beklagten schon deshalb nicht wie eigene Arglist zu vertreten sein, weil der Zulieferer auch bei einem Werklieferungsvertrag über vertretbare Sachen grundsätzlich nicht Erfüllungsgehilfe des Werklieferers ist (*BGHZ* 48/118, 121 = I.53).

Innerbetriebliche Arbeitsteilung und § 278 BGB

Wurde dagegen die Schweißung im Betriebe der Beklagten vorgenommen, so kommt es darauf an, ob der Verkäufer bei der Erfüllung des Vertrages, also bei der Übergabe oder der Ablieferung der Sache, selbst oder durch einen Vertreter arglistig gehandelt hat. Die Offenbarungspflicht hinsichtlich eines Fehlers einer abzuliefernden Maschine wird gegenüber dem Besteller nicht schon dadurch arglistig verletzt, daß im Betriebe des Lieferanten eine Hilfsperson bei der Herstellung der Maschine verbotswidrig gehandelt und eine Maßnahme verschwiegen hat, die sich als Fehler dieser Sache auswirkt. Das gilt auch dann, wenn die Herstellung der Ware erst nach Abschluß des Lieferungsvertrages erfolgt ist. Denn hinsichtlich der dem

Käufer gegenüber bestehenden Offenbarungspflicht des Verkäufers ist nicht jede bei der Herstellung einer vertretbaren Ware tätig gewordene Person Erfüllungsgehilfe des Lieferanten.

Hersteller – Verkäufer und § 278 BGB

Für diese rechtliche Beurteilung sprechen auch folgende Erwägungen: Ein Verkäufer, der in seiner Fabrik serienmäßig Waren herstellt und sie dann verkauft, haftet im Rahmen der gesetzlichen Gewährleistung nicht ohne weiteres für ein Verschulden eines mit der Herstellung befaßten Bediensteten nach § 278 BGB. Denn diese Vorschrift setzt voraus, daß der Schuldner sich innerhalb eines bestehenden Schuldverhältnisses einer anderen Person zur Erfüllung seiner Verbindlichkeiten bedient. Wenn nun § 651 BGB bestimmt, daß auf einen Vertrag über eine noch herzustellende vertretbare Sache die Vorschriften über den Kauf Anwendung finden, so ergibt sich daraus, daß dem Hersteller und dem Besteller die Ansprüche zugewiesen werden, die die Rechtsordnung beim Kaufvertrag gewährt. Auch die Haftung des Unternehmers geht in solchem Fall nicht über die des Verkäufers hinaus, soweit es sich um die mit der Herstellung der Ware befaßten Personen handelt. Eine Unterscheidung der Fälle, in denen ein Fabrikant Waren herstellt, um sie später zu verkaufen, von Fällen, in denen die Herstellung solcher Waren erst nach Vorliegen entsprechender Aufträge vorgenommen wird, ist in der hier erörterten Beziehung weder nach dem Gesetz geboten, noch durch die Interessenlage der Vertragsparteien gerechtfertigt. In beiden Fällen vertraut der Käufer (Besteller) auf einwandfreie Herstellung und Belieferung durch den Fabrikanten. Das zwingt aber nicht dazu, dem Werkunternehmer unter dem Gesichtspunkt der anzurechnenden Arglist anders haften zu lassen als den Warenverkäufer. Auch der Werkunternehmer bedient sich hinsichtlich der ihm nach Kaufrecht treffenden Offenbarungspflichten bei der Erfüllung des Vertrages nicht jeder bei ihm beschäftigten Person, die bei der Herstellung der Sache behilflich war, mit deren Auslieferung jedoch nichts zu tun hatte.

I. 56: BGH, 29. 5. 1968, VIII ZR 77/66 (Klebstoff)

Der Beklagte hatte Aufträge übernommen, Zwischendecken in zu hohe Räume einzuziehen. Er benutzte hierfür von der Klägerin bezogene „ST"-Deckenplatten. Diese Platten wurden derart angebracht, daß mittels eines Klebemittels Schaumstoffstempel unter die alte Decke geklebt wurden, unter die dann mit demselben Kleber die Plattendecken befestigt wurden. Als Kleber verwendete der Beklagte einen ebenfalls von der Klägerin bezogenen Klebstoff „M". Diesen Klebstoff stellt die Klägerin nicht selbst her, sondern bezieht ihn ihrerseits von der Firma K. Die Klägerin veräußert den Klebstoff in der Originalverpackung, nachdem sie ihn mit ihrer Banderole „M" versehen hat.

Vertragshaftung: Eigenschaftszusicherung

Das LG führt aus, in den Prospekten der Klägerin, die dem Beklagten nach seiner unbestrittenen Behauptung bei dem Kauf des M-Klebstoffes vorgelegt worden sind, werde von der Klägerin ausdrücklich hervorgehoben, daß der M-Kleber für „ST"-Deckenplatten geeignet sei. Erläuternd hierzu werde darauf hingewiesen, daß mit dem Kleber Hartschaum auf Hartschaum,

Vorliegen einer Eigenschaftszusicherung

Prospektangaben als Eigenschaftszusicherung?

d. h. St. auf St. geklebt werden könne. Aus diesem Sachverhalt hat das Berufungsgericht rechtlich gefolgert, es handele sich um eine zugesicherte Eigenschaft. Ob Angaben in den Prospekten Gegenstand des Kaufvertrages geworden sind und ob sie eine Zusicherung von Eigenschaften der Kaufsache enthalten, ist eine Frage der Auslegung des Einzelfalls. Die vom LG vertretene und vom Berufungsgericht übernommene Auffassung ist möglich. Sie läßt einen Rechtsirrtum nicht erkennen. Für die Beurteilung, ob im vorliegenden Fall, die Angaben in den Prospekten als Zusicherungen angesehen werden können, ist entscheidend, daß die Klägerin, die in ihren Prospekten und Lieferscheinen selbst ihr Unternehmen als „Herstellung und Vertrieb von Malerbedarf und Isolierstoffen" kennzeichnet, auch die Deckenplatten unter ihrem Firmennamen als M.-Platten vertreibt und in ihren Prospekten erklärt, der M-Klebstoff sei für die Verlegung von M-Sicht- und Isolierplatten, und zwar Hartschaum auf Hartschaum, entwickelt worden. Daraus durfte das Berufungsgericht schließen, die Klägerin sichere zu und wolle dafür einstehen, daß das für die Verlegung von M-Platten eigens entwickelte Erzeugnis seiner Beschaffenheit nach für diesen Zweck geeignet sei. Diese Erklärungen der Klägerin gehen über Anpreisungen und allgemeine Gütebezeichnungen weit hinaus.

Umfang der Eigenschaftszusicherung

Die Frage, ob ein Käufer bei Fehlen einer zugesicherten Eigenschaft als Schadensersatz nach §§ 463 Abs. 1, 480 Abs. 2 BGB nur das unmittelbare Erfüllungsinteresse geltend machen oder auch Ersatz des sog. mittelbaren Schadens oder „Mangelfolgeschadens" verlangen kann, ist streitig. Unter dem letztgenannten Schaden wird die Einbuße verstanden, die der Käufer infolge des Mangels der Kaufsache über das bloße Interesse an mangelfreier Lieferung hinaus an anderen Vermögenswerten als dem Kaufgegenstand oder an der eigenen körperlichen Unversehrtheit erleidet. Während das Schrifttum fast durchweg der Meinung ist, der Käufer könne nicht nur den Minderwert der Sache, sondern auch diejenigen Nachteile ersetzt verlangen, die er infolge des Mangels an anderen Rechtsgütern erleidet, wird in der Rechtsprechung zum Teil die Auffassung vertreten, Ersatz von Mangelfolgeschäden könne nur bei schuldhafter Vertragsverletzung verlangt werden, nicht aber bei bloßem Fehlen zugesicherter Eigenschaften. Der BGH hat eine Sachentscheidung dahin, daß beim Fehlen zugesicherter Eigenschaften ein Anspruch auf Ersatz des Mangelfolgeschadens stets ausgeschlossen sei, bisher nicht getroffen. Der erkennende Senat hat im Gegenteil in vier Urteilen einen solchen Anspruch zugebilligt (vgl. im einzelnen den Urteilsabdruck BGHZ 50/200, 202–204 = NJW 1968/1622, 1623 f.). Der erkennende Senat ist jedenfalls der auch von *Diederichsen* (AcP 165/150, 157) vertretenen Auffassung, daß die Tragweite einer Eigenschaftszusicherung im Einzelfall durch Auslegung zu ermitteln ist.

Auslegungsbedürftigkeit

Mangelfolgeschäden sind nach § 463 Satz 1 BGB zu ersetzen, wenn die Auslegung ergibt, daß die Zusicherung nicht nur zu dem Zweck gegeben wurde, dem Käufer zu einem ungestörten Genuß der Kaufsache zu verhelfen, sondern daß sie darüber hinaus auch das Ziel verfolgte, ihn gegen auftretende Mangelfolgeschäden abzusichern (*Diederichsen,* aaO., S. 161).

Erstreckung der Eigenschaftszusicherung auf Mangelfolgeschäden

Der vom Berufungsgericht angenommene allgemeine Ausschluß der Haftung für Mangelfolgeschäden läßt sich aus dem Gesetz nicht herleiten. Grundsätzlich ist bei der Verpflichtung zum Schadensersatz wegen Nichterfüllung der Geschädigte so zu stellen, wie wenn der Vertrag ordnungsgemäß erfüllt worden wäre. Daraus, daß bei der Zusicherung von Eigenschaften der Verkäufer auch haftet, wenn die Kaufsache ohne sein Verschulden nicht die zugesicherten Eigenschaften aufweist, ist entgegen der Auffassung des Berufungsgerichts nichts herzuleiten.

verschuldensunabhängige Garantiehaftung

Die Haftung beruht darauf, daß einer solchen Zusicherung des Verkäufers rechtlich die Bedeutung zukommt, für ein – auch unverschuldetes – Fehlen der zugesicherten Eigenschaft einstehen zu wollen. Ein allgemeiner Ausschluß der Haftung für Mangelfolgeschäden bei Zusicherung von Eigenschaften würde überdies in vielen Fällen zu unbefriedigenden Ergebnissen führen. Beim Warenverkauf, bei dem die Ware dazu bestimmt ist, vom Käufer benutzt oder verbraucht zu werden, sind Mangelfolgeschäden meistens die einzig wirklich schwerwiegenden Schäden. Eine vom Verkäufer abgegebene Zusicherung wäre praktisch bedeutungslos. *Diederichsen* (aaO., S. 160) weist mit Recht darauf hin, daß es Fälle gibt, bei denen die Zusicherung sich nach dem Parteiwillen sinngemäß auch auf Mangelfolgeschäden erstrecken soll, weil die Vertragsparteien darüber einig sind, daß der Käufer gegen diese Schäden abgesichert werden soll. Im Ergebnis nichts anderes hat der Senat bereits im Urteil vom 21. 2. 1962 (NJW 1962/908, 909) ausgesprochen. Er hat dort ausgeführt, eine vertragliche Garantie könne auch beim Kauf den Inhalt haben, daß sie den mittelbaren Schaden umfassen solle.

Erstreckung der Eigenschaftszusicherung auf Mangelfolgeschäden

Im vorliegenden Fall hat die Zusicherung der Klägerin nach dem objektiven Erklärungsinhalt die Verpflichtung der Klägerin zum Gegenstand, auch Mangelfolgeschäden zu ersetzen. Der Kleber M. ist ein Erzeugnis, das nicht für sich allein genutzt werden kann, sondern dessen alleiniger bestimmungsgemäßer . Gebrauch darin besteht, beim Verlegen von Schaumpolystyrol wie ST-Platten verwendet zu werden. Ob es für den Zweck, für den es geschaffen ist, ungeeignet ist, kann sich erst nach der Verwendung herausstellen. Ist es ungeeignet, so bestehen die wirtschaftlich ins Gewicht fallenden Schäden nur in den nach der Verarbeitung sich ergebenden Mangelfolgeschäden. Eine Erstattung des gezahlten Kaufpreises ist bei dessen verhältnismäßig geringer Höhe für den Käufer ohne wesentliche Bedeutung. Die Rückzahlung des Kaufpreises würde er auch ohne Zusicherung aufgrund Wandlung verlangen können. Die Zusicherung im vorliegenden Fall kann daher nur die Bedeutung haben, den Käufer gerade gegen die Einbuße durch Mangelfolgeschäden abzusichern. Hinzu kommt, daß das Einziehen von Zwischendecken zum Tätigkeitsbereich der Bauwirtschaft gehört. Bauunternehmer und Bauhandwerker arbeiten regelmäßig im Auftrage von Bauherren. Die Zusicherung des Verkäufers eines Erzeugnisses der Baumittelindustrie, es sei für bestimmte Zwecke entwickelt und deshalb für diese Zwecke geeignet, soll dem Hersteller des Bauwerks gerade die Gewißheit geben, nicht den Schaden tragen zu müssen, der entstehen kann, wenn das Erzeugnis ungeeignet ist und er dem Bauherrn zu Schadensersatz oder Nachbesserung verpflichtet ist.

Absicherungsfunktion der Eigenschaftszusicherung

AGB: Rechtswirksamkeitsgrenzen

Das Berufungsgericht hat in einer weiteren Erwägung angenommen, eine Schadensersatzforderung sei jedenfalls durch die allgemeinen Lieferungsbedingungen der Klägerin ausgeschlossen. Diese lauten:

> Bei begründeten Mängeln kann der Käufer nur Ersatzlieferungen beanspruchen. Schadensersatzansprüche für Schäden bei Verarbeitung der Ware sind ausgeschlossen.

Das Berufungsgericht meint, diese Lieferunqsbedingungen enthielten keine allgemein ungerechte und unbillige Regelung. Schäden bei der Verarbeitung könnten auf ungeeigneter Lagerung des Klebstoffes, unzureichender Vorbereitung des Untergrundes, unsachgemäße Auswahl des Klebstoffes und falscher Verarbeitung beruhen. Wenn unter solchen Umständen dem Käufer nur das Nachlieferungsrecht verbleibe, so liege darin eine Regelung, die den besonderen Bedürfnissen des Wirtschaftszweiges des Leim- und Klebstoffhandels gerecht werde.

1. Begründung: Unmöglichkeit einer mangelfreien Ersatzlieferung

Diese Ausführungen treffen nicht den Kern der Sache. Hier macht der Beklagte nicht geltend, die gekaufte Klebstoffmenge habe einen Mangel ausgewiesen, der im Einzelfall den mit der Verwendung beabsichtigten Erfolg vereitelt habe. Der Beklagte behauptet vielmehr, der Klebstoff „M" sei seiner chemischen Zusammensetzung nach ganz allgemein entgegen der Zusicherung der Klägerin zum Kleben von ST-Deckenplatten ungeeignet. In einem solchen Falle ist die Ersatzlieferung einer weiteren Menge „M" selbstverständlich sinnlos, denn mit der Ersatzlieferung könnte der Beklagte ebensowenig wie mit der ersten Lieferung die aufzuhängenden Decken ankleben. Bezöge sich der Ausschluß von Schadensersatzansprüchen für Schäden bei der Verarbeitung der Ware nur auf Mängel, die bei einer einzelnen Lieferung auftreten, so würde im vorliegenden Fall die Bestimmung nicht Platz greifen.

2. Begründung: Aushöhlung der Individualvereinbarungen, d. h. der vertraglich festgelegten Absicherungsfunktion der Eigenschaftszusicherung

Die Freizeichnungsklausel könnte allerdings von der Klägerin auch dahin gemeint sein, es sollten alle Ersatzansprüche wegen mittelbarer Schäden ausgeschlossen sein, worauf auch immer der Anspruch beruhe und worin auch immer der Mangel bestehe. Einer Entscheidung hierüber bedarf es nicht. Hätte die Freizeichnungsklausel die Bedeutung, daß mit ihr auch eine Schadensersatzpflicht wegen zugesicherter Eigenschaften selbst für den Fall ausgeschlossen werden sollte, daß entgegen der Zusicherung der Kaufgegenstand seine Beschaffenheit nach für die vorgesehene Verwendung untauglich ist, so wäre die Klausel unbeachtlich. Ist, wie zu unterstellen ist, der Klebstoff M für den in der Zusicherung genannten Zweck unverwendbar, so ist eine taugliche Ersatzlieferung unmöglich. An einer Gewährleistung durch Wandlung oder Minderung ist dem Käufer nichts gelegen. Diese Rechtsbehelfe ständen ihm auch ohne Zusicherung zu. Sinn der Zusicherung der Klägerin ist vielmehr, den Käufer gerade gegen Mangelfolgeschäden abzusichern. Die Klägerin würde also, wenn die Freizeichnung auch den hier zu unterstellenden Sachverhalt umfaßte, dem Käufer die Rechte, die sich aus der Zusicherung ergaben, wieder nehmen. Die

I.56

Vorrangigkeit der ausdrücklich oder stillschweigend zustandegekommenen Individualvereinbarungen gegenüber den AGB

Zusicherung wäre dann ihres Inhalts entleert und hätte jede praktische Bedeutung verloren. Der Verkäufer darf aber nach Treu und Glauben nicht das, was er im Vertragsangebot versprochen hat, durch Beifügung einer Freizeichnungsklausel in seinen Allgemeinen Geschäftsbedingungen zunichte machen. Einer solchen Klausel kann keine rechtliche Wirkung zuerkannt werden.

Anmerkung:

1. Zu den Fragen (a) wann eine Eigenschaftszusicherung vorliegt und (b) wann sich eine Eigenschaftszusicherung auf den Ersatz von Mangelfolgeschäden erstreckt vgl. Anm. I.72.

2. Zum Fragenbereich der Inhaltskontrolle von AGB und den Folgerungen für das Kauf- und das Werkvertragsrecht vgl. Anm. I.27.

3. Mit dem obigen Urteil ist im Bereich der Rechtswirksamkeitsgrenzen formularmäßiger Gewährleistungsregelungen eine praktisch äußerst wichtige Sonderregelung erfolgt: Erstreckt sich eine Eigenschaftszusicherung auf Mangelfolgeschäden, ist hinsichtlich der davon erfaßten Mangelfolgeschäden ein formularmäßiger Ausschluß der Schadensersatzhaftung unwirksam. Formularmäßig kann zwar die Haftung aus positiver Vertragsverletzung ausgeschlossen werden (Anm. I.27) und kann weiterhin auch trotz der Kleber-Entscheidung die Schadensersatzhaftung aus Eigenschaftszusicherungen ausgeschlossen werden, wenn sich die Eigenschaftszusicherung nicht auf den Ersatz von Mangelfolgeschäden erstreckt (I.78) bzw. wenn die konkreten Mangelfolgeschäden nicht unter den Schutzbereich der Eigenschaftszusicherung fallen. Wenn sich dagegen die Eigenschaftszusicherung auf Mangelfolgeschäden erstreckt und ein unter den Schutzbereich der Eigenschaftszusicherung fallender Mangelfolgeschaden vorliegt, ist eine unter Ausschluß der Schadensersatzhaftung erfolgende Beschränkung der Käu-

ferrechte auf einen Anspruch auf Ersatzlieferung bzw. Nachbesserung unzulässig.

In der obigen Entscheidung hat der Bundesgerichtshof diese Sonderregelung mit zwei verschiedenwertigen Gedankengängen begründet:

a) Die eine Begründung ist, daß der Käufer praktisch rechtlos gestellt wäre, wenn in den AGB seine Rechte auf einen Anspruch auf Ersatzlieferung beschränkt werden, es sich aber um einen Konstruktionsfehler handelt und deshalb auch weitere Lieferungen den gleichen Mangel aufweisen würden. Das OLG Celle in der aufgrund der Rückverweisung ergangenen Entscheidung (II.10) und der Bundesgerichtshof selbst (I.61, I.65) haben später diesen Gedankengang aufgegriffen: Das OLG Celle hat in der weiteren Beweisaufnahme festgestellt, daß es sich nur um einen Fabrikationsfehler gehandelt habe und folglich der Ausschluß der Schadensersatzhaftung rechtswirksam gewesen sei; der Bundesgerichtshof hat ausdrücklich im Fall eines Fabrikationsfehlers einen Ausschluß der Schadensersatzhaftung für das Vorliegen der zugesicherten Eigenschaften für rechtswirksam erklärt (I.65). Dieser Gedankengang hätte also zur Konsequenz, daß bei Serienfabrikaten die Unwirksamkeit formularmäßiger Haftungsbeschränkungen auf die Fälle von Konstruktionsfehlern begrenzt wäre. Handelt es sich lediglich um Fabrikationsfehler, kann der Verkäufer mit der Ersatzlieferung dem Käufer eine mangelfreie Ware verschaffen und wäre folglich der Käufer mit der Verweisung auf die Ersatzlieferung nicht rechtlos gestellt.

Weitere Konsequenz wäre, daß bei Einzelanfertigungen sowie bei Serienfabrikaten eine Begrenzung der Käuferrechte auf eine Nachbesserung jedenfalls dann rechtswirksam wäre, wenn die Nachbesserung zur Beseitigung des Mangels führt (weil dann dem Käufer im Endeffekt doch die vertragsgemäße Ware verschafft wird). Entsprechend der Rechtsprechung zur formularmäßigen Abbedingung der §§ 459 ff. BGB müßte dann auch im Fall des § 463 BGB eine Beschränkung der Käuferrechte im Fall eines Unmöglichseins oder -werdens, Unterbleibens oder

Fehlschlagens der Nachbesserung auf das Recht zum Rücktritt von dem Vertrag rechtswirksam sein (vgl. dazu Anm. I.27).

b) Die zweite im obigen Urteil angeführte Begründung ist, daß der Verkäufer nicht das, was er individualvertraglich zusagt, durch einen nur formularmäßigen Haftungsausschluß zunichte machen dürfe und daß die Absicherungsfunktion der Eigenschaftszusicherung nicht durch den Ausschluß der die Absicherung verwirklichenden Schadensersatzhaftung unterlaufen werden dürfe. Hinter diesem sehr komprimierten Gedankengang steht folgende Überlegung: Sinn und Zweck der Zusicherung ist gerade, daß sie dem Käufer die Gewißheit geben soll, daß er sich auf das Vorhandensein der Eigenschaftszusicherung und damit auf den Nichteintritt von Mangelfolgeschäden verlassen kann: entweder ist die Eigenschaft gegeben, dann treten die Mangelfolgeschäden nicht ein; oder aber die Eigenschaft ist nicht gegeben und die Mangelfolgeschäden treten ein, dann kann der Käufer zumindest Ersatz der Mangelfolgeschäden vom Verkäufer verlangen. Die Schadensersatzhaftung ist also das Instrument, mittels dessen die Absicherungsfunktion der Eigenschaftszusicherung realisiert wird. Wenn aber der Schadensersatzhaftung hier eine Absicherungsfunktion zukommt, dann muß es demgegenüber zweitrangig sein, ob es sich im Einzelfall nur um einen auf das einzelne Stück oder auf einen bestimmten Teil der Produktion beschränkten Fabrikationsfehler oder um einen Konstruktionsfehler handelt bzw. ob eine Nachbesserung an sich möglich ist oder nicht. Der geometrische Ort für die im Kleber-Urteil ausgesprochene Unwirksamkeit von formularmäßigen Haftungsausschlüssen bei Eigenschaftszusicherungen ist demnach für diesen zweiten Gedankengang der Satz, daß AGB gegenüber Individualvereinbarungen nachrangig sind (vgl. dazu Schmidt-Salzer, AGB, 1971, Rz 86 ff.): erstreckt sich die Eigenschaftszusicherung auf den Ersatz von Mangelfolgeschäden, hat die Vertragserklärung des Verkäufers die volle Erklärungsbedeutung „Ich sichere das Vorhandensein der Eigenschaften zu und stehe andernfalls für durch das Fehlen der Eigenschaft ausgelöste Mangelfolgeschäden ein." Eine formularmäßige Begrenzung der Haftung des Verkäufers aus der Eigenschaftszusicherung auf einen Anspruch des Käu-

fers auf Nachbesserung oder Ersatzlieferung würde diese individualvertragliche Erklärung umfunktionieren; sind aber AGB gegenüber Individualvereinbarungen nachrangig (BGH, 17. 12. 59, BB 1960/227; BGH, 14. 5. 69, NJW 1969/1626) muß dieser nur formularmäßige Ausschluß der Haftung aus Eigenschaftszusicherung wegen des Erklärungsinhalts der Individualvereinbarungen unwirksam sein.

Konsequenz dieser zweiten Begründung wäre also, daß es bei Serienfabrikaten nicht darauf ankäme, ob es sich nur um einen Fabrikationsfehler oder um einen Konstruktionsfehler handelt bzw. ob eine Nachbesserung möglich ist. In beiden Fällen würde der Verkäufer auf Ersatz des Mangelfolgeschadens haften. Die vom OLG Celle nach der Zurückverweisung getroffene Sachentscheidung im Kleber-Fall wäre also falsch gewesen.

Der Bundesgerichtshof selbst hat die Unwirksamkeit eines nur formularmäßigen Ausschlusses der Schadensersatzhaftung mit diesem zweiten Gedankengang in weiteren Entscheidungen begründet (I.38, I.67, I.72, I.75, I.78, I.84) und auch die Instanzgerichte haben diesen Gedankengang aufgegriffen (II.13, II.19, III.11, III.12).

c) Es bleibt also die Frage, welche der beiden Begründungen die tragende Entscheidungsgrundlage darstellt. Die praktische Dimension dieser Frage zeigt sich, wenn man vor Augen behält, daß gerade Mangelfolgeschäden im Einzelfall eine wirtschaftlich immense Bedeutung erlangen können (I.56, II.16) und daß folglich der Verkäufer ein erhebliches Interesse daran hat, diese Haftung auszuschließen (I.47), während umgekehrt der Käufer ein erhebliches Interesse daran hat, sich diese gesetzlich an sich gegebene Haftung zu erhalten (I.67).

Das Argumentieren mit der Möglichkeit bzw. Nutzlosigkeit einer Ersatzlieferung ist ein Gedankengang, der auf den Bereich des Gewährleistungsrechts begrenzt ist. Das Argumentieren mit der Absicherungsfunktion der Eigenschaftszusicherung dagegen geht über den Bereich des Gewährleistungsrechts hinaus und betrifft die für das Recht der AGB grundlegende Frage, ob der Verkäufer einerseits ausdrücklich oder konkludent in den Individualverhandlungen Erklärungen abgeben kann, die den rechtlichen Erklärungswert einer Haftungsübernahme beinhalten, er aber andererseits diese Rechtswirkungen mittels einer nur formularmäßigen Freizeichnungsklausel wieder neutralisieren kann. Handelt es sich bei dem Ausschluß der Schadensersatzhaftung lediglich um eine formularmäßige Klausel, dann liegt der Kern des Problems in der Frage des Verhältnisses der Individualvereinbarungen zu den formularmäßigen Klauseln. Hier aber hat der Bundesgerichtshof ganz klar herausgestellt, daß formularmäßige Klauseln nicht zu einer Abänderung der Rechtswirkungen führen dürfen, die sich aus dem Individualvertrag ergeben. Folglich muß im Verhältnis der beiden vom Bundesgerichtshof in der Kleber-Entscheidung gegebenen Begründungen dieser zweite Gesichtspunkt vorrangig sein. Die tragende Entscheidungsgrundlage ist also nicht der Gedanke einer Möglichkeit oder Sinnlosigkeit einer Ersatzlieferung, sondern vielmehr die Absicherungsfunktion der Eigenschaftszusicherung, die sich erst in der Schadensersatzhaftung realisiert. Demzufolge ist davon auszugehen, daß in Fällen, in denen die Eigenschaftszusicherung sich auf Mangelfolgeschäden erstreckt, ein Ausschluß der Schadensersatzhaftung unabhängig davon unwirksam ist, ob es sich nur um einen Fabrikationsfehler oder aber um einen Konstruktionsfehler handelt oder ob eine Nachbesserung möglich ist oder nicht.

d) Ist dagegen der Ausschluß der Schadensersatzhaftung nicht lediglich formularmäßig, sondern individualvertraglich erklärt, dann greift dieser Gedanke von der Vorrangigkeit der Individualvereinbarungen gegenüber den AGB nicht durch. Rechtlich stellt es sich hier so dar, daß der Verkäufer zwar zunächst bei den Vertragsverhandlungen mit der Eigenschaftszusicherung eine Absicherungsfunktion verbunden hat, daß aber bei der endgültigen Vertragsgestaltung jene Absicherungsfunktion nicht zum Vertragsbestandteil wurde. Bei dieser Sachlage ist also der Ausschluß der Schadensersatzhaftung rechtswirksam. Dies entspricht dem Grundgedanken des Rechts der AGB: das Recht der AGB ist u. a. dagegen gerichtet, daß nicht die Individualvereinbarungen durch nur formularmäßig, erfahrungsgemäß zwischen den Parteien nicht wirklich ausgehandelte Klauseln unterlaufen werden; ist dagegen in den Individualvereinbarungen selbst festgelegt, daß die Schadensersatzhaftung ausgeschlossen ist, greift dieser Schutzgedanke nicht durch.

e) Umfaßt dagegen die Eigenschaftszusicherung nicht auch Mangelfolgeschäden bzw. handelt es sich um Mangelfolgeschäden, die außerhalb der Absicherungsfunktion der Eigenschaftszusicherung liegen, dann stellt sich die Spezialproblematik eines Widerspruchs zwischen den Individualvereinbarungen und den AGB nicht. Demzufolge kann hier der Käufer rechtswirksam in den AGB seine Schadensersatzhaftung ausschließen (vgl. I.78 sowie Schmidt-Salzer, BB 1972/1160, 1161 Nr. 4).

4. Die Unwirksamkeit eines nur formularmäßigen Haftungsausschlusses gegenüber einer auch Mangelfolgeschäden umfassenden Eigenschaftszusicherung gilt auch im Werkvertragsrecht (I.84). Ein Unterschied ergibt sich hier insofern, als im Werkvertragsrecht ein Verschulden des Werkherstellers Anspruchsvoraussetzung ist (§ 635 BGB).

5. Im Kaufrecht dagegen wird durch § 463 BGB eine verschuldensunabhängige Haftung normiert (I.56, I.72). Folglich haftet der Verkäufer für Entwicklungsfehler (I.72), Ausreißer oder Fehler von Vorlieferanten (vgl. III.12), ohne daß es darauf ankäme, ob diese Fehlerquellen für ihn beherrschbar waren. Die Fensterlack-Entscheidung stellt also weder einen Höhepunkt der Produkthaftung, noch eine Verwirklichung der strikten Haftung des Verkäufers dar (so Graf von Westphalen, BB 1972/1070), sondern nur die konsequente Anwendung des für § 463 BGB seit langem anerkannten Ausgangspunktes auf den anhängigen Fall.

Andererseits wird aber die gegebenenfalls mit Eigenschaftszusicherungen verbundene Absicherungsfunktion durch die Individualvereinbarungen geprägt. Folglich hat der Verkäufer die Möglichkeit, von der Absicherungswirkung z. B. die Fälle der Entwicklungsfehler, der Entwicklungsgefahren, der Ausreißer (I.53) bzw. der Fehler von Vorlieferanten auszuklam-

mern. Weiterhin kann er die Eigenschaftszusicherung auf die Eigenschaften des Produkts und damit auf den Bereich der Konstruktionshaftung beschränken und lediglich im Einzelfall aufgrund von Fabrikationsfehlern eintretende Mängel von der Absicherungswirkung ausschließen.

I. 57: BGH, 25. 9. 1968, VIII ZR 108/66 (Treibstoff)

Der Kläger bezog von der Beklagten 15.000 l Dieselkraftstoff. Die Beklagte hatte das Öl von ihrem Lieferanten unmittelbar im Streckengeschäft zum Kläger befördern lassen, ohne es vorher auf Lager zu nehmen.

Vertragshaftung: Untersuchungspflichten des Vertriebshändlers

Entgegen der Ansicht der Revision ist es für die Frage nach einer Untersuchungspflicht der Beklagten unerheblich, daß sie den Treibstoff nicht vom Produzenten, sondern von einer Importfirma bezogen hat, die ihn ihrerseits aus Holland eingeführt hatte. Die Beklagte betätigte sich als Zwischenhändlerin. Als solche war sie für den Regelfall, d. h. wenn nicht besondere Umstände vorlagen, nicht zur Untersuchung der an die Verbraucher weiterveräußerten Ware verpflichtet. Dieser Grundsatz gilt in erster Linie für den Kauf einer Speziessache. Er ist aber auch auf Gattungskäufe anzuwenden, wenn nichts anderes sich aus den Umständen ergibt (RGZ 125/78 = I.14). Das RG hat allerdings in der soeben angeführten Entscheidung eine solche Prüfungspflicht aus den Umständen geschlossen. Die Beklagte hatte dort den an das klagende Stahlwerk gelieferten Schrott aus Beständen entnommen, die sich bei ihr aus umfangreichen Lieferungen der Inflationszeit angesammelt hatten, obwohl sie wissen mußte, daß damals viel chromhaltiger Schrott im Handel war (die starke Chromhaltigkeit hatte an den Martinsöfen des Stahlwerks Schäden verursacht). Dieser Fall war also besonders gelagert. Er zeigt, daß im Regelfalle eine Untersuchungspflicht des Verkäufers von Gattungsware nicht anzunehmen ist.

Untersuchungspflichten bei konkretem Anlaß

Untersuchungspflichten kraft Verkehrssitte
Untersuchungspflichten kraft Raterteilung

Hat sich bereits eine entsprechende Verkehrsübung gebildet, so findet die Pflicht zur Untersuchung der Ware auf etwa schädliche Eigenschaften hierin ihre Grundlage. Ist mit der Lieferung eine Raterteilung verbunden, so setzt, soweit erforderlich, die mit dieser besonderen Verpflichtung verbundene Sorgfaltspflicht eine vorherige Untersuchung der Ware voraus, auf die sich die Beratung erstreckt (*BGH,* BB 1958/426 = I.30). Die angeführte Entscheidung behandelt den Fall, daß der Verkäufer (von Leim) dem Abnehmer fahrlässig falsche Angaben über die Brauchbarkeit für einen gewissen Zweck gemacht hatte, so daß eine Haftung zwar nicht aus positiver Vertragsverletzung, aber aus Verletzung eines Beratungsvertrages in Betracht kam. Der Senat ging dabei grundsätzlich davon aus, daß auch den Verkäufer einer Gattungssache hinsichtlich der Brauchbarkeit der Ware für einen bestimmten Zweck selbst dann keine Untersuchungspflicht treffe, wenn dieser Zweck vorher zur Sprache gekommen ist. An dieser Ansicht ist festzuhalten. Da im vorliegenden Fall eine besondere Beratungsverpflichtung nicht übernommen war, wäre die Beklagte nur dann zur Untersuchung des Dieselkraftstoffs verpflichtet gewesen, wenn sich das aus einer Verkehrsübung oder aus den besonderen Umständen des Falles ergeben hätte.

Auslandsware

Der Umstand allein, daß die Beklagte die Ware nicht direkt vom Erzeuger bezogen hat, daß es sich vielmehr um Auslandsware handelt, die sie vom Importeur gekauft hatte, vermag keine Untersuchungspflicht für den Zwischenhändler zu begründen.

Streckengeschäft

Erst recht nicht, wenn es sich wie hier um ein dem Abnehmer bekanntes Streckengeschäft handelt, das dem Zwischenhändler gar keine Gelegenheit für eine Untersuchung bietet.

Untersuchungspflichten bei konkretem Anlaß

Etwas anderes wäre nur dann anzunehmen, wenn die Beklagte Veranlassung gehabt hätte, der Güte der Ware zu mißtrauen. Das ist indes nicht der Fall.

Entfällt aber eine Untersuchungspflicht, so kann gegen die Beklagte auch nicht der Vorwurf erhoben werden, sie hätte den Kläger darauf hinweisen müssen, daß sie den Kraftstoff nicht untersucht habe. Denn wenn die Beklagte zur Untersuchung nicht verpflichtet war, konnte der Kläger nicht erwarten, daß sie eine Analyse gezogen habe. Das konnte er umso weniger als ihm bekannt war, daß es sich um ein Streckengeschäft handelt.

§ 278 BGB: Vorlieferant nicht Erfüllungsgehilfe des Vertriebshändlers beim Streckengeschäft

Rechtlich nicht zu beanstanden ist es weiterhin, wenn das Berufungsgericht die Beklagte auch nicht für ein etwaiges schuldhaftes Verhalten der Vorlieferantin haften läßt, denn diese Vorlieferantin ist (vgl. *BGHZ* 48/119, 120 = I.53) nicht als Erfüllungsgehilfin der Beklagten anzusehen.

Eigenschaftszusicherung

Die Revision meint, die Vorlieferantin der Beklagten habe dieser eine Garantie für die Normgerechtigkeit des Dieselöls erteilt, die die Beklagte stillschweigend an den Kläger weitergegeben habe. Die Beklagte hafte dem Kläger daher gemäß § 480 Abs. 2 BGB. Das Berufungsgericht geht wie auch die Revision davon aus, daß die Beklagte jedenfalls keine ausdrückliche Zusicherung im Sinn des § 480 Abs. 2 BGB abgegeben hat, daß das Dieselöl den Mindestanforderungen der DIN 51 601 entspreche. Die Revision macht geltend, die Beklagte habe dem Kläger stillschweigend zugesichert, normgerecht (gemäß DIN Nr. 51 601) zu liefern und habe diese Zusicherung nicht eingehalten.

Vorliegen einer Eigenschaftszusicherung

DIN-Normen

Der Revision ist zuzugeben, daß auch eine stillschweigende Zusicherung rechtlich möglich ist. Sie kann sich aus den Umständen des Einzelfalles ergeben. Das Berufungsgericht führt hierzu aus, in der bloßen Verwendung des Begriffes Dieselkraftstoff liege noch keine Zusicherung der dem Dieselkraftstoff marktmäßig zugehörigen, den Mindestanforderungen der DIN Nr. 51 601 entsprechenden Eigenschaften. Insoweit handelt es sich um eine bloße Warenbezeichnung. Unerheblich sei auch, daß die Beklagte den Verkauf damit eingeleitet haben möge, daß sie den Kläger auf seine zahlreichen Dieselmotoren angesprochen und gebeten habe, seinen Bedarf gerade hierfür bei ihr zu decken. Eine dahingehende Verkehrssitte, daß beim Handel mit Dieselkraftstoff schlechthin für die Fehlerfreiheit garantiert werde, sei nicht festzustellen. Nach der gutachtlichen Äußerung der Industrie- und Handelskammer sei es zwar gebräuchlich, in den Verkaufsunterlagen auf die marktgerecht gelieferte

Ware und eine handelsübliche Qualität hinzuweisen. Das bedeute aber nur, daß der Kraftstoff den Mindestanforderungen der DIN Nr. 51 601 entsprechen müsse und bilde nur eine stillschweigende Voraussetzung des Rechtsgeschäfts, nicht aber eine Zusicherung im Sinn von § 480 Abs. 2 BGB. Das Berufungsgericht gelangt hiernach zu dem Ergebnis, daß die Lieferung von normgerechtem Dieselkraftstoff zwar Vertragsinhalt geworden sei, daß sich diese Vereinbarung aber nicht zu einer Zusicherung im Sinn des § 480 Abs. 2 BGB verdichtet habe.

Die Erwägungen des Berufungsgerichts sind rechtlich nicht zu beanstanden. Das Berufungsgericht unterscheidet zutreffend zwischen der bloßen Warenbezeichnung als vertraglicher Festlegung der Kaufware und einer den Garantiewillen des Verkäufers zum Ausdruck bringenden Zusicherung. Ihm ist darin zuzustimmen, daß sich aus den Umständen des Falles nichts dafür ergibt, die Parteien könnten stillschweigend eine solche Zusicherung vereinbart haben. Eine der Klagebehauptung entsprechende Verkehrsübung (daß mit der Bestellung von Dieselkraftstoff stillschweigend zugesichert werde, normgerecht gemäß DIN-Nr. 51 601 zu liefern) ließ sich nicht feststellen.

Die DIN-Normen sind Empfehlungen des Deutschen Normenausschusses, deren freiwillige Anwendung erwartet wird (vgl. Dr. Gablers Wirtschaftslexikon, 1967, DIN). Sie enthalten daher keine gesetzliche Vermutung dafür, daß bei einem Verkauf ihre Mindesterfordernisse zugesichert sind. Deshalb kann der Kläger aus dem Umstand, daß die DIN-Nr. 51 601 Vertragsgrundlage war, noch nichts zugunsten einer Haftung der Beklagten aus § 480 Abs. 2 BGB herleiten. Eine weitere Wirkung, als daß die Beklagte verpflichtet wurde, DIN-gerecht zu liefern, hat das Vorliegen der Norm nicht.

Arbeitsteilung: keine Herstellerhaftung des Vertriebshändlers

Nach alledem kann von einer Zusicherung bestimmter Eigenschaften des Dieselkraftstoffes durch die Beklagte keine Rede sein. Da es sich nur um die Haftung des Zwischenhändlers handelt, haben alle diejenigen Gesichtspunkte, die die Haftung des Erzeugers für schädigende Auswirkung seiner Produkte betreffen, hier keine Geltung.

I. 58: BGH, 26. 11. 1968, VI ZR 212/66 (Hühnerpest)

Die Inhaberin einer Hühnerfarm (Klägerin) hatte ihre Hühner durch einen Tierarzt gegen Hühnerpest impfen lassen. Für die Impfung hatte der Tierarzt bei der Beklagten, einem Impfstoffwerk, gekauften Impfstoff verwendet. Da der Impfstoff durch Bakterien verunreinigt war, brach in der Hühnerfarm einige Tage nach der Impfung die Hühnerpest aus, so daß mehr als 4.000 Hühner verendeten und über 100 notgeschlachtet werden mußten.

Vertragshaftung: Drittschadensliquidation

Grundsätzlich kann aufgrund eines Vertrages nur der Ersatz eines Schadens verlangen, bei dem der Schaden tatsächlich eingetreten ist und dem er rechtlich zur Last fällt. Tritt der Schaden bei einem Dritten ein, so haftet ihm der Schädiger – von besonderen Ausnahmen abgesehen (vgl. § 618 Abs. 3 mit den §§ 844, 845 BGB) – nur nach Deliktsrecht. Diese Unterscheidung zwischen begünstigter Vertragshaftung und begrenzter Deliktshaftung gehört zum System des geltenden Haftungsrechts und ist nicht nur ein theoretisches Dogma. Nur in besonderen Fällen hat die Rechtsprechung Ausnahmen zugelassen, nämlich dann, wenn das durch den Vertrag geschützte Interesse infolge besonderer Rechtsbeziehungen zwischen dem aus dem Vertrag berechtigten Gläubiger und dem Träger des Interesses dergestalt auf den Dritten ‚verlagert' ist, daß der Schaden rechtlich ihn und nicht den Gläubiger trifft. Daraus darf der Schädiger keinen Vorteil zum Nachteil des Dritten ziehen: er muß dem Gläubiger den Drittschaden ersetzen. Das gilt – von den seltenen Fällen einer ‚Gefahrenentlastung' abgesehen (*BGHZ* 40/91, 100) – dann, wenn der Gläubiger für Rechnung des Dritten kontrahiert hatte (*BGHZ* 25/250, 258) oder wenn die Sache, deren Obhut der Schuldner versprochen hatte, nicht dem Gläubiger, sondern dem Dritten gehörte (*BGHZ* 15/224).

Ein solcher Ausnahmefall liegt hier nicht vor. Eine ‚Interessenverknüpfung' kraft mittelbarer Stellvertretung kommt nicht in Betracht. Dr. H. [Tierarzt] hatte den Impfstoff nicht im Auftrage und nicht für Rechnung der Klägerin gekauft. Als er ihn bei der Beklagten bestellte und bezog, wußte er noch nicht, bei welchem Landwirt er ihn anwenden werde. In aller Regel wird ein Tierarzt – wie durchweg ein Werkunternehmer sein Material – seine Medikamente selbst dann nicht im Auftrag und für Rechnung eines Patienten oder Auftraggebers kaufen, wenn er sie zur Ausführung eines ihm schon erteilten Behandlungsauftrages benötigt. Der dem Urteil des Reichsgerichts DR 1941, 637 = HRR 1941, 225 zugrunde liegende Sachverhalt lag entscheidend anders. Hier geht es auch nicht um einen der Fälle, in denen die dem Schuldner in Obhut gegebene Sache nicht dem Vertragsgegner, sondern einem Dritten gehört. Zwar mag Dr. H. eine ‚Obhutspflicht' bezüglich der Hühner der Klägerin obgelegen haben. Drittschadensliquidation setzt aber voraus, daß die Obhutspflicht zwischen Gläubiger und Schuldner bestanden hat (*BGHZ* 40/101). Das war hier nicht der Fall.

Von diesen Grundsätzen geht an sich auch das Berufungsgericht aus. Es ist sich auch dessen bewußt, daß grundsätzlich der Hersteller und Lieferant einer Ware, die sein Käufer an einen Dritten weiterverkauft hat, nicht schon auf Grund des Kaufvertrages für Schäden einzustehen braucht, die einem Dritten entstanden sind (*BGHZ* 40/104, 105). Dennoch glaubt es, im vorliegenden Fall die Liquidierung des Drittschadens zulassen zu können. Hier habe die einwandfreie Beschaffenheit des Impfstoffes entscheidend im Interesse der Klägerin, an deren Hühnern er angewendet wurde, gelegen. Der Tierarzt habe die Beschaffenheit des Impfstoffes nicht überprüfen können, sondern sich auf sorgfältige Herstellung durch die Beklagte verlassen müssen. Diese habe daher davon ausgehen müssen, daß ihre Pflicht zu einwandfreier Lieferung nicht nur gegenüber dem Tierarzt, sondern gegenüber den jeweiligen Hühnerhaltern bestanden habe. Dr. H. habe keinen Schaden erlitten, weil er für das Verschulden der Beklagten nicht nach § 278 BGB einzustehen brauche und auch seine Honoraransprüche gegen die Hühnerhalter nicht dadurch verloren habe, daß die Impfung mißlungen sei. Geschädigt seien also nur die Hühnerhalter.

Diese Erwägungen reichen nicht aus, um einen Fall zulässiger Drittschadensliquidation anzunehmen. Der Bundesgerichtshof hat bereits in seinem Urteil *BGHZ* 40/99 ff. betont, daß dem durch Mängel der Kaufsache geschädigten Dritten nicht schon durch eine auf Treu und Glauben gestützte Auslegung des Kaufvertrages ein aus diesem Vertrag abgeleiteter Ersatzanspruch gewährt werden kann. Er ist in dieser Entscheidung von dem Urteil des Reichsgerichts *RGZ* 170/246 abgerückt. Auch das Berufungsgericht hat keine konkreten Anhaltspunkte dafür festgestellt, weshalb die Beklagte bereit und willens gewesen sein sollte, ihrem Vertragsgegner, dem Tierarzt, weitergehende Schadensersatzansprüche einzuräumen, als sie nach dem gesetzlichen Kaufrecht mußte. Zudem setzt Drittschadensliquidation voraus, daß nur ein Schaden entstanden ist, der sich, wäre nicht ‚zufällig' ein Dritter Träger des geschützten Rechtsgutes, bei dem Gläubiger ausgewirkt hätte. Von einer solchen ‚Verlagerung' des Schadens kann hier nicht gesprochen werden. Dieser ist hier sowohl tatsächlich wie rechtlich bei der Klägerin eingetreten, während er bei einer echten Schadensverlagerung tatsächlich, wenn auch nicht rechtlich, beim Gläubiger eintritt. Er konnte nicht ebensogut beim Tierarzt wie bei den Hühnerhaltern eintreten, sondern nur bei diesen und nicht, worauf es entscheidend ankommt, statt beim Tierarzt bei ihnen.

Die bisher von der Rechtsprechung zugelassenen Fälle einer Drittschadensliquidation lassen sich auch nicht um einen Fall der hier vorliegenden Art erweitern. Andernfalls müßte auch der Hersteller und Lieferant von Lebens- und Genußmitteln, von Wasch- und Arzneimitteln usw. den beim Endverbraucher entstehenden Schaden nicht bloß aus Delikt, sondern aus Kaufrecht ersetzen. Denn auch er weiß, so wie sein Käufer, der Groß- oder Zwischen- und Einzelhändler, daß sich etwaige Schäden nicht beim Händler, sondern erst beim Endabnehmer zeigen werden. Daraus allein läßt sich aber noch nicht eine vertragliche Haftung des Herstellers gegenüber dem Endabnehmer ableiten. Die Frage, wie dessen Interessen gewahrt werden können, ist somit nicht mittels Drittschadensliquidation zu lösen (so auch *Soergel/Ballerstedt,* BGB 10. Aufl., Bem. 43 vor § 459; *Esser,* Schuldrecht, Bd. I 3. Aufl. S. 297; *von Caemmerer* ZHR 1965, 269, 277).

Schutzwirkung des Herstellerverkauf-Vertrages zugunsten des Endverbrauchers?

Das Berufungsgericht hat seine Ansicht auch damit begründet, hier ergebe sich aus dem Sinn und Zweck des Vertrages zugunsten des Dritten eine Fürsorgepflicht des Herstellers. Dies könnte dahin verstanden werden, als wolle das Berufungsgericht der Klägerin einen Ersatzanspruch aus einem Vertrag mit Schutzwirkung zugunsten Dritter zubilligen. Auch dem könnte nicht gefolgt werden.

Der Bundesgerichtshof hat zwar unter diesem rechtlichen Gesichtspunkt unter bestimmten Umständen auch einem am Vertrag nicht beteiligten Dritten Ersatzansprüche zugebilligt (*BGHZ* 33/247, 249 und 49/350, 353). Diese Grundsätze können hier jedoch nicht herangezogen werden.

Keineswegs kann schon jeder, der infolge einer Sorgfaltsverletzung des Schuldners Schaden erlitten hat, einen eigenen Ersatzanspruch aus dem Vertrag zwischen Gläubiger und Schuldner ableiten (*BGH,* NJW 1968/1323). Der Senat hat in seinem Urteil vom 18. Juni 1968 (NJW 1968/1929) erneut darauf hingewiesen, daß das Gesetz zwischen unmittelbar und mittelbar Geschädigten unterscheidet und daß die Haftung aus einem Vertrag grundsätzlich an das Band geknüpft ist, das den Schuldner mit seinem Partner verbindet (vgl. auch *BGH* WM 1968/1354). Andernfalls besteht die Gefahr, daß der Schuldner das Risiko, das er bei Abschluß eines Vertrages eingeht, nicht mehr einkalkulieren kann. Daher wäre es nicht mehr mit den Grundsätzen von Treu und Glauben, aus denen der Vertrag mit Schutzwirkung zugunsten Dritter gerade entwickelt worden ist, zu vereinbaren, wenn der Schuldner für so weitgehende Folgen seiner Vertragsverletzung haften müßte. Das kann nur dann angenommen werden, wenn der Gläubiger sozusagen für das Wohl und Wehe des Dritten mitverantwortlich ist, weil dessen Schädigung auch ihn trifft, indem er ihm gegenüber zu Schutz und Fürsorge verpflichtet ist. Dieses Innenverhältnis zwischen dem Gläubiger und einem Dritten, durchweg gekennzeichnet durch einen personenrechtlichen Einschlag, führt zur Schutzwirkung zugunsten des Dritten, nicht das Verhältnis zwischen dem Gläubiger und seinem Vertragspartner. Ein solches Verhältnis liegt bei einem Kauf- oder einem Werkvertrag in aller Regel nicht vor (vgl. *Larenz,* Schuldrecht, 9. Aufl. II § 37 IV).

Auch im vorliegenden Fall fehlt es an solchen engen Beziehungen. Daß der Gläubiger ein Arzt (Tierarzt) war, reicht nicht aus. Allenfalls ließe sich sagen, die Klägerin habe ihm das Wohl und Wehe ihrer Hühner anvertraut. Daraus folgt aber noch keine Schutz- und Fürsorgepflicht von der Art, wie sie für einen das Drittinteresse einbeziehenden Vertrag notwendig ist. Den Tierarzt traf nicht nach familien- oder arbeitsrechtlichen Vorschriften oder aufgrund ähnlicher Bestimmungen die Last, die bei seinen Auftraggebern eingetretenen Schäden auszugleichen. Er war nur verpflichtet, die Impfung der Hühner fachgerecht auszuführen und dazu geeigneten Impfstoff zu verwenden. Ob einem zur Behandlung eines Menschen zugezogenen Arzt eine Pflicht zu Schutz und Fürsorge obliegen kann, ist eine andere, hier nicht zu entscheidende Frage.

Deliktshaftung

Die Klägerin hat ihre Klage nicht nur auf Ansprüche gestützt, die sie aus dem von Dr. H. mit der Beklagten geschlossenen Kaufvertrag ableiten wollte, sondern sich auch auf die §§ 823 ff. BGB berufen. Außerdem hat sie die in letzter Zeit, vor allem auf dem Deutschen Juristentag 1968 (vgl. JZ 1968/714), eingehend erörterte Frage der unmittelbaren Haftung des Warenherstellers gegenüber dem Endverbraucher („Produzentenhaftung") ins Feld geführt. Auch die Befürworter einer weitergehenden Haftung des Produzenten gehen durchweg davon aus, daß sie sich weder mittels Drittschadensliquidation, noch mittels eines Vertrages mit Schutzwirkung zu Gunsten Dritter begründen lasse. Sie wollen dem Verbraucher einen eigenen, nicht vom Vertrag Käufer/Hersteller abhängigen Ersatzanspruch gewähren, der sich als „action directe" unmittelbar gegen den Hersteller richten soll — so wie der vom Gesetz gewährte Ersatzanspruch aus §§ 823 ff. BGB. Indes sehen sie diesen Deliktsanspruch nicht mehr als ausreichend und sachgerecht an, weil er in der Regel reine Vermögensschäden nicht deckt und vor allem dem Produzenten, insbesondere bei bloßen „Fabrikationsfehlern", die Möglichkeit offen läßt, sich zu entlasten (vgl. im einzelnen den Urteilsabdruck in NJW 1969/269, 272 f. über die Auseinandersetzung des *BGH* mit diesen Thesen). Es ist indes zweifelhaft, ob diese Überlegungen tragfähig sein könnten, im Wege einer Fortbildung des Rechts dem

Verbraucher einen Ersatzanspruch zu gewähren, der, so wie der deliktische Anspruch, nicht ohne weiteres abbedungen werden könnte, andererseits nicht vom Entlastungsbeweis des § 831 BGB bedroht wäre. Der Senat hat sich schon in seinem Urteil vom 21. 3. 1967 (MDR 67/577) gegen die Versuche gewandt, die Haftung eines außerhalb des Vertrages stehenden Dritten aus in Anspruch genommenem Vertrauen zu begründen und betont, daß damit die durch den Vertrag gezogene Abgrenzung zwischen schuldrechtlichem und deliktischem Haftungsbereich in folgenschwerer Weise durchbrochen würde. Ob die dort gegen eine Haftungsausdehnung bei positiver Vertragsverletzung ausgesprochenen Bedenken auch gegen die Einbeziehung des Produzenten in eine vertragsähnliche Haftung sprechen, braucht im vorliegenden Fall nicht abschließend entschieden zu werden. Auch braucht der Frage nicht nachgegangen zu werden, wie einem durch das Produkt Geschädigten ein solcher quasikontraktlicher Anspruch zugesprochen werden soll, wenn er das Produkt nicht gekauft hatte, sondern bei dessen Benutzung durch ihn selbst oder durch andere zu Schaden gekommen war. Im vorliegend zu entscheidenden Fall handelt es sich nicht um hintereinander geschaltete, rechtlich selbständige Kaufverträge in einer „Absatzkette", bei der der Verkäufer in der Tat oft der bloße „Verteiler" des Herstellers geworden ist, ein „Durchgriff" daher naheliegt. Hier stand vielmehr zwischen der Kl. und der Bekl. ein Tierarzt, der allein zu entscheiden hatte, welchen Impfstoff er benutzte. Ihm und nicht einer etwaigen Werbung der Bekl. hatte die Kl. ihr Vertrauen gewährt. Sie wäre nicht imstande gewesen, selbst den Impfstoff bei der Bekl. unmittelbar oder im Handel zu kaufen: die Bekl. durfte ihn nur an den Tierarzt abgeben und nur dieser durfte ihn anwenden (§ 87 der Ausführungsvorschriften zum Viehseuchengesetz). Schon deshalb scheidet hier der Gedanke aus, zwischen den Parteien hätten vertragsähnliche Beziehungen bestanden. Die Kl. war nicht „Verbraucherin" des Impfstoffes, auch nicht dessen „Benutzerin", sondern, rechtlich gesehen, „nur" die Geschädigte. Als solche ist sie aber auf deliktische Ersatzansprüche beschränkt.

Nach dem vom Berufungsgericht festgestellten Sachverhalt sind die Voraussetzungen des § 823 BGB erfüllt. Der von der Bekl.

an H. gelieferte Impfstoff war fehlerhaft und die Ursache für die Erkrankung der Hühner der Kl. Auch wenn hier, wie oben ausgeführt, die Regeln des Vertragsrechts nicht anwendbar sind, so muß dennoch davon ausgegangen werden, daß der Bekl. ein eigenes Verschulden zur Last fällt. Wird jemand bei bestimmungsgemäßer Verwendung eines Industrieerzeugnisses dadurch an einem der in § 823 Abs. 1 BGB geschützten Rechtsgüter geschädigt, daß dieses Produkt fehlerhaft hergestellt war, so ist es Sache des Herstellers, die Vorgänge aufzuklären, die den Fehler verursacht haben, und dabei darzutun, daß ihn hieran kein Verschulden trifft.

Verschuldensnachweis: Beweislastumkehr

Nicht in Frage steht, daß auch bei der „Produzentenhaftung" der Geschädigte nachzuweisen hat, daß der Schaden durch einen Fehler des Produktes verursacht ist. Die Kl. hatte daher zu beweisen, daß die Geflügelpest bei ihren Hühnern ausgebrochen ist, weil der von H. verwandte Impfstoff von der Bekl. stammte und bei seiner Auslieferung aktive Viren enthielt.

Fehler- und Kausalitätsnachweis

Diesen Beweis hat das Berufungsgericht als erbracht angesehen. Hierbei stützt es sich darauf, daß es gerade die Charge ALD 210 war, nach deren Verwendung sowohl bei den Hühnern der Kl. wie bei denen des Landwirtes R. die Hühnerpest ausbrach und daß dies um dieselbe Zeit und ebenfalls nach Verwendung dieser Charge bei mehreren Landwirten im Kreis X. geschah. Wenn das Berufungsgericht bei solch auffälligem Zusammentreffen den ursächlichen Zusammenhang schon nach den Grundsätzen über den Anscheinsbeweis für bewiesen angesehen hat, so unterliegt das entgegen den Angriffen der Revision keinen Bedenken. Für den Nachweis der Kausalität kommt es hier nur darauf an, daß die Charge ALD 210 die Hühnerpest verursacht hatte – nicht auch auf die weitere Frage, wie dies im einzelnen zu erklären ist.

Das Berufungsgericht geht bei Prüfung der Frage, worauf es zurückzuführen ist, daß der Impfstoff unabgetötete Viren enthielt, von der Tatsache aus, daß sowohl das E.-Institut wie die Bundesforschungsanstalt in den von ihnen alsbald nach Ausbruch der Seuche untersuchten Flaschen Bakterien festgestellt haben. Es legt seiner Würdigung im wesentlichen zugrunde, was Prof. E. in seinem Gutachten ausgeführt hatte. Dieser hatte erklärt, mit hoher Wahrscheinlichkeit sei anzunehmen, daß die Bakterien beim Abfüllvorgang, nämlich bei dem im Betriebe der Bekl. von Hand ausgeführten Umschütten des Impfstoffes aus den großen Behältern, in die Flaschen geraten seien. Schon mehrfach sei beobachtet worden, daß Viren, die – wie hier – durch Zusatz von Formaldehyd „abgetötet" worden seien, unter bestimmten Umständen wieder aktiv geworden seien. Es sei daher möglich, daß es hier die Bakterien gewesen seien, die eine Reaktivierung der Viren ausgelöst hätten, etwa durch die bei ihrer Vermehrung frei werdenden Stoffwechselprodukte. Auf Grund dieser Ausführungen des Sachverständigen glaubt das Berufungsgericht feststellen zu können, daß die bakterielle Verunreinigung der Flaschen die Ursache der Reaktivierung gewesen sei. Dazu weist es darauf hin, daß durch den Teil der Charge, der nicht bakteriell verunreinigt gewesen sei, keine Schäden entstanden seien, während dies bei den Flaschen der Fall gewesen sei, die von H. und im Kreise X. benutzt und in denen anschließend die Bakterien festgestellt wurden. Auch E. halte es für möglich, daß die Verunreinigung des Impfstoffs „durch menschliches Versagen", also durch Fahrlässigkeit einer der Personen verursacht worden sei, die die Bekl. beim Abfüllen des Impfstoffes beschäftigt habe.

Die Revision greift diese Würdigung des Berufungsgerichts mit auf § 286 ZPO gestützten Rügen an. Vor allem beanstandet sie, daß das Berufungsgericht nicht das von der Bekl. erbetene weitere Gutachten eingeholt hat. Die Rügen haben im Ergebnis keinen Erfolg.

Richtig ist zwar, daß das Berufungsgericht kein Verschulden der Bekl. selbst als bewiesen angesehen hat. Vielmehr hat es lediglich angenommen, daß wahrscheinlich eine Hilfsperson der Bekl. den Schaden verschuldet habe. Eine Haftung der Bekl. gemäß § 278 BGB läßt sich indessen, wie oben dargetan, nicht aus der Anwendung des Vertragsrechts ableiten. Das nötigt aber nicht dazu, den Rechtsstreit an den Tatrichter zurückzuverweisen. Denn es war auch dann Sache der Bekl., sich zu entlasten, wenn die Kl. sich nur auf § 823 BGB stützen kann.

Dies ergibt sich schon daraus, daß der Ersatzanspruch der Kl. auch aus § 823 Abs. 2 BGB folgt, weil die Bekl. durch die Auslieferung der gefährlichen Flaschen mit Impfstoff gegen ein Schutzgesetz verstoßen hat. Dieser Impfstoff, ein Arzneimittel im Sinne des Arzneimittelgesetzes vom 16. 5. 1961 (§ 3 Abs. 3 AMG), war geeignet, bei den Hühnern schädliche, ja tödliche Wirkungen hervorzurufen – hier gerade die Krankheit, der er vorbeugen sollte. § 6 AMG verbietet es, derartigen Impfstoff in den Verkehr zu bringen. Diese Vorschrift stellt – nicht anders als der für gesundheitsschädliche Lebensmittel geltende § 3 LMG (vgl. RGZ 170/155, 156) – ein Gesetz zum Schutz der gefährdeten Menschen oder Tiere dar. Ist aber ein Verstoß gegen ein Schutzgesetz bewiesen, so spricht eine Vermutung dafür, daß dies schuldhaft geschehen ist. Der das Schutzgesetz Übertretende muß daher Umstände dartun und beweisen, die geeignet sind, die Annahme seines Verschuldens auszuräumen (Senatsurteil vom 12. 3. 1968, VersR 68/593 = NJW 68/1279). Diesen Beweis hat aber ein Betriebsinhaber nicht geführt, wenn eine mögliche Ursache ungeklärt geblieben ist, die in der Sphäre seiner Verantwortlichkeit liegt und ein schadenursächliches Verschulden enthalten würde (Senatsurteile vom 3. 1. 1961, VersR 61/231 und vom 4. 4. 1967, VersR 67/685).

Diese Beweislastregelung würde aber auch dann gelten, wenn die Kl. ihren Ersatzanspruch allein auf § 823 Abs. 1 BGB stützen könnte. Auch dann war es Sache der Bekl., sich zu entlasten. Zwar hat in aller Regel der Geschädigte, der sich auf § 823 Abs. 1 BGB stützt, nicht nur die Kausalität zwischen seinem Schaden und dem Verhalten des Schädigers darzutun und notfalls zu beweisen, sondern auch dessen Verschulden (*BGHZ* 24/21, 29). Jedoch hängt die Möglichkeit dieses Nachweises der subjektiven Voraussetzungen erheblich davon ab, inwieweit der Geschädigte den objektiven Geschehensablauf in seinen Einzelheiten aufklären kann. Das aber ist vor allem dann mit besonderen Schwierigkeiten verknüpft, wenn es um Vorgänge geht, die sich bei der Herstellung des Produkts im Betriebe abgespielt haben. Die Rechtsprechung ist daher seit langem dem Geschädigten dadurch zu Hilfe gekommen, daß sie sich mit dem Nachweis einer Kausalkette begnügt hat, die nach der Lebenserfahrung zunächst für ein Organisationsverschulden des Herstellers spricht. Hierbei kann jedoch für Schadensersatzansprüche aus Produzentenhaftung nicht stehengeblieben werden. Allzuoft wird der Betriebsinhaber die Möglichkeit dartun, daß der Fehler des Produkts auch auf eine Weise verursacht worden sein kann, die den Schluß auf sein Verschulden nicht zuläßt — ein Nachweis, der zumeist wiederum auf Vorgängen im Betriebe des Schädigers beruht, daher vom Geschädigten schwer zu widerlegen ist. Infolgedessen kann der Hersteller dann, wenn es um Schäden geht, die aus dem Gefahrenbereich seines Betriebes erwachsen sind, noch nicht dadurch als entlastet angesehen werden, daß er Möglichkeiten aufzeigt, nach denen der Fehler des Produkts auch ohne ein in seinem Organisationsbereich liegendes Verschulden entstanden sein kann. Dies gebieten in den Fällen der Produzentenhaftung die schutzbedürftigen Interessen des Geschädigten — gleich ob Endabnehmer, Benutzer oder Dritter; andererseits erlauben es die schutzwürdigen Interessen des Produzenten, von ihm den Nachweis seiner Schuldlosigkeit zu verlangen.

Diese Beweisregel greift freilich erst ein, wenn der Geschädigte nachgewiesen hat, daß sein Schaden im Organisations- und Gefahrenbereich des Herstellers, und zwar durch einen objektiven Mangel oder Zustand der Verkehrswidrigkeit ausgelöst worden ist. Dieser Beweis wird vom Geschädigten sogar dann verlangt, wenn er den Schädiger wegen Verletzung vertraglicher oder vorvertraglicher Schutz- und Nebenpflichten in Anspruch nimmt (*BGH,* NJW 1962/31; MDR 1966/491). Nichts anderes gilt, wenn er den Produzenten wegen Verletzung der Verkehrssicherungspflicht in Anspruch nimmt. Hat er aber diesen Beweis geführt, so ist der Produzent ‚näher daran', den Sachverhalt aufzuklären und die Folgen der Beweislosigkeit zu tragen. Er überblickt die Produktionssphäre, bestimmt und organisiert den Herstellungsprozeß und die Auslieferungskontrolle der fertigen Produkte. Oft machen die Größe des Betriebes, seine komplizierte, verschachtelte, auf Arbeitsteilung beruhende Organisation, verwickelte technische, chemische oder biologische Vorgänge und dergleichen es dem Geschädigten praktisch unmöglich, die Ursache des schadenstiftenden Fehlers aufzuklären. Er vermag daher dem Richter den Sachverhalt nicht in solcher Weise darzulegen, daß dieser zuverlässig beurteilen kann, ob der Betriebsleitung ein Versäumnis vorzuwerfen ist oder ob es sich um einen von einem Arbeiter verschuldeten Fabrikationsfehler, um einen der immer wieder einmal vorkommenden ‚Ausreißer' oder gar um einen ‚Entwicklungsfehler' gehandelt hat, der nach dem damaligen Stand der Technik und Wissenschaft unvorhergesehen war. Liegt so aber die Ursache der Unaufklärbarkeit im Bereich des Produzenten, so gehört sie auch zu seiner Risikosphäre. Dann ist es sachgerecht und zumutbar, daß ihn das Risiko der Nichterweislichkeit seiner Schuldlosigkeit trifft.

Von solcher Beweisregel ist die Rechtsprechung schon immer bei vertraglichen oder quasivertraglichen Sonderrechtsbeziehungen zwischen Geschädigtem (Gläubiger) und Schädiger (Schuldner) ausgegangen (*BGHZ* 48/310, 312; *BGH,* NJW 1964/34; *BGH,* NJW 1968/2240). Es ist kein durchgreifender Grund ersichtlich, warum diese Beweisregel nicht dann für nach Deliktsrecht zu entscheidende Haftungsfälle ebenso gelten soll, wenn die der Regel zugrunde liegenden Erwägungen auch hier zutreffen. Schon § 831 BGB erlegt dem Geschäftsherrn in bestimmten Beziehungen einen Entlastungsbeweis auf — ähnliches gilt in den Haftungsfällen der §§ 832, 833, 834 BGB. Vor allem gilt dies in den Fällen der §§ 836 ff. BGB. Hier verlangt das Gesetz zwar von dem durch den Einsturz eines Gebäudes Geschädigten den Beweis, daß sein Schaden ‚die Folge fehlerhafter Errichtung oder mangelhafter Unterhaltung' des Gebäudes war, erlegt aber dem Besitzer usw. den Beweis dafür auf, daß er alles getan hat, um die Gefahren, die von seinem Gebäude ausgehen konnten, abzuwenden. Die in diesen Vorschriften angeordnete Umkehr der Behauptungs- und Beweislast geht nicht immer davon aus, das Verschulden des Schädigers sei zu vermuten. Vielmehr beruht sie überwiegend auf dem Gedanken, daß der Schädiger eher als der Geschädigte in der Lage ist, die für den Vorwurf der Fahrlässigkeit maßgebenden Vorgänge aufzuklären, daß es daher gerecht sei, ihn das Risiko einer Unaufklärbarkeit tragen zu lassen. Der Senat hat schon in seinem Urteil vom 1. April 1953 (LM ZPO § 286 [6] Nr. 12) darauf hingewiesen, vom Kläger könne nicht der für ihn gewöhnlich fast unmögliche Nachweis verlangt werden, daß die schadenstiftende Sache durch ein Verschulden des Geschäftsinhabers oder seiner Angestellten in den Betrieb gekommen sei. Vor allem hat der Senat bereits in seinem Urteil vom 17. Oktober 1967 (NJW 1968, 247 = VersR 1967, 1119 = I.53) ausgesprochen, es sei Sache des Produzenten, sich zu entlasten, wenn der Geschädigte keine Angaben darüber machen könne, in welchen Einzelpunkten schuldhafte Pflichtverletzungen der Unternehmensleitung vorgelegen hätten. Die moderne Entwicklung der Warenproduktion, an der oft nachträglich nur schwer zu ermittelnde Personen oder Maschinen beteiligt sind und die auf nur noch vom Fachmann zu durchschauenden und zu kontrollierenden Fertigungsprozessen beruht, verlangt eine Fortbildung des Beweisrechts in der Richtung, wie sie das Gesetz in § 836 BGB vorgezeichnet hat (vgl. *Simitis*, Gutachten zum DJT 1968, S. 92 ff.; *Stoll* in Festschrift für von Hippel, 1967, S. 557).

Dabei wird es allerdings – so wie bei der für positive Vertragsverletzungen anerkannten Umkehrung der Beweislast – stets auf die in der jeweiligen Fallgruppe gegebene Interessenlage ankommen. Die Frage, ob auch dem Inhaber eines kleineren Betriebes, dessen Herstellungsverfahren überschaubar und durchsichtig ist (Familien- und Einmannbetriebe, landwirtschaftliche Erzeuger und dergleichen), die Übernahme des Beweisrisikos zugemutet werden kann, bedarf hier keiner Prüfung. In den Fällen der hier vorliegenden Art ist es jedenfalls Sache des Herstellers, sich zu entlasten. Diesen Entlastungsbeweis hat die Beklagte nicht erbracht.

Haftung für die Betriebsausstattung

Nach dem von der Beklagten selbst vorgelegten Gutachten ist es möglich, daß Unachtsamkeit einer beim Abfüllen tätigen Hilfskraft zur Verunreinigung der Flaschen geführt hat. Er hält das Verfahren, Gefäße über 500 ccm, also auch die an Dr. H. gelieferten Flaschen mittels Umschüttens von Hand abzufüllen und sie nicht mittels einer Apparatur zu füllen, für eine „ältere Methode", die zwar noch „tragbar", aber verbesserungsbedürftig sei (vgl. im einzelnen den Urteilsabdruck NJW 1969/269, 275). Der Gutachter meint nun zwar trotz dieser Verbesserungsvorschläge, die Herstellungsmethoden der Beklagten seien „nicht unzulänglich" und „erfüllten die Normalanforderungen". Auch die Abfüllmethode verbürge ein ausreichendes Maß an Sicherheit, wenn sie auch verbesserungsbedürftig sei. Abschließend meint er, die Beklagte habe keine der notwendigen Sicherungsmaßnahmen fahrlässig außer acht gelassen. Die bakterielle Verunreinigung könne zwar durch mangelnde Beachtung der gebotenen Vorsichtsmaßnahmen verursacht, könne aber trotz Beachtung dieser Maßnahmen eingetreten sein. Ein absoluter Schutz gegen Verunreinigung lasse sich nämlich nicht erreichen.

Dieser Auffassung des Sachverständigen über das Maß der erforderlichen Sorgfalt kann nicht gefolgt werden. Auch er geht davon aus, daß bei der Herstellung von Impfstoffen, bei denen lebende Viren abgeschwächt werden müssen, „ein höchstmögliches Maß an Sicherheit" verlangt werden muß. Die von Professor Dr. E. angeführten Mängel in der Ausstattung des Betriebes der Beklagten, vor allem hinsichtlich des Abfüllens von Hand, stehen einer Feststellung entgegen, daß der Leitung der Beklagten keine fahrlässigen Versäumnisse zur Last fielen. Die von ihm empfohlenen Änderungen lagen keineswegs fern und stellten an die Beklagte weder technisch noch finanziell unzumutbare Anforderungen. Es ist nicht auszuschließen, daß diese zusätzlichen Sicherungsmaßnahmen die Abfüllung gefährlichen Impfstoffes verhütet hätten.

Zumutbarkeit der erforderlichen Gefahrabwendungsmaßnahmen

I. 59: BGH, 22. 10. 1969, VIII ZR 196/67

Vertragshaftung: Konstruktionshaftung

Die Konstruktion einer zur Herstellung der Verpackungsfolie geeigneten Maschine war allein Sache der Klägerin. Sie kann sich nicht darauf berufen, sie sei Maschinenbauerin und nicht Sachverständige in der Kaschierung oder Bearbeitung von Cellophan. Denn eine sachgemäße Lösung der Konstruktionsprobleme war ohne die erforderliche Kenntnis des von der Maschine zu bearbeitenden Materials nicht möglich.

Zwar hatte im Schreiben vom 4. 8. 1960 die Beklagte der Klägerin mitgeteilt, die Firma F. sei bereit, der Klägerin Auskunft zu geben und bat die Klägerin, sich mit der Firma persönlich in Verbindung zu setzen. Daraus und aus dem Schreiben der Firma F. konnte aber das Berufungsgericht folgern, die Beklagte habe der Klägerin nur die Anregung gegeben, sich in Fragen der Wachskaschierung von der Firma F. beraten zu lassen, die Klägerin sei aber verpflichtet geblieben, das Konstruktionsproblem in eigener Verantwortung zu lösen.

AGB: Rechtswirksamkeitsgrenzen

Die Revision hält eine Entscheidung für unzulässig, die im wirtschaftlichen Ergebnis darauf hinausläuft, trotz des Ausschlusses des Wandlungsanspruches dem Besteller (über einen Schadensersatzanspruch) zu gestatten, den Vertrag rückgängig zu machen. Dem ist nicht zu folgen.

Das LG, dem das Berufungsgericht beitritt, stützt sich auf das Urteil des *BGH* vom 18. 6. 1959 (MDR 1959/750), mit dem das Urteil *BGHZ* 48/264, 266 übereinstimmt. Danach können trotz Ausschlusses aller Gewährleistungsansprüche bei unmöglicher oder verweigerter Nachbesserung eines Werkes u. a. Schadensersatzansprüche wegen positiver Vertragsverletzung (aufgrund Verschuldens bei der Nachbesserung) bestehen. Nach den Allgemeinen Lieferbedingungen steht für die Anwendung der Lieferbedingungen der Werklieferungsvertrag dem Kaufvertrag gleich. Sollten danach Vorschriften des Kaufvertragsrechts Anwendung finden, wäre das Ergebnis nicht anders. Der BGH hat wiederholt angenommen, daß der Käufer trotz einer Wandelungsausschlußklausel dann wandeln könne, wenn der Verkäufer unberechtigt die kostenlose Beseitigung eines Mangels verweigert oder die versuchte Nachbesserung fehlschlägt (*BGHZ* 22/90, 99 = I.27; *BGHZ* 37/94, 98 = I.46; *BGH,* Betr. 1966/977).

Wiederaufleben der Gewährleistungsrechte

Bei fehlgeschlagener Nachbesserung eines Werkes kann der Schadensersatzanspruch auch dahingehen, daß der Unternehmer den Besteller von den Beeinträchtigungen des nutzlos gewordenen Vertrages befreit, indem er den Besteller nicht auf Zahlung des Werklohns in Anspruch nimmt und den gezahlten

Werklohn zurückerstattet. Daß der Ersatz des negativen Interesses im vorliegenden Fall ausgeschlossen sei, kann der Revision nicht zugegeben werden. Es ist nicht einzusehen, weshalb ein Verkäufer bei Vertragsschluß nicht damit sollte rechnen müssen, daß er, wenn sein Werk mit Mängeln behaftet ist und er die Mängel entweder nicht beseitigt oder in einer dem Käufer zumutbaren Weise nicht beseitigen kann, seiner Rechte aus dem Vertrag verlustig gehen könne.

I. 60: BGH, 7. 7. 1970, VI ZR 223/68 (Druckfehler)

Die Beklagte verlegt ein medizinisches Werk, in das ein Diagramm aufgenommen wurde, welches durch Kurven die Entwicklung der Urinwerte bei normalen und kranken Versuchspersonen veranschaulicht. Im Buch fehlte in der Beschriftung des Diagramms ein Komma. Der behandelnde Arzt ging daraufhin davon aus, daß die Kochsalzlösung nicht 2,5-, sondern 25 %-ig anzusetzen sei und setzte eine 20 %-ige Lösung an. Nach Infusion eines Teils der Lösung wurde der Patient bewußtlos und konnte nur mit Mühe gerettet werden. Die Klägerin ist als Haftpflichtversicherer für den Schaden des Patienten aufgekommen und verklagte den Verlag auf Ausgleichszahlung.

Deliktshaftung

Das Berufungsgericht stellt fest, daß Dr. F. durch den Druckfehler zu seinem unrichtigen Vorgehen veranlaßt worden ist und daß die Beklagte dafür haftet (vgl. im einzelnen den Urteilsabdruck JZ 1971/63). Aus Gründen des sachlichen Rechts kann aber dem Berufungsgericht nicht gefolgt werden, soweit es wenigstens für einige der in Betracht gezogenen Verlaufsmöglichkeiten eine Haftung der Beklagten für den Irrtum des Dr. F. bejaht.

Abwägung Herstellerpflichten/Benutzervertrauen

Wenn das Berufungsgericht davon ausgegangen sein sollte, daß *jeder* Fehler eines in den Verkehr gebrachten Erzeugnisses eine Haftung desjenigen begründet, der insoweit nach den Grundsätzen der Herstellerhaftung an sich verantwortlich ist, so könnte ihm nicht beigetreten werden. Insoweit wäre in Betracht zu ziehen gewesen, daß sich manche Fehler durch eine verkehrsübliche und wirtschaftlich allgemein vertretbare Herstellungsweise zwar weitgehend, aber nicht mit Sicherheit vermeiden lassen. Es kann deshalb im Einzelfall so liegen, daß der Verkehr auf die Abwesenheit eines derartigen einzelnen Fehlers nicht vertraut und nicht vertrauen darf.

Es kann dahinstehen, ob deshalb bei *normalen* Druckerzeugnissen eine Haftung der für die Herstellung Verantwortlichen schon deshalb entfällt, weil der Verkehr im Einzelfall nicht auf die völlige Freiheit von Druckfehlern vertraut und vertrauen darf. Jedenfalls erlaubt nach der auch vom Berufungsgericht zugrunde gelegten Erfahrung das Auftreten eines *einzelnen* Druckfehlers (eine Häufung von Druckfehlern im Buch von Professor H. ist nicht behauptet) nicht bereits den Schluß, daß der für die Korrektur Verantwortliche die im Verkehr erforderliche Sorgfalt vernachlässigt habe.

Arbeitsteilung: Haftung des Verlegers: Delegation

Das Berufungsgericht verkennt sodann, daß bei der Frage nach der im Verkehr erforderlichen Sorgfalt eines Verlegers in Bezug auf die Korrektur eine allgemeine Verkehrsübung nur insoweit außer Betracht bleiben kann und muß, als sie sich als Mißbrauch darstellt (vgl. *BGHZ* 5/318, 319). Einer ganz allgemeinen Übung im Verlagswesen entspricht es aber, daß die Korrekturpflicht vertraglich dem Verfasser auferlegt wird. Diese Übung ist auch für die rechtliche Beurteilung im Rahmen der deliktischen Verkehrssicherungspflicht des Verlegers von Bedeutung.

Für eine rechtliche Mißbilligung dieser allgemeinen Übung sprechen keine sachlichen Gründe. Für eine Korrekturpflicht des Verfassers spricht gerade bei wissenschaftlichen Veröffentlichungen seine überlegene Sachkenntnis; diese Überlegenheit besteht bei wissenschaftlichen Werken regelmäßig auch gegenüber einem mit *allgemeinen* wissenschaftlichen Kenntnissen ausgestatteten Verlagslektor, der hier an sich verfügbar war.
Die Erwägung des Berufungsgerichts, für den mit dem Text besonders vertrauten Verfasser bestehe die Versuchung, „vom Text her" zu korrigieren und daher von dritter Seite (etwa

durch den Setzer) eingeführte Fehler zu überlesen, wird allerdings auf einen zutreffenden Erfahrungssatz gestützt. Sie rechtfertigt aber den Ausschluß des Verfassers als Korrektor nicht, weil regelmäßig davon ausgegangen werden kann, dieser kenne diese Gefahr und werde ihr durch geeignete Maßnahmen, vor allem durch das nicht unübliche, jedenfalls aber bei derartigen Werken zumutbare „Kollationieren" unter Hinzuziehung einer Hilfsperson entgegenwirken.

Arbeitsteilung

Nach allem darf der Verleger im Regelfall ohne Verstoß gegen eine Verkehrssicherungspflicht die Korrektur dem Verfasser überlassen. Eine Verantwortung für die Art ihrer Ausführung trifft ihn dann nach dem Recht der unerlaubten Handlung nicht mehr, denn solchenfalls kann der Verfasser hinsichtlich der Korrekturtätigkeit nicht als Verrichtungsgehilfe (§ 831 BGB) des Verlags betrachtet werden. Dies würde der selbständigen Stellung des Verfassers nicht entsprechen, vor allem nicht dem Umstand, daß er dem Verlag gegenüber zur Korrektur nicht nur verpflichtet, sondern auch berechtigt ist. Daß das Verlagsgesetz im Widerspruch zu der tatsächlich herrschenden Übung die Korrekturpflicht zunächst nicht dem Verfasser, sondern dem Verlag auferlegen will, ändert hieran nichts. Denn dieses Gesetz ist nur dazu bestimmt, die vertraglichen Beziehungen zwischen Verleger und Verfasser zu regeln, und vermag schon deshalb über den Inhalt einer deliktischen Verkehrspflicht des Verlegers unmittelbar nichts auszusagen. Es wäre vielmehr, wenn man schon den Verleger wenigstens hinsichtlich der Herstellung des Buches als seinen „Produzenten" betrachten wollte, insoweit von der Abwälzung eines Teils der deliktischen Verantwortung auf einen Dritten im Wege einer verkehrsgerechten Arbeitsteilung auszugehen. Diese Gestaltung ist im Bereich der deliktischen Warenhaftung auch sonst nicht selten.

Vertragspartner kein Verrichtungsgehilfe

Es mag allerdings Druckwerke und Teile von solchen geben, deren Inhalt und Zweckbestimmung es nötig machen, daß Druckfehler durch besondere, unter Umständen auch aufwendige Maßnahmen mit *Sicherheit* vermieden werden. Hierher mögen etwa mathematische und technische Tabellen, baustatische Arbeitsanleitungen und ähnliches gerechnet werden. Im medizinischen Bereich fallen darunter möglicherweise vor allem Anweisungen über die Dosierung gefährlicher Medikamente und für ungewöhnliche, bislang nicht bekannte und gefährliche Eingriffe. Auch in solchen Fällen verstößt der Verleger aber nicht notwendig gegen die im Verkehr erforderliche Sorgfalt, wenn er die Korrektur dem Verfasser überläßt. Hier kann er seiner Verkehrspflicht durch eine angemessene Vergewisserung darüber genügen, daß der Verfasser (der gerade die Gefährlichkeit von Druckfehlern in dem betreffenden Bereich am besten zu beurteilen vermag) auch bereit und fähig ist, die nach Sachlage gebotenen *besonderen* Sicherheitsvorkehrungen gegen Korrekturversehen zu treffen.

Benutzerverantwortung

Einer Vertiefung bedarf diese Frage hier jedoch deshalb nicht, weil das Berufungsgericht keine Umstände festgestellt hat, die außerordentliche Maßnahmen zur Verhütung von Druckfehlern erforderlich machen konnten. Dabei mag zwar davon ausgegangen werden, daß an sich damit gerechnet werden mußte, Ärzte würden das als „Nachschlagewerk" bezeichnete Buch als Anleitung für die Durchführung des ihnen bisher unbekannten Tests verwenden, obwohl der Text hinsichtlich der „Methodik" dieses Tests auf ein Werk von K. weiterverwies. Dies ändert aber nichts daran, daß die intravenöse Infusion von Kochsalzlösungen als solche kein für einen Arzt ungewöhnlicher Eingriff ist.

durchschnittlicher Benutzer

Das Berufungsgericht hat hierzu nach Erhebung eines Sachverständigenbeweises erkannt, daß jedem Arzt die Unverträglichkeit von fast 160 g binnen eines kurzen Zeitraums in den Blutkreislauf verbrachten Kochsalz für den menschlichen Körper geläufig ist. Ist dies aber so, dann bestand kein Anlaß, zur Vermeidung eines Stellenfehlers bei der Konzentrationsangabe im Diagramm *außerordentliche* Vorkehrungen zu treffen.

Mitverschulden (§ 254 BGB): Haftungseinheit

Auch die vom Berufungsgericht nach §§ 426, 254 BGB vorgenommene Abwägung könnte keinen Bestand haben. Es entspricht nicht der Rechtslage, wenn innerhalb dieser Abwägung die beiden Ärzte und gegebenenfalls noch der Krankenhausträger der Beklagten einzeln gegenübergestellt werden. Das Berufungsgericht verkennt nicht, daß je nach der Gestaltung des Arzt- und Krankenhausvertrages entweder der Assistenzarzt als Erfüllungs- und Verrichtungsgehilfe des Chefarztes dem Patienten gegenüber tätig wurde oder aber der Krankenhausträger für das Fehlverhalten beider Ärzte einzustehen hatte, wobei der Verursachungsbeitrag des Chefarztes darin bestanden hätte, daß er den Fehler des Assistenzarztes nicht durch Überwachung verhütete. Bei dieser Gestaltung hätte eine sachgemäße Abwägung erfordert, daß zunächst die insgesamt für den schweren Irrtum des Assistenzarztes Verantwortlichen der Beklagten gegenüber zu einer sog. Haftungseinheit zusammengefaßt wurden (vgl. *BGHZ* 6/3, 27). Bei der Abwägung des durch den schweren Kunstfehler des Assistenzarztes bestimmten Verantwortungsgewichts auf Seiten der Haftungseinheit gegenüber der Verantwortung für den nach Feststellung des Berufungsgerichts nicht leicht zu vermeidenden, aber für einen Arzt leicht zu erkennenden Druckfehler hätte sich zu Lasten der Beklagten kaum mehr ein meßbarer Betrag ergeben können.

I. 61: BGH, 9. 7. 1970, VII ZR 70/68 (Gegenstrom-Wärmeaustauscher)

Die Klägerin behauptet, die Beklagte habe ihr zugesichert, die Heizfläche eines Gegenstrom-Wärmeaustauschers nur aus Glattrohren zu liefern, was bei der beschränkten Größe des Zylinders unstreitig technisch nicht möglich ist. Das Landgericht hatte den Vertrag nach § 306 BGB für nichtig gehalten und die Beklagte aus § 307 auf Rückzahlung der Anzahlung verurteilt. Das Berufungsgericht hat das mißbilligt und dieselbe Verurteilung auf Rücktritt gestützt.

Vertragshaftung
Anspruchskonkurrenz
Eigenschaftszusicherung

Das Berufungsgericht hat Recht. Es handelt sich hier um einen Werklieferungsvertrag über eine unvertretbare Sache. Beim Kauf- und Werkvertrag stellen die Gewährleistungsvorschriften eine Sonderregelung dar, welche die Anwendung der §§ 306, 307 BGB ausschließt. Wer eine Eigenschaft der Kaufsache oder des Werks zusichert, haftet nach den §§ 459 ff. bzw. den §§ 633 ff. BGB, auch wenn es technisch nicht möglich ist, dem Vertragsgegenstand die zugesicherte Eigenschaft zu verleihen. Daran ändert sich nichts, wenn die Parteien die gesetzlichen Gewährleistungsvorschriften vertraglich abwandeln oder einschränken.

AGB: Rechtswirksamkeitsgrenzen

Der Vertrag unterliegt den zum Vertragsbestandteil gewordenen Bestimmungen der VDMA-Lieferbedingungen (nach denen Schadensersatzansprüche wegen Lieferungsmängeln ausgeschlossen sind und die Rechte des Bestellers auf ein Rücktrittsrecht beschränkt sind). Der Bundesgerichtshof hat sich bereits mehrfach mit den Gewährleistungsklauseln der VDMA-Bedingungen befaßt. Er hat sie, insoweit es sich um Schadensersatzansprüche handelt, die auf Mängel des Werks zurückgehen, für gültig und im allgemeinen auch nicht als gegen § 242 BGB verstoßend erachtet (*BGH,* NJW 1963/1148 = I.47 und Urteil VII ZR 164/64 vom 17. 10. 1966). Indem das Berufungsgericht die Klausel über den Ausschluß von Schadensersatzansprüchen hier als wirksam und nicht gegen § 242 BGB verstoßend ansieht, hält es sich somit auf dem Boden der Rechtsprechung des Bundesgerichtshofs.

AGB: Ausschluß der Schadensersatzhaftung aus Eigenschaftszusicherung

Es setzt sich damit auch nicht in Widerspruch zu der Entscheidung *BGHZ* 50/200 (= I.56). Denn der dort entschiedene Fall ist mit dem jetzigen nicht vergleichbar. Dort ging es darum, daß der Verkäufer eines Klebemittels dessen Eignung für das Aufkleben von ST-Deckenplatten zugesichert hatte, daß das verkaufte Klebemittel diese Eignung nicht besaß und daß der Verkäufer in seinen Allgemeinen Lieferungsbedingungen die Gewährleistung auf Ersatzlieferung beschränkt hatte. Damit war der Käufer praktisch rechtlos, denn eine Ersatzlieferung des gleichen Klebers war sinnlos. Jener Fall hatte weiter die Besonderheit, daß die Zusicherung der Klebefähigkeit gerade mit Rücksicht auf Mängelfolgeschäden erfolgt war, die bei mangelnder Klebefähigkeit sehr viel höher sein mußten, als der Wert des gelieferten Klebstoffs.

Im vorliegenden Fall ist die Klägerin durch die VDMA-Bedingungen nicht praktisch rechtlos gestellt. Sie hat das Recht zum Rücktritt und braucht dann den Preis des Apparats nicht zu zahlen. Dieses Rücktrittsrecht fällt als wirtschaftlicher Wert durchaus ins Gewicht. Der Preis des Apparats ist nicht unverhältnismäßig niedriger als der geltend gemachte Schaden. Weiter ist im vorliegenden Fall nicht festgestellt, daß der Apparat seiner Beschaffenheit nach für die Verwendung als Wärmeaustauscher ungeeignet gewesen wäre. Die Klägerin hat nur behauptet, ihr Abnehmer habe es abgelehnt, einen auch nur teilweise mit Rippenrohren versehenen Wärmeaustauscher abzunehmen. Aus welchen Gründen der Abnehmer der Klägerin diese Haltung eingenommen hat, ist nicht geklärt.

Unwirksamkeit des Haftungsausschlusses

Die Beklagte könnte sich allerdings auf den Haftungsausschluß der VDMA-Bedingungen nicht berufen, wenn ihre Inhaber oder leitenden Angestellten vorsätzlich oder infolge grober Fahrlässigkeit (*BGHZ* 20/164) falsche Zusicherungen gegeben hätten. Das hat das Berufungsgericht erörtert und im Ergebnis rechtsfehlerfrei verneint. Nach dem vom Berufungsgericht festgestellten Sachverhalt hat der Beklagte bei dem Telefongespräch sich über den Inhalt seiner Erklärung geirrt. Damit scheidet Vorsatz aus. Auch für die Annahme grober Fahrlässigkeit können die Feststellungen des Berufungsgerichts nicht ausreichen.

Soweit es sich um die Zusicherung einer bestimmten Heizleistung handelt, ist nach den Feststellungen des Berufungsgerichts eine vorsätzliche oder grobfahrlässige falsche Zusicherung ebenfalls nicht dargetan.

Die Revision ist der Auffassung, die Freizeichnungsklauseln der VDMA-Bedingungen könnten hier deswegen keine Anwendung finden, weil die Beklagte Eigenschaften zugesichert habe, die mit den heutigen technischen Möglichkeiten gar nicht erreichbar seien. Die Revision hätte Recht, wenn die Beklagte wider besseres Wissen oder grobfahrlässig technisch Unmögliches zugesichert hätte. Nach dem vom Berufungsgericht rechtsfehlerfrei festgestellten Sachverhalts glaubte sie aber, die Erreichung der Heizleistung mit Hilfe eines kombinierten Heizregisters aus Glatt- und Rippenrohren, nicht aber mit Hilfe eines ausschließlich aus Glattrohren bestehenden Heizregisters zugesichert zu haben. Die erstgenannte Zusicherung war technisch zu verwirklichen, nur die zweite war es nicht.

I. 62: BGH, 28. 9. 1970, VIII ZR 166/68 (Bremsen)

Der Kläger kaufte bei der beklagten Herstellerfirma einen Pkw. Auf der Fahrt nach der Auslieferung kam es auf der Autobahn zu einem Verkehrsunfall. Der Kläger mußte bremsen. Dabei kam der Pkw ins Schleudern, fuhr über den Grünstreifen und kippte auf der entgegengesetzten Fahrbahn um. Der Kläger wurde schwer verletzt und verlangt mit der Behauptung Schadensersatz, die Bremsanlage des Fahrzeuges habe Mängel aufgewiesen.

Vertragshaftung

Das Berufungsgericht meint, es spreche vieles mehr für ein scharfes Bremsen als gegen ein solches. Es sei deshalb möglich, daß der Unfall des Klägers darauf zurückzuführen sei, daß er zu stark gebremst habe. Ein fehlerhaftes Fahrverhalten des Klägers lasse sich zumindestens nicht ausschließen.

Fehlernachweis

Daß dem Kläger die Beweislast dafür trifft, daß der objektive Tatbestand eines Mangels des Fahrzeuges vorliegt, entspricht ständiger Rechtsprechung (vgl. *BGH* VersR 1969/470; *BGHZ* 51/91, 104 = I.58). Die Revision macht aber mit Recht geltend, das Berufungsgericht habe unter Verstoß gegen § 286 ZPO den Sachverhalt nicht erschöpfend aufgeklärt. Es habe bei der Beweiswürdigung nicht berücksichtigt, daß unstreitig auf der Straße nach dem Unfall Radier-, Brems- oder Blockierspuren nicht festgestellt worden seien, daß aber bei einem starken Abbremsen solche Spuren festzustellen gewesen wären. Daraus folge, daß der Kläger nicht scharf gebremst haben könne. Habe aber der Kläger nicht scharf gebremst, so spreche nach der Lebenserfahrung die Wahrscheinlichkeit dafür, daß der Wagen nur infolge ungleichmäßiger Bremstätigkeit nach links gezogen habe.

Ausschaltung alternativer, aber nicht dem Hersteller zuzurechnender Schadensursachen
Anscheinsbeweis

Unter diesen Gesichtspunkten hat das Berufungsgericht den Sachverhalt nicht geprüft. Das Berufungsgericht sieht zwei Umstände als denkbare Ursachen für den Unfall an: entweder ein fehlerhaftes Fahrverhalten des Klägers oder einen Fehler der Bremsanlage. Allerdings mag, wenn ein Fahrer mit seinem Wagen beim Abbremsen ins Schleudern gerät und dabei den Grünstreifen der Autobahn überfährt, der Anscheinsbeweis für ein fehlerhaftes Verhalten des Fahrers begründet sein (*BGH,* VersR 1961/444, 1969/636, 1970/284). Diese Urteile befassen sich zwar mit den Rechtsverhältnissen des Kraftfahrers zu einem durch den Unfall geschädigten Dritten. Es bestehen aber keine Bedenken, die in den Urteilen vertretene Auffassung entsprechend auf das Verhältnis des Kraftfahrers als Käufer zum Verkäufer anzuwenden, wenn der Verkäufer sich gegenüber den Ansprüchen des Kraftfahrers auf ein schuldhaftes Verhalten des Kraftfahrers beim Unfall beruft. Wird ein fehlerhaftes Verhalten des Klägers in Erwägung gezogen, so bedarf es aber auch der Prüfung, ob ein Anscheinsbeweis nicht im gegebenen Fall als entkräftet anzusehen ist. Was das Fahrverhalten des Klägers betrifft, so könnte nämlich ins Gewicht fallen, daß nach den Ermittlungsakten die Fahrbahn trocken, gerade und übersichtlich und das Wetter sonnig war, also äußerer Anlaß für ein Schleudern nicht bestand. Der Kläger war auch unstreitig ein erfahrener, langjähriger Kraftfahrer. Wenn das Berufungsgericht gegen den Kläger den Umstand verwerten will, er habe bei einer Geschwindigkeit von 150 km/st angesichts eines in einer Entfernung von 150 m plötzlich auftretenden Hindernisses „scharf" gebremst, so fehlt es für diese Annahme eines fehlerhaften Verhaltens an hinreichenden Feststellungen. Gegen eine Gewaltbremsung, die ein Schleudern hätte bewirken können, spricht der Umstand, daß nach den polizeilichen Ermittlungsakten Bremsspuren nicht festgestellt worden sind.

Dafür, daß der Kläger falsch gehandelt habe, sind auch sonst keine Anhaltspunkte hervorgetreten.

Damit, daß die Beklagte den Beweis für ein fehlerhaftes Verhalten des Klägers nicht geführt hat, hat allerdings der Kläger seinerseits noch nicht bewiesen, daß ein fehlerhaftes ungleichmäßiges Ansprechen der Bremsen das Fahrzeug zum Schleudern gebracht hat. Das Berufungsgericht wird aber würdigen müssen, ob nach dem Unfallhergang, dem Ergebnis der polizeilichen Ermittlungen und den Feststellungen der Sachverständigen etwa soviele Beweisanzeichen für einen Fehler der Bremsvorrichtung sprechen, daß aus diesem Grund der Beweis als geführt anzusehen ist.

Beweislastumkehr aufgrund von Beweisvereitelung

Bei der erneuten Verhandlung hat das Berufungsgericht auch Gelegenheit, seine Auffassung zu überprüfen, der Kläger könne nichts daraus herleiten, daß die Beklagte nach der Reparatur des Unfallschadens die ausgewechselten Teile, die als Beweismittel hätten dienen können, nicht aufbewahrt hat. Das Berufungsgericht führt aus, es lasse sich nach den ganzen Umständen nicht feststellen, daß die Beklagte dadurch den dem Kläger obliegenden Beweis auch nur fahrlässig vereitelt habe. Die Revision weist demgegenüber mit Recht darauf hin, daß die Beklagte . . . damit habe rechnen müssen, die ausgebauten Teile würden für die Schadensersatzfrage von Bedeutung sein. Wenn der Anwalt des Klägers dann erklärte, es solle die Frage nach Schuld oder Nichtschuld nicht aufgerollt werden, jedoch darauf hinwies, daß die im Rahmen von Verkaufsverhandlungen mündlich gemachten Zusicherungen für die Beklagte genauso verbindlich sein sollten und rechtlich auch verbindlich seien, wie schriftlich im Vertrag niedergelegte Zusicherungen, so konnten für die Beklagte kaum Zweifel bestehen, daß der Kläger, wenn die Schadensersatzfrage nicht durch Kulanz erledigt werde, auf seine angekündigten Ansprüche zurückkommen werde. Unter diesen Umständen könnte die Frage, ob die Hauptverwaltung der Beklagten hätte sicherstellen müssen, daß die ausgebauten Teile erhalten blieben, und ob die Beklagte dem Kläger die Benutzung eines wesentlichen Beweismittels fahrlässig vereitelt hat, einer Nachprüfung bedürfen (vgl. *BGH,* 6. 11. 1962, LM Nr. 15 zu § 282 ZPO).

Pflicht des Herstellers zur Aufbewahrung ausgewechselter Teile

Bessert der Hersteller einer Ware diese auf Beanstandung des Abnehmers durch Auswechslung des beanstandeten Teiles aus und beseitigt er sodann den ausgewechselten Teil, so kann eine solche Handlungsweise mindestens dann, wenn der Hersteller damit dem Abnehmer das einzig mögliche Beweismittel entwendet und bewirkt, daß der Abnehmer einen im Herstellerbereich entstandenen Fehler nicht nachweisen kann, entsprechend der Beweisregelung für Geschehensabläufe in der Herstellersphäre (*BGHZ* 51/91, 104 = I.58) dazu führen, grundsätzlich dem nachbessernden Hersteller den Nachteil aufzubürden, der dadurch entsteht, daß er den ausgewechselten Teil nicht als Beweismittel zur Verfügung stellt (so auch *Giesen,* NJW 1969/582, 585, Fußn. 35).

Qualitätskontrolle

Das Berufungsgericht befaßt sich auch mit der Behauptung des Klägers, der Rollenprüfstand sei kein geeignetes Prüfgerät, um Fehler der automatischen Nachstellvorrichtung feststellen zu können. Es lehnt die beantragte Vernehmung eines Sachverständigen mit der Begründung ab, die Beklagte habe nicht mehr zu tun brauchen als das, was üblicherweise bei der Überprüfung einer Bremsanlage gemacht werde. Dabei ist aber die Frage, ob die Überprüfung der Bremsen in der allgemein üblichen und ausreichenden Art vorgenommen ist, von der anderen Frage zu unterscheiden, ob die Beklagte, wenn sie die Bremseinrichtung mit einer neukonstruierten Vorrichtung versah, die eine gewissenhafte Überprüfung auf den bisherigen Rollenprüfständen nicht mehr zuließ, verpflichtet war, auch neue Prüfeinrichtungen zu schaffen. Die erste Frage hat das Berufungsgericht ohne Rechtsirrtum bejaht. Danach liegt eine Fahrlässigkeit bei der Prüfung selbst nicht vor. Die zweite hat mit einem Verschulden der Werkstattsleitung nichts zu tun, sondern betrifft ein etwaiges Verschulden der Leitung der Beklagten.

Organisationshaftung (Sachausstattung)

Konstruktionshaftung

Im Lauf seiner Erwägungen unterstellt das Berufungsgericht die Behauptung des Klägers als richtig, bei der Bremsanlage des Unfallfahrzeuges habe es sich um eine Fehlkonstruktion gehandelt, die darin liege, daß die automatische Nachstellvorrichtung anfällig gegen Erschütterungen sei, die auf der Straße unvermeidbar seien und zudem bei der Prüfung auf dem Rollenprüfstand nur unzulänglich geprüft werden könne, so daß Fehler nicht feststellbar seien. Das Berufungsgericht unterstellt auch, daß schon mehrfach, wie der Kläger behauptet, Fahrzeuge des fraglichen Wagentyps und dieser Serie infolge falscher Einstellung der automatischen Nachstellvorrichtung in ähnlicher Weise verunglückt seien.

Beweislastumkehr

Liegt, wie das Berufungsgericht unterstellt, ein Konstruktionsfehler vor, der, wie ebenfalls unterstellt wird, den Unfall verursacht haben *kann,* so handelt es sich um einen Fehler, der im Gefahrenbereich des Herstellers liegt. Für diesen Fall bürdet die Rechtsprechung dem Hersteller den Beweis der Schuldlosigkeit auf. Dieser Grundsatz findet seine Rechtfertigung darin, daß der Hersteller „näher dran" ist, den Sachverhalt aufzuklären und die Folgen der Beweislosigkeit zu tragen. Er überblickt die Produktionssphäre, bestimmt und organisiert den Herstellungsprozeß und die Auslieferungskontrolle der fertigen Erzeugnisse. Oft machen die Größe des Betriebes, seine komplizierte, verschachtelte, auf Arbeitsteilung beruhende Organisation, verwickelte technische Vorgänge und dergleichen es dem Geschädigten praktisch unmöglich, die Ursache des schadensstiftenden Fehlers aufzuklären. Der Geschädigte vermag dem Richter den Sachverhalt nicht in solcher Weise darzulegen, daß dieser zuverlässig beurteilen kann, ob der Betriebsleitung ein Versäumnis vorzuwerfen ist oder ob es sich um einen „Entwicklungsfehler" handelt, der nach dem Stand der Technik und Wissenschaft vorhersehbar war (vgl. *BGHZ* 51/91, 105 = I.58). Die genannte Entscheidung betrifft zwar den Fall, daß der Hersteller, weil zwischen ihm und dem Geschädigten keine unmittelbaren Vertragsbeziehungen bestehen, aus unerlaubter Verhandlung in Anspruch genommen wird. Der VI. Zivilsenat weist aber zutreffend darauf hin, daß von solcher Beweisregel die Rechtsprechung auch bei vertraglichen Beziehungen zwischen Geschädigtem (Gläubiger) und Schädiger (Schuldner) ausgeht. Diese Auffassung über die Verteilung der Beweislast wird auch in Schrifttum durchweg geteilt (*Diederichsen,* NJW 1969/269; *Deutsch,* JZ 1969/391; *Neumann-Duesberg,* BB 1967/1457); Die entwickelten Grundsätze beschränken sich auch nicht auf Schäden infolge bloßer Fabrikationsfehler, sondern umfassen auch Konstruktions- und Entwicklungsfehler.

Entwicklungsfehler

Produktbeobachtungshaftung

Im vorliegenden Fall muß daher die Beklagte dartun, daß sie die nötigen Anstalten getroffen hat, um von der praktischen Bewährung oder etwaigen Betriebsunfällen unterrichtet zu werden, die mit dem Versagen der Vorrichtung zusammenhängen können. Ist die automatische Nachstellvorrichtung nach kurzer Zeit wieder geändert worden, so kann es auch nicht Sache des Klägers sein, nachzuweisen, daß es sich nicht lediglich um eine weitere Verbesserung der soeben eingeführten Neuerung, sondern um die Beseitigung von Mängeln gehandelt habe. Im Gegenteil spricht die alsbaldige Abänderung dafür, daß die neue Vorrichtung noch nicht ausgereift war. Ob dabei eine von der Beklagten zu vertretene Fahrlässigkeit ihrer Konstrukteure im Spiel gewesen ist, läßt sich erst beurteilen, wenn die Beklagte, die allein dazu im Stande ist, den Entwicklungsgang aufgedeckt hat.

Pflicht zur Entwicklung gefahradäquater Kontrollgeräte

Das Berufungsgericht wird bei der erneuten Verhandlung der Sache zu erwägen haben, wieweit ein Hersteller, der eine veränderte Bremsvorrichtung an Kfz einführt, angesichts der besonderen Bedeutung der Bremsen für die Sicherheit des Kfz verpflichtet ist, die Prüfgeräte dem neuesten Stand der Entwicklung anzupassen. Träfe die vom Berufungsgericht unterstellte Behauptung des Klägers zu, die automatische Nachstellvorrichtung könne mit dem üblichen Rollenprüfstand nur unzulänglich geprüft werden, so hätte die Beklagte eine erhebliche Gefahr für Kraftfahrer und Dritte im Straßenverkehr gesetzt.

Anscheinsbeweis

Auch die Hilfsbegründung des Berufungsgerichts, selbst bei Vorliegen einer Fehlkonstruktion sei die Klage abzuweisen, weil der Kläger nicht erweisen könne, daß die Fehlkonstruktion Ursache des Unfalls gewesen sei, ist nicht frei von rechtlichen Bedenken. Grundsätzlich hat zwar, wenn ein Vertragsteil bei Vertragserfüllung pflichtwidrig gehandelt hat, der andere Teil, der durch die Pflichtwidrigkeit geschädigt sein will, den ursächlichen Zusammenhang zwischen der Vertragsverletzung und dem Schaden zu beweisen (*BGH*, VersR 1969/470; VersR 1969/834). Im letztgenannten Urteil hat der erkennende Senat indessen ausgeführt, für den dem Geschädigten obliegenden Beweis könne auch ein Anscheinsbeweis in Betracht kommen. In jenem zur Beurteilung stehenden Fall war der behauptete Fehler geeignet, den Kfz-Unfall auch bei nicht zu beanstandender Fahrweise des Geschädigten herbeizuführen. Der Senat hat angenommen, wenn der Fehler auch bei einwandfreier Fahrweise einen Unfall der damals vorliegenden Art verursachen könne, so stelle der tatsächliche Eintritt des Unfalls sich als typischer Geschehensablauf dar.

War im hier zu beurteilenden Fall die automatische Nachstellvorrichtung der Bremsen unfallanfällig und damit eine Fehlkonstruktion, so müßte erwogen werden, ob nicht etwa der Anscheinsbeweis begründet ist, daß ein bei der Bremsung eingetretener Unfall die Folge der fehlerhaften Bremsvorrichtung ist. Der Beklagte müßte dann Tatsachen vortragen, die hinreichen, um ernsthaft die Möglichkeit eines anderen Geschehensablaufs in Betracht zu ziehen und den Anscheinsbeweis zu erschüttern. Als ein solcher Sachverhalt käme nach Auffassung des Berufungsgerichts nur eine fehlerhafte Fahrweise des Klägers in Frage. Daß der Kläger hierfür bisher eine ernsthafte Möglichkeit nicht aufgezeigt hat, ist bereits ausgeführt worden. Das Berufungsgericht durfte daher von seiner Unterstellung aus die Klage nicht schon mit der Begründung abweisen, der Kläger habe den ursächlichen Zusammenhang zwischen pflichtwidriger Erfüllung des Kaufvertrages durch die Beklagte und dem eingetretenen Schaden nicht bewiesen.

Anmerkung:

1. Die Entscheidung belegt, wie in der Praxis mehrere Beweiserleichterungen, nämlich Anscheinsbeweis einerseits, Beweislastumkehr andererseits ineinander spielen können. Bereits seit langem war anerkannt, daß in gewissen Situationen dem Anspruchsteller der Anscheinsbeweis zu Hilfe kam. Nicht nur hinsichtlich des Fehler- und des Kausalitätsnachweises, sondern auch hinsichtlich des Verschuldensnachweises (I.20) war anerkannt, daß unter bestimmten Voraussetzungen der Produktgeschädigte keinen Vollbeweis zu erbringen hatte, sondern daß ihm der Anscheinsbeweis zu Hilfe kam. Demgegenüber stellte sich die im Hühnerpest-Urteil (I.58) niedergelegte Beweislastumkehr als eine Rechtsfortbildung dar, die auf den engen

Bereich des gegenüber einem industriellen Hersteller zu erbringenden Verschuldensnachweises beschränkt war. In der obigen Entscheidung trafen beide Beweiserleichterungen zusammen auf. Als Ursache für den Unfall ergaben sich nach Lage der Dinge (a) fahrerisches Fehlverhalten des Klägers und (b) Fehlkonstruktion der Bremsen. Zwar spricht der Anschein für ein fehlerhaftes Verhalten des Fahrers, wenn ein Pkw beim Abbremsen ins Schleudern gerät und den Grünstreifen überfährt. Der Kläger war aber ein erfahrener, langjähriger Kraftfahrer und Bremsspuren wurden nicht festgestellt. Demzufolge sprach kein ernsthafter Anhaltspunkt für die Möglichkeit eines fahrerischen Fehlverhaltens des Klägers und war jener Anscheinsbeweis ausgeräumt.

Nach Lage der Dinge blieb als Ursache für den Unfall nur noch das Vorliegen einer Fehlkonstruktion der Bremsen. Da der Anscheinsbeweis eine Erscheinungsform des Grundsatzes der freien Beweiswürdigung ist, können sämtliche gesetzlichen Tatbestandsmerkmale mittels des Anscheinsbeweises nachgewiesen werden. Anwendungsfälle des Anscheinsbeweises sind also nicht nur die Fälle der Annahme des Kausalzusammenhangs aufgrund der nachgewiesenen Ursachensetzung oder der Annahme des Verschuldens aufgrund der nachgewiesenen Erfolgsverursachung. Weiterhin fällt hierunter auch der retrospektive Anscheinsbeweis, d. h. der Rückblick vom eingetretenen Erfolg her, mittels dessen von zwei denkbaren Ursachen diejenige, für die keine konkreten Anhaltspunkte sprechen, ausgeschaltet wird und der Beweis für das Vorliegen der anderen Ursache als geführt angesehen wird. Da hier ein fahrerisches Fehlverhalten ausschied, blieb nur als Schadensursache eine Fehlkonstruktion der Bremsen.

Ist aber dergestalt der Fehlernachweis mittels Rückschlusses von der Schadensverursachung her erbracht, so spricht gerade wegen dieser retrospektiv aufgerollten Kausalbeziehung zugleich auch der Beweis des ersten Anscheins für die Kausalität des so ermittelten Fehlers für den Unfall. Damit aber wären sowohl der Fehler- als auch der Kausalitätsnachweis erbracht und würden die Voraussetzungen für eine Anwendung der im Hühnerpest-Urteil festgelegten Beweislastumkehr vorliegen. So besehen entspricht die Entscheidung also voll und ganz der eingebürgerten Prozeßpraxis. Sie enthält keineswegs in beweisrechtlicher Sicht eine über das Hühnerpest-Urteil hinausgehende Weiterentwicklung (so aber Graf von Westphalen, BB 1971/152 ff.).

In dem aufgrund der Rückverweisung ergangenen neuerlichen Urteil (OLG Stuttgart, 29. 4. 1974, 5 U 65/72) hat allerdings das Berufungsgericht festgestellt, daß sich ein etwaiger Bremsmangel angesichts der konkreten Umstände des konkreten Falles nicht auswirken konnte: damit war die Möglichkeit des Rückblickes von dem Schadensfall auf die Fehlerursache und die Kausalität nicht mehr gegeben.

2. Für die Praxis ist weiterhin der Abschnitt über die Beweisvereitelung wichtig. Dazu ist folgendes zu sagen:

Eine allgemeine Rechtspflicht, Beweismittel zu Gunsten des Gegners zu erhalten, besteht nicht (Schönke-Kuchinke, Zivilprozeßrecht, 9. Aufl. 1969, S. 267). Sie kann sich lediglich im Einzelfall aus einem entsprechenden Vertrag oder aber aus allgemeinen Rechtsgrundsätzen ergeben (OLG Bamberg, 1. 3. 71, VersR 1971/769). Da grundsätzlich jeder dafür sorgen muß, daß die gegebenenfalls von ihm benötigten Beweismittel erhalten bleiben, muß vor Rechtshängigkeit die Hauptlast für die Erhaltung der Beweismittel bei demjenigen liegen und liegen bleiben, der sie benötigt. Deswegen kann es nicht schon prozeßrechtliche Folgen haben, wenn der Gegner es hätte erkennen können (= leichte Fahrlässigkeit), daß der andere eine bestimmte Sache eventuell für einen zukünftigen Prozeß benötigen würde. Abgesehen vom Fall des arglistigen (vorsätzlichen) Handelns kann dies allenfalls für die Fälle des grobfahrlässigen Verhaltens gelten, d. h. für Fälle, in denen der Gegner die eventuelle Beweisfunktion der Sache hätte erkennen müssen (ebenso Schönke-Kuchinke, aaO., vgl. auch BGH 6. 11. 62, LM 19 zu § 611 BGB).

Aus diesem Zusammenspiel der gegebenenfalls den Parteien eines Produkthaftungsprozesses zuzuordnenden Obliegenheiten ergibt sich, daß jedenfalls keine allgemeine Verpflichtung des Warenherstellers bestehen kann, alle von ihm ausgewechselten Teile, die im Rahmen eines Produkthaftpflichtprozesses von Bedeutung sein könnten, aufzubewahren, sofern der Verbraucher nicht deren Vernichtung gestattet (so aber Graf von Westphalen, BB 1971/152, 156). Erst recht entfällt also eine Einstandspflicht des Warenherstellers für eine grobfahrlässige Beweisvereitelung durch eine Kundendienstwerkstatt (so aber Graf von Westphalen, aaO.). Ebensowenig besteht im Einzelfall eine derartige Aufbewahrungspflicht, wenn der Warenhersteller hätte erkennen können, daß die ausgewechselten Teile im Rahmen eines Produkthaftpflichtprozesses benötigt werden könnten, weil es grundsätzlich Sache des Produktgeschädigten ist, für die Sicherstellung der potentiellen Beweismittel zu sorgen. Nur im Fall des Kennenmüssens, wenn z. B. der Produktgeschädigte bereits einen Schadensersatzanspruch gegen den Hersteller geltend gemacht hat und die Verhandlungen hierüber noch laufen, kann im Einzelfall eine Aufbewahrungspflicht des Warenherstellers entstehen, soweit ihm die Aufbewahrung der Sache zumutbar ist (ebenso in der Grundsatzfrage Schönke-Kuchinke, aaO.).

Ist ihm die Aufbewahrung unzumutbar, wandelt sich m. E. das Verbot der vorsätzlichen oder grobfahrlässigen Beweisvereitelung in eine Verpflichtung um, dem Kunden die Herausgabe der Sache anzubieten, andernfalls sie vernichtet werde. Nimmt sie der Produktgeschädigte nicht ab, muß er sich dies selbst zurechnen. Hat ihm dagegen der Hersteller dieses Angebot nicht unterbreitet, tritt eine Beweislastumkehr ein und ist davon auszugehen, daß das Produkt den von dem Produktgeschädigten behaupteten Fehler aufwies. Dies betrifft aber nur die Darlegungs- und die Beweislast. Es bedeutet keineswegs den Ausschluß des Gegenbeweises. Der Hersteller kann also trotz der Beweislastumkehr noch den Gegenbeweis erbringen, daß das vernichtete Stück nicht Unfallursache gewesen sein konnte. Hier kommen z. B. Laborberichte über zerstörende Prüfungen in Betracht.

I. 63: BGH, 28. 4. 1971, VIII ZR 258/69 (Tanklastzug)

Die Klägerin hatte dem beklagten Transportunternehmer einen Tankaufbau auf einen Lastkraftwagen mit einem Fassungsraum von 11.000 l zum Transport von chemischen Flüssigkeiten geliefert. Gegenüber dem Zahlungsbegehren der Klägerin machte der Beklagte u. a. geltend, er sei zur Zahlung nicht verpflichtet. Der Tankzug sei fehlerhaft gebaut und nicht betriebssicher. Der Tankaufbau sei im Verhältnis zum zulässigen Gesamtgewicht des Lkw zu groß. Beim Transport von Flüssigkeiten des handelsüblichen chemischen Gewichts könne der Tankaufbau nicht voll, sondern allenfalls zu 3/4 seines Fassungsvermögens gefüllt werden. Das aber führe dazu, daß sich die flüssige Ladung beim Bremsen und in Kurven staue und Schwallbewegungen mache, durch die die Betriebssicherheit des Tankzuges beeinträchtigt werde.

Vertragshaftung: Eignung für den voraussehbaren Verwendungs-Konstruktionshaftung

Dem Beklagten kommt es nicht darauf an, mit dem Tankzug überhaupt, wenn auch nur unter bestimmten Voraussetzungen, fahren zu können, sondern darauf, den Tankzug wirtschaftlich so zu benutzen, wie ein Tankzug gemeinhin gebraucht wird, d. h. also mit ihm Flüssigkeiten von handelsüblichem spezifischen Gewicht in vollständig gefüllten Tanks zu befördern. Gibt es entsprechend der Behauptung des Beklagten keine handelsüblichen chemischen Flüssigkeiten mit einem spezifischen Gewicht unter 0,563 kg/l, so bedeutet das, daß im Tankaufbau nur schwerere Flüssigkeiten befördert werden könnten. Da der Tank dann aber nur teilweise gefüllt werden kann, läßt sich der Lkw-Tankaufbau überhaupt nicht verkehrssicher einsetzen. Der Anhänger wäre bei Verwendung unter den in der industriellen Praxis üblichen Bedingungen nur sehr beschränkt, nämlich bei einer Beförderung von Flüssigkeiten mit einem spezifischen Gewicht von 0,75 kg/l bis 0,883 kg/l einsatzfähig. Es muß davon ausgegangen werden, daß der Beklagte den Tankzug für die Beförderung aller handelsüblichen chemischen Flüssigkeiten erwerben wollte. Ein Tankzug erfüllt deshalb nur dann seinen Zweck, wenn er bei wirtschaftlich sinnvoller Nutzung verkehrssicher eingesetzt werden kann. Ein solcher Einsatz ist aber bei dem von der Klägerin gelieferten Tankzug infolge seiner Bauart ausgeschlossen. So betrachtet, ist der Tankzug als Fehlkonstruktion anzusehen. Die Ausführungen des Berufungsgerichts, der Tankzug sei bei entsprechender Beladung betriebs- und verkehrssicher, liegen daher neben der Sache.

AGB: Rechtswirksamkeitsgrenzen

Die Klägerin will nach ihren Verkaufs- und Lieferungsbedingungen Gewähr nur leisten durch „Reparatur oder Ersatz portofrei eingesandter Gegenstände, die in Folge nachweislicher Konstruktions-, Material- oder Arbeitsfehler schadhaft oder unbrauchbar geworden sind". Stellt der Tankzug eine Fehlkonstruktion dar, so läßt sich dieser Mangel mit der von der Klägerin zugestandenen Gewährleistung nicht beseitigen. Der Beklagte würde daher rechtlos gestellt werden, wenn der Ausschluß aller weiteren Gewährleistungsansprüche durchgriffe. Ein solcher Ausschluß verstößt gegen Treu und Glauben, so daß die Klägerin sich insoweit auf ihre Geschäftsbedingungen nicht berufen könnte (*BGHZ* 22/90, 99 = I.27; *BGHZ* 37/94, 99 = I.46; *BGH,* Betr. 1966/977). Die Auffassung, daß eine Beschränkung der Gewährleistung auf Nachbesserung von Materialfehlern die Wandlung wegen eines Konstruktionsfehlers nicht ausschließt, hat im übrigen der erkennende Senat im Urteil vom 13. 11. 1956 (BB 1956/1166) ausgesprochen.

Wiederaufleben der Gewährleistungsrechte

Anfechtung (§ 123 BGB)

Für die Frage einer Anfechtung wegen arglistiger Täuschung (vgl. im einzelnen den Urteilsabdruck BB 1971/673 f.) ist als selbstverständlich davon auszugehen, daß ein Fuhrunternehmer, der einen Tankzug für chemische Flüssigkeiten kauft, ihn zur Beförderung handelsüblicher Flüssigkeiten erwerben will, wenn nichts Besonderes vereinbart ist. Nur das konnte der gewöhnliche und nach dem Vertrage vorausgesetzte Gebrauch des Tankzuges sein. Eines ausdrücklichen Hinweises, daß handelsübliche Flüssigkeiten befördert werden sollten, bedurfte es deshalb nicht. Es ist daher nicht richtig, daß die Klägerin als Verkäuferin sich um den Verwendungszweck nicht zu kümmern brauchte. War der Tankzug nach der Vorstellung der Klägerin nicht zur Beförderung handelsüblicher Flüssigkeiten geeignet, so war es umgekehrt Pflicht der Klägerin, den Beklagten darauf hinzuweisen.

In diesem Zusammenhang begegnet auch die Meinung des Berufungsgerichts rechtlichen Bedenken, die Klägerin habe sich gutgläubig darauf verlassen, der Tankzug werde für den Beklagten brauchbar sein. Zwar ist der Ausgangspunkt richtig, daß beim Handelskauf in der Regel keine Aufklärungspflicht des Verkäufers gegenüber dem Käufer besteht. Aus dem auch das Kaufrecht beherrschenden Grundsatz von Treu und Glauben kann sich aber die Verpflichtung des Verkäufers ergeben, dem Käufer Mitteilung von Tatsachen zu machen, die für den Entschluß des anderen Teils offensichtlich von Bedeutung sind (vgl. *BGH,* LM Nr. 8 und 10 zu § 463 BGB). Die Rechtsprechung hat wiederholt hervorgehoben, daß ein fachkundiger Verkäufer gegenüber dem Käufer eine Vertrauensstellung einnehmen kann, aus der sogar möglicherweise eine Nebenpflicht zur Raterteilung folgt (*BGH,* aaO., Nr. 5). Im vorliegenden Fall handelt es sich um ein in der Herstellung von Fahrzeugen und Tankbehältern erfahrenes Werk. War Gegenstand des Vertrages ein Tankzug für handelsübliche Flüssigkeiten und hatte die Klägerin mindestens Zweifel, ob der Tankzug für die Beförderung solcher Flüssigkeiten voll geeignet war, so durfte sie nicht schweigen, sondern war sie nach Treu und Glauben zur Aufklärung verpflichtet, wenn sie sich sagen mußte, für den Beklagten sei die uneingeschränkte Eignung Voraussetzung für den Vertragsschluß und er vertraue – trotz möglicherweise bestehender eigener Fachkunde – auf die Brauchbarkeit. Eine derartige Pflicht bestand umso mehr, wenn bei der Benutzung des Tankzuges für handelsübliche Flüssigkeiten die Fahrzeuge nicht verkehrssicher gefahren werden konnten, vielmehr Gefahr bestand, daß sie in Kurven oder bei plötzlichem Bremsen kippten. In Anbetracht der bei einem Unfall drohenden schweren Gefährdung der Verkehrsteilnehmer durfte die Klägerin sich nicht damit beruhigen, der Beklagte erhalte einen Tankzug in den von ihm gewünschten Abmessungen. Sie war vielmehr verpflichtet, wenn sie schon ein Kraftfahrzeug lieferte, das nicht unter allen Umständen verkehrssicher war, den Beklagten darauf hinzuweisen, daß es ohne Gefährdung des Verkehrs nur eingesetzt werden könne, wenn die Tanks mit Flüssigkeiten von geringem spezifischen Gewicht gefüllt würden.

Aufklärungspflichten des Verkäufers?

Fachhändler

Beratungshaftung

Herstellerverantwortung/Benutzerverantwortung

Prüfungspflichten des Käufers

Im übrigen überspannt das Berufungsgericht die Anforderungen, die an die Prüfungspflicht eines Käufers zu stellen sind. Die aus dem Grundsatz von Treu und Glauben sich ergebende Pflicht des Verkäufers zur Aufklärung über Eigenschaften der Kaufsache hängt in ihrem Umstand allerdings von der Möglichkeit und der Fähigkeit des Käufers zur Prüfung ab. Im vorliegenden Fall ist es aber nicht so, daß der Beklagte den Tankzug gerade in der Ausgestaltung hat erwerben wollen, wie er in dem Kaufantrag beschrieben ist. Die Klägerin wußte, daß der Beklagte chemische Flüssigkeiten für die Firma L. befördern wollte. Was die fehlerhafte Konstruktion betrifft, so haben sich die Ursachen für die vom Beklagten behaupteten Schwierigkeiten und Hindernisse bei der praktischen Verwendbarkeit des Tankzuges erst aus dem eingehenden wissenschaftlich begründeten Gutachten des TÜV's ergeben. Der Gutachter des TÜV's hat die Konstruktionsfehler am Tankzug nicht etwa anhand der Aufmessungen festgestellt. Es ist nicht einzusehen, daß der Beklagte über größere technische Einsichten verfügen müßte als der Gutachter und die Konstrukteure der Klägerin und daß er schon aus dem bloßen Aufmaß und der Beschreibung des Tankzuges den Schluß hätte ziehen können, der Tankzug sei für übliche Flüssigkeiten nur beschränkt verwendungsfähig.

I. 64: BGH, 16. 6. 1971, VIII ZR 69/70

Vertragshaftung
Streckengeschäft

Ein Anspruch aus positiver Vertragsverletzung ist zu verneinen. Die Belieferung der Klägerin erfolgte im sog. Streckengeschäft, in dem die als Verkäuferin auftretende H-KG den Zucker nicht erst auf Lager nahm, sondern es der Klägerin überließ, die Ware beim Hersteller abzuholen. Die H-KG hatte als bloße Zwischenhändlerin nicht die Verpflichtung, die für die Klägerin bestimmte Ware zu untersuchen. Der Vorwurf der Klägerin, auch der Hersteller habe die Ware nicht gehörig untersucht, kann die Beklagte nicht treffen. Denn die Herstellerin des Zuckers war insoweit nicht Erfüllungsgehilfin der Beklagten.

Untersuchungspflichten des Zwischenverkäufers?
Arbeitsteilung: Hersteller kein Erfüllungsgehilfe des Vertriebshändlers

Untersuchungspflichten des Vertriebshändlers

Untersuchungspflichten aus konkretem Anlaß

Der Zwischenhändler ist nicht verpflichtet, die Ware auf ihre Qualität hin zu untersuchen (vgl. *BGH,* NJW 1968/2238 = I.57). Das gilt auch für den Handel mit Gattungsware, wenn nichts anderes sich aus den Umständen ergibt. Besondere Umstände, die für eine eigene Untersuchungspflicht der H-KG hätten sprechen können, sind nicht ersichtlich. Wenn in der Rechtsprechung und Literatur die Ansicht vertreten wird, der Lieferant des Verkäufers sei dort dessen Erfüllungsgehilfe, wo er auf Anweisung des Verkäufers die Ware direkt an den Käufer liefere, so könnte ein solcher Grundsatz allenfalls insoweit gelten, als der Lieferant Tätigkeiten übernimmt, die andernfalls vom Verkäufer auszuführen wären. Das trifft aber auf die Untersuchung der Ware nicht zu, weil diese nicht zu den Verpflichtungen des Zwischenhändlers gehört.

Eigenschaftszusicherung

Vorliegen einer Eigenschaftszusicherung

Der Schadensersatzanspruch kann indessen dann begründet sein, wenn sich feststellen läßt, daß die H-KG als Zwischenhändlerin eine Zusicherung gegeben hat, der von der Firma P. gelieferte Zucker werde in einer solchen Weise keimfrei sein, daß der Klägerin bei der Herstellung von Limonaden kein Schaden entstehen könne. Abgesehen von dem von der Klägerin behaupteten Handelsbrauch wird das Berufungsgericht die ganzen Umstände des Falles daraufhin prüfen müssen, ob sich Anhaltspunkte für eine stillschweigende Zusicherung ergeben. Denn die Annahme einer solchen Zusicherung ist nicht auf den Fall beschränkt, daß sich bereits ein Handelsbrauch gebildet hat. Wenn davon auszusehen ist, daß beiden Teilen der Verwendungszweck des Zuckers in der Getränkeindustrie bekannt war, so ist auch zu prüfen, ob unter den gegebenen Umständen nicht wenigstens eine stillschweigende Zusicherung des Inhalts anzunehmen ist, das der gelieferte Zucker jedenfalls nicht in so massiver Weise, wie das nach der Behauptung der Klägerin hier der Fall gewesen sein soll, seinen Verwendungszweck verfehlt (vgl. dazu *BGH,* VersR 1966/241 = I.49).

I. 65: BGH, 6. 10. 1971, VIII ZR 95/70

Die Beklagte hatte von der Klägerin Chemikalien für die Bereitung von Chrombädern bestellt. Ein von der Beklagten mit den Chemikalien angesetztes Chrombad erwies sich als funktionsuntauglich.

Eigenschaftszusicherung
AGB: Rechtswirksamkeitsgrenzen

Schadensersatzansprüche aus § 463 BGB, die hier auf Ersatz der sog. Mangelfolgeschäden gerichtet sind, hält das Berufungsgericht zutreffend durch die Bestimmung der AGB ausgeschlossen, daß der Lieferer nach *seiner Wahl* unter Ausschluß sonstiger Ansprüche des Bestellers lediglich verpflichtet sei, unentgeltlich Ersatz für die von ihm gelieferte mangelhafte Chemikalienmenge zu stellen. Dem Berufungsgericht ist weiterhin darin zuzustimmen, daß auch die vom Senat in *BGHZ* 50/200 = I.56 aufgestellten Grundsätze der Entscheidung nicht entgegenstehen. Dort hat der Senat ausgeführt, daß der Ausschluß einer Haftung aus § 463 BGB dann nicht durchgreife, wenn es sich um eine generelle Untauglichkeit der verkauften Sache für die vorbestimmten Zwecke handelt. Ein solcher Fall ist hier deshalb nicht gegeben, weil sich die gelieferten Chemikalien bei der Ansetzung weiterer von der Beklagten bestellter Bäder als tauglich erwiesen haben. Wenn das Berufungsgericht daher bei dieser Rechtslage die Ansprüche der Beklagten auf Nachlieferung beschränkt hat, die in Form der Geldleistung zu erfolgen habe, weil die Klägerin nicht mehr zur Nachlieferung in natura in der Lage sei, so ist in dieser Anspruchsbeschränkung ein Rechtsfehler nicht enthalten.

Fabrikationsfehler

I. 66: BGH, 9. 11. 1971, Akt.-Z. VI ZR 58/70

Die Klägerin ist Träger der Unfallversicherung für ein Gießwerk, in dem ein Arbeiter in einer Förderanlage tödlich verunglückte. Die Zweitbeklagte war die Herstellerin der Förderanlage, die Erstbeklagte ihre Vertriebs-GmbH, die die Anlage dem Kieswerk verkauft hatte.

Deliktshaftung

Fehlernachweis

Auch nach den Grundsätzen der „Produzentenhaftung" (*BGHZ* 51/91 = I.58) muß der Geschädigte beweisen, daß der Schaden durch einen Fehler des Produkts entstanden ist (aaO., S. 102). Hier aber geht der Streit der Parteien gerade darum, ob der Unfall darauf zurückzuführen ist, daß die vorgeschriebene Schutzvorrichtung nicht angebracht war. Hinsichtlich dieser objektiven Frage des Haftpflichtfalles gewährt aber das Urteil des Senats zur Produzentenhaftung dem Geschädigten keine Beweiserleichterung, sondern nur bezüglich der weiteren Frage, ob den Hersteller hinsichtlich des nachgewiesenermaßen vorhandenen und unfallursächlichen Fehlers ein Verschulden trifft. Schließlich kann im vorliegenden Fall nicht schon deshalb von einem Herstellungsfehler des Förderbandes gesprochen werden, weil es, nachdem es bei dem Kieswerk eingebaut war, die nunmehr unter den Verhältnissen dieses Betriebs erforderliche Schutzvorrichtung nicht besaß.

MaschinenschutzG

Die Haftung der Beklagten kann auch nicht aus den Vorschriften des Gesetzes über technische Arbeitsmittel (MaschinenschutzG) hergeleitet werden. Denn dieses Gesetz galt zu der hier maßgebenden Zeit noch nicht. Erst dieses Gesetz hat in § 3 auch dem Hersteller von Maschinen auferlegt, diese nur dann in den Verkehr zu bringen, wenn sie nicht nur den allgemein anerkannten Regeln der Technik, sondern auch den Unfallverhütungsvorschriften entsprechen. Nach dem im Streitfall noch anzuwendenden Recht lag dagegen die Verantwortung für die Einhaltung der Unfallverhütungsvorschriften insoweit, als sie über die sogleich zu erörternde Verkehrssicherungspflicht hinausgreifen, ausschließlich beim Verwender der Maschinen, also beim Unternehmer und Arbeitgeber. Denn die von den Berufsgenossenschaften nach § 708 RVO erlassenen Unfallverhütungsvorschriften wenden sich nicht an den Hersteller der Maschinen, sondern an den Unternehmer und die unfallversicherten Arbeiter.

Unfallverhütungsvorschriften

§ 823 Abs. 1 BGB

Daher kann sich die Haftung der Beklagten nur aus dem Gesichtspunkt der allgemeinen Verkehrssicherungspflicht ergeben. Danach muß, wer eine Gefahr für Dritte geschaffen hat, auch Vorkehrungen treffen, die zur Abwendung der Gefahr notwen-

dig sind (*BGH,* VersR 1966/542). Bezüglich der Herstellung gefährlicher Maschinen hat der Bundesgerichtshof wiederholt ausgesprochen, daß der Hersteller dann nach § 823 Abs. 1 BGB schadensersatzpflichtig ist, wenn ein Dritter, vor allem ein Benutzer der Maschine, infolge vorwerfbar mangelhafter Herstel-
Betriebssicherheit
lung der nicht betriebssicheren Maschine verletzt wird (*BGH,* VersR 1952/357 = I.19; *BGH,* VersR 1960/1095 = I.43).

Anscheinsbeweis

Auch bei dieser Haftungsgrundlage hat nun an sich der Geschädigte zu beweisen, daß der Schaden nicht entstanden sein würde, wenn der Hersteller die Maßnahmen getroffen hätte, die er zur Gefahrabwehr hätte treffen müssen. Diese Beweisführung wird ihm aber erleichtert, wenn es sich um einen typischen Geschehensablauf handelt, der nach der Lebenserfahrung die Bejahung dieses ursächlichen Zusammenhangs nahelegt. Ein solcher Fall ist gegeben, wenn die von den Berufsgenossen-
Unfallverhütungsvorschriften
schaften erlassenen Unfallverhütungsvorschriften nicht beachtet worden waren. Dann spricht der erste Anschein dafür, daß der Unfall vermieden worden wäre, wenn die Vorschriften eingehalten worden wären. Denn die Unfallverhütungsvorschriften stellen den Niederschlag von Erfahrungen dar, die typische Gefährdungsmöglichkeiten aufzeigen und daher vom Unternehmer verlangen, diesen Gefahren durch die geforderten Sicherheitsmaßnahmen vorzubeugen (*BGH,* VersR 1953/335).

Diese Beweisgrundsätze können nicht nur dann angewandt werden, wenn der Geschädigte den Unternehmer in Anspruch nimmt, sondern auch dann, wenn wie hier der Hersteller oder Lieferant einer unfallträchtigen Maschine ersatzpflichtig gemacht werden soll. Dem steht nicht entgegen, daß sich die Un-
Unfallverhütungsvorschriften
fallverhütungsvorschriften nur an den Unternehmer oder denjenigen wenden, der für die Einhaltung der Vorschriften ebenfalls verantwortlich ist. Hier geht es nämlich darum, den in ihnen zum Niederschlag gekommenen Erfahrungssatz dann anzuwenden, wenn zu entscheiden ist, ob ein Unfall auf Außerachtlassung der Unfallverhütungsvorschriften zurückzuführen ist. Dieser Erfahrungssatz ist der sachliche Grund dafür, daß die Rechtsprechung die Beweisführung zu Lasten des Unternehmers oder sonst Verantwortlichen erleichtert hat.

Nach der für den zu entscheidenden Fall noch maßgebenden Rechtslage müssen die Beklagten nicht dafür einstehen, daß das Kieswerk das Förderband oder eine dem § 2 UVV genügende Schutzvorrichtung in Betrieb genommen hat. Sie können, weil die Unfallverhütungsvorschriften für sie noch nicht galten, lediglich unter dem Gesichtspunkt der Verletzung einer ihnen obliegenden Verkehrssicherungspflicht (§ 823 Abs. 1 BGB) in Anspruch genommen werden. Unter den hier gegebenen Umständen haben sie aber gegen eine solche Pflicht nicht verstoßen. ßen.

§ 823 Abs. 1 BGB

Konstruktionshaftung

Berücksichtigung der tatsächlichen Einsatzbedingungen einschließlich von Bedienungsfehlern

Der Hersteller einer Maschine ist zunächst stets dafür verantwortlich, daß sie niemanden gefährdet, der mit verkehrsüblicher Sorgfalt sich ihrer bedient oder mit ihr in Berührung tritt. Er muß sich aber auch auf solche Handhabungen im Umgang mit der Maschine und auf solche Gefahren einstellen, mit denen er nach der Lebenserfahrung rechnen muß. Daher darf er nicht ohne weiteres davon ausgehen, daß die Maschine nur von Fachleuten bedient wird, die ihre Gefahren kennen und sich dementsprechend verhalten oder daß sie nur Facharbeitern zugänglich ist. Vielmehr muß er mit den Unvorsichtigkeiten rechnen, die erfahrungsgemäß nicht selten vorkommen. Er muß daher die Maschine dementsprechend konstruieren, gegebenenfalls mit Schutzvorrichtungen versehen, zumindest, falls dies ausreicht oder jenes nicht auszuführen ist, unmißverständliche Gebrauchsanweisungen mitgeben und Warnungen anbringen. Der Maßstab der ihm in dieser Richtung auferlegten Pflichten hängt wesentlich davon ab, wo und wie, zu welchem konkreten Zweck und von wem die Maschine benutzt werden soll und wie groß die von ihr ausgehende Gefahr ist. Der Unfall dieser dem Hersteller (schon vor Inkrafttreten des § 3 MaschinenschutzG) obliegenden Pflichten kann nicht ohne weiteres dem Umfang jener Pflichten gleichgesetzt werden, die dem Betriebsunternehmer nach den für ihn jeweils geltenden Unfallverhütungsvorschriften obliegen. Diese sollen und wollen durch ins einzelne gehende Bestimmungen allen denkbaren Gefahren, die in einem Betrieb auftauchen können, vorbeugen. Sie sollen den Unternehmer mahnen, daß er auch mit leichtsinnigem Verhalten seiner durch die Gewöhnung an die Gefahren abge-

Instruktionshaftung

Unfallverhütungsvorschriften

stumpften Arbeiter zu rechnen hat. Dieser strenge Maßstab gilt aber nicht schlechthin für die aus § 823 Abs. 1 BGB abgeleitete Verkehrssicherungspflicht des Herstellers. Der erkennende Senat hat schon im Urteil vom 14. 4. 1959 (VersR 1959/ 523 = I.36) erklärt, der Hersteller einer Maschine oder eines Geräts brauche nicht auch dafür Sorge zu tragen, daß seine Abnehmer vor unsachgemäßem Gebrauch gewarnt würden; was auf dem Gebiet allgemeinen Erfahrungswissens der in Betracht kommenden Abnehmerkreise liege, brauche er nicht zum Inhalt einer Gebrauchsbelehrung zu machen. Das gilt entsprechend, wenn es sich darum handelt, ob der Hersteller von sich aus die Maschine mit Schutzvorrichtungen versehen muß.

§ 823 Abs. 1 BGB

Berücksichtigung des Erfahrungswissens der durchschnittlichen Benutzer

Relevanz der Einzelfallumstände: Berücksichtigung der bei dem konkreten Abnehmer gegebenen Verhältnisse

Im zu entscheidenden Fall war das Förderband für ein größeres Kieswerk bestimmt, deren Inhaber schon seit Jahren ein solches Werk an anderer Stelle betrieben hatten. Das Band wurde also an einen erfahrenen Fachmann geliefert. Die Beklagten durften auch davon ausgehen, daß nicht etwa Laien oder Hilfskräfte, sondern ausgebildete Facharbeiter mit der Förderanlage an der fraglichen Stelle umzugehen haben würden. Die Antriebsrolle befand sich am oberen Ende des Bandes, wohin das Material befördert werden sollte. Diese Stelle gehörte nicht zu dem Bereich, in welchem die Arbeiter regelmäßig oder öfter zu tun hatten oder Unbeteiligte sich hätten aufhalten können. Angesichts dieser Verhältnisse ging von der Konstruktion des Bandes und seinem Antrieb nicht schon solche Gefahr aus, daß die Beklagten verpflichtet gewesen wären, sich bereits vor der Lieferung bei ihrem Abnehmer zu vergewissern, ob und gegebenenfalls welche Schutzvorrichtungen erforderlich sein würden. Sie hatten in ihren Lieferungsbedingungen klargestellt, daß sie derartige Vorrichtungen nur auf besondere Bestellung, also der jeweiligen Einbau- und Benutzungsart entsprechend, mitliefern würden. Diese Klausel geht darauf zurück, daß die Berufsgenossenschaften in den „Allgemeinen Vorschriften" ihrer Unfallverhütungsvorschriften bestimmt haben: „Bei Anschaffung von Maschinen hat der Unternehmer vorzuschreiben, daß die nach den Unfallverhütungsvorschriften erforderlichen Schutzvorrichtungen mitgeliefert werden". Hier aber hatte das Kieswerk keine Schutzvorrichtung bestellt. Die Beklagten durften deshalb angesichts der Sachkunde der Inhaber des Kieswerks und der gegebenen Verhältnisse davon ausgehen, daß die von ihnen an der Antriebstrommel angebrachte Auffangvorrichtung bei den Verhältnissen dieses Betriebes ausreichende Sicherheit gegen Unfälle bieten würde.

An diesem Ergebnis würde sich nichts ändern, wenn die Behauptung der Klägerin zuträfe, daß die Erstbeklagte das Förderband nicht nur geliefert, sondern die gesamte Förderanlage in dem Kieswerk montiert habe. Die Montage des Förderbandes hätte der Beklagten gezeigt, daß sich das obere Ende des Bandes mit dem Antriebsmotor in einem hohen Turm befand, auf dem das Material zum Schüttel- und Sortierboden befördert werden sollte. Demgemäß lag auch der nach oben führende, neben dem Band angebrachte Laufsteg weit außerhalb des Arbeitsbereichs. Die Erstbeklagte konnte hiernach davon ausgehen, daß die Antriebsrolle für Betriebsfremde überhaupt, für Betriebsangehörige jedenfalls im normalen Arbeitsgang nicht zugänglich sein werde. Nur bei außerhalb der Erfahrung liegendem, daher von der Beklagten nicht in Rechnung zu stellenden völlig unsachgemäßem Verhalten, konnte ein Betriebsangehöriger, der sich nach oben begab, der Antriebsrolle zu nahe kommen, die immerhin bis zur Mitte vom Blech des Trichters seitlich abgeschirmt war. Angesichts dieser Umstände konnte es die Erstbeklagte auch dann, wenn sie das Förderband nicht nur hergestellt und geliefert, sondern auch montiert hatte, dem Kieswerk überlassen, ob trotz der hier der Erfahrung nach fernliegenden Gefahr eine weiterreichende Schutzvorrichtung notwendig war.

Völlig unsachgemäßes Verhalten der Benutzer

I. 67: BGH, 24. 11. 1971, VIII ZR 81/70 (Futtermittel)

Die Klägerin stellt Futtermittel her und belieferte die Beklagte. Letztere macht gegenüber der Kaufpreisforderung geltend, das von der Klägerin gelieferte Futter sei mangelhaft gewesen und infolgedessen seien 105 Kälber eingegangen.

I.67

Vertragshaftung

Fehlernachweis

Indiziennachweis

Nach ständiger Rechtsprechung trifft zwar denjenigen, der Schadensersatz vom Hersteller einer Ware wegen Mängel dieser Ware verlangt, die Beweislast dafür, daß der objektive Tatbestand eines Mangels vorliegt. Die Revision macht aber mit Recht geltend, das Berufungsgericht habe den Sachverhalt nicht erschöpfend ausgekehrt. Das Berufungsgericht hätte nicht über den Vortrag hinweggehen dürfen, daß im Betrieb von 17 weiteren Landwirten, die ebenfalls für die Klägerin Kälber gemästet hätten, die gleichen Krankheitserscheinungen aufgetreten seien, wie in seinem Stall: wenn nämlich bei zahlreichen anderen Mästern die gleichen Krankheitserscheinungen und Ausfälle eingetreten sind wie bei den Beklagten, so wäre das ein gewichtiges Beweisanzeichen dafür, daß das von der Klägerin gelieferte Futter zu der von ihr veranlaßten und verlangten Aufzucht- und Mästweise ungeeignet oder überhaupt mangelhaft war.

Kausalitätsnachweis

Sollten bei mindestens 17 anderen Abnehmern die gleichen Krankheitserscheinungen und Abgänge eingetreten sein, so wird damit zugleich die Auffassung des Berufungsgerichts erschüttert, daß die bei den Tieren des Beklagten festgestellten Darmerkrankungen neben einer falschen Zusammensetzung des Futters auch auf eine lange Lagerung und dadurch eingetretene Verseuchung des Futters durch Bakterien und auf falsche Fütterung zurückgeführt werden könnten.

Verschuldensvermutung

Hätte eine vom Berufungsgericht durchgeführte Beweisaufnahme die Richtigkeit der Behauptungen des Beklagten ergeben, so erscheint es nicht ausgeschlossen, daß das Berufungsgericht zu dem Ergebnis gekommen wäre, daß das von der Klägerin hergestellte Futter ungeeignet oder unrein gewesen ist und daß solches Futter auch dem Beklagten geliefert worden ist. Daß dann, wenn ein Erzeugnis fehlerhaft hergestellt ist, der Hersteller beweisen muß, daß ihn hinsichtlich des Fehlers kein Verschulden trifft, hat der Bundesgerichtshof mehrfach angenommen (vgl. *BGHZ* 51/91, 103 = I.58; *BGH,* WM 1970/1418, 1420 = I.62).

AGB: Rechtswirksamkeitsgrenzen

Die Lieferungsbedingungen der Klägerin enthalten die Bestimmung, daß der Käufer für mangelhafte Ware unter Ausschluß aller sonstigen Ansprüche nur Minderung des Kaufpreises oder Lieferung einer mangelfreien Ware unter Rückgabe der gelieferten verlangen, einen Schadensersatzanspruch aber nicht geltend machen könne. Kommt das Berufungsgericht bei der erneuten Verhandlung zu dem Ergebnis, daß ein Schadensersatzanspruch an sich begründet ist, so wird es hinsichtlich der Freizeichnung folgendes zu beachten haben (vgl. im einzelnen den Urteilsabdruck NJW 1972/251, 252 f.): Macht der Veräußerer bei der Veräußerung von Futtermitteln keine Angaben über die Beschaffenheit, so übernimmt er damit die Gewähr für die handelsübliche Reinheit und Unverdorbenheit (§ 6 FuttermittelG). Die Bedeutung des § 6 liegt im wesentlichen darin, daß der Händler für Reinheit und Unverdorbenheit die Gewähr übernimmt. Für die Auffassung, daß nach § 6 FuttermittelG der Veräußerer bei einem Schweigen über Reinheit und Verdorbenheit stillschweigend diese Eigenschaften als vorhanden zusichert, sprechen auch Zweck und Aufbau des Gesetzes (vgl. aaO.). Der vom Gesetzgeber gewollte Schutz der Tierhaltung ist nur dann gegeben, wenn der Verkäufer nicht nur im Rahmen der allgemeinen Mängelhaftung für handelsübliche Reinheit und Unverdorbenheit einzustehen hat, sondern wenn die Bestimmung des § 6 FuttermittelG dahin zu verstehen ist, daß der Verkäufer die Zusicherung der handelsüblichen Reinheit und Unverdorbenheit übernimmt.

Eigenschaftszusicherung kraft gesetzlicher Regelung

Erstreckung auf Mangelfolgeschäden

Der Schadensersatzanspruch des Käufers wegen Nichterfüllung beim Fehlen zugesicherter Eigenschaften umfaßt auch den Anspruch auf Ersatz von Mangelfolgeschäden, wenn die Zusicherung das Ziel verfolgt, den Käufer gegen solche Schäden abzusichern (*BGHZ* 50/200 ff. = I.56). Im Futtermittelrecht besteht der Zweck der vom Gesetz angeordneten Zusicherung gerade darin, dem Tierhalter, der in der Regel das Futtermittel nicht hinreichend überprüfen kann, vor Schäden zu schützen, die durch mangelhaftes Futter eintreten.

Unwirksamkeit von Haftungsbeschränkungen

Dieser Schadensersatzpflicht kann sich die Klägerin nicht durch die in ihren Lieferungsbedingungen enthaltene Klausel entziehen, daß der Käufer nur Minderung oder Lieferung einer mangelfreien Ware verlangen könne, ein Schadensersatzanspruch aber ausgeschlossen sei. Das FuttermittelG enthält grundsätzlich zwingendes Recht. Kann der Veräußerer die Übernahme der Gewähr, d. h. die Zusicherung von Reinheit und Unverdorbenheit, nicht ausschließen, so kann er auch nicht die aus dieser Zusicherung nach §§ 459 Abs. 2, 463, 480 Abs. 2 BGB folgenden Rechte des Erwerbers einschränken. Andernfalls hätte die Vorschrift des § 6 überhaupt keinen Sinn. Denn die Rechte auf Wandlung oder Minderung stehen dem Käufer nach §§ 459 Abs. 1, 462, 480 Abs. 1 BGB auch ohne Zusicherung zu. Da es sich bei dem Kauf von Futtermitteln in aller Regel um einen Gattungskauf handelt, könnte darüber hinaus der Käufer auch ohne Zusicherung nach § 480 Abs. 1 BGB Ersatzlieferung verlangen. Daran wird in Fällen, in denen durch mangelhaftes Futter die Tiere eingegangen oder geschädigt sind, dem Tierhalter im allgemeinen nichts gelegen sein. Zweck der vom Gesetz bestimmten Zusicherung ist, den Tierhalter vor Schäden durch mangelhaftes Futer abzusichern. Die Klägerin würde also, wenn sie sich von Schadensersatzansprüchen freizeichnen könnte, dem Käufer die Rechte, die sich nach dem Willen des Gesetzgebers aus der Zusicherung für ihn ergeben sollen, wieder nehmen. Die Zusicherung wäre dann ihres Inhalts entleert und hätte jede praktische Bedeutung verloren. Das verstieße gegen den Gesetzeszweck. Die Freizeichnungsklausel der Klägerin kann daher keine rechtliche Wirkung haben.

I. 68: BGH, 25. 11. 1971, VII ZR 82/70

Deliktshaftung: Sachschaden

Die Beklagten hatten an den durchaus nicht schadhaften Tanks eine weitere Vorrichtung, nämlich die Leckanzeigesicherungsgeräte, anzubringen. War es dazu erforderlich, in die Werksleistung auch Teile der Ölbehälter mit einzubeziehen, die an sich mit der einzubauenden Sicherungsanlage unmittelbar gar nichts zu tun hatten, so stellt die fehlerhafte Ausführung des Werks jedenfalls dann zugleich eine Eigentumsverletzung im Sinn des

§ 823 Abs. 1 BGB dar, wenn sich – wie hier – der Mangel gerade auf die schon vorhandenen, bis dahin unversehrt gewesenen Teile des zu behandelnden Gegenstandes ausgewirkt hat und diese dadurch beschädigt worden sind (vgl. auch *BGHZ* 55/392, 394 f.).

I. 69: BGH, 16. 2. 1972, VI ZR 111/70 (Förderkorb)

Drei Bergleute bestiegen zusammen mit einigem Arbeitsgerät einen Förderkorb. Die Mitfahrt von mehr als zwei Personen in einem Förderkorb war vorschriftswidrig, wenn auch dadurch die zulässige Höchstgesamtbelastung des Förderkorbes nicht annähernd erreicht wurde. Durch einen Bruch der ersten vorgelegenen Welle des Haspels kam es zu einem Unfall. Der Haspel war im Jahr 1950 von der beklagten Maschinenfabrik geliefert und von ihr unter anderem im Herbst 1964 einer Instandsetzung unterzogen worden. An der Stelle des späteren Bruches befand sich ein konstruktionsbedingter Übergang von einem Querschnitt von 85 mm auf einen solchen von 80 mm. Dieser Übergang war beim Drehen der Welle im Betrieb der Beklagten nicht glatt ausgerundet, sondern scharfkantig belassen worden.

Deliktshaftung

Die Revision beanstandet zu Recht, daß das Berufungsgericht auf einen „optimalen" Verarbeitungs- und Vergütungszustand der Welle abstellen will. Die im Verkehr erforderliche Sorgfalt (§ 276 Abs. 1 Satz 2 BGB), deren Verletzung zur deliktischen Haftung für die Tötung eines Menschen führen kann (§ 823 Abs. 1 BGB), umfaßt nicht jede denkmögliche Sicherheitsmaßnahme. Ihr ist vielmehr genügt, wenn im Ergebnis derjenige Sicherheitsgrad erreicht ist, den die in dem entsprechenden Bereich herrschende Verkehrsauffassung für *erforderlich* erachtet. Wenn das der Fall ist, fehlt es schon an der Rechtswidrigkeit der Schädigung (vgl. *BGHZ* 24/21). Handelt es sich wie im vorliegenden Fall um eine werkvertragliche Leistung, dann können zwar besondere Vertragsbedingungen, vor allem wenn sie eine Minderung der Haftung des Unternehmers bezwecken, die deliktische Verantwortung nicht unmittelbar be-

Keine deliktsrechtliche Drittwirkung vertraglicher Regelungen

einflussen. Regelmäßig aber ist doch den objektiven Sorgfaltsanforderungen schon dann genügt, wenn das Werk für den gewöhnlichen oder nach dem Vertrag vorausgesetzten Gebrauch tauglich ist. Der vorliegende Fall weist insoweit keine Besonderheiten auf.

Berücksichtigung der tatsächlichen Einsatzbedingungen
Sicherheitsspielraum

Zutreffend allerdings stellt das Berufungsgericht fest, daß in einem Bergwerksbetrieb mit Überschreitungen der normalen Betriebsbeanspruchung eines Förderhaspels gerechnet werden muß. Das von ihm verwertete Gutachten weist aber aus, daß in der Tat eine mehr als dem Doppelten der normalen Beanspruchung genügende Belastbarkeit vorhanden war. Ob dieser Sicherheitszuschlag nach *allgemeiner* technischer Erfahrung ausreichend erscheinen mußte, ist eine Fachfrage, mit der sich das Berufungsgericht nicht auseinandersetzt. Daß sich das Berufungsgericht nicht von einer Überbeanspruchung *bei der Unglücksfahrt,* etwa durch Verfangen mitgeführten Geräts in festen Installationen des Schachts, zu überzeugen vermag, ist in diesem Zusammenhang unerheblich, weil der Sachverständige die Überbeanspruchung in erster Linie in Dauerbelastungen, schon *vor* dem Unglückstag, etwa in Form von Verspannungen, vermutet.

Produktfehler

Sollte die Welle bei Lieferung trotz des Bearbeitungsfehlers (d. h. der technisch verfehlten Nichtausrundung des unmittelbaren Übergangs zum kleineren Wellendurchmesser) noch die im Verkehr allgemein für ausreichend erachtete Belastbarkeit ausgewiesen haben, dann hätte eine gewissenhafte Auslieferungskontrolle im Betrieb der Beklagten das Werkstück nicht zurückhalten müssen. Es könnte dann dahinstehen, ob diese Kontrolle tatsächlich erfolgt ist (vgl. § 831 Abs. 1 Satz 2 BGB, 2. Alt.).

Qualitätskontrolle

Bei der anderweiten Entscheidung wird das Berufungsgericht insbesondere noch zu beachten haben:

Arbeitsteilung: Weiterverarbeiterhaftung

Die mangelhafte Wärmebehandlung des verwendeten Stahls kann der Beklagten nur zur Last gelegt werden, wenn sich ergibt, daß sie auch dafür die deliktische Verantwortung trägt.

Keine Herstellerhaftung für Fabrikationsfehler des fremdproduzierten Einzelteils

Sie hat dieses Stahlstück unstreitig von einem Stahlwerk bezogen und nur spanabhebend bearbeitet. Ihre Verantwortung für eine etwa mangelhafte Stahlqualität könnte sich also nur daraus ergeben, daß sie entweder die Verläßlichkeit des Zulieferers oder aber — beschränkt auf den Rahmen des nach guter Verkehrsübung Erforderlichen und wirtschaftlich Zumutbaren — die Güte des Materials nicht hinreichend geprüft hat.

Mitverschulden (§ 254 BGB)

Sollte das Berufungsgericht davon ausgegangen sein, daß ein Mitverschulden der Zeche unerheblich sei, dann steht dieser Auffassung jedenfalls im Ergebnis das Urteil des erkennenden Senats vom 29. 10. 1968 (*BGHZ* 51/37) entgegen, wonach sich der übergegangene Anspruch des Sozialversicherungsträgers um den Verursachungsanteil dessen mindert, der nach den Vorschriften der RVO von der Haftung für Arbeitsunfälle freigestellt ist. Dies gilt nach einem späteren Urteil des erkennenden Senats (*BGHZ* 55/11) nicht nur für die Mitverursachung durch den Unternehmer, sondern auch für diejenige durch Arbeitskollegen. Damit könnte es auch von Bedeutung sein, wenn einer der beiden anderen Bergleute es schuldhaft versäumt hätte, die Personenbeförderung zu signalisieren. Dies könnte gegebenenfalls dazu führen, daß sich der auf die Klägerin übergegangene Anspruch mindert.

I. 70: BGH, 18. 4. 1972, VI ZR 168/70

Das beklagte Wohnungsbauunternehmen hatte eine Siedlung erstellt, dabei aber die Abwasserleitung falsch dimensioniert. Dadurch kam es zu Wasserschäden.

Deliktshaftung Sorgfaltsanforderungen an Organwalter

Das Berufungsgericht geht bei der Prüfung der Fahrlässigkeit zutreffend von den besonderen Anforderungen aus, welche an die Organe einer großen Baugesellschaft gestellt werden müssen. Seine Ansicht, daß solchen Organen, auch soweit sie nur kaufmännisch ausgebildet sind und über besondere technische

Kenntnisse nicht verfügen, besondere Sorgfalt bei der Bemühung um technische Information durch eingehende Befragung der sachverständigen Vertragspersonen abgefordert werden muß, ist rechtlich nicht zu beanstanden. Auch einen hinreichenden Anlaß für solche Befragung stellt das Berufungsgericht fehlerfrei fest. Demnach haben die Organe der Beklagten zunächst um das Mißverhältnis der Dimensionen von Zuleitungen und Abfluß gewußt. Die Ansicht des Berufungsgerichts, daß dieser Umstand auch die Aufmerksamkeit eines Nichttechnikers, der aber in Bausachen von Berufs wegen besonders versiert war, erregen müßte, ist rechtlich nicht zu beanstanden.

Hinzu kommt, daß die Organe der Beklagten die Erstellung einer baurechtlich nicht genehmigten Anlage wissentlich gebilligt haben. Auch dieser Umstand erlegte den Organen der Beklagten eine erhöhte Prüfungspflicht hinsichtlich der möglichen Folgen der vorgeschlagenen gesetzwidrigen Lösung auf, und zwar schon im Rahmen der nach § 823 Abs. 1 BGB vorgesehenen Prüfungspflicht. Eben im Hinblick auf die bauwirtschaftliche Erfahrung der Organe der Beklagten brauchte es das Berufungsgericht diesen auch nicht als Entschuldigung zugute zu halten, daß die Vertreter der kleinen Gemeinde und der insoweit im Privatauftrag der Beklagten tätige Ingenieur M. gegen das „Provisorium", keine Einwendungen erhoben oder wenigstens nicht aufrechterhielten. Für in Bausache nicht unerfahrene Personen mußte die Erwägung naheliegen, daß beide der Beklagten gegenüber zu einer besonderen Nachsicht neigen mochten, die mit zwingenden baurechtlichen Forderungen nicht notwendig vereinbar war.

Mitverantwortung Dritter

Zumutbarkeit der erforderlichen Maßnahmen

Das Berufungsgericht hat zutreffend erkannt, daß sich die Besonderheit eines „Provisoriums", also einer technischen Anlage, die wegen der Ungewißheit der endgültigen Gesamtlösung in gewissem Umfang auf Perfektion und auch auf volle Sicherheit verzichtet, auf rein wirtschaftliche Erwägungen gründet. Wirtschaftlich kann es durchaus zweckmäßig sein, bei einer nur auf kurze Arbeitszeit berechneten Anlage auf Sicherungen gegen Schadenfälle zu verzichten, wenn die kurze Lebensdauer die Wahrscheinlichkeit solcher Schadensfälle entsprechend vermindert. Soweit sich aber die so in Kauf genommenen Schäden zu Lasten Dritter auswirken können, beurteilt sich die Frage nach der Erlaubtheit des Provisoriums nicht so sehr nach technischen und kaufmännischen, sondern nach rechtlichen Gesichtspunkten, über die das Gericht keine Sachverständigen hören kann.

Auch in rechtlicher Hinsicht mag nun allerdings der provisorische Charakter einer Anlage nicht ganz ohne Bedeutung für die an ihre Verkehrssicherheit zu stellenden Anforderungen sein. Keinesfalls aber ist der Verzicht auf Sicherung für Dritte schon rechtlich zulässig, wenn das Produkt aus Höhe und Wahrscheinlichkeit des vorhersehbaren Schadens hinter den Kosten der Sicherheitsvorkehrungen deutlich zurückbleibt. Eine Wirtschaftlichkeitserwägung ist regelmäßig widersprüchlich, wenn der Handelnde zwar die Ersparnis der Aufwendungen für sich erstrebt, aber davon ausgeht, daß der wider Erwarten eintretende Schaden gegebenenfalls Dritte trifft. Es ist also im Verhältnis zu anderen immer zu fragen, ob das mit dem „Provisorium" verbundene Risiko sich noch im Rahmen des nach guter Verkehrsübung Vertretbaren und Zumutbaren hält. Im vorliegenden Fall hat dies das Berufungsgericht mit dem Hinweis darauf verneint, daß das Provisorium immerhin für Monate oder Jahre bestehen sollte.

I. 71: BGH, 17. 5. 1972, VIII ZR 98/71 (Propangas)

Der Kläger war Mieter einer Wohnung. In der Küche hatte er einen Propangasherd aufgestellt. Das dafür benötigte Gas bezog er von den Stadtwerken der beklagten Stadt. Als die Ehefrau des Klägers eine am Vortage gelieferte Propangasflasche gegen eine leere Flasche auszutauschen versuchte, strömte plötzlich Gas aus der Flasche, entzündete sich und explodierte. Die Ehefrau des Klägers erlitt erhebliche Brandwunden. An dem Küchenraum entstanden umfangreiche Schäden. Wegen des Gebäudeschadens nahm die Vermieterin den Kläger auf Ersatz in

Anspruch, der daraufhin einen Regreßanspruch geltend machte.

Vertragshaftung: Haftung für positive Vertragsverletzungen

Der Kläger kann seinen aus Vertrag hergeleiteten Anspruch auf Schadensersatz nur auf die Rechtsgrundsätze über die positive Vertragsverletzung stützen. Das in den Flaschenbehälter eingeschlossene Propangas war eine bewegliche Sache und konnte Gegenstand des Rechtsverkehrs sein. Die Parteien hatten einen Kaufvertrag über das Gas abgeschlossen, das in der Metallflasche geliefert wurde. Aus den Gewährleistungsvorschriften des Kaufrechts kann der Kläger seinen Schadensersatzanspruch nicht herleiten. Die Anwendung des § 463 BGB scheidet aus. Die im Schrifttum vertretenen Ansichten, daß ein Warenhersteller für jede Art von Fehlern des Produkts ohne Rücksicht auf Verschulden einstehen müsse, ohne daß zwischen ihm und dem Endabnehmer ein stillschweigend abgeschlossener Garantievertrag zustande gekommen sei, hat der Bundesgerichtshof (*BGHZ* 51/91 = I.58) ausdrücklich abgelehnt. Es bleibt daher als Haftungsgrundlage nur die sog. positive Vertragsverletzung, die eine Haftung der Beklagten auf Schadensersatz lediglich dann auslösen kann, wenn sie oder ihre Erfüllungsgehilfen ein Verschulden trifft.

Verschuldenshaftung

Der Schaden, den der Kläger ersetzt verlangt, ist hier an anderen Sachen als der Kaufsache eingetreten. Er beruht nicht auf unterlassener, sondern auf mangelhafter Erfüllung des zwischen den Parteien zustande gekommenen Kaufvertrages. Es ist anerkannt, daß in einer mangelhaften Lieferung bei einem Gattungskauf eine Verletzung der Sorgfalts- und Obhutspflicht des Verkäufers liegen kann, die ihn, wenn ihn ein Verschulden trifft, zum Ersatz des sog. Mangelfolgeschadens wegen „positiver Vertragsverletzung" verpflichtet.

Fehlernachweis

Das Berufungsgericht unterstellt, daß der Unfall auf die unzureichende Abdichtung der Stahlflasche zurückzuführen war und daß dieser Mangel bereits bestand, als die Flasche mit dem Propangas an den Kläger ausgeliefert wurde. Bei dieser Sachlage lag der Fehler im Verantwortungsbereich der Beklagten und hängt die Entscheidung davon ab, ob die Beklagte ein Verschulden daran trifft, daß der Mangel an der Dichtung der Flasche unentdeckt blieb und deshalb die fehlerhafte Flasche an den Kläger zur Auslieferung gelangte.

Die Annahme des Berufungsgerichts, daß die Beklagte ihren nach der Druckgasverordnung vom 2. 12. 1935 bestehenden Prüfungspflichten objektiv in vollem Umfang nachgekommen sei, beruht auf einem Verfahrensverstoß (vgl. den Urteilsabdruck Betr. 1972, S. 1335 f.). Hätte das Berufungsgericht zu Unrecht verneint, daß die Beklagte ihr zumutbare und nach dem Stand der Technik sinnvolle und erfolgversprechende Maßnahmen zur Überprüfung der Ventile unterlassen habe, so würde die Schadensersatzpflicht der Beklagten weiter davon abhängen, ob ihr ein Verschulden zur Last fällt. In diesem Zusammenhang ist zu Lasten der Beklagten zu berücksichtigen, daß sie offenbar keine Anordnungen über die vorgeschriebene Prüfung der Flaschenventile auf einwandfreie Beschaffenheit *vor* der Füllung erlassen und eine mit den einschlägigen Bestimmungen nicht in Einklang stehende Handhabung geduldet hatte. Verletzte aber eine solche Prüfung, wie sie im Betriebe der Beklagten tatsächlich durchgeführt wurde, die im Verkehr erforderliche Sorgfalt, so würde ein Verschulden der Betriebsführung der Beklagten in Frage stehen.

Organisationshaftung

Branchenüblichkeit und Erforderlichkeit der Gefahrabwendungsmaßnahmen

Die Beklagte könnte sich zu ihrer Entlastung nicht darauf berufen, daß die Füllbetriebe allgemein von einer Überprüfung der Flaschenventile vor der Füllung absehen. Daraus könnte zwar folgen, daß die Beklagte die allgemein übliche Sorgfalt angewandt hat. Die üblicherweise beobachtete Sorgfalt entspricht nicht immer der im Verkehr erforderlichen Sorgfalt (*BGHZ* 8/138). Angesichts der Gefahren, die dem Verbraucher durch schadhafte Propangasflaschen drohen, dürfen die Anforderungen an die Sorgfaltspflicht der Abfüllbetriebe keinesfalls zu gering gehalten werden.

I. 72: BGH, 5. 7. 1972, VIII ZR 74/71 (Fensterlack)

Die Klägerin betreibt eine Lackfabrik. Die Beklagte stellt fabrikmäßig Holzfenster her. Als die Beklagte dazu übergehen wollte, diese Fenster auch selbst zu lackieren, wandte sie sich an die Klägerin, da sie insoweit über keinerlei Erfahrung verfügte. Die Klägerin erörterte zunächst die auftretenden Fragen in mehreren Besprechungen mit Vertretern der Beklagten, führte an den zu verwendenden Hölzern Versuche durch und empfahl alsdann der Beklagten die Verwendung des von ihr hergestellten Kunstharzlackes „D" als für diesen Zweck am besten geeignet. Zugleich gab sie der Beklagten genaue Anweisung für die Verarbeitung und überwachte die Durchführung der Lackierungsarbeiten zumindest gelegentlich.

Nach einigen Jahren traten an zahlreichen Fenstern, die von der Beklagten hergestellt und mit dem D-Lack lackiert waren, Fäulnisschäden (sog. Braunfäule) auf, die auf einer durch Pilzbefall hervorgerufenen Zerstörung der Zellulose von innen her beruhten und in erheblichem Umfang Ersatzansprüche von Bauunternehmern gegenüber der Beklagten auslösten.

Eigenschaftszusicherung

Die Entscheidung des Rechtsstreits hängt in erster Linie davon ab, ob die Klägerin die uneingeschränkte Geeignetheit der D-Lacke für die Belange der Beklagten vertraglich zugesichert hat und damit gemäß §§ 463 Satz 1, 480 Abs. 2 BGB zum Ersatz des durch den schädlichen Lack verursachten Schaden verpflichtet ist.

Vorliegen einer Eigenschaftszusicherung

Richtig ist, daß die Klägerin eine Erklärung, der Lack verhindere auch das Entstehen von Braunfäule oder begünstige es doch zumindest nicht, jedenfalls nicht ausdrücklich abgegeben hat. Ersichtlich haben beide Parteien zumindest bis 1964/1965 an die Möglichkeit eines solchen Schadenseintritts nicht gedacht. Darauf kommt es jedoch nicht entscheidend an. Eigenschaften im Sinn des § 459 Abs. 2 BGB können unter Umständen auch stillschweigend oder durch schlüssiges Verhalten zugesichert werden (*RGZ* 114/241; *RGZ* 161/336; *BGH,* VersR 1966/241 = I.49). Dazu genügen allerdings weder eine allgemeine Anpreisung in der Werbung (*BGHZ* 48/118 = I.53) noch der bloße Hinweis auf die Eignung für den vertragsgemäß vorausgesetzten Gebrauch. Entscheidend ist vielmehr, daß der Verkäufer die Gewähr für das Vorhandensein dieser Eigenschaf-

Werbung als Eigenschaftszusicherung

ten übernimmt und damit seine Bereitschaft zu erkennen gibt, für alle Schäden einzustehen, wenn diese Eigenschaft fehlt (*RGZ* 161/336; *BGH,* BB 1958/284 und *BGHZ* 48/118 = I.53). Dabei ist jedoch nicht in erster Linie der Wille des Verkäufers maßgebend. Vielmehr kommt es entscheidend darauf an, wie der Käufer die Äußerungen des Verkäufers unter Berücksichtigung seines sonstigen Verhaltens und der Umstände, die zum Vertragsschluß geführt haben, nach Treu und Glauben mit Rücksicht auf die Verkehrssitte auffassen durfte (*BGH,* NJW 1959/1489 und VersR 1966/241 = I.49).

Eigenschaftszusicherung kraft fachkundiger Beratung

Unter Berücksichtigung dieser Grundsätze läßt sich die Auffassung des Berufungsgerichts, es habe sich bei den Erklärungen und dem sonstigen schlüssigen Verhalten der Klägerin lediglich um unverbindliche Anpreisungen ohne Verpflichtungswillen gehandelt, nicht halten. Die Beklagte hatte sich 1956 im Zusammenhang mit der geplanten innerbetrieblichen Umstellung zunächst mit der Bitte um fachkundigen Rat an die Klägerin gewandt. Daß sie über keinerlei Erfahrungen mit Lack und Lackierungsarbeiten verfügte, die Übernahme der Lackierung in eigener Regie daher für sie – insbesondere im Hinblick auf den erheblichen Umfang der beabsichtigten Bestellungen – mit einem großen Risiko verbunden war, wußte auch die Klägerin. Wenn sie bei dieser Sachlage zunächst in verschiedenen Fachgesprächen mit Vertretern der Beklagten deren Wünsche und Bedürfnisse erforschte, anschließend mit mehreren von der Beklagten zur Verfügung gestellten Holzproben Lackierungsversuche durchführte, die Beklagte sodann eingehend über das positive Ergebnis dieser Versuche mit D-Lack unterrichtete, ihr genaue Anweisungen für die Lackierung erteilte und später die Einhaltung dieser Richtlinien zumindest gelegentlich überwachte, so konnte und durfte die Beklagte diesem Verhalten und insbesondere der Erklärung der Klägerin, sie könne ihr mit gutem Gewissen zur weiteren Verarbeitung der D-Materialien raten, hinreichend klar entnehmen, daß die Klägerin die Geeignetheit dieses Lackes für ihre Zwecke zusichern wollte und bei ordnungsgemäßer Einhaltung der Verarbeitungsrichtlinien die Gewähr für diese Eignung zu übernehmen bereit war.

Eigenschaftszusicherung bei Sukzessivlieferungsverträgen

Damit ist davon auszugehen, daß die Klägerin die Eignung der D-Lacke für die Belange der Beklagten zugesichert hat. Daß sich diese Zusicherung nicht nur auf die ersten Lieferungen, sondern auch auf alle Folgebestellungen bezog, ergibt sich aus der Natur der Geschäftsbeziehungen zwischen den Parteien und entspricht im übrigen der beiderseitigen Interessenlage im Rahmen dieses Sukzessivlieferungsvertrages.

Umfang der Eigenschaftszusicherung

Die mit der Zusicherung verbundene Gewähr umfaßte auch die hier streitigen Nebenwirkungen, die nach der Darstellung der Beklagten von dem verkauften Lack ausgingen und zu Feuchtigkeitsschäden führten. Zwar mögen die Parteien bei Vertragsschluß in erster Linie an die Haltbarkeit und Wetterfestigkeit des Lackes selbst und den Schutz des Holzwerks gegen Einwirkungen von außen gedacht und mit der Möglichkeit anderer Schäden — insbesondere einer durch den hohen Wasserdurchlaufwiderstand des Lackes hervorgerufenen oder jedenfalls begünstigten Zerstörung des Holzes von innen — nicht gerechnet haben. Der Beklagten, die hinsichtlich der Lackverarbeitung bisher über keine eigene Erfahrung verfügte, mußte es jedoch — für die Klägerin erkennbar — darum gehen, sich möglichst weitgehend gegen Schäden, soweit sie von dem gekauften Lack ausgingen, abzusichern. Demgemäß hat die Klägerin auch die Eignung des Lackes für die Belange der Beklagten ohne jede Einschränkung zugesichert, sofern diese die Verarbeitungsrichtlinien einhielt.

Verschuldensunabhängigkeit der Haftung

Erstreckung der Haftung auf Entwicklungsschäden

Ob dabei der Klägerin etwaige, sich aus der Zusammensetzung des Lackes ergebende Nebenwirkungen und damit die Möglichkeit des Eintritts derartiger, durch die forschungsmäßige Weiterentwicklung bedingter sog. „Entwicklungsschäden" bekannt war oder sein konnte, ist für die sich aus der Zusicherung von Eigenschaften (§§ 459 Abs. 2, 463 Satz 1, 480 Abs. 2 BGB) ergebende Haftung ohne Bedeutung. Die Gewährleistung beruht insoweit auf einer mit der Zusicherung übernommenen Garantie, den Käufer für jegliche Folgen eines Fehlens der fraglichen Eigenschaften einstehen zu wollen, ist also von einem Verschulden auf seiten des Verkäufers und der Voraussehbarkeit einer etwaigen Schädigung unabhängig. Entscheidend ist lediglich, daß die verkaufte Ware entgegen der Zusicherung bereits bei Gefahrübergang objektiv einen Mangel aufwies, der später zum Eintritt des Schadens geführt hat. Wer daher uneingeschränkt die Eignung einer Kaufsache für einen bestimmten Verwendungszweck zusichert, haftet grundsätzlich auch für solche Schäden, die bei Vertragsabschluß noch nicht voraussehbar waren — und zwar unabhängig von der Frage, ob dem Verkäufer angesichts des damaligen Standes der Erkenntnisse in Wissenschaft und Praxis aus der Empfehlung an den Käufer, diese Ware als für seine Zwecke geeignet zu kaufen, ein Schuldvorwurf gemacht werden kann. Will der Verkäufer im Einzelfall ein so weitgehendes Risiko nicht übernehmen, so ist es seine Sache, die Zusicherung entsprechend einzuschränken. Das aber ist hier nicht geschehen.

Abhängigkeit des Umfangs der Eigenschaftszusicherung von den vertraglichen Abreden

Erstreckung auf Mangelfolgeschäden

AGB: Rechtswirksamkeitsgrenzen

Daß schließlich die Haftung der Klägerin im vorliegenden Fall auch den Ersatz von Mangelfolgeschäden umfaßt, kann nicht zweifelhaft sein (*BGHZ* 50/200 = I.56). Ersichtlich verfolgte die Zusicherung durch die Klägerin gerade den Zweck, die Beklagte, der die übrigen gesetzlichen Gewährleistungsansprüche keinen ausreichenden Schutz boten, gegen derartige Mangelfolgeschäden abzusichern. Aus denselben Erwägungen könnte sich daher die Klägerin auch nicht auf den in Abschnitt V ihrer Allgemeinen Geschäftsbedingungen enthaltenen Haftungsausschluß berufen, wonach nur Anspruch auf Wandlung, nicht aber auf Minderung, Ersatzlieferung oder Schadensersatz bestehe (*BGHZ,* aaO.).

Die Beklagte kann hiernach von der Klägerin Schadensersatz verlangen, sofern die von ihr geltend gemachten Schäden auf die von dem gelieferten Lack ausgehenden Nebenwirkungen zurückzuführen sind.

Anmerkung:

1. Eine Eigenschaftszusicherung braucht nicht ausdrücklich abgegeben zu werden. Vielmehr kann die Abgabe einer Eigenschaftszusicherung auch stillschweigend erfolgen (I.3, I.56,

I.64, I.72, I.74, II.5, II.16, III.8), wenn das Verhalten beider Parteien bei Vertragsabschluß bei objektiver rechtlicher Wertung die Erklärungsbedeutung hat, daß bestimmte Eigenschaften der Ware vertraglich zugesichert seien.

Hat der Verkäufer bei den Vertragsverhandlungen bestimmte Eigenschaften erwähnt, ist dies noch nicht unbedingt als Abgabe einer Eigenschaftszusicherung zu werten (I.72, I.74, II.15). Ebenso wenig ist dies der Fall, wenn der Käufer zum Ausdruck gebracht hat, für welchen Verwendungszweck er die Ware benutzen will, so daß dem Verkäufer an sich bekannt war, für welchen Verwendungszweck der Käufer die Ware ersteht (II.5). Einseitige Angaben, sei es des Käufers, sei es des Verkäufers, sind nicht schon zugleich eine Eigenschaftszusicherung (III.11). Nicht jede bei den Vertragsverhandlungen abgegebene Erklärung ist zugleich auch rechtlich eine Eigenschaftszusicherung (BGH, 12. 3. 1971, WM 1971/797; OLG Karlsruhe, 16. 6. 71, BB 1971/1336). Vielmehr muß der Verwendungszweck in den Vertragsinhalt aufgenommen worden sein (I.3, I.56, I.72, I.74, II.5, II.16, II.19, III.11, BGH, 12. 3. 71, aaO.). Dieser Fall ist gegeben, wenn der Verkäufer auf die ausdrückliche Frage des Käufers das Vorhandensein der betreffenden Eigenschaften bestätigt (III.11; s. a. OLG München, 18. 12. 1969, NJW 1970/664, 665), insbesondere wenn diese Bestätigung erkennbar Voraussetzung für den Kaufentschluß war (II.19, III.11). Das Erklärungsverhalten des Verkäufers ist dabei gemäß den allgemeinen Regeln über das Vorliegen und über die Auslegung von Willenserklärungen aus der Sicht des Käufers zu beurteilen (I.72, I.74). Desgleichen ist aus der Sicht des Verkäufers zu beurteilen, ob das Verhalten des Käufers erkennbar die Erklärungsbedeutung hat, daß er die Erklärungen des Verkäufers nicht nur als rechtlich unverbindliche Anpreisungen, sondern als Vertragsbestandteil verstanden hat.

Eine stillschweigende Eigenschaftszusicherung ist gegeben, wenn ein Produkt nach den Herstellerangaben nur für einen Verwendungszweck bestimmt ist (II.10, III.8), d. h. wenn es für eine bestimmte Verwendung bzw. für einen bestimmten Verwendungsbereich (a. A. Weyer, VersR 1973/552, 553) ver-

kauft wird (I.56). Wird z. B. ein Klebstoff als zur Verklebung bestimmter Deckenplatten geeignet herausgestellt, stellt diese Werbeangabe zugleich eine stillschweigende Zusicherung der dafür erforderlichen Klebeeigenschaften dar (I.56, II.10; s. a. III.8). Die bloße Warenbezeichnung (z. B. „Dieselöl), aus der sich häufig eine Begrenzung des Verwendungszweckes ergibt, genügt für sich allein nicht (I.57, II.16), sondern es ist eine zusätzliche, ausdrückliche oder konkludente Herstellererklärung erforderlich, damit die mit der Warenbeschreibung anklingenden Eigenschaften zugleich auch den Rang vertraglich zugesicherter Eigenschaften erhalten (I.56, II.10, II.16, III.8).

Erklärt der Verkäufer auf die ausdrückliche Frage, ob das Produkt für einen bestimmten Verwendungszweck geeignet sei, dies sei der Fall, ist dies eine Eigenschaftszusicherung (III.11). Das gleiche gilt, wenn der Verkäufer vor der Abgabe der Erklärung Typenversuche vornimmt (I.72). Der Umweg über eine die vertragliche Gewährleistung ergänzende Haftung aus einem konkludent abgeschlossenen Beratungsvertrag (so noch I.30) ist zwar für den Verkäufer günstig, weil dort nur eine Verschuldenshaftung bestände. Sachlich ist dies aber nicht gerechtfertigt (a. A. Teichmann-Hansen, NJW 1973/20), weil Gegenstand der Beratung gerade die Eigenschaften der Ware sind und folglich eine rechtliche Erfassung als Eigenschaftszusicherung sachgerechter ist.

Werden Erklärungen über die Arbeitsleistung von Maschinen (I.84, BGH, 19. 10. 64, VersR 1964/1248, 1249 f.) oder über die Druckfestigkeit von Ziegelsteinen (I.49) abgegeben, ist dies rechtlich als Eigenschaftszusicherung zu werten, weil derartige Erklärungen erkennbar für den Käufer von wesentlicher Bedeutung für den Vertragsabschluß sind. Bestellt also z. B. ein Bauunternehmer Gitter-Ziegelsteine mit einer Druckfestigkeit von 350 kg je qcm und liefert der Ziegelhersteller ohne weiteren Vorbehalt derartige Ziegelsteine, ist mit dem Liefervertrag zugleich die Abgabe einer entsprechenden Eigenschaftszusicherung verbunden (I. 49).

Wird Beton einer bestimmten Güteklasse bestellt und geliefert, sind damit zugleich die für die betreffende Güteklasse festge-

legten Eigenschaften zugesichert (BGH, 21. 4. 60, LM Nr. 3 zu § 13 VOB, Teil B).

Hinsichtlich von DIN-Normen ist m. E. zu unterscheiden:

Ist Vertragsgegenstand ein Produkt, für das es einschlägige DIN-Normen gibt (z. B. Dieselöl oder Trinkwasser) und ist die Bestellung ohne Bezugnahme auf die DIN-Normen erfolgt, dann stellt sich zunächst die Frage, wie rechtlich die Bestellung von „Dieselöl" oder „Trinkwasser" zu werten ist, d. h. welche Eigenschaften bei diesen Produkten vorauszusetzen sind.

Beständen keine einschlägigen DIN-Normen, könnten sich hier Schwierigkeiten in der Ermittlung ergeben, was i. S. des § 459 BGB als verkehrsübliche Eigenschaften des Dieselöls bzw. des Trinkwassers anzusehen wäre. Wenn und soweit aber einschlägige DIN-Normen bestehen, kann man hier im Normalfall davon ausgehen, daß ein Käufer, der Dieselöl bzw. Trinkwasser bestellt, damit im allgemeinen Dieselöl entsprechend der in der DIN 51601 genannten Begriffsbestimmung bzw. Trinkwasser entsprechend der in DIN 2000 vorgenommenen Begriffsbestimmung gemeint hat. Die Frage der Warenbezeichnung und damit der für die Ware kennzeichnenden Eigenschaften kann hier also unter Heranziehung der einschlägigen DIN-Norm beantwortet werden.

Es bleibt dann die Frage, ob die in der einschlägigen DIN-Norm angeführten Eigenschaften zugleich auch vertraglich zugesichert sind mit der Folge, daß bei Nichtvorhandensein der Eigenschaften eine Schadensersatzhaftung ausgelöst wird. In diesem Zusammenhang ist davon auszugehen, daß die bloße Bezeichnung des Vertragsgegenstandes bzw. eine Warenbeschreibung nicht schon automatisch auch eine vertragliche Zusicherung der damit anklingenden, verkehrsüblicherweise erwarteten Eigenschaften enthält (I. 53, I.56 sowie BGH, 4. 12. 68, AWD 1969/61, 62 und II.15). Damit eine Eigenschaftszusicherung vorliegt, ist also über die bloße Warenbeschreibung hinaus ein zusätzlicher Faktor erforderlich. Hat der Käufer lediglich „Dieselöl" bzw. „Trinkwasser" bestellt, ist nicht erkennbar geworden, daß über die Warenbeschreibung hinaus auch die bei Heranziehung der einschlägigen DIN-Norm laut der dort vorgenommenen Begriffsbestimmung vorausgesetzten Eigenschaften vertraglich zugesichert seien. Auch in den Bereichen, in denen DIN-Normen bestehen, stellt also die Bestellung einer DIN-mäßig definierten Ware nicht zugleich auch eine Zusicherung der in der DIN-Norm festgelegten Eigenschaften dar (I.57, I.74).

Hat dagegen der Käufer ausdrücklich „Dieselöl gemäß DIN 51601" bzw. „Trinkwasser gemäß DIN 2000" bestellt, dann hat er ausdrücklich damit auf die DIN-Norm verwiesen. In derartigen DIN-Normen ist aber jeweils eine Fülle von Eigenschaften angegeben. Z. B. werden Gitter-Ziegelsteine mit einer Druckfestigkeit von 350 kg je qcm in der DIN 105 als „Klinker" definiert. Praktisch stellt es also nur eine sprachliche Kurzformel dar, wenn ein Käufer nicht ausdrücklich „Ziegel-Gittersteine mit einer Druckfestigkeit von 350 kg je qcm", sondern Klinker gemäß DIN 105 bestellt. Beide Sachverhalte sind in der Aussage für die beteiligten Verkehrskreise identisch. Folglich sind sie m. E. auch rechtlich gleichzubehandeln. Die Ziegelstein-Entscheidung hätte also m. E. auch im Sinn einer Eigenschaftszusicherung entschieden werden müssen, wenn anstelle der konkreten Druckfestigkeit lediglich der für Ziegelsteine der betreffenden Druckfestigkeit in der DIN 105 angegebene Begriff unter ausdrücklicher Anführung der DIN-Norm benutzt worden wäre. Konsequenz daraus ist, daß dementsprechend eine Bestellung von „Dieselöl gemäß DIN 51601" bzw. „Trinkwasser gemäß DIN 2000" rechtlich in dem Sinn zu verstehen ist, daß der Käufer das Vorhandensein der in der betreffenden DIN-Norm angeführten Eigenschaften als Vertragsinhalt geltend macht. Erfüllt der Verkäufer den entsprechenden Auftrag, ist dies als stillschweigende Annahme dieser Erklärung zu werten und ist mit dem Vertrag zugleich auch eine entsprechende Eigenschaftszusicherung abgegeben (vgl. I.49).

Im Ergebnis ist also in den Bereichen, in denen Warengruppen durch DIN-Normen geregelt sind, zu unterscheiden, ob die Vertragsparteien ausdrücklich auf die einschlägige DIN-Norm ver-

wiesen haben oder ob die DIN-Norm lediglich ein Mittel zur inhaltlichen Präzisierung der Warenbezeichnung darstellt. Die vom Bundesgerichtshof entschiedenen Sachverhalte betrafen diese zweite Fallgruppe. Bei konsequenter Fortschreibung der Entscheidungen des Bundesgerichtshofs über die rechtliche Würdigung von Erklärungen über die Arbeitsleistung von Maschinen bzw. über die konkrete Druckfestigkeit von Ziegelsteinen sowie bei Beachtung der Betongüteklassen-Entscheidung ist dagegen m. E. eine Eigenschaftszusicherung anzunehmen, wenn eine ausdrückliche Verweisung auf die einschlägige DIN-Norm erfolgt ist.

2. In der Kleber-Entscheidung (I.56) hat der Bundesgerichtshof ausdrücklich klargestellt, daß nicht jede Eigenschaftszusicherung zugleich auch den Ersatz von Mangelfolgeschäden umfaßt. Vielmehr sei die Tragweite einer Eigenschaftszusicherung jeweils im Einzelfall durch Auslegung zu ermitteln (aaO.).

Theoretisch geht also der Bundesgerichtshof davon aus, daß eine Eigenschaftszusicherung grundsätzlich nicht auch die Mangelfolgeschäden umfaßt. Vielmehr ist dafür eine entsprechende ausdrücklich oder stillschweigend zustande gekommene Vereinbarung im Einzelfall erforderlich.

Verfolgt die Zusicherung nur den Zweck, dem Käufer zu einem ungestörten Genuß der Kaufsache zu verhelfen, erstreckt sie sich nicht auf Mangelfolgeschäden (I.56). Diese Sachlage ist gegeben, wenn dem Käufer zugesichert wird, daß das Fahrzeug fabrikneu sei (OLG Karlsruhe, 16. 6. 1971, BB 1971/1336, 1337) bzw. wenn dem Gebrauchtwagen-Käufer zugesichert wird, daß der Wagen nur einen Vorbesitzer gehabt habe (a. A. OLG Köln, 6. 6. 1972, DAR 1974/71, 72) oder wenn Angaben über die bisherige Fahrleistung eines Gebrauchtwagens erteilt werden (a. A. OLG München, 26. 4. 1974, Betr. 1974/1059; LG Heidelberg, 25. 7. 1973, DAR 1974/124). Zwar ist es richtig, daß die Zahl der Vorbesitzer bzw. die bisherige Laufleistung des Fahrzeuges wertbestimmende Faktoren sind. Letztlich handelt es sich dabei aber immer nur um empirische Faktoren, die im konkreten Einzelfall nicht zuzutreffen brauchen; die Repa-

raturanfälligkeit muß nicht deshalb höher sein, weil das Fahrzeug anstelle der behaupteten 40.000 km in Wirklichkeit bereits 60.000 km gefahren wurde. Würde man hier mit der Annahme einer Eigenschaftszusicherung Ernst machen, würde hinsichtlich der Mangelfolgeschäden nur sehr schwer zu präzisieren sein, ob bzw. inwieweit der Verkäufer für die Mangelfolgeschäden einzustehen hat. Der sehr unscharfe Begriff „Sicherung des ungestörten Genusses der Kaufsache" ist m. E. das Produkt einer Vor-Entscheidung, daß die Eigenschaftszusicherung in derartigen Fällen keine konkret faßbare Absicherungsfunktion hat, sondern sich in einer generellen Absicherungsaufgabe erschöpft.

Anders dagegen, wenn eine bestimmte Arbeitsleistung einer Maschine oder die Eignung eines Produkts zu einem bestimmten Verwendungszweck zugesichert wird. Der Verkäufer kann hier überblicken, daß bei Nichteinhaltung der Leistungswerte Produktionsausfälle bzw. daß bei Nichteignung des Produkts Sach-, Personen- und/oder Vermögensschäden eintreten können. Hier gewinnt die Eigenschaftszusicherung eine konkret faßbare Absicherungsfunktion. Demzufolge ist es nur konsequent, den Verkäufer im Rahmen dieser Absicherungsfunktion auch für den eingetretenen Schaden haften zu lassen (ebenso III.11, a. A. I.84).

In der Praxis dürften die Fälle, in denen sich eine Eigenschaftszusicherung darin erschöpft, dem Käufer den „ungestörten Genuß der Kaufsache zu verschaffen", die Ausnahme darstellen. Im Regelfall ist für den Verkäufer durchaus erkennbar, aus welchen Gründen der Käufer auf der Zusicherung der betreffenden Eigenschaften besteht und welche konkrete Dimension die mit der Eigenschaftszusicherung verbundene Absicherung des Käufers gewinnt, so daß sich das Regel/Ausnahmeverhältnis umkehrt: jede Eigenschaftszusicherung hat eine Absicherungsfunktion; nur wenn diese Absicherungsfunktion nicht konkret faßbar ist, beschränkt sich der Schutzbereich der Eigenschaftszusicherung auf den eigentlichen Erfüllungsbereich und erstreckt sie sich nicht auf Mangelfolgeschäden.

3. Geht man davon aus, daß die Tragweite einer Eigenschaftszusicherung jeweils per Auslegung zu ermitteln ist, dann bedeutet dies im Klartext, daß die Absicherungsfunktion der Eigenschaftszusicherung jeweils vom konkreten Einzelfall her zu ermitteln ist. Sichert der Verkäufer einer Maschine bestimmte Leistungswerte zu, dann sind Produktionsausfälle, die durch ein Nichterreichen dieser Leistungswerte bedingt sind, innerhalb der Absicherungsfunktion und folglich zu ersetzende Mangelfolgeschäden (III.11).

Hat der Käufer allerdings im Einzelfall eine mit einer Vertragsstrafe gekoppelte Lieferverpflichtung übernommen, zu deren Einhaltung er auf die gekaufte Maschine angewiesen ist, dann stellt dies ein spezifisches Risiko dar. M. E. ist davon auszugehen, daß es grundsätzlich Sache des Käufers ist, sich von dem Käufer eine Absicherung zu beschaffen. Hat der Käufer ausdrücklich auf diese Gefahr des Entstehens von Vertragsstrafeansprüchen Dritter hingewiesen, werden derartige Vertragsstrafen von der Absicherungsfunktion der Eigenschaftszusicherung erfaßt (weil der Verkäufer dann auch das entsprechende Risiko überblicken konnte und mußte). Hat der Käufer dagegen nicht auf diese spezifische Dimension hingewiesen, kann er m. E. die Vertragsstrafezahlungen nicht unter den Gesichtspunkt der Schadensersatzhaftung des Verkäufers aus Eigenschaftszusicherung weiterverlagern. Hätte z. B. im Kleber-Fall der Käufer mit dem gekauften Klebstoff einen Probeauftrag erfüllen müssen, von dessen befriedigendem Ausfall die Erteilung eines Großauftrages abhing, dann wären m. E. die Verluste aus dem Entgehen des Großauftrages nicht von der Eigenschaftszusicherung gedeckt, weil dies ein spezifisches, für den Verkäufer nicht erkennbares Risiko darstellte. Hätte dagegen der Käufer ausdrücklich auf diesen Gesichtspunkt hingewiesen und hätte der Verkäufer trotzdem vorbehaltslos den Klebstoff für den betreffenden Arbeitseinsatz verkauft, wäre auch dieses Risiko unter den Schutzbereich der Eigenschaftszusicherung zu subsummieren.

4. Im Endergebnis ist es also m. E. Sache des Käufers, (a) sich von dem Verkäufer eine Eigenschaftszusicherung vertraglich

einräumen zu lassen und (b) den Schutzbereich dieser Eigenschaftszusicherung auf alle potentiellen Schäden zu erstrecken, die für ihn relevant werden können. Selbstverständlich ist auch hier eine ausdrückliche Herausstellung der einzelnen Schadenbereiche nicht erforderlich, sondern genügt auch ein nur stillschweigend angesichts der Umstände erfolgter Hinweis.
Ein derartiger Fall ist m. E. gegeben, wenn ein industrieller Weiterverarbeiter Chemikalien ankauft. Hier weiß der Käufer, daß die Chemikalien zur industriellen Bearbeitung von Drittprodukten benutzt werden; enthalten die Chemikalien generell oder im Einzelfall schädliche Bestandteile, durch die die bearbeiteten Gegenstände beschädigt werden, ist dies m. E. ein Schaden, der innerhalb der Absicherungsfunktion der Eigenschaftszusicherung liegt und folglich zu ersetzen ist (vgl. III.14 sowie I.49, I.56, I.72, III.8, III.11).

5. Zur Frage der Unwirksamkeit eines nur formularmäßig bzw. nur in AGB erfolgten Ausschlusses der Schadensersatzhaftung aus Eigenschaftszusicherung vgl. Anm. I.56.

I. 73: BGH, 11. 7. 1972, VI ZR 194/70 (Kurznarkosemittel)

Deliktshaftung

Das Berufungsgericht bejaht eine Haftung des Beklagten aus dem Rechtsgrund der unerlaubten Handlung (§ 823 Abs. 1 BGB), weil er den Verlust des Armes der Klägerin durch schuldhaften Verstoß gegen seine Verkehrspflicht als Arzneimittelhersteller verursacht habe. Dagegen wendet sich die Revision im Ergebnis ohne Erfolg.

Das Berufungsgericht stützt diese Überzeugung in erster Linie auf die Meinung, es habe vor Inverkehrbringen des Mittels an einer gründlichen klinischen Erprobung gefehlt. Diese sei erforderlich gewesen, um die Gefährlichkeit des Mittels, nämlich seine absolute Arterienunverträglichkeit und den Umstand, daß eine intraarterielle Injektion nicht mit Sicherheit vermieden werden könne, in vollem Umfang zu erkennen. Der Beklagte

Auswertung der Fachliteratur

war sich indessen im Zeitpunkt des Inverkehrbringens über die besondere Arterienunverträglichkeit gar nicht im unklaren. Die allgemeine Gefahr versehentlicher intraarterieller Injektionen war bei Aufwendung der Sorgfalt, die dem Hersteller eines solchen Mittels unbedingt zuzumuten ist, schon damals aus der medizinischen Literatur zu entnehmen.

Instruktionshaftung

Weitere Ausführungen hierzu sind aber entbehrlich, weil das Berufungsurteil unter dem Gesichtspunkt mangelnder Aufklärung über die Gefahren des Mittels rechtlich Bestand hat. Die Ansicht des Berufungsgerichts, der Beklagte habe gegen seine Verkehrspflicht (Aufklärungspflicht) als Arzneihersteller verstoßen, indem er nicht in Packungsbeilage und Arztprospekt unverblümt auf die ihm bekannte absolute Arterienunverträglichkeit des Mittels hinwies, läßt keinen Rechtsirrtum erkennen.

Daß eine wirksame Warnung vor spezifischen Gefahren, die von einem in Verkehr gebrachten Erzeugnis ausgehen, zu den Pflichten des Herstellers gehört, deren Verletzung zur Haftung für daraus Dritten erwachsende Schäden führen kann, ist in der Rechtsprechung seit langem anerkannt (*BGH,* VersR 1955/765 = I.22 und VersR 1960/342 = I.39).

Zumutbarkeit der erforderlichen Manßnahmen

An die Aufklärung über mögliche Gefahren, die von Arzneimitteln ausgehen, sind besonders strenge Anforderungen zu stellen. Das Berufungsgericht geht mit Recht davon aus, daß sich gegenüber diesem Grundsatz insbesondere jede Rücksichtnahme auf die Absatzinteressen des Herstellers verbietet (*Günter,* NJW 1972/309, 312). Es ist daher rechtlich nicht zu beanstanden, wenn das Berufungsgericht als ausreichende Aufklärung der anwendenden Ärzte die klare Bezeichnung der bei intraarterieller Injektion drohenden Folge (fast sicherer Totalverlust der Extremität) fordert, verbunden mit dem Hinweis, daß die in der Praxis bekanntermaßen ganz allgemein geübte Injektion in die Ellenbeuge bei Estil zu unterbleiben habe, weil hier wegen der Besonderheit der anatomischen Verhältnisse die Gefahr einer Fehlinjektion nach Ansicht aller vom Berufungsgericht verwerteten Sachverständigenstellungnahmen stark erhöht ist.

Fachwissen des durschnittlichen Benutzers — über die allgemein bekannte Gefährlichkeit hinausgehende besondere Gefährlichkeit

Nach den Feststellungen des Berufungsgerichts ging die — durch Versuche am Kaninchenohr leicht nachzuweisende — Arterienunverträglichkeit des Mittels weit über die Gefahren hinaus, die die versehentliche intraarterielle Injektion differenter Mittel *allgemein* mit sich bringt. Daß dasgleiche auch für wenige andere intravenös zu injizierende Mittel zugetroffen haben mag, ändert nichts daran, daß hier eine besondere Gefahrenquelle vorlag, mit der der anwendende Arzt ohne besonderen Hinweis nicht rechnete. Dies gilt umso mehr, als das Mittel nach der ihm durch die Werbung des Herstellers (Beklagten) zugeteilten Zweckbestimmung vor allem auch für die ambulante Praxis, also für die Hand von Ärzten ohne besondere Fachkenntnisse auf dem Gebiet der Anästhesiologie, in Frage kam. Die Gefahr wurde noch weiter dadurch erhöht, daß das Mittel als ein raschem Abbau im Organismus unterworfenes Kurznarkosemittel zügig und rasch, also mit großkalibriger Kanüle und unter starkem Druck injiziert werden mußte und sollte.

Es ist aus Rechtsgründen nicht zu beanstanden, wenn das Berufungsgericht angesichts dessen meint, daß der Arzt auf den vollen Umfang des mit der Wahl dieses Mittels eingegangenen Risikos habe hingewiesen werden müssen, weil er nur so zu der im besonderen Maß gebotenen größtmöglichen Sorgfalt angehalten und dazu veranlaßt worden wäre, in Zweifelsfällen auf dieses Mittel überhaupt zu verzichten.

Inkaufnahme von einzelnen Schadenfällen

Der Revision kann nicht gefolgt werden, soweit sie unter Hinweis auf das schon dem Tatrichter vorgetragene, von diesem im einzelnen nicht zum Gegenstand von Feststellungen gemachte statistische Material dartun will, daß andere Narkosemethoden aus anderen Gründen im Schnitt eine noch höhere Zwischenfallsquote aufweisen sollen. Der alte ärztliche Grundsatz, in erster Linie keinen neuen Schaden zu setzen (primum nil nocere) verbietet es, eine bestimmte Zwischenfallsquote von vornherein in Kauf zu nehmen. Vielmehr gilt es, bei Anwendungen auf den Patienten, gleich ob sie diagnostischer, anästhetischer oder therapeutischer Art sind, *jede* erkennbare — vor allem aber eine bereits genau bekannte — Gefahrenquelle auszuschalten, wenn und soweit sie in zumutbarer Weise vermeidbar ist, und zwar auch dann, wenn mit einer Verwirklichung

Zumutbarkeit der Gefahrabwendungsmaßnahmen

der Gefahr nur in verhältnismäßig seltenen Fällen gerechnet werden muß.

Herstellerverantwortung

Diese Pflicht der Gefahrvermeidung trifft zwar in erster Linie den Arzt, der vorbehaltlich der Abstimmung mit dem Patienten immer Herr der Behandlung bleibt. Sie aber *nur* ihm aufzuerlegen, würde den Besonderheiten des modernen pharmazeutischen Spezialitätenwesens nicht gerecht. Vielmehr erhöht sich hier die Verantwortung und damit die Sorgfaltspflicht des Herstellers in eben dem Maße, in dem die Herstellung eines Mittels auf vom anwendenden Arzt nicht ohne weiteres nachzuvollziehenden oder auch nur zu überschauenden Entwicklungsarbeiten beruht, und indem vor allem der Hersteller durch intensive Arztwerbung selbst Einfluß auf die Entscheidung für dieses und kein anderes Mittel erstrebt und gewinnt.

Werbung

Instruktionshaftung

Der Senat braucht nicht darüber zu befinden, ob schon im Zeitpunkt des Zwischenfalls bei der Klägerin das *Inverkehrbringen* des Mittels wegen der damit verbundenen unverhältnismäßigen Gefahren erkennbar unzulässig war. Das angefochtene Urteil wird vielmehr schon durch die Feststellung getragen, daß der Beklagte seiner selbstverständlichen Verkehrspflicht nicht ausreichend nachgekommen ist, die Ärzte, die das Mittel anwenden sollten, über seine spezifische Gefährlichkeit voll aufzuklären und sie davor nachdrücklich zu warnen. Gerade nämlich, wenn man dem Beklagten zugestehen wollte, daß damals das fernere Inverkehrbringen des Mittels mit Rücksicht auf seine besonderen narkotischen Vorzüge noch vertretbar war, galt es das mit der Anwendung verbundene bekannt schwere Risiko der Ärzteschaft unmißverständlich und sinnfällig darzustellen. Nur auf diese Weise würde der Arzt instand gesetzt, zwischen dem Risiko, das in höherem oder geringerem Maß mit der Anwendung jedes Medikaments verbunden sein mag und dem im konkreten Fall für den Patienten erhofften Nutzen richtig abzuwägen und gegebenenfalls den Patienten bei seiner eigenen Entscheidung angemessen zu beraten. Die für eine solche Abwägung erforderlichen Voraussetzungen wurden mit dem durch Sperrung hervorgehobenen Hinweis des Beklagten, daß eine intraarterielle Injektion mit Sicherheit zu vermeiden sei, nicht geschaffen. Das gilt gerade deshalb, weil dieses Gebot für den Anwender differenter Mittel an sich eine Selbstverständlichkeit ist. Mit dem Hinweis wurde also nicht bewußt gemacht, daß es hier eine *besondere* Gefahr zu vermeiden oder aus besonderen Gründen in Kauf zu nehmen sei.

Fachwissen des durchschnittlichen Benutzers

Entgegen der Meinung der Revision ist es auch rechtlich nicht zu beanstanden, wenn das Berufungsgericht dem Beklagten nicht zugesteht, er habe sich hinsichtlich einer Orientierung der Ärzteschaft über das Mittel auf die Veröffentlichungen in der ärztlichen Fachpresse verlassen dürfen. Das Berufungsgericht durfte – abgesehen von seiner zutreffenden Erwägung, daß die als Anwender des Mittels vor allem angesprochenen niedergelassenen Ärzte, Spezialveröffentlichungen nicht durchweg regelmäßig zu lesen pflegen – den von ihm in Bezug genommenen Akten entnehmen, daß diese Veröffentlichungen keine für den Beklagten unbegrenzte Objektivitätserwartung rechtfertigten, denn er hatte entsprechend einer angeblichen Übung solche Berichte selbst angeregt und honoriert. Hinzu kommt, daß der an der Einführung des Mittels aktiv beteiligte Autor, Professor Dr. J., in einem insgesamt sehr positiven Bericht über die Erprobung des Mittels lediglich mitteilte, daß intraarterielle Injektionen unbedingt zu vermeiden seien, weil sonst schwere Durchblutungsstörungen bis zum Gangrän resultierten; damit glaubte er auf einen Bericht über den in seinem Verlauf besonders instruktiven, schon während der Erprobungszeit eingetretenen ersten Zwischenfall (Armamputation) verzichten zu können, obwohl sich dieser in seinem eigenen Arbeitsbereich ereignet hatte. Diese Vorgänge sind nur insoweit zu erwähnen, als es dem Berufungsgericht nicht aus Rechtsgründen vorgeworfen werden kann, wenn es dem Beklagten hinsichtlich der versäumten Gebrauchsaufklärung nicht ein Vertrauen auf die vorhandene Literatur als Entschuldigung zugesteht.

Mitverantwortung Dritter

Das Berufungsgericht brauchte dem Beklagten auch nicht als Entschuldigung zugute zu halten, daß er sich hinsichtlich der Formulierung der Packungsbeilage auf ärztliche Beratung, insbesondere auf das Urteil des Professors Dr. J. verlassen haben will. Es war auch dem Laien offensichtlich, daß eine möglichst scharfe und deutliche Warnung der Ärzte in der

Packungsbeilage (die ja nicht für die Kenntnis des Patienten bestimmt und daher therapeutisch unbedenklich war) die höchste Sicherheit bieten mußte. Die Verantwortung für einen mehr oder weniger weitgehenden Kompromiß zwischen dieser Forderung und ihrem entgegenstehenden kommerziellen Interesse konnte der Beklagte nicht auf Sachverständige abwälzen.

Absatzinteressen des Herstellers und Gefahrabwendungspflichten

Kausalitätsnachweis

Das Berufungsgericht hat zur Frage der Ursächlichkeit der ungenügenden Aufklärung für den Schaden die Überzeugung erlangt, daß eine Warnung derart, wie es sie für geboten hält, den Zwischenfall bei der Klägerin verhindert hätte. Das ist im Ergebnis rechtlich nicht zu beanstanden. Von einem angemessenen Hinweis war als typische und beabsichtigte Folge zu erwarten, daß jeder pflichtbewußte Arzt keinesfalls in die Ellenbeuge injizierte, bei Auffindung einer anderen geeigneten Vene bei der Injektion die der hohen Gefährlichkeit des Mittels angemessene, aufs Höchste gesteigerte Aufmerksamkeit anwandte, und gegebenenfalls auf die Anwendung des Mittels überhaupt verzichtete. Damit wäre die durch die unterlassene Warnung begünstigte typische Gefahrerhöhung ausgeschaltet gewesen. Sache des Beklagten war es, Umstände dafür beizubringen, die dafür sprachen, daß ausnahmsweise auch trotz äußerster Sorgfalt eine der nach überwiegender ärztlicher Ansicht nie mit *voller* Sicherheit zu verhindernde Fehlinjektion eingetreten wäre.

Bestimmungsgemäßer Gebrauch

Die Revision bemerkt schließlich ohne Erfolg, der Arzneimittelhersteller könne nur für die *bestimmungsgemäße* Anwendung seines Erzeugnisses verantwortlich sein; die Einbringung eines für intravenöse Applikation vorgesehenen Mittels in die Arterie stelle eine nichtbestimmungsgemäße Anwendung dar, deren Folgen dem Hersteller nicht zugerechnet werden könne.

Berücksichtigung naheliegenden Produktmißbrauchs

Dies kann nur insoweit gelten, als eine *bewußte* Fehlanwendung (etwa oral, statt wie vorgesehen, äußerlich) in Frage steht. Dann mag durch das dazwischentretende fremde Handeln die Zurechnung unterbrochen sein. Aber selbst insoweit ist der Hersteller gegebenenfalls nicht von der Pflicht befreit, vor *naheliegendem* Mißbrauch— etwa durch die deutliche Aufschrift

„äußerlich" – angemessen zu warnen. Eben um eine solche Hinweispflicht geht es aber hier. Sie hat umso größeres Gewicht, wo es gilt, nicht einer bewußten, sondern einer versehentlichen Fehlanwendung (einem „Danebengehen") vorzubeugen, wenn diese nicht ganz fern liegt und Folgen von überraschender Schwere haben muß. Ob auch der Arzt schuldhaft gehandelt hat, ist solange unerheblich, als das Verschulden des Herstellers gerade darin liegt, daß er solchen nicht ganz fernliegenden ärztlichen Fehlleistungen nicht entgegengewirkt hat. Nach ganz herrschender Meinung, die sich schon aus § 840 Abs. 1 BGB rechtfertigt, gereicht die Mitursächlichkeit fremder Unrechtshandlungen einem Täter weder ganz noch teilweise zur Entlastung.

Mitverantwortung Dritter

Anmerkung:

Zu dieser Entscheidung vgl. Franz sowie Schmidt-Salzer, NJW 1972/2217 ff., Hasskarl, BB 1973/120 ff. und Rebe, JuS 1974/429 ff.

I. 74: BGH, 4. 10. 1972, VIII ZR 117/71 (Wasserversorgung)

Die Klägerin entnahm aus dem städtischen Versorgungsnetz Wasser zum Butterwaschen. Aufgrund einer Verschmutzung des von der beklagten Stadt gelieferten Wassers traten Verunreinigungen der Butter auf.

Leistungen der Daseinsvorsorge: Rechtsweg

Über den Rechtsstreit der Parteien haben die ordentlichen Gerichte zu entscheiden, obwohl die beklagte Stadt die gemeine Wasserversorgung als öffentliche Einrichtung betreibt und § 1 Abs. 2 der Wasserabgabesatzung ausdrücklich bestimmt, daß das Rechtsverhältnis zu Stadt und Wasserabnehmer öffentlich-rechtlich ist. Nach § 40 VwGO sind für Schadensersatzansprüche, die aus der Verletzung öffentlich-rechtlicher Pflichten hergeleitet werden, die ordentlichen Gerichte zuständig. Diese Zuständigkeitsregelung gilt für Ansprüche, die aus öffentlich-rechtlichen Benutzungsverhältnissen hergeleitet werden, auch dann, wenn derartige Ansprüche nicht auf Amtspflichtverletzung, sondern auf sonstige bürgerlich-rechtliche Vorschriften gestützt werden, deren sinngemäße Anwendung in Frage steht (*BGH,* LM Nr. 9 zu § 40 VwGO).

Quasi-Verkäuferhaftung bei öffentlich-rechtlichen Lieferungsverhältnissen

Dem Berufungsgericht ist darin zu folgen, daß auf das Rechtsverhältnis zwischen den Parteien die Vorschriften des Kaufrechts entsprechend anwendbar sind. In dem nichtabgedruckten Teil des Urteils vom 7. 2. 1963 (aaO.) und vorher bereits in *BGHZ* 12/214, 218 hat der *BGH* darauf hingewiesen, daß die Rechtsprechung seit langem die sinngemäße Anwendung des vertraglichen Schuldrechts als Ausdruck allgemeiner Rechtsgedanken auch auf öffentlich-rechtliche Verhältnisse in solchen Fällen bejaht hat, in denen besonders enge Beziehungen des einzelnen zur Verwaltung begründet worden sind und mangels ausdrücklicher gesetzlicher Regelung ein Bedürfnis zu einer angemessenen Verteilung der Verantwortung innerhalb des öffentlichen Rechts vorliegt. Hier drängt sich die Anwendung der Regeln des bürgerlichen Rechts über den Kauf geradezu auf. Die beklagte Stadt ist hier der Klägerin als Lieferant von Wasser gegenübergetreten, für das die Klägerin ein Entgelt zu zahlen hat. Hätte die Beklagte die Wasserversorgung auf privatrechtlicher Grundlage vorgenommen, beispielsweise durch als Aktiengesellschaft betriebene Stadtwerke, so würden die Stadtwerke und damit mittelbar die hinter ihnen stehende Stadt nach den Grundsätzen des Kaufrechts für die Lieferung verschmutzten Wassers einzustehen haben. Der Umstand, daß die beklagte Stadt die Wasserversorgung öffentlich-rechtlich gestaltet hat, kann eine andere Beurteilung nicht rechtfertigen.

Eigenschaftszusicherung

Mit Recht beanstandet die Revision, daß das Berufungsgericht das Fehlen einer zugesicherten Eigenschaft des Wassers bejaht und eine Garantiehaftung der beklagten Stadt angenommen hat. Zwar hat der erkennende Senat in seinem Urteil vom 5. 7.

1972 (*BGHZ* 59/158 = I.72) erneut betont, daß Eigenschaften i. S. des § 459 Abs. 2 BGB auch stillschweigend oder durch schlüssiges Verhalten zugesichert werden könne. Er hat jedoch hervorgehoben, daß der bloße Hinweis auf die Eignung für den vertragsgemäß vorausgesetzten Gebrauch hierzu nicht genügt, sondern daß es entscheidend darauf ankommt, ob der Käufer das Verhalten des Verkäufers dahin verstehen konnte, daß dieser die Gewähr für das Vorhandensein der Eigenschaft übernommen und seine Bereitschaft zu erkennen gegeben habe, für alle Folgen einzustehen, wenn diese Eigenschaft fehlen sollte.

Wenn die Beklagte nach ihrer Satzung verpflichtet ist, das Wasser in der „üblichen Beschaffenheit" zu liefern, so liegt darin noch keine Zusicherung, für Schäden, die ausnahmsweise durch im Wasser vorhandene Schmutzpartikel eintreten, uneingeschränkt haften zu wollen. Dies ergibt sich auch nicht daraus, daß die Beklagte dem Antrag der Klägerin, die über eine eigene Wasserversorgungsanlage auf ihrem Betriebsgrundstück verfügte, auf Befreiung vom Benutzungszwang nur teilweise entsprochen hatte (vgl. den Urteilsabdruck NJW 1972 S. 2300, 2301). Ebensowenig ist aus dem in § 1 Abs. 1 der Satzung erwähnten Zweck der Gemeindewasserversorgung, die Einwohner der beklagten Stadt mit Trink- und mit Betriebswasser zu beliefern, eine Zusicherung dahin zu entnehmen, daß die beklagte Stadt für den Schaden einstehen wolle, der darauf zurückzuführen ist, daß geliefertes Wasser ausnahmsweise einmal nicht für die Butterherstellung geeignet ist. Sicherlich war die Beklagte verpflichtet, Wasser in der Qualität zu liefern, daß es als Trink- und Betriebswasser verwendet werden konnte und den Leitsätzen für die Trinkwasserversorgung nach DIN 2.000 und 2.001 entsprach. Damit hatte sie aber noch keine Zusicherung für Eigenschaften des Wassers übernommen. Wie der erkennende Senat im Urteil NJW 1968/2238 (I.57) näher dargelegt hat, muß unterschieden werden zwischen der bloßen Warenbezeichnung als vertraglicher Festlegung der Kaufware und einer den Garantiewillen des Verkäufers zum Ausdruck bringenden Zusicherung. In demselben Urteil hat der erkennende Senat darauf hingewiesen, daß die DIN-Normen lediglich Empfehlungen des

DIN-Normen

Deutschen Normenausschusses sind, deren freiwillige Anwendung erwartet wird. Sie enthalten somit keine gesetzliche Vermutung dafür, daß bei einem Verkauf ihre Mindesterfordernisse zugesichert sind.

An diesem Ergebnis ändert auch nichts, daß die Beklagte als öffentliche Körperschaft im besonderen Maße für die öffentliche Gesundheit und die Einhaltung der Spezialbestimmungen der Lebensmittelbetriebe, die sie überwacht, verantwortlich ist. Sicherlich können durch verschmutztes Wasser schwere Schäden der Gesundheit der Bevölkerung verursacht werden. Dieser Umstand rechtfertigt es jedoch nicht, der Gemeinde, die aus ihrem Wasserleitungsnetz im Einzelfalle verschmutztes Wasser geliefert hat, eine vom Verschulden losgelöste Garantiehaftung aufzuerlegen.

Verschuldensvermutung gegenüber Hersteller-Verkäufer

Für die neue Verhandlung sei bemerkt: grundsätzlich hat zwar der Kläger, der seine Klage auf positive Vertragsverletzung oder unerlaubte Handlung stützt, die Beweislast für ein Verschulden der Beklagten. Jedoch hat der *BGH* (BGHZ 51/91, 102, 104 ff. = I.58) ausgesprochen, daß dann, wenn jemand bei bestimmungsgemäßer Verwendung eines Industrieerzeugnisses einen Schaden an einem der durch § 823 Abs. 1 BGB geschützten Rechtsgüter erleidet, es Sache des Herstellers ist, die Vorgänge aufzuklären, die den Fehler verursacht haben und dabei darzutun, daß ihn kein Verschulden trifft. Diese Beweislastverteilung muß auch im vorliegenden Fall gelten, denn das Wasser, das die Klägerin von der Beklagten bezieht, wird von dieser gewonnen und aufbereitet. Für die Lieferung von verschmutztem Wasser durch die Beklagte kann daher nichts anderes gelten als für die Lieferung fehlerhafter Industrieprodukte durch den Warenhersteller. Hieraus folgt: Die Beklagte wird von ihrer Haftung aus positiver Vertragsverletzung nur dann frei, wenn sie dartun kann, weshalb es zu der Lieferung des verschmutzten Wassers gekommen ist und daß sie sowie ihre Erfüllungsgehilfen hieran kein Verschulden trifft. Soweit eine Haftung aus §§ 823, 831 BGB in Frage steht, kann die Beklagte ihr nur entgehen, wenn sie nach der ihr obliegenden Aufklärung des Sachverhalts nachweist, daß ihre gesetzlichen

Naturprodukt

Vertreter kein Verschulden trifft, und wenn sie sich hinsichtlich aller in Frage kommenden Verrichtungsgehilfen entlasten kann.

I. 75: BGH, 14. 3. 1973, VIII ZR 137/71 (Nottestamentsmappe)

Die Gemeinde W. hatte für ihren Bürgermeister von dem Beklagten eine Nottestamentsmappe gekauft, die Anleitungen für die Fassung von Nottestamenten geben sollte. Entsprechend den darin enthaltenen Angaben, daß bei Hinzuziehung des Schwiegervaters eines Bedachten nur die Zuwendung an den Mitwirkenden unwirksam sei, hatte der Bürgermeister keine Bedenken, den im Testament nicht bedachten Schwiegervater als Zeugen hinzuzuziehen.
Gemäß den damals geltenden Vorschriften war aber bei Hinzuziehung des Schwiegervaters eines Bedachten gerade die Zuweisung an den Bedachten unwirksam. Die Gemeinde hatte daraufhin Schadensersatz zu leisten. Der Kläger ist der Haftpflichtversicherer der Gemeinde.

Vertragshaftung

Das Berufungsgericht würdigte den zwischen der Gemeinde und dem Beklagten im Jahre 1953 abgeschlossenen Vertrag als reinen Kaufvertrag (§ 433 BGB) und bemißt den Schadensersatzanspruch des Klägers ausschließlich nach kaufrechtlichen Gesichtspunkten. Diese Auslegung eines Individualvertrages läßt einen Rechtsfehler nicht erkennen und wird den schutzwürdigen Belangen gerade auch des Klägers als Rechtsnachfolger der Gemeinde in ausreichendem Maße gerecht.

Qualifikation Kaufvertrag/Werkvertrag

Insbesondere vermag der Senat die Ansicht der Revision nicht zu teilen, es handele sich insoweit um einen Werkvertrag oder doch zumindest um einen gemischten Vertrag mit vorwiegend werkvertraglichem Inhalt. Richtig ist allerdings, daß der in der Nottestamentsmappe verkörperte Gedankeninhalt in erster Linie auf eine Unterrichtung und Anleitung der in der Beurkundung derartiger Nottestamente berufenen Gemeindebürgermeister gerichtet war und damit das Druckwerk eine Ratserteilung im weiteren Sinn zum Inhalt hatte. Die Revision übersieht jedoch, daß der Beklagte in dem Vertrag der Gemeinde nicht – was für die Annahme eines Werkvertrages wesentlich wäre – die Herstellung eines individuellen Werkes und damit einen bestimmten Erfolg versprochen hat, sondern daß der Vertrag die Übereignung einer für eine unbegrenzte Vielzahl von Fällen und Fallgestaltungen bestimmten abstrakten schriftlichen Anleitung zum Gegenstand hatte, die nicht auf die besonderen Belange der Gemeinde als Abnehmerin zugeschnitten war. Derartige Verträge unterliegen aber – wie grundsätzlich der Vertrieb von Schriften belehrenden Inhalts – den Regeln des Kaufrechts (§§ 433 ff. BGB).

Vertragliche Garantieübernahme

Ohne Rechtsfehler geht auch das Berufungsgericht davon aus, daß der im Jahre 1953 abgeschlossene Vertrag nicht mit einer selbständigen, über die kaufrechtliche Gewährleistung hinausgehenden Garantieabrede verbunden war – etwa dergestalt, daß ein Bürgermeister bei genauer Einhaltung der in der Mappe enthaltenen Anweisungen vor der Errichtung ungültiger Testamente und damit vor einer etwaigen Inanspruchnahme aus Amtspflichtverletzung bewahrt werde. Eine derartige selbständige, zeitlich unbegrenzte und der 30-jährigen Verjährung des § 195 BGB unterliegende Garantieübernahme setzt voraus, daß sich jemand verpflichtet, ohne Rücksicht auf Verschulden einem anderen für einen bestimmten Erfolg einzustehen oder eine Schadensgefahr zu übernehmen (vgl. *BGH,* BB 1964/1360). Für die Übernahme einer so weitgehenden Verpflichtung durch den Beklagten fehlt es hier – insbesondere im Hinblick auf den verhältnismäßig niedrigen, ersichtlich keinen Risikozuschlag enthaltenden Kaufpreis – an jedem Anhaltspunkt. Allein der Umstand, daß der Beklagte durch besonders eindringliche und gezielte Werbung die Vorzüge seiner Testamentsmappe hervorgehoben und dabei auf die Möglichkeit, durch Befolgung der Anleitungen in der Mappe die Errichtung unwirksamer Testamente verhüten und damit Regreßansprüche vermeiden zu können, hingewiesen hat, rechtfertigt noch nicht die Annahme einer *stillschweigenden* Garantieübernahme (vgl. dazu auch *BGHZ* 51/91, 98 = I.58).

Werbung

Beratungs-
haftung

Schließlich kann der Kläger die auf ihn übergegangenen Schadensersatzansprüche auch nicht auf die Verletzung einer besonderen *Beratungs*pflicht durch den Beklagten – etwa als einer im Rahmen des Kaufvertrages übernommenen Nebenpflicht – stützen. Der Beklagte hat eine solche Verpflichtung der Gemeinde gegenüber gerade nicht *zusätzlich* bei Abschluß des Kaufvertrages übernommen. Vielmehr deckten sich im vorliegenden Fall die erteilte Anleitung zur Beurkundung von Nottestamenten und damit die etwa in Betracht kommende „Beratung" völlig mit dem Inhalt der Nottestamentsmappe, deren Unrichtigkeit und Unvollständigkeit sich somit ausschließlich nach kaufrechtlicher Gewährleistung (§§ 459 ff. BGB) bemißt.

Eigenschafts-
zusicherung

Der verkauften Nottestamentsmappe fehlte eine zugesicherte Eigenschaft (§ 459 Abs. 2 BGB). Daß auch der Inhalt eines Druckwerkes und seine Eignung für einen von beiden Vertragsteilen zugrunde gelegten Verwendungszweck zugesichert werden können, hat der Senat bereits ausgesprochen (*BGH,* NJW 1958/138). Was dort hinsichtlich der Tendenz eines für Unterrichtszwecke bestimmten Geschichtswerks ausgeführt ist, muß in gleicher Weise auch für die inhaltliche Richtigkeit eines sog. Anleitungsbuches gelten.

Vorliegen einer
Eigenschafts-
zusicherung

Daß beim Kauf der Nottestamentsmappe durch die Gemeinde die inhaltliche Richtigkeit und Zuverlässigkeit der in der Mappe verkörperten Anleitung i. S. des § 459 Abs. 2 BGB zugesichert war, ergibt sich allein schon aus der besonderen Art dieses Druckwerks und dem von beiden Vertragsteilen bei Kaufabschluß als selbstverständlich zugrunde gelegten Verwendungszweck. Die Mappe war ausdrücklich dazu bestimmt, die meist rechtsunkundigen und vielfach nur ehrenamtlich tätigen Bürgermeister vorwiegend ländlicher Gemeinden, in denen die Errichtung derartiger Nottestamente fast ausschließlich vorkommt, über die bei der Beurkundung zu beachtenden Formvorschriften zu unterrichten und sie dadurch in die Lage zu versetzen, nichtige Testamente und damit verbundene hohe Regreßforderungen zu vermeiden. Sollte die Nottestamentsmappe diesen Zweck erfüllen und für die Gemeinde bzw. die Bürgermeister überhaupt von Wert sein, so mußte sie unbedingt

Werbung als Eigenschafts-zusicherung

zuverlässig sein. Darauf richtete sich auch die Werbung des Beklagten, der in seinen Anzeigen darauf hinwies, die Nottestamentsmappe nehme dem Bürgermeister „jede Sorge von Irrtümern und unabsehbaren Haftungskosten" ab, sichere ihn bzw. die Gemeinde „vor der Gefahr empfindlicher Schadensersatzansprüche" und stelle ein „einfaches, erschöpfendes, klares und zuverlässiges" Hilfsmittel dar, auf das er sich verlassen könne. Diese eindringliche, an einen bestimmten engbegrenzten Personenkreis gerichtete Werbung kann angesichts der besonderen Zweckbestimmung der Mappe nicht lediglich als unverbindliche Anpreisung angesehen werden, sondern enthält in Verbindung mit dem von beiden Parteien zugrunde gelegten Verwendungszweck eine ausdrückliche Zusicherung der inhaltlichen Richtigkeit und Zuverlässigkeit der in der Mappe enthaltenen konkreten Anweisung.

Erstreckung auf Mangelfolge-schäden

Fehlte der verkauften Testamentsmappe somit eine zugesicherte Eigenschaft, so konnte der Kläger gemäß § 463 BGB von dem Beklagten Schadensersatz wegen Nichterfüllung verlangen. Die Frage, ob und in welchem Umfang der Käufer im Rahmen des § 463 BGB auch Ersatz seiner Mangelfolgeschäden – und darum allein geht es im vorliegenden Fall – verlangen kann, hängt entscheidend davon ab, ob ihn die Zusicherung gerade vor solchen Schäden absichern sollte. Das aber kann im Hinblick darauf, daß als ins Gewicht fallende Schäden nur derartige Mangelfolgeschäden in Betracht kamen und die Zusicherung ihre Bedeutung fast völlig verloren hätte, wenn der Ersatz der durch Regreßforderungen entstandenen Schäden von der Haftung ausgenommen war, nicht zweifelhaft sein (*BGHZ* 50/200, 205 = I.56).

Verjährung (§ 477 BGB)

Gleichwohl kann der Kläger derartige Schadensersatzansprüche nicht mehr geltend machen, weil sie gemäß §§ 477 Abs. 1 Satz 1 verjährt sind. Allerdings begann im vorliegenden Fall die 6monatige Verjährungsfrist nicht bereits, wie in § 477 Abs. 1 Satz 1 BGB normiert, mit der im Jahre 1953 erfolgten Ablieferung der Nottestamentsmappe an die Gemeinde B.
Der Senat hat bereits im Urteil vom 1. 12. 1971 (NJW 1972/246) sowie in dem Urteil vom 29. 11. 1972 (NJW 1973/276)

Beginn der Verjährungsfrist

für die auf Sachmängel gestützten Schadensersatzansprüche aus positiver Vertragsverletzung ausgeführt, daß es jeweils der besonderen Prüfung bedarf, ob die Verjährungsfrist bereits mit der Ablieferung der Kaufsache oder erst zu einem späteren Zeitpunkt beginnt. Entsprechendes muß dann gelten, wenn der Käufer gemäß § 463 BGB Ersatz des ihm durch das Fehlen zugesicherter Eigenschaften entstandenen Mangelfolgeschadens verlangt. Entscheidend ist in beiden Fällen, daß die Rechte des Käufers – insbesondere im Hinblick auf die ohnehin nur sehr kurze Verjährungsfrist von 6 Monaten – nicht in unzumutbarer Weise verkürzt werden dürfen. Daß die Verjährungsfrist nicht bereits *vor* Entstehung des Schadensersatzanspruchs ablaufen kann, liegt auf der Hand. Es spricht viel für die Annahme, daß die Verjährungsfrist für derartige Ansprüche erst dann beginnt, wenn der Käufer den Eintritt des Schadens erkennen kann und in der Lage ist, seinen Schadensersatzanspruch in einer zur Verjährungsunterbrechung geeigneten Weise geltend zu machen (vgl. dazu auch Larenz, Schuldrecht, 10. Aufl., Band 2, S. 6, Fußn. 2). Das würde auch dem für das allgemeine Recht der Verjährung geltenden Grundsatz entsprechen, daß unter Entstehung des Anspruchs i. S. des § 198 Abs. 1 BGB der Zeitpunkt zu verstehen ist, an dem der Anspruch erstmalig geltend gemacht werden kann (vgl. dazu *BGHZ* 55/340, 342).

Diese Frage bedarf hier jedoch keiner grundsätzlichen Klärung und abschließenden Entscheidung. Denn selbst wenn man davon ausgeht, daß die Verjährungsfrist erst begann, als die Geschädigte Ende 1965 ihren Schadensersatzanspruch gegen die Gemeinde bezifferte, wäre die Verjährung im Zeitpunkt der Streitverkündung (25. 4. 1969) als der ersten zur Verjährungsunterbrechung geeigneten Maßnahme (§ 209 Abs. 2 Nr. 4 BGB) bereits eingetreten gewesen.

Deliktshaftung

Schadensersatzansprüche des Klägers aus Vertrag sind mithin verjährt. Ansprüche aus unerlaubter Handlung stehen ihm schon deswegen nicht zu, weil die Gemeinde lediglich einen Vermögensschaden erlitten hat und die Verletzung eines Schutzgesetzes i. S. des § 823 Abs. 2 BGB ersichtlich nicht vorliegt.

Aber auch unter dem Gesichtspunkt der sog. Produzentenhaftung kann die Klage keinen Erfolg haben. Sinn einer im Wege richterlicher Rechtsfortbildung zu entwickelnden Produzentenhaftung ist es, dem nach der derzeitigen Rechtslage nur ungenügend geschützten Endverbraucher einen unmittelbaren Anspruch gegen den Hersteller der mangelhaften Ware zu geben (*BGHZ* 51/91, 97 = I.58). Im vorliegenden Fall stehen aber der alleingeschädigten Gemeinde – für die Voraussetzung eines Rückgriffs gegen den Bürgermeister (Art. 34 Satz 2 GG) fehlt es an jedem Anhalt – bereits vertragliche Ansprüche gegen den Beklagten als Schädiger zu, die nach Inhalt und Umfang jedenfalls nicht hinter etwaigen, aus der Produzentenhaftung abzuleitenden Ansprüchen zurückbleiben würden. Der Umstand allein, daß diese Ansprüche inzwischen verjährt sind, rechtfertigt aber nicht eine Erweiterung des Rechtsschutzes des Klägers unter dem Gesichtspunkt der Produzentenhaftung.

I. 76: BGH, 19. 6. 1973, VI ZR 178/71 (Feuerwerkskörper)

Der Kläger hatte in einer Drogerie Feuerwerkskörper gekauft, darunter einen von der Beklagten hergestellten sog. Doppelschlag. In der Silvesternacht stellte der Kläger den Doppelschlag auf dem Rasen auf und lief er nach der Zündung 7 bis 9 m weg. Als er sich dem inzwischen aufsteigenden Feuerwerkskörper wieder zuwandte, wurde er durch ein Sprengstück am linken Auge verletzt. Das Auge mußte entfernt werden.

Deliktshaftung

Das Berufungsgericht geht zutreffend davon aus, daß sich die Klageansprüche nur aus dem Rechtsgrund der unerlaubten Handlung ergeben können. Diese Haftung setzt sachlich ein schuldhaftes Verhalten der verfassungsmäßig berufenen Vertreter der Beklagten oder ein rechtswidriges Tun von Personen voraus, für die die Beklagte nach § 831 BGB einzustehen hat. Die Beweislast dafür liegt grundsätzlich beim Kläger, soweit sie ihm nicht aus besonderen Gründen, insbesondere nach den im

Urteil *BGHZ* 51/91, 104 ff. (I.58) entwickelten Grundsätzen, ausnahmsweise abgenommen wird.

Fehler- und Kausalitätsnachweis

Die echte Beweislastumkehr, von der der BGH in solchen Fällen ausgeht, setzt allerdings den dem Geschädigten obliegenden Nachweis voraus, daß sein Schaden im Organisations- und Gefahrenbereich des Herstellers durch die Herbeiführung eines verkehrswidrigen oder mangelhaften Zustandes der Ware ausgelöst worden ist (*BGH,* aaO., S. 105).

Rechtlich bedenklich erscheinen die Ausführungen des Berufungsgerichts, daß die dem Geschädigten immer obliegende Beweislast dafür, daß die Mangelhaftigkeit nicht außerhalb des Werkes und des Verantwortungsbereichs der Beklagten verursacht worden ist, erst einsetzen soll, wenn zunächst ein *bestimmter* schadensursächlicher Mangel feststeht, was hier nicht der Fall sei. Dem könnte nur insofern gefolgt werden, als es dem Geschädigten auch frei steht, zu beweisen, daß zwar mehrere Mängel als Schadensursache in Betracht kommen, daß aber jeder von ihnen in den Verantwortungsbereich des Herstellers fiele.

Die Revision wendet sich ohne Erfolg dagegen, daß das Berufungsgericht die Beklagte hinsichtlich ihrer Entlastung im Ergebnis für beweisfällig erachtet und auch die in diesem Zusammenhang *angetretenen* Beweise nicht erhoben hat.

Organisationshaftung

Die Beweisantritte der Beklagten erstreckten sich nur darauf, daß die Fertigung einer ständigen strengen behördlichen und innerbetrieblichen Kontrolle unterlegen habe, ferner, daß die technischen Einrichtungen eine genaue Dosierung des Treibsatzes, einen sicheren Verschluß (Würgung) der Papphülsen und eine ausreichende Trocknung gewährleistet hätten. Diese Beweisantritte waren allenfalls geeignet, die Beklagte vom Vorwurf eines Organisationsverschuldens zu entlasten, was im einzelnen dahinstehen mag.

Mitarbeiterhaftung (§ 831 BGB)

Die Beklagte hat aber überdies nach dem Recht der unerlaubten Handlungen (§ 831 BGB) auch für Fehlleistungen aller

Fehlerverursachungsnachweis

von ihr zur Fertigung herangezogenen Personen einzustehen. Dabei hat allerdings der Geschädigte im Regelfall zunächst zu beweisen, daß sein Schaden auf der Fehlleistung einer solchen – nicht notwendig namentlich zu benennenden – Person beruht, sofern sich dies nicht aus den Umständen ergibt.

Für die besondere Beweislast des Herstellers, aus dessen Verantwortungsbereich ein schadensursächlicher Mangel hervorgegangen ist (*BGH*, aaO.), kann dies nur mit Einschränkungen gelten. Der Geschädigte vermag regelmäßig nicht von sich aus zu übersehen, inwieweit der Fertigungsprozeß auch die Möglichkeit von Fehlerquellen durch menschliches Einzelversagen enthält. Hier muß der Hersteller auch darlegen und beweisen, daß der organisierte Produktionsablauf *keiner* Störung durch individuelle Fehleistungen von Bediensteten ausgesetzt war. Die Beklagte hat dem hier mit dem bloßen Hinweis auf maschinelle Fertigung nicht genügt. Sie hat vor allem nicht einmal behauptet, daß der gesamte Produktionsgang in dem offenbar nur mittelgroßen Betrieb so automatisiert gewesen sei, daß unfallträchtige Mängel durch unsachgemäße Benutzung der Lagerungs- und Trocknungsanlagen, möglicherweise auch Strukturveränderungen der bei der Detonation zu zerlegenden Pappe durch Überleimen und ähnliches ausgeschlossen waren.

Hat der Beklagte auch nicht im einzelnen vorgetragen, daß nach der Art der Fertigung unfallursächliche Fehlleistungen einzelner Arbeitnehmer ausgeschlossen waren, dann mußte sie den mit der Fertigung gerade des schadensursächlichen Gegenstandes seinerzeit befaßten Arbeitnehmer – bei Ungewißheit alle in Frage kommenden (vgl. *BGH*, NJW 1968/247 = I.54) – benennen und sich bezüglich der Auswahl und Überwachung jedes einzelnen nach § 831 Abs. 1 Satz 2 BGB entlasten. Da es hierzu an jedem Vortrag in den Tatsacheninstanzen fehlt, bleibt die Revision schon deshalb im Ergebnis ohne Erfolg.

I. 77: BGH, 23. 10. 1973, VI ZR 162/72

Deliktshaftung: Mitarbeiterhaftung (§ 831 BGB)

Die Beklagte (Bauunternehmer) haftet nach § 831 BGB für Fehler ihrer Bediensteten bei der Ausführung der Bauarbeiten. Ihre Haftung könnte entfallen, wenn sie nicht mehr Geschäftsherr ihrer Arbeiter geblieben wäre, die Stadt E. sich vielmehr durch bindende Weisungen und andere starke Einflußnahme in einer Weise der Baukolonne der Beklagten bedient hätte, daß es so angesehen werden müßte, als ob *sie* den Kanalbau durch ein Werkzeug oder einen Mittler habe ausführen lassen. In solchen Fällen kann der Schuldvorwurf gegenüber der Baufirma entfallen (*BGH,* VersR 1967/859, 861 und VersR 1973/417, 418). Davon kann aber aufgrund der tatsächlichen Feststellungen des Berufungsgerichts hier keine Rede sein. Danach hat die Beklagte den Auftrag erhalten, die Kanalisation freizulegen und auszubessern. Die Arbeiten wurden auch von der Beklagten ausgeführt. Dadurch allein, daß die Stadt sich die Oberbauleitung vorbehalten hatte und daß sie eine Überwachungspflicht hinsichtlich der Arbeiter der Beklagten traf, verlor diese ihre Geschäftsherreneigenschaft nicht (*BGH,* VersR 1953/358).

War so die Beklagte Geschäftsherrin ihres Schachtmeisters und ihrer Arbeiter geblieben, dann haftet sie gemäß § 831 BGB für den Schaden, den diese der Klägerin in Ausführung ihrer Verrichtung widerrechtlich zugefügt haben. Auf ein Verschulden der Arbeiter und des Schachtmeisters kommt es grundsätzlich nicht an (*RGZ* 135/149, 155).

Organisationshaftung

Sollte es nicht zu den Aufgaben des Schachtmeisters gehört haben, die Zusammenhänge der Standfestigkeit zu erkennen, dann trifft die Beklagte selbst gegenüber der Klägerin ein zum Schadensersatz verpflichtendes Verschulden. Ihr persönlich haftender Gesellschafter hat in diesem Fall den Einsatz seiner Arbeitskolonne nicht so organisiert, daß einer ihrer Bediensteten, dem diese Zusammenhänge klar waren, die Verantwortung für die Baustelle übernahm. Die Haftung der Beklagten wäre in diesem Fall gemäß §§ 823, 31 BGB begründet (vgl. *BGHZ* 45/311, 312).

I. 78: BGH, 6. 12. 1973, VII ZR 17/72

AGB: Rechtswirksamkeitsgrenzen

Der Senat hat Freizeichnungsklauseln im allgemeinen für zulässig und verbindlich erachtet, mit denen Gewährleistungsrechte des Bestellers auf eine Ausbesserung oder Ersatzlieferung und, falls eine solche unterbleibt oder unmöglich ist, auf den Rücktritt vom Vertrag beschränkt werden (*BGHZ* 48/264, 267; *BGHZ* 54/236, 242 = I.61; *BGH,* NJW 1963/1148 = I.47). Wie der Senat in der Entscheidung NJW 1963/1148 ausgeführt hat, ist es verständlich, daß der Werkunternehmer bestrebt ist, Schadensersatzansprüche des Bestellers auszuschließen. Ansprüche auf entgangenen Gewinn und auf Ersatz mittelbaren Schadens können nämlich ein unübersehbares Ausmaß annehmen, so daß der aus dem Geschäft zu erwartende Gewinn das Risiko der gesetzlichen Gewährleistung nicht deckt. Das gilt insbesondere dann, wenn es sich um die Lieferung einer für die Zwecke des Bestellers besonders konstruierten Maschine handelt. Sich durch Allgemeine Lieferungsbedingungen vor einem solchen Wagnis zu schützen, kann nicht ohne weiteres als Verstoß gegen Treu und Glauben angesehen werden. Die Interessen des Bestellers sind in der Regel durch das Recht zum Rücktritt vom Vertrag noch ausreichend gewahrt. Der vereinbarte Ausschluß aller Ansprüche auf Ersatz jeden aus einem Werkmangel erwachsenen Schadens ist daher unter den genannten Voraussetzungen im allgemeinen wirksam.

Ausschluß der Haftung für Eigenschaftszusicherungen

Auch die Haftung des Unternehmers für das Fehlen zugesicherter Eigenschaften kann grundsätzlich in Allgemeinen Lieferungsbedingungen wirksam ausgeschlossen werden (*BGHZ* 54/236, 242 f. = I.61; BB 1960/1222; insoweit unveröffentlichtes Urteil vom 24. 1. 63; vgl. auch *Schmidt-Salzer,* Allgemeine Geschäftsbedingungen, 1971, Rn 158–162). Hat allerdings eine Zusicherung bestimmter Eigenschaften und die daraus sich ergebende besondere Haftung des Verkäufers/Unternehmers gerade die Bedeutung, den Käufer/Besteller gegen Mangelfolgeschäden abzusichern, so würde eine formularmäßige Freizeichnung die Zusicherung praktisch bedeutungslos machen. Da der Verkäufer/Unternehmer das, was er im

Vertragsangebot versprochen hat, nicht durch eine Freizeichnungsklausel in seinen Lieferbedingungen zunichte machen darf, kann dann einer solchen Klausel keine Wirksamkeit zuerkannt werden (*BGHZ* 50/200, 207 = I.56). Ein derartiger Fall liegt hier aber nicht vor.

I. 79: BGH, 20. 12. 1973, VII ZR 184/72

Beim Bau eines Gebäudes wurden die Stahleinlagen der Stützbalken und Querriegel nur unzureichend, in einer der DIN 10.45 nicht entsprechenden Weise mit Beton überdeckt. Dies hatte Korrosion und Betonabsprengungen zur Folge.

Vertragshaftung: Verjährung (§ 638 BGB)

Das Berufungsgericht ist der Auffassung, der Schadensersatzanspruch der Klägerin sei nicht verjährt. Es gelte nicht die Verjährungsfrist von 5, sondern die von 30 Jahren, da die Beklagten arglistig verschwiegen hätten, daß zumindest teilweise ohne Abstandhalter betoniert worden sei. Nach dem Ergebnis der Beweisaufnahme stehe fest, daß die Kolonnenführer (Poliere) der Beklagten die offensichtlich fehlerhafte Arbeit ihrer Kolonnen erkannt und geduldet hätten, um den Arbeitern die von diesen erstrebten höheren Akkordlöhne zu ermöglichen. Diese Kenntnis ihrer Kolonnenführer müßten die Beklagten gemäß § 278 BGB gegen sich gelten lassen, da sie sich, um ihrer Offenbarungspflicht gegenüber der Klägerin genügen zu können, der Kolonnenführer zur Überprüfung der Arbeiten bedient hätten. Dagegen wendet sich die Revision ohne Erfolg.

Arglistiges Verschweigen des Mangels

Arglistig verschweigt, wer sich bewußt ist, daß ein bestimmter Umstand für die Entschließung seines Vertragsgegners von Erheblichkeit ist, nach Treu und Glauben diesen Umstand mitzuteilen verpflichtet ist und ihn trotzdem nicht offenbart.

Kenntnis von Erfüllungsgehilfen

Diese Voraussetzungen arglistigen Verschweigens können auch bei einer Hilfsperson vorliegen, so daß sich der Werkunternehmer dann so behandeln lassen muß, als hätte er selbst den Mangel arglistig verschwiegen (§ 278 BGB).

Unterscheidung zwischen Erfüllungsgehilfen bei der Herstellung und Erfüllungsgehilfen bei der Offenbarung

Andererseits kann einem Werkunternehmer nicht schon die Kenntnis und das Verheimlichen von Fertigungsmängeln durch bei der Herstellung des Werkes mitwirkende Beschäftigte als „arglistiges Verschweigen" der Mängel gegenüber dem Besteller angerechnet werden. Solche Personen sind zwar Erfüllungsgehilfen des Unternehmers bei der Herstellung des Werks, aber nicht seine Erfüllungsgehilfen in Bezug auf seine Offenbarungspflicht gegenüber dem Besteller (vgl. im einzelnen den Urteilsabdruck NJW 1974/553). Die zum Teil vertretene Ansicht, der Werkunternehmer müsse sich die Kenntnis einer jeden, bei der Herstellung des Werkes mitwirkenden Hilfsperson von einem Werkmangel so anrechnen lassen, als hätte er diese mit der Erfüllung der Offenbarungspflicht betraut (*Hoffmann*, JZ 69/372 und *Jagenburg*, NJW 1971/1425) erscheint jedoch nicht gerechtfertigt. Sie ist mit dem in § 278 BGB zum Ausdruck gekommenen Gedanken nicht vereinbar, wonach der Schuldner für das Verschulden Dritter deswegen einzustehen hat, weil er ihnen die Erfüllung *bestimmter* Vertragspflichten anvertraut hat.

In der Regel kann daher nur der als „Erfüllungsgehilfe des Unternehmers bei der Offenbarungspflicht" und daher als „Erfüllungsgehilfe beim arglistigen Verschweigen" angesehen werden, der mit der Ablieferung des Werks an den Besteller betraut ist oder dabei mitwirkt. Denn erst die Ablieferung des Werks ist der Zeitpunkt, in welchem sich das „arglistige Verschweigen" des Unternehmers endgültig verwirklicht.

Diese Regel gilt jedoch nicht ausnahmslos. Es gibt Fälle, in denen eine mit der Prüfung des Werks auf Mangelfreiheit befaßte Hilfsperson des Unternehmers, auch ohne daß sie mit der Ablieferung des Werks befaßt ist, als „Erfüllungsgehilfe des Unternehmers bei der Offenbarungspflicht" anzusehen ist, weil allein *ihr* Wissen und *ihre* Mitteilung an den Unternehmer diesen überhaupt instand setzt, seine Offenbarungspflicht gegenüber dem Besteller zu erfüllen. In solchen Fällen kann es unter Umständen nach Treu und Glauben (§ 242 BGB) untragbar erscheinen, ein „arglistiges Verschweigen" z. B. nur deswegen zu verneinen, weil – angesichts der stark arbeitsteiligen Organisation eines Großbetriebs – die *eine* Hilfsperson, welche prüft, den Mangel entdeckt und verschweigt, mit der Ablieferung nichts zu tun hat, während die *andere* Hilfsperson, welche bei der Ablieferung und Abnahme des Werks mitwirkt, nicht mit der Prüfung befaßt war und daher den Mangel nicht kennt. In solchen Fällen kann sich der Unternehmer nach Treu und Glauben nicht darauf berufen, die von ihm als „Prüfer" eingesetzte Hilfsperson sei mit der Ablieferung nicht befaßt und er brauche sich daher deren Kenntnis nicht gemäß § 278 BGB als arglistiges Verschweigen anrechnen zu lassen.

Die Entscheidung darüber, ob dem Unternehmer das Verhalten einer Hilfsperson als arglistiges Verschweigen anzurechnen ist, kann insoweit nur nach den Umständen des Einzelfalles getroffen werden und obliegt daher dem Tatrichter. Hier hat das Berufungsgericht die Voraussetzungen dafür rechtsfehlerfrei bejaht (vgl. Urteilsabdruck NJW 1974/553, 554).

I. 80: BGH, 29. 1. 1974, VI ZR 53/71

Die Firma X. hatte bei der Erstbeklagten die Lieferung und den Einbau einer Aufzugsanlage in Auftrag gegeben. Die Erstbeklagte hatte die Montagearbeiten der Firma Z. übertragen, bei der der Zweitbeklagte als Monteur beschäftigt war. Der Brandschadenversicherer der Firma X. nahm Rückgriff gegen die Beklagte.

Vertragshaftung

Eigenhaftung des Mitarbeiters

Das Berufungsgericht geht zutreffend davon aus, daß die Beklagten als Gesamtschuldner, nämlich die Erstbeklagte aus dem Gesichtspunkt der positiven Vertragsverletzung, der Zweitbeklagte nach § 823 Abs. 1 BGB, für die Folgen des Brandes einzustehen haben, wenn er von dem Zweitbeklagten bei Ausführung der Schweißarbeiten verschuldet worden ist. Daß der Zweitbeklagte die Arbeiten an dem Unglückstag als Erfüllungsgehilfe der Erstbeklagten ausgeführt hat, so daß diese ein ihm etwa zur Last fallendes Verschulden wie eigenes vertreten muß (§ 278 BGB), hat der Senat bereits dargelegt (*BGH*, VersR 1967/999).

Arbeitsteilung: Mitarbeiter des Subunternehmers als Erfüllungsgehilfe

I. 81: BGH, 6. 2. 1974, Akt.-Z. VIII ZR 12/73

Vertragshaftung

Organisationshaftung

Die Hilfsbegründung des Berufungsgerichts, die Beklagte habe wegen eigener grober Fahrlässigkeit für den entstandenen Schaden aufzukommen, hält der rechtlichen Nachprüfung stand. Hierzu stellt das Berufungsgericht unter Hinweis auf die wiederholten, in den Jahren 1965/66 begangenen Autoeinbrüche und Diebstähle bei der Beklagten rechtlich einwandfrei fest, daß auch im vorliegenden Fall jemand von den Leuten der Beklagten den Kraftwagen des Kaufmanns L. gestohlen hat. Dem Personal der Beklagten waren auch während des Nachtdienstes die Wagenschlüssel zu den eingestellten Gästefahrzeugen ohne weiteres zugänglich. Die Beklagte hatte unstreitig keine Vorkehrungen gegen einen Mißbrauch der Schlüssel getroffen. Dies stellt nach den rechtlich unbedenklichen Ausführungen des Berufungsgerichts eine eigene grobe Fahrlässigkeit der Beklagten in der Gestaltung ihrer Betriebsorganisation dar, für die sie sich nicht freizeichnen kann (vgl. *BGHZ* 20/164 und 38/183). Entscheidend ist, daß die Beklagte nichts unternommen hatte, um der in Rechnung zu stellenden Gefahr eines Mißbrauchs der Schlüssel zu Diebstählen und Einbrüchen gegen die untergestellten Fahrzeuge durch das Personal der Beklagten zu begegnen.

AGB: Rechtswirksamkeitsgrenzen

I. 82: BGH, 15. 5. 1974, Akt.-Z. VI ZR 48/73 (Prüfzeichen)

Die Klägerin kaufte von der Beklagten hergestellte Kunststoffrohre bei der E-GmbH. Die Rohre trugen das Prüfzeichen des Deutschen Vereins von Gas- und Wasserfachmännern (DVGW), das die Beklagte aufgrund Vertrages mit dem DVGW führen durfte. An den Wasserleitungen traten Rohrbrüche auf, für die die Klägerin von mehreren Gemeinden, die sie beliefert hatte, in Anspruch genommen wurde. Sie verlangt von der Beklagten Ersatz der Aufwendungen, die sie zur Behebung der Leitungsschäden machen mußte. Sie machte geltend, die Rohrbrüche seien auf eine zu geringe Lebensdauer (Mindeststandzeit unter Druck) der Rohre zurückzuführen; das verwendete Material habe nicht den für die Führung des DVGW-Zeichens geforderten Normen und Bedingungen genügt: die Beklagte habe, um die Erlaubnis zur Führung des Zeichens zu bekommen, dem DVGW besseres Material vorgelegt. Sie habe durch die Kennzeichnung der Rohre mit Prüfzeichen bewußt über die mindere Qualität getäuscht.

Vertragshaftung

Schutzwirkung zugunsten des Endabnehmers?

Vertragliche Schadensersatzansprüche der Klägerin gegen die Beklagte verneint das Berufungsgericht zutreffend. Die Klägerin hat die Rohre nicht unmittelbar von der Beklagten, sondern von der E-GmbH gekauft und bezogen. Grundsätzlich nimmt der durch Herstellungsmängel geschädigte Abnehmer an dem Schutz der Lieferbeziehungen zwischen seinem Händler und dem Warenhersteller nicht teil (*BGHZ* 51/91, 94 ff. = I.58). Mangels besonderer Anhaltspunkte kann nicht angenommen werden, daß der Hersteller sich durch den Vertrag mit dem Händler einer weitergehenden Haftung aussetzen will, als er nach dem gesetzlichen Kaufrecht muß. Für eine Erstrekkung der vertraglichen Schutzwirkungen auf einen an dem Vertrag nicht beteiligten Dritten ist grundsätzlich nur Raum, wo der Händler aufgrund von durch Schutz- und Fürsorgepflichten besonders gekennzeichneten Beziehungen für diesen hieran ein besonderes Interesse hat und der Hersteller dem nach Treu und Glauben Rechnung tragen muß. Ein solches, durchweg durch einen personenrechtlichen Einschlag gekennzeichnetes Verhältnis bestand zwischen der Klägerin und der Firma E-GmbH nicht (vgl. *BGHZ* 61/227, 234 und *BGH,* NJW 1968/1929). Daß sich bei derartigen Warengeschäften durch Mängel verursachte Schäden in aller Regel nicht schon beim Händler, sondern erst am Ende der Absatzkette nach Verlegung der Rohre einstellen, rechtfertigt den Schluß auf einen solchen Vertragswillen nicht.

Ebenso konnte das Berufungsgericht unerörtert lassen, welchen Einfluß die Verwendung des DVGW-Zeichens auf die Verpflichtung der Beklagten gehabt hat, für Schäden der E-GmbH aus der Lieferung mangelhafter Rohre einzutreten. Diese allein das Verhältnis zwischen den Vertragsparteien betreffende Pflicht erzeugte keine Schutzwirkungen zu Gunsten der Klägerin (*BGHZ* 51/91, 96 = I.58).

Drittschadensliquidation

Für eine Inanspruchnahme der Beklagten nach den Grundsätzen über die Drittschadensliquidation ist kein Raum (vgl. *BGHZ* 51/91, 95 = I.58).

Unmittelbares Vertragsverhältnis Hersteller/Endabnehmer?

Nach der Auffassung des Berufungsgerichts sind auch durch den von der Beklagten mit dem DVGW geschlossenen Vertrag, der sie unter den dort niedergelegten Voraussetzungen zur Kennzeichnung der Kunststoffrohre mit dem DVGW-Zeichen berechtigte, unmittelbare vertragliche Ersatzansprüche der Endabnehmer wegen Schäden aus Rohren, die den zugrunde gelegten Qualitätsanforderungen nicht entsprachen, nicht begründet worden. Das Berufungsgericht führt hierzu aus: Der Vertragsinhalt lasse den Schluß auf einen solchen Parteiwillen nicht zu. Außenstehende Verbraucher erwähne der Vertrag nur im Zusammenhang mit der Regelung eines außerordentlichen Nachprüfungsrechtes des DVGW. Hieraus erwüchsen diesen aber keine unmittelbaren Rechte. Zwar habe der Vertrag nicht nur dem Interesse des DVGW am guten Ruf seines Zeichens und dem Wettbewerbsinteresse der Beklagten, sondern mittelbar auch dazu dienen sollen, den Verbraucher vor Schäden aus mangelhaften Rohren zu schützen. Dieser Zweck sei aber auch erreichbar gewesen, wenn unmittelbare vertragliche Ansprüche der Endabnehmer begründet worden wären. Die Auslegung der

Vereinbarung läßt Rechtsfehler nicht erkennen. Daß das DVGW-Zeichen im Verkehr als Hinweis auf die von dem DVGW garantierten Kontrollen und Prüfungen nach Maßgabe der für die Kennzeichnung geltenden Vertragsbestimmungen verstanden wird, hat das Berufungsgericht ausdrücklich zugrundegelegt. Ob ihm auch insoweit gefolgt werden kann, als es dem Zeichen in Übereinstimmung mit der Auskunft der Industrie- und Handelskammer zeichenrechtlich gleichwohl die Bedeutung eines Gütezeichens abspricht, kann dahinstehen. Ebenso wenig braucht der Frage nachgegangen zu werden, welche Bedeutung dem Gütezeichen im Regelungsbereich der Verbandszeichen geltenden Vorschriften der §§ 17 WZG zukommt. Haftungsrechtlich enthält ein die Qualität der gekennzeichneten Waren unterstreichendes Zeichen – von besonders gelagerten Fällen abgesehen – keine Garantiezusage, aus der der Abnehmer vertragliche Ersatzansprüche gegen diesen bei Qualitätsmängel herleiten kann (*BGHZ* 51/91, 98 ff. = I.58; vgl. auch *BGHZ* 48/118, 122 f. = I.53). Das gilt auch für ein Prüf- oder Gütezeichen. Dessen Verkehrsgeltung beruht nicht auf einer Haftungszusage, sondern auf der Handhabung der Gütesicherung durch Verband oder Gütegemeinschaft, also auf der Überzeugungskraft des Zeichens im Wettbewerb. Die Erklärungen, durch die sich Träger und Benutzer eines solchen Zeichens binden, werden zunächst im Interesse der Reinhaltung des Gütezeichens gegeben und enthalten in der Regel keine Haftungsübernahme gegenüber dem Verbraucher der gekennzeichneten Ware, der weder Mitglied des Verbandes oder der Gütegemeinschaft noch sonst an den Abmachungen beteiligt ist (vgl. auch *BGH*, NJW 1968/2238 = I.57 betreffend die Bezeichnung DIN).

Warenbegleitende Vertragshaftung?

Sonderrechtsbeziehungen, aus denen die Klägerin die Beklagte wegen ihres Schadens von Vertragsgrundsätzen unmittelbar in Anspruch nehmen könnte, lassen sich im vorliegenden Fall auch nicht mit anderer rechtlicher Begründung herstellen. Auch die in *BGHZ* 51/91, 99 ff. (I.58) von dem Senat offen gelassene Frage, ob der Abnehmer der Ware, der mit dem Hersteller zwar nicht durch einen Kaufvertrag, aber doch in einer Absatzkette verbunden ist, aus „in Anspruch genommenem Vertrauen" sich wegen seiner Schäden aus Warenmängeln unmittelbar an den Hersteller wenden kann, ist jedenfalls für eine Fallgestaltung wie die vorliegende zu verneinen.

Allein der durch die Abatzkette hergestellte „soziale Kontakt" erzeugt noch keine quasi-vertragliche Sonderbeziehung zwischen den Beteiligten, solange kein dahingehender rechtsgeschäftlicher Wille festzustellen ist (*BGHZ,* aaO.). Gewiß muß zwar der Abnehmer der Ware in der Massenproduktion einer industrialisierten und zunehmend automatisierten Wirtschaft und nach dem Zuschnitt der hierauf ausgerichteten Absatzorganisation seiner Rechtsgütersphäre dem Einwirkungsbereich des Herstellers oft stärker vertrauen als dem häufig nur noch auf die Verteilung der Ware beschränkten Händler, mit dem allein ihn Vertragsbeziehungen verbinden. Auch dürfte dies von Einfluß auf den Inhalt der Verkehrssicherungspflichten sein, die dem Hersteller in Bezug auf die von ihm in den Verkehr gebrachte Ware nach den Grundsätzen des Deliktsrechts gegenüber jedermann obliegen. Dieser Gesichtspunkt ist jedoch keine rechtlich tragfähige Grundlage für eine quasi-vertragliche Vertrauenshaftung für Schäden, die der Verbraucher durch Warenmängel nicht an seinen Rechtsgütern, sondern kraft seiner Haftung für Mangelfolgeschäden *an seinem Vermögen* erleidet.
Die Annahme eines über die Deliktshaftung hinausgehenden besonderen Schutzverhältnisses, das sich etwa nach den für culpa in contrahendo entwickelten Rechtsgrundsätzen, die in der Regel nur Vertrauensschäden erfassen, auch auf diese Schäden erstreckt (so insbesondere *Canaris,* JZ 1968/494, 502), obwohl es an einem rechtsgeschäftlichen Kontakt zwischen Schädiger und Geschädigtem fehlt, würde die im geltenden Haftungssystem bewußt gezogene Grenze zwischen vertraglichem und deliktischem Bereich weitgehend aufheben, ohne sie durch einen rechtlich und wirtschaftlich praktikableren Maßstab zu ersetzen. Das geltende Recht überläßt die Abgrenzung und Verteilung der in der Absatzkette des Warenkaufs auftretenden haftungsrechtlichen Risiken und Interessen außerhalb des deliktischen Bereichs grundsätzlich der Privatautonomie; sie hat die Beteiligten einander in rechtlich selbständiger, hintereinander geschaltete Kaufverträge rechtsgeschäftlich zugeordnet. Für eine diese Vertragsordnung überspringende, aus dem Gesetz ab-

zuleitende vertragsähnliche Haftung des Herstellers für Vermögenschäden des mit ihm vertraglich nicht verbundenen Abnehmers aus Warenmängeln ist daneben kein Raum. Der Vertrauensgedanke ist im rechtsgeschäftlichen Bereich nicht so eigentümlich, daß schon um seinetwillen die Annahme einer haftungsrechtlichen Sonderbeziehung naheläge; er ist nämlich auch dem deliktischen Haftungsbereich nicht fremd (vgl. die von der Rechtsprechung entwickelten zahlreichen Verkehrssicherungspflichten). Insbesondere könnte eine an das „Warenvertrauen" anknüpfende Haftung weder auf den Personenkreis der Abnehmer beschränkt werden noch auf Schäden aus gefährlichen Waren, wegen der eine besondere Produktenhaftung „allenfalls erwogen werden könnte" (vgl. dazu *Weitnauer,* NJW 1968/1593 ff.) und um die es auch den Befürwortern einer Haftung aus dem Gesichtspunkt des Verbrauchervertrauens allein geht. Sie würde gegenüber jedem, der als Warenbenutzer infolge des Mangels zu Schaden kommt, bestehen und sich auch auf Mängel erstrecken, die etwa wegen bloß fehlender oder geminderter Gebrauchsfähigkeit der Ware zu einer Vermögensschädigung führen, ohne daß der Mangel zugleich als gefährliche Eigenschaft bezeichnet werden könnte. Solche umfassende Haftung könnte dann aber schwerlich auf den Warenkauf in der Absatzkette beschränkt werden, auch ließe sie eine sachgerechte Rücksichtnahme auf Kaufgegenstand und Markt nicht zu. Sie würde daher nicht nur das Rechtsinstitut der Gewährleistung im Kaufrecht (§§ 459 ff. BGB) in Frage stellen, sondern – selbst bei Beschränkung auf ein Verschulden des Warenherstellers – diesem ein nicht mehr berechenbares Risiko aufbürden, das er weder in der Preiskalkulation noch versicherungsmäßig hinreichend auffangen kann. Zudem fände es in dem vom Verbraucher in der Lebenswirklichkeit tatsächlich in Anspruch genommenen Vertrauen in der Mehrzahl der Fälle keine Grundlage.

Werbung

Ob und in welchem Umfang ausnahmsweise eine Haftung des Warenherstellers für Mangelfolgeschäden des Abnehmers aufgrund vertraglicher oder vertragsähnlicher Sonderrechtsbeziehungen aus einer Garantiezusage oder einer konkreten, sich gerade auf die Mängel beziehenden Zusicherung im Zuge einer inhaltlich bestimmt gefaßten Werbung hergeleitet werden kann, braucht nicht abschließend entschieden zu werden, da nach Vorstehendem allein durch die Kennzeichnung der Rohre mit dem DVGW-Zeichen eine solche, die geltend gemachten Schäden deckende Zusage von der Beklagten nicht gemacht worden ist. Sollten ohne entsprechende Parteiabreden Vertrags- und nicht nur Deliktsgrundsätze auf die Haftung des Warenherstellers in Fällen der vorliegenden Art erstreckt werden, so kann dies nur im Zuge einer Neuordnung des Kaufrechts zu rechtlich und wirtschaftlich annehmbaren Ergebnissen führen. Diese aber muß der Entscheidung des Gesetzgebers vorbehalten bleiben. Eine etwaige rechtspolitische Zweckmäßigkeit oder Notwendigkeit allein legitimiert die Rechtsprechung nicht dazu.

Deliktshaftung

Für eine Haftung aus § 823 Abs. 1 BGB fehlt es schon an einer Verletzung von durch diese Vorschrift geschützten Rechtsgütern und absoluten Rechten der Klägerin, denn sie verlangt reinen Vermögensschaden ersetzt. Auch unter dem Gesichtspunkt des Eingriffs in den Gewerbebetrieb ist eine Schadensersatzpflicht nicht begründet. § 823 Abs. 1 BGB schützt nur gegen einen unmittelbaren, d. h. betriebsbezogenen Angriff auf das Unternehmen (*BGHZ* 29/65, 75 ff.; *BGHZ* 41/123, 127; *BGHZ* 55/153, 169; *BGHZ* 59/30, 35). Einen derartigen Eingriff hat das Berufungsgericht zutreffend verneint. Er liegt entgegen der Auffassung der Revision nicht schon darin, daß sich die behauptete Schlechtlieferung der Rohre möglicherweise mittelbar für den Ruf der Klägerin und damit für den Fortbestand ihres Spezialunternehmens für Wasserversorgung und Abwässerbeseitigung nachteilig auswirken kann.

I. 83: BGH, 16. 5. 1974, VII ZR 214/72

AGB: Rechtswirksamkeitsgrenzen

Der Senat hat in ständiger Rechtsprechung als *Mindest*erfordernis für eine in AGB enthaltene Beschränkung der Mängelhaftung eines Werkunternehmers, die im Einklang mit Treu und Glauben stehen soll, angesehen, daß dem Besteller der Mängelbeseitigungsanspruch zustehen und ihm für den Fall der verzögerten, unterlassenen oder mißlungenen Nachbesserung ein Rücktrittsrecht eingeräumt sein muß (vgl. *BGHZ* 62/83 und *BGH,* NJW 1974/272 = I.78). Dabei hatte es der Senat stets mit AGB zu tun, in denen die Mängelbeseitigungspflicht des Unternehmers dem Umfang nach mit der gesetzlichen Regelung des § 633 BGB übereinstimmte.

Hier hat dagegen die Klägerin in ihren Lieferungsbedingungen nicht nur alle Schadensersatzansprüche sowie Wandlung und Minderung ausgeschlossen, ohne ihren Geschäftspartnern für den Fall unmöglicher, mißlungener oder verweigerter Nachbesserung ein Rücktrittsrecht zu gewähren. Sie hat darüber hinaus auch noch ihre Nachbesserungspflicht inhaltlich darauf beschränkt, daß sie Mängel der Montage nur beseitigen muß, sofern sie ein Verschulden trifft. Bei unverschuldeten Montagemängeln sollen also die Besteller nicht einmal Nachbesserung verlangen können, geschweige denn Schadensersatz, Wandlung oder Minderung. Damit sind sie für diesen Fall, der hier in Betracht kommt, völlig rechtlos.

Das ist eine unangemessene, einseitig die Interessen der Klägerin als Werkunternehmerin berücksichtigende Regelung, die nach den von der Rechtsprechung zur Inhaltskontrolle Allgemeiner Geschäftsbedingungen entwickelten Grundsätzen (vgl. *BGHZ* 60/353, 355 f.) mit Treu und Glauben nicht mehr im Einklang steht. Wer eine fabrikneue Ladeneinrichtung erwirbt, die vom Lieferanten selbst montiert wird, hat ein schutzwertes Interesse daran, eine *mangelfreie* Einrichtung zu erhalten (so schon *BGHZ* 22/90, 98 = I.27 für den Kauf einzelner Möbel). Dabei bezieht sich sein Interesse an der Mängelfreiheit auf die Montage ebenso wie auf die einzelnen Einrichtungsgegenstände. Denn erst wenn diese sachgerecht zusammengefügt und an der vorgesehenen Stelle angebracht sind, ist die Ladeneinrichtung vollständig. Erst dann ist das Werk so hergestellt, wie es bestellt worden ist.

Der Montage kommt deshalb in solchen Fällen durchaus keine untergeordnete Bedeutung zu. Sie stellt vielmehr eine Hauptverpflichtung des Werkunternehmers dar, deren fehlerhafte Erfüllung das Gelingen des geschuldeten Werks insgesamt infrage stellen kann. Mängel der Montage können deshalb nicht anders behandelt werden als Mängel an den Einzelgegenständen, die zu der vollständigen Ladeneinrichtung zusammenzufügen sind. Alle daran auftretenden Mängel muß der Unternehmer beseitigen ohne Rücksicht darauf, ob ihn ein Verschulden trifft. Diese vom Gesetzgeber vorgesehene Regelung entspricht allein der nach Treu und Glauben hier vorzunehmenden Interessenabwägung. Denn ebenso wie die Herstellung und Lieferung der Einzelgegenstände ist auch deren Montage der Sphäre des Unternehmers zuzurechnen, der die in diesem Bereich auftretenden Risiken leichter übersehen und sich auf sie einrichten kann als der Besteller. Dessen Interesse an einer mangelfreien Montage der erworbenen Einrichtungsgegenstände hat jedenfalls Vorrang gegenüber dem Interesse des Unternehmers, nur Mängel der Montage nachbessern zu müssen, sofern ihn ein Verschulden trifft.

Die inhaltliche Beschränkung der Sachmängelhaftung der Klägerin ist daher unwirksam. Der Senat ist nicht imstande, der Klausel im Wege der ergänzenden Vertragsauslegung eine den Anforderungen der Rechtsprechung zur Inhaltskontrolle Allgemeiner Geschäftsbedingungen gemäß § 242 BGB gerecht werdenden Inhalt zu geben. Eine solche ergänzende Vertragsauslegung ist zwar nicht schlechthin ausgeschlossen (*BGHZ* 54/106, 115; *BGHZ* 60/353, 362; *BGHZ* 62/83). Es kommen jedoch verschiedene rechtliche Gestaltungsmöglichkeiten für eine zulässige Beschränkung der Mängelhaftung des Werkunternehmers in Betracht, von denen nicht hinreichend feststellbar ist, welche die Parteien gewählt hätten, wenn sie erkannt hätten, daß die Beschränkung der Mängelhaftung, so wie sie in den Verkaufs- und Lieferungsbedingungen der Klägerin enthalten ist, unwirksam ist (*BGH,* NJW 1974/551, 553). Die Klägerin hat daher für alle Mängel, auch solche der Montage, Gewähr nach den gesetzlichen Vorschriften zu leisten, denn an die Stelle der weggefallenen Vertragsbestimmungen tritt die Gewährleistungsregelung der §§ 633 f. BGB (vgl. *BGHZ* 22/90, 100 = I.27; *BGHZ* 54/106, 115; *BGH,* NJW 1972/1227, 1228).

Vorleistungsklauseln

Da § 139 BGB auf Allgemeine Geschäftsbedingungen nicht anwendbar ist (*BGHZ* 22/90, 92 f. = I.27; *BGH,* NJW 1972/1227), bleibt unberührt von der Unwirksamkeit der inhaltlichen Beschränkung der Mängelhaftung der Klägerin die Bestimmung der Verkaufs- und Lieferungsbedingungen, wonach Mängel der Montage oder der Ware nicht dazu berechtigen, die Zahlung des vereinbarten Preises ganz oder zum Teil zu verweigern. Der damit vereinbarte Ausschluß von Zurückbehaltungsrechten und Aufrechnungsbefugnissen hat mit der Beschränkung des Umfangs der Mängelhaftung der Klägerin nicht unmittelbar etwas zu tun (vgl. *BGH,* VersR 1969/733, 734). Solche Klauseln werden von der Rechtsprechung des Bundesgerichtshofs grundsätzlich nicht beanstandet (vgl. *BGH,* NJW 1958/419; *BGH,* WM 1972/685). Eine unbeschränkte Vorleistungspflicht des Bestellers ist allerdings in Fällen verneint worden, in denen die Gewährleistungsrechte des Bestellers in einem Umfang beschnitten worden waren, der die zusätzliche Belastung des Bestellers durch die Vorleistungspflicht als unangemessen erscheinen ließ (vgl. *BGHZ* 48/264; 268 f.; *BGH,* WM 1973/995). Das trifft hier nicht zu. Da die in den Verkaufs- und Lieferungsbedingungen der Klägerin vorgesehene Beschränkung der Mängelhaftung unwirksam ist, stehen der Beklagten die gesetzlichen Gewährleistungsansprüche uneingeschränkt zu.

Auf das Verbot in AGB, Zahlungen mit Rücksicht auf Gewährleistungsansprüche zurückzuhalten, kann sich nach der Rechtsprechung der Verkäufer oder Werkunternehmer jedoch dann nicht berufen, wenn im Rechtsstreit über den Kaufpreis oder Werklohn der Mängelanspruch entscheidungsreif und begründet ist (*BGH,* NJW 1960/859; *BGH,* NJW 1970/383, 386).

I. 84: BGH, 24. 6. 1974, VII ZR 245/72

Die Klägerin bestellt bei der Beklagten eine Trocknungsanlage zur Herstellung von Zinksulfat-Monohydrat. Die Beklagte bestätigte den Auftrag schriftlich und sicherte zu, daß mit der

Anlage etwa 6 to Zinksulfat-Monohydrat aus etwa 9,2 to Zinksulfat-Heptahydrat bei einer Temperatur von 190° C innerhalb von 24 Stunden hergestellt werden könnte. In den AGB der Beklagten sind Schadensersatzansprüche ausgeschlossen und ist die Gewährleistung auf ein Recht des Kunden zur Zurückgabe der Anlage beschränkt.

Werklieferungsvertrag über unvertretbare Sache

Das Berufungsgericht ist der Auffassung, der Vertrag über die Trocknungsanlage war ein Werklieferungsvertrag über eine nichtvertretbare Sache, auf den gemäß § 651 BGB die Vorschriften des Werkvertragsrechts anzuwenden seien. Die gelieferte und aufgestellte Anlage sei wegen Fehlens der zugesicherten Leistungsfähigkeit mangelhaft im Sinne von § 633 Abs. 1 BGB. Dieser rechtliche Ausgangspunkt ist zutreffend.

AGB: Rechtswirksamkeitsgrenzen

Das Berufungsgericht hält die in den AGB enthaltene Freizeichnungsklausel für zulässig und führt aus, der Beklagten könne auch nicht gemäß § 242 BGB versagt werden, sich auf den Ausschluß der Schadensersatzansprüche zu berufen. Diese Ausführungen stimmen mit der Rechtsprechung des Bundesgerichtshofs überein. Der Senat hat mehrfach zu Freizeichnungsklauseln Stellung genommen, mit denen in AGB die Gewährleistungsrechte des Bestellers auf Nachbesserung (Ersatzlieferung) und, falls diese unterbleibt oder unmöglich ist, auf den Rücktritt vom Vertrag beschränkt werden. Er hat sie im allgemeinen für verbindlich und nicht gegen § 242 BGB verstoßend erachtet (vgl. *BGHZ* 54/236, 242 = I.61; *BGH,* NJW 1974/272 = I.78).

Ausschluß der Haftung für Eigenschaftszusicherungen

Dabei hat der Senat wiederholt ausgesprochen, daß der Werkunternehmer durch derartige Freizeichnungsklauseln grundsätzlich auch seine Haftung für das Fehlen zugesicherter Eigenschaften ausschließen kann (*BGH,* NJW 1974/272).

Die Revision meint, wenn schon nach der Entscheidung *BGHZ* 50/200, 206 f. (I.56) der Ausschluß der Haftung für das Fehlen zugesicherter Eigenschaften im Kaufrecht unzulässig sei, dann müsse das erst recht im Werkvertragsrecht wegen der strengeren Haftungsbestimmungen gelten. Das ist nicht richtig. In der erwähnten Entscheidung wird der Ausschluß der Haftung für das Fehlen zugesicherter Eigenschaften im Kaufrecht nicht allgemein als unzulässig erachtet. Dort ist die Unzulässigkeit der Freizeichnungsklausel in den AGB vielmehr für den besonderen Fall angenommen, daß der Käufer durch die Zusicherung bestimmter Eigenschaften der Kaufsache gerade gegen Mängelfolgeschäden abgesichert werden sollte. Das gilt auch im Werkvertragsrecht (vgl. *BGHZ* 54/236, 243; *BGH*, NJW 1974/272 = I.78). Auf eine strengere Haftung nach Werkvertragsrecht kommt es daher nicht an. Ein solcher Fall der Zusicherung liegt hier nicht vor, wie das Berufungsgericht zutreffend ausführt. Nach seiner rechtsfehlerfreien Feststellung sollte die Klägerin durch die Zusicherung der Leistungsfähigkeit der Trocknungsanlage nicht gegen Mängelfolgeschäden abgesichert werden.

Vorliegen einer Eigenschaftszusicherung

Absicherungsbereich der Eigenschaftszusicherung und AGB

(OLG Düsseldorf, 8. 11. 1972: „Zwar mußte die von der Beklagten in ihrem Angebot enthaltene Erklärung über die Leistung der Anlage innerhalb von 24 Stunden als eine zugesicherte Eigenschaft i. S. der Gewähr für eine bestimmte Leistungsfähigkeit angesprochen werden. Die zum Kaufrecht ergangene Entscheidung BGHZ 50/200 (= I.55) stellt darauf ab, daß der Sinn der Zusicherung gerade darin bestanden hat, den Käufer vor den in den Geschäftsbedingungen ausgeschlossenen Mangelfolgeschäden zu bewahren. Ihr kann jedoch nicht der Grundsatz entnommen werden, daß Schäden von der Haftung des Lieferanten ohne Rücksicht auf die Zweckrichtung der Zusicherung deshalb nicht ausgenommen werden können, weil sie ihren Ursprung im Fehlen einer zugesicherten Eigenschaft haben. Eine so weitgehende Einschränkung der Freizeichnungsklausel erscheint nicht gerechtfertigt. Sie würde nämlich darauf hinauslaufen, das Fehlen einer zugesicherten Eigenschaft haftungsmäßig strenger zu behandeln als Mängel der Tauglichkeit des Werkes zu dem vertraglich vorausgesetzten Gebrauch, obwohl beide Mängelursprünge nach Werkvertragsrecht in den Rechtsfolgen gleich ausgestaltet sind. Erst wenn der Besteller trotz gegebener Zusicherungen durch die Freizeichnung praktisch rechtlos gestellt würde, müßte ihm die Berufung auf seine Geschäftsbedingungen versagt werden. So liegt der Fall hier jedoch nicht. Denn die Klägerin behält die Möglichkeit, sich von dem infolge der Mangelhaftigkeit der An-

lage für sie wertlosen Vertrag zu lösen. Darin liegt kein Verstoß gegen das gesetzliche Leitbild des Werkvertrages. Die von der Klägerin geltend gemachten Schäden sind überdies keine Mangelfolgeschäden, die von der gegebenen Zusicherung gedeckt sein sollten. Sowohl der Aufwand für die Zusatzinvestitionen als auch der entgangene Gewinn i. S. des § 252 BGB gehören vielmehr zu demjenigen Schaden, der eng und unmittelbar mit dem Mangel des Werkes zusammenhängt (vgl. BGH NJW 1961/1256 und NJW 1972/625)".

Ohne Erfolg wendet sich die Revision gegen die Auffassung des Berufungsgerichts, die Klägerin sei durch die Freizeichnungsklausel nicht rechtlos gestellt, da sie die Möglichkeit habe, sich von dem durch die Mangelhaftigkeit der Anlage für sie wertlosen Vertrag zu lösen. Entgegen der Ansicht der Revision fällt das der Klägerin eingeräumte Rücktrittsrecht als wirtschaftlicher Wert durchaus ins Gewicht. Die Interessen des Bestellers sind in der Regel durch das Recht zum Rücktritt vom Vertrag noch ausreichend gewahrt (vgl. *BGHZ* 54/236, 242; *BGH,* NJW 1963/1148 = I.47 und 1974/272 = I.78). So ist es auch hier.

Unbegründet ist schließlich die Rüge der Revision, das Berufungsgericht sei zu Unrecht der Auffassung, daß grobe Fahrlässigkeit der Beklagten als Ursache der Nichterfüllung der Gewährleistungsrechte nicht dargetan sei. Die Klägerin hat zwar vorgetragen, die Trocknungsanlage habe nur 20 % der zugesicherten Leistungsfähigkeit gehabt und der Mangel beruhe auf einem „eklatanten Versagen" der Ingenieure der Beklagten. Dieser Vortrag reicht jedoch nicht aus, um grobe Fahrlässigkeit der gesetzlichen Vertreter der Beklagten oder eines ihrer leitenden Angestellten erkennen zu lassen, so daß die Berufung auf den Haftungsausschluß als gegen § 242 BGB verstoßend angesehen werden könnte (vgl. *BGHZ* 20/164, 167; *BGHZ* 54/236, 243). Das brauchte das Berufungsgericht nicht näher darzulegen. Die Revision meint, der Vortrag reiche aus, um prima facie auf grobe Fahrlässigkeit schließen zu lassen. Es bestehe nämlich ein Erfahrungssatz, daß ein erheblicher Planungsfehler vorliegen müßte, der zumindest auf grober Fahrlässigkeit beruhe, wenn die zugesicherte Leistungsfähigkeit einer Anlage nicht einmal 50 % erreiche. Ein solcher Erfahrungssatz ist nicht zu erkennen.

Als Anhang (S. 400–427) sind die Entscheidungen des Bundesgerichtshofs vom 19. 2. 1975 (I.85) und vom 3. 6. 1975 (I.86) abgedruckt.

II. Zweiter Teil:

Entscheidungen der Oberlandesgerichte

II. 1: OLG Stuttgart, 10. 12. 07 (Holzsägemaschine)

Deliktshaftung

Der Beklagte (Hersteller) hat insofern eine Bedingung der Verletzung gesetzt, als er die Maschine angefertigt hat, mittels deren W. (Mitarbeiter des Abnehmers) verletzt wurde. Wenn der Verfertiger einer Sache bei deren Anfertigung Bedingungen der Verletzung des Körpers von solchen, die sich der Sache bedienen, setzt, die keineswegs notwendig mit der Herstellung einer Sache solcher Art verbunden sind, wenn also die Verletzung eine Folge mangelhafter Herstellung der Sache ist und der Mangel hätte vermieden werden können und sollen, ist die Herstellung des Gegenstandes Ursache jener Verletzung. Die Herstellung eines Revolvers z. B. wird von der natürlichen Anschauung nicht als Ursache der mittels des Revolvers beigebrachten Verletzungen angesehen; ist aber der Revolver aus schlechtem Stoffe gefertigt, daß er, wie der Verfertiger wissen mußte, beim ersten Schusse zerspringen mußte, so wird niemand Bedenken tragen, diese Art der Herstellung des Revolvers als die Ursache der durch dessen Zerspringen herbeigeführten Verletzungen anzusehen; der Verfertiger hat hier für den eingetretenen Erfolg eine nicht schon im Begriff des Revolvers liegende Bedingung gesetzt, die geeignet war, nach dem gewöhnlichen, erfahrungsmäßigen Verlauf der Dinge diesen Erfolg herbeizuführen. So ist auch die Erstellung einer mit einem (vermeidbaren) Mangel behafteten Sägemaschine durch den Beklagten als Ursache der Verletzung des W. anzusehen, welch letztere ohne jenen Mangel nicht erfolgt wäre. Der ursächliche Zusammenhang zwischen dem Tuen des Beklagten und der Verletzung des W. ist dadurch nicht unterbrochen worden, daß der Beklagte die Maschine dem A. kaufweise geliefert und A. sie in Betrieb genommen hat; denn hierdurch ist der Tätigkeit des Beklagten die Wirksamkeit nicht entzogen worden; es ist nicht eine neue Tatsache eingetreten, die für sich allein – ohne die vorausgegangene Tätigkeit des Beklagten – den eingetretenen Erfolg von sich aus bewirkt hat.

Berücksichtigung der tatsächlichen Einsatzbedingungen

Den Beklagten trifft aber auch der Vorwurf der Fahrlässigkeit. Er mußte sich bei Anwendung der im Verkehr erforderlichen Sorgfalt sagen, daß die Unterlassung der Schutzvorrichtung in der Nähe des Abstellers nach dem gewöhnlichen Gang der Dinge leicht einen Unfall von der Art, wie er den W. betroffen hat, zur Folge haben könne. Die Maschine war dazu bestimmt, Holz für Holzbesitzer, die es zu Brennzwecken gekauft hatten, zu sägen, und zwar nicht an einem festen Standort, sondern je vor den betreffenden Häusern. Der Beklagte mußte deshalb damit rechnen, daß Leute aller Art sich bei der von der Maschine zu verrichtenden Arbeit – mindestens hilfeleistend – beteiligten. Damit war erfahrungsgemäß die keineswegs entfernte Möglichkeit gegeben, daß eine solche Person durch Zufall oder Ungeschicklichkeit mit dem in der Nähe des Abstellers unverkleideten Teil des Sägeblattes in Berührung kam und hierbei durch das Sägeblatt verletzt wurde.

Zumutbarkeit der Gefahrabwendungsmaßnahmen

Daß dieser Gefahr leicht und ohne irgendwelche erhebliche Kosten durch Verkleidung des Sägeblattes abzuhelfen gewesen wäre, ist außer Streit. Es war diese Abhilfe aber auch zur Zeit des Umfangs in den beteiligten Kreisen allgemein bekannt. Auch der Beklagte mußte wissen, daß eine Schutzvorrichtung in dieser Richtung geboten und leicht herzustellen war, war er doch auf die Unfallverhütungsvorschriften der Klägerin ausdrücklich hingewiesen und zeigten die von ihm selbst ausgehenden Prospekte derartige Schutzvorrichtungen.

II. 2: OLG Bremen, 11. 10. 1951, 2 W 208/51 (Motorenkolben)

In den dem Antragsteller gehörenden Lastwagen wurden im Juli 1941 durch die Reparaturwerkstatt R. neue Kolben einge-

baut. Nach Darstellung des Antragstellers waren diese fehlerhaft konstruiert und haben sie Schäden an den Zylindern des Motors verursacht.

Deliktshaftung

Das LG geht von irrigen Voraussetzungen aus, wenn es annimmt, daß die Reparaturwerkstatt dem Antragsteller einen infolge des Einbaues fehlerhafter Kolben unbrauchbaren Motor geliefert habe. Vielmehr hat die Reparaturwerkstatt in den dem Antragsteller gehörenden Motor die von der Antragsgegnerin hergestellten Kolben eingebaut. Die Voraussetzungen der Entscheidung *RG* JW 1905/368 = I.1 liegen mithin nicht vor. In dem dort entschiedenen Fall hat das RG eine Eigentumsverletzung verneint, wenn jemand es schuldhaft verursacht, daß die einem anderen zufallende Sache von vornherein in mangelhaftem Zustand zur Entstehung gelangt. In jenem Fall richtete sich die Verletzung nicht gegen ein schon vorhandenes Eigentum. Im Streitfall dagegen würde das bereits bestehende Eigentum des Antragstellers an dem Motor durch die Einwirkung der von der Antragsgegnerin fehlerhaft konstruierten Kolben verletzt worden sein. Damit sind die objektiven Voraussetzungen einer Eigentumsverletzung gegeben. In der Rechtsprechung ist anerkannt, daß das Inverkehrbringen solcher Waren oder Gegenstände, deren bestimmungsgemäße Verwendung geeignet ist, Leben, Gesundheit oder Eigentum anderer zu gefährden, im Schadensfall zum Ersatz verpflichtet. Unerheblich ist es dabei, ob die Kolben im Zeitpunkt des Schadenseintritts bereits Eigentum des Antragstellers waren. Entscheidend ist allein, daß die Antragsgegnerin durch das Inverkehrbringen der fehlerhaft konstruierten und schädigenden Kolben eine adäquat ursächliche Bedingung für den Schadenseintritt gesetzt hat. Endlich hindert auch der Umstand, daß der Lastkraftwagen der Sparkasse zur Sicherung übereignet war, nicht die Geltendmachung von Ersatzansprüchen seitens des Antragstellers (vgl. *RGZ* 170/6).

Sicherungsübereignung und Aktivlegitimation

II. 3: OLG Frankfurt, 7. 1. 1954, U 173/52 (Insektenvernichtungsmittel II)

Es handelt sich um die Vorentscheidung zu der als Nummer I.22 abgedruckten Entscheidung: der Bundesgerichtshof hat zu den hier abgedruckten Passagen des OLG-Urteils nicht konkret Stellung genommen, andererseits aber sachlich sein Urteil auf die Gedankengänge des OLG aufgebaut. Hinsichtlich der Abweisung der Anschlußberufung ist das Urteil des OLG Frankfurt rechtskräftig geworden.

Zu dem in Nr. I.22 abgedruckten Sachverhalt ist zu ergänzen, daß 19 Bienenzüchter ihre Ansprüche an den Kläger abgetreten hatten.

Nur der in der Person des Imkers S. entstandene Teilanspruch erweist sich dem Grunde nach als gerechtfertigt, während die übrigen Teilansprüche unbegründet sind.

Hersteller-Anwendungsempfehlungen

Vertragshaftung

Dies gilt zunächst, soweit der Kläger diese Ansprüche darauf gestützt hat, daß das Insektenvernichtungsmittel X in mehreren Fällen ausdrücklich zur Bekämpfung von Wachsmotten empfohlen wurde. Für eine Empfehlung wird nach § 676 BGB nur gehaftet, wenn sie aufgrund einer vertraglichen Haupt- oder Nebenverpflichtung erteilt oder durch sie der Tatbestand einer unerlaubten Handlung verfügt wird. Abgesehen von den Fällen der Imker A. und S. liegt aber keine dieser Voraussetzungen hier vor.

Ein ausdrücklicher, auf eine Raterteilung gerichteter Vertrag ist von dem Kläger nur hinsichtlich des Imkers A. behauptet worden. Bei den übrigen Imkern kann allenfalls ein stillschweigender Vertrag dieser Art in Frage kommen, falls in den mehr oder minder an die Allgemeinheit gerichteten Empfehlungen der Beklagten ein entsprechendes Vertragsangebot an jeden, den es angeht, gefunden werden könnte. Ob eine solche Auslegung berechtigt ist, kann jedoch letzten Endes dahingestellt bleiben. Damit ein solcher Vertrag hätte zustande kommen können, müßte nämlich das Angebot – wenigstens stillschweigend – angenommen worden sein. Das aber würde vorausgesetzt haben, daß den betreffenden Imkern die Empfehlung als solche und das etwa darin liegende Vertragsangebot – und zwar vor Anwendung des Mittels – bekannt war.

Deliktshaftung

War dies aber der Fall, dann ist immer auch eine Haftung aus unerlaubter Handlung nach § 823 Abs. 1 BGB gegeben, so daß die Frage, ob daneben auch aus Vertrag gehaftet wird, nicht erörtert zu werden braucht.

Es wird allerdings die Ansicht vertreten, wegen Erteilung eines Rates oder einer Empfehlung sei eine Haftung aus unerlaubter Handlung nur unter den hier nicht vorliegenden Voraussetzungen der §§ 823 Abs. 2 oder 826 BGB möglich (so u. a. *Koenige*, HGB, 4. Aufl., Anm. 3 zu § 347). Dem vermag sich aber der Senat nicht anzuschließen. Denn es ist nicht einzusehen, weshalb eine Raterteilung nicht auch den Tatbestand einer unerlaubten Handlung im Sinn des § 823 Abs. 1 BGB sollte erfüllen können, wenn die Befolgung des Rats unmittelbar eine Verletzung der dort bezeichneten Rechtsgüter zur Folge hat.

Demgemäß ist auch die Beklagte nach dieser Vorschrift ersatzpflichtig, soweit das Insektenvernichtungsmittel X infolge der von der Beklagten ausgegangenen Empfehlungen zur Vertilgung von Wachsmotten angewandt worden ist und dadurch Bienen zu Schaden gekommen sind, da sie diese Empfehlungen hat hinausgehen lassen, ohne Klarheit über etwaige Nachwirkungen auf die Bienen gehabt zu haben, also fahrlässig gehandelt hat.

Kausalitätserfordernis

Voraussetzung dieser Haftung ist aber immer, daß tatsächlich die Anwendung des Mittels im Einzelfall auf die Empfehlungen der Beklagten zurückzuführen ist, also zwischen ihnen ein ursächlicher Zusammenhang besteht. Einen solchen Zusammenhang hat aber der Kläger nur im Fall des Imkers S. nachweisen können. Keiner der übrigen Imker konnte behaupten, von einem der konkreten Empfehlungsschreiben Kenntnis gehabt zu haben. Die meisten Imker haben angegeben, das X aufgrund der allgemeinen Reklameschriften angewandt zu haben. Zwei weitere wollen es auf Empfehlung

ihres Verkäufers (Drogisten) angewandt haben, ohne allerdings auch nur behaupten zu können, daß diesen etwa die Empfehlungen der Beklagten bekannt gewesen seien und vier weitere sind nach ihrer Angabe durch die in der „Hessischen Biene" erschienene Notiz zur Anwendung des X veranlaßt worden. Der Kläger behauptet allerdings, auch diese Notiz sei von der Beklagten inspiriert worden und damit der erforderliche Kausalzusammenhang gegeben. Den Nachweis für diese Behauptung hat er aber nicht führen können.
Aber auch die Beklagte konnte mit ihrer Anschlußberufung nicht durchdringen. Hinsichtlich des Imkers S. ist der Vorderrichter von der unstreitigen Tatsache ausgegangen, daß dieser das X unter Einhaltung der von der Beklagten in ihren Empfehlungsschreiben genannten Karenzzeit von 6 Wochen angewandt, aber gleichwohl durch das Gift an seinen Bienen Schaden erlitten hat. Es hat weiterhin aufgrund der Aussage des Zeugen S. als festgestellt erachtet, daß dieser das Mittel aufgrund der Veröffentlichung vom November 1949 der Nordwestdeutschen Imker Zeitung angewandt hat. Ein Zweifel an der Richtigkeit dieser Aussage ist nicht begründet. Mithin ist der Nachweis erbracht, daß S. das Mittel auf die Empfehlung der Beklagten hin angewandt hat. Insoweit ist der Klageanspruch mit Recht dem Grunde nach für gerechtfertigt erklärt worden.

II. 4: OLG Celle, 4. 5. 57, 9 U 65/55 (Blondierungsmittel):

Deliktshaftung

Eignung für normale Einsatzbedingungen

Die Klage wird auf unerlaubte Handlung gestützt. Die Beweisaufnahme hat ergeben, daß das Haar der Klägerin zu dem fraglichen Zeitpunkt ganz anormal schlecht war. Es war luftdurchsetzt, das Blondierungsmittel wurde im Inneren des Haares kapillar hochgesaugt und gelangte an Stellen, wo es normalerweise nicht hinkommen konnte. Die zahlreichen Versuche des Sachverständigen auch mit schlechtem Haar haben ergeben, daß die Reißfähigkeit des Haares durch das Blondierungsmittel nur ganz geringfügig herabgesetzt würde.

Das Haar der Klägerin war aber derartig schlecht, daß schon die Verringerung der Reißfähigkeit auf einen geringfügigen Bruchteil der normalen Reißfähigkeit den Erfolg herbeigeführt hat. Die beigefügte Gebrauchsanweisung besagt, daß das Blondierungsmittel für gesundes Haar unschädlich sei. Das ist nach dem Gutachten durchaus zutreffend. Unter diesen Umständen kann die beklagte Firma für den Schaden nicht haftbar gemacht werden.

II. 5: OLG Köln, 9. 12. 1963, 10 U 44/62 (Heizöl):

Der Kläger bezog das in seinem Betrieb benötigte Heizöl regelmäßig von der Beklagten. Das von dieser gelieferte Heizöl hatte bisher niemals zu Beanstandungen Anlaß gegeben. Die Beklagte war Einzelhändlerin und bezog das Heizöl von ihrer Großhändlerin, der Streithelferin.

Vertragshaftung: Eigenschaftszusicherung

Die Klage ist nicht aufgrund des § 480 Abs. 2 BGB begründet. Allerdings ist abweichend von der Meinung des LG davon auszugehen, daß dem Heizöl zu der Zeit, zu der die Gefahr auf den Kläger als Käufer überging, eine zugesicherte Eigenschaft fehlte. Die Beklagte hatte nämlich zugesichert, daß dem Heizöl keine vom normalen abweichende Menge von Wasser beigemengt war. Diese Eigenschaft war aber zu dem erwähnten erheblichen Zeitpunkt unstreitig nicht gegeben.

Vorliegen einer Eigenschaftszusicherung

Hierbei ist zwar anzunehmen, daß eine dahingehende ausdrückliche Zusicherung von der Beklagten nicht gegeben worden ist. Die Beklagte hat aber in vertragsmäßig bindender Weise stillschweigend eine dahingehende Zusicherung gegeben. Es ist anerkannten Rechts, daß eine Zusicherung nicht ausdrücklich zu sein braucht, sich vielmehr auch aus anderen Umständen ergeben kann, wenn auch mit der Annahme einer derartigen stillschweigenden Zusicherung Vorsicht geboten ist. Zwar reicht nicht aus, daß dem Verkäufer bekannt ist, daß der Käufer die Sache in einer bestimmten Weise verwenden will. In dem zur

Entscheidung stehenden Sachverhalt reicht es also nicht, daß der Kläger das Heizöl in seiner Ofenanlage, in der nur „extra leichtes" Heizöl ohne Wasserzusatz brennbar ist, verbrennen will. Zur Überzeugung des Senats steht aber fest, daß im Heizölhandel, auch in der letzten Stufe zwischen Einzelhändler und Endverbraucher, ein Handelsbrauch dahingehend besteht, daß die Wasserfreiheit des Heizöls vom Verkäufer (stillschweigend) zugesichert ist. Da beide Parteien Kaufleute sind, ist von ihnen auf diesen im Heizölhandel geübten Handelsbrauch Rücksicht zu nehmen (§ 346 HGB). Der Handelsbrauch dient der Ergänzung der abgegebenen Willenserklärung. Daher ist die Vertragserklärung der Beklagten entsprechend dem festgestellten Handelsbrauch zu verstehen. Andernfalls hätte sie zum Ausdruck bringen müssen, daß sie ihn als Vertragsinhalt nicht gelten lassen wolle, was keine der Parteien vorgetragen hat.

Die vom Kläger mit der Klage geltend gemachten Schäden sind aber nicht als Schäden anzusehen, die er gemäß § 480 Abs. 2 BGB ersetzt verlangen kann, denn nach dieser Bestimmung ist nur der unmittelbare Schaden, sind aber nicht auch die Folgeschäden zu ersetzen. Für weitergehende Schäden kommt eine Haftung allein unter dem Gesichtspunkt einer schuldhaften positiven Vertragsverletzung in Betracht (überholt durch I. 56).

Haftung aus positiver Vertragsverletzung

Die Klage ist aber auch nicht aus dem Gesichtspunkt einer schuldhaften positiven Vertragsverletzung gerechtfertigt. Es ist nicht erwiesen, daß die Beklagte schuldhaft etwas unterlassen hat, wozu sie aufgrund des Kaufvertrages verpflichtet war.

Untersuchungspflichten des Vertriebshändlers

Einmal ist kein eigenes schuldhaftes Verhalten der Beklagten erwiesen. Eine Verpflichtung der Beklagten, das von ihr gelieferte Heizöl daraufhin zu untersuchen, ob es vertragsgemäß sei, kann allenfalls in einem beschränkten Umfang angenommen werden. Auszugehen ist davon, daß eine Untersuchungs- und Prüfungspflicht des Verkäufers aus dem Kaufvertrag nur in einem beschränkten Maße besteht und sich nur dann erweitert, wenn besondere Anhaltspunkte für das Vorliegen eines bestimmten Mangels sprechen (*BGH*, VersR 1956/259 = I. 23). Daß die letzteren Voraussetzungen gegeben waren, hat der Kläger selbst nicht vorgetragen. Dafür finden sich auch sonst keine Anhaltspunkte. Das gilt erst recht, wenn die Beklagte, wie hier aufgrund besonderer Umstände, insbesondere einer längeren Geschäftsverbindung, keinen Anlaß hatte, an der Zuverlässigkeit ihrer Lieferantin, der Streithelferin, zu zweifeln (*BGH*, aaO.); denn unter solchen Voraussetzungen durfte sie von der Ordnungsmäßigkeit der Lieferung ausgehen (*BGH*, VersR 1926/480 = I. 45).

Auf dieser Grundlage war die Beklagte sicherlich nicht verpflichtet, zur Prüfung eine chemische Analyse durchführen zu lassen, die zum Erkennen des vorliegenden Mangels geführt hätte. Allenfalls kann in Betracht gezogen werden, ob sie nicht eine ihr zumutbare sonstige Prüfung vorzunehmen hatte. Jedenfalls kann es sich nur um die Prüfung solcher Mängel handeln, die bei einer oberflächlichen Prüfung und Betrachtung bereits erkennbar waren (*BGH*, VersR 1956/259 = I. 23). Die Beklagte konnte daher allenfalls verpflichtet gewesen sein, das Heizöl im Schauglas des Tankwagens beim Auf- und Abfüllen auf besondere Erscheinungen hin zu beobachten. Eine Wasserbeimengung ist aber nach dem gemeinsamen Vortrag der Parteien im Schauglas nicht erkennbar.

Die Beklagte hat sich in ihrem Verhältnis zum Kläger auch nicht ein etwaiges Verschulden ihrer Lieferantin, der Streithelferin, anzurechnen lassen (vgl. § 278 BGB), denn nach dem unstreitigen Sachverhalt bestehen keinerlei Anhaltspunkte für die Annahme, daß sie sich der Streithelferin zur Erfüllung ihrer eigenen Verbindlichkeiten aus dem Kaufvertrag gegenüber dem Kläger bedient hat.

II. 6: OLG Karlsruhe, 4. 3. 1964, 1 U 154/63 (Kfz-Lenkung):

Der Kläger verklagte den Kfz-Hersteller mit der Begründung, durch einen Fabrikationsfehler sei die Lenkung des Fahrzeuges ausgefallen: dadurch sei der Weitertransport des geladenen Gemüses unmöglich geworden und das Gemüse verdorben.

Deliktshaftung: Sachschaden

In Betracht kommt nur ein Anspruch wegen unerlaubter Handlung (§ 823 Abs. 1 BGB). In der schadhaften Lenkung selbst liegt kein Schaden im Sinn des § 823 BGB. Eine Eigentumsverletzung durch Beschädigung einer Sache scheidet dann begrifflich aus, wenn gerade diese Sache bereits mit dem Fehler behaftet geschaffen wird, der dann dazu führt, daß die Sache unbrauchbar wird (RG, JW 1905/368 = I. 1; *OLG Karlsruhe*, NJW 1956/913). Unbrauchbar geworden ist hier die Lenkung des Kraftfahrzeuges infolge der fehlerhaften Herstellung. In diesem Unbrauchbarwerden der Lenkung liegt danach keine Verletzung des Eigentums.

Erfordernis der unmittelbaren Sacheinwirkung

Der Kläger meint, das Gemüse sei unmittelbar durch den Ausfall der Lenkung beschädigt worden. Der Wagen sei stehengeblieben und damit habe die Einwirkung auf das Gemüse begonnen. Der Kläger übersieht hier aber, daß der Verderb des Gemüses erst eine Folge des Versagens der Lenkung ist. Durch das Versagen der Lenkung ist nur der Wagen stehengeblieben und erst dadurch, daß der Wagen nicht weiter zum Transport verwendet werden konnte, ist das Gemüse verdorben bzw. mußte es billiger verkauft werden. Damit fehlt es an der unmittelbaren Einwirkung auf die Sache. Die nach § 823 Abs. 1 BGB zum Schadensersatz verpflichtende schuldhafte Verletzung des Eigentums setzt aber eine unmittelbare Einwirkung auf die Sache voraus, die Gegenstand des Eigentums ist (*RG*, HRR 1934/803).

II.6a: OLG Zweibrücken, 7.12.1965, 1 U 63/65 (Haartonikum):

Vertragshaftung: Haftung aus positiver Vertragsverletzung

Mit Recht hat das Landgericht die Leistungsklage dem Grunde nach einschränkend dahin für gerechtfertigt erklärt, daß die Beklagte dem Kläger den Schaden zu ersetzen hat, der ihm durch das Unterlassen eines Hinweises auf die Möglichkeit eieiner Allergie in der den Friktionspackungen beigegebenen

Beilagen entstanden ist. Diese Schadensersatzpflicht der Beklagten folgt aus positiver Vertragsverletzung. Der Beklagten oblag als Nebenpflicht aus den mit dem Kläger abgeschlossenen Kaufverträgen die Verpflichtung, in den Beilagen, die Wirkungs- und Gebrauchshinweise für das Haartonikum „Vac" enthielten, auch auf das mögliche Auftreten einer Allergie hinzuweisen.

Die Angriffe der Berufung gegen die rechtliche und tatsächliche Würdigung des Landgerichts sind nicht gerechtfertigt.

Kausalität

Nach feststehender Lehre und Rechtsprechung ist eine Unterlassung nur dann für den Erfolg kausal, wenn pflichtmäßiges Handeln den Eintritt des schädigenden Erfolges mit Sicherheit verhindert hätte (vgl. BGH, NJW 1961/869, 870). Die Beklagte hat schon in erster Instanz nicht bestritten und will wohl auch mit ihren Ausführungen in der Berufungsbegründung nicht bestreiten, daß die Hauterkrankung des Klägers im Sinne der Bedingungstheorie durch das Haartonikum der Beklagten ausgelöst wurde. Sollte der Hinweis der Beklagten darauf, daß möglicherweise erst das Zusammentreffen anderer Präparate mit dem Wirkstoff § 54, der im Haartonikum enthalten ist, die Allergie ausgelöst habe, dahin zu verstehen sein, daß hiermit die Ursächlichkeit entfalle, so wäre dies irrig. Jede einzelne Bedingung, auch wenn sie erst im Zusammenwirken mit anderen Bedingungen den Erfolg herbeigeführt hat, ist im Rechtssinne kausal.

Adäquanz

Das Unterlassen eines entsprechenden Hinweises war auch *adäquate* Ursache für einen Teilschaden des Klägers. Der adäquate Ursachenzusammenhang wird nicht dadurch in Frage gestellt, daß eine Allergie die Fähigkeit des Körpers ist, auf einen bestimmten Reiz anders zu reagieren, als der Norm entspricht, und daß sie im Verhältnis zum Normverlauf Seltenheitswert hat. So wird z. B. eine Bedingung, die geeignet ist, latent bestehende Krankheitsdispositionen (z. B. Tuberkelbazillen) auszulösen, als adäquate Ursache angesehen (RG. Recht 1908 Nr. 154) und der ursächliche Zusammenhang zwischen einer Körperverletzung und einer seelischen Beeinträchtigung auch dann bejaht, wenn eine wesentliche Mitursache dieses Zustandes in der seelisch anfälligen Persönlichkeit des Geschädigten liegt (BGHZ 20/137). Die Seltenheit der abnormen Reaktion des Klägers steht dem adäquaten Ursachenzusammenhang nicht entgegen. Die Frage der Adäquanz zwischen Bedingung und Erfolg ist nicht rein logisch abstrakt nach dem Zahlenverhältnis der Häufigkeit des Eintritts eines derartigen Erfolges zu beantworten. Dieses ist gerade dann nicht ausschlaggebend, wenn der Urheber der Bedingung, die mehr oder weniger entfernt liegende Möglichkeit des Eintritts eines schädigenden Erfolgs bewußt in Kauf genommen hat (vgl. BGHZ 16, 286 = NJW 1955, 1076). Im vorliegenden Falle war der Beklagten auf Grund des Untersuchungsergebnisses bekannt, daß der im Haartonikum enthaltene Wirkstoff sowohl primär als auch nach mehrfacher Exposition Überempfindlichkeitserscheinungen an der behandelten Haut auslösen kann. Der Hinweis der Beklagten darauf, daß eine Vielzahl von Stoffen, Natur- und Industrieprodukten Allergien auslösen kann, ist für die Frage des Kausalzusammenhanges ohne Bedeutung.

Kausalität der Pflichtverletzung

Hätte die Beklagte in der den Friktionspackungen beigegebenen schriftlichen Beilage auf die Möglichkeit von Allergien hingewiesen, so wäre ein Teil des dem Kläger entstandenen Schadens verhindert worden. Der Kläger verwendete von Juni 1959 bis August 1960 bei der Haarpflege seiner Kunden 150 Ampullen „Vac". In diesem Zeitraum hätte er den unterlassenen Hinweis möglicherweise mehrmals, mit Sicherheit aber einmal gelesen. Denn die Lebenserfahrung spricht dafür, daß ein Friseur, der bei seinen Kunden ein Haarpflegemittel anwendet, den diesem beigegebenen Gebrauchshinweis liest. Der Kläger hätte sich sodann beim ersten Auftreten der Erkrankung eines solchen Hinweises erinnert, seinen Arzt darauf aufmerksam gemacht und wesentlich früher, als geschehen, die Benutzung von „Vac" vermieden.

Instruktionshaftung

Ein Unterlassen ist freilich nur dann Ursache im Rechtssinn, wenn den Unterlassenden eine Rechtspflicht zur Verhinderung des eingetretenen Erfolgs traf. Der Beklagten als Verkäuferin des Haartonikums oblag über ihre vertraglichen Hauptpflichten hinaus die aus dem Grundsatz des § 242 BGB herzuleitende Schutzpflicht, den Kläger als Käufer auf die ihr bekannte

— wenn auch geringe — Möglichkeit des Auftretens von Allergien hinzuweisen und damit zu einer raschen Aufklärung der Schadensursache sowie zur Verhinderung weiteren Schadens beizutragen. Diese Rechtspflicht kann nicht deshalb verneint werden, weil — wie die Beklagte behauptet — nur in drei Fällen echte Erkrankungen von Friseuren aufgetreten sind. Der Hinweis der Beklagten darauf, daß auch Naturerzeugnisse (Primeln, Erdbeeren usw.) zu Allergien führen können und gleichwohl nicht mit einem entsprechenden Hinweis verkauft werden, geht fehl. Daß bestimmte Naturerzeugnisse als Allergene in Betracht kommen, ist weitgehend bekannt. Soweit die allgemeine Kenntnis fehlt, hat sie auch der Verkäufer nicht, so daß schon deshalb eine Hinweispflicht entfällt. Wahrscheinlicher erscheint aber noch ein anderer Umstand. Naturerzeugnisse pflegen allgemein ohne jeden Gebrauchshinweis verkauft zu werden. Haarpflegemitteln wird dagegen immer eine Beschreibung beigegeben, die häufig die enthaltenen Substanzen, mindestens aber die Wirkungsweise angibt und Gebrauchshinweise enthält. Diese Angaben sind unvollständig, wenn sie den Hinweis auf eine mögliche, wenn auch seltene Allergiegefahr nicht enthalten.

Dieser ihrer Hinweispflicht hat die Beklagte in den Endverbraucherpackungen genügt. Es ist kein Grund ersichtlich, warum für die Friseurpackungen etwas anderes gelten sollte. Einmal muß der Friseur selbst in die Lage gesetzt werden, seine Kunden auf die Allergiegefahr hinzuweisen, weil anderenfalls der Friseurkunde schlechter beraten wäre als der Käufer einer Endverbraucherpackung. Zum anderen bedarf der Friseur in besonderem Maße selbst des Hinweises, da er ungleich stärker als der das Haartonikum verwendende Endverbraucher mit dem Mittel in Berührung kommt und somit in höherem Maße gefährdet ist. Nach der in erster Instanz eingeholten Auskunft der Handwerkskammer ist es bei Friseuren nicht allgemein bekannt, daß ein Haartonikum an den Händen allergische Reaktionen auslösen kann. Selbst wenn ein Friseur auf Grund seiner Fachausbildung oder aus dem von der Beklagten genannten Friseurhandbuch weiß, daß Kosmetika Allergien verursachen können, wird hierdurch die Rechtspflicht der Beklagten zur Mitteilung eines entsprechenden Hinweises nicht berührt. Mit dieser allgemeinen Kenntnis wäre dem Kläger nicht geholfen gewesen, da er täglich mit einer Reihe von kosmetischen Mitteln in Berührung kam. Auch aus den von der Beklagten angeführten Unfallverhütungsvorschriften für Friseure läßt sich nichts entnehmen, was gegen die Rechtspflicht sprechen könnte. Der Hinweis wird nicht dadurch überflüssig, daß die Friseure gehalten sind, ihre Hände sorgfältig zu pflegen und zu überwachen.

Patentierung

Die Hinweispflicht wird ferner nicht durch das von der Beklagten für ein „Haar- und Hautpflegemittel" vorgelegte Patent in Frage gestellt. Es ist nicht eindeutig ersichtlich, ob das Patent das Haartonikum selbst oder den in ihm enthaltenen Wirkstoff betrifft, was jedoch unerheblich ist. Die Patentierung schließt jedenfalls nicht aus, daß das patentierte Mittel nur mit einem besonderen Hinweis vertrieben werden darf. Die Beklagte hat schließlich nicht vorgetragen, daß ihr der Hinweis in den Friktionspackungen nicht zumutbar gewesen wäre. Gegen eine solche Annahme spricht die von der Beklagten selbst vorgelegte Fotokopie der ab März 1963 verwendeten Friktionsbeilage, die den Hinweis auf eine ganz vereinzelt auftretende Überempfindlichkeits-Reaktion (Allergie) enthält und für diesen Fall von der weiteren Verwendung abrät.

Mit der Feststellung der Hinweis- und Erfolgsabwendungspflicht ist ohne weiteres die objektive Vertragswidrigkeit und damit die Rechtswidrigkeit des Unterlassens gegeben. Die Beklagte hat im Rahmen der vertraglichen Beziehungen zum Kläger eine Verhaltenspflicht verletzt.

Verschulden

Die Versäumung des gebotenen Hinweises ist als ein Verschulden der für den Inhalt der schriftlichen Beilagen verantwortlichen Personen zu werten, das der Beklagten nach § 278 BGB zuzurechnen ist. Die Verantwortlichen mußten nach den Untersuchungsergebnissen damit rechnen, daß auch ein Friseur infolge der Berührung mit dem Haartonikum eine Allergie erleiden und durch das Fehlen des Hinweises irgendwie geschädigt werden könne. Daß diese Überlegungen nicht angestellt wurden oder unter Verkennung der Gefahr zu einem unrichtigen Ergebnis führten, begründet ein Verschulden.

II. 7: OLG Frankfurt, 2. 6. 1967, 5 U 136/66 (Leimkreide):

Deliktshaftung

Die Beklagte ist verpflichtet, der Klägerin Schadensersatz für die auf dem Transport verursachte Verunreinigung des Frachtgutes zu bezahlen. Anspruchsgrundlage sind die §§ 823 Abs. 1, 249 BGB. Der Schadenfall ist allein auf die Rückstände von Hühnerfutter zurückzuführen, das zuvor in dem Silofahrzeuge der Beklagten befördert worden war. Diese Schadensursache hat die Beklagte zu vertreten. Mit Recht hat die Klägerin darauf hingewiesen, daß die Beklagte nicht einmal die erforderlichen Maßnahmen ergriffen hatte, um das Fahrzeug „besenrein" zu machen, was als geringste Stufe der Säuberung galt. Da die Beklagte ausdrücklich darauf hingewiesen war, der Silowagen müsse unbedingt ganz sauber sein, weil es sich um sehr feine Ware handele und es nur der Beklagten bekannt war, welche Reinigungsmaßnahmen angesichts des sehr problematischen Wechsels von Hühnerfutter auf Feinkreide zu ergreifen notwendig waren, handelte sie entgegen der im Verkehr erforderlichen Sorgfalt, wenn sie das Fahrzeug nicht so reinigen ließ, daß der Ladung keine Gefahr drohte. Wenn sie pflichtgemäß glaubte, den dafür erforderlichen Reinigungsgrad nicht erzielen zu können oder ihr der notwendige Aufwand zu groß erschien, hätte sie den Frachtauftrag ablehnen müssen.

Organisationshaftung

Die Beklagte kann sich auch nicht damit entlasten, ihre Fahrer seien sorgfältig ausgesucht und überwacht worden, auch hätten diese sich stets als zuverlässig erwiesen. Die Beklagte haftet unmittelbar, weil sie ihrem Personal nicht bestimmte Anweisungen über die für den Sonderfall erforderliche Art der Reinigung erteilt hat.

Mitverschulden (§ 254 BGB)

§ 377 HGB

Abnehmerverantwortung

Wegen der Folgeschäden muß sich die Klägerin jedoch, da sie insoweit aus abgetretenem Recht der B-Kabelwerke gegen die Beklagte vorgeht, deren Mitverschulden anrechnen lassen. Das Mitverschulden der B-Kabelwerke liegt darin, daß diese die gelieferte Ware verarbeitet hat, ohne Probe zu ziehen (§ 377 HGB). Wenn ihr auch nicht zugemutet werden konnte, vor Abladung des Silofahrzeugs der Beklagten eine Probeuntersuchung vorzunehmen, hätte sie das vor Beginn der Arbeiten tun müssen, um weitere Schäden zu vermeiden. Da die Verunreinigung bereits durch einfaches Aussieben von 2 kg Feinkreide festgestellt werden konnte, wäre der Folgeschaden an den Kabelmänteln vermieden worden, hätten die B-Kabelwerke dieser Verpflichtung entsprochen.

II. 8: OLG Celle, 28. 1. 1970, 13 U 175/69 (Ventildichtung):

Verjährung (§ 477 BGB)

Die Bestimmung des § 477 BGB über die 6monatige, kurze Verjährung der Gewährleistungsansprüche ist nicht etwa unanwendbar, weil es sich hier um einen verdorbenen Mangel handelte, den der Käufer gar nicht erkennen konnte (*BGH*, LM Nr. 13 zu § 463 BGB). Es kommt deshalb entscheidend darauf an, ob nach § 477 BGB die Verjährungsfrist deshalb nicht auf 6 Monate beschränkt ist, sondern 30 Jahre beträgt, weil die Beklagte den Mangel, die Konstruktionsfehler ihrer Ventile, arglistig verschwiegen hat.

Ein arglistiges Verschweigen setzt voraus, daß der Verkäufer den Fehler kannte oder doch zumindest mit seinem Vorhandensein rechnete. Arglist setzt Vorsatz voraus, es genügt bedingter Vorsatz, grobe Fahrlässigkeit reicht hingegen nicht aus (*BGH*, LM Nr. 1 zu § 463 BGB). Ein solcher auch nur bedingter Vorsatz der Beklagten kann hier nicht festgestellt werden. Es spricht schon der gesamte Sachverhalt, die Lebenserfahrung, dagegen, daß ein Produzent, der mit einem neuartigen Artikel auf den Markt tritt, die Gegenstände anbietet, obwohl er positiv weiß oder doch billigend damit rechnet, daß sie entscheidende Fehler aufweisen.

Offenbarungspflichten des Verkäufers

Der Verkäufer hat aber, wenn er nicht arglistig handeln will, nicht nur dem Käufer seine positive Kenntnis vom Vorhandensein eines Fehlers zu offenbaren, sondern unter Umständen auch einen bloßen Verdacht der Fehlerhaftigkeit (*OLG Köln*, NJW 1965/109). So liegt es hier.

II.8

Konstruktionshaftung auf Vornahme ausreichender Typenerprobungen

Wie das Gutachten zeigt, hatte die Beklagte in der Konstruktion der Ventile, insbesondere bei der Dichtung, völlig neue Wege beschritten, obgleich gerade für die Dichtung bewährte wirtschaftliche Techniken zur Verfügung standen. Er hat seine neue Konstruktion jedoch nicht auf dem Prüfstand nach den hierfür bestehenden DIN-Vorschriften zuvor erprobt, sondern die Erprobung der Praxis, d. h. seinen Abnehmern überlassen. Das hat der Sachverständige in überzeugender Weise aus der Art der Konstruktionsfehler und der daraus herrührenden Schäden und aus der Art und Häufigkeit der konstruktiven Änderungen gefolgert.

Nach den Feststellungen des Sachverständigen entspricht es den Usancen, daß derartige Armaturen vor dem Verkauf auf dem Prüfstand bewährt sein müssen. Das leuchtet bei den hier zur Rede stehenden Geräten aus zwei Gründen besonders ein:

Es handelt sich um eine Neukonstruktion, mit der damals offensichtlich und unverkennbar riskantes Neuland betreten wurde. Gerade weil an sich das Problem der Ventildichtung seit langem technisch befriedigend gelöst ist und somit keine erkennbare Notwendigkeit zur riskanten Neukonstruktion bestand, mußte der Käufer erwarten, daß eine gleichwohl vorgenommene Neukonstruktion erst nach ausreichender Prüfung geliefert wurde. Daß die von der Beklagten beliebte „Erprobung in der Praxis" die nach den Usancen des Handels und den DIN-Normen zu erwartende Erprobung auf dem Prüfstand nicht ersetzen konnte, wird aus der Vielfalt und Häufigkeit der Schäden deutlich, die infolge der Fehlkonstruktion aufgetreten sind.

Gerade bei den Heizungsventilen muß der Käufer sich auf ausreichende Erprobung der Neukonstruktion deshalb verlassen können, weil die Schäden, die der Käufer bei Versagen des Gerätes erleidet, besonders groß sind. Sie übersteigen bei weitem den Kaufpreis.

Offenbarungspflichten des Verkäufers

Die ordnungsgemäße, den Usancen und dem technischen Stand entsprechende Prüfung der Ventile stellt daher eine wesentliche Sacheigenschaft der Ventile im Sinn des § 459 BGB dar.

Der Umstand, daß die Prüfung unterlassen worden ist, war ein Sachmangel, den die Beklagte beim Verkauf hätte mitteilen müssen. Da sie das nicht tat, verschwieg sie den Mangel arglistig. Angesichts der dargestellten Bedeutung dieses Mangels oblag ihr eine Offenbarungspflicht, deren Verletzung arglistig ist. Ihre Arglist entfällt nicht etwa deshalb, weil die Beklagte an der Funktionstüchtigkeit der Ventile möglicherweise keinen Zweifel hatte, ebenso, wie der Verkäufer eines Unfallwagens, wenn er den Unfall verschweigt, selbst dann arglistig handelt, wenn er glaubt, der Unfall habe keinerlei technische Mängel und Fehler hinterlassen. Hinsichtlich des Risikos, das die unterlassene Prüfung bedeutet, ist die Beklagte als Armaturenproduzent sachkundig und daher nicht guten Glaubens gewesen.

Besteht aber der arglistig verschwiegene Mangel nur in dem Verdacht der Fehlerhaftigkeit oder hier darin, daß die verkaufte Sache risikobehaftet ist, so erstrecken sich die Folgen, die aus dem arglistigen Verschweigen herzuleiten sind, auch auf den Mangel, der darin besteht, daß der Fehlerverdacht oder das Risiko aktualisiert wird, daß sich die Schadensträchtigkeit zum akuten Schaden verdichtet.

Mit der Arglist, die die Einrede der Verjährung ausschließt, ist auch zugleich das Verschulden der Beklagten festzustellen, das für den Schadensersatzanspruch, soweit er nicht aus § 463 BGB, sondern aus positiver Vertragsverletzung begründet ist, Voraussetzung ist.

II. 9: OLG Saarbrücken, 17. 3. 1970, 2 U 193/66

Die Klägerin verlangte Rückzahlung der für die Verkleidung der Außenwände eines Hauses mit Glasfliesen gezahlten Vergütung. Der Beklagte machte geltend, er habe ordnungsgemäß gearbeitet, es sei ihm aber ein untauglicher Kleber vorgeschrieben worden.

Vertragshaftung: Anwenderverantwortung: Mitverantwortlichkeit mehrerer

Der Umstand allein, daß seitens des Architekten der Klägerin im Wege der Ausschreibung eine bindende Anordnung bezüglich Fliesen und Kleber getroffen worden war, hätte zwar den Wegfall einer Prüfungs- und Mitteilungspflicht (soweit sich aus der Prüfung Bedenken ergaben) nicht zu rechtfertigen vermocht. Denn grundsätzlich oblag es, ungeachtet der ergangenen Anweisung, dem Beklagten als Fachmann auf dem einschlägigen Gebiet der Wandverkleidung, die Geeignetheit der vorgesehenen Baustoffe selbständig zu überprüfen, und zwar dies insbesondere mit Rücksicht auf die normalerweise bei einem Architekten nur im allgemeinen vorhandenen Fachkenntnisse und Erfahrungen sowie die unstreitige Tatsache, daß dem Beklagten weder der vorgesehene Kleber bekannt war noch er bisher größere Aufträge unter Verwendung von Glasfliesen für Außenwände ausgeführt hatte. Die Besonderheiten des Falles gebieten jedoch eine von diesem Grundsatz abweichende Beurteilung. Fliesen und Kleber waren als eine unmittelbar aufeinander bezogene Baustoffeinheit zu betrachten. Die Auswahl der Fliesen war aufgrund direkter Empfehlung des Herstellers – eines auf diesem Gebiet erfahrenen, allgemein bekannten Unternehmens mit erheblichen Umsätzen – getroffen worden. Seitens der Firma D. wurde weiterhin, nachdem der Hersteller des D.-Klebers von seiner Verwendung abgeraten hatte, der Kleber E. der Firma G. ausdrücklich als geeignet erklärt, was durch die Aufnahme dieses Klebers in die Verlegeanleitung eine zusätzliche Bestätigung erfuhr.

Herstellererklärungen

Die Firma G. versicherte darüber hinaus, daß ihr Kleber ohne Risiko für das Projekt verwandt werden könne. Aus diesem Tatbestand ergibt sich folgendes: Die Brauchbarkeit eines Klebers kann nur durch längerdauernde, eingehende Versuche sowie durch die praktische Erprobung festgestellt werden, welche naturgemäß gleichfalls einen längeren Zeitraum erfordert. Ein Unternehmen, das sich, wie der Beklagte, nicht ausschließlich mit Verlegearbeiten befaßt, ist hierzu nicht in der Lage und vermag sich insbesondere, wenn wie hier keine praktischen Erfahrungen vorliegen, zur Frage der Brauchbarkeit von Fliesen und Kleber nicht verbindlich zu äußern. Andererseits

Herstellererklärungen

konnte und durfte der Beklagte davon ausgehen, daß ein Herstellerwerk wie D. nicht nur Glasfliesen von einwandfreier

Beschaffenheit liefern würde, sondern daß dieser Hersteller im Interesse der Käufer und damit auch unmittelbar im eigenen Interesse sich vor Empfehlung eines Klebers auch eingehend und zuverlässig über dessen Eignung Gewißheit verschafft und sich erst nach gründlicher Überprüfung – wie sie dem Beklagten offensichtlich nicht möglich gewesen wäre – dazu entschlossen habe, den Kleber in die Verlegeanleitung aufzunehmen und ihn auch für Projekte der infrage stehenden Größenordnung als geeignet zu erklären. Unter diesen Umständen entfiel für den Beklagten sowie für die Mitteilung von Bedenken kein Raum blieb. Nach übereinstimmenden Ausführungen der Gutachter ist es als erwiesen anzusehen, daß seitens des Beklagten nicht in der gebotenen Weise der Verlegeanleitung entsprechend gearbeitet worden ist.

II. 10: OLG Celle, 4. 12. 1970, 8 U 113/68 (Kleber II):

Es handelt sich um das Urteil, das nach der vom Bundesgerichtshof in der Kleber-Entscheidung (I. 56) ausgesprochenen Rückverweisung nach weiterer Beweisaufnahme ergangen ist.

Vertragshaftung: Eigenschaftszusicherung
Prospektangaben als Eigenschaftszusicherung

Als Anspruchsgrundlage für einen möglichen Anspruch des Beklagten kämen nur die §§ 459 Abs. 2, 463, 480 Abs. 2 BGB in Betracht. Nach dem Prospektmaterial, das der Kläger verwendete, muß nämlich davon ausgegangen werden, daß der Kläger dem Beklagten zugesichert hat, daß der betreffende Kleber für Styropor, also für das Kleben von Hartschaum auf Hartschaum, somit auch für die Verlegung von M-Platten geeignet war. Damit hat der Kläger dem Beklagten bestimmte Eigenschaften des Klebstoffes im Sinne des § 459 Abs. 2 BGB zugesichert.

Erstreckung auf Mangelfolgeschäden

Wenn diese Zusicherung falsch wäre, würde das bedeuten, daß der Beklagte nicht nur die Schäden an der Sache selbst, sondern auch die Mangelfolgeschäden ersetzt verlangen könnte, da dieser Klebstoff nicht für sich allein genutzt werden kann, sein bestimmungsgemäßer Gebrauch vielmehr allein darin besteht, beim Verlegen von Styropor-Platten verwendet zu werden.

In einem solchen Fall werden die Mangelfolgeschäden nämlich vom objektiven Sinn der Zusicherung erfaßt.

Fehlernachweis

Die Beweisaufnahme hat jedoch nicht ergeben, daß die Zusicherungen des Klägers falsch waren. Aufgrund des überzeugenden Sachverständigengutachtens steht im Gegenteil fest, daß der seinerzeit vom Beklagten gekaufte Kleber durchaus die zugesicherte Eigenschaft hatte, nämlich zum Verbinden von Styropor geeignet war. Nach dem Gutachten des Sachverständigen ist eine einwandfreie Klebung allerdings nur zu erzielen, wenn die vorgesehenen Ablüftzeiten reichlich eingehalten werden. Das Prospektmaterial des Klägers spricht insoweit von „10 bis 30 Minuten je nach Temperaturverhältnissen". Nach den Feststellungen des Sachverständigen ist die angegebene Mindestablüftzeit von 10 Minuten zwar kaum ausreichend. Mit dem Mittelwert von 20 Minuten hat der Sachverständige dagegen je nach Dicke des aufgetragenen Klebstoffes hinreichende Festigkeit erzielt. Da der Klebstoff zum Verbinden von Styropor geeignet ist, entfallen bereits die von dem Beklagten geltend gemachten Gegenansprüche.

Da der Beklagte durch Benennung von Zeugen Beweis dafür angetreten hat, daß in mehreren anderen Fällen, in denen seinerzeit der von dem Kläger bezogene Klebstoff Verwendung gefunden hat, ebenfalls Schäden eingetreten sind, obwohl angeblich immer genau nach der Gebrauchsanweisung gearbeitet worden sei, will er möglicherweise den Nachweis dafür erbringen, daß in den konkreten Fällen im Jahre 1964 die von ihm bezogenen Klebstoffe jedenfalls ungeeignet gewesen seien. Diesen Beweisanträgen brauchte der Senat nicht zu folgen, da dann eventuell gegebene Ansprüche des Beklagten durch Ziff. 5 der Lieferungs- und Zahlungsbedingungen des Klägers ausgeschlossen wären. Zu der grundsätzlichen Zulässigkeit dieser Bedingungen hat der Senat bereits Stellung genommen (vgl. Betr. 1966/457). Auf diese Ausführungen wird verwiesen. Der *Bundesgerichtshof* hat in seinem Urteil vom 29. 5. 1968 (vgl. I. 56) diese Ausführungen lediglich dahingehend eingeschränkt, daß diese Freizeichnungsklausel auf jeden Fall dann nicht zum Ausschluß der Ansprüche führen könne, wenn der verkaufte Kleber zum vereinbarten Zweck „untauglich" wäre. Da die Beweisaufnahme jedoch ergeben hat, daß der verkaufte Klebstoff für den vereinbarten Zweck jedenfalls grundsätzlich tauglich war, bedeutet das, daß nach den Lieferungsbedingungen des Klägers eventuelle Schadensersatzansprüche des Beklagten ausgeschlossen sind.

Vgl. zu dieser Entscheidung Anm. I.56

II. 11: OLG Hamm, 18. 1. 1971, 3 U 193/70 (Kappsäge):

Die Beklagte, eine Herstellerin von Maschinen, hatte an einen Sägewerk- und Holzmehlbetrieb (im folgenden Firma) eine pneumatische Untertischkappsäge geliefert. Der Kläger, der in der Firma tätig war, erlitt bei der Arbeit mit der Säge dadurch einen Unfall, daß er versehentlich den Fußschalter bediente und dadurch die Säge in Betrieb setzte.

Deliktshaftung

Betriebssicherheit

Stand der Technik

Die Beklagte haftet dem Kläger aus unerlaubter Handlung (§ 831 BGB). Als Herstellerin der Säge war die Beklagte verpflichtet, den Fußschalter mit einer Schutzvorrichtung zu versehen. Maschinelles Gerät darf nicht in einer die Betriebssicherheit mindernden Bauweise, die sich bei Ausnutzung der technischen Möglichkeiten vermeiden ließe, hergestellt werden (BGH, VersR 1952/357 = I. 19). Ohne Schutzvorrichtung war die Säge in vermeidbarer Weise betriebsunsicher. Das folgt schon aus den Unfallverhütungsvorschriften, obwohl sich diese nur an die Firma als Betreiberin und nicht an die Beklagte als Herstellerin gerichtet haben. Die Beklagte hat die Säge ohne Schutzbügel ausgeliefert. Daraus, daß ausweislich ihrer Aussagen beim Einpacken der Fußschalter in die Hand genommen werden mußte, ist nicht zu schließen, daß keine Säge das Werk ohne Schutzbügel verlassen hat, zumal nach den Aussagen der Zeugen die Möglichkeit besteht, daß die Säge durch einen Lehrling verpackt worden ist.

Anscheinsbeweis

Daß das Fehlen des Schutzbügels für den Unfall ursächlich gewesen ist, ist nach dem ersten Anschein anzunehmen. Sind

Unfallverhütungsvorschriften nicht eingehalten, so spricht der Beweis des ersten Anscheins für die Unfallursächlichkeit des Mangels (*BGH*, VersR 1953/335 und 1961/1044). Unstreitig hat die Säge ohne Schutzbügel den Unfallverhütungsvorschriften nicht entsprochen.

Organisationhaftung

Allerdings ist ein Verschulden des Inhabers oder der Inhaber der Beklagten oder ein Organisationsverschulden im Sinn von § 823 BGB nicht festzustellen. Unstreitig war ein Schutzbügel bei der Produktion und Auslieferung vorgesehen und daß die verantwortlichen Personen bei der Beklagten es an entsprechenden Hinweisen an ihre Arbeiter haben fehlen lassen oder sie nicht beaufsichtigt haben, ist nicht nachgewiesen.

Mitarbeiterhaftung (§ 831 BGB)

Die Beklagte haftet jedoch nach § 831 BGB für denjenigen ihrer Verrichtungsgehilfen, der es unterlassen hat, bei der der Firma verkauften Säge einen Schutzbügel anzubringen. Den ihr obliegenden Entlastungsbeweis hat die Beklagte nicht erbracht. Die Aussagen der Zeugen rechtfertigen nicht die Feststellung, daß sie beide und vor allem der von ihnen erwähnte Lehrling schon vor der Auslieferung derjenigen Säge, an der der Kläger zu Schaden gekommen ist, genügend darauf hingewiesen worden seien, daß eine Säge ohne Schutzbügel nicht ausgeliefert werden dürfe. Zudem ist der Zeuge St. damals erst ganz kurze Zeit bei der Beklagten beschäftigt gewesen, und über die Verläßlichkeit des Lehrlings, der ebenfalls für die Verpackung der Säge in Betracht kommt, ist nichts ersichtlich.

Mitverschulden (§ 254 BGB)

Das Eigenverschulden des Klägers ist nach § 254 Abs. 1 BGB nicht höher als mit 3/4 zu bewerten. Es liegt darin, daß er den Hauptschalter nicht ausgeschaltet und nicht darauf geachtet hat, daß er nicht versehentlich den Fußschalter betätigte, dessen uneingeschränkte Zugänglichkeit und Wirkungsweise ihm bekannt waren. Außerdem war es ihm als Sohn der Betriebsinhaberin zuzumuten, die Arbeit an der mangelhaft gesicherten Säge zu verweigern und Abhilfe zu verlangen.

II. 12: OLG Hamburg, 22. 6. 1971, 7 U 113/70 (PKW-Reifen):

Deliktshaftung

Vertriebsfehler

Behördliche Typenzulassung

Anscheinsbeweis

Der Beklagte haftet dem Kläger nach § 823 bzw. 831 BGB für den Unfallschaden. Unstreitig sind im Betrieb des Beklagten auf den Wagen des Klägers runderneuerte Reifen montiert worden, die für den betreffenden Typ (Opel-Admiral) nicht zugelassen waren. Der Unfall war auch durch die Verwendung unzulässiger Reifen verursacht worden. Wie der Sachverständige ausgeführt hat, sind die montierten Reifen für einen Opel-Admiral trotz ihrer 6 Lagen weniger geeignet als Reifen 7.00 S 14 mit 4 Lagen. Das wirkt sich insbesondere bei höheren Geschwindigkeiten aus. Kommt es bei höherer Geschwindigkeit dadurch zu einem Unfall, daß ein für den betreffenden Wagentyp nicht zugelassener Reifen platzt, so spricht der erste Anschein dafür, daß das Platzen auf die Unvorschriftsmäßigkeit des Reifens zurückzuführen ist und sich bei ausschließlicher Benutzung zulässiger Reifen nicht ereignet hätte. Dies folgt daraus, daß bestimmte Reifenarten deshalb vorgeschrieben sind, weil ohne sie die Verkehrssicherheit des Fahrzeugs nicht hinreichend gewährleistet ist. Platzt daher während einer Fahrt ein für das Fahrzeug nicht zugelassener Reifen, so deutet dies auf seine mangelnde Verkehrssicherheit als typische Schadensursache hin.

Der Beklagte hat diesen Anschein nicht entkräftet. Er hat keine Tatsachen dargetan, die auf die Möglichkeit einer anderen Schadensursache hindeuten. Der ursächliche Zusammenhang wird nicht dadurch in Frage gestellt, daß die hier verwendeten Reifen bei anderen Wagentypen, deren Höchstgeschwindigkeit über 120 km/h liegt, zulässig sind, weil sie nach dem Gutachten des Sachverständigen generell zu Geschwindigkeiten bis 150 km/h geeignet sind, denn es dreht sich hier nicht um die Ursächlichkeit eines generell ungeeigneten Reifens, sondern um die eines für den Wagen des Klägers nicht zugelassenen Reifens. Der Beklagte war, wenn er einen Opel-Admiral mit anderen Reifen versah, verpflichtet, dessen Halter den Grad von Sicherheit zu verschaffen, den die für diesen Wagentyp zugelassenen Reifen haben. Tat er dies nicht, so waren alle Umstände, die bei pflichtgemäßem Verhalten, also bei Beschaffung zugelassener Reifen, nicht eingetreten wären, von ihm verursacht.

Die Montage dieses Reifens war widerrechtlich, denn sie hat Rechtsgüter des Klägers verletzt. Gründe, die die Widerrechtlichkeit ausschließen könnten, liegen nicht vor. Der Beklagte trug zwar keine allgemeine Verantwortlichkeit für die Verkehrssicherheit eines schnellen Pkw. Er brauchte also nicht zur Herstellung oder Erhaltung der Verkehrssicherheit tätig zu werden. Wohl aber hatte er die allgemeine, jeden Menschen treffende Verpflichtung, sich jeder aktiven Beeinträchtigung der Verkehrssicherheit eines Fahrzeugs zu enthalten. Diese Pflicht verletzt er auch dann, wenn die vorher am Fahrzeug befindlichen Reifen abgefahren und daher möglicherweise gleichfalls nicht mehr verkehrssicher waren, denn nachdem ihm von dem Zeugen bekannt gegebenen Willen des Fahrzeugseigentümers sollten diese Reifen jedenfalls in Zukunft nicht mehr Verwendung finden.

Deliktsrechtliche Gefahrabwendungspflicht des Vertriebshändlers

Anwenderverantwortung/Vertriebshändlerverantwortung

Ob die Rechtswidrigkeit durch eine Einwilligung des Klägers in die Rechtsgutverletzungen hätte ausgeschlossen werden können, bedarf keiner Entscheidung, denn eine solche Einwilligung liegt nicht vor. Die behauptete Einwilligung des Zeugen W. und die Montage der unzulässigen Reifen war keine Einwilligung in die daraus entstandenen Verletzungsfolgen. Sie wäre allenfalls als Inkaufnahme der mit den Reifen verbundenen Gefährdung anzusehen und würde damit unter die Kategorie des „Handelns auf eigene Gefahr" fallen. Diese schließt jedoch nach der neueren Rechtsprechung des Bundesgerichtshofs die Rechtswidrigkeit einer unerlaubten Handlung nicht aus, sondern führt nur nach den Grundsätzen des § 254 BGB zu einer Haftungsbeschränkung oder einem Haftungsausschluß. (*BGHZ* 34/355).

Die Montage der Reifen im Betriebe des Beklagten war auch fahrlässig, denn bei Anwendung der im Verkehr erforderlichen

Voraussehbarkeit des Schadeneintritts
Vertriebshändlerverantwortung/ Anwenderverantwortung

Sorgfalt hätte derjenige, der die Montage veranlaßt hat, voraussehen können, daß das Fahren mit diesen Reifen möglicherweise zu einem Unfall führen würde. Daran ändert es auch nichts, wenn der Zeuge W. beim Kauf der Reifen erklärt haben sollte, der Wagen würde vom Kläger nur im Stadtverkehr benutzt werden. Es liegt auf der Hand, daß derartige Angaben, zumal wenn sie dazu dienen sollen, eine gesetzwidrige Handlungsweise zu rechtfertigen, nicht unbedingt zuverlässig sind. Der Beklagte bzw. seine Angestellten hätten nach der Lebenserfahrung damit rechnen müssen, daß der Entschluß, den Wagen nur im Stadtverkehr zu benutzen, jederzeit aufgegeben werden konnte, wenn sich ein Bedarf für eine Überlandfahrt ergab. Es bestand keine Gewähr dafür, daß W. den Halter des Wagens in dem Sinn instruieren würde, daß er den Wagen wegen der Reifen nur noch mit Stadtgeschwindigkeit fahren dürfe. Die Möglichkeit, daß der Halter den Wagen mit einer höheren Geschwindigkeit fahren würde, war also gegeben, wie auch der tatsächliche Verlauf gezeigt hat.

Ob der Vorwurf der Fahrlässigkeit gegen den Beklagten persönlich oder gegen seinen Bruder zu erheben ist, ist für die Entscheidung unerheblich. Hat der Beklagte persönlich mit W. verhandelt und die Montage des Reifens veranlaßt, so haftet er nach § 823 BGB. War es dagegen sein Bruder oder der Zeuge W., so folgt die Haftung des Beklagten aus § 831 BGB, denn die handelnde Person war auf jeden Fall von dem Beklagten zu einer Verrichtung, nämlich zur Bedienung der Kundschaft der Tankstelle bestellt. Den Entlastungsbeweis aus § 831 Abs. 1 Satz 2 BGB hat der Beklagte nicht angetreten.

Mitverschulden (§ 254 BGB)

Der Kläger ist dem Beklagten jedoch ausgleichungspflichtig, da er sich das mitwirkende Verschulden des von ihm mit der Beschaffung der Reifen beauftragten Zeugen W. anrechnen lassen muß. Dieses folgt aus den eigenen Bekundungen des W. Danach hat dieser selbst früher mit Reifen gehandelt und kannte die Bedeutung der Bezeichnung „S“. Er wußte auch, daß für jeden Pkw-Typ eine bestimmte Reifenart vorgeschrieben ist, die sich aus der Zulassung ergibt. Er hätte daher, falls er es nicht schon wußte, ohne weiteres feststellen können, daß Reifen ohne die Bezeichnung „S“ für den Opel-Admiral des Klägers nicht zugelassen waren. Er hätte daher die hier in Rede stehenden Reifen nicht erwerben dürfen, und zwar auch dann nicht, wenn er annahm, diese Reifen seien wegen ihrer 6 Lagen ebensogut wie S-Reifen. Mit der Zusicherung seiner Gesprächspartner, daß die Reifen für den vorgesehenen Zweck genügten, durfte er sich als Fachmann nicht zufrieden geben, denn er hatte keine Gewähr dafür, daß die Zusicherung den Tatsachen entsprach. Auch sprach der Umstand, daß S-Reifen für den Wagen vorgeschrieben waren, zunächst einmal gegen die Richtigkeit jener Zusicherung. W. hätte sich daher, wenn er sich schon über die Reifenvorschrift hinwegsetzte, an einer neutralen und sachverständigen Stelle, z. B. bei einer Opel-Vertretung, über die Eignung der Reifen erkundigen müssen.

Daß der Kläger sich das Verschulden des W. anrechnen lassen muß, folgt aus § 454 BGB in Verbindung mit einer analogen Anwendung des § 278 BGB. Dem steht nicht entgegen, daß das Verschulden des W. nicht bei Erfüllung einer dem Kläger obliegenden Leistungspflicht in Erscheinung getreten ist. Da es sich nämlich bei dem in § 254 BGB behandelten Mitverschulden des Geschädigten allgemein nicht um die Verletzung einer Leistungspflicht, sondern um ein Verschulden in eigener Angelegenheit handelt, genügt es auch im Rahmen der analogen Anwendung des § 278 BGB, daß die Hilfsperson bei einer für den Schaden ursächlichen Handlung (hier: Kauf des Reifens) die Sorgfalt außer Acht gelassen hat, die nach der Sachlage im eigenen Interesse des Geschädigten geboten war (*BGHZ* 3/48; *BGH*, NJW 1965/962).

Der entsprechenden Anwendung des § 278 BGB steht auch nicht entgegen, daß es sich hier um Ansprüche des Klägers aus unerlaubter Handlung handelt. Zwar kommt die entsprechende Anwendung nach herrschender Meinung nicht in Betracht, wenn zwischen den Parteien keine vertraglichen Beziehungen oder rechtlichen Sonderverbindungen bestehen. Wenn aber solche bestehen – wie im vorliegenden Fall – so ist § 278 BGB auch dann anzuwenden, wenn der Verletzte seinen Anspruch nicht auf diese, sondern auf eine unerlaubte Handlung stützt (*BGHZ* 9/316; *BGHZ* 24/327; *BGH*, NJW 1964/1670 und 1965/962).

II. 13: OLG Köln, 19. 10. 1971, 15 U 67/71:

Vertragshaftung: Eigenschaftszusicherung aufgrund von Zeitungsanzeigen

Der Beklagte hat in einer Zeitungsanzeige, durch welche der Kläger veranlaßt worden ist, mit ihm in Kaufverhandlungen über das umstrittene Fahrzeug einzutreten, folgendes erklärt: „Alle Fahrzeuge sind durch Meisterhand überprüft, TÜV-abgenommen und mit Garantie". Diese Erklärung geht über eine allgemeine, unverbindliche Anpreisung weit hinaus. Sie ist sehr konkret und besagt bei sinnvoller Auslegung, daß die zum Kauf angebotenen Fahrzeuge in einer von einem Meister des Kfz-Handwerks geleiteten Werkstatt auf Fehler und Mängel sorgfältig untersucht worden seien. Daß dabei erkannte Fehler und Mängel beseitigt worden seien, daß das so behandelte Fahrzeug dann dem TÜV zur Untersuchung vorgestellt worden sei und daß diese Untersuchung zu einer Zulassung zum Straßenverkehr geführt habe, da es verkehrssicher sei.

Die in der erörterten Erklärung enthaltene Zusicherung betrifft Eigenschaften des Kfz i. S. des § 459 Abs. 2 BGB. Diese Zusicherung ist auch Inhalt des zwischen den Parteien geschlossenen Kaufvertrages geworden, obwohl sie in der Vertragsurkunde nicht enthalten und möglicherweise bei den Verkaufsverhandlungen nicht ausdrücklich wiederholt worden ist. Ein Verkäufer nämlich, der mit ihrer Hilfe Kaufinteressenten anlockt, hält sie solange aufrecht, bis sie von ihm ausdrücklich widerrufen wird. Der Käufer andererseits vertraut auf ihre Aufrechterhaltung und Richtigkeit bis zu einem solchen Widerruf. Werbung durch Zusicherung von zum Kauf anreizenden Eigenschaften einer Sache seitens des Verkäufers sowie Verhandlungen mit dem durch diese Werbung herbeigeholten Interessenten und Abschluß des Kaufvertrages müssen nämlich als eine Einheit angesehen werden. Die in den verschiedenen Stadien eines solchen Gesamtvorganges abgegebenen Erklärungen wirken bis zu ihrem Widerruf fort und gehen in die schließlich zustande kommende Vereinbarung ein.

AGB: Rechtswirksamkeitsgrenzen

Die Zusicherung ist durch die Kaufvertragsklausel „wie besichtigt und unter Ausschluß jeder Gewährleistung" nicht beseitigt worden. Diese Klausel, die wie alle auf der Übernahme Allgemeiner Geschäftsbedingungen beruhenden Vereinbarungen einschränkend auszulegen ist, bezieht sich nicht auf die Zusicherung von Eigenschaften, sondern lediglich auf die Haftung für Mängel. Auf Zusicherung paßt sie deshalb nicht, weil der gleiche Vertrag nicht solche enthalten und gleichzeitig die Haftung für ihre Richtigkeit ausschließen kann. Eine solche Vereinbarung wäre sinnlos. Der Beklagte könnte sich auf eine in dem abgelehnten Sinn verstandene Klausel angesichts seiner Zusicherung nicht berufen, ohne gegen Treu und Glauben zu verstoßen.

II. 14: OLG Hamm, 23. 10. 1972, 22 U 127/72:

Deliktshaftung: Naturprodukt

Die von dem Kläger behaupteten Schäden (Wachstumstockungen infolge Wurzelschädigungen an Gemüsepflanzen) beruhen offensichtlich auf einem Mangel des von der Beklagten gelieferten Torfs. Es steht fest, daß dieser Torf nicht fehlerfrei war.

Produktfehler

Torf aber ist ein Naturprodukt. Die Beklagte hat durch Vorlage wissenschaftlicher Aufsätze eindeutig dargelegt, daß dieses Naturprodukt Torf Fehler enthalten kann. Untersuchungen haben ergeben, daß Torf unter Umständen sogar zur Selbsterwärmung neigen kann, wobei dann Wachstumshemmungen durch Wurzelschädigung der Pflanzen auftreten.

Vielzweck-Produkt

Für derartige Fehler kann aber die Beklagte nicht haftbar gemacht werden, weil der Torf insoweit nicht ihrer Herstellertätigkeit unterliegt. Sie gewinnt dieses Naturprodukt Torf lediglich, indem sie den Torf aushebt, trocknet, zerkleinert, rüttelt und verpackt. Damit bietet sie ersichtlich ihren Kunden auch nur dieses Naturprodukt in dem Zustande an, in dem sie es gewinnt. Es liegt auf der Hand, daß die Beklagte nicht jede kleinere Partie des in relativ großen Mengen gewonnenen Naturproduktes Torf auf mögliche schädliche Bestandteile untersuchen kann. Das gilt umso mehr, als dieser von ihr gewonnene und in den Handel gebrachte Torf vielfältige Verwendung findet, deren einzelne Arten gar nicht vorher erprobt werden können. Die von dem Kläger gewählte Verwendungsart ist nur eine unter vielen. Die meisten Abnehmer des Torfes verwenden ihn ersichtlich anders. Die Beklagte kann naturgemäß nicht wissen, wie ihr Torf verwendet werden soll. Deshalb ist es ihr auch nicht zuzumuten, den Torf auf etwaige schädliche Bestandteile für eine spezielle Verwendung, wie beim Kläger, zu untersuchen.

Zumutbarkeit der Gefahrabwendungsmaßnahmen

Fehlernachweis

Eine Haftung der Beklagten kann sich dementsprechend nur insoweit ergeben, als sie den Torf verarbeitet. Es ist deshalb auch unter den Voraussetzungen einer Produzentenhaftung Sache des Klägers nachzuweisen, daß die Schadensursache in die Betriebssphäre der Beklagten gehört. Das hat der Kläger nicht vermocht. Bei der relativ einfachen Bearbeitung des Naturprodukts durch die Beklagte liegt es eben nicht auf der Hand, daß dabei ein Fehler unterlaufen ist. Es ist nach Lage der Sache viel wahrscheinlicher, daß das Naturprodukt Torf hier schon vor der Bearbeitung durch die Beklagte aus sich heraus irgendeinen Mangel hatte. Für diesen Mangel aber kann die Beklagte nicht haftbar gemacht werden, weil sie nicht ein Eigenprodukt, sondern nur ein Naturprodukt verkauft.

II. 15: OLG Düsseldorf, 24. 10. 1972, 4 U 68/72

Deliktshaftung: Einverständnis des Bestellers und Haftung gegenüber Dritten

Eine Montage einer Heizkörperabdeckplatte von über 4 m und einer Dicke von ca. 5 cm mit einem Gewicht von etwa 4 Ztr. auf nur 3 Halterungen genügte nicht den Anforderungen, die an den bestimmungsgemäßen Gebrauch einer Heizkörperabdeckung, noch dazu vor einem Fenster, zu stellen sind.

Der Beklagte (Handwerker) war verpflichtet, die Platte so zu befestigen, daß sie dem Druck, der etwa bei einem Aufstützen entstehen kann, standhält und keine Gefahrenquelle für denjenigen bildet, der mit ihr in Berührung kommt. Dabei mußte der Beklagte die Platte ohne Rücksicht auf etwaige Anweisungen des Bestellers so befestigen, daß sie ihrem bestimmungsgemäßen Gebrauch dienen konnte. Er mußte damit rechnen, daß außer dem Besteller und Wohnungsinhaber G. auch dritte Personen, beispielsweise Hausangestellte oder Besucher an die Platte herankommen könnten und sich möglicherweise bei der einen oder anderen Gelegenheit auf sie abstützen würden. Auch für diese Personen durfte die Platte keine Gefahrenquelle bilden, wenn sich die Beklagte nicht eine Verletzung ihrer allgemeinen Verkehrspflichten zuschulden kommen lassen wollte.

Die Beklagten können sich demgegenüber nicht mit Erfolg darauf berufen, daß sich der Wohnungseigentümer und Besteller G. mit der Montage der Platte auf den vorhanden gewesenen, nicht ausreichenden Halterungen einverstanden erklärt hat. G. konnte nämlich nicht rechtswirksam auf den Schutz der Rechtsgüter dritter Personen, die sich im Lauf der Zeit befugt in seiner Wohnung aufhalten würden, verzichten und in eine Gefährdung oder mögliche Schädigung derer Gesundheit und körperlichen Unversehrtheit einwilligen. Um eine solche dritte Person handelte es sich auch bei der Klägerin.

Nach alledem hat S. in Ausführung der ihm von den Beklagten übertragenen Verrichtung widerrechtlich die Ursache für den Schaden der Klägerin gesetzt. Die Beklagten sind daher gemäß § 831 BGB zum Schadensersatz verpflichtet.

II. 16: Kammergericht, 3. 11. 1972, 17 U 1137/72 (Superbenzin):

Die Klägerin hatte in der Tankstelle des Beklagten Superkraftstoff gekauft. Der Kraftstoff enthielt chlorhaltige Lösungs-

mittel, die zu Schäden an dem Pkw der Klägerin führten. Im Schauglas der Tankstelle waren keine Veränderungen, Verfärbungen oder Unreinheiten des Kraftstoffes zu erkennen.

Vertragshaftung: Eigenschaftszusicherung Erstreckung auf Mangelfolgeschäden Vorliegen einer Eigenschaftszusicherung

Beim Warenkauf, bei dem die Ware dazu bestimmt ist, vom Käufer benutzt oder verbraucht zu werden, sind Mangelfolgeschäden meist die einzig wirklich schwerwiegenden Schäden. Eine vom Verkäufer abgegebene Zusicherung wäre daher bedeutungslos, wenn sie sich nicht auch auf Mangelfolgeschäden erstrecken sollte (so BGH, NJW 1968/1622 = I. 56). Die Zusicherung bestimmter Eigenschaften der Kaufsache kann unter Umständen auch stillschweigend oder durch schlüssiges Verhalten erfolgen. Sie liegt jedoch nur dann vor, wenn der Vertragswille erkennbar ist, die Gewähr für das Vorhandensein der Eigenschaften zu übernehmen und für alle Folgen einzustehen, wenn sie fehlt (*RGZ* 161/330; *BGH*, MDR 1972/1027 = I.72). Dazu genügen weder eine allgemeine Anpreisung noch der bloße Hinweis auf die Eignung für den vertragsgemäß vorausgesetzten Gebrauch. Entscheidend kommt es darauf an, wie der Käufer Äußerungen des Verkäufers und sein sonstiges Verhalten unter Berücksichtigung der Umstände, die zum Vertragsschluß geführt haben, nach Treu und Glauben mit Rücksicht auf die Verkehrssitte auffassen durfte (*BGH*, NJW 1959/1489, VersR 1966/241, MDR 1972/1027). Nach diesen Gesichtspunkten lag eine stillschweigende Zusicherung des Beklagten, daß der Kraftstoff keine schädlichen Beimischungen enthalte, nicht vor.

Zu unterscheiden ist zwischen der bloßen Warenbezeichnung und einer den Garantiewillen des Verkäufers zum Ausdruck bringenden Zusicherung (*BGH*, NJW 1968/2238 = I.57). Die Warenbezeichnung „Superbenzin" sagt nicht mehr, als daß dieses den handelsüblichen Mindestanforderungen an einen derartigen Kraftstoff entspricht, bedeutet aber keine Garantie für Fehlerfreiheit schlechthin. Daß eine solche Garantie ausdrücklich gegeben worden sei, behauptet die Klägerin nicht. Sie konnte vom Beklagten auch nicht erwartet und ebensowenig aus den Umständen geschlossen werden, denn der Beklagte könnte das Fehlen schädlicher Beimischungen nur garantieren, wenn er vor der Weiterveräußerung den Kraftstoff daraufhin untersuchen ließe. Daß dies allgemein an Tankstellen üblich sei, wird von der Klägerin nicht behauptet.

Haftung für positive Vertragsverletzungen

Auch ein schuldhaftes Verhalten des Beklagten, das seine Haftung für die der Klägerin entstandenen Schäden aus positiver Vertragsverletzung begründen könnte, läßt sich nicht feststellen. Unter dem Begriff der positiven Vertragsverletzung fallen alle Pflichtverletzungen im Rahmen eines bestehenden Schuldverhältnisses, die weder Unmöglichkeit noch Verzug herbeiführen und deren Folgen nicht von den gesetzlichen Gewährleistungsvorschriften erfaßt werden (*RGZ* 160/310; *BGHZ* 11/80). Die Haftung für positive Vertragsverletzung besteht auch beim Kaufvertrag ergänzend neben dem gesetzlichen Gewährleistungsrecht der §§ 459 ff BGB. Sie setzt jedoch stets ein schuldhaftes Verhalten des Verkäufers voraus. Daran fehlt es hier. Der Beklagte vertreibt in seiner Tankstelle den ihm von der B-GmbH gelieferten Kraftstoff weiter. Er ist als Zwischenhändler im Regelfall nicht verpflichtet, den bei ihm getankten Kraftstoff vor der Weiterveräußerung auf seine Beschaffenheit zu untersuchen (*BGH*, NJW 1968/2238 = I.57). Eine vom Regelfall abweichende Verpflichtung zur Untersuchung der Ware auf etwaige schädliche Eigenschaften wäre nur dann zu bejahen, wenn sich eine entsprechende Verkehrsübung gebildet hätte oder wenn der Beklagte Veranlassung gehabt hätte. der Güte der Ware zu mißtrauen. Keine dieser Voraussetzungen ist hier gegeben. Der Beklagte hatte keine Veranlassung, Bedenken gegen die Zusammensetzung des von der B-GmbH gelieferten Benzins zu haben. Er konnte vielmehr davon ausgehen, daß dieses von ordnungsgemäßer Beschaffenheit sein würde. Da sich bisher keine Beanstandungen ergeben hatten und unstreitig im Schauglas der Tanksäule keine Veränderungen zu erkennen waren, bestand für den Beklagten keine Veranlassung, dieses Mal eine mangelhafte Lieferung zu befürchten und vor der Weiterveräußerung eine Untersuchung durchzuführen.

Untersuchungspflichten des Vertriebshändlers

Arbeitsteilung: Vorlieferant kein Erfüllungsgehilfe des Verkäufers

Für ein etwaiges Verschulden von Mitarbeitern der B-GmbH hat der Beklagte nicht gemäß § 278 BGB einzustehen, denn der Lieferant ist nicht Gehilfe des Verkäufers bei Erfüllung der diesem aufgrund des Kaufvertrages nach § 433 Abs. 1 Satz 1 BGB obliegenden Verpflichtungen zur Übergabe und Übereignung der Kaufsache (*RGZ* 101/154 = I.12, RGZ 108/223 = I.13; *BGHZ* 48/118 = I.53).

II. 17: OLG Stuttgart, 31. 10. 1973, 2 U 64/73:

Vertragshaftung

Die Beklagte ist von der Gewährleistung für den Mangel nicht nach § 13 Nr. 3 VOB frei. Nach dieser Bestimmung ist der Aufftraggeber von der Gewährleistung für einen Mangel frei, wenn dieser Mangel zurückzuführen ist auf die Leistungsbeschreibung oder auf Anordnungen des Auftraggebers, außer wenn der Auftragnehmer die ihm nach § 4 Nr. 3 obliegende Mitteilung über die zu befürchtenden Mängel unterlassen hat.

Produktmangel

Der Tatbestand des § 13 Nr. 3 VOB ist nicht erfüllt. Die Mängel sind nicht auf die Leistungsbeschreibung zurückzuführen. Nach den Darlegungen des Sachverständigen können auch Betonwerksteinplatten tausalzbeständig sein. Voraussetzung dafür ist, daß sie den richtigen Wasserzementwert haben, daß kein zu hoher Mehlkorngehalt vorliegt und daß langsam ausgetrocknet wird. Der Sachverständige S. hat ausdrücklich erklärt, daß man schon 1967 von Betonwerksteinplatten Tausalzbeständigkeit verlangen mußte, daß die Industrie durchaus in der Lage sei, eine Betonwerksteinplatte zu liefern, die praktisch tausalzbeständig sei und daß es sicher Betonwerksteinplatten im Freien gäbe, die mit Tausalz in Berührung kämen und durch Tausalz nicht angegriffen würden.

Eignung für den Verwendungszweck

Wenn Verkleidungsplatten als Wegbelag verwendet werden, müssen sie den Anforderungen entsprechen, die sich aus diesem Verwendungszweck ergeben.

DIN-Normen und Produktmangel

Gegen das Gutachten S. läßt sich nichts daraus ableiten, daß die DIN-Normen die Tausalzbeständigkeit noch nicht fordern. Der Sachverständige S. hat angegeben, daß diese aus dem

Jahre 9155 und 1663 stammenden Normen nicht mehr dem Stand der heutigen Technik entsprächen.

Entwicklungslücken

Die Beklagte wäre von der Gewährleistung auch dann nicht nach § 13 Nr. 3 VOB frei, wenn man zu ihren Gunsten entgegen dem Gutachten S. unterstellt, es hätte 1967 allgemein nur tausalzempfindliche Betonwerksteinplatten gegeben, denn dann hätte die Tausalzempfindlichkeit der Platten der Beklagten als Herstellerin dieser Platten bekannt sein müssen und sie hätte den Kläger nach § 4 Nr. 3 VOB darauf hinweisen müssen, daß Betonwerksteinplatten wegen dieser Eigenschaft als Belag für die Terrasse vor dem Landratsamt nicht geeignet seien.

Vertragliche Hinweispflicht des Herstellers

Als einer der renommiertesten Betonwerksteinhersteller in Süddeutschland hätte die Beklagte die mangelnde Tausalzresistenz ihrer Betonwerksteinplatten kennen müssen. Die mangelnde Tausalzbeständigkeit von Straßenbeton ist schon seit langem bekannt und wird in den Fachzeitschriften schon seit 10 bis 15 Jahren erörtert. Der Verband der Betonsteinindustrie, dem die Beklagte angehört, hat sich im Januar 1964 in einer Mitteilung über die Frost- und Tausalzbeständigkeit von Betonwaren geäußert und Vorschläge für die Verbesserung der der Tausalzbeständigkeit gemacht. Die – hier unterstellte – mangelnde Tausalzbeständigkeit der Betonwerksteinplatten müßte daher jedem Hersteller von Betonwerksteinplatten bekannt sein. Davon, daß die besondere Tausalzempfindlichkeit der mehrschichtigen Betonsteinplatten, die nach den eigenen Angaben des Inhabers der Beklagten gegen Tausalz empfindlicher sind als die einschichtigen Betonplatten, vom Stand der Technik her nicht bekannt gewesen sei, kann daher keine Rede sein.

Verpflichtung zum Verfolgen der Fachliteratur

Stand der Technik

Herstellerverantwortung/Anwenderverantwortung

Wenn Betonwerksteine allgemein tausalzempfindlich sind, mußte die Beklagte als Herstellerin dies wissen. Sie konnte und durfte deshalb nicht darauf vertrauen, daß der Kläger selbst oder durch seine fachkundigen Architekten die erforderlichen Prüfungen angestellt habe. Denn diese Prüfungen hätten ja zu dem Ergebnis führen müssen, daß Betonwerksteine als Terrassenbelag nicht geeignet sind. Daß sie dennoch als Terrassenbelag vorgeschrieben waren, hätte der Beklagten zeigen müssen, daß der Kläger und seine Architekten die erforderliche Prüfung gerade nicht angestellt haben. Die Beklagte war also nicht dadurch von ihrer Prüfungspflicht befreit, daß das Leistungsverzeichnis von fachkundigen Architekten erstellt war. Die Beklagte kann sich insoweit auch nicht mit Erfolg darauf berufen, daß die Architekten des Klägers den Mangel mitverursacht hätten. § 254 BGB gilt nur für Schadensersatzansprüche und kann deshalb dem einen Erfüllungsanspruch darstellenden Nachbesserungs- oder Kostenerstattungsanspruch aus § 13 Nr. 5 nicht entgegengesetzt werden.

II. 18: OLG Hamm, 8. 11. 1973, 7 U 45/73:

Vertragshaftung

Arbeitsteilung: Subunternehmer als Erfüllungsgehilfe des Werkunternehmers

Die Beklagte hat die mangelhafte Reparatur und die durch sie verursachten Schäden zu vertreten. Sie hatte den Auftrag, den Vergaser zu reparieren. Wenn sie die Reparatur dann nicht selbst ausführte, sondern den Auftrag hierzu an die Firma A weitergab, bediente sie sich zur Erfüllung der ihr obliegenden vertraglichen Pflichten dieser Firma als ihrer Erfüllungsgehilfin (§ 278 BGB). Als Erfüllungsgehilfe gilt nämlich jede Person, die mit Wissen und Willen des Schuldners bei der Erfüllung dessen Verbindlichkeiten gegenüber dem Gläubiger rein tatsächlich tätig wird. Auf das Innenverhältnis zu dem Schuldner kommt es nicht an. Es ist unerheblich, ob der Gehilfe durch seine Handlungen nur eine eigene Verbindlichkeit gegenüber dem Schuldner erfüllen will. Es genügt, daß er damit zugleich mit dem Willen des Schuldners dessen Verbindlichkeit gegenüber dem Gläubiger erfüllt, so daß auch selbständige Gewerbetreibende, die der Schuldner aufgrund eines weiteren selbständigen Vertrages zur Erfüllung heranzieht, Erfüllungsgehilfen des Schuldners gegenüber dem Gläubiger sein können.

Beweislastumkehr

Hier steht fest, daß das Werk, nämlich die Reparatur des Vergasers mangelhaft war. Offen ist indessen, aus welchen Gründen die Firma A das Gasgestänge seitenverkehrt in den Vergaser montiert hat. Jedoch ist dies unschädlich, da die Beweislast für das Fehlen des Verschuldens hier die Beklagte trifft. Der Besteller genügt nämlich seiner Behauptungs- und seiner Beweislast bereits, wenn er nur nachweist, daß das Werk mangelhaft ist. Liegt die Ursache diese Mangels eindeutig im Gefahrenbereich des Unternehmers, d. h. kann nur er wissen, wie es zu dem objektiv feststehenden Mangel gekommen ist, so ist es dann Sache des Unternehmers sich zu unterlasten (entsprechend § 282 BGB). Die Beweislast wird dann umgekehrt, so daß es Sache des Unternehmers, hier der Beklagten, ist, zu behaupten und gegebenenfalls zu beweisen, daß ihn an dem Mangel kein Verschulden trifft (*BGHZ* 48/310, 312). Da die Beklagte hier nichts vorgetragen hat, was die Firma A entlasten könnte, ist mithin davon auszugehen, daß die Erfüllungsgehilfin der Beklagten, die Firma A, den feststehenden Mangel des Werks, d. h. die seitenverkehrte Montage des Gasgestänges verschuldet hat.

II. 19: OLG München, 26. 4. 1974, 19 U 4324/73

Vertragshaftung: Eigenschaftszusicherung — Vorliegen einer Eigenschaftszusicherung

Eine Zusicherung von Eigenschaften der Kaufsache ist zu unterscheiden von einer allgemeinen Anpreisung und einer zulässigen Reklame. Ob es sich um letzteres oder um eine Zusicherung handelt, ist im Einzelfall nach Treu und Glauben und nach der Verkehrssitte zu beurteilen. Dabei ist zu prüfen, ob sich die Erklärung des Verkäufers über eine allgemeine Anpreisung von Vorzügen der Sache hinausgehoben hat. Eine solche Annahme ist dann gerechtfertigt, wenn sich die Äußerung des Verkäufers als ernstgemeinte Willenserklärung darstellt, die nach Treu und Glauben und nach der Verkehrsübung als solche gewertet werden darf und wenn die von der Erklärung betroffenen Eigenschaften in einer Weise bezeichnet werden, daß sich Inhalt und Umfang derselben — gegebenenfalls durch Auslegung — feststellen lassen. Die bisherige Fahrleistung eines Gebrauchtwagens ist erfahrungsgemäß ein wertbildender Faktor. Deren Aufnahme in den Beschriebzettel des Gebrauchtwagenhändlers dient nicht nur bloßen Informationszwecken, sondern bedeutet zugleich die Zusicherung, daß der Verkäufer eine besondere Gewähr für das Vorhandensein der Eigenschaft, nämlich dafür übernimmt, daß das Fahrzeug nicht wesentlich mehr Kilometer, als angegeben, gefahren wurde. Unter Berücksichtigung dieser Angabe kann der Käufer abschätzen, ob das Fahrzeug für seine Laufzeit gut erhalten ist oder nicht. Er kann in etwa den Zeitpunkt voraussehen, wann die Unbrauchbarkeit in der Regel eintreten wird. Die gefahrenen Kilometer geben jedenfalls einen, wenn auch nicht unbedingt zuverlässigen Maßstab für die Abnutzung und weitere Lebensdauer eines Fahrzeuges. So gesehen stellt die Aufnahme der Fahrleistung in den Beschriebzettel wie überhaupt die Aufnahme der sogenannten technischen Daten, mehr als eine Anpreisung dar.

Sie ist eine ernstlich gemeinte Aussage, die auf die Willensdung des Käufers wesentlichen Einfluß ausübt. Damit ist sie auch eine Erklärung des Verkäufers über eine Eigenschaft der Kaufsache, die ihr nicht ohne weiteres anzusehen ist, die aber für die Bewertung einen maßgeblichen Anhaltspunkt bildet (vgl. *OLG Karlsruhe*, MDR 1967/44). Der Verkäufer, der diese Angaben in den Beschriebzettel einsetzt, übernimmt damit eine besondere Gewähr für das Vorhandensein dieser Eigenschaft.

AGB: Rechtswirksamkeitsgrenzen

Diese Gewähr ist durch den allgemeinen Haftungsausschluß nicht in Wegfall gekommen. Wird der Kaufgegenstand sogar noch während des Abschlusses des Kaufvertrages durch den am Fahrzeug angebrachten Beschriebzettel gekennzeichnet und die Zusicherung nicht ausdrücklich widerrufen, so bedeutet dies deren Beibehaltung während der Vertragsverhandlungen, so daß sich der Haftungsausschluß sinngemäß nur auf Mängel, nicht aber auf die besonders zugesicherten Eigenschaften beziehen kann (vgl. *OLG Köln*, NJW 1972/162 f.). Umfaßte nämlich die Freizeichnung auch die Rechte, die sich aus der gleichzeitig erklärten Zusicherung ergeben, so würden damit dieselben Rechte wieder beseitigt. Die Zusicherung wäre ihres Inhalts entleert und verlöre jede Bedeutung (*BGHZ* 50/200, 207 = I.56). Eine andere Auslegung widerspräche dem Grundsatz von Treu und Glauben. Der Verkäufer darf nicht das, was er verspricht, durch Beifügung einer Freizeichnungsklausel (in seinen Allgemeinen Geschäftsbedingungen oder in Formularverträgen) wieder zunichte machen. Einer solchen Klausel kommt keine rechtliche Wirkung zu (*BGH*, aaO. = NJW 1968/ 1622, 1625 m. Anm. *Schmidt-Salzer; Palandt-Putzo*, BGB, § 476, Anm. 2).

II. 20: OLG Düsseldorf, 23. 7. 1974, 4 U 20/74:

Der Kläger ist Mieter einer Wohnung im ersten Obergeschoß, die Beklagte Vermieterin der darüberliegenden Wohnung. Nachdem die Beklagte die in ihrer Küche befindliche automatische Waschmaschine in Betrieb gesetzt und dann für mindestens 15 Minuten die Wohnung verlassen hatte, platzte der Zuleitungsschlauch, der von der Wasserleitung zur Waschmaschine führte und bereits seit etwa 25 Monaten in Betrieb war. Das ausströmende Wasser drang in die Wohnung des Klägers ein und verursachte dort erhebliche Schäden an Einrichtungsgegenständen.

Deliktshaftung: Benutzerverantwortung

Der Senat hat eine Haftung der Beklagten aus § 823 BGB bejaht. Die Beklagte hat den Wasserschaden in der Wohnung des Klägers durch Außerachtlassung der im Verkehr erforderlichen Sorgfalt verursacht, weil sie die Waschmaschine in einer Etagenwohnung in Betrieb genommen und dann die Wohnung verlassen hat, mag dies auch nur für eine Viertelstunde beabsichtigt gewesen sein. Der Betrieb einer Waschmaschine in einer Etagenwohnung ist nämlich, wenn dieser ohne Aufsicht erfolgt, durchaus mit Gefahren für das Eigentum anderer verbunden, auch wenn es sich um moderne automatische Waschmaschinen und um Einbaumodelle handelt. Es muß — abgesehen davon, daß aufgrund einer Störung des Waschvorganges Wasser aus der Waschmaschine austreten und Schäden verursachen kann — bei einer solchen Maschine durchaus mit der Möglichkeit gerechnet werden, daß der Zuleitungsschlauch platzt. Etwas anderes ergibt sich auch nicht daraus, daß es sich im vorliegenden Fall um einen Markenschlauch handelte und der Hersteller dieses Schlauches den Käufern damals eine Garantie von 10 Jahren und nun von 5 Jahren für die mangelfreie Herstellung des Schlauches gewährt. Eine solche Garantie bedeutet üblicherweise lediglich, daß der Hersteller kostenlosen Ersatz gewährt, wenn während der Garantiezeit der Schlauch sich infolge eines Herstellungsfehlers als mangelhaft erweist, ohne daß der Hersteller jedoch für Folgeschäden eintritt. Eine besonnene und gewissenhafte Hausfrau muß eine solche – nicht entfernt liegende – Schadensmöglichkeit erkennen und ihr vorbeugend Rechnung tragen, wenn sie in einer Etagenwohnung eine Waschmaschine betreibt. Der Mieter muß sich vor Augen halten, daß es dem Eigentümer des Gebäudes und den anderen Mietern nicht zuzumuten ist, diesen Schaden selbst zu tragen oder sich gegen solche Schäden in jedem Falle zu versichern. Dies gilt umsomehr, als es dafür eine Pflichtversicherung nicht gibt. Es kann nicht primär und grundsätzlich den Sachversicherern die Tragung dieses Risikos, das sie und ihre Versicherungsnehmer nicht beeinflussen können, schlechthin angesonnen werden. Die Mieter haben erst unter Schwierigkeiten das Recht erstritten, Wasch- und Geschirrspülmaschinen in Etagen-Wohnungen aufstellen zu dürfen. Sie haben das lediglich nur erreicht, weil die Aufstellung und Benutzung der modernen Wasch- und Spülmaschinen im Grundsatz als im wesentlichen gefahrlos angesehen werden kann. Eine im allgemeinen gefahrlose Benutzung dieser Geräte setzt aber voraus, daß den Gefahren, die immer noch damit verbunden sind, durch geeignete und zumutbare Maßnahmen entgegengewirkt wird. Der Mieter kann nicht in Anspruch nehmen, in einer Etagen-Wohnung Wasch- und Geschirrspülmaschinen auf das Risiko des Vermieters und der anderen Mieter unbeaufsichtigt arbeiten zu lassen. Es ist bei billiger Rücksichtnahme auf fremde Interessen erforderlich und durchaus möglich und zumutbar, in einer Etagen-Wohnung solche Maschinen nur so zu betreiben, daß dann, wenn Wasser aus der Maschine austritt oder der Zuleitungsschlauch platzt oder abgleitet, der weitere Wasseraustritt alsbald verhindert wird. Eine Hausfrau kann dies bereits weitgehend durch die Wahl eines für den beaufsichtigten Betrieb der Maschine geeigneten Zeitpunkts erreichen.

III. Teil
Entscheidungen der Land- und Amtsgerichte

III. 1: LG Hanau, 28. 2. 1955, 2 O 117/53:

Die Klägerin stieß auf der Haustreppe mit der gekauften Mineralwasserflasche, die sie am Hals angefaßt hatte und nach unten heilt, gegen eine Steintreppe. Dabei zersprang die Flasche explosionsartig in unzählige kleinste Splitter. Ein Splitter drang der Klägerin in das rechte Auge. Die Klägerin klagt gegen den Abfüllbetrieb.

Deliktshaftung

Die Beklagte haftet nach den §§ 823, 831 BGB für den der Klägerin aus dem Unfall entstandenen und noch entstehenden Schäden.

Fehlernachweis

Das explosionsartige Zerplatzen der Flasche unter so außergewöhnlich großer Splitterwirkung kann nach dem Urteil der Sachverständigen nur so erklärt werden, daß die Mineralwasserflasche einen zu großen Gasraum hatte, also unterfüllt war.

Das mit Kohlensäure versetzte Mineralwasser wird in den Abfüllbetrieben gewöhnlich unter einem Druck von 4–5 atü in die Flaschen abgefüllt. Beim Abfüllen wird dafür gesorgt, daß 4–5 % des Flascheninhalts freibleiben. Das Mineralwasser reicht danach bei stehender Flasche etwa bis zum oberen Drittel des Flaschenhalses. Die Wasserflaschen sind von vornherein so genormt, daß bei einem Freiraum von etwa 4 % der Nenninhalt noch die vorgeschriebene Größe von 0,7 bzw. 0,5 l hat. Der Gasraum hat den Zweck, der Flüssigkeit im Fall der Erwärmung eine Ausdehnung zu ermöglichen, weil sie sonst die Flasche sprengen würde, da sie sich im Gegensatz zum Gas nicht nennenswert komprimieren läßt. Der Gasraum wirkt also wie ein Polster und hilft dem Fabrikanten, unnötige Materialverluste zu vermeiden. Trotzdem kommt es vor, daß Flaschen zerspringen. Zu hoher Innendruck infolge Erwärmung oder Erschütterung, fehlerhafte Beschaffenheit des Glases und äußere Einwirkungen können hierfür die Ursache sein. Ausschlaggebend ist aber, daß bei einer mit normaler Flüssigkeitsmenge abgefüllten Flasche die Splitterwirkung gering ist. Es entstehen vorwiegend Glasscherben normaler Größe, unter denen sich nur vereinzelt kleinere Splitter befinden. Die Splitter breiten sich auch nicht explosionsartig nach allen Seiten aus, sondern fallen einfach zu Boden. Explosionsartige Wirkungen können nach dem übereinstimmenden Urteil aller Sachverständigen überhaupt nur auftreten, wenn eine unterfüllte Flasche, die einen zu geringen Flüssigkeitsinhalt, aber einen zu großen Gasraum hat, zerspringt. In dem vergrößerten Gasraum kann sich, wenn das Wasser infolge Erwärmung, Erschütterung, usw. vermehrt Kohlensäure abgibt, ein außerordentlich hoher Gasdruck entwickeln. Ausschlaggebend ist aber vor allem, daß Gas ein vielfach größeres Explosionsbestreben hat als Wasser. So kann beispielsweise eine halbgefüllte Flasche bei völlig normalem Druck explosionsartig zerplatzen, wenn sie einen genügend starken Anstoß von außen erhält. Auch dann, wenn die Flasche weit höher gefüllt ist, wie z. B. bis zum unteren Drittel des Flaschenhalses, treten explosionsartige Erscheinungen auf, sofern ein gesteigerter Innendruck hinzukommt. Nahezu unwesentlich ist dabei, mit welchem Druck die Flasche ursprünglich abgefüllt worden ist. Jedenfalls kommt es nicht entscheidend darauf an, ob die Flasche von selbst zerspringt oder ob sie angestoßen wird. Ausgeschlossen ist eine explosionsartige Wirkung aber auf jeden Fall dann, wenn es sich um eine normal gefüllte oder überfüllte Flasche handelt.

Mitarbeiterhaftung (§ 831 BGB)

Steht somit fest, daß der Unfall der Klägerin auf die zu geringe Füllung der Flasche mit Wasser zurückzuführen ist, so kommt es nur noch darauf an, ob die Beklagte für diese eine erhebliche Gefahr darstellende Unterfüllung auch verantwortlich zu machen ist. Diese Frage ist aufgrund von § 831 BGB im Sinne der Klägerin zu entscheiden.

Fehlerzuordnungsnachweis

Auszuscheiden hat zunächst die Möglichkeit, daß die Unterfüllung auf einen nachträglichen Flüssigkeitsverlust zurückzuführen ist. Wenn eine Flasche undicht ist, entweicht auch Kohlensäure, so daß es nicht mehr zu einer Explosion kommen kann. Eine sog. Leckfüllung ist jedenfalls nicht anzunehmen. Voraussetzung hierfür ist eine längere Lagerung der Flasche. Zu einer längeren Lagerung ist es jedoch bei dem zur Zeit des Unfalls herrschenden heißen Sommerwetter nicht gekommen.

Nachweis eines Abfüllfehlers

Es muß deshalb davon ausgegangen werden, daß die Flasche im Betrieb der Beklagten nicht ordnungsgemäß abgefüllt worden ist.

Unterfüllungen sind im Betrieb der Beklagten auch durchaus möglich. Vor der Abfüllmaschine befindet sich noch eine Waschanlage, in der die Flaschen gereinigt werden. Nachdem sie von einer Arbeiterin vor einem Leuchtschirm auf Sauberkeit überprüft worden sind, werden sie auf einem Fließband der Füllmaschine zugeleitet. Diese sog. Rundfüllmaschine arbeitet vollautomatisch. Aus ihr kommen die gefüllten Flaschen unverschlossen auf einem Fließband stehend heraus und bewegen sich dann in Richtung auf eine zweite Durchleuchtungsstation und die Etikettiermaschine weiter. An der Abfüllmaschine steht eine Arbeiterin, deren Aufgabe es ist, überfüllte Flaschen durch Einführung eines etwa 4 cm langen Stabes in den Flaschenhals auf den normalen Füllstand zu bringen (sog. Stäbchenprobe). Eine zweite, zwischen Abfüllmaschine und Beleuchtungsstation stehende Arbeiterin verschließt die mit Hebelverschluß versehenen Flaschen. An dem aus einem grell beleuchteten weißen Schirm bestehenden Prüfstand sitzt eine dritte Arbeiterin, welche die Flaschen auf Füllhöhe und Sauberkeit zu überprüfen hat. Sowohl der Zeuge S., der als Füllmeister bei der Beklagten beschäftigt ist, als auch D. haben ausgeführt, daß gelegentlich nicht ausreichend gefüllte Flaschen aus der Füllmaschine herauskommen.

Qualitätskontrolle

Da Minderfüllungen gelegentlich vorkommen, ist es von entscheidender Bedeutung, daß die an der Beleuchtungsstation sitzenden Arbeiterinnen zuverlässig und gewissenhaft arbeiten.

Mitarbeiterhaftung (§ 831 BGB)

Nachdem feststeht, daß zumindest eine von ihnen ihre Pflicht nicht ordnungsgemäß erfüllt und dadurch den Unfall der Klägerin verursacht hat, wird gemäß § 831 BGB vermutet, daß die Beklagte bei der Auswahl dieser Arbeiterinnen, bei der Leitung ihrer Verrichtungen und bei der Beschaffung der im Betrieb erforderlichen Vorrichtungen und Gerätschaften nicht die im Verkehr erforderliche Sorgfalt angewendet hat und daß darauf der Unfall beruht. Die Beklagte hat allerdings die Möglichkeit eines Entlastungsbeweises. Dieser Beweis ist ihr jedoch nicht gelungen.

Einstehenmüssen für das erforderliche Fachwissen

Die Beklagte kann sich zunächst dem Anspruch aus § 831 BGB gegenüber nicht mit Erfolg darauf berufen, daß ihr die Gefährlichkeit unterfüllter Flaschen nicht bekannt gewesen sei. Es handelt sich hierbei um in Fachkreisen allgemein bekannte Erscheinungen, mit denen ein Abfüllbetrieb vertraut sein muß.

Organisationshaftung

Die Beklagte hat aber auch die Verpflichtung, die Tätigkeit der in Betracht kommenden Arbeiterinnen zu leiten. Inhalt dieser sich aus § 831 BGB ergebenden Leitungspflicht wäre es gewesen, für regelmäßige Ablösung der an der Beleuchtungsstation sitzenden Arbeiterinnen zu sorgen, denn ihre Tätigkeit, die darin besteht, stündlich etwa 2.500 mit farbloser Flüssigkeit gefüllte Flaschen auf ihren Füllstand zu überprüfen, ist außerordentlich ermüdend. In anderen Betrieben wird deshalb an diesem Arbeitsplatz 1 1/2-stündig gewechselt. Im Betrieb der Beklagten geschieht dies offensichtlich nicht. Es bleibt anscheinend den drei Arbeiterinnen überlassen, wie sie sich abwechseln. Zumindest fehlt es darüber an klaren Anweisungen. Eine schriftliche Dienstanweisung wäre mit Rücksicht auf die besondere Bedeutung der ordnungsgemäßen Füllung erforderlich gewesen. Bedenklich erscheint auch, daß für den Fall, daß eine der drei Arbeiterinnen ihren Arbeitsplatz einmal verlassen muß, keine befriedigende Regelung getroffen ist.

Organisationshaftung

Erheblichen Bedenken unterliegt es weiter, ob die Beklagte ihrer Verpflichtung, für ordnungsgemäße Beschaffenheit der im Betrieb vorhandenen Vorrichtungen und Geräte zu sorgen, mit der erforderlichen Sorgfalt nachgekommen ist. Von Bedeutung ist in dieser Hinsicht vor allem, daß sie im Jahre 1952 noch eine Imprägnierpumpe verwandt hat, die eine wesentlich geringere Leistung hatte als die im Jahre 1954 angeschaffte neue Pumpe. Während die Leistung der neuen Pumpe etwa 5.500 l in der Stunde beträgt, hat die alte Pumpe nur eine Leistung von etwa 2.000 l in der Stunde. Sie war deshalb bei einer Abfüllung von etwa 2.500 Flaschen à 0,7 l in der Stunde, die auch damals schon geleistet wurde, zu stark beansprucht, so daß die Gefahr von Minderfüllungen besonders groß war.

Bei dieser Sachlage kann der der Beklagten nach § 831 BGB obliegende Entlastungsbeweis nicht als geführt angesehen werden.

Mitverschulden (§ 254 BGB)

Soweit die Beklagte dem Klageanspruch gegenüber geltend macht, die Klägerin oder ihre Mutter treffe ein Mitverschulden (§ 254 BGB), kann sie keinen Erfolg haben. Die Klägerin selbst war zur Zeit des Unfalls noch nicht 7 Jahre alt und deshalb noch nicht schuldfähig (§ 828 BGB). Ein etwaiges Mitverschulden der Mutter der Klägerin an der Entstehung des Unfalls muß außer Betracht bleiben, weil § 278 BGB, der hier in Verbindung mit § 254 BGB allein in Betracht kommt, vertragliche Beziehungen voraussetzt, die im vorliegenden Falle zwischen den Parteien nicht bestanden haben.

Anmerkung:

Das Gericht hat die Mitarbeiter- und die Organisationshaftung miteinander vermischt.

Die Haftung für die Ausstattung des Unternehmens mit den erforderlichen Arbeitsgeräten, für das Vorhandensein des im Rahmen der Tätigkeit erforderlichen Fachwissens, die Regelung der Arbeitszeiten und -pausen sowie der Ablösung der Kontrollpersonen ist dem Bereich der Organisationshaftung zuzuordnen.

Die Besetzung der einzelnen Arbeitsplätze dagegen, also insbesondere die Auswahl ausreichend qualifizierter und zuverlässiger Mitarbeiterinnen betrifft die Mitarbeiterhaftung (§ 831 BGB). Wenn im Zusammenhang mit § 831 BGB von „Auswahl, Anleitung und Kontrolle der Mitarbeiter" gesprochen wird, dann ist mit „Anleitung" die Einweisung des einzelnen Mitarbeiters in die übertragene Tätigkeit gemeint. Die von der Person des einzelnen Mitarbeiters unabhängige Regelung des einzelnen Arbeitsplatzes dagegen gehört in den Organisationsbereich und ist damit nicht § 831 BGB, sondern § 823 BGB zuzuordnen.

Grundsätzlich ist die Organisationshaftung nicht delegierbar (vgl. I.18). Dieser Satz findet seine Grundlage in der Überlegung, daß die Geschäftsleitung sich nicht einfach mittels Übertragung ihrer Aufgaben an nachgeordnete Mitarbeiter der Verantwortung für die ordnungsgemäße Ausstattung des Betriebes und die ordnungsgemäße Gestaltung der Betriebsabläufe entziehen darf (vgl. Anm. I.18). Diese Grundlage des Satzes von den nicht delegierbaren Organisationspflichten ergibt zugleich auch seine Grenzen: es kann nicht die originäre Aufgabe der Geschäftsleitung sein, den einzelnen Arbeitsplatz zu gestalten, also z. B. zu regeln, wie im obigen Fall konkret die Qualitätskontrolle der Abfüllung durchzuführen ist, denn dazu würde z. B. auch gehören, daß die durchschnittlichen Ermüdungszeiten ermittelt werden. Derartige Aufgaben müssen delegierbar sein. Was von der Geschäftsleitung verlangt wird, ist, daß sie die allgemeinen Organisationsstrukturen schafft. Dazu würde im obigen Fall die Entscheidung gehören, wie die Qualitätskontrolle erfolgt (I.10, I.34). Wird hier die Entscheidung für den Verzicht auf automatische Kontrollmethoden und für die Beschränkung auf bloße Sichtkontrollen getroffen, dann muß damit zugleich auch die organisatorische Anweisung gegeben werden, daß die konkrete Gestaltung der Sichtkontrollen ausreichend sein muß. Die Ausführung dieser Organisationsanweisung muß dann Aufgabe der Betriebsleitung sein. Ist die konkrete Gestaltung des Arbeitsplatzes fehlerhaft erfolgt, indem bei der Festlegung der Arbeitspausen der Ermüdungsfaktor nicht ausreichend be-

rücksichtigt wurde, dann liegt ein Fehler des für die Gestaltung des Arbeitsplatzes verantwortlichen Mitarbeiters vor. Dafür haftet das Unternehmen gemäß § 831 BGB.

Im Ergebnis muß sich also die Geschäftsleitung entlasten (a) im Rahmen der Organisationshaftung gemäß § 823 BGB, daß sie die erforderlichen Organisationsanweisungen gegeben hat sowie (b) im Rahmen der Mitarbeiterhaftung gemäß § 831 BG BGB, daß der für die Gestaltung des betreffenden Arbeitsplatzes verantwortliche Mitarbeiter ordnungsgemäß ausgewählt, angeleitet und kontrolliert war. Sind diese beiden, dem Bereich der Arbeitsorganisation zuzuordnenden Entlastungsnachweise erbracht, bleibt noch die Entlastung für das Handeln des Mitarbeiters, der im konkreten Fall die betreffende Qualitätskontroll-Tätigkeit ausübte (§ 831 BGB).

III. 2: LG Lindau, 26. 4. 1955, OH 83/54:

Deliktshaftung

Der Antragsteller hat nicht glaubhaft machen können, daß sein Anspruch aus unerlaubter Handlung begründet ist. Nach dem Gutachten über Herstellung und Überprüfung der für das Moped verwendeten Vorderradgabel liegt auf seiten des Antragsgegners bzw. der von ihm beauftragten Herstellerfirma keine Fahrlässigkeit bei der Handhabung des Herstellungs-, Zusammensetzungs- und Überprüfungsverfahrens dieser Gabeln vor. Nach dem Ergebnis der Einvernahme der die Gabel zusammensetzenden Arbeiter und des Kontrolleurs sowie nach dem Gutachten des Sachverständigen J. kann ein fahrlässiges Verhalten nicht nachgewiesen werden. Da auch bei dem derzeitigen Stand der Technik Fehlerquellen (in diesem Betrieb beträgt der Ausschuß etwa 1/3 pro 1000) auch bei größter Vorsicht nicht völlig auszuschließen sind, kann ein sonach unvermeidbarer Materialfehler den Herstellern nicht im Sinn einer Fahrlässigkeit zum Vorwurf gereichen. Dieser Feststellung steht auch nicht das über die gebrochene Gabel erstellte Gutachten des Sachverständigen K. entgegen, denn dieser Sachverständige stellte in

Stand der Technik

Ausreißer

erster Linie nur fest, wie und aus welchen Ursachen der Bruch der Gabel entstanden sein kann. Hinsichtlich eines Verschuldens der Hersteller vermag er nur zu erklären, daß der Fabrikationsmangel der Kontrolle im Herstellungswerk entgangen sein „dürfte". Unter Berücksichtigung des Gutachtens des J. kann jedoch damit ein Verschulden der Hersteller noch nicht erwiesen werden.

Anmerkung:

Das Urteil ist ein Beispiel dafür, welche Folgen die herkömmliche Unterteilung in Konstruktionsfehler, Fabrikationsfehler und Instruktionsfehler haben kann. Nach dem Stand der Technik unvermeidbare Fabrikationsfehler sind eine Sache. Eine ganz andere Frage ist, ob im Rahmen der Qualitätskontrolle die Möglichkeit und damit eventuell auch die deliktsrechtliche Verpflichtung besteht, die von einem technisch nicht vermeidbaren Fabrikationsfehler betroffenen Stücke zu erfassen.

Im Rahmen einer Hundertprozent-Kontrolle wäre es theoretisch möglich, die von technisch nicht vermeidbaren Fabrikationsfehlern betroffenen Stücke zu ermitteln und auszusondern. Eine derartige Kontrolle ist aber so aufwendig, daß Produkte vielfach aus dem Markt, zumindest aber aus dem internationalen Wettbewerb herauskatapultiert würden. Beschränkt man demgegenüber aus Kostengründen die Qualitätskontrolle auf Stichproben, dann stellt sich zunächst die Frage, ob die Stichprobenkontrolle auf der Grundlage der technischen Schadensstatistik erfolgt oder aber als bloße Zufallskontrolle. Eine mit den Mitteln der technischen Schadensstatistik erfolgende Stichprobenkontrolle setzt voraus, daß die geprüften Einzelstücke unter denselben Voraussetzungen gefertigt wurden, denn nur dann sind die genommenen Proben nach den Gesetzen der technischen Schadensstatistik repräsentativ für die Gesamtmenge. Bei Mopedgabeln dürfte es bereits fertigungstechnisch nicht möglich sein, die Voraussetzungen für eine nach den

Regeln der technischen Schadensstatistik erfolgende Stichprobenkontrolle zu schaffen. In anderen Bereichen ist dies zwar häufig möglich. Dort besteht aber dann oft wieder die Problematik, daß Fertigungsfehler als im statistischen Sinn „seltene Ereignisse" auftreten, bei denen man nur weiß, daß sie erfolgen, dagegen nicht wann und warum. Ein derartiges Beispiel ergeben die Warmrisse im Gießereibereich, die fertigungstechnisch nicht zu vermeiden sind.

Würde man in den obigen beiden Fallgruppen eine Hundertprozent-Qualitätskontrolle verlangen, wäre dies wirtschaftlich nicht durchführbar. Die angemessene Lösung, bei der einerseits das berechtigte Schutzbedürfnis der potentiell Betroffenen, andererseits das berechtigte wirtschaftliche Interesse der Hersteller berücksichtigt wird, besteht m. E. darin, daß die Fertigungssicherheit in Relation zu Art und Umfang der potentiellen Schäden gesetzt wird: ist eine hundertprozentige Beherrschung der Fertigung technisch nicht möglich, dann muß zunächst einmal ermittelt werden, in welchem Umfang die Fertigung beherrscht wird. Im Rahmen des Möglichen und Zumutbaren ist hier eine maximale Fertigungssicherheit anzustreben. In den Bereichen, die weitgehend durch manuelle Arbeit geprägt werden, ist dieses Ziel in erster Linie im Rahmen der Auswahl, Anleitung und Kontrolle der einzelnen Mitarbeiter anzustreben. In zweiter Linie kommen Verfahrenskontrollen in Betracht, indem die Fertigungsplanung so angelegt wird, daß in nachfolgenden Arbeitsstufen Bearbeitungsfehler ermittelt werden, die in vorangegangenen Arbeitsstufen eingetreten waren.

Ist so erreicht, daß im Rahmen des Möglichen und Zumutbaren die Fertigung beherrscht wird, muß dann im Rahmen der Qualitätskontrolle eine möglichst repräsentative Kontrollmethode gewählt werden. Je nach Art und Umfang der voraussehbaren Gefahren sind im Rahmen der Qualitätskontrolle intensivere Anforderungen zu stellen. Handelt es sich z. B. um für die technische Sicherheit von Flugzeugen wichtige Einzelteile, wird man von dem Erfordernis einer 100 %-Qualitätskontrolle ausgehen müssen. Handelt es sich dagegen um Einzel-

teile, die zwar im Einzelfall bei Zusammentreffen mehrerer Faktoren zur Schadensursache werden können, bei denen dies aber letztlich nicht stets und nicht unmittelbar voraussehbar ist, muß m. E. auch in den obigen Fallgruppen eine Beschränkung der Qaulitätskontrolle auf Stichproben zulässig sein. Abstrakte Regeln lassen sich hier nicht aufstellen, so daß nur versucht werden konnte, ein Bewertungskonzept zu entwickeln, das vom Einzelfall her auszufüllen ist.

III. 3: LG Freiburg, 17. 2. 1959 2 O 40/57

Der Kläger kaufte ein Moped aus der Produktion des Jahres 1955, das von der Erstbeklagten hergestellt und von der Zweitbeklagten unter ihrem Namen vertrieben worden war. Durch den Bruch der Vorderradgabel stürzte der Kläger und erlitt er Personenschäden.

Deliktshaftung: Konstruktionshaftung Berücksichtigung der tatsächl. Einsatzbedingungen

Die Klage ist begründet. Die Beweisaufnahme hat ergeben, daß das am 13. 6. 1955 gekaufte Moped mit einer falschkonstruierten Vorderradgabel ausgestattet war. Die von der Erstbeklagten verwendete Gabel war zu schwach und den beim normalen Gebrauch des Mopeds entstehenden Belastungen nicht gewachsen.

Beweisvereitelung

Die Unfallgabel des Klägers ist von der Erstbeklagten im Herbst 1957 verschrottet worden, obwohl damals der Prozeß bereits rechtshängig war und den Beklagten mittels Beweisbeschlusses vom 17. 4. 1957 aufgegeben worden war, die Unfallgabel der TH Karlsruhe für die Erstattung eines Gutachtens zur Verfügung zu stellen. Die Beklagten haben damit dem Kläger die Beweisführung mindestens fahrlässig erschwert und können sich deshalb nicht darauf berufen, daß die Feststellungen des Sachverständigen wegen etwaiger übersehener Besonderheiten an der konkreten Unfallgabel nicht zutreffend seien.

Fehlernachweis

Dem Sachverständigen K. hat eine Vorderradgabel des Typs vorgelegen, der von der Erstbeklagten im Frühjahr 1955 verwendet wurde und in das Unfallmoped eingebaut war. Der Sachverständige schließt aus der Tatsache, daß der Dauerbruch seinen Ausgang an der Hinterseite des Schaftrohres nahm, daß ein etwaiger frontaler Anprall gegen ein Hindernis als Ursache des Dauerbruchs ausscheidet und vielmehr die Beanspruchung der Vorderradgabel beim Bremsen und Kurvenfahren sowie durch Stoßkräfte (Schlaglöcher, usw.) den Dauerbruch verursacht hat. Schon die Bremsung über das Hinterrad und noch mehr Vertikalstöße (Schlaglöcher) belasteten die L.-Gabel bis bzw. über die Bruchgrenze des Materials. Wenn schon die ursprüngliche Konstruktion der L.-Gabel ungünstig zu beurteilen sei, so erst recht die später von der Erstbeklagten abgeänderte und verschlechterte Konstruktion der Unfallgabel, denn der Konstrukteur Professor Dr. L. hat an der Bruchstelle einen Abrundungsradius an der Legeschale von 1,5 mm vorgesehen, der von der Erstbeklagten auf 0,2 mm vermindert worden sei. Durch den Radius von 0,2 mm werde die Belastung der Vorderradgabel noch wesentlich ungünstiger, so daß schon normales Bremsen oder normale Betriebsbeanspruchungen zu dem Dauerbruch führen könnten, der schließlich den Unfall des Klägers herbeiführte.

Auch der Gutachter Professor B. hat festgestellt, daß die von der Erstbeklagten für das Unfallfahrzeug verwendete Vorderradgabel festigkeitsmäßig und schwingungstechnisch ungünstig ausgebildet sei, was die Einleitung und das Fortschreiten des Dauerbruchs gefördert habe.

Die Kammer geht aufgrund ihrer Beweiswürdigung davon aus, daß die Unfallgabel von Anfang an zu schwach konstruiert war und später von der Erstbeklagten konstruktionsmäßig noch verschlechtert worden ist.

Kausalitätsnachweis

Dieser Konstruktionsfehler hat prima facie zu dem an der Unfallgabel festgestellten Dauerbruch und damit zu dem Unfall des Klägers geführt. Der Kausalzusammenhang zwischen Konstruktionsfehler und Unfall ist nach den Feststellungen des Sachverständigen typisch und adäquat.

Die Beklagten haben zwar versucht, die Möglichkeit eines anderen Geschehensablaufs als wahrscheinlich hinzustellen. Dem kann nicht gefolgt werden. Auch wenn der Kläger einmal im Winter 1955/56 mit dem Moped gestürzt ist, so wird damit die Ursächlichkeit des Konstruktionsfehlers für den Unfall im Juni 1956 nicht aufgehoben. Nach der Auffassung des Sachverständigen liegt der Fehler der von den Beklagten verwendeten Konstruktion ja gerade darin, daß derart geringfügige Anlässe einen Dauerbruch der L-Gabel auslösen können.

Berücksichtigung der tatsächlichen Einsatzbedingungen

Aus der vom Kläger am Unfalltage gewählten Wegestrecke lassen sich keine zwingenden Schlüsse auf seine sonstigen Fahrten ziehen. Mit teilweise schlechten Wegstrecken und Schlaglöchern muß bei jeder Fahrt, sogar auf Autobahnen, gerechnet werden. Der Konstruktionsfehler liegt ja gerade darin, daß die L-Gabel bei derartigen, vom Hersteller zu berücksichtigenden Belastungen versagte.

Arbeitsteilung: Herstellermitverantwortung im Konstruktionsbereich bei Einschaltung eines Konstruktionsbüros

Produktbeobachtungshaftung

Bei dieser Sachlage könnte ein Verschulden der Beklagten sowohl darin gesehen werden, daß sie die Konstruktion des Professor L. nicht anderweitig haben überprüfen lassen als auch darin, daß für die spätere Abänderung kein Sachverständiger zu Rate gezogen wurde. Beide Möglichkeiten können jedoch offengelassen werden, weil die Kammer im vorliegenden Fall die Fahrlässigkeit der Beklagten darin sieht, daß sie trotz der steigenden Anzahl der ihnen gemeldeten Gabelbrüche nichts unternommen haben (vgl. *RGZ* 163/21 ff. = I.16). Sie haben – die Erstbeklagte als Herstellerin, die Zweitbeklagte als Verkäuferin – die ihnen obliegende Pflicht fahrlässig verletzt, dafür zu sorgen, daß die von ihnen in den Verkehr gebrachten Kraftfahrzeuge verkehrssicher sind und ihre Endabnehmer beim Gebrauch nicht an Leib und Leben gefährdet werden. Diese Pflicht umfaßt auch den Fall nachträglichen Bekanntwerdens derartiger Gefahren (*RG*, aaO., S. 26).

Die Beklagten haben angegeben, daß bis zum 3. Dezember 1955 insgesamt 34.000 T-Mopeds mit L-Gabeln an den Fachhandel bezw. die Kundschaft ausgeliefert worden waren. Die Beklagten haben sich über die bei jeder von ihnen eingegangenen Meldungen von Gabelbrüchen gegenseitig informiert und beraten. Bis Ende 1955 hat die Erstbeklagte 131, die Zweitbeklagte 115 Gabelbrüche registriert. Setzt man für die Zeit vom 3. bis 31. Dezember 1955 von insgesamt 246 Gabelbrüchen überschlägig 20 ab, so bleiben 226 Gabelbrüche auf 34.000 Mopeds, das sind rund 0,67 %. Der so errechnete Prozentsatz ist aber tatsächlich noch höher anzusetzen, wenn man berücksichtigt, daß noch nicht alle ausgelieferten Mopeds verkauft waren und vom Zeitpunkt des Verkaufes an bis zum Auftreten von Gabelbrüchen meist einige Monate vergingen. Die Kammer ist deshalb der Auffassung, daß schon bis Ende 1957 mindestens 1 % Gabelbrüche aufgetreten waren.

Präventive Dimension der Schadenregulierung

Die von der Kammer aus obigen Zahlen gezogenen Folgerungen mußten sich auch den Beklagten aufdrängen, die gegenseitig über die gemeldeten Gabelbrüche beraten haben. Dazu kam, daß bis Ende 1955 bereits warnende Artikel wie „Die Geschichte eines geistigen Konkurses" in der Fachpresse erschienen waren.

Rückruf bzw. Benutzerinformationshaftung

In Anbetracht der bis Ende 1955 in Fachkreisen mit Moped-Vorderradgabeln gemachten Erfahrungen einerseits, der Schwere der durch Vorderradgabelbrüche verursachten Unfälle andererseits, wäre es die Pflicht der Beklagten gewesen, ihre Abnehmer auf die Bruchgefahr hinzuweisen und ihnen eine Austauschgabel der neuen Konstruktion anzubieten. Die Auffassung der Beklagten, ein Prozentsatz von 0,5 bis 1 % Gabelbrüche sei normal und lege noch keinen Schluß auf einen Konstruktionsfehler nahe, ist bei der infolge derartiger Brüche damals gegebenen Gefahr für Leib und Leben der Abnehmer unverantwortlich und kann von den Gerichten nicht gebilligt werden. Die Beklagten hätten bei Anwendung der ihnen als Kfz-Hersteller zumutbaren Sorgfalt schon Ende 1955 erkennen können, daß die L-Gabel und erst recht die abgeänderte L-Gabel einen zu hohen Prozentsatz von Brüchen aufwies

Ursachenermittlungshaftung

und einen neutralen Sachverständigen zu Rate ziehen müssen.

Die von ihrer Materialprüfungsabteilung gegebene Erklärung, daß die Gabelbrüche auf mangelnde Sorgfalt der Kunden zurückzuführen seien, enthob sie dieser Pflicht nicht. Die Beklagten durften bei der Geschwindigkeitsleistung des eingebauten Motors nicht einfach davon ausgehen, daß ihre Abnehmer das Moped nicht stärker als ein Fahrrad beanspruchen würden und die Schuld für die hohe Zahl von Vordergabelbrüchen allein bei den Kunden suchen (vgl. BGH, VersR 1952/357 = I.19). Die Kosten für ein Gutachten eines Sachverständigen wären bei den auf dem Spiel stehenden Werten und dem Umsatz der Beklagten nicht ins Gewicht gefallen.

Zumutbarkeit der Gefahrabwendungsmaßnahmen

Kausalitätsnachweis

Wenn die Beklagten ihrer Sorgfaltspflicht Ende 1955 genügt hätten, wäre der Kläger rechtzeitig gewarnt und sein Unfall voraussichtlich verhindert worden. Da im November 1955 von den Beklagten schon die ersten Preßstahlgabeln hergestellt wurden, wäre ein Umtauschangebot für den Kläger noch zur rechten Zeit gekommen.

Der Preisunterschied von 23,57 DM eigener Gestehungskosten der neuen Preßstahlgabel zu dem letzten Einkaufspreis der L-Gabel mit DM 12,30 legt den Schluß nahe, daß es sich hier nicht nur um eine modische Änderung, wie das die Beklagten behaupten, sondern um eine stabilere und materialmäßig bessere Konstruktion handelt, wie sie Ende 1955 nach Wegfall der gesetzlichen Gewichtsbeschränkungen möglich war.

Die Beklagten haben Anfang 1957 eine Umtauschaktion durchgeführt und L-Gabeln gegen Preßstahlgabeln ausgetauscht. Nach den zahlreichen 1955 bis 1957 eingegangenen Bruchmeldungen erscheint es wahrscheinlich, daß die Beklagten auch diesem Umstand mit ihrer Umtauschaktion Rechnung tragen wollten, ohne das in ihrem Rundschreiben ausdrücklich zu erwähnen. Allerdings erstreckte sich diese unter dem Gesichtspunkt der Gefahrenbeseitigung verspätete Umtauschaktion nur auf die noch beim Fachhandel lagernden Mopeds mit L-Gabeln, nicht auf die in den Händen der Endabnehmer befindlichen Mopeds.

Sowohl die Aufgabe der zu schwachen Konstruktion und ihre Ersetzung durch die neue Preßstahlgabel Ende 1955, in der Folge die Umtauschaktion im Februar 1957, als auch die Einlassung der Beklagten, die jetzt mehr oder weniger offen zugeben, daß die L-Gabel im Verhältnis zur Motorleistung des Mopeds auf schlechten Wegestrecken zu schwach war und die Schuld davon in gleicher Weise dem Gesetzgeber (Gewichtsbegrenzung auf 33 kg) und dem Endabnehmer (Gebrauch des Mopeds als Motorrad statt als Fahrrad) beimessen, lassen den Schluß zu, daß die Beklagten sich schon Ende 1955 darüber klar waren, daß die von ihr bisher verwendete L-Gabel zumindest für die in der Praxis zu erwartende Beanspruchung zu schwach konstruiert war, was wiederum die 1955 im Verhältnis zu den Jahren 1953 und 1954 rapide ansteigende Zahl von Bruchmeldungen zur Folge hatte. In Anbetracht des bei jedem Gabelbruch zu erwartenden schweren Unfalles war es fahrlässig, die inzwischen gemachten Erfahrungen zu verschweigen und weder Fachhandel und Endabnehmer darüber zu unterrichten, daß bei Beanspruchung des Mopeds als Motorrad schwere Unfälle drohen, noch eine Umtauschaktion einzuleiten. Die Beklagten hätten nach Eingang der Bruchmeldungen mit Leichtigkeit durch Konsultation eines Sachverständigen in Erfahrung bringen können, daß ihre Konstruktion zu schwach war. Es war fahrlässig, diese nach Sachlage gebotene Konsultation zu unterlassen, insbesondere da bereits in der Fachpresse auf derartige Mängel und die daraus resultierende Unfallgefahr hingewiesen worden war.

Rückruf- bzw. Benutzerinformationspflichten

Organisationshaftung

Die Beklagten haften für das Verschulden ihrer Organe und den dadurch verursachten Schaden des Klägers nach §§ 831, 823 Abs. 1 BGB. Nach dem Organisationsaufbau bei der Beklagten war die technische Direktion für die Konstruktions-, Versuchs- bzw. Überprüfungs- und Kundendienstabteilungen verantwortlich. Es ist von den Beklagten nicht behauptet worden, daß ihre Organe für Fehlkonstruktionen und Unterlassungen, wie sie oben erörtert sind, nicht verantwortlich seien. Eine derartig wichtige Entscheidung wie die Zuziehung eines Sachverständigen, Warnung der Abnehmer, usw. gehört üblicherweise zu dem Geschäftsbereich der Direktion, so daß die Beklagten sich nicht nach § 831 BGB exkulpieren können (vgl. *RGZ* 163/29, 30 = I.16).

Mitverantwortlichkeit mehrerer

Die Klage war daher dem Grunde nach gerechtfertigt. Die gesamtschuldnerische Haftung der Beklagten folgt aus §§ 830, 840 Abs. 1 BGB.

Anmerkung:

1. Das Gericht hat nicht berücksichtigt, daß die Zweitbeklagte tatsächlich gesehen Nichthersteller war, sondern auch die Zweitbeklagte der gegenüber der Erstbeklagten ausgesprochenen Herstellerhaftung unterworfen. Im Ergebnis ist dies zutreffend. Die Zweitbeklagte war mehr als ein Vertriebshändler eines Fremdproduktes, denn sie hat die Mopeds unter ihrem Namen vertrieben. Im Verkehr trat sie damit als Hersteller auf und ist sie folglich als Quasi-Hersteller kraft Identifikation mit einem Fremdprodukt zu behandeln (vgl. im einzelnen Schmidt-Salzer, Produkthaftung I, Rz 157 ff.). Die gleiche Problematik stellt sich bei Warenzeichenlizenzen sowie bei den Handelsmarken der Versandhäuser.

2. Liegt eine derartige Identifikation mit einem Fremdprodukt vor, tritt eine Verdoppelung der Herstellerhaftung ein. Sie bedeutet, daß im obigen Fall die Erstbeklagte als tatsächlicher Hersteller und die Zweitbeklagte als Quasi-Hersteller haften, d. h. daß die im Betrieb des tatsächlichen Herstellers gesetzten Fehlerursachen der Zweitbeklagten so zugerechnet werden als wäre die betreffende Handlung oder Unterlassung im eigenen Betrieb erfolgt. Für Fehler der Mitarbeiter der Erstbeklagten muß folglich auch der Zweitbeklagten der Entlastungsnachweis offenstehen, der allerdings anhand der im Betrieb der Erstbeklagten gegebenen Situation anzutreten ist. Für Fehler der Geschäftsleitung der Erstbeklagten dagegen, muß der Zweitbeklagten die Entlastung verwehrt werden. Daraus folgt, daß der Quasi-Hersteller nicht nur wie der Weiterverarbeiter eines Fremdproduktes auf ordnungsgemäße Auswahl und Kontrolle des Lieferanten haftet, sondern daß seine Haftung aufgrund der Identifikation mit dem Fremdprodukt weitergeht. Deshalb ist es im Ergebnis zutreffend, daß das Gericht die

Erstbeklagte und die Zweitbeklagte unterschiedslos als Hersteller behandelt hat.

III. 4: LG Duisburg, 14. 2. 1963, 10 O 38/57:

Deliktshaftung

Konstruktionshaftung

Berücksichtigung der tatsächlichen Einsatzbedingungen

Die Klage ist gemäß § 823 Abs. 1 BGB dem Grunde nach gerechtfertigt. Der Kläger ist durch den erlittenen Verkehrsunfall an Körper, Gesundheit und Eigentum geschädigt worden. Der Unfall beruhte darauf, daß die von der Beklagten hergestellte Mopedgabel zu schwach war. Sie war den normalen Beanspruchungen des Straßenverkehrs nicht gewachsen, weil sie fehlerhaft konstruiert war. Nach dem Gutachten des Sachverständigen B. war sie festigkeitsmäßig und schwingungstechnisch ungünstig ausgebildet. An der Bruchstelle traten Kerbwirkung infolge scharfer Übergänge und ein Steifigkeitssprung zusammen. Hierdurch wurde die Widerstandsfähigkeit der Gabel gegen Fahrschwingungen beeinträchtigt, so daß bei längerer Beanspruchung im normalen Fahrverkehr die Gefahr eines Dauerbiegebruchs bestand. Ein solcher Bruch ist im vorliegenden Fall auch tatsächlich eingetreten. Der Bruch ist also durch die Beanspruchung des normalen Fahrverkehrs entstanden. Demnach steht fest, daß der geschilderte Konstruktionsfehler für den Unfall ursächlich war.

Produktbeobachtungshaft

Es kann dahingestellt bleiben, ob die Beklagte zur Zeit der Herstellung der Mopedgabel bei sorgfältiger Ausnutzung der technischen Möglichkeiten in der Lage gewesen wäre, den Konstruktionsfehler zu erkennen und zu vermeiden. Spätestens im Frühjahr 1955 war ihr nämlich die Verkehrsunsicherheit ihrer Mopedgabel entweder positiv bekannt oder nur infolge Fahrlässigkeit unbekannt geblieben, so daß sie noch in der Lage gewesen ist, den Kläger rechtzeitig vor Eintritt des Verkehrsunfalles auf die Gefährlichkeit seiner Mopedgabel hinzuweisen.

Konstruktionshaftung

Bei Aufnahme der Produktion konnte sie sich zwar zunächst darauf verlassen, daß die Vordergabel einwandfrei konstruiert war und insbesondere den Anforderungen der Verkehrssicherheit genügte. Denn die Gabel war von einem anerkannten Fachmann, nämlich dem Professor L., konstruiert worden und hatte in zahlreichen Belastungsproben keine Beanstandungen gezeigt. Dieses Vertrauen war jedoch im Frühjahr 1955 nicht mehr gerechtfertigt. Zu diesem Zeitpunkt waren der Beklagten schon eine große Anzahl von Gabelbrüchen gemeldet worden. Sie selbst trägt vor, daß sie im Jahr 1954 insgesamt 5 und im Jahr 1955 insgesamt 110 Gabelbrüche festgestellt habe. Im Jahre 1955 waren also durchschnittlich 9 Gabelbrüche monatlich vorgekommen. Daraus rechtfertigt sich die Annahme, daß bis zum Unfall des Klägers am 26. 6. 1955 insgesamt etwa 60 Gabelbrüche aufgetreten sind.

Präventive Dimension der Schadensregulierung

Hinzu kommt, daß das Laboratorium für Betriebsfestigkeit in Darmstadt nach Prüfung der Gabeln bereits im Jahre 1954 darauf hingewiesen hatte, daß die Vordergabel zu schwach sei. Irgendwelche Zweifel an der Richtigkeit dieser Feststellungen konnten schon damals angesichts der erheblichen Zahl der Gabelbrüche nicht mehr bestehen. Nach dieser Untersuchung konnte die Beklagte insbesondere nicht mehr annehmen, daß die vorgekommenen Gabelbrüche allein auf unangemessene Benutzung durch die Mopedfahrer zurückzuführen seien, wenn ihr auch die heute feststehenden Ursachen der Verkehrsunsicherheit der Gabel damals im einzelnen noch nicht bekannt gewesen sein mögen.

Ursachenermittlungshaftung

Rückruf- bzw. Benutzerinformationshaftung

Demnach stand bereits im Frühjahr 1955 fest, daß jedem Benutzer eines mit dieser Gabel versehenen Mopeds ein schwerer Verkehrsunfall drohte. Gerade beim Bruch der Vordergabel eines Mopeds waren lebensgefährliche Verletzungen oder gar der Tod des Mopedfahrers und erhebliche Gefährdungen des übrigen Straßenverkehrs zu erwarten. Daher war die Beklagte zu diesem Zeitpunkt verpflichtet, den von ihr hervorgerufenen Gefahren nach Kräften zu steuern. Wer, wenn auch vielleicht unwissend, eine Gefahr für den allgemeinen Verkehr gesetzt hat, muß, sobald er diese Gefahr erkennt oder erkennen muß , alles tun, was ihm den Umständen nach zugemutet werden kann, um sie abzuwenden (vgl. RGZ 163/21, 26 = I.16). Der

Beklagten war es nach Auffassung der Kammer ungeachtet der zu erwartenden wirtschaftlichen Nachteile zuzumuten, ihre Abnehmer auf die ihnen drohenden Gefahren hinzuweisen, denn Leib und Leben ihrer Abnehmer mußten ihr höher stehen als ihr wirtschaftliches Gewinnstreben.

Zumutbarkeit der erforderlichen Gefahrabwendungsmaßnahmen

Organisationshaftung

Die Wahrnehmung dieser Pflicht oblag den gesetzlichen Vertretern der Beklagten, die von den gegen die Verkehrssicherheit der Gabel sprechenden Umstände unstreitig erfahren haben. Für ihr Verhalten haftet die Beklagte gemäß § 31 BGB ohne die Möglichkeit des Entlastungsbeweises.

Kausalitätsnachweis

Wenn die Beklagte den Kläger im Frühjahr 1955 gewarnt hätte, so hätte dieser mit an Sicherheit grenzender Wahrscheinlichkeit das Moped nicht mehr benutzt. Der Unfall wäre dann vermieden worden. Damit steht fest, daß die Pflichtverletzung der Beklagten für den Unfall ursächlich war.

III. 5: LG Heidelberg, 10. 4. 1963, 2 O 196/60:

Bei der Herstellung von Backsteinen waren Fälle aufgetreten, in denen Steine in ungewöhnlichem Ausmaß grobe Einschlüsse ungelöschten Kalks enthielten. Bei Aufnahme von Luft- und Verputzfeuchtigkeit löschen derartige Kalkeinsprenglinge nach und rufen sie eine Volumensvergrößerung der Steine hervor. Diese Treibwirkung führt bis zum Zerfall gehende Aussprengungen des Steines herbei. Als Folge davon wird die Haltbarkeit der Steine selbst und damit die Standfestigkeit der aus ihnen errichteten Gebäude beeinträchtigt.

Ein Bauherr, dessen Gebäude wegen Minderung der Standfestigkeit des Mauerwerkes geräumt werden mußte, klagte gegen den Hersteller. Dem Hersteller der Backsteine waren diese Fehler aus früheren Reklamationen von Kunden und aus Warnungen aus dem eigenen Betrieb bekannt.

Deliktshaftung

Zur Erfüllung des Tatbestandes des § 826 BGB genügt es zwar nicht, daß der Hersteller in noch so leichtfertiger und damit sittenwidriger Weise gehandelt hat und sich auch der Tatumstände, aus denen das Gericht den Vorwurf der Sittenwidrigkeit entnimmt, bewußt war. Diese Vorschrift verlangt daneben zumindest den bedingten Vorsatz, d. h. der Beklagte muß mindestens mit der Möglichkeit gerechnet haben, daß sein Handeln einen schädlichen Erfolg haben werde. Er muß diesen als möglich vorgestellten Erfolg in seinen Willen aufgenommen und für den Fall seines Eintritts gebilligt oder doch mitaufgenommen haben. Wer als Hersteller einer Ware, bei der gewisse typische gefährliche Mängel auftreten können, als versierter Fachmann die latente Gefährlichkeit des verarbeiteten Rohstoffs, die Unzulänglichkeit seiner Herstellungsweise und die schon aufgetretenen erheblichen Schäden aufgrund eigener Sachkunde und durch zahlreiche Warnungen aus dem eigenen Betrieb und von Kunden kennt, dennoch aber dem Umfang nach bedeutende Lieferaufträge ausführt, ohne seine Herstellungsweise zu überprüfen, zu verbessern oder Stichproben seiner Waren zu machen und ohne die Kunden in angemessener Weise zu eigener besonderer Vorsicht bei der Abnahme zu veranlassen, handelt sittenwidrig und nimmt mögliche Schäden in Kauf.

Produktbeobachtungshaftung

III. 6: LG Kleve 26. 2. 1964, 2 O 157/62:

In dem vom BGH entschiedenen Schubstreben-Fall (I.54) hatte die Klägerin in der 1. Instanz zunächst den Hersteller des Pkw verklagt. Mit dem folgenden Urteil wurde diese Klage abgewiesen. Daraufhin kam es zu der Klage gegen den Zulieferer, die zu dem Schubstreben-Urteil des BGH führte.

Deliktshaftung: Assemblerhaftung

Der Klageanspruch ist aus dem Gesichtspunkt der unerlaubten Handlung nicht gerechtfertigt. Er läßt sich nicht auf § 823 Abs. 1 BGB stützen. Die Beklagte hat zwar durch den Einbau der schadhaften Hinterachs-Schubstrebe eine Ursache für den Unfall der Klägerin und damit deren Verletzungen gesetzt.

Nach § 823 Abs. 1 BGB ist aber weiter ein Verschulden der Beklagten für ihre Ersatzpflicht erforderlich. Nach dem Ergebnis der Beweisaufnahme kann nicht festgestellt werden, daß die Beklagte beim Einbau der Schubstrebe in das vom Ehemann der Klägerin gekaufte Kraftfahrzeug die im Verkehr erforderliche Sorgfalt außer Acht gelassen hat. Der Sachverständige M. ist in Übereinstimmung mit dem Gutachter D. und der W.-GmbH zu dem Ergebnis gekommen, daß die feinen Risse, die die eigentliche Ursache für den Bruch der Schubstrebe bildeten, auf einen Verarbeitungsfehler bei der Gesenkschmiede H. zurückzuführen sind.

Der Sachverständige M. hat weiter überzeugend dargelegt, daß die feinen Risse mit bloßem Auge oder bei schwacher Vergrößerung nicht erkennbar sind und auch nicht ertastet werden können. Er hat weiter ausgeführt, daß zuverlässige Rißprüfungen nur mittels magnetischer Flutung des zu prüfenden Schmiedestückes durchgeführt werden können.

DIN-Normen

Nach der Äußerung des Sachverständigen ist eine solche Magnetflutung in dem üblichen Prüfungsverfahren für Gesenkschmiedestücke gemäß den deutschen Industrie-Normen (DIN) nicht enthalten. Die Magnetflutung jedes einzelnen Schmiedestückes stellt vielmehr eine über das übliche Maß hinausgehende Prüfung dar, die besonders zu vergüten ist.

Die Beklagte selbst hat eine Prüfung der Schubstreben nicht vorgenommen, weil sie eine Anlage zur Durchführung von Magnetflutungen nicht besaß. Sie hat aber die Prüfung ihrem Zulieferer übertragen. Dabei hat sie sich nicht auf das übliche Prüfungsverfahren beschränkt, sondern spätestens ab Ende 1956 eine zusätzliche Einzelprüfung der Schubstangen mittels Ferro-Flux-Gerät in Auftrag gegeben. Bei einer derartigen in Auftrag gegebenen zusätzlichen Rißprüfung eines jeden Einzelstückes kann der Beklagten kein Vorwurf daraus gemacht werden, daß sie die Schmiedestücke im eigenen Werk nicht noch einmal der gleichen Untersuchung unterzog. Auch wenn man berücksichtigt, daß die Schubstrebe am Fahrzeug besonderen Belastungen unterliegt und ihr Bruch regelmäßig zu schweren

Unfällen führt, erscheint das von der Beklagten gewählte Verfahren, die Schubstreben in der Schmiede prüfen zu lassen, ausreichend. Den Ausführungen des Sachverständigen zufolge ist nämlich diese Verfahrensweise auch bei den deutschen Automobilfabrikanten üblich und stellt die von ihm erwähnte doppelte Prüfung im Volkswagenwerk eine Ausnahme dar.

Anmerkung:

1. Nach dem Stand der Rechtsprechung im Zeitpunkt der Urteilsfällung ist die Entscheidung zutreffend. Danach hatte der Produktgeschädigte nicht nur den Fehler- und den Kausalitätsnachweis, sondern darüber hinaus auch den Verschuldensnachweis zu erbringen. Hatte der Hersteller das zur Schadensursache gewordene Einzelteil nicht selbst hergestellt, sondern von einem sog. Auftragsfertiger nach den ihm übergebenen Konstruktionsunterlagen fertigen lassen und handelte es sich im konkreten Fall um einen Fabrikations- bzw. um einen Qualitätskontrollfehler, dann oblag diese Haftung dem Auftragsfertiger (I.54). Insoweit war es also nur konsequent, daß in der obigen Entscheidung die gegen den Endhersteller gerichtete Klage abgewiesen wurde.

Selbst wenn man davon ausgeht, daß in derartigen Fällen dem Endhersteller eine Lieferantenauswahl- bzw. Lieferantenkontrollhaftung obliegt (vgl. Einleitung III. 4 db), war es doch nach den allgemeinen Regeln über die Darlegungs- und die Beweislast Sache des Produktgeschädigten, den Nachweis eines derartigen Drittunternehmerauswahl- bzw. -kontrollverschuldens zu erbringen. Nach dem Tatbestand der obigen Entscheidung hatte der Kläger dafür nichts vorgebracht. Deshalb war es zutreffend, daß die gegen den Endhersteller gerichtete Klage abgewiesen und der Kläger auf den Rechtsstreit gegen den Auftragsfertiger verwiesen wurde.

Konsequenz des Hühnerpest-Urteils (I.58) ist aber, daß auch das Drittunternehmerauswahl- bzw. Drittunternehmerkontroll-

verschulden vermutet wird (vgl. Einleitung III, 4 eb). Wäre der Rechtsstreit heute zu entscheiden, müßte also das Drittunternehmerauswahl- bzw. -kontrollverschulden vermutet werden. Kann bzw. will der Endhersteller den Entlastungsnachweis nicht erbringen, wäre er — gegebenenfalls neben dem Auftragsfertiger — zum Schadensersatz zu verurteilen.

2. Für die inhaltliche Präzisierung der Drittunternehmerauswahl- bzw. -kontrollhaftung bieten die Kriterien, die die deutsche Rechtsprechung im Zusammenhang mit der (innerbetrieblichen) Personalhaftung aus § 831 BGB entwickelt hat, eine gedankliche Leitlinie. Die im deutschen Recht durch § 831 BGB verwirklichte Lösung beruht auf dem Grundgedanken, daß den Unternehmer keine unmittelbare Verantwortung für die einzelne Verrichtung trifft. Diese primäre Verantwortung obliegt vielmehr gemäß § 823 BGB dem Verrichtungsgehilfen (Einleitung III, 4 da). Lediglich daneben besteht die sekundäre Haftung des Unternehmens für den Einsatz eines ausreichend qualifizierten und zuverlässigen Verrichtungsgehilfen. Diese Haftung gliedert sich konkret in die drei großen Bereiche (a) der Auswahl, (b) der Einweisung und (c) der laufenden Kontrolle. Im Bereich der innerbetrieblichen Arbeitsteilung ist allerdings die Geschäftsleitung gegenüber den Mitarbeitern weisungsberechtigt. In den Fällen der zwischenbetrieblichen Arbeitsteilung dagegen fehlt diese Weisungsbefugnis. Das Gemeinsame der innerbetrieblichen und der zwischenbetrieblichen Arbeitsteilung ist aber, daß der Hersteller bestimmte Tätigkeiten, die er bei einer einstufigen handwerklichen Tätigkeit selbst vornehmen müßte, einem Dritten überträgt. In beiden Fällen ist die übertragene Tätigkeit in die eigene Tätigkeit des Herstellers eingegliedert bzw. eine Teilvoraussetzung für die Herstellung des Produkts, das er dann als eigenes in den Verkehr bringt. Durch die Übertragung einzelner Tätigkeiten entweder im innerbetrieblichen oder aber im zwischenbetrieblichen Bereich wird zwar das übertragende Unternehmen von einer unmittelbaren Verantwortung für die ordnungsgemäße Ausführung der betreffenden Tätigkeit befreit, so daß das Unternehmen z. B. keiner Eigenhaftung für Fabrikationsfehler unterliegt. Es bleibt aber die Organisationsverantwortung des Unternehmens für den innerbetrieblichen Bereich sowie für die Einordnung der an Drittunternehmer übertragenen Tätigkeiten.

An dieser Stelle wird es von praktischer Bedeutung, daß die deliktsrechtliche Generalklausel dem Schuldner die Freiheit in der Wahl seiner Maßnahmen läßt (Einleitung III, 4 ab). Ob er eine zur Gefahrabwendung erforderliche Handlung (a) höchstpersönlich ausführt oder (b) innerhalb seines Unternehmens durch seine Mitarbeiter (= innerbetriebliche Arbeitsteilung) oder aber (c) durch ein rechtlich selbständiges Drittunternehmen (= zwischenbetriebliche Arbeitsteilung) ausführen läßt, ist vom Normzweck der Gefahrabwendungspflichten her nicht entscheidend. Entscheidend ist nur, daß der Schuldner im Rahmen seines Tätigkeits- und Verantwortungsbereichs dafür Vorsorge zu treffen hat, daß nicht Ursachen für eine Verletzung deliktsrechtlich geschützter Rechtsgüter Dritter gesetzt werden. Eine Vor- oder Einschaltung Dritter ist demnach nur dann eine Erfüllung der dem Schuldner obliegenden Gefahrabwendungspflichten, wenn sie eine ausreichende Maßnahme darstellt. Dies ist nur dann der Fall, wenn sichergestellt ist, daß die von dem Dritten übernommenen Tätigkeiten tatsächlich ordnungsgemäß ausgeführt werden.

Für den Bereich der zwischenbetrieblichen Arbeitsteilung setzt dies voraus, daß der Hersteller des Endprodukts
- *den Zulieferer bzw. Auftragsfertiger ordnungsgemäß ausgewählt, bevor er ihm den Auftrag erteilt*
- *die Pflichten des Lieferanten so konkret regelt, daß er berechtigtermaßen davon ausgehen kann, daß ihm Einzelstücke der erforderlichen Qualität geliefert werden*
- *den Lieferanten laufend überwacht, ob tatsächlich die im Zeitpunkt der Auftragserteilung gegebenen Voraussetzungen auch weiterhin zutreffen.*

Für die Einschaltung anderer Drittunternehmen bzw. Konstruktionsbüros oder Testinstitute gilt entsprechendes: Auch hier kann sich das einschaltende Unternehmen nicht blind auf das Drittunternehmen verlassen (III.4).

Während also im Fall einer innerbetrieblichen Arbeitsteilung deliktsrechtlich Auswahl-, Anleitungs- und Kontrollpflichten bestehen, bestehen im Bereich der zwischenbetrieblichen Arbeitsteilung dementsprechend Auftragserteilung-, Vertragsgestaltungs- und Kontrollpflichten.

Ist aufgrund der neueren Rechtsprechung davon auszugehen, daß gegenüber dem Hersteller des Endprodukts hinsichtlich der fremdproduzierten Teile bzw. hinsichtlich der von Drittunternehmen ausgeführten Tätigkeiten ein Drittunternehmerauswahl- bzw. -kontrollverschulden vermutet wird, dann muß der verklagte Endhersteller den Nachweis erbringen, daß er jenen deliktsrechtlichen Pflichten entsprochen hat.

III. 7: LG Limburg, 18. 6. 1969, 2 O 11/69 (Empfängnisverhütungsmittel):

Die Ehefrau des Klägers hatte seit längerer Zeit auf ärztliche Verordnung das von der Beklagten hergestellte empfängnisverhütende Präparat E. genommen. Trotzdem kam es zur Empfängnis und der Geburt eines Kindes. Der Kläger behauptet, seine Frau habe sich genau an die Weisungen des Arztes und an die dem Präparat beigefügten Erläuterungen der Beklagten gehalten. Seine Ehefrau und er hätten sich auf die in der Beilage angeführten Erläuterungen, insbesondere auf die Zusage verlassen: „Wenn Sie E. nach Vorschrift einnehmen, sind Sie mit Sicherheit vor einer Empfängnis geschützt".

Vertragshaftung

Warenbegleitende Herstellererklärung

Kausalitätsnachweis

Die Klage ist unbegründet. Dem Kläger stehen gegenüber der Beklagten weder vertragliche Ansprüche noch Ansprüche aus unerlaubter Handlung zu. Ansprüche des Klägers aus einem Kaufvertrage scheiden aus. Direkte vertragliche Beziehungen zwischen den Parteien haben nicht bestanden. Weder der Kläger noch seine Ehefrau haben die Entscheidung darüber getroffen, welches Contrazeptivum die Ehefrau des Klägers verwenden sollte, vor allem die Wahl des Präparates Eugynon haben weder

der Kläger noch seine Ehefrau aufgrund einer vorausgegangenen Lektüre der Beilage zu diesem Präparat, das außerdem verschreibungspflichtig ist, getroffen. Diese Entscheidung konnte nur der Arzt treffen, der dieses Präparat der Ehefrau des Klägers verordnet hatte. Zwischen den Parteien war der Arzt eingeschaltet und nur dieser hat entschieden, welches empfängnisverhütende Mittel die Ehefrau des Klägers verwenden sollte. Die Ehefrau des Klägers hat auch nur ihrem Arzt und nicht etwa einer Werbung der Beklagten ihr Vertrauen geschenkt, denn das Präparat Eugynon ist nicht unmittelbar im Handel zu kaufen. Die Ehefrau des Klägers mußte sich vielmehr, um die beiliegenden Erläuterungen zu dem Präparat überhaupt zur Kenntnis nehmen zu können, das Präparat vorher erst einmal von ihrem Arzt verschreiben lassen. Aus diesem Grunde kommen auch vertragsähnliche Beziehungen oder eine aus dem Vertragsgedanken entwickelte quasi-kontraktliche Sonderrechtsbeziehung zwischen Hersteller und Verbraucher nicht in Betracht, denn die Beklagte darf ihr Präparat nur an Apotheken oder Ärzte liefern, nicht jedoch an Privatpersonen im freien Handel verkaufen.

Unmittelbares Vertragsverhältnis Hersteller/Endbenutzer?

Ebenso scheiden Ansprüche des Klägers aus Gewähr- oder Garantievertrag aus, weil die Beklagte als Produzentin des Präparates Eugynon nicht 100 %ig garantiert hat, daß bei der Einnahme ihres Mittels eine Empfängnisverhütung gewährleistet sei und sie auch nicht erklärt hat, für alle möglichen Schäden und Risiken einstehen zu wollen.

Warenzeichen, Originalverpackung

Werbung

Ein Produzent, der seine Ware unter Benennung seiner Urheberschaft, nämlich mit seinem Etikett, in Originalverpackungen unter seinem Warenzeichen oder der von ihm geprägten Bezeichnung in den Verkehr bringt, erklärt damit noch nicht, auch nicht konkludent, daß er dem Verbraucher oder Endabnehmer für sorgfältige Herstellung und unbedingte Fehlerfreiheit einstehen will (so auch *RGZ* 87/1 = I.5), denn in der Werbung für Markenartikel, auch wenn sie dem Endabnehmer in besonders eindringlicher Weise anspricht, ist noch keine Zusage zu finden, für etwaige Mängel der Ware haften zu wollen (so auch *BGH*, NJW 1969/273 = I.58).

Aus den Erläuterungen auf Seite 12 der dem Präparat beiliegenden Gebrauchsanweisung ergibt sich im übrigen eine Einschränkung der Anpreisung in Bezug auf die Sicherheit dieses Medikamentes, denn dort wird ausgeführt, daß die Einnahmezeit um nicht mehr als 12 Stunden überschritten werden dürfe damit das empfängnisverhütende Mittel seine Wirkung nicht verliere.

Deliktshaftung

Auch ein Anspruch aus unmittelbarer Haftung des Warenherstellers gegenüber dem Endverbraucher aus dem Gesichtspunkt der sog. Produzentenhaftung, gestützt auf § 823 Abs. 1 BGB ist abzulehnen. Das Kind, das die Ehefrau des Klägers geboren hat, ist nicht als Schadenseintritt anzusehen, welcher Voraussetzung für den Anspruch aus § 823 Abs. 1 BGB ist. Denn Kinder gelten aufgrund eines tiefgehenden geschichtlich philosophischen Verständnisses sowie nach christlich humanistischen Kulturvorstellungen immer noch als höherrangige Werte, wobei gleichgültig ist, ob sie aus persönlichen, wirtschaftlichen oder sozialen Erwägungen im Einzelfall noch so unerwünscht sein mögen. Die Überlegungen zur Kausalität oder eventuellen Sittenwidrigkeit scheitern für die Bejahung einer Haftung des Warenherstellers deshalb auch daran, daß eine Wertverwirklichung niemals gleichzeitig ein Schaden sein kann.

Der Unterhaltsaufwand, zu dem der Kläger als Vater des Kindes Kraft Gesetzes (§ 1601 BGB) verpflichtet ist, stellt sich als Vermögensschaden dar. Diese Vermögensschädigung fällt jedoch nicht unter den Begriff „unerlaubte Handlung" im Sinn des § 823 Abs. 1 BGB. Vor allem wird der sogenannte Vermögensschaden unstreitig nicht von der Alternative „sonstiges Recht" im § 823 Abs. 1 BGB umfaßt (*BGH*, NJW 1969/273 = I.58). Auch ist für Vermögensschäden im Rahmen der Produzentenhaftung grundsätzlich kein Raum, denn diese Haftung soll allenfalls die an den gesetzlich geschützten Rechtsgütern des Benutzers entstandenen Schäden wiedergutmachen. Zur Kompensierung enttäuschter Erwartungen ist sie nicht gedacht (so auch zutreffend *Simitis*, Gutachten C zum 47. DJT 1968, S. 62).

§ 823 Abs. 2 BGB

Ein Einspruch des Klägers gemäß § 823 Abs. 2 BGB, 263 StGB ist ebenfalls nicht gegeben. Für die Annahme, daß die Beklagte sich des Betruges zum Nachteil des Klägers schuldig gemacht habe, fehlt es bereits an der Täuschungshandlung. Es handelt sich bei den dem Präparat E. beigefügten Erläuterungen um eine Gebrauchsanweisung, wie sie üblicherweise medizinischen Präparaten, Arzneimitteln und Medikamenten beiliegt. Die Beklagte gibt darin Richtlinien für die Anwendung von E. und Erklärungen über dessen Wirkungsweise ab. Die Angabe, daß E. mit Sicherheit vor einer Empfängnis schütze, wird eingeschränkt, da die Gebrauchsanweisung ausführt, bei Überschreitung der Einnahmezeit sei die empfängnisverhütende Wirkung nicht mehr gesichert. Ähnliche Bekanntmachungen und Aufklärungen über ein Erzeugnis sind auch durch den Hersteller und Lieferanten von Lebens-, Genuß- oder Waschmittel üblich.

Medizinische Darstellungen oder Anpreisungen sind im übrigen immer unter Berücksichtigung der zum Teil andersartigen Auswirkungen auf den Menschen zu werten, da bekanntlich der Mensch anders reagiert als eine Maschine, deren mechanische Wirkungsweise vorausberechenbar und voraussehbar ist. Der menschliche Körper unterliegt aber vielerlei Einflüssen, sei es körperlicher oder seelischer Art, und dadurch rufen wie in unserer aufgeklärten Welt jedermann bekannt ist, Arzneimittel, Medikamente und gerade auch Hormonpräparate, wenn auch in gleich starker Dosis verabreicht, nicht immer unbedingt die gleiche Wirkung im menschlichen Organismus hervor. Der Kläger trägt im übrigen selbst vor, daß es nicht auszuschließen sei, daß hin und wieder sogenannte Versager auftreten würden. Insofern weiß auch derjenige, der ein solches Mittel einnimmt, daß, selbst wenn die Worte „Bürgen für Sicherheit" gebraucht werden, damit nur eine an Sicherheit grenzende Wahrscheinlichkeit gemeint sein kann und die Ausführungen nicht unbedingt wörtlich genommen werden dürfen, weil die Fehlerquellen, die in der menschlichen Natur liegen, immer berücksichtigt werden müssen.

Schutzerwartungen der Benutzer

III. 8: LG Düsseldorf, 26. 5. 1971, 5 O 363/70:

Die Klägerin bezog von der Beklagten, die u. a. Klebstoffe herstellt, Klebstoff zur Fußbodenverlegung. Der Klebstoff war von der Beklagten als „zuverlässiger Kontaktkleber für Kunststoff- und Gummibeläge" angeboten worden. In der Gebrauchsanweisung findet sich der Zusatz: „ Unsere Angaben stützen sich auf allgemeine Erfahrungen. Wir empfehlen eigene Versuchsklebungen, da alle Anwendungen und Vorbedingungen nicht zu übersehen sind." Zwei bis drei Wochen nach Abschluß der Arbeiten zeigten sich Schäden. Eine dauerhafte Verklebung der PVC-Platten war nicht eingetreten und der Klebstoff noch immer feucht.

Vertragshaftung: Eigenschaftszusicherung

Der Klägerin steht ein Schadensersatzanspruch wegen Nichterfüllung aufgrund der §§ 480 Abs. 2, 459 Abs. 2, 433 BGB zu. Dem von der Beklagten verkauften Klebstoff fehlte eine zugesicherte Eigenschaft, da er für die angegebenen Zwecke und insbesondere für die Arbeiten der Klägerin ungeeignet war. Dies ergibt sich aus den vom Sachverständigen geschilderten Schadensursachen. Der Schaden ist allein auf die Zusammensetzung des Klebers zurückzuführen, der bestimmte, für PVC-Platten nicht geeignete Komponenten enthielt. Das läßt sich ohne weiteres als Konstruktionsfehler bei der Entwicklung des Klebstoffes ansehen. So ist eine ausreichende Verklebung auch deshalb nicht eingetreten, weil Teile der Klebemasse in den porösen Spachtel abgesackt sind. Hierbei liegt ein Instruktionsfehler der Beklagten vor. Sie hat in ihrer Gebrauchsanweisung lediglich zu einem Vorstrich des Estrichs mit anschließender Überspachtelung geraten. Einen Vorstrich der Spachtelmasse, der ein Absacken hätte verhindern können, hat sie aber nicht vorgeschrieben. Die Klägerin konnte also davon ausgehen, daß dieser auch nicht notwendig sei. Sie hat sich genau an die Gebrauchsanweisung gehalten.

Instruktionsfehler

Vorliegen einer Eigenschaftszusicherung

War somit der Kleber für die Verklebung von PVC-Platten objektiv ungeeignet, so fehlte ihm damit eine zugesicherte Eigenschaft. Dabei kommt es nicht darauf an, ob die Beklagte ausdrückliche Zusicherungen bei den Verkaufsverhandlungen, etwa durch ihre Angestellten, gemacht hat. Eine Zusicherung ergibt sich vielmehr schon daraus, daß die Beklagte den Klebstoff für einen ganz bestimmten Zweck – die Verlegung von Kunststoffplatten – hergestellt und der Klägerin verkauft hat. Wenn ein Gegenstand aber nur einem bestimmten und alleinigen Zweck zu dienen bestimmt ist, so ist seine Eignung gerade zu diesem Zweck, aufgrund dessen er allein gekauft wird, als zugesichert anzusehen. Die Klägerin durfte sich darauf verlassen, daß die Beklagte für die Eignung zu dem speziell angegebenen Zweck einzustehen bereit war.

Anwenderverantwortung

Fehlt es somit an einer zugesicherten Eigenschaft des Klebers, so geht auch die Ansicht des Beklagten fehl, daß die Klägerin aufgrund eines entsprechenden Abschnittes der Gebrauchsanweisung verpflichtet gewesen wäre, sich von der Eignung des Klebstoffs durch Versuchsklebung zu überzeugen. Der Passus, auf den sich die Beklagte bezieht, ist in seiner Formulierung und in seinem Inhalt so allgemein und unverbindlich gehalten, daß ihm lediglich der Charakter einer Empfehlung zukommt.

Eignung für die üblichen Verwendungszwecke

Die Beklagte mußte ferner davon ausgehen können, daß der Klebstoff seitens der Beklagten, die promovierte Chemiker beschäftigt, für übliche Anwendungen und Vorbedingungen bereits geprüft war. Im übrigen hätte eine Versuchsklebung der Klägerin nicht ohne weiteres die mangelnde Tauglichkeit des Klebers offenbart, da die Schäden erst nach zwei bis drei Wochen auftraten, Versuchsklebungen über einen so langen Zeitraum aber im normalen Handwerksbetrieb unzumutbar sind.

Erstreckung der Eigenschaftszusicherung auf Mangelfolgeschäden

Sind somit die Voraussetzungen für einen Schadensersatzanspruch aus § 480 Abs. 2 BGB gegeben, so steht dem auch nicht entgegen, daß die Klägerin einen sogenannten Mangelfolgeschaden geltend macht. Aus der genannten Vorschrift kann nämlich auch der Schaden ersetzt verlangt werden, der nicht in dem Fehler der Kaufsache selbst beruht, sondern gerade infolge des Mangels an anderen Vermögenswerten des Käufers entstanden ist (vgl. BGH, NJW 1968 S. 1622 = I.56). Der Geschädigte ist ähnlich durch einen Schadensersatz wegen Nichterfüllung so zu stellen, wie wenn der Vertrag ordnungsgemäß erfüllt worden wäre. Dann aber wäre der Klägerin ein Schaden durch die Verpflichtung zur Neuverlegung nicht entstanden, wie ohnehin bei Fällen, wie dem vorliegenden, die mangelnde

Tauglichkeit, also ein Fehler, erst sichtbar wird bei einer Verwendung der Kaufsache zusammen mit anderen Gegenständen, wobei an letzteren der einzig schwerwiegende Schaden eintritt. Eine Zurückzahlung des Kaufpreises ist dabei bedeutungslos. Vielmehr kann eine Zusicherung beim Kauf von Klebstoffen nur den Sinn haben, dem Käufer Gewißheit darüber zu geben, daß er durch Mängel des Klebstoffes Schaden an anderen Rechtsgütern nicht erleidet.

Anmerkung:

Vgl. zu dieser Entscheidung die Urteilsanmerkungen Schmidt-Salzer, BB 1972/1160 f. und Weyer, VersR 1973/552 f.

III. 9: LG Hagen, 21. 3. 1972, 5 O 259/71:

Deliktsrecht: Mitarbeiterhaftung (§ 831 BGB)

Die Beklagte muß die Klagesumme nach § 831 BGB an die Klägerin zahlen, weil ihr Monteur den Schaden verursacht hat. Die Beklagte hat nicht vorgetragen, sie habe bei der Auswahl des Monteurs die gebotene Sorgfalt beachtet. Ein selbständig arbeitender Kfz-Monteur muß fachlich qualifiziert und insoweit charakterlich zuverlässig sein, daß sorgfältige und gewissenhafte Arbeit von ihm erwartet werden kann. Durch Einsicht in den Gesellenbrief des Monteurs bei dessen Einstellung hat die Inhaberin der Beklagten nur seine fachliche Qualifikation geprüft, nicht auch seine Zuverlässigkeit.

III. 10: LG Köln, 13. 4. 1972, 2 O 124/71:

Vertragshaftung

Allerdings ergibt sich eine Haftung der Beklagten nicht schon aufgrund ihres Hinweises in dem Werbetext, die Kerzen würden „nicht rußen". Es ist zwar grundsätzlich denkbar, daß der

warenbegleitende Herstellerhaftung?

Hersteller eines Produkts durch einen entsprechenden Aufdruck auf der Verpackung ein Angebot zum Abschluß eines Garantievertrages abgibt, das vom Käufer beim Abschluß des Kaufvertrages nach § 151 Satz 1 BGB angenommen werden kann (vgl. *Müller*, ACP 165/285 ff.). Ein derartiges Angebot kann jedoch nicht bereits in der Werbung für einen Markenartikel gesehen werden (BGH, NJW 1969/269, 273 = I.58; RGZ 87/1 = I.5). Das kann vielmehr nur dann angenommen werden, wenn auf seiten des Herstellers ein entsprechender Vertragswille vorhanden war (*RGZ*, aaO.). Da der Kläger keine Gewährleistungsansprüche, sondern einen Mangelfolgeschaden geltend macht, müßte die Beklagte den Willen zum Ausdruck gebracht haben, nicht nur für das Nichtrußen der Kerzen einzustehen, sondern darüber hinaus alle Schäden zu übernehmen, die dem Endverbraucher dadurch entstehen, daß ihr Produkt diese Eigenschaft nicht aufweist.

Werbung für Markenartikel

Werbung

Legt man die von der Beklagten auf der Packung angegebene Erklärung entsprechend der Verkehrssitte und nach Treu und Glauben aus, so ergibt sich, daß diese als reine Tatsachenbehauptung zur Werbung für das vertriebene Produkt aufzufassen ist. Hinweise dafür, daß die Beklagte Gewährleistungsansprüche, ja sogar eine Pflicht zum Ersatz von Mangelfolgeschäden hat übernehmen wollen, sind nicht vorhanden.

Deliktshaftung

Nach dem Ergebnis der Beweisaufnahme sind jedoch die Voraussetzungen, die an die sog. Produzentenhaftung aus § 823 Abs. 1 BGB zu stellen sind, erfüllt. Der Hersteller eines Produkts haftet nach § 823 Abs. 1 BGB, wenn er schuldhaft ein mit einem Produktionsmangel behauptetes Produkt in den Verkehr gebracht und dadurch einen Schaden an einem nach § 823 Abs. 1 BGB geschützten Rechtsgut des Endverbrauchers verursacht hat (*BGH*, NJW 1969/269, 273 = I.58). Diese Voraussetzungen liegen hier vor. Die von der Beklagten hergestellten Kerzen sind fehlerhaft. Ein Produktmangel kann zwar nicht den Fehlerbegriff im Sinne des Sachkaufs nach § 459 BGB gleichgesetzt werden. Seine Auslegung orientiert sich vielmehr an dem Zweck der Produzentenhaftung, einen Ausgleich für sozial inadäquate Warengefahren zu schaffen, d. h. für

Produktfehler

jene Verletzungen, die in einer abnormen Beschaffenheit der Ware ihren Ursprung haben (*Diederichsen*, Die Haftung des Warenherstellers, 1967, S. 9). Demnach liegt ein Warenmangel vor, wenn ein Produkt nicht die der Verkehrsanschauung entsprechende Beschaffenheit hat und dadurch gefährlicher ist als ein Produkt von der erforderlichen Beschaffenheit.

Produktkennzeichnung und Produkteigenschaften

Wie sich aus dem Gutachten ergibt, liegen diese Voraussetzungen bei den von der Beklagten hergestellten Kerzen vor. Die Beklagte vertreibt die vom Kläger gekauften Kerzen als „Kompositionskerzen". Die von dem Gutachter vorgenommenen Untersuchungen zeigen jedoch eindeutig, daß die Kerzen nicht die der Verkehrsanschauung entsprechende Beschaffenheit von Kompositionskerzen aufweisen. Denn sowohl die 1969 als auch die 1970 gekauften Kerzen des Klägers bestehen aus langkettigen Kohlenwasserstoffen und weisen keine Bestandteile auf, die üblicherweise in Kompositionskerzen enthalten sind, wie z. B. Stearinsäure. Darüber hinaus sind die Kerzen der Beklagten gefährlicher, als es Kompositionskerzen üblicherweise sind. Denn die Kerzen der Beklagten begannen bei Abbrandversuchen zu rußen, sobald ihr Docht eine bestimmte Länge erreicht hatte, auch wenn sie keinem merklichen Luftzug ausgesetzt waren. Von Kompositionskerzen als einem höherwertigen Kerzenprodukt darf jedoch überlicherweise nur eine geringere Rußbildung erwartet werden.

Beweislastumkehr

Es ist auch von einem Verschulden der Beklagten auszugehen. In aller Regel hat zwar der Geschädigte, der sich auf einen Anspruch aus § 823 Abs. 1 BGB stützt, nicht nur die Kausalität zwischen dem Verhalten des Schädigers und dem Eintritt des Erfolges, sondern auch dessen Verschulden zu beweisen. Diese Beweislastregelung kann jedoch bei der Produzentenhaftung nur unter bestimmten Voraussetzungen Anwendung finden. Wenn jemand bei Verwendung eines Industrieproduktes an einem im § 823 Abs. 1 BGB geschützten Rechtsgut geschädigt wird, ist es Sache des Herstellers, die Vorgänge aufzuklären, die den Fehler verursacht haben und dabei darzutun, daß ihn ein Verschulden nicht trifft (*BGH*, NJW 1969/273, 274 = I.58). Vom Geschädigten ist nur der Nachweis zu verlangen, daß sein Schaden im Organisations- und Gefahrenbereich des Herstellers, und zwar durch einen objektiven Mangel oder Zustand der Verkehrswidrigkeit ausgelöst worden ist (BGH, aaO.). Dies wird den Interessen des geschädigten Endverbrauchers gegenüber der Entwicklung der modernen Warenproduktion gerecht.

Das ergibt sich auch aus weiterem: Voraussetzung dafür, daß der Geschädigte im Stande ist, das Verschulden des Schädigers nachzuweisen, ist, daß er überhaupt den objektiven Geschehensablauf überprüfen kann. Bei einer Produktionsstätte größeren Ausmaßes, wie sie die Beklagte betreibt, ist dies dem Kläger jedoch kaum möglich. Er ist nicht im Stande, festzustellen, welche Personen und Maschinen an der Herstellung des ihm schädlichen Endprodukts beteiligt waren und auf welchen Fertigungsprozessen dies beruht. Er vermag nur nachzuweisen, daß er durch einen Mangel des Produkts einen Schaden erlitten hat. Auch die Beweislastregelungen in §§ 831 und 836 BGB sprechen dafür, dem Schädiger den Nachweis seiner Schuldlosigkeit aufzubürden, wenn die Ursache des Schadens stiftenden Fehlers in seiner Produktionssphäre zu suchen ist. Darüber hinaus ist eine derartige Beweislastregelung auch bei anderen vertraglichen und quasi-vertraglichen Sonderrechtsbeziehungen, wie z. B. der positiven Vertragsverletzung von der Rechtsprechung seit langem anerkannt, wenn die Schadensursache aus dem Gefahrenbereich des Schuldner hervorgegangen ist (*BGHZ* 3/285; *BGHZ* 23/227).

Der Kläger hat hier den Nachweis erbracht, daß sein Schaden im Gefahrenbereich des Herstellers liegt. Es war Sache der Beklagten, substantiiert unter Beweisantritt darzulegen, daß sie an dem Warenmangel kein Verschulden trifft. An einer solchen Beweisführung fehlt es, so daß der Anspruch des Klägers auf Ersatz des ihm entstandenen Schadens grundsätzlich berechtigt ist.

III. 11: LG Braunschweig, 14. 12. 1972, 17 O 253/69:

Vertragshaftung: Eigenschaftszusicherung

Die Klage ist im wesentlichen begründet. Dem Kläger steht ein Schadensersatzanspruch wegen Nichterfüllung gemäß § 463 BGB zu, weil der von der Erstbeklagten gekauften und gelieferten

Vorliegen einer Eigenschaftszusicherung

ten Erbsendreschmaschine die zugesicherte Eigenschaft fehlt. Die Leistungsfähigkeit einer Erbsendreschmaschine gehört zur Beschaffenheit der Sache, weil sie für die Brauchbarkeit und Bewertung der Maschine von Bedeutung ist. Bei den von der Erstbeklagten gemachten Angaben über die Leistungsfähigkeit der Erbsendreschmaschine handelt es sich um eine Zusicherung im Sinn des § 459 Abs. 2 BGB. Eine Zusicherung liegt nur dann vor, wenn die Erklärung in vertragsmäßig bindender Weise abgegeben worden ist. Einseitige Angaben des Verkäufers, die nicht Vertragsinhalt geworden sind, reichen nicht aus, auch wenn sich der Käufer darauf verläßt. Ebensowenig genügen allgemeine Anpreisungen durch den Verkäufer oder einseitige Erklärungen des Käufers, wenn der Käufer diese nicht annimmt. Dagegen liegt ein Verpflichtungswille des Verkäufers dann nahe, wenn auf Fragen des Käufers das Vorhandensein einer Eigenschaft behauptet wird. Insbesondere ist von einer Zusicherung dann auszugehen, wenn die vom Verkäufer behauptete Eigenschaft für den Käufer sichtlich bestimmend ist, den Kauf abzuschließen. Nach dem Ergebnis der Beweisaufnahme steht fest, daß die Erstbeklagte dem Kläger zugesichert hat, daß die Erbsendreschmaschine eine Leistung von 1 Morgen pro Stunde erbringt. Die Erstbeklagte hat nach den Zeugenaussagen in der Regel Interessenten gegenüber die Leistungsfähigkeit ihrer Maschine mit 1 Morgen pro Stunde angegeben. Mögen auch die Angaben der Erstbeklagten über die Leistungsfähigkeit der Maschine bei der ersten Vorführung und die Angaben des Vertreters der Erstbeklagten bei der zweiten Vorführung noch nicht eindeutig auf einen Bindungswillen der Verkäuferin schließen lassen, so ergibt sich jedoch aus dem zwischen dem Drittbeklagten und dem Zeugen I. geführten Verkaufsgespräch, daß nunmehr eine bestimmte Leistungsfähigkeit zugesichert werden sollte. Aus den wiederholten Fragen des Zeugen I. nach der Leistungsfähigkeit der Maschine wußte der Drittbeklagte, daß diese Angaben für seinen Kaufentschluß entscheidend waren. Hinzu kommt noch, daß der Zeuge I. den Drittbeklagten ausdrücklich darauf hingewiesen hat, daß er die Maschine nur dann kaufe, wenn sie eine Leistung von 1 Morgen pro Stunde erbringe. Wenn daraufhin der Drittbeklagte erklärte, daß die Maschine diese Leistung erbringe, so handelte es sich hierbei nicht mehr um eine einseitige Anpreisung, sondern um eine Eigenschaftszusicherung.

AGB: Rechtswirksamkeitsgrenzen

Der Auffassung der Beklagten, wonach eine Haftung gemäß § 463 BGB durch ihre Verkaufs- und Lieferungsbedingungen ausgeschlossen worden ist, kann nicht gefolgt werden. Die Beklagte kann sich auf diese Freizeichnungsklausel nach Treu und Glauben nicht mit Erfolg berufen. In Ziff. 2 dieser Allgemeinen Geschäftsbedingungen heißt es, daß die Angaben über Leistungen als annähernd und unverbindlich anzusehen ist. In Ziff. 5 ist das Recht auf Wandlung und Minderung ausgeschlossen. Der Käufer bzw. Besteller wird auf die Ersatzlieferung einzelner Teile verwiesen. Daraus folgt, daß die Beklagte auch für zugesicherte Eigenschaften eine Schadensersatzpflicht ausschließen wollte. Würde der Beklagten dieses Recht zugebilligt werden, so würde durch die späteren formularmäßigen Klauseln die mündlich eingegangene Verpflichtung praktisch zur unverbindlichen Meinungsäußerung herabgestuft werden. Eine Zusicherung, die sehr häufig mündlich und vor Kenntnis der AGB des Verkäufers abgegeben wird, hätte damit jeden Sinn und Zweck verloren, weil es der Verkäufer in der Hand hätte, die dem Käufer mit der Zusicherung gewährten Rechte jederzeit wieder zu nehmen. Der Verkäufer darf aber nach Treu und Glauben nicht das, was er im Vertragsangebot versprochen hat, durch Beifügung einer Freizeichnungsklausel in seinen AGB zunichte machen. Einer solchen Klausel kann keine rechtliche Wirkung zuerkannt werden (BGHZ 50/200, 207 = I.56). Die sich aus den mündlichen Vereinbarungen ergebenden Verpflichtungen dürfen deshalb nicht durch die formularmäßigen Verkaufs- und Lieferungsbedingungen aufgehoben werden. Wenn der Verkäufer das Risiko bezüglich der von ihm abgegebenen Zusicherung nicht übernehmen kann, muß er zumindest seinen Verhandlungspartner darauf hinweisen, und eine ausdrückliche (keine formularmäßige) Haftungsfreizeichnung vereinbaren (Schmidt-Salzer, NJW 1968/1622). Dies hat die Beklagte unterlassen. Dem Schadensersatzanspruch des Klägers stehen somit die Verkaufs- und Lieferungsbedingungen der Beklagten nicht entgegen.

Erstreckung der Eigenschaftszusicherung auf Mangelfolgeschäden

Die Geltendmachung von Mangelfolgeschäden im Rahmen des § 463 BGB ist anerkannt. Der Käufer ist grundsätzlich berechtigt, den durch die Nichterfüllung des Vertrages entstandenen Schaden dem Verkäufer in Rechnung zu stellen (*BGHZ* 29/148). Der Schadenersatzanspruch wegen Nichterfüllung im Rahmen des § 463 BGB bedeutet, daß der Käufer so zu stellen ist, wie er gestanden hätte, wenn die zugesicherte Eigenschaft vorhanden gewesen wäre (*BGHZ* 50/200, 207 = 1.56). Der Grundgedanke für die Haftung des Verkäufers auch für den Mangelfolgeschaden, die unabhängig von einem Verschulden eintrat, beruht darauf, daß der Käufer in seinem Vertrauen auf die gegebene Zusicherung geschützt werden soll. Es kan deshalb nicht darauf ankommen, ob der Schaden unmittelbar durch den Mangel oder erst infolge Benutzung der Kaufsache entstanden ist.

Die Tragweite einer Eigenschaftszusicherung muß aber im Einzelfall durch Auslegung ermittelt werden (*BGH*, aaO.). Mangelfolgeschäden sind danach zu ersetzen, wenn die Auslegung entschied, daß die Zusicherung nicht nur zu dem Zweck gegeben wurde, dem Käufer zu einem ungestörten Genuß der Kaufsache zu verhelfen, sondern daß sie darüber hinaus auch das Ziel verfolgte, ihn gegen auftretende Mangelfolgeschäden abzusichern.

Unter Zugrundelegung dieser Grundsätze hat die Zusicherung des Drittbeklagten nach dem objektiven Erklärungsinhalt die Verpflichtung der Erstbeklagten zum Gegenstand, auch Mangelfolgeschäden zu ersetzen. Bei der Erbsendreschmaschine der Erstbeklagten handelte es sich um eine Neukonstruktion, die 1967 das erste Mal in der Öffentlichkeit vorgestellt wurde. Der Kläger hatte vor Vertragsschluß nur die von ihm genutzten Möglichkeiten zur Information. Erfahrungsberichte von anderen Käufern lagen nicht vor. Der Kläger war demnach im Hinblick auf die Arbeitsleistung der Maschine nahezu ausschließlich auf die Angaben der Beklagten angewiesen. Wenn ihm der Drittbeklagte vertraglich zusicherte, die Maschine der Erstbeklagten erbringe die gleiche Leistung wie die Maschine der Konkurrenzfirma I., so umfaßte diese Erklärung auch ein Einstehenwollen für Mangelfolgeschäden. Denn diese Maschine war als Konkurrenz zu der Maschine der Firma I. entwickelt worden. Über die Maschine der Firma I. lagen jedoch schon mehrjährige positive Erfahrungen vor, so daß die Beklagte nur bei Zusicherung gleich guter Eigenschaften mit einem Verkauf rechnen konnte. In diesem Zusammenhang sind auch noch die Besonderheiten im Erbsenanbau zu berücksichtigen. Den Vertragsparteien war bei Abschluß des Kaufvertrages bekannt, daß bei mangelhaften Leistungen der Maschine ein Mangelfolgeschaden in erheblichem Umfang auftreten würde. Eine termingerechte und damit den Qualitätsanforderungen entsprechende Ernte war von der Leistungsfähigkeit der Maschine abhängig. Deshalb kann die Zusicherung im vorliegenden Fall nur die Bedeutung haben, den Kläger gerade gegen die Einbußen durch Mangelfolgeschäden abzusichern. Denn eine Erprobung unter Dauerbeanspruchung durch den Kläger war notwendigerweise mit dem Eintritt von Mangelfolgeschäden verbunden, wenn sich herausgestellt hätte – wie hier eingetreten – daß die zugesicherte Eigenschaft fehlte. Deshalb war dem Kläger, was beide Parteien bei Vertragsschluß wußten, nicht damit gedient, daß er möglicherweise nach Erprobung die Maschine gegen Erstattung des Kaufpreises zurückgeben konnte, sondern die Zusicherung sollte gerade den Zweck haben, den Kläger gegen den Eintritt möglicher Schäden durch die mangelhafte Arbeitsleistung der Maschine abzusichern. Das Risiko der Erprobung sollte von der Erstbeklagten und nicht von dem Kläger getragen werden.

Eine andere Auslegung würde dem Begriff der Zusicherung nicht gerecht werden. Denn wollte man dem Kläger nur das Recht auf Wandlung einräumen, hätte es dieser Zusicherung nicht bedurft. Die Zusicherung würde hier bei engerer Auslegung bedeutungslos und zur unverbindlichen Meinungsäußerung gemindert werden, was gerade nicht von den Parteien beabsichtigt war. Der Kläger kann demnach von der Erstbeklagten verlangen, so gestellt zu werden, wie er ohne den Mangel der zugesicherten Eigenschaft stehen würde.

III. 12: LG Heidelberg, 25. 7. 1973, 3 S 28/73:

Vertragshaftung: Eigenschafts-zusicherung

Der Beklagte hat dem Kläger eine in Wahrheit nicht vorhandene Eigenschaft zugesichert, da er den Motor mit einer Laufleistung von 40.000 km angeboten hat. Der Beklagte hat selbst zugegeben, daß er die falsche Darstellung bezüglich der Laufleistung an den Kläger weitergegeben hat.

Vorliegen einer Eigenschafts-zusicherung

Der Beklagte schränkt jedoch seinen Vortrag dahingehend ein, er habe die Laufleistung für den Kläger erkennbar von dritter Seite übernommen und ohne eigene Gewähr weitergegeben. Diese Darstellung widerspricht jedoch sowohl der allgemeinen Lebensauffassung als auch den sonstigen Umständen des Falles. Bei Auto- und erst recht bei Motorkäufen ist die wichtigste, den Käufer interessierende Eigenschaft die der Laufleistung. Es entspricht auch der Verkehrssitte, daß der Verkäufer selbst den Käufer über diese Eigenschaft aufklärt. Hinweise auf Meinungsäußerungen Dritter werden einem Käufer in der Regel nicht genügen. Falls sie doch ergehen, wird der Käufer es so verstehen – und er darf es auch so verstehen – daß der Verkäufer sich diese Darstellung zu eigen macht, denn der Verkäufer ist sein alleiniger Verhandlungspartner.

Beide Parteien gingen erkennbar davon aus, daß die Laufleistung Vertragsinhalt geworden ist. Die hierfür typische rechtliche Form ist die der Zusicherung i. S. von § 459 Abs. 2 BGB. Daß der Beklagte selbst nur die Zusicherung gutgläubig weitergegeben hat, ändert nichts daran, daß er sie in den Vertrag eingeführt hat. Gemäß § 459 Abs. 2 BGB haftet der Beklagte für das Vorliegen der zugesicherten Eigenschaft, ohne daß ein Verschulden erforderlich wäre.

AGB: Rechts-wirksamkeits-grenzen

Der vom Beklagten behauptete Gewährleistungsausschluß kann die Wirksamkeit der Zusicherung nicht beeinträchtigen. Der Verkäufer kann nicht einerseits unter Berufung auf Dritte eine wertbildende Eigenschaft dem Vertrag zugrunde legen und insbesondere den Kaufpreis danach ausrichten, um dann auf der anderen Seite seine Verantwortlichkeit für diese Eigenschaft abzulehnen. Es würde gegen das Verbot des widersprüchlichen Verhaltens verstoßen, eine Zusicherung abzugeben und gleichzeitig die Haftung dafür auszuschließen (vgl BGHZ 50/200, 206 f. = I.56), denn die Zusicherung hat rechtlich gerade die Funktion der Haftungsbegründung.

Erstreckung auf Mangelfolgeschäden

Der Anspruch ist auch in voller Höhe begründet, da alle vom Kläger geltend gemachten Schadenposten in den Anwendungsbereich des § 463 BGB fallen. Auch die mittelbaren Schäden, die der Kläger erlitten hat, sind ihm gemäß § 463 BGB zu ersetzen. Als ersatzfähige Mangelfolgeschäden bezeichnet der *BGH* (BGHZ 50/200, 204 = I.56) diejenigen Schäden, gegen die die Zusicherung den Käufer hat absichern wollen. Das ist hier hinsichtlich beider restlicher Schadensposten der Fall.

Die Reparaturkosten werden vom Schutzzweck der Zusicherung umfaßt. Die Zusicherung, ein Motor sei erst 40.000 km gelaufen und er befinde sich in einwandfreiem Zustand, hat neben der Preisbildung gerade das Ziel, den Käufer gegen unliebsame Reparaturen abzusichern. Auf das Alter des Motors wird deswegen besonders geachtet, weil erfahrungsgemäß mit höherer Laufleistung die Reparaturanfälligkeit steigt. Die Versicherung, der Motor sei einwandfrei, soll daher den Käufer in diesem Punkt beruhigen. Sie schließt die stillschweigende Zusicherung mit ein, daß in nächster Zeit keine schwerwiegenden Reparaturen notwendig sein würden. Die Zusicherung bezweckt also, den Käufer vor Reparaturkosten abzusichern.

Auch die Kosten für die Nachforschungen hinsichtlich des wahren Alters des Motors, d. h. die Sachverständigenkosten, kann der Kläger gemäß § 463 BGB ersetzt verlangen. Die Zusicherung hatte auch den Zweck, den Kläger gegen Schäden gerade dieser Art abzusichern. Jeder Zusicherung kommt eine gewisse Klarstellungsfunktion zu. Sie soll die Fragen des Käufers nach dem Zustand der Sache abschließend beantworten. Die Zusicherung hat damit auch das Ziel, dem Käufer eigene Nachforschungen zu ersparen. Er soll sich auf die gegebene Zusicherung verlassen können, ohne ihren Wahrheitsgehalt selbst nachprüfen zu müssen. Daraus folgt, daß bei Vorliegen ernsthafter, begründeter

Zweifel der Zweck der Zusicherung nicht mehr erfüllt ist. Die nunmehr zur Klarstellung notwendigen Kosten sind damit vom Schutzzweck der Zusicherung gedeckt. Auch insoweit ist der Beklagte zum Ersatz verpflichtet.

Anmerkung:

Der Entscheidung ist nicht zuzustimmen. Weist ein Motor eine bisherige Laufleistung von ca. 40.000 km auf, ist dies keine Garantie dafür, daß jedenfalls für eine gewisse Zeit keine Schäden eintreten. Die Reparaturanfälligkeit ist zwar ein preisbildender Faktor, aber doch konkret nicht meßbar. Deshalb ist hier m. E. die Eigenschaftszusicherung auf den Vergewisserungseffekt beschränkt (vgl. Anm. I.73). Wies der Motor in Wirklichkeit eine wesentliche höhere Laufleistung auf, konnte der Kläger deshalb wandeln oder mindern. Geht man aber davon aus, daß sich die Eigenschaftszusicherung mangels konkreter Faßbarkeit einer Absicherungsfunktion nicht auch auf den Ersatz von Mangelfolgeschäden erstreckte, so konnte hier die Schadensersatzhaftung rechtswirksam ausgeschlossen werden (I.78 sowie Anm. I.73) bzw. konnten die Rechte des Käufers auf das Rücktrittsrecht begrenzt werden.

III. 13 LG Saarbrücken, 2. 7. 1974, 10 O 111/73

Der Kläger kaufte bei einer Berliner Firma einen Pkw, mit dem er in der Schweiz einen schweren Verkehrsunfall erlitt. Er verklagte daraufhin die deutsche Vertriebsfirma des französischen Kfz-Herstellers.

Deliktshaftung

Die Klage ist nicht begründet. Der Kläger kann die Beklagte nicht aus Herstellerhaftung in Anspruch nehmen, da sie nicht Herstellerin ist.

Zwischen den Parteien bestehen offenbar keine vertraglichen Beziehungen, da der Kläger das Fahrzeug nicht bei der Beklagten gekauft hat, sondern bei der Firma X in Berlin. Die Beklagte hat somit das Fahrzeug lediglich an diese Firma oder einen Zwischenhändler ausgeliefert. Der Kläger hat auch nicht vorgetragen, daß bei dieser Auslieferung irgendwelche Fehler oder Unterlassungen begangen worden wären.

Arbeitsteilung: keine Herstellerhaftung des Vertriebshändlers

Importeurhaftung

Hersteller nicht Verrichtungsgehilfe des Vertriebshändlers

Der Kläger beruft sich vielmehr darauf, daß bei der Herstellung des Fahrzeugs schuldhaft Fehler gemacht worden seien, so daß der Hersteller gemäß § 823 BGB für die dadurch verursachten Schäden einstehen müsse. Die Anwendung der für diese sog. Produzentenhaftung von Rechtsprechung und Literatur entwickelten Grundsätze im einzelnen kann jedoch ebenso dahinstehen wie die Frage, ob der Bruch des Verbindungskopfes Ursache oder Folge des Unfalles gewesen ist. Denn die Beklagte ist unstreitig nicht Herstellerin des Fahrzeugs, sondern lediglich die Vertriebsgesellschaft für den deutschen Raum, und zwar als rechtlich selbständige juristische Person, die zwar im Auftrag und für Rechnung der Muttergesellschaft arbeiten mag, aber nicht ohne weiteres mit dieser Muttergesellschaft gleichgesetzt werden kann. Da die Beklagte für die Muttergesellschaft in Frankreich auch nicht wie für ihre Verrichtungsgehilfen haftet, sondern allenfalls umgekehrt, könnte sich ein etwaiger Schadensersatzanspruch nur gegen die Muttergesellschaft als Herstellerin richten, nicht aber gegen die Beklagte als Vertriebsfirma und bloßer Auslieferer.

Anmerkung:

1. Die Entscheidung bestätigt den für die rechtliche Erfassung tatsächlicher Arbeitsteilungen grundlegenden Satz, daß jedes Unternehmen nur für seinen eigenen Herrschaftsbereich verantwortlich ist und daß folglich z. B. der Vertriebshändler nicht für Herstellerfehler haftet.

a) Eine Besonderheit war, daß es sich hier um einen Importeur handelt. Nach dem MaschinenschutzG vom 24. 6. 1968 ist dem Wortlaut nach der Importeur dem Hersteller gleichzustellen: „Der Hersteller oder Einführer von technischen Arbeitsmitteln darf diese nur in den Verkehr bringen oder ausstellen, wenn sie nach den allgemein anerkannten Regeln der Technik sowie den Arbeitsschutz- und Unfallverhütungsvorschriften so beschaffen sind, daß Benutzer oder Dritte bei ihrer bestimmungsgemäßen Verwendung gegen Gefahren aller Art für Leben oder Gesundheit soweit geschützt sind, wie es die Art der bestimmungsgemäßen Verwendung gestattet" (§ 3 Abs. 1 Satz 1). Rechtsvergleichend liegt zu diesem Fragenbereich nur eine kanadische Entscheidung vor, die zwar von der Verschuldenshaftung ausgeht, aber doch dem kanadischen Importeur die Einwendung abschneidet, daß das Kraftfahrzeug von einem amerikanischen Hersteller hergestellt worden sei:

> *„If the Canadian consumer is to receive any degree of protection from negligently designed products, Ford Canada must be held liable, not only for importing, distributing and supplying such vehicle, but must also share in the responsability for the design. The basis of such liability is that they designed, manufactured, imported, distributed and sold a Lincoln which hat an inadequate fail safe system. The distributor cannot escape liability by pleading that the initial mistake was made by someone for whose action he, the distributor, is not responsible." (Phillips v. Ford Motor Co. of Canada, (1970) 11 DomLR (3d) 28, 54 f.)*

Ebenso wie in dem kanadischen Fall war auch hier der verklagte Importeur eine Tochtergesellschaft des ausländischen Kfz-Herstellers. Trotzdem ist m. E. entgegen der kanadischen Entscheidung der obigen Entscheidung zuzustimmen: Solange die Produkthaftung als eine Produkt-Verschuldenshaftung konzipiert ist und eine verschuldensunabhängige bzw. zwar verschuldensabhängige, aber durch eine unwiderlegbare Verschuldensvermutung flankierte Produkthaftung nicht anerkannt ist, müssen bei der Frage der Zurechenbarkeit die Steuerungs-

möglichkeiten des einzelnen Unternehmens die Grundlage und Grenzen der Haftung ergeben. Ein Importeur ist aber gerade nicht Hersteller-, sondern nur Vertriebshändlerunternehmen. Folglich können dem Importeur nur Vertriebshändler-Pflichten obliegen.

b) Damit ist aber andererseits nicht auch gesagt, daß einem Importeur die gleichen deliktsrechtlichen Gefahrabwendungspflichten wie einem sonstigen Vertriebshändler obliegen. Vertreibt der Händler die Produkte eines inländischen Herstellers weiter, kann er im Normalfall, d. h. bei Fehlen entgegenstehender besonderer Anhaltspunkte, davon ausgehen, daß der inländische Hersteller für die Einhaltung der nach inländischem Recht vorgeschriebenen Gefahrabwendungsmaßnahmen sorgt. Der Importeur aber bringt ein im Ausland hergestelltes Produkt auf den inländischen Markt. Anders als beim Vertrieb inländischer Produkte kann er nicht unbedingt bzw. nicht immer davon ausgehen, daß der ausländische Hersteller die inländischen Normen des Konsumentenschutzes beachtet und erfüllt hat. Vom inländischen Recht her gesehen ist also der Importeur derjenige, der die Verantwortung dafür zu tragen hat, daß das Produkt auf den Binnenmarkt gelangt. Angesichts dieser Sachlage kann man m. E. davon ausgehen, daß grundsätzlich dem Importeur intensivere Vertriebshändler-Pflichten obliegen als dem normalen inländischen Vertriebs- oder Zwischenhändler.

Das entscheidende Kriterium für die besonderen Importeur-Sorgfaltspflichten ist also, ob der Importeur berechtigtermaßen darauf vertrauen kann, daß der ausländische Hersteller auch die Normen des inländischen Konsumentenschutzes berücksichtigt hat. In dem obigen Fall eines namhaften französischen Kfz-Herstellers mit einem nicht unerheblichen deutschen Marktanteil kann man m. E. davon ausgehen. Handelt es sich dagegen um den Import von Waren aus Ländern bzw. von Fabrikanten mit einem aus der Sicht des Importeurs nicht gesicherten Qualitätsstandard, können m. E. besondere Untersuchungspflichten für den Importeur entstehen.

Für den Normalfall besagen die Vertriebshändler-Sorgfaltspflichten, daß sich der Vertriebshändler auf die Überprüfung der Ware auf offenbare Produktfehler beschränken kann, wenn und soweit er berechtigtermaßen davon ausgehen konnte, daß der Hersteller hinsichtlich der haftungsrechtlich erforderlichen Qualitätshöhe ordnungsgemäß liefert (I.23, I.41). Dies ist auch gegenüber einem Importeur die Schlüsselfrage. Der zusätzliche Faktor besteht darin, daß der Vertriebshändler gegenüber einem inländischen Hersteller davon ausgehen kann, daß dieser direkt den durch das inländische Haftungsrecht vorgeschriebenen Sorgfaltspflichten unterliegt. Im Internationalen Deliktsrecht wird zwar weitgehend über das Recht des Begehungsortes im Ergebnis doch das Heimatrecht des Geschädigten angewandt. Praktisch ist aber vielfach ein ausländischer Hersteller im Inland nicht belangbar, so daß die Drohung mit der Anwendbarkeit des inländischen Haftungsrechts weitgehend nur auf dem Papier steht. Daraus können sich dann intensivere Sorgfaltspflichten des Importeurs ergeben (vgl. im einzelnen Schmidt-Salzer, Produkthaftung I, Rz 173).

2. Im obigen Fall kam kollisionsrechtlich hinzu, daß zwar das Fahrzeug in Deutschland gekauft wurde, der Unfall aber in der Schweiz geschah. Trotzdem hätten hier m. E. die deutschen Gerichte zu einer Anwendbarkeit deutschen Deliktsrecht kommen können. Nach deutschem Internationalen Deliktsrecht wird das anwendbare Recht nach dem Recht des Begehungsorts ermittelt. „Begehungsort" ist aber nach der deutschen Rechtsprechung jeder Ort, an dem wenigstens ein Tatbestandsstück der Handlung verwirklicht worden ist (vgl. BGH, NJW 1964/2012). Der Schuldvorwurf des deutschen Deliktsrechts würde lauten, daß in der Bundesrepublik ein nicht ausreichend verkehrssicheres Kraftfahrzeug in den Verkehr gebracht wurde. Folglich wäre trotz des in der Schweiz erfolgten Unfalls mindestens ein Tatbestandsteil in der Bundesrepublik erfüllt gewesen. Kommt die Anwendbarkeit des Deliktsrechts verschiedener Staaten in Betracht, so hat nach deutschem IPR der deutsche Richter zu prüfen, ob der geltendgemachte Anspruch wenigstens nach einem der Rechte begründet ist (BGH, aaO.). Dabei ist von dem günstigsten

Recht anzugehen. Tatbestandlich decken sich im deliktsrechtlichen Bereich deutsches und schweizerisches Recht (vgl. dazu Schmidt-Salzer, Produkthaftung II, Rz 163 ff.), wobei man allerdings davon ausgehen muß, daß die deutsche Rechtsprechung sehr viel differenzierter entwickelt ist als die schweizerische. Deshalb konnte das Landgericht im obigen Fall im Ergebnis zu Recht von der grundsätzlichen Anwendbarkeit des deutschen Deliktsrechts ausgehen.

III. 14 LG Hannover, 12. 6. 1975, 21 O 275/73:

Eigenschaftszusicherung: Kauf nach Probe (§§ 494, 463 BGB)

Die Klage ist dem Grunde nach gerechtfertigt. Die Beklagte ist gemäß § 463 BGB verpflichtet, der Klägerin Schadensersatz wegen Nichterfüllung zu leisten. Die Klägerin hat das im Anschluß an die Sendung vom 16. Mai 1968 bestellte Nickelsulfat und damit auch die (mit Natrium-Ionen verseuchte) Lieferung vom Dezember 1970 nach Probe gekauft. Die Beklagte hat die Chemikalien in ihrem Schreiben vom 16. Mai 1968 selbst als Probe bezeichnet. Aufgrund der vorhergegangenen telefonischen Rücksprache mit der Klägerin wußte sie darüber hinaus, daß das Nickelsulfat zum Einfärben von Aluminiumschichten verwendet werden sollte. Sie hat ausdrücklich erklärt, daß ihr dieser Verwendungszweck bei der Probelieferung bekannt gewesen sei. Unter diesen Umständen mußte sie davon ausgehen, daß die Klägerin die Probe angefordert hatte, um zu prüfen, ob das von der Beklagten vertriebene Nickelsulfat für den vorgesehenen Zweck auch tatsächlich geeignet war. Die Klägerin hat anschließend am 3. Juli, 28. August und 20. September 1968 sowie 17. November 1969 wiederholt Nickelsulfat bestellt. Da diese Bestellungen in engem zeitlichen Zusammenhang mit der Probelieferung vom 16. Mai 1968 stehen, ist davon auszugehen, daß die Klägerin bei allen folgenden Lieferungen eine der Probe entsprechende Ware haben wollte und daß dies für die Beklagte auch erkennbar war. Es handelt sich deshalb bei den einzelnen Bestellungen im Anschluß an die Probelieferung um Käufe nach Probe gemäß § 494 BGB, auch wenn die Klägerin nicht bei jeder Bestellung nochmals ausdrücklich auf die Probe Bezug genommen hat. Ein Kauf nach Probe ist schon immer dann zu vermuten, wenn dem Käufer zuvor eine Probe ausgehändigt und anschließend ein Kaufvertrag abgeschlossen worden ist.

Bei einem Kauf nach Probe gelten die Eigenschaften der Probe als zugesichert. Als Eigenschaft des von der Beklagten gelieferten Nickelsulfats kommt hier seine chemische Zusammensetzung in Betracht. Die Beklagte wußte, daß die Klägerin damit chemische Bäder zum Einfärben von Aluminiumschichten ansetzen wollte. Für diesen Verwendungszweck war die chemische Zusammensetzung des Nickelsulfats von Bedeutung, denn nach dem Schreiben der A.-Aluminiumwerke vom 1. November 1974 sowie der Betriebsvorschrift der Firma darf das chemische Bad nicht mehr als 100 mg/l Natrium enthalten. Tatsächlich hat die von der Beklagten gelieferte Probe auch keinen hohen Natriumgehalt gehabt. Nach der Aussage des Zeugen S. ist davon auszugehen, daß bis zur Lieferung vom Dezember 1970 die mit dem Nickelsulfat angesetzten chemischen Bäder etwa 1/2 Jahr lang verwendet werden konnten, bevor Verschmutzungen aufgetreten sind. Daraus ist zu schließen, daß die Bäder und damit auch das Nickelsulfat einen geringeren Natriumgehalt als 100 mg/l gehabt haben, denn sonst wäre es schon sofort zu Abblätterungserscheinungen gekommen. Für die chemische Zusammensetzung der Probelieferung war deshalb von Bedeutung, daß das Nickelsulfat nur einen unwesentlichen Gehalt von Natrium-Ionen besaß. Ein derart geringer Natriumgehalt ist daher als zugesichert anzusehen.

Kauf nach Probe und DIN-Norm

Die Beklagte kann sich demgegenüber nicht darauf berufen, daß das von ihr im Dezember 1970 gelieferte Nickelsulfat der DIN-Norm 50970 entsprochen habe, die keine Prüfung der Natriumbestandteile verlangt. Denn die Klägerin hat kein handelsübliches Nickelsulfat gekauft. Sie hat ausdrücklich zuvor eine Probe angefordert und damit zu erkennen gegeben, daß es ihr auf die chemische Zusammensetzung besonders ankam. Einer vorherigen Probelieferung hätte es aber nicht bedurft, wenn die Klägerin nur handelsübliches Nickelsulfat beziehen wollte, das der DIN-Norm entsprach. Darüber hinaus ergibt sich aus der Aussage des Zeugen Z., daß die DIN-Norm 50970 im wesentlichen für die galvanotechnische Anwendung des Nickelsulfats von Bedeutung ist, für die der Natriumgehalt nur eine untergeordnete Rolle spielt. Sowohl der Sachverständige L. als auch die Firma K. haben darauf hingewiesen, daß die elektrolytische Färbung von Eloxalschichten mit der galvanischen Vernickelung nicht zu vergleichen sei, sondern ein ganz anderes Verfahren darstelle. Da der Beklagten dieser Verwendungszweck bei der Probelieferung aber bereits bekannt gewesen ist, konnte sie nicht ohne weiteres annehmen, daß die Klägerin lediglich handelsübliches Nickelsulfat, das für die galvanische Vernickelung in Betracht kam, entsprechend der DIN-Norm 50970 bestellen wollte, sondern sie mußte davon ausgehen, daß die Klägerin prüfen wollte, ob das von der Beklagten vertriebene Nickelsulfat in der chemischen Zusammensetzung der Probe für das von ihr verwandte Verfahren geeignet war.

Das im Dezember 1970 gelieferte Nickelsulfat besaß einen wesentlich höheren Natriumanteil als die Probelieferung vom Mai 1968. Damit steht fest, daß der Lieferung der Beklagten vom Dezember 1970 eine zugesicherte Eigenschaft, nämlich die weitgehende Freiheit von Natrium-Ionen gefehlt hat. Die Klägerin kann deshalb gemäß § 463 BGB Schadensersatz wegen Nichterfüllung verlangen.

Anhang

I. 85 BGH, 19. 2. 1975, VIII ZR 144/73 (Haartonicum)

Der Kläger, ein Friseur, benutzte in seinem Friseurgeschäft ein von der Beklagten hergestelltes und an ihn in Großpackungen geliefertes Haartonicum. Nach einigen Monaten traten bei ihm Hautausschläge auf, als deren Ursache eine Überempfindlichkeit gegen das Tonicum ermittelt wurde. Die Beklagte hatte zwar den für den Einzelkunden bestimmten Packungen Prospekte mit dem Hinweis beigefügt, daß das Tonicum bei besonderer Empfindlichkeit in einzelnen Fällen Allergien hervorrufen könne und dann zu einem Absetzen geraten werde. Die den Friseurpackungen beigefügten Prospekte enthielten aber diesen Hinweis nicht. Nachdem der Kläger die Ursache seiner Erkrankung festgestellt hatte, verwendete er das Tonikum nicht mehr. Trotzdem trat auch in der Folgezeit der Hautausschlag immer wieder auf und mußte er seinen Beruf aufgeben.

Unbezifferter Klageantrag

Die Stellung eines unbezifferten Antrags durch den Kläger, die Beklagte zur Zahlung eines der Höhe nach in das Ermessen des Gerichts gestellten Schadensersatzbetrages zu verurteilen, ist im vorliegenden Fall nicht zu beanstanden. Es entspricht der ständigen Rechtsprechung des Bundesgerichtshofs, daß ausnahmsweise ein unbezifferter Klageantrag dann zulässig ist, wenn die ziffernmäßige Festlegung einer Forderung entscheidend von der Ausübung einer richterlichen Schätzung (§ 287 ZPO) abhängig ist und der Kläger genügend Anhaltspunkte für die vom Gericht festzustellende Schadenshöhe vorgetragen hat (*BGHZ* 4/138; *BGH*, NJW 1970/281; *Rosenberg/Schwab*, Zivilprozeßrecht, 11. Aufl. S. 502). Diese Voraussetzungen liegen hier vor. Der Kläger hat neben den Angaben über die von ihm bezogene Berufsunfähigkeitsrente und sein und seiner Ehefrau anderweitiges Einkommen eine detaillierte Darstellung über die voraussichtliche Umsatz- und Gewinnentwicklung sowohl des Friseur- als auch des Textilgeschäftes gemacht, die eine größenmäßige Einordnung des von ihm für die Jahre 1962 bis 1966 geltend gemachten Anspruches ermöglichen. Auch bei Anlegung eines strengen Maßstabes ist daher im vorliegenden Fall die Stellung eines unbezifferten Klagantrages nicht zu beanstanden.

Vertragshaftung: Haftung aus positiver Vertragsverletzung

Dagegen hält die angefochtene Entscheidung sachlich nicht in allen Punkten einer rechtlichen Nachprüfung stand. Das Berufsgericht legt der Beklagten nicht zur Last, daß sie das Haartonicum trotz der ihr bekannten Nebenwirkungen überhaupt in Verkehr gebracht und an den Kläger verkauft habe; angesichts des im wesentlichen negativen Ergebnisses der sorgfältig durchgeführten Versuchsreihen habe sie davon ausgehen dürfen, daß von dem Präparat lediglich eine geringfügige Gefährdung für speziell allergisch veranlagte Personen ausgehen könne und es damit insgesamt ungefährlich sei.

Konstruktionshaftung

Diese Ausführungen lassen einen Rechtsfehler nicht erkennen. Ob und in welchem Umfang bei einem kosmetischen Präparat schädliche Nebenwirkungen hingenommen werden können und der Hersteller bzw. Händler sich auf die Beifügung eines warnenden Hinweises beschränken darf, richtet sich nach der gegebenen Interessenlage im Einzelfall (vgl. dazu *Schmidt-Salzer*, Produkthaftung, 1973, S. 68 ff.) und unterliegt damit in erster Linie tatrichterlicher Würdigung. Im vorliegenden Fall hatte die Beklagte nach den Festellungen des Berufungsgerichts in mehreren unterschiedlich ausgestalteten Versuchsreihen das Tonicum und den in ihm enthaltenen Wirkstoff S 54 klinisch und in Friseurbetrieben eingehend und sorgfältig auf seine Wirksamkeit und etwaige Nebenwirkungen untersuchen lassen. Zwar ist die Feststellung des Berufungsgerichts, bei den im Krankenhaus Ludwigshafen durchgeführten Testreihen habe sich lediglich bei 2 – ohnehin als Patienten einer Hautklinik besonders empfindlichen – Personen eine allergische Reaktion gezeigt, ersichtlich aktenwidrig. Tatsächlich handelte es sich bei einer der insgesamt 166 behandelten Personen, bei der sich eine ausgesprochene und heftige

Unverträglichkeit gezeigt hatte, um einen hautgesunden und nicht an allergischen Krankheiten leidenden Arzt. Gleichwohl waren die Fälle der Unverträglichkeit – gemessen an der Zahl der behandelten Personen – zahlenmäßig derart gering, daß das Berufungsgericht das Inverkehrbringen des Tonicums unter Abwägung der für und gegen seine Verwendung sprechenden Umstände als vertretbar ansehen konnte; dies umso mehr als VAC als Mittel zur Bekämpfung von Seborrhoe und ähnlichen Erkrankungen durchaus geeignet war und die Kassenärztliche Bundesvereinigung ihre Mitglieder zur Verordnung dieses Mittels auch für Patienten der sozialen Krankenversicherung autorisiert hatte.

Instruktionshaftung

Allerdings durfte die Beklagte angesichts der bei der Erprobung aufgetretenen Unverträglichkeiten das Tonicum nicht ohne Hinweis auf mögliche Nebenwirkungen auf den Markt bringen.

Daß den Hersteller und Händler eines Erzeugnisses, von dem spezifische Gefahren ausgehen können, eine derartige Verpflichtung zur Aufklärung und Warnung trifft, ist in der Rechtsprechung seit langem anerkannt und folgt – neben der allgemeinen deliktsrechtlichen Verpflichtung zur Gefahrenabwehr – für den vorliegenden Fall aus einer dahingehenden kaufvertragsrechtlichen Nebenpflicht (*BGH*, VersR 1956/765, VersR 1960/342, NJW 1972/2217, *Schmidt-Salzer*, aaO.). Der Umstand, daß die Nebenwirkungen nur in seltenen Fällen auftraten, befreite die Beklagte von dieser Verpflichtung nicht, zumal auch der von ihr mit der Prüfung des Tonicums beauftragte Chefarzt der dermatologischen Abteilung des Städtischen Krankenhauses Ludwigshafen sie ausdrücklich auf die Notwendigkeit einer derartigen Warnung hingewiesen hatte.

Welchen Inhalt eine derartige Aufklärung im konkreten Fall haben muß, richtet sich nach dem Zweck der Aufklärungspflicht. Sie soll dem Betroffenen Klarheit über die ihm unter Umständen drohende Gefahr verschaffen und ihn in die Lage versetzen, rechtzeitig von der Verwendung des Mittels überhaupt Abstand zu nehmen oder der Gefahr durch wirksame Gegenmittel soweit wie möglich entgegenzuwirken. Im vorliegenden Fall erachtet es das Berufungsgericht für ausreichend, wenn die Käufer darauf hingewiesen worden wären, es könne bei besonders empfindlichen und dazu veranlagten Personen eine allergische Hautreaktion auftreten. Damit hat das Berufungsgericht das Ausmaß der dem Einzelnen unter Umständen drohenden Gefahr und infolgedessen den Umfang der Aufklärungspflicht verkannt. Ein derartiger Hinweis hätte die Käufer, sofern sie sich nicht bereits als zur Allergie neigend kannten und deswegen besonders vorsichtig waren, lediglich veranlaßt, beim ersten Auftreten von Reizerscheinungen das Tonicum abzusetzen und künftig zu meiden. Damit aber hätte ein Schaden nicht in allen Fällen mehr verhindert werden können. Es entspricht der Erfahrung, daß die durch die Verwendung eines derartigen Tonikums ausgelösten allergischen Reaktionen nicht nur zu einer dauernden monovalenten Überempfindlichkeit gerade gegenüber diesem Mittel, sondern sehr bald auch zu einer polyvalenten Überempfindlichkeit gegenüber anderen Präparaten führen können. Gerade in Fällen, in denen zur Allergie neigende Personen dieses Mittel — wie der Kläger als Friseur — in größerem Umfang verwenden, besteht daher die naheliegende Gefahr, daß die zunächst nur monovalente Überempfindlichkeit eine völlige oder doch teilweise Berufsunfähigkeit zur Folge hat und damit zu schweren beruflichen und wirtschaftlichen Schäden führt. Es kommt hinzu, daß die Entwicklung zu einer irreparablen Überempfindlichkeit bereits weitgehend abgeschlossen sein kann, bevor der Betroffene die ersten allergischen Reaktionen verspürt. Bei dieser Sachlage wäre der bloße Hinweis auf mögliche allergische Hautreaktionen mit dem Rat, dann das Tonicum abzusetzen, jedenfalls gegenüber den Käufern, die das Mittel für den Verbrauch in ihrem Gewerbebetrieb bezogen, nicht ausreichend gewesen. Die Beklagte hätte jedenfalls Friseure in den für sie bestimmten Friktionspackungen auf die nicht auszuschließende Gefahr einer sich unbemerkt vollziehenden Entwicklung zu einer irreparablen polyvalenten Überempfindlichkeit hinweisen müssen.

Verschuldensnachweis: Beweislastumkehr

Insoweit hat die Beklagte auch schuldhaft gehandelt. Da sie das Haartonicum selbst entwickelt, hergestellt und vertrieben hat, wäre es ihre Sache gewesen, im einzelnen darzulegen und zu beweisen, daß sie auch bei der gebotenen Sorgfalt mit einer derart weitgehenden, in ihrem Gefahrenbereich wurzelnden Gefahr nicht rechnen mußte (vgl. § 282 BGB). Diesen Nachweis hat sie nicht erbracht.

Kausalitätsnachweis

Allerdings wäre die Verletzung der Hinweispflicht für den eingetretenen Schaden nur dann ursächlich, wenn pflichtgemäßes Handeln den Schaden mit Sicherheit verhindert hätte; eine bloße Möglichkeit oder eine gewisse Wahrscheinlichkeit genügen nicht (*BGH*, NJW 1961/868, 870). Das Berufungsgericht sieht insoweit – wenn auch auf der Grundlage der von ihm als ausreichend erachteten, weniger weitgehenden Aufklärungspflicht – weder als erwiesen noch überhaupt als hinreichend wahrscheinlich an, daß der Kläger bei Kenntnis der möglichen Nebenwirkungen von der Verwendung des Haartonicums VAC überhaupt abgesehen oder jedenfalls von vornherein geeignete Schutzmaßnahmen (Verwendung von Schutzsalben, regelmäßige Desinfektion der Hände) getroffen hätte.

Beweislastumkehr bei Verletzung von Aufklärungspflichten

Damit hat das Berufungsgericht die Beweislast verkannt. Verletzt jemand eine vertragliche Aufklärungspflicht, so trifft ihn – abweichend von dem Grundsatz, daß der Geschädigte jm Regelfall den Ursachenzusammenhang zwischen Vertragsverletzung und eingetretenem Schaden zu beweisen hat – das Risiko der Unaufklärbarkeit des Ursachenzusammenhangs jedenfalls insoweit, als infrage steht, wie der andere Teil gehandelt hätte, wenn er pflichtgemäß ins Bild gesetzt worden wäre (*BGHZ* 61/118, 122). Diese Rechtsprechung trägt mit der Umkehr der Beweislast dem Umstand Rechnung, daß der Zweck derartiger Aufklärungspflichten auch darin besteht, Klarheit darüber zu schaffen, ob der Vertragsgegner, wenn ihm das jeweilige Risiko in seiner ganzen Tragweite bewußt gemacht wird, trotzdem an der ins Auge gefaßten Maßnahme – hier der Verwendung des Tonicums – festhalten oder von ihr Abstand nehmen will; er soll daher, wenn diese Frage nur hypothetisch zu entscheiden ist, von der ihn typischerweise treffenden Beweisnot entlastet werden (vgl. auch *Hofmann*, NJW 1974/1641). Die Beklagte hätte also nachweisen müssen, daß der Kläger auch in Kenntnis des vollen Umfangs der Gefahr einen Hinweis mit dem oben dargelegten Inhalt unbeachtet gelassen hätte, wobei ihr gegebenenfalls der Beweis des ersten Anscheins zustatten kam.

Das hat das Berufungsgericht verkannt. Da die insoweit beweispflichtige Beklagte keinen Beweis angetreten hat und überdies den ihr obliegenden, ein hypothetisches Verhalten des Klägers betreffenden Nachweis, daß dieser im Jahre 1960 bei ausreichendem Hinweis gleichwohl das Haartonicum zunächst weiter verwendet hätte, heute auch nicht mehr , führen könnte, ist sie beweisfällig geblieben. Der Schadensersatzanspruch des Klägers ist mithin dem Grunde nach gerechtfertigt.

Anmerkung:

1. Dem auch für einen Abdruck in der Amtlichen Sammlung bestimmten Urteil hat der BGH den Hinweis auf §§ 282, 433 BGB vorangestellt. Demgegenüber ist aber klarzustellen, daß es sich hier nicht um eine Frage der Haftung aus Eigenschaftszusicherungen, sondern um eine Haftung aus positiver Vertragsverletzung handelt. Dies klingt in dem Urteil an. Es ergibt sich klar aus den Vorurteilen. Mit dem rechtskräftig gewordenen Berufungsurteil vom 7. 12. 1965 über das Teil-Grundurteil des LG Zweibrücken vom 2. 10. 1964 hatte das OLG Zweibrücken die Schadensersatzhaftung der Beklagten mit dem Gesichtspunkt der positiven Vertragsverletzung begründet (II.6a). In dem Urteil vom 17. 1. 1969, das dann zu der obigen Revisionsentscheidung führte, verwies das Landgericht dem Grund nach ausdrücklich auf jene Berufungsentscheidung.

2.. Das Verschulden ergab sich hier daraus, daß bei den klinischen Erprobungen erkannt worden war, daß das Haartonikum Allergieschäden auslösen konnte. Dementsprechend hatte die Beklagte ab Ende 1957 den für Privatverbraucher bestimmten Flaschen Hinweise auf gelegentlich auftretende Allergie-

reaktionen beigefügt. Die für Friseure bestimmten Friktionspackungen enthielten dagegen erst ab 1962 derartige Hinweise. Der Verschuldensvorwurf beruht hier also auf einer nicht ausreichenden Berücksichtigung der bei der Produkterprobung gewonnenen Erkenntnisse. In der Kurznarkosemittel-Entscheidung (I.73) dagegen handelte es sich um erst bei der sog. Feldbeobachtung gewonnene Erkenntnisse: dort waren bei der Produkterprobung noch keine Hinweise auf die Gefährlichkeit des Mittels aufgetreten; dies hatte sich erst nach dem Inverkehrbringen des Produkts gezeigt.

3. Die bisherigen beiden Leitentscheidungen des Bundesgerichtshofs zur Instruktionshaftung, nämlich die Seilhexe-Entscheidung (I.36) und die bereits erwähnte Kurznarkosemittelentscheidung (I.73) betrafen die deliktsrechtliche Haftung. Hier dagegen handelt es sich nicht um die deliktsrechtliche, sondern um die vertragsrechtliche Schadensersatzhaftung des Hersteller-Verkäufers gegenüber einem Endverbraucher-Käufer. Soweit es sich um Sachschäden bzw., wie hier, um Personenschäden handelt, decken sich inhaltlich die Anforderungen, die im Deliktsrecht und im Vertragsrecht an die Instruktionspflichten gestellt werden. Die Ausführungen des obigen Urteils gelten also entsprechend in Fällen einer deliktsrechtlichen, auf die Verletzung von Instruktionspflichten gestützten Schadensersatzklage. Allerdings gelten für die vertragsrechtliche Instruktionshaftung gegebenenfalls unterschiedliche Verjährungsfristen (§ 477 BGB anstelle von § 852 BGB). In den obigen Verfahren war aber die Verjährungseinrede nicht erhoben worden.

4. Die Entscheidung belegt den engen funktionellen Zusammenhang zwischen Konstruktionshaftung und Instruktionshaftung. Ergeben sich bei der Produkterprobung bzw. Typenprüfung Hinweise auf gefährliche Eigenschaften des Produkts, stellt sich die Frage, ob das Produkt überhaupt in den Verkehr gebracht werden darf. Grundsätzlich hat der Hersteller dafür zu sorgen, daß unnötige, d. h. nach dem Stand der Wissenschaften vermeidbare Gefahren vermieden werden. Dies ist aber lediglich eine organisatorische Zielvorgabe, so daß es dem Her-

steller freigestellt ist, mit welchen Maßnahmen er diese Zielvorgabe erfüllt. Entweder wird die Gefahr mittels konstruktioneller Maßnahmen beherrscht (z. B. bei maschinellem Gerät: Anbringung von Sicherheitsvorkehrungen), oder aber es ist auf die Gefahr hinzuweisen. Noch ungeklärt ist, ob die Instruktionshaftung nur ergänzender Natur ist oder ob Konstruktions- bzw. Fabrikationshaftung und Instruktionshaftung sich verhalten wie ein System kommunizierender Röhren: Wäre letzteres der Fall, wäre der Hersteller völlig frei, auch ein unnötig gefährliches Produkt in den Verkehr zu bringen, sofern er nur auf die Gefahren hinweist. Deckt dagegen die Instruktionshaftung lediglich den Bereich ab, der weder konstruktionell noch fertigungstechnisch beherrscht werden kann, dann wäre der Hersteller haftungsrechtlich zunächst verpflichtet, konstruktionell bzw. fertigungsmäßig im Rahmen des Möglichen Produktfehler zu vermeiden.
In dem obigen Fall stellte sich diese Problematik nicht, weil das Produkt an sich ungefährlich war und es nur gegenüber einem bestimmten Personenkreis gefährlich wurde.
Handelt es sich dagegen um technisches Arbeitsgerät, kann sich jene Problematik stellen. M. E. wird die Entscheidung dieser Problemstellung etwa auf der Linie erfolgen, daß der Hersteller im Rahmen des Möglichen und Zumutbaren die konstruktionellen bzw. fertigungsmäßigen Maßnahmen zur Vermeidung unnötiger Produktfehler zu treffen hat. Insoweit wird man also sagen können bzw. müssen, daß der Hersteller grundsätzlich im Bereich der Konstruktions- bzw. Fabrikationshaftung Produktgefahren zu vermeiden hat und daß insoweit die sog. Instruktionshaftung eine Ergänzungsfunktion hat, indem sie den offenbleibenden Bereich haftungsrechtlich abdeckt.

5. Anwendungsbereiche der Instruktionshaftung sind demnach folgende Fallgruppen:

a) Entwicklungslücken, also bekannte Gefahren, hinsichtlich derer es aber nach dem Stand der Wissenschaften (noch) keine ausreichenden Abwehrmöglichkeiten gibt (z. B. Hepatitisverseuchung von Blutkonserven).

b) Konkrete Gefahren, d. h. Gefahren, die nur und erst bei bestimmten Arten der Produktverwendung auftreten. Ein Beispiel dafür ergibt der Kurznarkosemittel-Fall (I.73), in dem ein an sich ungefährliches, zur intravenösen Anwendung bestimmtes Mittel zur Ursache eines schweren Körperschadens wurde, als es aufgrund einer Impfung in der Ellenbeuge versehentlich in die Arterie eingeführt wurde. Zur Vermeidung einer derartigen Gefahr war es erforderlich, daß vor einer Injektion in die Ellenbeuge nachdrücklichst unter Hinweis auf die ungewöhnlich schweren, im Fall einer Injektion in die Arterie zu befürchtenden Körperschäden gewarnt wurde.

c) Individuelle Gefahren, d. h. Gefahren, die nur für einen bestimmten Personenkreis auftreten. Beispiele dafür ergeben die Contergan-Schäden von Embryos sowie der obige Fall.

In all diesen Fällen entsteht zunächst einmal eine Warnpflicht des Herstellers, der den Benutzer in die Lage zu versetzen hat, eine eigenverantwortliche Anwendungs- bzw. Benutzungsentscheidung zu treffen. Diese Problematik wird aktuell, wenn es keine geeignete bzw. ausreichende Gefahrabwendungsmaßnahme gibt und dem Benutzer zumindest das Risiko, das er eingeht, vor Augen geführt werden soll. In den Fällen, in denen dagegen die Gefahr mittels geeigneter Maßnahmen beherrschbar ist, muß weiterhin dem Benutzer ein klares Bild von den für die Gefahrabwendung erforderlichen Maßnahmen bzw. von den zu vermeidenden Handlungen gegeben werden (I.73).

6. Hinsichtlich der Instruktionshaftung sind zwei Fallbereiche zu unterscheiden:

a) Der Normalfall betrifft die Haftung für pflichtwidrige Instruktionsmängel, d. h. die Nichterfüllung der einzelnen, hinsichtlich des Ob und des Wie der Instruktionen bestehenden Pflichten (z. B. I.73, I.85).

b) Die andere Fallgruppe betrifft Fälle, in denen der Hersteller (z. B. im Hinblick auf das vorhandene Anwendungswissen der durchschnittlichen Benutzer: I.36, I.86) nicht verpflichtet war, dem Benutzer Hinweise über die Art und Weise der Produktbenutzung zu geben, in denen aber andererseits tatsächlich erfolgte Angaben zur Ursache von Produktschäden wurden (z. B. I.86). Hier handelt es sich also nicht um an sich erforderliche, aber pflichtwidrig unterlassene Instruktionen, sondern um an sich nicht erforderliche, aber irreführende und im konkreten Fall zur Schadensursache gewordene Herstellerhinweise.

7. Handelt es sich um ein Serienprodukt, wird die vertragsrechtliche oder deliktsrechtliche Sorgfaltspflicht nicht einer anonymen Risikogemeinschaft der Benutzer des betreffenden Produkts geschuldet. Vielmehr wird sie jedem einzelnen potentiellen Benutzer geschuldet. Deshalb kommt es nicht auf die statistische Häufigkeit bzw. Schadenswahrscheinlichkeit an, sondern nur darauf, ob vorhersehbarerweise zumindest für einzelne Benutzer die Gefahr eines Schadens bestand. Während die us-amerikanische Rechtsprechung hier mehr mit quantitativen Kriterien arbeitet hat der B G H in der obigen Entscheidung zu Recht lediglich auf die Vorhersehbarkeit des Schadenseintritts für einzelne Benutzer abgestellt.

8. Die im Schlußteil des Urteils anerkannte Beweislastumkehr ist — anders als die im Schubstreben-Urteil (I. 54) oder im Hühnerpest-Urteil (I. 58) anerkannten Beweislastumkehrungen — kein Spezifikum des Produkthaftungsrechts. Sie ist vielmehr die prozessuale Flankierung der Haftung für ein pflichtwidriges Unterlassen, die z. B. auch im Bereich des ärztlichen Handelns (BGH, VersR 1970/554 f.) sowie — über diesen teilweise besondere Probleme aufwerfenden Bereich hinaus — auch hinsichtlich der Verletzung (neben-) vertraglicher Aufklärungspflichten (BGHZ 61/118, 121) — und der Rechtsscheinhaftung (BGH, BB 1975/621) gilt. Im Fall eines pflichtwidrigen positiven Handelns ist im allgemeinen leicht nachweisbar, ob das Tun kausal für den Schadenseintritt war oder nicht. Bei pflichtwidrigen Unterlassungen dagegen ist der hypothetische Kausalverlauf viel ungenauer. Gerade der obige Fall belegt, welche Darlegungs- und

Beweislastschwierigkeiten hier auftreten können. In den Fallbereichen der Schubstreben- und der Hühnerpest-Beweislastumkehrungen handelte es sich um die Zuordnung von Gefahrenbereichen. Hier dagegen handelt es sich um die Zuordnung des Risikos einer objektiv meist nicht möglichen ausreichenden Aufklärung des hypothetischen Kausalverlaufs.

Klarzustellen ist allerdings, daß jene Beweislastumkehr nicht gilt, wenn feststeht, daß der (Produkt-)Geschädigte auch eine ausreichende Warnung nicht beachtet hätte (I.22, I.28). Die us-amerikanische Entscheidungspraxis zeigt, daß derartige Fallgestaltungen keineswegs selten sind. Ergibt sich z. B. aus der Beweisaufnahme, daß der Produktgeschädigte das Produkt nach dem Ankauf sofort benutzt hat, ohne überhaupt einen Blick in die Gebrauchsanleitungen zu werfen, steht damit zugleich auch fest, daß auch eine haftungsrechtlich ausreichende Instruktion den betreffenden Schaden nicht verhindert hätte. Bei einer derartigen Sachlage sind also die Voraussetzungen für die obige Beweislastumkehr nicht gegeben.

In dem der Entscheidung zugrunde liegenden Fall hatte der Kläger behauptet, daß er einen in den Gebrauchsanleitungen enthaltenen Hinweis auf die Allergieneigung des Präparats gegebenenfalls auch gelesen hätte. Dies genügte zur Auslösung der Beweislastumkehr.

I. 86 BGH, 3. 6. 75, VI ZR 192/73 (Spannkupplungen):

Bei der Einspannung von Armierungsrundstäben in Schalungen für Spannbetonteile verwendeten Arbeiter eine von der Erstbeklagten gelieferte Spannpresse und die ebenfalls von der Erstbeklagten gelieferten Spannkupplungen. An einer der Spannkupplungen zerbarst die Spannhülse. Dadurch wurde ein Arbeiter tödlich verletzt. Seine Berufsgenossenschaft verklagte den Lieferanten der Spannpresse und der Spannkupplungen (Erstbeklagten), den für die Produktion der Werkzeuge für Spannbetonteile verantwortlichen Geschäftsleiter (Zweitbeklagten) und einen ebenfalls bei der erstbeklagten Firma beschäftigten Maschinenbauingenieur, der für die Bearbeitung, Prüfung und Auslieferung derartiger Werkzeuge zuständig war (Drittbeklagten).

Deliktshaftung

Das Berufungsgericht hat festgestellt, daß die Erstbeklagte die Spannhülsen und die Verschlußteile für die Spannkupplungen in einem fremden Betrieb hatte herstellen lassen, sie sodann einem anderen Unternehmer zum Härten gab und später in ihren eigenen Werkstätten aus diesen und weiteren Einzelteilen die Spannkupplungen zusammensetzt. Unfallursache war nach den Feststellungen des Berufungsgerichts ein Riß an der zerborstenen Spannhülse, der entweder auf einem Herstellungsfehler oder auf übergroßer mechanischer Beanspruchung beruhte. Welche dieser beiden möglichen Ursachen gegeben waren, konnte das Berufungsgericht trotz Vernehmung eines Sachverständigen nicht klären. Nach Auffassung des Berufungsgerichts ist in beiden möglichen Fällen der Unfallverursachung der Riß und damit der Unfall durch Pflichtverletzungen der Erstbeklagten und des Zweitbeklagten verursacht. Der Erstbeklagte habe nämlich möglicherweise ein lebensgefährlich fehlerhaftes Gerät geliefert, den ihr in diesem Fall obliegenden Beweis mangelnden Verschuldens jedoch nicht geführt. Ihre Schadensersatzpflicht sei aber auch dann begründet, wenn die Spannhülse wegen zu starker mechanischer Beanspruchung geborsten sei, da sie unstreitig (den Arbeitgeber des Verletzten) nicht über die ohne Gefahr mögliche Benutzungsdauer sowie über Art und Ausmaß der erforderlichen Prüfung auf Risse belehrt habe. Sie sei nämlich verpflichtet gewesen, ihre Abnehmer darauf hinzuweisen, daß die Spannkupplungen bei längerem Gebrauch durch ihre mechanische Beanspruchung zu Bruch gehen können und deshalb nach einer bestimmten Gebrauchszeit auf Risse geprüft werden müßten. Der Zweitbeklagte sei als verantwortlicher Geschäftsleiter für die Produktion der Werkzeuge für Spannbetonteile verpflichtet gewesen, dafür Sorge zu tragen, daß niemand durch infolge von Produktionsfehlern gefährliche Werkzeuge gefährdet werde und darauf hinzuwirken, daß die Erstbeklagte durch Belehrung der Kunden unvermeidliche Gefahren vermindere. Er sei deshalb in der gleichen Weise wie die Erstbeklagte der Klägerin zum Schadensersatz verpflichtet. Der Drittbeklagte könne jedoch angesichts der lediglich alternativen Möglichkeit beider Schadensursachen nicht verurteilt werden, da er nur für die Herstellung, nicht aber für den Vertrieb oder die Belehrung der für den Vertrieb Verantwortlichen zuständig gewesen sei.

Mitarbeiter-Eigenhaftung

Alternativer Fehlernachweis

Diese Ausführungen halten nur insoweit der rechtlichen Nachprüfung stand, als sie die Abweisung der gegen den Drittbeklagten gerichteten Klage betreffen. Auch die Revision der Klägerin bezweifelt nicht, daß dieser Beklagte nur haftbar sein würde, wenn der Nachweis erbracht war, daß die geborstene Hülse schon bei ihrer Auslieferung jenen Riß gehabt hat. Zu Unrecht meint indes die Revision, die Feststellung des Berufungsgerichts, es seien zwei Unfallursachen möglich, beruhe auf einer Verletzung des Prozeßrechts (§ 286 ZPO). Aus den Urteilsgründen wird hinreichend deutlich, daß das Berufungsgericht zu einer eindeutigen Feststellung deshalb nicht in der Lage war, weil der von ihm vernommene Sachverständige die alternative Möglichkeit beider Ursachen offen lassen mußte. Der Umstand, daß einige ebenfalls von der Erstbeklagten gefertigte, aber noch unbenutzte Kuppplungshülsen vom Typ K 24 Risse aufwiesen, die von der Wärmebehandlung herrühren, mußte das Berufungsgericht nicht veranlassen, entgegen der Stellungnahme des Sachverständigen eine eindeutige Ursachenfeststellung zu treffen, zumal nach dem Gutachten bei den beiden Kupplungstypen der Werkstoff verschieden war, sich dadurch eine andere Wärmebehandlung ergab und die Risse eine andere Erscheinungsform zeigten.

Im übrigen muß das Berufungsurteil jedoch aufgehoben werden. Die Verurteilung der Erstbeklagten und des Zweitbeklagten hält den Angriffen der Revision nicht stand.

§ 823 Abs. 1 BGB

Die Haftung sowohl der Erstbeklagten wie auch der Zweitbeklagten kann sich unter dem Gesichtspunkt der Produzentenhaftung aus § 823 Abs. 1 BGB ergeben.

Herstellerhaftung

Assemblerhaftung

Das Berufungsgericht hat allerdings zutreffend die Erstbeklagte als „Hersteller" der Spannkupplung angesehen, der für einen etwaigen Fabrikationsfehler zu haften hat. Dabei ist es ohne Bedeutung, daß die Gehäuse der von ihr hergestellten Spannkupplungen weder in ihrem Betrieb angefertigt noch gehärtet worden sind. Denn auch einem Unternehmer, der für die von ihm hergestellten Geräte vorgefertigte Einbauteile verwendet, unterliegen Sorgfaltspflichten eines Herstellers (*BGH*, VersR 1960/855, 856 = I.41; VersR 1967/1199, 1201 = I.54 und *Dunz/Kraus*, Haftung für schädliche Ware, S. 46, 78 f.). In der Rechtsprechung ist lediglich anerkannt, daß ein Unternehmer nicht in allen Fällen die von seinem Zulieferer bezogenen Einzelteile selbst auf ihre Ordnungsmäßigkeit hin überprüfen und die Untersuchungen wiederholen oder wiederholen lassen muß, die von dem Zulieferer mit seinen besonderen fachlichen Betriebserfahrungen und Einrichtungen vorgenommen sein mußten (*BGH*, VersR 1960/855, 856 = I.41).

Auftragsfertigung

Quasi-Herstellerhaftung des Assemblers

Auf diese Ausnahme kann sich die Erstbeklagte aber schon deshalb nicht berufen, weil sie nach den getroffenen Feststellungen nicht gebrauchsfertige Spannhülsen von einem anderen Unternehmer bezogen hat, sondern diese nach ihren eigenen Konstruktionszeichnungen und genauen Fertigungsanweisungen in getrennten Arbeitsgängen in einem Werk in rohem Zustand herstellen (drehen) und dann im eigenen Namen in einem anderen Betrieb härten ließ. Hinzu kommt, daß die Erstbeklagte in ihren Prospekten die Spannkupplungen als eigene Produkte angeboten hat.

Mitarbeiter-Eigenhaftung

Das Berufungsgericht lastet dem Zweitbeklagten als dem verantwortlichen Geschäftsleiter für die Produktion der Werkzeuge für Spannbetonteile ein eigenes Verschulden sowohl bei der Herstellung der Spannkupplungen als auch bei der Belehrung der Kunden an. Dies ist nach den getroffenen Tatsachenfeststellungen rechtsfehlerfrei.

Käme nur die Haftung wegen eines Fabrikationsfehlers in Betracht, so wäre die Verurteilung der beiden Beklagten rechtlich nicht zu beanstanden.

Herstellerhaftung: Beweislastumkehr

Die Erstbeklagte hätte bei einer solchen Gestaltung schon deshalb für den entstandenen Schaden einzutreten, weil sie nicht den Beweis dafür führen konnte, daß sie bzw. ihren Komplementär kein Verschulden an dem Fehler der Spannkupplung trifft. Der erkennende Senat hat in *BGHZ* 51/91, 104 ff. (= I.58) das Beweisrecht für Produzentenhaftpflichtfälle dahingehend fortgebildet, daß eine echte Beweislastumkehr gegenüber einem in Anspruch genommenen *Hersteller* bezüglich seines Verschuldens und desjenigen seiner verfassungsmäßigen Vertreter bzw. des rechtswidrigen Handelns seines Verrichtungsgehilfen eintritt, wenn der Geschädigte nachgewiesen hat, daß sein Schaden im Organisations- und Gefahrenbereich des Herstellers durch einen objektiven Mangel oder Zustand der Verkehrswidrigkeit ausgelöst worden ist (vgl. auch *BGH*, VersR 1973/862 = I.76). Diesen Beweis hätte die Klägerin geführt, wenn das Berufungsgericht sich davon hätte überzeugen können, daß der Riß an der Spannhülse schon bei ihrer Herstellung entstanden war. Dabei kommt es grundsätzlich nicht darauf an, ob nur ein einzelnes Produktionsstück als fehlerhaft erkannt wurde. Der Hersteller muß, wenn er sich, um seiner Haftung zu entgehen, darauf beruft, seinerseits beweisen, daß es sich bei dem schadhaften Produkt um einen trotz bester Kontrollen immer wieder einmal vorkommenden „Ausreißer" handelt (*BGHZ* 51/91, 105 = I.58).

Mitarbeiter-Eigenhaftung: Beweislastumkehr

Der Zweitbeklagte hatte als verantwortlicher Geschäftsleiter für die Produktion der Werkzeuge für Spannbetonteile dafür Sorge zu tragen, daß niemand durch mit Fehlern behaftete Werkzeuge gefährdet werde. Die bezüglich des Herstellers eines gefährlichen Produkts entwickelten Grundsätze über die Beweislastumkehr müssen auch zu seinen Lasten Anwendung finden. Er hatte eine herausgehobene und verantwortliche Stellung im Produktionsbereich der Erstbeklagten inne. Auch er überblickte die von ihm geleitete Produktionssphäre, er bestimmte und organisierte den Herstellungsprozeß der Spannkupplungen und deren Kontrolle bei ihrer Auslieferung; daher ist auch er „näher daran“, den Sachverhalt aufzuklären, als der Geschädigte (vgl. *BGHZ* 51/99, 105 = I.58). Die schutzbedürftigen Interessen des Geschädigten gebieten es daher auch bei ihm, daß er sich nicht bereits dadurch entlasten kann, indem er Möglichkeiten aufzeigt, nach denen der Fehler des Produkts ohne ein in seinem Organisationsgebiet liegendes Verschulden entstanden sein kann, während es andererseits seine schutzwürdigen Interessen erlauben, von ihm in gleicher Weise wie vom Unternehmer selbst den Nachweis der Schuldlosigkeit zu verlangen. Dabei ist es ohne Bedeutung, daß er nur Kommanditist der Erstbeklagten war. Aufgrund seiner Stellung im Betrieb kann und muß ihm zugemutet werden, das Risiko zu übernehmen, seine Schuldlosigkeit nicht beweisen zu können. Eine solche Verteilung der Beweislast bewirkt bei den im zu entscheidenden Fall gegebenen Verhältnissen entgegen der Meinung der Revision nicht die „Gefahr einer uferlosen Haftung nachgeordneter Mitarbeiter“, da es sich hier um einen solchen nicht gehandelt hat.

Die Revision rügt jedoch mit recht, daß bezüglich der alternativ *neben* einem Fabrikationsfehler als Schadensursache in Betracht kommenden mangelnden Belehrung (Instruktion) über die Gebrauchsfähigkeit und Überprüfung der Spannkupplungen die bisher getroffenen Feststellungen die Verurteilung der beiden Beklagten nicht tragen.

Unzulässigkeit einer Überspannung der Sorgfaltspflichten

Anwenderverantwortung

Das Berufungsgericht überspannt für diese Fallgestaltung bereits die Anforderungen an eine Hinweispflicht der Beklagten. Denn grundsätzlich muß sich der, der eine Maschine, ein Werkzeug oder ein sonstiges Gerät anschafft, selbst darum kümmern, wie er damit umzugehen hat. Es ist seine Sache, sich darüber zu unterrichten, wie es in der rechten Weise einzusetzen und zu handhaben ist (*BGH*, VersR 1959/523, 524 = I.36).

Instruktionshaftung

Unter dem Gesichtspunkt der Verkehrssicherungspflicht sind Hersteller und ihre Repräsentanten nur dann genötigt, für die Belehrung der Abnehmer zu sorgen, wenn

Anwendungswissen des durchschnittlichen Benutzers

und soweit sie aufgrund der Besonderheiten des Geräts sowie der bei den durchschnittlichen Benutzern vorauszusetzenden Kenntnisse damit rechnen müssen, daß bestimmte konkrete Gefahren entstehen können (vgl. *Schmidt-Salzer*, Produkthaftung, S. 97; vgl. auch *Lorenz*, AcP 170/367, 389). Was auf dem Gebiet allgemeinen Erfahrungswissens der in Betracht kommenden Abnehmerkreise liegt, braucht nicht zum Inhalt einer Gebrauchsbelehrung gemacht zu werden (*BGH*, aaO. und VersR 1972/149, 150 = I.66; VersR 1956/765 = I.22; VersR 1957/584, 585 = I.28; VersR 1960/342, 343 = I.39; VersR 1966/542, 543; VersR 1972/1075 = I.73). Die Beklagten waren deshalb nicht verpflichtet, (den Arbeitgeber) darauf hinzuweisen, daß die Spannkupplungen bei längerem Gebrauch infolge ihrer mechanischen Beanspruchung zu Bruch gehen können. Es liegt auf der Hand, daß es den Betriebsleitern dieses Werks, das in seinen Spannhallen schon mehrere Jahre solche Spannkupplungen benutzte, bekannt war, daß diese nicht unbegrenzt lange verwendet werden konnten, sondern daß es sich um Verschleißteile aus einer Massenproduktion handelte. Dem entspricht es auch, daß in den beigezogenen Ermittlungsakten von einem Zeugen bekundet wurde, in dem Werk seien wöchentlich mehrfach Spannkupplungen ausgerissen oder geplatzt. Die Erstbeklagte hatte überdies in gewisser Weise auf die bei der Spannbetonherstellung entstehenden Gefahren hingewiesen, indem sie in ihren Prospekten bezüglich der Spannkupplungen – im Gegensatz zu den Spannpressen, die sie zum „Dauereinsatz" empfahl – nur angab, diese seien für eine „besonders häufige Verwendung" geeignet; dieser Hinweis setzt die Kenntnis davon, daß die Verwendung der Kupplungen nur begrenzt möglich sei, als selbstverständlich voraus.

Auch zu einer Belehrung über die ohne Gefahr mögliche Benutzungsdauer waren die Beklagten bei dieser Art von Kupplungen grundsätzlich nicht verpflichtet. Ihre Verwendungsfähigkeit hängt nämlich, wie die Erstbeklagte in ihren neueren Prospekten angegeben hat, wesentlich von der Behandlung und der Beanspruchung hinsichtlich Häufigkeit und Stärke ihrer Belastung ab. Dies ist — zumindest für einen Fachmann — ebenso offensichtlich wie die Tatsache der Abnutzung durch längeren Gebrauch. Es ist daher im allgemeinen Sache des Benutzers dieser Geräte, aufgrund seiner eigenen Gebrauchsgewohnheiten selbst festzustellen, wann diese nicht mehr einsatzfähig sind.

Brauchte daher die Beklagte grundsätzlich weder einen besonderen Hinweis auf die Zerbrechlichkeit der Kupplungen nach längerem Gebrauch zu geben noch genau die Verwendungshäufigkeit anzugeben, so erübrigte sich auch die vom Berufungsgericht nur im Hinblick auf die Bruchgefahr durch mechanische Beanspruchung verlangte Belehrung über die Notwendigkeit einer Überprüfung der Kupplungen nach einer präzis bestimmten Verwendungsdauer. Davon, daß das für einen Spannbetonhersteller selbstverständlich war, durfte sie ausgehen.

Instruktionshaftung bei irreführenden Werbeangaben

Dennoch könnte im Streitfall ausnahmsweise eine Haftung der Beklagten wegen mangelhafter Belehrung ihrer Abnehmer bestanden haben. Das Berufungsgericht meint, das, was es zur Hinweispflicht ausführe, gelte umso mehr, „als das Vorhandensein zahlreicher Schlackenzeilen im Automatenstahl die Rißbildung begünstigt hat". Auch die Materialprüfungsanstalt weise darauf hin, daß das verwendete Material eine regelmäßige Überprüfung *bei wiederholtem Gebrauch* erforderlich mache. Daraus kann man folgern, daß die Kupplungen wegen der Art des bei ihrer Herstellung verwendeten Stahls doch *nicht* in jedem Fall zu „besonders häufiger Verwendung" geeignet waren, sondern ohne besondere Überprüfung nur wenige Male risikolos benutzt werden konnten. Es kann deshalb nach dem bisher festgestellten Sachverhalt nicht ausgeschlossen werden, daß (der Arbeitgeber) aufgrund der Werbeangaben der Erstbeklagten darauf vertraute und vertrauen durfte, die Spannkupplungen seien, wie zu erwarten, so stabil, daß sie ohne besondere Prüfung bei bestimmungsgemäßem Gebrauch *häufig*, jedenfalls mehr als fünfzig- bis dreißigmal (was für andere Kupplungen im neuen Prospekt der Erstbeklagten als Verwendungshäufigkeit genannt ist) verwendet werden konnten, während in Wirklichkeit schon bei wiederholtem (vielleicht schon fünf- bis zehnfachen) Gebrauch eine akute Gefahr bestand. Gelingt es der Klägerin, solches (berechtigtes) Vertrauen (des Arbeitgebers) zu beweisen, dann kann der Tatrichter rechtsfehlerfrei zu der Annahme gelangen, daß dieser auf das mit dem Ankauf der Kupplungen eingegangene und für ihn nicht erkennbare Risiko hätte hingewiesen werden müssen, weil er nur so zu der gebotenen Sorgfalt veranlaßt worden wäre, bereits nach mehrfachem Gebrauch die Spannkupplungen zu überprüfen bzw. überprüfen zu lassen.

Kausalitätsnachweis und Instruktionshaftung

Das Berufungsgericht hat ferner bezüglich der alternativ neben einem Fabrikationsfehler als Schadensursache in Betracht kommenden mangelnden Belehrung über die Gebrauchsfähigkeit und Überprüfung der Spannkupplungen nicht festgestellt, daß durch eine solche Warnung der Unfall vermieden worden wäre. Die Verletzung der Hinweispflicht ist für den eingetretenen Schaden nämlich nur dann ursächlich, wenn pflichtgemäßes Handeln den Schaden mit Sicherheit verhindert hätte. Eine bloße Möglichkeit, auch eine gewisse Wahrscheinlichkeit, genügen nicht (*BGHZ* 34/206, 215; 61/118, 120; 64/46 = I.85; vgl. auch *BGH*, VersR 1974/342, 344 und *Larenz,* NJW 1963/686).

Unaufgeklärt ist im Streitfall, ob eine etwa aufgrund der erforderlichen Belehrung erfolgte Überprüfung der Spannkupplungen den Unfall vermieden hätte. Wie die Revision zutreffend ausführt, wäre nach Lage der Sache nur eine Sichtkontrolle in Betracht gekommen. Es fehlen jedoch Festellungen dazu, daß der an der Spannhülse vorhandene Riß anläßlich einer solchen Überprüfung feststellbar war. Zweifel ergeben sich insoweit schon deswegen, weil sich der alte Anriß an der gebrochenen Spannhülse am inneren Rand der Bruchfläche im Bereich des Konus gefunden hat. Es ist nicht ohne weiteres ersichtlich, daß bei einer Sichtkontrolle ein solcher Riß im Inneren der Spannhülse zu erkennen war, zumal dieser Riß nach den weiteren Feststellungen der Materialprüfungsanstalt keine sichtbare Verformung ausgelöst hat.

Bei dieser Sachlage mußte das Berufungsurteil, soweit es nicht die Klageabweisung gegen den Drittbeklagten betrifft, aufgehoben werden. Da noch weitere tatsächliche Feststellungen erforderlich sind, war die Sache zur anderweitigen Verhandlung und Entscheidung an das Berufungsgericht zurückzuverweisen.

Anmerkung:

1. Im obigen Fall konnte die Klägerin den Fehler nicht konkret nachweisen, sondern nur alternativ darlegen, daß eine von zwei Ursachen die Fehlerquelle gewesen sein mußte, nämlich entweder ein Fabrikationsfehler oder aber ein Instruktionsfehler. Eine Verurteilung zum Schadensersatz setzt aber voraus, daß dem Verurteilten (a) die Handlung bzw. pflichtwidrige Unterlassung, (b) deren Kausalität für den Schaden und (c) das Verschulden nachgewiesen werden. Deshalb konnten von den drei Beklagten nur diejenigen verurteilt werden, die gegebenenfalls für beide Fehlerursachen verantwortlich wären.

a) Damit entfiel von vornherein der Drittbeklagte, weil er ausschließlich für den Bereich der Fabrikation, nicht dagegen für den Bereich der dem Produkt beizugebenden Instruktionen verantwortlich war.

b) Die Erstbeklagte dagegen wäre gegebenenfalls sowohl für den Fertigungsbereich als auch für die Ausstattung der von ihr hergestellten und ausgelieferten Produkte mit den erforderlichen Instruktionen verantwortlich gewesen. In casu waren zwar die tatsächlichen Voraussetzungen für eine Verurteilung aus Fabrikationshaftung gegeben. Dagegen kam eine Instruktionshaftung nur unter dem Gesichtspunkt positiv irreführender Werbeangaben (dazu vgl. Anm. zu I.85, Nr. 6) in Betracht, der aber vom Tatsächlichen her noch nicht ausreichend geklärt war. Der Bundesgerichtshof konnte deshalb die vom Berufungsgericht vorgenommene alternative Verurteilung der Erstbeklagten nicht bestätigen, sondern mußte in-

soweit den Rechtsstreit zur weiteren Sachverhaltsaufklärung an das Berufungsgericht zurückverweisen.

c) Auch hinsichtlich des Zweitbeklagten hat der Bundesgerichtshof grundsätzlich bejaht, daß dieser nicht nur für die Fertigung und die Qualitätskontrolle, sondern auch für die Ausstattung des Produkts mit den erforderlichen bzw. zumindest fehlerfreien Instruktionen verantwortlich sei. Lediglich in casu wurde wegen des bei dem durchschnittlichen Benutzer vorauszusetzenden Anwendungswissens das Bestehen einer positiven Hinweisverpflichtung verneint.

Während also sowohl der Zweitbeklagte als auch der Drittbeklagte innerbetrieblich im Fertigungsbereich tätig waren, hat der Bundesgerichtshof dem Geschäftsleiter über die Verantwortung für den Fertigungsbereich hinaus auch eine (Mit-) Verantwortung für die Ausstattung des Produkts mit den erforderlichen bzw. ordnungsgemäßen Instruktionen auferlegt. Dagegen wurde der dem Zweitbeklagten nachgeordnete Mitarbeiter nicht dieser Haftung unterworfen.

Diese Verantwortungsregelung entspricht m. E. nicht der innerbetrieblichen Funktionenverteilung. Üblicherweise sind Konstruktion, Fabrikation und Vertrieb abteilungsmäßig getrennt. Innerhalb des Fabrikationsbereichs erfolgt eine weitere Unterteilung in Fertigung und Qualitätskontrolle.
Erst langsam setzt sich die Erkenntnis durch, daß die Aufgaben der Qualitätskontrolle weit über die eigentliche Fertigung hinausgehen und daß die Qualitätssicherheit eine Aufgabe ist, die den gesamten Unternehmensbereich umfaßt. Organisatorische Konsequenz dieser Erkenntnis ist, daß neben die klassischen Abteilungen Konstruktion, Fabrikation und Vertrieb eine eigene Abteilung Qualitätssicherung tritt, die im gesamten Unternehmensbereich die Qualitätssicherungsaufgaben wahrnimmt.

Welche Instruktionspflichten im Einzelfall bestehen, richtet sich einerseits nach den voraussehbaren Einsatzbedingungen des Produkts, andererseits nach dem Anwendungswissen des durchschnittlichen Benutzers (I.36, I.73, I.86). Beide Faktoren sind aber nicht bei der Fabrikation, sondern bei der Konstruktion des Produkts zu berücksichtigen. Betriebsorganisatorisch ist also die Verantwortung für die Erfassung, Auswertung und Berücksichtigung der tatsächlichen Einsatzbedingungen des Produkts sowie des Anwendungswissens des durchschnittlichen Benutzers der Konstruktionsabteilung zuzuordnen, die in der Praxis normalerweise ihre Informationen von der Marketing- bzw. der Vertriebsabteilung erhält. Rechtliches Spiegelbild dieser innerbetrieblichen Verantwortungszuordnung ist, daß Konstruktions- und Instruktionshaftung eng ineinander verzahnt sind (vgl. Anm. I.85). Während es also zutreffend ist, daß das Herstellerunternehmen sowohl für Fabrikationsfehler als auch für Instruktionsfehler verantwortlich ist, so ist es doch m. E. von der innerbetrieblichen Organisation her nicht gerechtfertigt, dem Leiter der Fabrikationsabteilung die Verantwortung für Instruktionsfehler aufzuerlegen. Nach dem normalen betriebsorganisatorischen Schema ist diese Verantwortung vielmehr der Konstruktions- oder der Vertriebsabteilung zuzuordnen, d. h. der Abteilung, die die für den Produktbenutzer bestimmten Instruktionen abfaßt. Normalerweise wird die Verantwortung für die dem Produkt beizugebenen Instruktionen der Vertriebsabteilung zuzuordnen sein, da diese Frage zumindest auch Aspekte der Werbung berührt. Da die Schadensersatzhaftung aber stets auf einem individuellen Verschulden aufbaut, müssen in derartigen Fällen stets die Gegebenheiten des konkreten Unternehmens berücksichtigt werden.

Von der prozessualen Darlegungslast her gesehen muß in den Fällen, in denen ein Mitarbeiter direkt aus Instruktionshaftung belangt wird, im Rahmen des sog. Fehlerverursachungsnachweises (I.76) dargelegt werden, daß gerade er für die dem Produkt beizugebenden Instruktionen verantwortlich sei. Da der Produktgeschädigte normalerweise außerhalb der Herstellersphäre steht, kann hier nur eine ungefähre Ortung verlangt werden. Für die Auslösung der vom BGH zu Lasten auch des Mitarbeiters ausgesprochenen Beweislastumkehr muß also z. B. die Behauptung ausreichen, daß (a) der

Schaden durch einen Instruktionsfehler verursacht wurde und (b) daß der Beklagte als Leiter der Vertriebsabteilung für Instruktionsfehler verantwortlich sei. Es ist dann Sache des beklagten Vertriebsleiters aufzudecken, ob innerbetrieblich die Abfassung von Instruktionen Sache seiner Abteilung oder aber z. B. Angelegenheit der Konstruktionsabteilung oder aber der Werbeabteilung ist. Andernfalls obliegt es dann nach der obigen Entscheidung dem Leiter der Vertriebsabteilung, den Entlastungsnachweis anzutreten, daß ihn an dem betreffenden Instruktionsfehler kein Verschulden trifft.

2. In der grundlegenden Hühnerpest-Entscheidung (I.85) hatte der Bundesgerichtshof die Beweislastumkehr (a) für den deliktsrechtlichen Bereich des § 823 Abs. 1 BGB (b) gegenüber industriellen Herstellern ausgesprochen. Ausdrücklich offengelassen wurde die Frage, ob auch dem Inhaber eines kleineren Betriebs, dessen Herstellungsverfahren überschaubar und durchsichtig ist, (Familien- und Einmannbetriebe, landwirtschaftliche Erzeuger und dergleichen) die Übernahme des Beweisrisikos zugemutet werden kann.

In der Folgezeit wurde dann die Beweislastumkehr auch in Fällen vertragsrechtlicher Schadensersatzansprüche anerkannt. Genau genommen handelte es sich dabei um eine Weiterentwicklung der durch die Hühnerpest-Entscheidung geschaffenen Rechtslage. Trotzdem ging der Bundesgerichtshof darauf nicht ein. Analysiert man die Entscheidungen, zeigt sich, daß es sich jeweils um Hersteller-Verkäufer handelte.

Nach dem alten Stand der Rechtsprechung galt aber die Beweislastumkehr sowohl im deliktsrechtlichen als auch im vertragsrechtlichen Bereich nur gegenüber von Hersteller-Unternehmen. Dagegen ist gegenüber von Händler-Unternehmen sowohl im vertragsrechtlichen als auch im deliktsrechtlichen Bereich bislang davon auszugehen, daß ihnen gegenüber stets der Vollnachweis des Verschuldens zu erbringen ist und daß dem Produktgeschädigten lediglich im Einzelfall die Beweiserleichterung des Anscheinsbeweises zu Hilfe kommen kann.

Angesichts dieses Standes der Entwicklung stellt also die obige Entscheidung eine wichtige Weiterentwicklung dar.

3. Für die Praxis wird sich die Frage stellen, in welchen Bereichen es hinsichtlich der Mitarbeiter-Eigenhaftung bei der normalen Beweislage verbleibt und ab welchem Punkt die Beweislastumkehr eingreift.

Für eine Anwendung der Beweislastumkehr gegenüber den Mitarbeitern ergibt sich von vornherein eine natürliche Schranke daraus, daß der Produktgeschädigte gerade gegenüber dem betreffenden Mitarbeiter den Fehlerverursachungsnachweis (I.76) zu führen hat. Dies wird praktisch gegenüber dem einzelnen nachgeordneten Mitarbeiter kaum möglich sein. In erster Linie werden deshalb nur die Mitglieder der Geschäftsleitung bzw. die Abteilungsleiter sich einer derartigen Verschlechterung ihrer haftungsrechtlichen Position ausgesetzt sehen. Insoweit kann man sagen, daß die jetzt vom Bundesgerichtshof vorgenommene Erweiterung der Beweislastumkehr gewissermaßen ein Annex zur Organisationsverantwortung und damit zur Organisationshaftung darstellt: „Das Unternehmen" ist dafür verantwortlich, daß die einzelnen Bereiche haftungsrechtlich ordnungsgemäß organisiert sind; da ein Außenstehender etwaige Organisationsfehler mangels Kenntnis der Details praktisch nicht aufdecken kann, greift hier eine Beweislastumkehr zu Lasten „des Unternehmens" ein, das näher an der Schadensursache dran ist. Hat der Produktgeschädigte im Rahmen des Fehlerverursachungsnachweises dargelegt, daß es sich um einen Fabrikationsfehler handelt, dann ist dafür neben „dem Unternehmen" auch der für den betreffenden Unternehmensbereich verantwortliche Mitarbeiter gemäß § 823 Abs. 1 BGB verantwortlich: auch hier wird es sich im allgemeinen nicht um die konkrete Fehlerverursachung, sondern um eine haftungsrechtlich unzulängliche Organisation des betreffenden Unternehmensbereiches handeln; da der Produktgeschädigte aber als Außenstehender praktisch kaum etwaige auf den betreffenden Unternehmensbereich bezogene Organisationsfehler nachweisen kann, ist es in der Tat eine konsequente Weiterverfolgung der im Hühnerpest-Urteil maßgeblichen Gedankengänge, wenn gegenüber den Abteilungsleitern ebenfalls eine Beweislastumkehr anerkannt wird.

Es bleiben allerdings die Fälle, in denen der konkrete Mitarbeiter durchaus identifiziert werden kann. Hier kommen vor allem technisch komplizierte Vorgänge der Qualitätskontrolle in Betracht, die in dem betreffenden Unternehmen nur durch einen einzigen Mann vorgenommen werden: Ergibt sich aus dem Fehlerverursachungsnachweis, daß bei der an sich vorgeschriebenen Qualitätskontrolle ein Fehler unterlaufen sein muß, kann der Mitarbeiter identifiziert werden. Damit wird aber aus der Beweislastumkehr praktisch ein Negativbeweis, dessen Stellenwert der Rechtsprechung zur Verschuldensvermutung gegenüber dem Werkunternehmer vergleichbar ist.

Hier tritt zweifellos ein Spannungsverhältnis zwischen dem Eigeninteresse des Unternehmens und dem Interesse des Mitarbeiters auf. Da gegenüber dem Unternehmen jedenfalls im Bereich der industriellen Herstellung das Verschulden vermutet wird, muß das Unternehmen zur Durchführung des Entlastungsnachweises für die betreffende Fehlerquelle seine Organisationspläne aufdecken. Das Unternehmen muß darlegen, daß organisationsmäßig alle Voraussetzungen dafür getroffen wurden, daß der betreffende Fehler nicht auftritt. Bleibt danach nur noch der Faktor menschliches Versagen am Arbeitsplatz übrig, würde das Unternehmen dafür nur im Rahmen des § 831 BGB haften. Gegenstand dieser Mitarbeiter-Haftung ist, daß das Verschulden des Unternehmens an der Besetzung des betreffenden Arbeitsplatzes mit einem nicht ausreichend qualifizierten bzw. nicht ausreichend zuverlässigen Mitarbeiter vermutet wird. Demgegenüber kann das Unternehmen den Entlastungsnachweis antreten, daß der betreffende Mitarbeiter aufgrund seiner bisherigen Leistungen sachlich qualifiziert war.

Hat das Unternehmen aber diese Haftungsnachweise erbracht, dann ist damit zugleich das Material für eine direkte In-

anspruchnahme des Mitarbeiters geschaffen. Von der rein haftungsrechtlichen Seite ist dieses Ergebnis sachlich richtig, denn dadurch wird die Verantwortung für die Fehlerverursachung dem zugeordnet, in dessen Bereich der Fehler vorwerfbar gesetzt wurde. Hat das Unternehmen haftungsrechtlich ordnungsmäßige Organisationspläne bereitgestellt, hat es die ihm zur Verfügung stehenden Steuerungsmöglichkeiten ausgenutzt. Hat im Einzelfall entgegen den bestehenden Organisationsanweisungen der Mitarbeiter den Fehler verursacht, muß die Letztverantwortung bei ihm liegen.

Demgegenüber bestehen zwei Korrektive, nämlich einerseits die arbeitsrechtliche Rechtsprechung zur Haftungsverteilung bei sog. gefahrengeneigter Tätigkeit, andererseits die in den Betriebshaftpflichtversicherungen bzw. in den Produkthaftpflichtversicherungen enthaltene Erstreckung der Versicherungsdeckung auch auf Mitarbeiter: soweit dem Unternehmen also eine Versicherungsdeckung zusteht, profitiert davon auch der einzelne Mitarbeiter.

4. In der Praxis werden Schadensersatzklagen gegen Mitarbeiter nur selten isoliert auftreten (z. B. im Fall eines Konkurses des Unternehmens). Meist wird der Mitarbeiter – wie im obigen Fall – neben dem Unternehmen verklagt werden. Da im allgemeinen die Unternehmen solventer als die Mitarbeiter sein werden, dürfte die Mitarbeiter-Eigenhaftung nur in relativ seltenen Fällen tatsächlich aktuell werden. Auch diese Fälle werden im wirtschaftlichen Gewicht noch dadurch reduziert werden, daß sich die Betriebshaftpflichtversicherungen zugleich auch auf den versicherungsmäßigen Schutz der Mitarbeiter erstrecken.

Das eigentliche Gewicht der obigen Entscheidung dürfte demgegenüber auf sozialpsychologischem Gebiet liegen. Auch wenn die tatsächliche Gefahr einer Inanspruchnahme für die Mitarbeiter nicht sehr groß ist, können sie sie doch nicht ausschließen. Deshalb wird die obige Entscheidung aller Voraussicht nach innerbetrieblich einen erheblichen Aktivitätseffekt entfalten, indem die Mitarbeiter die haftungsrechtlichen

Probleme nicht mehr als gewissermaßen nur abstraktes Problem des Unternehmens, sondern als ureigene, eventuell ihren persönlichen Bereich tangierende Angelegenheit betrachten und die Geschäftsleitungen mit erhöhten Organisationsvorschlägen, -anforderungen, usw. konfrontieren. Dadurch werden wiederum die Mitglieder der Geschäftsleitung in eine unmittelbare eigene Verantwortung für Vornahme oder Unterlassen von haftungsrechtlich erforderlichen Maßnahmen gedrängt.

Für die Mitglieder der Geschäftsleitung tritt neben die haftungsrechtliche Situation gegenüber dem Produktgeschädigten ergänzend die vertragsrechtliche gegenüber den Unternehmensinhabern z. B. gemäß §§ 93 AktG, 43 GmbHG, so daß auch hier eine sozialpsychologisch alles andere als zu unterschätzende Motivation zu Optimierungen der haftungsrechtlichen Unternehmensorganisation ausgelöst ist. Über den rein haftungsrechtlichen Kontext hinaus sollte dieser Effekt der Entscheidung im Auge behalten werden. Unter diesem Gesichtspunkt handelt es sich um eine Entscheidung, die in der rechtspolitischen Bedeutung der Hühnerpest-Entscheidung entspricht und die deshalb als echter Markstein in der Entwicklung des Produkthaftungsrechts zu bezeichnen ist.

5. Zu den Ausführungen über die Hersteller- bzw. Assembler-Haftung ist auf die Ausführungen über die zwischenbetrieblichen Arbeitsteilungen zu verweisen (vgl. oben S. 20 ff.). Im Ergebnis ist die Entscheidung des Bundesgerichtshofs zutreffend, daß die Erstbeklagte als „Hersteller" der Spannkupplung zu behandeln war. Dies ergibt sich aus dem am Ende des betreffenden Abschnittes angeführten Gesichtspunkt, daß die Erstbeklagte die Spannkupplungen als eigene Produkte in den Prospekten angeboten hat, obwohl tatsächlich eine Fremdfertigung erfolgt war: aufgrund dieser Identifikation mit dem Fremdprodukt lagen hier die Voraussetzungen für eine Quasi-Herstellerhaftung vor.

Dagegen sind die Ausführungen des obigen Urteils über die Verantwortung des beauftragenden Unternehmens in den

Fällen der Auftragsfertigung abzulehnen: beauftragt z. B. ein Kfz-Hersteller eine Gießerei damit, nach den Konstruktionszeichnungen des Kfz-Herstellers und genauen Fertigungsanweisungen Gußteile in Serie herzustellen, dann kann aufgrund der tatsächlichen Arbeitsteilung für im Einzelfall aufgetretene Fertigungsfehler nur die Auftragsgießerei haften. Der Kfz-Hersteller kann nur einer Drittunternehmer-Auswahlhaftung unterliegen (vgl. oben, S. 21).

Benutzt also ein Hersteller fremdproduzierte Teile, obliegt ihm nur eine Assembler- bzw. Drittunternehmer-Auswahlhaftung: der Hersteller muß sicherstellen, daß der Drittunternehmer ausreichende Qualität liefert. Sind die Anforderungen dieser Drittunternehmer-Auswahlhaftung erfüllt, ist der Hersteller nicht mehr für im Einzelfall beim Zulieferer oder Auftragsfertiger aufgetretene Fabrikationsfehler verantwortlich. Entgegen der obigen Entscheidung handelt es sich hier nicht um eine Ausnahme von einem Grundsatz, daß demjenigen Unternehmer die Sorgfaltspflichten eines Herstellers obliegen, der für die von ihm hergestellten Geräte vorgefertigte Einbauteile verwendet. Der Grundsatz ist, daß jedes Unternehmen im Rahmen seiner Steuerungsmöglichkeiten haftet. Anwendung dieses Grundsatzes ist, daß der tatsächliche Fabrikationsbetrieb voll für Fabrikationsfehler verantwortlich ist. Der Abnehmer des Fabrikationsbetriebes oder aber der Auftraggeber des Auftragsfertigers haben aber gerade nicht die Fabrikation übernommen: deshalb können sie auch nicht unmittelbar für Fabrikationsfehler verantwortlich sein. Andererseits haben sie aber fremdproduzierte Einzelteile in ihr Eigenprodukt eingebaut: ihre Steuerungsmöglichkeit ist auf die Auswahl des Zulieferers bzw. Auftragsfertigers und auf dessen laufende Kontrolle beschränkt, so daß sich ihre deliktsrechtliche Verantwortlichkeit auch entsprechend beschränkt. Dies ist der aus dem Zusammenhang der einzelnen Entscheidungen herausgelöste Grundgedanke der umfangreichen bereits vorliegenden Rechtsprechung zur deliktsrechtlichen Arbeitsteilung.

Stichwortverzeichnis

Da bereits im juristischen Sprachgebrauch, erst recht aber im gemeinsamen Sprachgebrauch von Kaufleuten, Technikern und Juristen für den Bereich des Produkthaftungsrechts eine einheitliche Terminologie nicht besteht, wurde versucht, eine optimale Erschließbarkeit der Entscheidungen und Anmerkungen mit einem kombinierten System von Einleitung, Verzeichnis der abgedruckten Entscheidungen, stichwortartigem Überblick über den Inhalt der einzelnen Urteilsanmerkungen und einem im Rahmen des Möglichen schwerpunktartig aufgebauten Stichwortverzeichnis zu erreichen. Diese Teile des Werkes sind deshalb als Einheit zu verstehen.

Die im Stichwortverzeichnis fett gedruckten Entscheidungen sind mit einer Anmerkung versehen.

Folgende Schwerpunkt-Stichworte wurden gewählt:

- Allgemeine Geschäftsbedingungen (AGB)
- Arbeitsteilung und Deliktsrecht
- Beweis
- Deliktshaftung
- Eigenschaftszusicherung
- Herstellerhaftung in deliktsrechtlicher Sicht
- Herstellerhaftung in vertragsrechtlicher Sicht
- Instruktionshaftung
- Konstruktionshaftung
- Organisationshaftung
- Produktbeobachtungshaftung
- Vertriebshändler-Haftung
- Werbung

Absatzinteressen des Herstellers und Zumutbarkeit der Gefahrabwendungsmaßnahmen I.73, III.4
Allgemeine Geschäftsbedingungen (AGB) I.27, I.50, I.61, I.63, I.65, I.67
– Beschränkung der Gewährleistungsrechte auf ein Rücktrittsrecht bei Unterbleiben der Nachbesserung bzw. Ersatzlieferung I.47, I.83, I.84

– Ersetzen der Gewährleistungsansprüche durch einen Nachbesserungs- bzw. Ersatzlieferungsanspruch **I.27**, I.59, I.63, I.65, I.78
– Haftung für Eigenschaftszusicherungen I.38, **I.56**, I.72, I.78, I.84
– Haftungsfreizeichnungsklauseln Anm. zu I.27, I.46, I.47, I.67, I.78, I.81
– Inhaltsgrenzen **I.27**, I.83
– Verbot der Freizeichnung von der Haftung für Vorsatz oder grobe Fahrlässigkeit des Inhabers bzw. der leitenden Angestellten I.61
– Verbot der Rechtlosstellung des Kunden I.46, I.56, I.61, I.63, I.83, I.84
– Wiederaufleben der gesetzlichen Gewährleistungsansprüche **I.27**, I.46, I.59, I.63, I.83
Allergie I.85, II.6a
Anwenderverantwortung I.19, I.22, I.36, I.42, I.60, I.66, I.86, II.12, II.20, I.40
– Einverständnis des Abnehmers mit dem Produktmangel und Haftung des Herstellers gegenüber Dritten II.15
– Herstellerangaben I.40, II.9
– Unfallverhütungsvorschriften I.66
Anwendungsempfehlungen des Herstellers I.86, II.3
Arbeitsteilung und Deliktsrecht I.17, I.19, I.26, I.34, I.41, I.54, I.60, I.69, **I.86**, III.3, III.4, III.6, III.13
– Drittunternehmer-Auswahlhaftung I.69
– Mitverantwortung
– – des Auftragsfertigers für Konstruktionsfehler I.26, I.34
– – des Assemblers für fremdproduzierte Einzelteile I.41, I.69, I.86, **III.6**
– – des Montageunternehmens für Konstruktionsfehler I.17
– – des Vertriebshändlers für Herstellungsfehler I.41
– – des Weiterverarbeiters für Vorprodukte: siehe Mitverantwortung des Assemblers
– personelle Verflechtung Vertriebshändler/Hersteller I.41
– Quasi-Herstellerhaftung I.86, III.3
Arbeitsteilung und Vertragsrecht I.23, I.33, I.45, I.52, I.53, I.55, I.57, II.5, II.16, II.18
– siehe auch Erfüllungsgehilfe sowie Vertriebshändler
Assemblerhaftung
– und Deliktsrecht I.41, I.69, I.86, **III.6**
– und Vertragsrecht I.12, I.41, I.50
Aufbewahrung von Schadensteilen I.62
Auftragsfertiger I.26, I.34, I.41
– Mitverantwortung für Konstruktionsfehler I.26, I.34

Bedienungsfehler I.19
Behördliche Prüfung
– Einzelprüfung I.26
– Typenprüfung I.16, I.19
Beratungshaftung I.30, I.52, I.63, I.72, I.75, II.3

Betriebssicherheit I.19, I.21, I.25, I.26, I.36, I.41, I.42, I.43, I.48, I.63, I.66, II.11
Beweis
– Anscheinsbeweis I.2, I.9, I.16, I.20, I.21, I.58, I.62
– – Unfallverhütungsvorschriften I.66
– Fehlernachweis I.13, I.54, I.58, I.62, I.66, I.67, I.71, I.76, I.86, III.1, III.3, III.10
– – alternativer Fehlernachweis I.86
– – Anscheinsbeweis I.58
– – keine Beweislastumkehr I.58, II.14
– Fehlerzuordnungsnachweis I.76, **I.86**
– Kausalitätsnachweis I.5, I.21, I.22, I.28, I.58, I.66, I.67
– – Anscheinsbeweis I.58, I.66, II.11, II.12
– – – Unfallverhütungsvorschriften II.11
– – grundsätzlich keine Beweislastumkehr I.58
– – ausnahmsweise Beweislastumkehr **I.85**
– Verschuldensnachweis
– – Anscheinsbeweis I.20, I.58
– – Beweislastumkehr im Deliktsrecht gegenüber industriellen Herstellern I.58, I.62, I.66, **I.86**, **III.10**
– – Beweislastumkehr im Deliktsrecht gegenüber in Anspruch genommenem Mitarbeiter **I.86**
– – Beweislastumkehr im Deliktsrecht bei Organisationshaftung I.54
– – Beweislastumkehr bei Personalhaftung (§ 831 BGB)
– – – Anforderungen an Entlastungsnachweis I.5, I.18, I.19, I.20, I.25, I.29, I.34, I.54, II.11, III.9
– – – dezentralisierter Entlastungsnachweis **I.18**, I.57, I.34
– – Beweislastumkehr gegenüber Werkhersteller I.40, I.58
– – Beweislastumkehr im Vertragsrecht gegenüber Hersteller-Verkäufer I.58, I.67, I.74, **I.85**
– – Anforderungen an den Entlastungsnachweis Anm. I.86, Anm. III.3, Anm. III.6
– – keine Beweislastumkehr im Fall des § 826 BGB I.15
– – keine Beweislastumkehr gegenüber dem Vertriebshändler Anm. I.86
Beweisvereitelung I.62, III.3

Deliktshaftung
– § 823 Abs. 1 BGB I.1, I.6, I.8, I.9, I.10, I.16, I.17, I.18, I.19, I.20, I.21, I.22, I.24, I.25, I.26, I.28, I.29, I.34, I.36, I.39, I.41, I.42, I.43, I.48, I.54, I.58, I.60, I.66, I.68, I.69, I.70, I.73, I.76, I.77, I.82, I.86, II.1, II.2, II.4, II.6, II.8, II.12, II.20, III.1, III.2, III.3, III.4, III.10, III.13
– – siehe auch im folgenden unter Verschulden im Bereich des § 823 Abs. 1 BGB
– – Ablehnung quasi-vertraglicher Sonderbeziehungen I.58, I.82
– § 823 Abs. 2 BGB I.7, I.16, I.20, I.28, I.58
– § 826 BGB **I.15**, I.16, I.31, III.6
– § 831 BGB I.5, I.16, **I.18**, I.24, I.25, I.27, I.29, I.34, I.54, I.76, I.77, II.11, II.12,

III.1
– – Anforderungen an Entlastungsnachweis: siehe Beweis
– – und Organisationshaftung: siehe Organisationshaftung
– individuelle, bei dem betreffenden Abnehmer gegebene Verhältnisse und deliktsrechtliche Sorgfaltspflichten I.66
– Einverständnis des Abnehmers mit dem Produktmangel und deliktsrechtliche Haftung des Herstellers gegenüber Dritten II.15
– Herstellung einer mangelhaften Sache **I.1**
– Sachschaden **I.1**, I.68, II.2, II.6
– Streckengeschäft I.1
– Verschulden im Bereich des § 823 Abs. 1 BGB
– – Beurteilungszeitpunkt I.28
– – Bezogenheit der deliktsrechtlichen Sorgfaltspflichten auf den durchschnittlichen Benutzer I.60
– – Branchenüblichkeit und Erforderlichkeit der Maßnahmen I.71
– – Grundsatz der Verhältnismäßigkeit zwischen Gefahr und Abwehrmaßnahme I.42
– – Entstehung besonderer Sorgfaltspflichten aus konkretem Anlaß I.21, I.41, I.70
– – Pflichtenmaßstab I.26, I.70, III.1
– – – Einstehenmüssen für das erforderliche Fachwissen III.1
– – Stand der Technik I.21, I.26, I.27, I.28, I.36, II.17, III.2
– – – DIN-Normen III.6
– – Unzulässigkeit einer Überspannung der Sorgfaltspflichten I.42, I.48, I.86, II.14
– – Verdacht eines Produktfehlers I.21
– – Verfolgung der Fachliteratur I.43, I.73
– – Verharmlosung des Produkts I.48
– – Voraussehbarkeit des Schadens I.22, I.26, I.39, I.48, II.1, II.12
– – Zumutbarkeit der erforderlichen Gefahrabwendungsmaßnahmen I.28, I.58, I.70, I.73, II.1, II.14, Anm. III.2, III.3, III.4
– – – Absatzinteressen des Herstellers I.73, III.4
– – – finanzielle Anforderungen I.58
Daseinsvorsorge I.74
DIN-Normen
– in vertragsrechtlicher Sicht I.57, II.17, III.14, Anm. I.72, I.74
– in deliktsrechtlicher Sicht III.6
Drittschadensliquidation I.25, I.58, I.82
Druckfehler I.60
Durchschnittlicher Benutzer I.36, I.39, I.60, I.66, I.73, I.85, I.86, II.6a

Eigenschaftszusicherung
– Absicherungsfunktion I.56
– und Beratungshaftung I.30, I.52, I.57, I.72
– DIN-Normen I.57, Anm. I.72, I.74, III.14

– Erstreckung auf Mangelfolgeschäden I.49, I.56, I.67, **I.72**, I.75, I.84, II.10, III.8, III.11, **III.12**
– Fachhändler I.30
– fachkundiger Rat I.72
– Gütezeichen I.82
– Haftungsbeschränkungen in AGB bzw. Formularverträgen I.38, I.56, I.61, I.65, I.67, I.72, I.78, II.10, II.13, II.19, III.11, III.12
– Kauf nach Probe III.14
– Käuferberatung I.30, I.72
– Markenartikel I.58, III.10
– Sukzessivlieferungsvertrag I.72
– Umfang der Eigenschaftszusicherung I.53, I.56, Anm. I.72, III.11
– Verschuldensunabhängigkeit der Haftung für Eigenschaftszusicherungen I.53, I.56, I.72
– Vorliegen einer Eigenschaftszusicherung I.3, I.49, I.53, I.56, I.57, I.64, I.67, **I.72**, I.74, I.75, II.5, II.10, II.13, II.16, II.19, III.8, III.10, III.11, III.12
– – gesetzlich normierte Eigenschaftszusicherung I.67, III.14
– – Leistungsangaben Anm. I.72, I.84, III.11
– – Verwendungszweck I.3, I.49, I.56, I.64, **I.72**, I.74, I.75, II.5, **III.8**
– – Warenbezeichnung I.57, Anm. I.72, I.74, II.16
– – Warenzeichen Anm. I.48, I.53, I.58, III.7
– – Werbematerialien I.3, Anm. I.48, I.53, I.56, I.72, I.75, II.10, II.13
Empfängnisverhütungsmittel III.7
Endverbraucherhaftung gegenüber Dritten II.20
Erfüllungsgehilfe I.12, **I.13**, I.23, I.51, I.52, I.55, I.57, I.64, I.80, II.5, II.6a, II.18

Fabrikationshaftung I.21, I.24, I.34, I.41, I.86
– Ausreißer I.86
– Qualitätskontrolle I.10, I.34, I.41, I.54, I.69, Anm. III.2
Fachliteratur I.43, I.73
Futtermittelgesetz I.67

Garantiekarte I.16

Haftung für positive Vertragsverletzungen I.2, I.3, I.12, I.13, I.14, I.23, I.25, I.33, I.40, I.44, I.51, I.57, I.62, I.71, I.85, II.5, II.6a
– Konstruktionshaftung I.59, I.63, I.85, II.6a, II.8
– Instruktionshaftung **I.85**
– Produktbeobachtungshaftung I.33
Herstellerhaftung in deliktsrechtlicher Sicht I.5, I.6, I.10 sowie im folgenden
– Anwendungsempfehlungen I.86, II.3
– behördliche Einzelprüfung I.26
– behördliche Typenprüfung I.16, I.19

– Drucksachen I.36, I.41, I.48
– Einverständnis des Bestellers mit mangelhafter Tätigkeit und deliktsrechtliche Haftung des Herstellers gegenüber Dritten II.15
– Häufigkeit bzw. Seltenheit voraussehbarer Schadensfälle I.73, I.85
– Inkaufnahme einzelner Schadensfälle I.73
– Montage am Einsatzort und dadurch ausgelöste Kenntnis der konkreten Verhältnisse I.66
– Naturprodukt I.21, I.74, II.6a, II.14
– Prospekte: siehe Drucksachen
– Pflicht zur Aufbewahrung von Schadensteilen I.62
– Quasi-Herstellerhaftung **I.86, III.3**
– Zuliefererkontrolle I.41
Herstellerhaftung in vertragsrechtlicher Sicht
– Abtretung der Gewährleistungsansprüche des Zwischenhändlers an den Endverbraucher I.15, I.82
– keine direkte quasi-vertragsrechtliche Herstellerhaftung gegenüber dem Endverbraucher I.5, I.16, I.58, I.71, I.75, I.82
– Garantiekarten I.16, Anm. I.48
– warenbegleitende Herstellerhaftung I.5, I.16
– verschuldensunabhängige Herstellerhaftung I.58, I.71

Importeur I.57, **III.13**
Inkaufnahme von Schadensfällen I.73
Instruktionshaftung
– Allergie I.85, II.6a
– Anforderungen an die Instruktionen I.36, I.39, I.85
– – Hinweis auf dem Produkt selbst I.36, I.39
– – Hinweis auf konkrete Gefahrabwendungsmaßnahmen I.39, I.43, I.85
– – Hinweis auf konkrete Gefahren I.39, I.73, I.85
– Anwendungsbereiche Anm. I.86
– Anwendungsempfehlungen **I.86**, II.3, II.9
– durchschnittlicher Benutzer: siehe im folgenden
– Erfahrungswissen des durchschnittlichen Benutzers I.36, I.39, I.66, I.73, I.85, I.86, II.6a
– erteilte, aber falsche bzw. gefährliche Hinweise I.48, I.86, II.9
– irreführende Angaben I.48
– Kausalitätsnachweis I.22, I.28, I.39, I.48, I.73, I.85, I.86, II.3
– – Darlegungslast Anm. I.86
– – Beweislastumkehr **I.85**
– neues Produkt und geringes Anwendungswissen des Benutzers I.33
– pflichtwidrig unterlassene Hinweise I.73
– Verharmlosung des Produkts I.48

– Vertriebshändler I.52
– Werbung Anm. I.48, I.73, II.3
Internationales Deliktsrecht Anm. III.13

Käuferverantwortung: siehe Anwenderverantwortung
Kollisionsrecht: siehe Internationales Deliktsrecht
Konstruktionshaftung I.16, I.17, I.19, I.28, I.34, I.36
– Bedienungserschwerung I.19
– Berücksichtigung von Bedienungsfehlern I.19, I.25, I.28, I.39, I.48, I.66, I.73
– Berücksichtigung im Einzelfall gegebener Gefahren I.16, I.17, I.21, I.31
– – rechtswidriges Handeln des Abnehmers I.42
– Berücksichtigung der bei Typenprüfungen, Probebehandlungen, usw. bekannt gewordenen Gefahren
– – bei der Entscheidung, ob das Produkt auf den Markt gebracht wird **I.85**
– – und Instruktionshaftung **I.85**, II.6a
– Eignung für normale Einsatzbedingungen II.4, III.3, III.4
– Eignung für den vorgesehenen Verwendungszweck I.15, II.17
– Eignung für die voraussehbaren Einsatzbedingungen I.19, I.28, I.31, I.39, I.43, I.44, I.48, I.66, I.69, II.1, II.15, III.3
– Erprobung ohne Typenprüfungen erst in der Praxis II.8
– Gefährdung sachunkundiger Dritter I.28
– Mitverantwortung des Auftragsfertigers I.26
– Mitverantwortung des Montageunternehmens I.17
– Neukonstruktion I.58, II.8
– – Verpflichtung zur Entwicklung adäquater Qualitätskontroll-Geräte I.58
– Produktbezeichnung und damit verbundene Produkteigenschaften III.10
– Typenprüfungen I.85, II.6a
– Sicherheitsspielraum I.69
– Überbeanspruchung I.69
– unnötige Gefährlichkeit der Konstruktion I.19

Maschinenschutzgesetz I.66, Anm. III.13
Mitarbeiter-Eigenhaftung I.2, I.19, I.21, I.29, I.80, **I.86**
Mitarbeiter-Haftung: siehe Deliktsrecht (§ 831 BGB)
Mitverschulden I.19, I.20, I.29, I.31, I.39, I.51, I.52, I.60, II.7, II.11, II.12, III.1
– Haftungseinheit I.60
Montage am Einsatzort I.66
Montageunternehmen I.17

Naturprodukt I.21, I.74, II.6a, II.14

Originalverpackung I.5
Organisationshaftung in deliktsrechtlicher Sicht **I.18, III.1**
– allgemeine Oberaufsicht I.5, I.54

– Arbeitsabläufe I.10, I.11, I.34, I.71, I.77, II.7
– Arbeitsverfahren I.21, I.76
– Aufsichtsanweisungen **I.18**, I.54, II.11, **III.1**
– Ausführungskontrolle I.11
– Betriebsausstattung I.58, I.62, **III.1**
– und Einzelfall: Anweisung bei konkreter Gefahr I.21
– Personalauswahl I.8
– und Überprüfung von Schadenfällen **III.3**, III.4
Organisationshaftung in vertragsrechtlicher Sicht I.4, I.21, I.81

Patentierung I.19, II.6a
Produktbeobachtungshaftung I.15, I.16, I.17, I.31, I.62, III.3, III.4, III.6
– präventive Dimension I.16, I.17, I.31, I.43, **III.3**, III.4, III.6
– Rückrufhaftung **III.3**, III.4
– Ursachenermittlungspflicht **III.3**, III.4, III.6
Prospekte I.36, I.41, I.56
Prozeßrecht
– Beweisrecht: siehe Beweis
– unbezifferter Klageantrag I.85
– Rügeobliegenheit (§ 377 HGB): siehe Untersuchungsobliegenheit
– Aktivlegitimation bei Sicherungsübereignung II.2

Schadensteile, Pflicht des Herstellers zur Aufbewahrung I.62
Schutzwirkung des Vertrages zugunsten Dritter I.25, I.37, I.58, I.82
– eigener Anspruch des Dritten I.25
– Kreis der einbezogenen Dritten I.25, I.37, I.58
– Verjährung I.37
Sicherheitsspielraum I.50, I.69
Sicherungsübereignung II.2
Stand der Technik I.19, I.21, I.26, I.27, I.28, I.30, I.36, I.43, II.17, III.2
– DIN-Normen I.31, III.6
– Hinweispflicht bei Abweichungen I.30
Strafrecht I.35
Staatliche Unternehmen
– als Käufer I.75, I.82
– als Verkäufer I.74
Streckengeschäft I.1, **I.13**, I.57, I.64

Untersuchungsobliegenheiten (§ 377 HGB) I.51, I.55, II.7
Unfallverhütungsvorschriften I.66, II.11

Verdacht eines Produktfehlers I.21
Verjährung
– § 477 BGB I.37, I.51, I.55, I.75, I.79, II.8

– – Arglistigkeit von Erfüllungsgehilfen I.79
– Regulierungsverhandlungen I.32
Verkäuferverantwortung I.3, I.52, I.63, II.8, II.17
Verrichtungsgehilfen-Haftung: siehe Mitarbeiter-Haftung
Vertriebshändler-Haftung in deliktsrechtlicher Sicht I.7, I.41, II.12, **III.13**
– Importeurhaftung **III.13**
– Untersuchungspflichten I.7, I.41
– Vertriebsfehler II.12
Vertriebshändler-Haftung in vertragsrechtlicher Sicht
– Beratungshaftung I.52
– Fachhändler I.3, I.52
– Importeur I.57
– Untersuchungsobliegenheiten des Abnehmers I.14
– Untersuchungsobliegenheiten des Vertriebshändlers selbst I.23

Vertragshaftung: siehe
– Arbeitsteilung in vertragsrechtlicher Sicht
– Drittschadensliquidation
– Eigenschaftszusicherung
– Haftung für positive Vertragsverletzungen
– Schutzwirkung zugunsten Dritter

Werbung Anm. I.48, I.53, I.55, I.73, I.75, I.82, I.86, III.7, III.10
– Garantiekarten I.16
– Hersteller-Drucksachen und Vertriebshändler-Haftung I.3, Anm. I.48, I.52, I.53
– Kausalitätsnachweis I.22, Anm. I.48
– Originalverpackung I.5
– Prospekte I.36, I.41, I.56
– als Vertragsbestandteil I.48, I.56, II.9, III.12
Werklieferungsvertrag I.53, I.84

FSC
www.fsc.org
MIX
Papier | Fördert
gute Waldnutzung
FSC® C083411

Kolibri 360 GmbH
Ferdinand-Jühlke-Straße 7
99095 Erfurt, Deutschland
produktsicherheit@kolibri360.de